A ACÇÃO EXECUTIVA E A PROBLEMÁTICA DAS EXECUÇÕES INJUSTAS

J. M. GONÇALVES SAMPAIO
Juiz de Círculo

A ACÇÃO EXECUTIVA E A PROBLEMÁTICA DAS EXECUÇÕES INJUSTAS

2.ª Edição

REVISTA, ACTUALIZADA E AMPLIADA

A ACÇÃO EXECUTIVA E A PROBLEMÁTICA DAS EXECUÇÕES INJUSTAS

AUTOR

J. M. GONÇALVES SAMPAIO

EDITOR

EDIÇÕES ALMEDINA, SA
Avenida Fernão de Magalhães, n.º 584, 5.º Andar
3000-174 Coimbra
Tel: 239 851 904
Fax: 239 851 901
www.almedina.net
editora@almedina.net

PRÉ-IMPRESSÃO • IMPRESSÃO • ACABAMENTO
G.C. GRÁFICA DE COIMBRA, LDA.
Palheira – Assafarge
3001-453 Coimbra
producao@graficadecoimbra.pt

Janeiro, 2008

DEPÓSITO LEGAL
270441/08

Os dados e as opiniões inseridos na presente publicação são da exclusiva responsabilidade do(s) seu(s) autor(es).

Toda a reprodução desta obra, por fotocópia ou outro qualquer processo, sem prévia autorização escrita do Editor, é ilícita e passível de procedimento judicial contra o infractor.

*À memória do Dr. Fernando Luso Soares,
pela sua incondicional amizade, e a quem também
muito se deve a publicação da 1.ª edição deste obra;*

*À minha família, muito especialmente à Ana e à Céu,
pelo apoio e incentivo que me prestaram.*

*Scire leges non hoc est verba carum tenere,
sed vim ac potestatem* – Conhecer as leis não é reter
as suas palavras, antes sim compreender-lhe o sentido
e os efeitos.

(CELSUS, D.1.3.17)

NOTA PRÉVIA

Após a publicação da 1.ª edição, já no pretérito Ano de 1992, deparamo-nos com profundas alterações no âmbito do Código de Processo Civil e, muito particularmente, no do domínio da acção executiva.

Esgotada a 1.ª edição há já alguns anos, o que revelou grande interesse pelo nosso trabalho, decidimos, agora, e não antes pelo muito dado ao trabalho, fazer publicar a 2.ª edição. Porém, a profunda evolução ocorrida, desde então, tanto ao nível do direito material como ao nível do direito adjectivo, obrigaram-nos a rever e complementar o trabalho inicial.

Tal como na 1.ª edição, teve-se em conta a doutrina, a lei e a jusrisprudência que, desde então, se pronunciou sobre a matéria, procurando-se clarificar algumas posições e corrrigir o que se considerou menos acertado. Com efeito, depois da publicação da 1.ª edição (ainda no âmbito do Código de 1961, com as alterações introduzidas, entre outros diplomas de menor relevância, pelo Decreto-Lei n.º 47 690, de 11 de Maio de 1967), o Código de Processo Civil foi objecto de profundas alterações no âmbito do regime jurídico da acção executiva: primeiro, com a Reforma de 1995/1996; depois, com a Reforma da acção executiva operada pelo Decreto-Lei n.º 38/2003, de 8 de Março; finalmente, com a Reforma dos recursos cíveis constante do Decreto-Lei n.º 303/2007, de 24 de Agosto, com a entrada em vigor diferida para o dia 1 de Janeiro de 2008.

Pese embora a grande expectativa gerada com a entrada em vigor da Reforma da acção executiva, logo desde o início constatou-se que ela tem correspondido a um rotundo fracasso, gerando conflitos e desentendimentos entre os diversos operadores judiciários envolvidos e, mais grave ainda, não só não tem permitido que os credores obtenham, de forma eficaz e célere, o ressarcimento integral dos seus créditos, como também não tem garantido, de forma adequada, os direitos do devedor, sendo de registar, quanto a este, uma acentuada diminuição das garantias de defesa, quer pela limitação dos poderes do juiz de execução que foram transferidos para um profissional liberal (agente de execução), quer pela suspensão de intervenções liminares do tribunal, tanto em sede de citação do executado como em sede da matéria de penhora.

Porventura consciente desse fracasso, de que é resultado o constante crescimento da pendência processual, o Poder Político sentiu necessidade de aprovar um conjunto de medidas tendentes a redefinir e actualizar os mecanismos processuais existentes, entre as quais se destacam o regime dos créditos incobráveis; e, mais recentemente, pela Resolução de n.º 172/2007, de 6 de Novembro, resolveu «aprovar actos legislativos que viabilizem a criação de centros de arbitragem com competência em matéria de acção executiva» cuja iniciativa legislativa deve ser aprovada até ao final do ano de 2007.

Quanto à revolucionária Reforma dos recursos cíveis constante do Decreto-Lei n.º 303/2007, de 24 de Agosto, apesar de a entrada em vigor da generalidade das novas normas ter sido diferida para o dia 1 de Janeiro de 2008, o elevado número de execuções pendentes justifica, em nosso entender, que o regime dos recursos seja abordado, tanto à luz do Código ainda em vigor, como à luz do regime resultante da dita Reforma.

Finalmente, reafirmamos que não é nosso propósito proferir a última palavra, nem sequer apresentar soluções originais ou inteiramente apuradas para alguns dos problemas que ainda subsistem, mas, tão-somente, contribuir, pouco que seja, para não deixar cair no esquecimento o problema das execuções injustas.

Novembro de 2007

I
INTRODUÇÃO

1. Justiça, igualdade e liberdade – valores fundamentais do direito

WORTLEY afirma que as fórmulas mais célebres sobre justiça são as de Aristóteles, deixando-nos deste filósofo esta citação:
"Todo o mundo chama justiça à tendência para disposição que nos leva a sermos mais justos, a agir de uma maneira conforme à equidade, a querer tudo o que é justo" ([1]).

Não obstante as grandes dificuldades com que deparamos para apurar um conceito nuclear e restrito da figura, definir assim *justiça* é, salvo o devido respeito, muito pouco. É que, mais do que uma definição, aquela fórmula é uma explicação do termo *justiça*.

«A justiça», diz-se, «é a vontade permanente e constante de dar a cada um o que é seu» ([2]). Entendida nestes termos, a *justiça* é uma tendência da vontade, é uma virtude dirigida aos outros homens, a todos e a cada um. Por outras palavras, a *justiça* é a vontade perpétua e constante de dar a cada um o que é seu, por força do critério racional da distribuição, congruente com a natureza dos homens e com a vida social.

Adjuvantes da compreensão da *justiça* são as noções de *igualdade* e de *liberdade*, entendida aquela na sua dupla perspectiva de igualdade de tratamento e igualdade de condições ([3]). Com efeito,

---

([1]) WORTLEY, «La justice et l'avacat», in Études juridiques offertes à Léon Julliot de la Morandière, Paris, 1254, págs. 655-656.

([2]) Esta definição clássica provém de DOMICIO DULPIANO, in D.1.10. pr. – "justitia est constans et perpetua voluntas jus suun cuique tribuendi" (cfr. CASTANHEIRA NEVES, "Justiça e Direito", in Boletim da Faculdade de Direito de Coimbra, LI, págs. 205 e seguintes) e veio, muitos séculos depois, a merecer o acolhimento de grande número de pensadores, entre os quais SANTO AGOSTINHO e S. TOMÁS DE AQUINO.

([3]) O nosso processo civil está dominado por vários princípios fundamentais e um deles, este de ordem constitucional (artigo 13.º da Constituição da República) é

mais do que uma noção de Justiça – comutativa, distributiva e social – interessa-nos o conceito nuclear e restrito da figura tal como se nos apresenta nas normas constitucionais e ordinárias. Assim, diz-se, «é aos tribunais que incumbe administrar a justiça em nome do povo, dirimindo os conflitos de interesses públicos e privados» ([4]).

Mas, nem o conceito de *justiça* é absoluto, nem a solução de *justiça* é, em regra, indubitável ([5]).

Diz-se, frequentemente, «é inadmissível que o processo se arraste com uma lentidão desesperadora; a justiça tem de ser pronta e rápida» ([6]).

Não deixando de concordar com aqueles para quem a justiça deve qualificar-se por ser célere, para nós é indispensável, antes de mais, que a *«justiça seja justa»*. E dizemos isto porque mais importante do que acelerar o ritmo é salvaguardar os interesses das partes em termos de não ficarem desprovidas das garantias necessárias. Também nós defendemos uma justiça pronta e rápida, mas não transformada, com a preocupação da pressa, em injustiça ([7]). Por outras palavras, entendemos que a rapidez nunca deverá sacrificar a ponderação e/ou a correcção da decisão ([8]).

---

precisamente o da igualdade das partes, que a Reforma de 1995/1996 veio consagrar no artigo 3.º-A do Código de Processo Civil.

O princípio da igualdade está igualmente consagrado no artigo 8.º da Declaração Universal dos Direitos do Homem e no artigo 6.º da Convenção Europeia para a Protecção dos Direitos do Homem.

([4]) Cfr. artigo 202.º da Constituição da República, Lei Constitucional n.º 1/2005, de 12 de Agosto; artigos 1.º e 2.º da Lei de Organização e Funcionamento dos Tribunais Judiciais, Lei n.º 3/99, de 13 de Janeiro.

([5]) Diz-se, inclusive, que a compulsão à justiça é sempre compulsão a certa ideia de justiça, que o compelido pode não partilhar.

([6]) "A justiça tem duas partes hua he dar a cada um o que he seu, e outra darlho sem delonga" (Texto da Carta de Bruges, do Infante D. Pedro).

([7]) A celeridade processual consegue-se, segundo CASTRO MENDES, mais do que por meio de normas do Direito Processual Civil, pelo "adequado dimensionamento dos tribunais, (...) número e qualidade dos magistrados, funcionários, instalações, equipamentos" e pelos "métodos de actuação dos intervenientes" ("Boletim da Ordem dos Advogados", 1983, Março, pág. 5).

([8]) "Um julgamento pode inspirar-se em duas orientações ou em dois critérios diferentes: critério de legalidade e critério de equidade. No primeiro caso o juiz tem de aplicar aos factos da causa o direito constituído; tem de julgar segundo as normas jurídicas que se ajustem à espécie respectiva, ainda que em sua consciência, entenda que

Dissemos que adjuvante da compreensão da justiça é a noção de liberdade (⁹).

Fala-se, em Direito, do *princípio da liberdade* como o princípio segundo o qual é lícito tudo o que não é proibido, por oposição ao princípio da competência em que só é lícito o que é permitido. Em termos mais simplistas poderá dizer-se que a liberdade traduz-se em a pessoa fazer o que quer (¹⁰).

Sobre este assunto, permitimo-nos recordar as palavras de D. ANTÓNIO FERREIRA GOMES (¹¹): "evidentemente a liberdade do homem existe para alguma coisa: assim como o valor da vida só se experimenta quando se arrisca, assim também o valor da liberdade só pode sentir-se quando se põe ao serviço de uma causa que sobreleva o próprio sujeito. Uma liberdade que se voltasse para dentro, que centrasse tudo em si, começaria por ser uma pequena ditadura para fora e viria a terminar em esquizofrenia e perdição final" (¹²). E continua, "na relação com os outros a expressão e tutela da liber-

---

a verdadeira justiça exigiria outra solução. No segundo caso o julgador não está vinculado à observância rigorosa do direito aplicável à espécie vertente; tem a liberdade de se subtrair a esse enquadramento rígido e de proferir a decisão que lhe pareça mais equitativa. É exactamente o que, para os processos de jurisdição voluntária determina o artigo 1449.º – hoje artigo 1410.º'" (ALBERTO DOS REIS, "Processos especiais", vol. 2.º, pág. 400).

(⁹) Segundo a concepção jusracionalista, todos os homens são por natureza livres e têm certos direitos inatos, de que, quando entram no estado de sociedade, não podem, por nenhuma forma, privar ou despojar a sua posteridade (artigo 1.º da Declaração de Direitos da Virgínia).

O exercício dos direitos naturais de cada homem não tem por limites senão os que asseguram aos outros membros da sociedade o gozo dos mesmos direitos (artigo 4.º da Declaração dos Direitos do Homem e do Cidadão).

(¹⁰) Apesar de todos os direitos serem ou deverem ser direitos de todos, no século passado, alguns (maxime o sufrágio) eram denegados aos cidadãos que não possuíam determinados requisitos económicos: outros (v.g. a propriedade) aproveitavam sobretudo aos que pertenciam a certa classe.

(¹¹) Proferidas na abertura solene do 1.º Curso de Direito da U.C. no Porto, in «Direito e Justiça», Revista de Ciências Humanas da Universidade Católica Portuguesa, vol. 1.º 1980, pág. 14.

(¹²) Em todos os direitos privados, em princípio o acto humano é, em regra, lícito – homo presumitur liber – nisso consiste o *princípio da liberdade*, que formalmente subsiste mesmo quando o peso exagerado das excepções a essa regra transforme a ordem jurídica numa verdadeira tirania.

dade está na lei, lei legítima e devidamente promulgada. Na lei, como expressão temporal do ideal de justiça, na sua administração e no seu julgamento por tribunais independentes e eficazes ([13]). Quando um povo ou alguém em seu nome se proclama o mais livre do mundo, é preciso começar a tomar cuidado. E não é culpa da liberdade, nem desamor do povo (...). É que a lei promulgada e a sua justa aplicação constituem, na contingência humana, a condição da liberdade".

Temos, assim, que a *justiça,* a *igualdade* e a *liberdade* são valores ou tendem, sempre, a afirmar-se sobre a ordem jurídica como valores fundamentais. E, neste sentido, pode ver-se o Direito fundamentalmente como instrumento de realização da justiça. Haverá, então, a tendência para conformar a vida social mais e mais à justiça, impondo aos destinatários das normas como obrigatória a solução justa, ou mesmo a solução mais justa.

Mas a realização da justiça não pode fazer-se à custa da liberdade pois que esta deve ser vista também como valor fundamental

---

([13]) A independência dos tribunais (artigo 203.º da Constituição da República), a inamovibilidade e irresponsabilidade dos juízes pelas suas decisões (artigo 216.º n.os 1 e 2, da mesma Lei Fundamental) e bem assim o princípio do juiz natural (artigo 32.º, n.º 9) constituem um conjunto de Direitos em ordem a assegurar o ideal da liberdade e a realização da justiça, pela exclusiva subordinação da actividade dos juízes à observância da lei – e dos princípios gerais do direito – e à sua consciência.

A independência dos tribunais há-de, porém, ser entendida não apenas no sentido de não interferência do executivo ou do legislativo no exercício da função jurisdicional, mas também com o significado de que não pode nunca ser sacrificada a justiça pela preocupação de outros interesses de que não cabe aos tribunais intervir, ainda que indirectamente, na prossecução de interesses para que são exclusivamente competentes aqueles outros poderes do Estado.

Como bem nota MÁRIO RAPOSO, "a maior salvaguarda do juiz é a sua independência. E se ela é irredutível a uma defesa operante quando se trata da opinião pública, terá de ser garantida, em termos eficazes, perante os demais órgãos do Estado. Pretender, por esta ou aquela via, controlar os juízes é atentar contra a sua independência fundamental (...). A melhor forma de confiar na justiça será confiar nos juízes" ("A Revisão Constitucional e a Independência dos Juízes", in Revista da Ordem dos Advogados, Ano 42, 1982, pág. 353).

É claro que quando se fala em independência dos tribunais pretende referir-se à independência dos juízes; e estes só estão sujeitos à lei (cfr. artigo 203.º da Constituição da República).

do direito(¹⁴). Diz-se, até, que um dos direitos da sociedade está na opção entre uma ordem jurídica que impeça todas as injustiças, ligando estritamente à justiça a vida das pessoas, e uma ordem jurídica que atribua uma larga medida de liberdade, mas aceitando as injustiças que essa liberdade irá permitindo(¹⁵).

Sem dúvida que o problema da tensão entre justiça e liberdade é, ainda hoje, uma realidade; com efeito, se é certo que a *justiça*, na forma de igualdade, conquistou nas últimas décadas terreno(¹⁶), não é menos verdade que, ainda hoje, não existem dispositivos que imponham plenamente a obrigação de tratar por igual aqueles que a lei e a sociedade diferencia.

Concluindo, podemos dizer que não obstante estarmos perante três valores fundamentais do Direito – *Justiça, Liberdade* e *Igualdade* – perfeitamente ligados entre si, a verdade é que nem sempre funcionam em sintonia, verificando-se, por vezes, uma situação de tensão entre esses valores.

(¹⁴) Nesta linha de orientação realça-se a célebre definição de KANT: o Direito é um conjunto de condições segundo as quais o arbítrio de cada um pode coexistir com o arbítrio dos outros, de harmonia com uma lei universal de liberdade.

(¹⁵) Nessa linha de pensamento, diz-se também que a *liberdade* que se atribui aos destinatários das normas jurídicas abrange uma certa medida de liberdade, ou direito, de ser injusto.

(¹⁶) A Declaração Universal dos Direitos do Homem proclamou que todos os seres humanos nascem livres e iguais em dignidade e em direitos. Todos eles gozam dos direitos e liberdade «sem distinção de raça, cor, sexo, língua, religião, opiniões políticas ou outras, origem nacional ou social, fortuna, nascimento ou de qualquer outra situação» (artigo 14.º da Convenção Europeia dos Direitos do Homem).

Também a nossa Lei Constitucional sob a epígrafe "princípio da igualdade" prescreve que: «todos os cidadãos têm a mesma dignidade social e são iguais perante a lei» (artigo 13.º, n.º 1) e que «ninguém pode ser privilegiado, beneficiado, prejudicado, privado de qualquer direito ou isento de qualquer dever em razão de ascendência, sexo, raça língua, território de origem, religião, convicções políticas ou ideológicas, instrução, situação económica, condição social ou orientação sexual» (artigo 13.º, n.º 2), mas a verdade é que nem sempre o legislador ordinário tem aplicado às relações privadas aquele tipo de normas constitucionais.

2. Acção e direito – direito de acção

O homem é um animal social: é da sua natureza viver não isolado, mas em convivência dentro de um grupo organizado em sociedade ([17]).

Vivendo em sociedade, os indivíduos estabelecem entre si determinadas relações jurídicas. Estas relações jurídicas disciplinadas pelo direito civil ([18]) traduzem-se na atribuição de um (ou mais) direito subjectivo a uma das partes e na consequente imposição do dever jurídico correlativo à outra parte ([19]).

Com efeito, tais relações tuteladas pelo direito não ficam garantidas com o simples enunciado desses direitos e correlativos deveres: quando o sujeito da relação jurídica sobre quem recaem os deveres jurídicos correspondentes aos direitos subjectivos de outrem não realize ou impossibilite a realização da prestação a que especificamente se encontra adstrito, permite a lei que o titular do direito recorra aos tribunais. É o que decorre do artigo 1.º do Código de Processo Civil ([20]), quando diz: «a ninguém é lícito o recurso à força com o fim de realizar ou assegurar o próprio direito, salvo nos casos e dentro dos limites declarados na lei» ([21]).

Em conformidade com aquele preceito, o recurso à própria força a fim de, por si mesmo, repor a solução adveniente do direito substantivo aplicável só é lícito nos casos e dentro dos limites assinalados nos artigos 336.º – cfr. artigos 1277.º, 1314.º e 1315.º,

---

([17]) Cfr. CASTRO MENDES, "Introdução ao estudo do direito", 1977, pág. 5.

([18]) O direito civil abrange todo o conjunto de normas reguladoras das relações estabelecidas entre particulares, ou entre os particulares e os entes públicos (incluindo o Estado), desde que estes não exerçam na relação uma função de soberania.

([19]) Tal como sucede nas relações obrigacionais derivadas dos diferentes contratos, negócios unilaterais, situações de enriquecimento injustificado ou factos ilícitos, em que ao direito subjectivo do credor corresponde o dever jurídico de prestar imposto ao devedor.

([20]) São do Código de Processo Civil as disposições legais citadas sem indicação do diploma a que pertencem.

([21]) Também no artigo 21.º da Constituição, embora visando as áreas do direito público, diz- se que «todos têm o direito de resistir a qualquer ordem que ofenda os seus direitos, liberdades e garantias e de repelir pela força qualquer agressão, quando não seja possível recorrer à autoridade pública» .

todos do Código Civil (acção directa), 337.º do Código Civil (legítima defesa) e 339.º do Código Civil (actuação em estado de necessidade). E bem se compreende que assim seja pois, nem sempre o arrogado «direito» está claramente definido, subsistindo frequentemente dúvidas quanto ao seu reconhecimento e, quando assim sucede, permitir-se o recurso à justiça privada conduziria forçosamente a excessos e injustiças, agravando ainda mais os conflitos entre os particulares ([22]).

Acresce que, mesmo tratando-se de autodefesa deverá esta ser seguida do recurso aos meios coercivos normais – procedimentos cautelares ([23]) e acção subsequente – dentro dos prazos fixados na lei, com vista à consolidação das providências cautelares decretadas pelo tribunal ([24]).

Assim, qualquer lesado que pretenda reagir contra a violação de um direito terá de recorrer aos tribunais a quem solicitará a concessão de uma providência adequada à integração do seu direito. É o que estabelece o n.º 2 do artigo 2.º do Código de Processo Civil quando diz: «a todo o direito, excepto quando a lei determine o contrário, corresponde a acção adequada a fazê-lo reconhecer em juízo, a prevenir ou reparar a violação dele e a realizá-lo coercivamente, bem como os procedimentos necessários para acautelar o efeito útil da acção» ([25]). E o n.º 1 do artigo 3.º do mesmo Código acrescenta: «o tribunal não pode resolver o conflito de interesses

---

([22]) O sistema da justiça privada, assente no princípio fundamental da autodefesa e da acção directa, hoje limitada às situações previstas na lei, foi largamente praticado nas sociedades primitivas.

([23]) Entre outros: restituição provisória de posse (artigos 393.º a 395.º do Código de Processo Civil), alimentos provisórios (artigos 399.º e seguintes), arbitramento de reparação provisória (artigos 403.º e seguintes), arresto (artigos 406.º e segs.), embargos de obra nova (artigos 412.º e seguintes) e arrolamento (artigos 421.º e seguintes do Código de Processo Civil).

([24]) "A autodefesa não é mais do que uma cautela privada, que esmaece se não funcionar, após a verdadeira garantia jurídica da relação material, que é a constituição da relação jurídica processual" (LUSO SOARES, "Direito processual civil", 1980, pág. 99).

([25]) CASTRO MENDES entende nulos, por contrários a este artigo, os pactos pelos quais se renuncie ou limite o exercício de acção, designadamente o *pactum de non petendo*, convenção pela qual o titular do direito se vincula a não agir em juízo ("Direito processual civil", 1980, vol. I, pág. 130).

que a acção pressupõe sem que a resolução lhe seja pedida por uma as partes e a outra seja devidamente chamada para deduzir oposição».

Daquele último preceito infere-se que é ao sujeito da relação jurídica que cabe intentar a competente acção destinada à obtenção da providência judiciária adequada. No sentido corrente do texto pode dizer-se que, constituindo para a parte um ónus de impulsionar, a acção traduz um direito do particular (que se considera lesado e não pode agir por sua força), qual seja o de pôr em funcionamento a máquina judiciária para que, reconhecendo o seu direito, o tribunal lhe conceda a tutela judiciária adequada ([26]).

Num sentido conexo com o texto do artigo 2.º do Código de Processo Civil falam alguns processualistas (sobretudo os alemães) de acção, como sendo o direito de provocar a actividade dos tribunais a fim de obter deles uma decisão acerca da providência requerida. Mas o direito de provocar a actividade dos tribunais não é outra coisa senão o direito de acção que as teorias modernas consideram como um direito autónomo em oposição à concepção civilística que o considerava o direito subjectivo material em exercício.

Ao *direito de acção* chama-se também direito à jurisdição ou direito de acesso aos tribunais: "o direito à jurisdição é (...) o direito de todo o súbdito à prestação em seu favor da actividade judicial ou jurisdicional do estado: o direito a haver justiça (ZANZUCCHI), o direito à protecção do Estado na ordem interna (SANTI ROMANO)" ([27]).

O Direito à justiça é um direito fundamental do homem, e o Estado tem o dever de não o denegar a quem a solicite. Sobre esta matéria, escreve CASTRO MENDES: «a negação deste direito à jurisdição corresponde a uma visão atomística da esfera jurídica do indi-

---

([26]) Por isso se diz que o exercício de uma acção é o único meio de pôr em movimento a actividade judicial.

São manifestações do *princípio dispositivo*, entre outros, artigos 264.º, n.º 1 (iniciativa e impulso processual), 660.º, n.º 2, 664.º e 668.º, alíneas d) e e) (disponibilidade do objecto do processo), 287.º, alíneas d) e e), e 290.º e seguintes (disponibilidade do termo do processo); e do *princípio do contraditório*, artigos 517.º (audiência contraditória), 526.º (notificação à parte contrária) e 645.º (inquirição por iniciativa do tribunal).

([27]) CASTRO MENDES, "O Direito de acção judicial", pág. 16.

víduo, em que os direitos subjectivos, completamente distintos, mantêm uma independência total uns dos outros. Pelo contrário, este direito à jurisdição corresponde a uma visão orgânica da esfera jurídica, como uma organização, mais que um conjunto...» ([28]).

Hoje, o acesso ao direito e à tutela jurisdicional efectiva está constitucionalmente consagrado (artigo 20.º, n.º 1): «a todos é assegurado o acesso ao direito e aos tribunais para defesa dos seus direitos e interesses legítimos, não podendo a justiça ser denegada por insuficiência de meios económicos» ([29]).

([28]) Idem, ibidem, pág. 105.

([29]) A Constituição de 1976, no seu artigo 20.º, n.º 1, sob a epígrafe "defesa dos direitos" assegurava tão-somente o «acesso aos tribunais». Depois da revisão constitucional de 1982, o artigo 20.º proclamou, na sua epígrafe, o «acesso ao direito»: «todos têm direito à informação e à protecção jurídica, nos termos da lei» (n.º 1). Este preceito constitucional viria a ser regulamentado pelo Decreto-Lei n.º 387-B/87, de 29 de Dezembro, em cujo preâmbulo se dizia, referindo-se àquele preceito, «tinha-se em vista, por um lado, aproximar o direito da vida das pessoas, depurando-o do hermetismo que enfraquece o seu sentido humano, o que deixaria de ser para elas, uma «sobrecarga acidental». Tratar-se-ia de incluir, não impositivamente, o direito, como valor e como realidade, na «aparelhagem cívica» que enriquece a sociabilidade das pessoas, fazendo com que elas melhor compreendam a imprescindível presença e autoridade do Estado e fazendo com que este, em todas as suas expressões, compreenda que não pode «estatizar» a personalidade e a dignidade das pessoas». O n.º 1 do artigo 20.º da Constituição de 2005, de 12 de Agosto, sob a epígrafe «Acesso ao direito e tutela jurisdicional efectiva» prescreve: "a todos é assegurado o acesso ao direito e aos tribunais para defesa dos seus direitos e interesses legalmente protegidos, não podendo a justiça ser denegada por insuficiência de meios económicos".

Hoje, o *acesso ao direito e aos tribunais* está regulado na Lei n.º 34/2004, de 29 de Junho, com as alterações introduzidas pela Lei n.º 47/2007, de 28 de Agosto. A Lei 34/2004 veio alterar o regime de acesso ao direito e aos tribunais e transpor para a ordem jurídica nacional a Directiva n.º 2003/8/CE, do Conselho, de 27 de Janeiro, relativa à melhoria do acesso à justiça nos litígios transfronteiriços através do estabelecimento de regras mínimas comuns relativas ao apoio judiciário no âmbito desses litígios.

O direito de acesso aos tribunais concretiza-se, desde logo, através do direito a uma decisão judicial célere, direito que constitui uma dimensão ineliminável do direito a uma tutela judicial efectiva, aqui se incluindo, o direito a um processo justo baseado nos princípios da prioridade e da sumariedade.

Como bem alerta MIGUEL TEIXEIRA DE SOUSA, "a concessão do direito à celeridade processual possui, para além de qualquer âmbito programático, um sentido perceptivo bem determinado, pelo que a parte prejudicada com a falta de decisão da causa num tempo razoável por motivos relacionados com os serviços de administração da justiça

O «*acesso ao direito e aos tribunais*» que a todos é assegurado para defesa dos seus direitos» é, entre o mais, o direito a uma solução jurídica dos conflitos, a que se deve chegar em prazo razoável e com observância de garantias de imparcialidade e independência, possibilitando-se, designadamente, um correcto funcionamento das regras do contraditório, em termos de cada uma das partes poder deduzir as razões (de facto e de direito), oferecer as suas provas, controlar as provas do adversário e discretear sobre o valor e resultados de uma e outra ([30]).

Mas esse «direito de acesso aos tribunais» há-de exercer-se em condições de plena igualdade: a justiça não pode «ser denegada por insuficiência de meios económicos». E o princípio da igualdade, numa das suas dimensões, vem a traduzir-se na proibição (dirigida, designadamente, ao legislador) de estabelecer diferenciações irrazoáveis, porque carecidas de fundamento ou justificação material bastante: o que é essencialmente igual tem de ser tratado de forma igual e o que for essencialmente desigual tem de receber tratamento diferenciado ([31]).

De resto, já no preâmbulo da Declaração Universal dos Direitos do Homem diz-se que o reconhecimento da dignidade inerente a todos os membros da família humana, bem como dos seus direitos iguais e inalienáveis constitui o fundamento da liberdade, da justiça e da paz no mundo ([32]).

---

tem o direito a ser indemnizada pelo Estado de todos os prejuízos sofridos. Esta responsabilidade do Estado é objectiva, ou seja, é independente de qualquer negligência ou dolo do juiz da causa ou dos funcionários judiciais" ("Estudos sobre o novo processo civil", 2.ª Ed., pág. 52).

([30]) Cfr. MANUEL DE ANDRADE, "Noções elementares de processo civil", pág. 364.

([31]) A Base II da lei 7/70, de 9 de Junho, preceituava que tinham direito a assistência judiciária todos aqueles que se encontrassem em situação económica que lhes não permitisse "*custear as despesas normais do pleito*". Estas despesas eram as relativas aos honorários dos profissionais forenses, e bem assim às custas judiciais, pois a assistência judiciária compreendia «a dispensa, total ou parcial de preparos e do prévio pagamento das custas, e bem assim o patrocínio oficioso» (cfr. Base I, n.º l).

Refira-se, a propósito, que o direito à assistência judiciária em processo civil não é, em si mesmo, garantido pela Convenção (cfr. Decisão da Comissão Europeia dos Direitos do Homem, de 16 de Julho de 1968, in «Annuaire» XI, 399).

([32]) «A salvaguarda e o desenvolvimento dos direitos do homem e das liberdades fundamentais, é um dos fins que o Conselho de Europa visa proteger» (cfr. artigo 3.º do Estatuto do Conselho da Europa).

Para além de implicar o direito de provocar a actividade dos tribunais a fim de obter destes uma decisão acerca da providência requerida, o acesso ao direito implica também que a causa seja examinada equitativa e publicamente, num prazo razoável por um tribunal independente e imparcial estabelecido por lei (33).

O direito a um processo equitativo implica que a parte possa expor as suas razões ao tribunal em condições não menos favoráveis do que a parte contrária. É o que se extrai do artigo 3.º-A que prescreve: «o tribunal deve assegurar, ao longo de todo o processo um estatuto de igualdade substancial das partes, designadamente no exercício de faculdades, no uso de meios de defesa e na aplicação de cominações ou de sanções processuais» (34).

No que respeita ao prazo razoável, há que ter em atenção o caso concreto, não podendo estabelecer-se, em abstracto, um prazo mais ou menos certo como razoável. Cada caso é um caso, com as suas próprias vicissitudes, dependendo, em larga medida, da diligência da parte interessada (35).

Quanto à independência e imparcialidade dos tribunais, tivemos já oportunidade de nos pronunciar supra (36). Sempre se acrescentará, no entanto, que a independência dos tribunais é uma afirmação necessária, mas também o será a independência dos juízes, e estes apenas estão sujeitos à lei (37).

---

(33) Cfr. artigo 6.º da Convenção Europeia dos Direitos do Homem.

(34) Cfr. Decisão da Comissão Europeia dos Direitos do Homem, de 19 de Julho de 1968, in «Annuaire», XI, 563. A função de garantir a igualdade substancial das partes foi concebida com um conceito positivo, impondo ao tribunal o dever de promover a igualdade entre as partes e de, eventualmente, auxiliar a parte necessitada. A igualdade substancial não pode ser alcançada através da supressão dos factores de igualdade formal, mas apenas através de um auxílio suplementar a favor da parte carenciada (cfr. MIGUEL TEIXEIRA DE SOUSA, *"Estudos sobre o novo processo civil"*, 2.ª Ed., págs. 43-44).

(35) Para apreciar a «razoabilidade» do prazo há que considerar o período que vai até à decisão definitiva (tribunal de recurso), as circunstâncias da causa e sua complexidade, a conduta das partes e das autoridades (administrativas e judiciais); no caso de jurisdição administrativa, a executoriedade ou não do acto (cfr. Decisão do Tribunal Europeu dos Direitos do Homem, de 28 de Julho de 1978, in «Annuaire», XXI, 619).

(36) Supra, 1. Justiça, igualdade e liberdade – valores fundamentais do direito.

(37) Cfr. artigo 94.º, n.º 1, do Estatuto dos Magistrados Judiciais, Lei n.º 21/85, de 30 de Julho.

Só que a independência dos juízes não pode aferir-se num plano meramente formal: ela está ligada à sua disponibilidade de espírito e às condições que lhe são criadas para poderem julgar com celeridade e eficácia. E se aos juízes não pode ser exigida «*pressa*», a verdade é que a justiça, para ser eficaz, terá de ser *pronta*; é o direito de todos a verem julgadas as suas causas num prazo razoável. Ora, é inquestionável que a «sobrecarga de trabalho, a falta de meios e a pressa» inquinam a disponibilidade de espírito dos juízes e dificultam a necessária celeridade e eficácia das decisões.

Adveniente do direito que todos têm a verem julgadas as suas causas em prazo razoável é o «*direito de recurso individual*» para a Comissão, esgotados que sejam os recursos internos ([38]). É o que se retira do artigo 25.º, n.º 1 da Convenção Europeia dos Direitos do Homem, quando diz: «a comissão pode conhecer de qualquer petição dirigida ao secretário-geral do Conselho da Europa por qualquer pessoa singular, organização não governamental ou grupo de particulares, que se considere vítima de uma violação, cometida por uma das Altas Partes Contratantes, dos direitos reconhecidos na presente Convenção, no caso da Alta Parte Contratante acusada haver declarado reconhecer a competência da Comissão nesta matéria ([39]).

3. Jurisdição, acto jurisdicional e processo

Liminarmente importará dizer que os conceitos de jurisdição e acto jurisdicional apresentam, ainda hoje, uma certa controversidade cuja origem e natureza, desde há muito, a doutrina tem procurado determinar.

([38]) Cfr. artigo 26.º da Convenção Europeia dos Direitos do Homem.

([39]) O artigo 151.º do Decreto-Lei n.º 265/79, de 1 de Agosto, que reestrutura os serviços que têm a seu cargo as medidas privativas de liberdade, preceitua: «Estão de todo o modo garantidos, esgotados os recursos internos, os direitos reconhecidos nos artigos 25.º e seguintes da Convenção Europeia dos Direitos do Homem» (n.º 1). «O Ministério da Justiça regulamentará os pressupostos internos dos respectivos recursos» (n.º 2). Refira-se que a regulamentação referida no n.º 2 daquele preceito consta do despacho do Ministro de Justiça, de 7 de Abril de 1980, publicado no «Diária da República», 1.ª Série, de 17 de Abril de 1980.

É usual falar-se de «jurisdição», quando referida a função jurisdicional, querendo afirmar-se, em sentido amplo, que ela designa a actividade desenvolvida pelos magistrados encarregados de administrar a justiça. Com efeito, se nos reportarmos a uma fase primitiva do direito romano verificamos que não se falava, então, de processo, mas de «iudicium» através do qual o juiz dizia o direito [40].

O conceito de jurisdição sofreu, entretanto, uma profunda mutação ao longo a história [41] e, nem mesmo os trabalhos mais recentes têm impedido de, por vezes, se confundirem os conceitos de *«poder jurisdicional»* e *«poder judicial»*.

«Jurisdicional» é palavra que vem de *«jurisdição»* (iuris dictio ou dictio iuris) que significa «dizer o direito». Porém, como nem todo o poder judicial é jurisdicional, *jurisdição*, diz-se, é só a parte de actuação do poder judicial que corresponde ao dizer o direito concreto mercê da sentença [42].

GERMAIN BRULLARD, depois de questionar sobre se se justifica um conceito distinto de *«jurisdição»*, conclui que não parece possível distinguir um conceito de acto jurisdicional, do mais geral, do acto administrativo. Para este autor "a jurisdição entra na noção de execução das leis. Não haverá senão duas funções: uma função legislativa e uma função executiva (ou administrativa) e não três. Se se admite que a administração se opõe à legislação, como o particular se opõe ao geral, é claro que não pode existir uma terceira função" [43].

---

[40] Muito embora com o direito romano comece a desenvolver-se a ideia de que o processo não é um meio de conseguir pela força da coacção o reconhecimento de um bem jurídico, mas um instrumento de concretização da vontade da lei, um instrumento de certeza, de segurança e de paz social (...), a verdade é que só na Idade Média surge o uso do termo processo (cfr. LUSO SOARES, "Direito processual civil", 1980, pág. 364).

[41] Vide, "Apontamento histórico sobre o funcionamento do processo", LUSO SOARES, "obra citada", págs. 108 e seguintes.

[42] Neste sentido, LUSO SOARES, "obra citada", pág. 39, para quem a jurisdição não compreende os procedimentos administrativos jurisdicionalizados (a chamada jurisdição imprópria, a jurisdição voluntária).

[43] «L'evolution de la notion de jurisdition dite « Gracieuse » ou «Volontaire» e de celle de jurisdition», in Revue Internationnel de Droit Comparé, 1957, pág. 7.

Ainda, segundo BRULLARD, é possível definir a *jurisdição* a partir de um ponto de vista orgânico e formal e de um ponto de vista material. Na primeira hipótese os resultados obtidos seriam pouco significativos. Objectivamente seriam jurisdicionais os actos realizados pelo juiz e já o não seriam os actos realizados por outro agente.

Salvo melhor opinião, não pode aceitar-se tal teoria, quando, referindo-se a actos jurisdicionais, admite apenas uma função legislativa e uma função executiva (ou administrativa). É claro que, para defesa do seu ponto de vista, o autor parte do pressuposto de não ser possível distinguir o conceito de acto jurisdicional do de acto administrativo o que, como veremos diante, não é aceitável [44]. De todo o modo, sempre se dirá que a única vantagem de tal definição reside na presunção da existência de uma função jurisdicional a partir da execução de órgãos judiciários.

Partindo de um ponto de vista material procuraram alguns autores dar uma definição aproximada de «*jurisdição*» com base em alguns dos seus caracteres. Entre tais caracteres figura a «*contestação*» cuja origem pode buscar-se num conflito de interesses [45]. Segundo esta orientação o juiz terá de «compor» o litígio nascido do conflito. A contestação apresenta-se como uma oposição de pretensões, concretizando-se ou não através de uma contradição [46].

---

[44] Os actos públicos podem ser legislativos, jurisdicionais e administrativos. "Trata-se de formas distintas de entrelaçamento da actividade jurídico-pública com a actividade jurídico-privada" (cfr. DIAS MARQUES, "Direitos reais", págs. 310 e seguintes).

Sobre este assunto, nota também ANSELMO DE CASTRO: "não é fácil, nem sequer no plano teórico, estabelecer a distinção rigorosa entre as várias funções. Para além das dificuldades de fixação de simples noções gerais verdadeiramente rigorosas, sempre existem casos intermédios e marginais que constituem uma espécie de zona cinzenta onde se torna bem difícil o estabelecimento de fronteiras concretas e claramente delineadas" ("Lições de processo civil", vol. I. pág. 7).

[45] CARNELUTTI, "Lite e funzione processual", in Rev. Dir. Proc., 1928.

[46] "Ao conflito de interesses, quando se efectiva com a pretensão ou com a resistência, poderá dar-se o nome de contenda, ou mesmo controvérsia. Afigura-se-nos mais conveniente, e adequado aos usos da linguagem, o de lide" (CARNELUTTI, "Teoria geral do direito", § 43, pág. 96).

Contra esta orientação manifestou-se M. LAMPUÉ([47]), para quem existem outros casos onde um conflito se desenrola diante de uma autoridade pública sem que apareça algum elemento formal de jurisdição; em contrapartida, haverá uma actividade judiciária que não supõe contestação e que constitui a chamada jurisdição voluntária ([48]).

Para outros ([49]), falar em acto jurisdicional implica conhecer o mais original dos seus efeitos: a força ou autoridade do caso julgado ([50]). Poderá ser considerado sob um ponto de vista material ou sob um ponto de vista formal; só nesta última hipótese o reconhecimento da autoridade do caso julgado a um acto levará a considerar-se esse acto jurisdicional, o que equivale a dizer que haverá jurisdição onde houver direito positivo e este o quis estabelecer.

Um outro critério para descobrir uma noção material de jurisdição poderá encontrar-se na estrutura do acto jurisdicional – no seu objecto e no seu fim.

Para DAGUIT ([51]), o acto jurisdicional compor-se-ia de um primeiro elemento dito «constatação» que corresponderia à fase da inteligência: seguindo um processo silogístico, o juiz fixaria os efeitos da espécie, aplicaria a regra do direito que lhe fosse aplicável e daí tiraria uma conclusão que determinaria em seguida, de forma necessária, o conteúdo do último elemento correspondente à fase da vontade «a decisão».

Tem-se entendido que por dois meios é possível determinar o objecto e o fim do acto processual: para uns esse meio estaria na actuação do juiz, isto é, em o juiz fazer actuar o direito subjectivo que o seu titular afirma ter sido violado; para outros a determina-

---

([47]) «La notion d'acte jurisditionnel», in Revue de Droit Public, 1946, págs. 401 e seguintes.

([48]) O processo voluntário (vulgarmente chamado processo de jurisdição voluntária) é um processo sem lide. E, não havendo lide, é óbvio que não há adversário (cfr. CARNELUTTI, "Derecho procesal civil y penal", vol. I, pág. 71).

([49]) ALLARIO, "Saggio polemico sulla iurisdizione voluntaria", in Riv. di Dir. Proc. Civ. 1948.

([50]) Oportunamente veremos qual a força ou autoridade do caso julgado.

([51]) «L'acte administrative e l'acte jurisditionnel», in Revue de Droit Public, 1906.

ção do objecto e do fim do acto jurisdicional residirá em o juiz, que tem por missão fazer respeitar e aplicar a lei, dever, em caso de não concordância entre a lei e o comportamento de um indivíduo, «*dizer o direito*» do caso concreto e, eventualmente, aplicar a regra do direito que corresponde ao caso concreto.

Tendo em conta as orientações acima expostas, temos para nós, seguindo, nesta parte, os ensinamentos de ANSELMO DE CATRO [52], que a jurisdição tem por objecto a realização (concreta) do direito, a actuação prática das normas abstractas [53] que integram o direito objectivo, quando inobservadas pelos seus destinatários.

Quanto à questão da processualidade e jurisdicionalidade, afigura-se-nos que não é de perfilhar a posição daqueles para quem o carácter jurisdicional atribuído à jurisdição contenciosa e não à jurisdição voluntária reside na existência ou não existência de litígio [54]. É que, como bem sustentam CASTRO MENDES [55] e ANSELMO DE CASTRO [56], não é a verificação ou não verificação de controvérsia, nem sequer a sua possibilidade ou impossibilidade, que caracterizam os processos de jurisdição contenciosa ou voluntária. Na verdade, pode não haver controvérsia em processo contencioso, caso o réu não conteste, ou até confesse logo o pedido, como pode nem a poder haver em certos casos excepcionais (artigos 3.º, n.º 2 e 394.º); em contrapartida, pode haver controvérsia em processo gracioso, como acontece no caso do suprimento do consentimento

---

[52] "Lições de processo civil", vol. I, págs. 7-8.

[53] A lei é geral e abstracta. A lei é sempre um juízo de valor abstractamente possível.

[54] Para CARNELUTTI, a distinção entre processo jurisdicional e processo voluntário encontra-se no conceito de «*lide*», entendida esta como o modo de ser do conflito de interesses ("Teoria geral do direito", § 43, pág. 96). Partindo da noção de que o processo jurisdicional tem por objecto a justa composição do litígio, aquele mestre italiano considera inadequada a denominação tradicional de «*função jurisdicional*» às exigências da linguagem científica, quando se refere ao processo executivo. Para ele a função processual possui um sentido mais amplo do que a função jurisdicional, abrangendo as fazes cognitiva e executiva ("Lezioni di diritto processual civile", vol. LI. pág. 76).

[55] "Direito processual civil", vol. II, págs. 53 e seguintes.

[56] "Lições de processo civil", vol. I, pág. 250.

de um dos cônjuges para venda de bens imóveis (artigos 1682.º-A e 1684.º, ambos do Código Civil)(57).

O processo – escreve CASTRO MENDES – caracteriza-se essencialmente pelo seu fim: sequência de actos que se destinam à justa composição do litígio(58). E LUSO SOARES acrescenta: "num certo modo de dizer, o processo tem como objectivo realizar justiça, destinando-se a sancionar condutas que perturbam a paz social"(59).

"Os actos processuais são elementos componentes de uma entidade única, a relação jurídica processual, e essa unidade é de natureza obediente e características próprias, as quais permitem desvincular, do direito material, o processo"(60). Mas a relação jurídico-processual constitui-se entre cada uma das partes de um lado, e o juiz do outro. Àquelas cabe impulsionar o processo ou pôr-lhe termo; ao juiz cabe o poder-dever jurisdicional para determinar concretamente a vontade da lei (na terminologia de CHIOVENDA), ou compor o conflito de interesses que lhe foi trazido (na terminologia de CARNELUTTI).

Acerca da relação jurídica processual observa também ALBERTO DOS REIS: "toda a estrutura processual, toda a cadeia de actos e termos do processo não é senão o desenvolvimento das duas relações jurídicas (autor-juiz e réu-juiz) que podem fundir-se numa só, porque visam o mesmo objectivo final: a sentença"(61).

Diz-se ainda que o processo é uma relação jurídica instrumental porque não tende para outro fim que não seja a aplicação práti-

---

(57) Para GUASP, consideram-se actos de jurisdição voluntária aqueles em que é necessária ou solicitada a intervenção do juiz, mas sem estar empenhada nem promover--se questão alguma entre partes conhecidas ou determinadas ("Derecho procesal civil", págs. 1569 e seguintes). Por seu lado, MARINI defende que a *jurisdição voluntária* consiste na actuação do direito objectivo no caso concreto, a fim de tutelar um interesse privado insatisfeito devido ao impossível exercício de faculdades ou poderes da parte do titular do mesmo, obra de um órgão judicial imparcial, mediante pronúncia dos provimentos constitutivos, discricionários, modificáveis, que tornam possível ou substituem tal exercício ("Rivista di diritto processual", pág. 296).

(58) "Direito processual civil", vol. I, pág. 69.
(59) "A Responsabilidade processual civil", 1987, pág. 33.
(60) Cfr. LUSO SOARES, "Direito processual civil", 1980. pág. 79.
(61) "Comentários ao código de processo civil", vol. III, pág.23.

ca das regras do direito do qual é instrumento (⁶²). Também para BALLBÉ a jurisdição é um conceito principal e o processo, como mero servidor, não passa de uma entidade subordinada (⁶³).

Para concluir, pode dizer-se que pesa sobre o juiz o dever de jurisdição, o dever de administrar a justiça às partes; e este dever não é mais do que a contrapartida de um direito que a lei reconhece às partes: o direito de acção e o direito de contradição (⁶⁴).

(⁶²) Cfr. ANSELMO DE CASTRO, "Lições de processo civil", vol. I, pág. 13.

(⁶³) "Se o processo não é mais do que um instrumento da função jurisdicional, a denominação própria do Direito Processual deveria ser a de Direito Jurisdicional..." ("La esencia del proceso – el proceso y la funcion administrativa", in Revista General de Legislacion y Jurisprudencia, 1947, ed. separata, pág. 48, nota 75).

(⁶⁴) «O tribunal não pode abster-se de julgar, invocando a falta ou obscuridade da lei ou alegando dúvida insanável acerca dos factos em litígio» (artigo 8.º, n.º 1 do Código Civil).

Para além desta disposição legal, também o n.º 2 do artigo 3.º da Lei n.º 21/85, de 30 de Julho (Estatuto dos Magistrados Judiciais) proíbe a denegação da justiça: «os magistrados judiciais não podem abster-se de julgar com fundamento na falta, obscuridade ou ambiguidade da lei, ou em dúvida insanável sobre o caso em litígio, desde que este deva ser juridicamente regulado».

PARTE I
A ACÇÃO EXECUTIVA EM GERAL

I. CONCEITO E CARACTERÍSTICAS DA ACÇÃO EXECUTIVA

Dissemos antes que à tutela dos direitos não basta a sua declaração judicial, ainda que acompanhada de condenação no cumprimento da prestação devida; e efectivamente assim é. Com efeito, em caso de incumprimento da prestação pelo obrigado, ao titular do direito só resta lançar mão de um outro meio com vista a assegurar a realização efectiva do seu direito. Esse outro meio é a acção executiva ou execução forçada como é conhecida no direito italiano.

Certos autores referem-se à acção executiva como meio de restauração coactiva de situações jurídicas substanciais [1].

O n.º 3 do artigo 4.º do Código de Processo Civil define a acção executiva como «aquela em que o autor requer as providências adequadas à reparação efectiva do direito violado» [2].

Que tipo de providencias e que espécie de direitos?

Se, não obstante a condenação, o faltoso persiste na violação, ao credor só restará solicitar ao tribunal actuações coercivas que se traduzem em dar ao titular do direito, independentemente ou contra a vontade do devedor remisso através do seu património, o que lhe

---

[1] Entre outros, MANDRIOLI, "L'execuzione forzata in forma specifica", pág. 6; e ZANZUCCHI, "Diritto processuale", págs. 13-14.

[2] LOPES CARDOSO define a acção executiva como aquela que "tem por fim exigir o cumprimento de uma obrigação estabelecida em título bastante ou a substituição da prestação respectiva por um valor igual do património do devedor" ("Manual da acção executiva" 3.ª Ed. pág. 22).

Substituindo as expressões «exigir o cumprimento» e «valor igual» por «efectivar o pagamento» e «valor equivalente», PALMA CARLOS define a acção executiva como aquela que se destina a efectivar o pagamento de uma obrigação, estabelecida em título bastante, ou substituir a prestação respectiva por um valor equivalente do património do devedor ("Direito processual civil, Acção executiva", 1970, pág. 20).

é devido. Concretamente, aquelas actuações coercivas traduzem-se na apreensão forçada de bens do faltoso e sua subsequente entrega ao credor, ou na sua alienação judicial e entrega do produto desta ao credor; na apreensão forçada da coisa e sua entrega ao titular dela; na prestação do facto por outrem à custa do devedor.

Uma vez que os bens penhorados são transmitidos livres dos direitos de garantia que os oneram, passando os credores titulares desses direitos a exercê-los sobre o produto da venda (cfr. artigos 824.º, n.ºs 2 e 3, do Código Civil), daí resulta que, ao contrário da venda extrajudicial, a venda dos bens na execução opera, por um lado, uma sub-rogação no objecto dos créditos providos de garantia real, na medida em que eles ficam garantidos pelo preço da venda e, por outro, a caducidade das garantias reais dos créditos, passando os titulares dos respectivos créditos preferenciais à qualidade de credores comuns, quando os não reclamem ([3]).

Saliente-se, desde já, que ao contrário do regime da execução consagrado no Código de 1939, o legislador de 1961 organizou a acção executiva em termos de a execução satisfazer o direito do credor exequente ([4]). Neste regime, em regra, a acção executiva corre os seus trâmites entre o exequente e o executado, admitindo-se, todavia, numa fase adiantada do processo, a participação de outros credores do executado – credores preferenciais – quando os seus créditos estejam providos de garantia real sobre os bens penhorados ([5]).

([3]) Os credores preferenciais são admitidos a reclamarem os seus créditos, ainda que não estejam vencidos, beneficiando, porém, o executado do desconto correspondente ao benefício da antecipação (artigo 868.º, n.º 3, in fine), e ainda que no momento da reclamação não disponha de título executivo, podendo requerer que a graduação dos créditos aguarde a obtenção do título (artigo 869.º n.º l).

([4]) O regime de execução consagrado no Código de 1939, em obediência ao princípio da igualdade dos credores perante o património do devedor, admitia a intervenção na execução de credores preferenciais e credores comuns, desde que os créditos comuns estivessem vencidos à data da reclamação. Neste regime, para além da admissibilidade de intervenção na execução de todos os credores do executado – execução colectiva – admitia-se também a apreensão de bens do executado, mas apenas dos necessários e suficientes à satisfação do crédito exequendo, ou deste e dos credores preferenciais que tivessem sido admitidos.

([5]) Veremos, adiante, que só os credores que gozem de garantia real sobre os bens penhorados podem reclamar, pelo produto destes, o pagamento dos respectivos

Refira-se, entretanto, que os meios coercivos próprios da acção executiva são tão somente os chamados meios de sub-rogação – meios pelos quais os órgãos estaduais competentes, substituindo-se ao devedor, visam dar satisfação ao direito do credor, independentemente da vontade daquele, através do seu património ([6]) – e não os meios de coacção (a multa e a prisão) através dos quais se procura determinar o devedor ao cumprimento da obrigação ou, como diz CARNELUTTI, levar o devedor ao cumprimento com a "ameaça de uma lesão do seu interesse mais grave do que aquela que lhe causaria o cumprimento" ([7]).

Quanto ao termo *«reparação»* usado pelo legislador, deverá ser entendido no sentido de *«realização»*, de modo a afastar a ideia de indemnização que está conotada com aquele termo ([8]).

No que toca ao tipo de direitos que pode ser realizado através da acção executiva, da análise do artigo 45.º, n.º 2 parece poder inferir-se que se trata da realização de direitos de estrutura obrigacional, de direitos relativos a uma prestação patrimonial. Sobre este assunto ensina PESSOA JORGE que quando a lei fala de acção executiva reporta-se a certo modo de realização coactiva dos direitos – e não de todo e qualquer direito –, mas apenas os direitos de crédito ou, melhor, dos direitos do tipo do direito de crédito ([9]).

---

créditos (artigo 865.º, n.º 1); e que não é admitida a reclamação dos credores com privilégio geral, mobiliário ou imobiliário, nos casos previstos no n.º 4 do mesmo preceito.

([6]) Para MANUEL RODRIGUES, um dos elementos da execução é a "entrega da prestação ao credor pelo tribunal ou pelo obrigado sob coacção do tribunal" (Processo civil e comercial, Execuções e falências", 1940, pág. 7).

([7]) "Direito e processo", pág. 289.

O meio de coacção na modalidade de prisão era admitido na nossa lei, não a favor do credor insatisfeito, mas tão somente contra o depositário infiel (artigo 854.º) e o arrematante remisso (artigo 924.º), antes da alteração daqueles preceitos introduzida pelo Decreto-Lei n.º 368/77, de 3 de Setembro, em cumprimento da disposição Constitucional (artigo 27.º, da Constituição da República de 1976) que proibia a prisão sem culpa formada.

([8]) O que se pretende dizer com a expressão *«reparação efectiva»* é *realização efectiva* do direito e este tanto pode ser o direito à prestação, como o direito à indemnização, como porventura outros» (Cfr. PESSOA JORGE, "Lições de direito processual civil, Acção executiva", 1972/73, pág. 8).

([9]) "Obra citada", pág. 10.

O fim e a estrutura próprios da acção executiva levam a considerá-la distinta e autónoma da acção declarativa ([10]).

Usa-se a acção declarativa para obter a declaração judicial da resolução concreta resultante da lei para a situação real trazida a juízo pelo requerente ou, por outras palavras, nela pede-se ao tribunal que pronuncie a solução jurídica concreta aplicável ao caso submetido a julgamento ([11]).

Emprega-se a acção executiva para obter a realização material das decisões judiciais, as prescrições oficiosas ou as estipulações negociais que, no plano do direito privado dela necessitem. Nesta, a prestação é realizada através de meios forçados ou coercitivos, em sub-rogação do devedor que voluntariamente não tenha cumprido a prestação ou seu equivalente ([12]).

Também o n.º 2 do artigo 2.º do Código de Processo Civil aflora a distinção entre as acções judiciais com base no critério do tipo de providências solicitadas ao tribunal, apontando-nos como declaratórias aquelas em que se pede o reconhecimento de um

---

([10]) As acções declarativas, diz o artigo 4.º. n.º 2, podem ser de simples apreciação, de condenação ou constitutivas.

As primeiras destinam-se a acabar com a incerteza, obtendo uma decisão que declare se existe ou não certa vontade da lei, ou se determinado facto ocorreu ou não ocorreu; visam unicamente obter a declaração de existência de um direito ou de um facto (cfr. RODRIGUES BASTOS, "Notas ao código de processo civil", 2.ª Ed., vol. I, pág. 71).

Na *acção de condenação* o demandante arroga um direito que diz estar ofendido pelo demandado, pretendendo que isso mesmo se declare e se ordene ainda ao ofensor a realização de determinada prestação, com reintegração do direito violado, ou como aplicação de uma sanção legal de outro género (cfr. MANUEL DE ANDRADE, "Noções elementares de processo civil", 1979, pág. 5).

As *acções constitutivas* são aquelas em que o requerente pretende obter a produção de um novo efeito jurídico material, que tanto pode consistir na constituição de uma nova relação jurídica, como na modificação ou extinção de uma relação preexistente. É o tipo de acções especialmente ajustadas aos chamados *direitos potestativos* (cfr. MANUEL DE ANDRADE, "obra supra citada", pág. 7).

([11]) A doutrina italiana chama correntemente processo de cognição ao tipo geral de processo declaratório, para significar que, através dele, o tribunal conhece da relação material sob o prisma do Direito (sub specie iuris).

([12]) Nesta acção dá-se ainda ao obrigado uma última oportunidade de cumprir (voluntariamente), mas já sob a cominação posta em prática do emprego dos meios coercivos adequados (cfr. MIGUEL TEIXEIRA DE SOUSA, "O Fim do processo declarativo", in Revista de Direito e Estudos Sociais, Ano XXV, pág. 251).

direito, a prevenção ou a reparação dele, através de uma declaração judicial e como executivas aquelas em que se solicita a realização de um direito através de actuações coercivas, esclarecendo-se, na parte final, que tanto o efeito útil da acção declaratória, como das acções executivas, pode ser acautelado mediante certas providências – os procedimentos cautelares regulados nos artigos 381.º e seguintes do Código de Processo Civil ([13]).

A acção executiva caracteriza-se, ainda, pela necessidade de uma base documental, isto é, pela necessidade de um título executivo, conforme se retira do artigo 45.º n.º 1, que diz: «toda a execução tem por base um título, pelo qual se determina o fim e os limites da acção executiva» ([14]).

Sem prejuízo de uma análise mais detalhada do preceito, o que se fará adiante, afigura-se-nos oportuno tecer, desde já, algumas considerações.

Como sabemos, através da acção executiva o tribunal é solicitado à prática de actos gravosos contra o património do executado: este vai ser despojado de bens que serão entregues, em espécie ou em valor, ao exequente ou, eventualmente, a este e aos credores reclamantes. E, para tal, é necessário que o tribunal tenha a certeza da existência e validade do direito exequendo no momento do desencadeamento das actuações coercivas conducentes à realização do mesmo.

([13]) Tanto nos procedimentos cautelares (restituição provisória de posse, arresto, embargo de obra nova) como nos processos especiais (acção de divisão de coisa comum e acção de divisão de águas) e ainda na acção de despejo, verifica-se, ou pode verificar-se, uma acção declarativa seguida de uma acção executiva.

([14]) O nosso legislador emprega o termo «*execução*» em vários sentidos. Umas vezes usa-o em sentido técnico-jurídico, como sinónimo de acção executiva (artigo 55.º, do Código de Processo Civil e artigos 817.º e 824.º do Código Civil); outras para designar o pedido em acção executiva (artigo 53.º, n.º 1); outras no sentido de cumprimento, realização voluntária da prestação pelo devedor (artigo 1162.º, 1163.º, 1208.º e 1209.º, todos do Código Civil); outras para designar o direito do credor sobre o conjunto de bens do devedor ou bens de terceiro que respondem pela dívida exequenda (artigo 818.º, do Código Civil); outras no sentido de pagamento forçado (artigos 827.º a 830.º, do Código Civil); outras, ainda, para nomear o processo da acção executiva, compreendendo a liquidação, quando haja lugar a ela (artigo 661.º, n.º 2). Vide, a propósito, LOPES CARDOSO, para quem a denominação «acção executiva» é incomparavelmente mais precisa que o nome de «execução» ("Manual da acção executiva", pág. 23).

É claro que a certeza jurídica de que o direito em causa existe, só se verifica no momento em que a sentença de condenação transitou em julgado (quando houve processo declarativo)([15]), ou no momento em que o título foi emitido (nos outros casos). Quando o credor não instaure a acção executiva imediatamente após o trânsito em julgado da sentença de condenação([16]), ou quando se permita a instauração da acção executiva sem precedência da acção declarativa([17]), nada garante ao órgão executivo que o direito de crédito ainda existe no momento da instauração da execução.

Ora, é precisamente aqui, e porque o tribunal tem de praticar actos gravosos contra o património do executado, que se coloca ao órgão executivo o problema de saber se deve dar prioridade à declaração, ou à execução, isto é, se deve discutir-se e declarar-se o direito antes da satisfação, ou se deve realizá-lo primeiro e posteriormente discutir-se se a execução é fundada ou não.

Dois sistemas ou princípios extremos apresentam-se: o da cognição ou declaração prévia e o da execução. Enquanto o primeiro (sistema romano) protege os interesses do devedor na medida em que não permite o ataque ao seu património sem uma prévia discussão do direito em acção própria; o princípio da execução (sistema germânico) tutela especialmente a posição do exequente na medida em que permite que através da acção executiva se desencadeiem as actuações coercivas sem ser necessária uma declaração jurisdicional prévia da existência do direito do credor([18]).

([15]) Como ensina PESSOA JORGE, quando houve processo declarativo e transitou em julgado a sentença de condenação, há, nesse momento, a certeza jurídica de que existe o direito em causa ("obra citada", pág. 23).

([16]) A acção executiva é distinta e autónoma da acção declarativa e, como está em regra dependente da vontade do credor, depende do impulso inicial do interessado.

([17]) Na nossa ordem jurídico-processual a acção executiva pode desencadear-se sem ser necessária a declaração jurisdicional prévia da existência do direito de crédito. Com efeito, a lei confere ao executado a possibilidade de pôr em causa a existência ou validade do direito de crédito, através de um processo declaratório que se enxerta no processo executivo – o antes chamado processo de *embargos de executado*, agora denominado de incidente de *oposição à execução*.

([18]) Aqui, o tribunal adquire a certeza, ainda que meramente formal, da justeza da acção executiva, quando o executado, tendo a possibilidade de discutir a existência ou validade do direito de crédito não o faça ou, tendo-o feito, a sua oposição seja julgada improcedente.

Com vista a ultrapassar os inconvenientes existentes em ambos aqueles sistemas e conciliar os interesses em conflito – o do credor na realização do seu crédito e o do devedor de que essa realização seja justa em ordem a evitar que sejam satisfeitos coactivamente créditos que não existam – o nosso legislador, à semelhança de outras legislações modernas, adoptou uma solução de compromisso que é representada pela necessidade de apresentação de um título executivo, conferindo-lhe a qualidade de pressuposto processual específico da acção executiva. Este título executivo, consubstanciando o direito de crédito exequendo, dá ao tribunal, se não a certeza, pelo menos a probabilidade séria da existência do direito[19].

Importa referir ainda que se a acção executiva é, em regra, o meio idóneo para assegurar a realização coerciva de direitos de estrutura obrigacional, direitos relativos a uma prestação patrimonial, não o é relativamente a certos direitos cuja realização não se compadece com as providências coercivas próprias da acção executiva. A realização efectiva destes direitos obtém-se através de uma via processual diferente: a acção declarativa constitutiva[20].

Com efeito, relativamente à obrigação de contratar emergente do contrato-promessa previsto no artigo 830.º do Código Civil, a realização coactiva da obrigação de contratar não se concretiza através de actuações coercivas de carácter material, já que a especial natureza do objecto mediato da obrigação – obrigação de contratar – não o permite; a realização coerciva do direito do credor efectiva-se através de uma actuação ideal que se traduz na substituição da declaração negocial do faltoso por sentença do tribunal[21].

---

[19] Em rigor, só há certeza jurídica de que o direito existe no momento em que a sentença transitou em julgado ou, tratando-se de outros títulos, no momento em que estes são emitidos; no momento em que o credor pretende desencadear as actuações coercivas, a existência do direito é hipotética. Veja-se, a propósito, PESSOA JORGE, "obra citada", págs. 25 e seguintes.

[20] Sobre o conceito de acção constitutiva, ver supra, nota (10).

[21] Estabelece o artigo 830.º, n.º 1 do Código Civil que «se alguém se tiver obrigado a celebrar certo contrato e não cumprir a promessa, pode a outra parte, na falta de convenção em contrário, obter sentença que produza os efeitos da declaração negocial do faltoso, sempre que a isso se não oponha a natureza da obrigação assumida». O recurso à execução específica em sede de contrato-promessa é admitido por diversos

II. PRESSUPOSTOS ESPECÍFICOS DA ACÇÃO EXECUTIVA

A par da existência dos pressupostos processuais gerais comuns a todo o processo civil ([22]), a acção executiva exige que se verifiquem determinados pressupostos ([23]), estes de carácter específico, quais sejam o título executivo e a obrigação exequenda.

II.I. O TÍTULO EXECUTIVO, PRESSUPOSTO ESPECÍFICO DE CARÁCTER FORMAL

l. Noção de título executivo

Como se disse já, a acção executiva caracteriza-se pela necessidade de uma base documental, isto é, a acção executiva não pode

---

ordenamentos jurídicos, entre outros, o alemão (ZPO, § 894), o italiano (C.C.I., artigo 2932.º) e o japonês (C.C.J., artigo 414.º).

Como bem refere LBBRE DE FREITAS, o contrato-promessa é, em qualquer desses sistemas como em Portugal, usado cada vez com maior frequência, como meio indispensável à eficácia e celeridade das transacções de hoje. E a faculdade de execução específica, longe de violar a sacrossanta vontade das partes, vem precisamente facilitar as transacções por elas queridas, pela segurança que dá a cada um dos contraentes de que o outro não irá poder furtar-se, tão facilmente como sem esse meio, ao cumprimento das obrigações que livremente assumiu ("O contrato-promessa e a execução específica", 1984, págs. 15-16).

Sobre este assunto, ver, também, Assento do STJ, de 30.01.1985, in D.R.. 1.ª Série, n.º 53. de 05.03.1985.

([22]) Objecto de estudo no Direito Processual Civil Declarativo, voltaremos adiante a analisar as suas particularidades em sede da acção executiva.

([23]) Por pressupostos processuais deve entender-se as condições ou requisitos cuja verificação é necessária para que a instância processual se considere regularmente constituída, de forma a permitir ao tribunal o conhecimento da pretensão do demandante ou requerente.

ser instaurada sem o demandante se encontrar munido de um título executivo: *nulla executio sine titulo* ([24]).

Sem pretendermos desenvolver exaustivamente o assunto, pode assentar-se, desde já, que a figura do *título executivo* sofreu uma profunda transformação ao longo da história.

Com efeito, em face do sistema romano a sentença de condenação não tinha eficácia executiva, mas meramente obrigacional, ou seja, a sentença de condenação fazia surgir uma nova obrigação – a obligatio judicati – em substituição da obrigação originária. Quer dizer, a acção executiva romana, embora necessariamente precedida por uma acção declarativa, não se baseava na sentença proferido nessa acção, mas na confissão da dívida pelo devedor, perante o tribunal. "O credor intimava o devedor a comparecer perante o magistrado (vocatus in jus): se ainda não tinha sido julgado em acção declarativa prévia e não confessava a dívida *in jure*, seguiam-se os trâmites da acção declarativa; se, porém, já fora *damnatus* em acção anterior ou se confessava a dívida perante o magistrado, este concedia-lhe um prazo de trinta dias para pagar" ([25]).

Ao contrário do sistema romano que permitia repetir o julgamento da acção declarativa antes da executiva, no sistema germânico procedia-se à apreensão dos bens do devedor, bastando, para o efeito, a simples afirmação do credor da existência do seu crédito insatisfeito. "... O credor requeria ao juiz a apreensão dos bens do devedor, o que lhe era concedido não com base na prova da existência do seu crédito, mas apenas atendendo à regularidade formal do pedido" ([26]).

([24]) No regime anterior à Reforma de 1995/1996, a lei não exigia, em certos casos, a apresentação de um título executivo: era o caso da venda e adjudicação do penhor (artigos 1008.º e seguintes revogados pelo artigo 3.º do Decreto-Lei n.º 329-A/95, de 12 de Dezembro), onde se verificava ou podia verificar-se a acção declarativa e a executiva sem autonomia processual. Neste tipo de acção, se não houvesse título executivo, a sua formação dava-se no mesmo processo em que se executava. Sobre este assunto, ver ANSELMO DE CASTRO, "A acção executiva singular comum e especial", págs. 394 e seguintes.

([25]) Cfr. PESSOA JORGE, "obra citada", pág. 27. E, mais adiante, o mesmo Professor continua: "Mais tarde, novas leis vieram admitir a *manus injectio* mesmo sem o devedor ser *judicatus* ou *confessus* – casos em que no direito romano se encontra a raiz das execuções não precedidas de processo declarativo".

([26]) Idem, idem, pág. 29.

Em ambos os sistemas não existia a figura do título executivo como pressuposto da acção executiva.

Só na Idade Média surge o conceito de *título executivo*, com vista a encontrar-se um ponto de equilíbrio entre os sistemas romano e germânico, mas ainda com uma amplitude e alcance bastante diversos do actual.

Efectivamente, no início o único título executivo que deixou de ter força meramente obrigacional foi a sentença condenatória: então passou a entender-se que a sentença de condenação tinha *executio parata* (execução aparelhada ou preparada), não sendo, portanto, necessário retomar a discussão da existência do direito através da *actio judicati*.

Só bastante mais tarde, mercê do desenvolvimento do comércio, foi possível alargar aquela qualidade a outros documentos sem necessidade de uma declaração prévia, atribuindo-se-lhes determinadas formalidades que lhes conferiam uma certa probabilidade da existência do direito.

Surge, desta forma, o título executivo como uma solução de compromisso entre os sistemas romano e germânico, por considerar-se que nem a confissão da dívida feita pelo devedor, nem a simples afirmação do crédito por parte do credor, podiam servir de base à execução. Foi a solução adoptada pelo nosso legislador, exigindo um documento – título executivo – no qual se encontre consubstanciado o direito de crédito que demonstre ao tribunal a probabilidade da existência do direito.

Dizemos que o título executivo demonstra ao tribunal tão somente a probabilidade da certeza do direito e não a inteira certeza, porquanto, como já se referiu antes, esta só existe no momento da formação do título. Ora, como a acção executiva depende, em regra, da iniciativa do credor[27] e, normalmente, este não intenta a acção executiva imediatamente após a formação do título, pode muito bem acontecer que no lapso de tempo decorrido entre a for-

---

[27] O credor tem de provocar a intervenção do tribunal para conseguir a realização do que julga ser o seu direito. É no plano da vontade do credor, por força do princípio dispositivo ou do impulso processual que vigora na nossa lei, que a acção executiva tem o seu início (cfr. PALMA CARLOS, "Direito processual civil, Acção executiva", pág. 12).

mação do título e o momento em que o credor lança mão da competente acção executiva, com vista à satisfação do seu crédito, tenha já ocorrido algum dos fundamentos – factos extintivos ou modificativos da obrigação – susceptíveis de conduzir à incerteza do direito de crédito consubstanciado no título (cfr. artigo 813.º, alínea g) do Código de Processo Civil) [28].

Com efeito, se o título executivo não dá ao tribunal a certeza da existência do direito de crédito, muito embora no início da acção executiva o tribunal se satisfaça com a prova feita pelo título, pode bem suceder que no momento em que o tribunal é chamado a praticar actos gravosos contra o património do devedor, venham a verificar-se situações em que o executado acabe por responder pelo incumprimento de uma obrigação que na realidade já não exista por, entretanto, ter ocorrido algum dos factos extintivos da mesma [29].

Atendendo à sua estrutura ou natureza, pode definir-se o título executivo como o documento constitutivo ou meramente declarativo de um direito a uma prestação, maxime, de uma obrigação.

Para ANTUNUS VARELA os títulos executivos são os documentos (escritos) constitutivos ou certificativos de obrigações que, mercê da força probatória especial de que estão munidos, tornam dispensável o processo declaratório (ou novo processo declaratório) para certificar a existência do direito do portador [30].

Ainda segundo o mesmo Mestre, o título executivo reside no documento e não no acto documentado [31], por ser na força pro-

---

[28] O normativo do artigo 813.º sofreu sucessivas alterações em relação à sua redacção original. Assim: as antigas alíneas a), b) e d) a g) têm a redacção do Decreto-Lei n.º 329-A/95, de 12 de Dezembro; a antiga alínea c) tem a redacção do Decreto-Lei n.º 180/96, de 25 de Setembro; e o corpo e a alínea h) têm a redacção do Decreto-Lei n.º 38/2003, de 8 de Março, que procedeu à Reforma da acção executiva.

[29] Veremos, oportunamente, quais os meios que o legislador coloca ao alcance do executado de modo a permitir-lhe pôr em causa a certeza e validade do crédito exequendo.

[30] "Manual de processo civil", 1985, 2.ª Ed., págs. 78-79. Noção próxima desta está aquela que nos deixa MANUEL DE ANDRADE, segundo qual os títulos executivos são os documentos de actos constitutivos ou certificativos de obrigações, a que a lei reconhece a eficácia de servirem de base ao processo executivo ("Noções elementares de processo civil", pág. 58).

[31] Enquanto para CARNELUTTI o título executivo é o próprio documento, já para LIEBMAN é o acto documentado (cfr. ALBERTO DOS REIS, "Processo de execução", vol. 1.º,

batória do escrito, atentas as formalidades para ele exigidas, que radica a eficácia executiva do título (quer o acto documentado subsista, quer não) [32].

Quer sejam vistos como documentos constitutivos ou dispositivos, certificativos ou declarativos, parece evidente que, face à nossa lei, o título executivo formalmente terá sempre que revestir a forma de documento escrito. Umas vezes o título executivo consubstancia o próprio acto constitutivo do direito de crédito [33]; outras consubstanciam um acto meramente declarativo de um direito de crédito [34].

Como pressuposto necessário da acção executiva, o título executivo define-lhe o fim e os limites (cfr. artigo 45.º, n.º 1) [35].

2. Espécies de títulos executivos

O artigo 46.º, n.º 1 diz-nos quais os documentos que podem servir de títulos executivos.

Deste preceito retira ANSELMO DE CASTRO a classificação dos títulos executivos em judiciais, parajudiciais e extrajudiciais [36]. Substancialmente diferente é a classificação feita por MANUEL DE ANDRADE, em títulos executivos judicias (artigo 46.º, alínea a)), e extrajudiciais, abrangendo estes os administrativos (artigo 46.º, alí-

---

pág. 102). Por seu lado, PESSOA JORGE define o título executivo como um acto documentado e constituição ou reconhecimento de um direito ("obra citada", pág. 242).

[32] No mesmo sentido MANUEL DE ANDRADE, "obra supra citada", págs. 58-59.
Acerca da força probatória e força executiva dos documentos particulares, ver J. M. GONÇALVES SAMPAIO, "A prova por documentos particulares...", 2.ª Ed., actualizada e ampliada, 2004, págs. 219 e seguintes.

[33] Tal como sucede com o contrato de mútuo de valor superior a € 20.000, obrigatoriamente celebrado por escritura pública para ser válido: «O contrato de mútuo de valor superior a 20 000 euros só é válido se for celebrado por escritura pública, e o de valor superior a 2 000 euros se o for por documento assinado pelo mutuário» (artigo 1143.º do Código Civil).

[34] Caso do testamento público em que o testador reconhece uma dívida pública.

[35] Veremos, adiante, que pelo título executivo há-de determinar-se a espécie de prestação e da execução que lhe corresponde, o quantum dessa prestação e bem assim há-de aferir-se a legitimidade das partes para a acção.

[36] "A acção executiva singular...", pág. 15.

nea d) e os negociais, e distinguindo nestes os unilaterais e os contratuais (artigo 46.º, alíneas b) e c))([37]).

Por seu lado, MIGUEL TEIXEIRA DE SOUSA distingue, no actual processo civil, os títulos executivos em judiciais (artigo 46.º, n.º 1, al. a)), extrajudiciais (artigo 46.º, n.º 1, als. b) e c)) e de formação judicial – aqueles que resultam da oposição da fórmula executória a um requerimento de injunção ao qual o requerido não deduziu oposição –, acrescentando que a norma remissiva do artigo 46.º, n.º 1, al. d) pode referir-se indistintamente a qualquer espécie de título executivo([38]).

Do advérbio «*apenas*» inserido no proémio daquele preceito e inexistente na versão do Código de 1939 tem-se inferido o carácter taxativo da enumeração: «à execução "apenas" podem servir de base»([39]). Com efeito, se a enumeração é taxativa daí resulta que a vontade das partes e do juiz são irrelevantes para criar outros títulos executivos ou negar exequibilidade àqueles que a tenham segundo a lei.

Mas o proémio do citado artigo contém também a fórmula verbal «*podem*», entendendo-se que com ela quer exprimir-se o carácter facultativo do preceito; significa que mesmo que o credor esteja munido de um título executivo não terá forçosamente de intentar a correspondente acção executiva. Àquele que esteja munido de um título com manifesta força executiva([40]), excepto quando esse título seja uma sentença([41]), é permitido o recurso à acção declarativa com vista ao reconhecimento do direito de crédito consubstanciado no título([42]), ainda que tenha de suportar as custas da

---

([37]) "Noções elementares de processo civil", págs. 59-60.

([38]) "A reforma da acção executiva", pág. 69.

([39]) Já na vigência do Código de 1939 vinha-se entendendo o carácter taxativo da enumeração dos títulos executivos, não obstante o carácter residual do n.º 5 do artigo 46.º daquele Código.

([40]) Por título com manifesta força executiva deverá entender-se o título executivo cuja força executiva seja inquestionável.

([41]) Aqui, obsta à admissão da acção declarativa o caso julgado, – excepção dilatória de conhecimento oficioso – (cfr. artigos 493.º, n.ºs 1 e 2, 494.º, al. i), e 495.º, todos do Código de Processo Civil).

([42]) «Pelas dívidas que são da responsabilidade de ambos os cônjuges respondem os bens comuns do casal, e, na falta ou insuficiência deles, solidariamente, os bens próprios de qualquer dos cônjuges» (artigo 1695.º, n.º 1 do Código Civil). «Pelas

acção, verificado que seja o condicionalismo previsto no artigo 449.º, n.ᵒˢ 1 e 2, alínea c) [43].

2.1. Títulos executivos judiciais: as sentenças condenatórias

Entende-se que ao optar pela expressão «*sentenças condenatórias*» em substituição da expressão «*sentenças de condenação*» que era usada no Código de 1939, o legislador pretendeu clarificar a ideia de que para além das sentenças proferidas em acções declarativas de condenação (artigo 4.º, n.º 2, alínea b)) também as sentenças proferidas em acções declarativas de simples apreciação ou em acções declarativas constitutivas (artigo 4.º, n.º 2 alíneas a) e c)) são susceptíveis de execução, pelo menos quanto à execução em custas [44].

Com efeito, se quanto à condenação em custas é pacífico que a sentença constitui título executivo, independentemente da acção declarativa em que tenha sido proferida [45], já se discute se a sentença proferida em acção declarativa de simples apreciação e em acção declarativa constitutiva é título executivo, para além da execução por custas e em que medida.

Quanto à acção *declarativa constitutiva*, vem-se entendendo que a sentença nela proferida pode servir de base à execução, desde que por ela sejam criadas obrigações que, como tal, possam ser objecto de incumprimento: caso da acção de divórcio onde seja proferida sentença que além de decretar o divórcio imponha a obri-

---

dívidas da exclusiva responsabilidade de um dos cônjuges respondem os bens próprios do cônjuge devedor e, subsidiariamente, a sua meação nos bens comuns» (artigo 1696.º, n.º 1 do Código Civil).

[43] O autor responde pelas custas quando o réu não tenha dado causa à acção e não conteste. Entende-se que o réu não dá causa à acção «quando a autor munido de um título com manifesta força executiva, use sem necessidade do processo de declaração». Exprimindo-se pela afirmativa, escreve ALBERTO DOS REIS: "O réu dá causa à acção sempre que haja nexo de causalidade entre ele e a acção, ou esse nexo tenha expressão subjectiva: no sentido de que o réu teve comportamento contrário à ordem jurídica, ou tenha expressão objectiva, no sentido de que se materializou no réu o facto de que a acção emerge" ("Código de processo civil anotado", vol. II, pág. 222).

[44] Neste sentido, LOPES CARDOSO, "Manual da acção executiva", págs. 41-42.

[45] Consideração que vale, igualmente, quanto à condenação da parte em multa ou indemnização, como litigante de má fé ou em sanção pecuniária compulsória.

gação de prestar alimentos a um dos cônjuges e o obrigado não os preste.

Relativamente à sentença proferida em acção declarativa de *simples apreciação*, as posições divergem entre aqueles para quem a sentença pode constituir título executivo, desde que declare a existência de uma obrigação ([46](#)) e aqueles para quem não pode falar-se de título executivo porquanto a sentença não condena o réu no cumprimento de uma obrigação, limitando-se apenas a declarar a existência do direito ([47](#)).

Salvo o devido respeito, temos para nós que as sentenças proferidas em acções de simples apreciação não constituem títulos executivos a não ser quanto à condenação em custas, em multa ou indemnização como litigante de má-fé. É que, nesta espécie de acção não se exige do réu prestação alguma, porque não se lhe imputa a falta de cumprimento de qualquer obrigação; nela o autor tem simplesmente em vista pôr termo à incerteza sobre a existência de um direito e a sentença nada acrescenta para além da confirmação da existência de um direito ou de um facto jurídico ([48](#)).

E se é certo que também nas acções de condenação há lugar a uma prévia «*apreciação*» do tribunal com vista a certificar-se da existência e violação do direito obrigacional ou real do demandante, sem o que o tribunal não pode condenar o eventual infractor, a verdade também é que, aqui, esta operação prévia de «*apreensão*» funciona como meio de condenação. Como ensina ANSELMO DE CASTRO, "há dois juízos nas acções de condenação: um de apreciação – implícito – e outro de condenação – explícito" ([49](#)); mas essas duas operações – *apreciação* e *condenação* – não correspondem a um pedido duplo (o de declaração e o de condenação), mas a um só pedido ([50](#)).

([46](#)) Neste sentido, LOPES CARDOSO, quando refere: "para que a sentença ou o despacho possam basear acção executiva, não é preciso, pois, que condene no cumprimento de uma obrigação; basta que essa obrigação fique declarada ou constituída por eles" ("obra citada, pág. 43). No mesmo sentido, JORGE BARATA, "Acção executiva comum, noções fundamentais", 1980, págs. 37-38.

([47](#)) Entre outros, ANSELMO DE CASTRO, "A acção executiva singular...", págs. 16--17; e LEBRE DE FREITAS, "A acção executiva depois da reforma", págs. 38-39.

([48](#)) Cfr. ALBERTO DOS REIS, "Código de processo civil anotado", vol. I, pág. 19.

([49](#)) "Lições de processo civil", vol. I, pág. 179.

([50](#)) Cfr. ALBERTO DOS REIS, "obra supra citada", vol. III, pág. 148.

Quanto às chamadas *decisões mistas* de declaração ou constituição e de condenação; ou de sentenças e acções de duplo conteúdo, constitutivas e declaratórias, tem-se entendido que os dois momentos – constituição e declaração, e condenação – são conceitualmente incidíveis e, portanto, uma condenação «*expressis verbis*» apresentar-se-ia como inútil e como meramente formal [51].

Quando o legislador fala em «*sentenças condenatórias*» pretende abranger não só as decisões finais das acções proferidas por um dos juízes da causa (sentença stricto sensu) [52], como também as decisões dos tribunais colegiais (acórdãos) e quaisquer outras decisões (despachos – artigo 156.º, n.º 1) ou actos de autoridade judicial que condenem no cumprimento de uma obrigação (artigo 48.º n.º 1 e 113.º) [53].

Para efeitos de exequibilidade são equiparáveis às decisões proferidas pelos tribunais comuns, as proferidas pelos *tribunais arbitrais* (artigos 48.º, n.º 2, e 30.º da Lei n.º 31/86, de 29 de Agosto – Arbitragem Voluntária).

Quanto às decisões proferidas por *tribunais estrangeiros* ou por *árbitros* em *país estrangeiro*, só são exequíveis depois de revistas e confirmadas pelo tribunal português competente (artigos 49.º e 1094.º, n.º 1) [54]. A confirmação é necessária, não apenas

---

[51] Cfr. SATTA, "Commentario al codice di procedura civile", vol. II, pág. 8, que diz: "são títulos executivos todas as sentenças que, reconhecendo um direito, contenham implícita a necessidade de uma reintegração".

[52] Incluindo as decisões proferidas em processo não civil, desde que condenem o arguido a pagar uma indemnização ao ofendido.

[53] É o caso dos despachos que imponham multas à parte ou a testemunhas, condenem em indemnização ou fixem honorários de peritos, depositários ou liquidatários judiciais.

[54] A revisão compete aos Tribunais da Relação (cfr. artigos 71.º, n.º 1 e 1095.º, ambos do Código de Processo Civil e artigo 56.º, n.º 1, alínea f) da Lei n.º 3/99, de 13 de Janeiro – Lei Orgânica e Funcionamento dos Tribunais Judiciais). Com efeito, a Relação não tem que examinar se a decisão é justa ou injusta; se a lei foi bem ou mal aplicada; também não tem que preocupar-se com as dificuldades que a execução da sentença possa, porventura suscitar: isso é com o tribunal da execução. Veja-se, a propósito, MACHADO VILELA, "Tratado de direito internacional privado", vol. I, pág. 665.

A propósito do normativo do n.º 1 do artigo 49.º do Código de Processo Civil, na redacção dada pelo Decreto-Lei n.º 38/2003, de 8/3, importa lembrar o regime de concessão do *exequatur* que consta dos seguintes instrumentos: Regulamento (CE)

para efeitos de execução(⁵⁵), mas também para todo e qualquer efeito do direito civil, incluindo o registo civil e registo predial. Todavia, a sentença estrangeira não revista nem confirmada pode ser invocada em processo pendente em tribunal português como simples meio de prova cujo valor é livremente apreciado pelo julgador(⁵⁶).

Os requisitos necessários para a confirmação estão previstos no artigo 1096.º(⁵⁷).

Para que as decisões judiciais (sentenças, acórdãos e despachos condenatórios) sejam exequíveis é necessário que tenham transitado em julgado, isto é, que sejam já insusceptíveis de recurso

---

n.º 44/2001 do Conselho, de 22/12/2000, relativo à competência judiciária, ao reconhecimento e à execução de decisões em matéria civil e comercial ("Regulamento Bruxelas I"); Regulamento (CE) n.º 1347/2000 do Concelho, de 29/05/2000, relativo à competência, ao reconhecimento e à execução de decisões em matéria matrimonial e de regulação do poder paternal em relação a filhos comuns do casal ("Regulamento Bruxelas II), substituído, a partir de 1/3/2005, pelo Regulamento (CE) n.º 2201/2003 do Conselho, de 27/11/2003, relativo à competência, ao reconhecimento e à execução de decisões em matéria matrimonial e em matéria de responsabilidade parental; Regulamento (CE) n.º 1346/2000 do Conselho, de 29/5/2000, relativo aos processos de insolvência; Convenção sobre o Reconhecimento e a Execução de Sentenças Arbitrais Estrangeiras, de 10/6/1958 ("convenção de Nova Iorque"); Regulamento (CE) n.º 1206/2001 do Conselho, de 28/05/2001, relativo à cooperação entre os tribunais dos Estados-Membros no domínio da obtenção de provas em matéria civil ou comercial. Com relevância, veja-se, ainda: Regulamento (CE) n.º 805/2004, de 21 de Abril, do Parlamento Europeu e do Conselho, que cria o *título executivo europeu para créditos não contestados*; Regulamento (CE) n.º 1896/2006, do Parlamento europeu e do Conselho, de 12 de Dezembro, que cria o *procedimento de injunção do pagamento*; e Regulamento (CE) n.º 86/2007, do Parlamento europeu e do Conselho, de 11 de Julho, que estabelece um *processo europeu para as acções de pequeno montante*.

(⁵⁵) "... Os verdadeiros títulos executivos não são essas sentenças mas os acórdãos confirmatórios respectivos, os quais estão, sem dúvida, compreendidos na alínea a) do artigo 46.º"' (LOPES CARDOSO, "obra citada", pág. 41).

(⁵⁶) Neste sentido, Assento do STJ, de 16/12/1988, DR., 1.ª Série, n.º 50, de 01.03.1989.

(⁵⁷) As alíneas c), e) e f) do normativo têm a redacção do Decreto-Lei n.º 329-A/95, de 12 de Dezembro. A propósito do preceito, vide, entre outros, Ac. do STJ, de 16.11.1982, BMJ n.º 321, pág. 356; Ac. Relação de Lisboa, de 30.07.1985, BMJ n.º 356, pág. 439; e Acs. do STJ, de 17.12.1981, BMJ, n.º 312, pág. 262, de 28.05.1986, BMJ n.º 357, pág. 354, e de 22.11.1990, BMJ n.º 401, pág. 509.

ordinário ([58]) ou reclamação (artigo 677.º) ([59]), salvo se contra elas tiver sido interposto recurso com efeito meramente devolutivo (artigo 47.º, n.º 1).

([58]) Em regra só admitem recurso ordinário as decisões judiciais proferidas em causas de valor superior à alçada do tribunal de que se recorre (tribunal a quo), desde que as decisões impugnadas sejam desfavoráveis para o recorrente em valor também superior a metade da alçada desse tribunal; em caso, porém, de fundada dúvida acerca do valor da sucumbência, atender-se-á somente ao valor da causa (artigo 678.º, n.º 1, na redacção anterior ao Decreto-Lei n.º 303/2007, de 24 de Agosto, que procedeu à Reforma dos recursos cíveis).

As alçadas dos tribunais de Comarca e da Relação, em matéria civil, são de € 3.740,98 e de € 14.963,94, respectivamente (artigo 24.º da Lei n.º 3/99, de 13 de Janeiro – Lei Orgânica e Funcionamento dos Tribunais Judiciais –, alterado pelo Decreto-Lei n.º 323/2001, de 17/12, na redacção anterior ao referido Diploma legal).

Assim, em regra, não é susceptível de recurso ordinário a decisão proferida em acção declarativa sumaríssima, uma vez que o valor da causa está contido na alçada do tribunal de 1.ª instância (artigos 462.º e 678.º, n.º 1). Porém, a decisão é sempre susceptível de recurso, qualquer que seja o valor da causa, desde que o fundamento do recurso seja algum dos indicados no artigo 678.º, n.ºˢ 2 a 6 (na redacção anterior à Reforma dos recursos cíveis) e ainda quando se verifique a hipótese prevista no artigo 475.º, n.º 2.

Quanto aos recursos das sentenças proferidas nos *julgados de paz*, vide artigo 62.º da Lei n.º 78/2001, de 13 de Julho

Se a decisão judicial é susceptível de recurso ordinário, transita em julgado quando não tenha sido interposto recurso no prazo de dez dias (artigo 685.º, n.º 1, na redacção anterior ao Decreto-Lei n.º 303/2007, de 24 de Agosto) contado a partir da notificação da decisão judicial; "se a parte for revel e não dever ser notificada nos termos do artigo 255.º, o prazo corre desde a publicação da decisão" (artigo 685.º, n.º 1, 2.ª parte, na redacção anterior ao referido Diploma legal). "Tratando-se de despachos ou sentenças orais, reproduzidos no processo, o prazo corre do dia em que foram proferidos, se a parte esteve presente ou foi notificada para assistir ao acto; no caso contrário, o prazo corre nos termos do n.º 1" (artigo 685.º, n.º 2, na redacção anterior ao aludido Diploma legal). "Quando, fora dos casos previstos nos números anteriores, não tenha de fazer-se a notificação, o prazo corre desde o dia em que o interessado teve conhecimento da decisão" (artigo 685.º, n.º 3, na redacção anterior ao referido Diploma legal). "Se alguma das partes requerer a rectificação, aclaração ou reforma da sentença, nos termos do artigo 667.º e do n.º 1 do artigo 669.º, o prazo para o recurso só começa a correr depois de notificada a decisão proferida sobre o requerimento" (artigo 686.º, n.º 1, também na redacção anterior ao Decreto-Lei n.º 303/2007, de 24 de Agosto).

Note-se que a revolucionária **Reforma dos recursos**, operada pelo Decreto-Lei n.º 303/2007, de 24 de Agosto, veio, não apenas *extinguir o recurso de agravo*, com a consequente *criação de um recurso único* para as questões materiais e adjectivas (o que implicou uma importante reconstrução de boa parte do Código de Processo Civil), mas também alterar os valores das alçadas, que passam a ser: de € 30 000 para os tribunais da Relação e de € 5 000 para os tribunais de 1.ª instância (de acordo com a

Sumariamente, dir-se-á que a nossa lei prevê diversas espécies de recursos ordinários: a apelação (artigos 691.º a 720.º), a revista (artigos 721.º a 732.º-B), o agravo interposto em 1.ª instância (artigos 733.º a 753.º, na redacção anterior ao Decreto-Lei n.º 303//2007, de 24 de Agosto) e o agravo interposto na 2.ª instância (artigos 754.º a 762.º, na redacção anterior ao referido Diploma legal) (60) (61).

---

redacção dada por aquele Diploma ao artigo 24.º, n.º, da Lei n.º 3/99, de 13 de Janeiro – Lei de Organização e Funcionamento dos Tribunais Judiciais), consagrando-se ainda a importante regra segundo a qual o valor da causa passa a ser, nos termos do artigo 315.º, obrigatoriamente fixado pelo juiz.

Apesar de a entrada em vigor da generalidade das novas normas ter sido *diferida para o dia 1 de Janeiro de 2008*, tendo em conta o elevado número de processos pendentes que continuarão a reger-se pelas normas ainda em vigor, entendemos dever manter a análise das mesmas, sem prejuízo de fazermos uma abordagem em relação àquelas que mais directamente se relacionam com o trabalho em apreço. Assim, e relativamente aos supra referenciados preceitos, importará dizer que: os n.os 1 a 3 do artigo 678.º foram substancialmente alterados pelo referido Decreto-Lei n.º 303/2007, que pelo seu artigo 9.º também revogou os n.os 4 a 6 do artigo 678.º; também o artigo 685.º é substancialmente alterado, passando o prazo, regra, para a interposição do recurso, a ser «de 30 dias, salvo nos processos urgentes e nos demais casos expressamente previstos na lei, e conta-se a partir da notificação da decisão» (cfr. n.º 1), a que acrescem 10 dias, «se o recurso tiver por objecto a reapreciação da prova gravada» (cfr. n.º 3); também fica agora definitivamente esclarecido que, mesmo «havendo vários recorrentes ou vários recorridos, ainda que representados por advogados distintos, o prazo das respectivas alegações é único» (cfr. n.º 9); quanto ao artigo 686.º, foi revogado pelo artigo 9.º do referido Diploma.

(59) Quando uma decisão judicial não seja susceptível de recurso ordinário, transita em julgado logo que decorra o prazo de reclamação, que é de dez dias (artigo 153.º, n.º 1).

(60) Para além dos recursos ordinários prevê a nossa lei também os recursos extraordinários de revisão (artigos 671.º e seguintes) e a oposição de terceiro (artigos 678.º e seguintes, na redacção anterior ao Decreto-Lei n.º 303/2007, de 24 de Agosto). O recurso ordinário é interposto antes do trânsito em julgado da decisão; o recurso extraordinário, independentemente deste trânsito em julgado (cfr. Castro Mendes, "Recursos", 1980, pág. 68).

Note-se que os artigos 778.º a 782.º, que regulam o recurso de *oposição de terceiro* foram revogados pelo artigo 9.º do Decreto-Lei n.º 303/2007, de 24 de Agosto.

Com relevância no plano processual civil, existem ainda os recursos para fiscalização corrente da constitucionalidade e da legalidade, onde o Tribunal Constitucional age em regime cassatório (artigos 277.º e seguintes da Constituição da República e artigos 70.º e 80.º da Lei 28/82, de 15 de Novembro).

(61) Note-se que a Reforma dos recursos cíveis, operada pelo Decreto-Lei n.º 303/2007, de 24 de Agosto, com a entrada em vigor diferida para o dia 1 de Janeiro de 2008, *extinguiu o recurso de agravo* interposto na 1.ª e na 2.ª instância, *revogando*, pelo seu artigo 9.º, os artigos 733.º a 762.º que regulavam cada uma daquelas espécies.

Nos termos do artigo 691.º, n.º 1, na redacção anterior à Reforma dos recursos cíveis, «o recurso de apelação compete da sentença final e do despacho saneador que conheçam do mérito da causa» ([62]).

O recurso de apelação terá efeito meramente devolutivo (artigo 692.º, n.º 1) ([63]), salvo quando se verifique alguma das situações previstas no n.º 2 do mesmo preceito, em que terá efeito suspensivo ([64]).

«Cabe recurso de revisão do acórdão da Relação que conheça do mérito da causa» (artigo 721.º, n.º 1, na redacção anterior ao Decreto-Lei n.º 303/2007, de 24 de Agosto) ([65]). O seu fundamento é a violação da lei substantiva (artigo 721.º, n.ºs 2 e 3, na redacção anterior ao referido Diploma legal ([66]).

([62]) Prescreve o artigo 691.º, n.º 1, na redacção dada pelo referido Decreto-lei n.º 303/2007: «Da decisão do tribunal de 1.ª instância que ponha termo ao processo cabe recurso de apelação». Cabe ainda recurso de apelação das decisões de 1.ª instância indicadas nas diversas alíneas do n.º 2 do mesmo preceito. Como é fácil de ver, salvo aquela indicada na alínea h) do n.º 2, de todas as demais decisões cabia, antes, em regra, recurso de agravo em 1.ª instância.

([63]) O efeito *devolutivo* consiste na atribuição ao tribunal hierarquicamente superior (tribunal ad quem) do poder de reapreciar a decisão proferida no tribunal recorrido (tribunal a quo). Por efeito *suspensivo* entende-se a não produção dos efeitos da decisão judicial, entre os quais a sua exequibilidade. Quando o recurso não tem efeito suspensivo, diz-se que tem feito *meramente devolutivo*. Vide, a propósito, CASTRO MENDES, "Recursos", págs. 140 e seguintes.

No entender de ALBERTO DOS REIS, não é necessária a declaração do efeito meramente devolutivo, bastando requerer o translado da decisão judicial ("Código de processo civil, anotado", vol. VI, pág. 481).

([64]) «Não querendo, ou não podendo, obter a execução provisória da sentença, pode o apelado, que não esteja já garantido por hipoteca judicial, requerer, no prazo de 10 dias contados da notificação do despacho que admita a apelação ou que, no caso do n.º 3 do artigo anterior, lhe recuse o efeito suspensivo, que o apelante preste caução» (artigo 693.º, n.º 2). Este normativo foi alterado pelo referido Decreto-Lei n.º 303/2007, de 24 de Agosto, prescrevendo, agora: «Não querendo, ou não podendo, obter execução provisória da sentença, o apelado que não esteja já garantido por hipoteca judicial pode requerer, na alegação, que o apelante preste caução».

([65]) Prescreve o mesmo normativo, na redacção dada pelo Decreto-Lei n.º 303/2007: «Cabe recurso de revista para o Supremo Tribunal de Justiça do acórdão da Relação proferido ao abrigo do n.º 1 e da alínea h) do n.º 2 do artigo 691.º».

([66]) Os fundamentos da revista passam a estar previstos no artigo 722.º, na redacção dada pelo aludido Decreto-Lei n.º 303/2007, de 24 de Agosto.

O efeito da interposição do recurso de revista é, em regra, meramente devolutivo, salvo quando verse sobre questões atinentes ao estado de pessoas, onde o efeito é suspensivo (artigo 723.º).

Cabe recurso de agravo em 1.ª instância das decisões de que não pode apelar-se, isto é, daquelas decisões que não conheçam do mérito da causa (artigo 733.º, na redacção anterior à Reforma dos recursos cíveis) e ainda das decisões judiciais a que alude o artigo 800.º, com referência ao artigo 678.º, n.º 2. A interposição do recurso de agravo em 1.ª instância tem efeito suspensivo, conforme resulta do artigo 740.º, n.º 2, na redacção anterior à Reforma dos recursos cíveis) ([67]).

O recurso de agravo na 2.ª instância cabe das decisões de que não pode recorrer-se de revista ou de apelação (artigo 754.º, na redacção anterior ao Decreto-Lei n.º 303/2007, de 24 de Agosto) ([68]). Nos termos do artigo 758.º, n.º 1 ([69]), as decisões judiciais relevantes para efeitos da acção executiva têm efeito suspensivo ([70]).

Da análise sumariamente feita e do preceituado nos artigos 703.º, 726.º, 751.º e 762.º ([71]) infere-se que os efeitos atribuídos aos recursos podem ser alterados pelo tribunal *ad quem*, repercutindo-se essa alteração na exequibilidade ou inexequibilidade das decisões judiciais. Na verdade, a atribuição a um recurso de efeito meramente devolutivo significa que é possível executar a decisão recorrida na pendência do recurso, mas a decisão do tribunal *ad*

([67]) Cabe aqui referir que só os despachos que tenham condenado em multa ou tenham condenado no cumprimento de obrigação pecuniária, garantida por depósito ou caução, são relevantes para efeitos da acção executiva (cfr. artigo 740.º, n.º 2, alíneas a) e b)).

([68]) «Do acórdão da Relação que conheça, em 1.ª instância, do objecto da acção cabe recurso de apelação para o Supremo» (artigo 1090.º). Aqui o Tribunal da Relação serve de 1.ª instância, e o Supremo serve de 2.ª instância.

([69]) Este artigo foi revogado pelo artigo 9.º do Decreto-Lei n.º 303/2007, de 24 de Agosto.

([70]) Conforme já referido acima, o Decreto-Lei n.º 303/2007, de 24 de Agosto, com a entrada em vigor diferida para o dia 1 de Janeiro de 2008, *extinguiu o recurso de agravo* interposto na 1.ª e na 2.ª instância, *revogando*, pelo seu artigo 9.º, os artigos 733.º a 762.º que regulavam cada uma daquelas espécies.

([71]) Note-se que os artigos 751.º e 762.º foram revogados pelo artigo 9.º do Decreto-Lei n.º 303/2007.

quem irá repercutir-se na decisão que, entretanto, tenha dado origem à acção executiva. É o que de decorre do artigo 47.º, n.º 2, 1.ª parte, que reza: «a execução iniciada na pendência de recurso extingue-se ou modifica-se em conformidade com a decisão definitiva comprovada por certidão».

Assim, se a decisão final revoga totalmente a decisão exequenda, absolvendo o réu (executado), a execução extinguir-se-á; se a decisão final revoga parcialmente a decisão exequenda, mantendo parcialmente a condenação do réu (executado) a execução modificar-se-á, isto é, a execução prosseguirá quanto à parte não revogada.

Quando a decisão proferida pelo tribunal *ad quem* não seja definitiva (artigo 47.º, n.º 2, 2.ª parte), por outras palavras, quando se trate de decisões intermédias objecto de recurso para o tribunal superior, duas situações se podem verificar, consoante o efeito atribuído ao novo recurso: se lhe for atribuído também efeito meramente devolutivo, a execução suspender-se-á quando a decisão intermédia tiver revogado totalmente a que estava a ser executada, ou modificar-se-á quando o decisão intermédia tiver revogado parcialmente a que estava a ser executada; se ao novo recurso for atribuído feito suspensivo, a execução prosseguirá tal como foi instaurada, uma vez que os efeitos da decisão intermédia, inclusive a sua exequibilidade, ficam suspensos, e só poderá ser extinta ou modificada com a decisão definitiva.

Uma vez que a acção executiva baseada em sentença pendente de recurso prossegue os seus termos normais paralelamente à acção declarativa na fase de recurso, pode dar-se o caso de aquela chegar à fase de satisfação dos créditos sem estar ainda decidido o recurso. Quando se verificar essa hipótese, não haverá pagamento sem que o exequente ou qualquer credor preste previamente caução (cfr. artigo 47.º, n.º 3 ([72]).

([72]) A caução deverá ser prestada por algum dos meios previstos nos artigos 623.º e 624.º do Código Civil, através do processo regulado nos artigos 981.º e seguintes do Código de Processo Civil.

A exigência da caução justifica-se pelo facto de nesta fase processual (recurso) ainda existir uma incerteza relativamente à justeza da execução entretanto promovida.

Na categoria de sentenças condenatórias cabem também as sentenças homologatórias de transacção ou confissão ([73]) e a sentença homologatória de partilha ([74]).

Estas sentenças, que ANSELMO DE CASTRO classifica como títulos executivos parajudiciais ([75]) e ALBERTO DOS REIS, como títulos judicias impróprios ([76]), em oposição às sentenças propriamente ditas (títulos executivos judiciais próprios) apresentam uma dupla característica: formalmente são judiciais porque se formam no processo; substancialmente são negociais porque resultam de um acordo das partes ou de uma confissão expressa ou tácita do réu, limitando-se o juiz a sancionar uma auto-regulamentação dos interesses em litígio, mediante a aplicação do direito substantivo e adjectivo, ao caso concreto ([77]).

Estes títulos executivos são dotados de um regime especial: o seu carácter judicial influi essencialmente na determinação da competência para a acção executiva que se aferirá nos termos do artigo

---

([73]) "A confissão, desistência ou transacção não deixa de ser válida por constar de um auto...." (ALBERTO DOS REIS, "Comentário", vol. III, pág. 529).

O n.º 4 do artigo 300.º determina expressamente que a conciliação obtida pelo juiz deve ser homologada por sentença. "A conciliação, escreve ALBERTO DOS REIS, é, na essência, um negócio jurídico que se enquadra na espécie regulada nos artigos 1710.º a 1721.º (actualmente artigos 1248.º a 1250.º) do Código Civil: a transacção" ("Processo de execução", vol. 1.º, pág. 147).

A sentença homologatória de confissão, desistência ou transacção, não obstante ser equiparada à sentença que aprecia o mérito da causa (artigo 300º, n.º 3), limita-se a verificar a validade do acto praticado quanto aos seus pressupostos (pelo seu objecto e pela qualidade das pessoas que nela intervieram), não indagando sobre a aplicação do direito aos factos nem podendo de outro modo pôr em causa a auto-composição do litígio. A confissão do pedido é, pois, entre nós, um acto de autonomia que se traduz na afirmação dum direito ou de outra situação jurídica. Sobre esta matéria, vide LEBRE DE FREITAS, "A confissão no direito probatório", págs. 421- 422.

([74]) Cfr. LOPES CARDOSO, "Partilhas judiciais", vol. II, 1980, págs. 511-512.

([75]) "Acção executiva singular...", pág. 30.

([76]) "Obra supra citada", pág. 141. CARNELUTTI designa por títulos judiciais impróprios os que se formam em processo judicial, mas não são produto de actividade jurisdicional do magistrado ("Processo di execuzione", vol. I. pág. 249). Vide, também, CASTRO MENDES, "Direito processual civil", vol. I, pág. 232.

([77]) «Lavrado o termo ou junto o documento, examinar-se-á se, pelo seu objecto e pela qualidade das pessoas que nele intervieram, a confissão, desistência ou transacção são válidas...» (artigo 300.º, n.º 3).

90.º, n.º 1; e o seu carácter negocial releva para a determinação dos fundamentos da oposição à execução. A oposição à execução baseada nestes títulos é mais ampla do que a oposição à execução baseada em títulos judiciais próprios (cfr. artigos 814.º, alínea h), e 301.º) ([78]).

ANSELMO DE CASTRO entende que a confissão e a transacção em acção perante tribunal estrangeiro não carecem de revisão e confirmação. Com o devido respeito, ficam-nos sérias duvidas que assim seja pois, se é verdade que no artigo 1097.º a lei manda aplicar à decisão arbitral os requisitos indicados no artigo 1096.º, apenas na parte em que o puderem ser, e de algum modo poderia valer também para a sentença homologatória proferida por tribunal estrangeiro, não é menos certo que o artigo 49.º, n.º 1 determina expressamente que «... as sentenças proferidas por tribunais ou por árbitros em país estrangeiro só podem servir de base à execução depois de revistas e confirmadas por tribunal português competente». Assim sendo, e sem prejuízo das excepções previstas no preceito, não conseguimos ver como se pode afastar uma exigência legal que é condição de validade e eficácia dessas decisões na ordem jurídica interna ([79]).

Dentro da classificação de títulos executivos parajudiciais ANSELMO DE CASTRO incluía a sentença de condenação provisória

---

([78]) Para CASTRO MENDES a sentença homologatória da transacção ou confissão (artigo 300.º, n.º 3) é um título executivo judicial próprio, embora este título tenha a especialidade de ser pela lei sujeito ao regime dos títulos negociais quanto à execução nele fundada (artigo 815.º, n.º 2 – actual artigo 814.º, alínea h)) ("Direito processual civil", vol. I, pág. 236).

([79]) Neste sentido parece pronunciar-se MACHADO VILELA, quando escreve: «sem dúvida, o n.º 1 deste artigo empregou o vocábulo «sentença» num sentido amplo. Ele abrange os simples despachos e compreende as decisões de qualquer espécie de tribunais, desde que recaiam sobre direitos privados e declarem ou constituam uma obrigação» ("Tratado de Direito Internacional Privado", vol. I. pág. 641).

No Regulamento Bruxelas I e na Convenção de Lugano, as transacções judiciais são equiparadas aos documentos autênticos (artigo 58.º do Regulamento e artigo 54.º da Convenção), pelo que a declaração de executoriedade só pode ser negada quando a execução das obrigações decorrentes do negócio for contrária à ordem pública (internacional) do Estado requerido (cfr. LEBRE DE FREITAS, "A acção executiva depois da reforma", pág. 52, nota 32).

do réu (baseada na confissão expressa ou tácita, da assinatura do documento em que se baseava a acção – artigo 491.º, n.º 2, revogado pelo artigo 3.º do Decreto-Lei n.º 329-A/95, de 12 de Dezembro) e, analogicamente, a sentença de condenação do réu revel no pedido (sentença de condenação de preceito) em acções declarativas com processo sumário (artigo 784.º, na redacção anterior ao Decreto-Lei n.º 329-A/95) ou sumaríssimo (artigo 794.º, na redacção anterior ao Decreto-Lei n.º 329-A/95, de 12 de Dezembro).

Quanto a estes últimos títulos, defendemos na anterior edição que não conseguíamos descortinar na lei, nem quanto à sua validade e eficácia, nem quanto à sua exequibilidade razões suficientemente fortes que nos levassem a distinguí-los das sentenças propriamente ditas [80].

Por seu lado, CASTRO MENDES, dentro da definição que nos dá de títulos executivos judiciais impróprios, aponta o título formado no processo de prestação de contas (artigo 1016.º, n.º 4)[81]; apontava, ainda, o título constituído pela notificação avulsa de despejo feita pelo senhorio e aceite pelo inquilino, ou feita pelo inquilino e aceite pelo senhorio (artigo 989.º, n.º 1 alínea a))[82] e o título constituído pelo auto de verificação da aposição de escritos (artigo 989.º, n.º 1, alínea b))[83].

---

[80] "A acção executiva e a problemática das execuções injustas", pág. 54.

[81] A prestação de contas visa a definição de um quantitativo como saldo e tal finalidade pode sempre alcançar-se por uma conta de receitas e despesas, sempre que esta forneça os elementos que permitam conhecer da origem das primeiras e do destino das segundas. (Neste sentido, Ac. do STJ, de 17.05.1978, in BMJ, n.º 277, pág. 212).

[82] Este normativo foi revogado pela alínea b) do n.º 1 do artigo 3.º do Decreto-Lei n.º 321-B/90, de 15 de Outubro. De acordo com tal artigo, se o arrendatário declarasse aceitar, ou quando fosse ele que pretendesse fazer cessar o arrendamento e o senhorio fosse notificado judicialmente, podia este, se o arrendatário não abandonasse o prédio, requerer o despejo com base na notificação.

[83] Este normativo foi revogado pela alínea b) do n.º 1 do artigo 3.º do Decreto-Lei n.º 321-B/90, de 15 de Outubro. De acordo com tal normativo, se o arrendatário colocasse escritos, o senhorio podia pedir ao tribunal que mandasse passar auto de verificação do facto. Para CASTRO MENDES, este auto era exequível no fim do prazo do arrendamento (mais 5 dias) como título judicial impróprio (artigo 989.º, n.º 1, alínea b), e n.ºs 2 e 3) ("Direito processual civil", vol. I, págs. 232-235).

Em qualquer dos casos previstos no artigo 989.º, n.º 1, alíneas a) e b) do Código de Processo Civil, se o arrendatário, avisado com a antecedência devida não aceitasse o

2.2. Títulos executivos negociais ou extrajudiciais

Por títulos executivos negociais ou extrajudiciais entende-se aqueles onde se exaram negócios jurídicos privados unilaterais ou bilaterais (contratos).

A nossa lei concede exequibilidade a estes títulos com uma amplitude bastante mais larga que a maior parte das legislações.

2.2.1. Documentos exarados ou autenticados por notário

Atendendo ao critério da origem, os documentos escritos classificam-se em duas grandes categorias: os autênticos [84] e os particulares (artigo 363.º, n.º 1 do Código Civil).

«São autênticos os documentos exarados, com as formalidades legais, pelas autoridades públicas nos limites da sua competência ou, dentro do círculo de actividades que lhe é atribuído, pelo notário ou outro oficial público provido de fé pública; são particulares todos os outros documentos» (n.º 2) [85].

De harmonia com aquele n.º 2, os documentos autênticos podem ser exarados por qualquer autoridade pública, pelo notário

---

despedimento, podia o senhorio usar ainda da acção de despejo (artigo 969.º, também revogado pela alínea b) do n.º 1 do artigo 3.º do Decreto-Lei n.º 321-B/90, de 15 de Outubro).

[84] Em rigor, a autenticidade implica a ideia de genuinidade (cfr. ALBERTO DOS REIS, "Código de processo civil anotado", vol. III, págs. 536 e seguintes).

Tem-se observado que a expressão «*documentos autênticos*», inspirada no artigo 1317.º do Código Civil Francês, não é a mais correcta pois, também os documentos particulares, desde que haja a certeza que provêm da pessoa a quem são atribuídos, são documentos autênticos (genuínos). Afigura-se-nos que seria mais correcta a expressão «*documentos públicos*», contraposta a documentos particulares, como, de resto, é usada em alguns ordenamentos jurídicos estrangeiros, nomeadamente no direito italiano (artigo 2699.º do Código Civil) e no direito alemão (§ 415.º do Código de Processo Civil).

[85] De acordo com o artigo 46.º, n.º 1, alínea b) do Código de Processo Civil, na redacção que lhe foi dada pelo Decreto-Lei n.º 303/2007, de 24 de Agosto, com entrada em vigor diferida para o dia 1 de Janeiro de 2008, à execução podem servir de base: «Os documentos exarados ou autenticados por notário ou serviço com competência para a prática de actos de registo que importem a constituição ou reconhecimento de qualquer obrigação».

ou outro oficial provido de fé pública(⁸⁶). Não basta, todavia, que sejam exarados por quem tenha competência em razão do lugar e da matéria (artigo 369.º, n.º 1 do Código Civil); é também necessário que sejam exarados com observância das formalidades legais e dentro da competência das autoridades públicas ou, tratando-se de oficial público, que o mesmo tenha competência legal para atribuir fé pública ao documento(⁸⁷).

«São *autênticos* os documentos exarados pelo notário nos respectivos livros, ou em instrumentos avulsos, e os certificados, certidões e outros documentos análogos por ele expedidos» (artigo 35.º, n.º 2 do Código do Notariado).

São documentos *particulares* «todos os documentos que não são autênticos» e, portanto, que provêm de simples particulares(⁸⁸) ou, se preferirmos, de pessoas que não exercem actividade pública ou, se a exercem, não foi no uso dessa faculdade que elaboraram os documentos(⁸⁹).

Por *documentos autenticados* entende-se aquela espécie de documentos particulares que adquirem a natureza de autenticados, desde que as partes confirmem o seu conteúdo perante o notário. Através deste acto, as partes declaram estar perfeitamente inteiradas do seu conteúdo e que este traduz a sua vontade (artigo 363.º, n.º 3 do Código Civil e artigos 35.º, n.º 3, 150.º, n.º 1 e 151.º, n.º 1 alínea a), estes do Código do Notariado)(⁹⁰).

(⁸⁶) São essas entidades os autores dos documentos, ou seja, as pessoas por conta de quem o documento é exarado ou, como refere CARNELUTTI, a pessoa que tem a paternidade do documento, embora o não tenha escrito pelo seu próprio punho.

(⁸⁷) Entende-se que gozam de fé pública o notário e os outros órgãos e agentes da Administração que especificamente têm a seu cargo a formação de documentos contendo a atestação de factos jurídicos.

(⁸⁸) Cfr. CARNELUTTI, "Sistema", I, págs. 691 e 780.

(⁸⁹) E ALBERTO DOS REIS acrescenta: "sem a intervenção de funcionário público e que se não ache reconhecido autenticamente, quer para distinguir o documento particular do testado cerrado, quer para o distinguir do documento autenticado". ("Código de processo civil anotado", vol. III, pág. 400).

(⁹⁰) Pelo Decreto-Lei n.º 47690, de 11 de Maio de 1967, os documentos autenticados por notário passaram a ser equiparados, no tocante à força executiva, aos documentos autênticos notariais. Tal diploma operou importantes modificações no Direito Processual Civil de 1961, ditadas pela necessidade de adaptar a lei adjectiva às alterações introduzidas pela lei civil – Código Civil aprovado pelo Decreto-Lei n.º 47344, de 25 de Novembro de 1966.

Quanto ao *testamento cerrado*, ficam-nos sérias dúvidas de que ele deva incluir-se na categoria de documentos autenticados ([91]). É certo que a lei diz que ele deve ser aprovado por notário (artigo 2206.º, n.º 4 do Código Civil), todavia, em nossa opinião, só o acto de aprovação é autêntico ([92]). Aliás, tem-se entendido que a expressão «*com a intervenção deste* (funcionário público) *exigida por lei*», inserida no artigo 524.º do Código de Processo Civil de 1961, destinava-se precisamente a dar ao testamento cerrado o carácter de documento autêntico, sendo certo que tal expressão não mereceu acolhimento no actual Código Civil.

Aceitamos, no entanto, que o testamento possa constituir título executivo, desde que o testador nele confesse uma dívida sua ou constitua uma dívida que imponha a um sucessor, e este venha aceitar a herança ([93]).

Nos termos do artigo 50.º, n.º 1, na redacção anterior à Reforma de 1995/1996, os documentos exarados ou autenticados por notário tinham força executiva, sempre que provassem a existência de uma obrigação, fosse qual fosse a sua espécie e situação (líquida ou ilíquida) ([94]). Desse preceito resultava que os documentos autenticados por notário, consubstanciando quer o próprio acto constitu-

---

([91]) ALBERTO DOS REIS entende que os testamentos, mesmo os cerrados, depois de lavrado o auto de aprovação, têm formalmente o valor de escritura pública ("Processo de execução", vol. I, pág. 151). Vide, ainda, ANSELMO DE CASTRO, "Acção executiva singular...", págs. 33-34, e LEBRE DE FREITAS, "A acção executiva depois da reforma", págs. 52-53.

([92]) Neste sentido, PIRES DE LIMA e ANTUNES VARELA, "Código civil anotado", nota 2 ao artigo 363.º. CASTRO MENDES entende que à aprovação do testamento cerrado deve dar-se o valor de uma autenticação ("Direito processual civil", vol. I, pág. 244).

([93]) Neste sentido, ANSELMO DE CASTRO, "obra supra citada", pág. 34. Como bem observa LEBRE DE FREITAS, o *testamento* só constituirá título executivo quando o testador nele confessa uma dívida sua ou constitui uma dívida que impõe a um sucessor. Em ambos os casos tem de se verificar a posterior aceitação da herança pelo sucessor, a qual constitui no primeiro caso, condição de transmissão da dívida, e portanto, fundamento da legitimidade passiva do sucessor para a execução, e, no segundo, condição suspensiva da própria obrigação ("obra citada", pág. 53).

([94]) Esta disposição legal visava, não tanto reafirmar o princípio segundo o qual só as obrigações são passíveis de execução, como assimilar os documentos em que o devedor reconhecia uma obrigação preexistente (por exemplo, escritura de confissão de uma dívida) àqueles que formalizam o acto de constituição da obrigação (cfr. LEBRE DE FREITAS, "Direito processual civil II, Acção executiva", 2.ª Ed., pág. 22).

tivo da obrigação, quer o acto meramente declarativo da obrigação, e fosse ela qual fosse – obrigação de «*dare*», respeitante a coisas fungíveis ou infungíveis, ou obrigação de «*facere*», e as condições ou requisitos que a mesma apresentava (obrigação líquida ou ilíquida) – eram títulos exequíveis ou executivos.

Também as escrituras públicas nas quais se convencionassem prestações futuras podiam servir de base à execução, desde que provassem, não só a existência de uma obrigação, mas também a realização de alguma prestação em cumprimento do negócio consubstanciado na escritura pública, devendo essa prova fazer-se por documento passado em conformidade com as cláusulas da escritura ou revestido de força executiva (artigo 50.º, n.º 2, na redacção anterior à Reforma de 1995/1996)[95].

Com a revisão do Código, o artigo 50.º sofreu profundas alterações: por um lado, o n.º 1 do anterior preceito foi absorvido pela alínea b) do n.º 1 do artigo 46.º[96]; por outro, a redacção actual do preceito[97], não só deixou de referir-se a «escrituras» e substi-

---

[95] Se a escritura mencionasse expressamente a forma que deveria revestir o documento, só essa forma tinha de ser exigida, mesmo que a lei substantiva exigisse forma mais solene para este acto pois que a sua força probatória advinha-lhe da própria escritura; se a escritura pública nada dissesse quanto à forma que deviam revestir os documentos, estes só provavam as prestações parcelares desde que obedecessem aos requisitos de exequibilidade, isto é, desde que fossem revestidos de força executiva nos termos dos artigos 46.º, alínea c) e 51.º (ambos na redacção anterior à Reforma de 1995/1996). Nesse sentido pronunciava-se também o Ac. do STJ, de 01.07.1982, in BMJ n.º 319, pág. 250, que rezava: «considera-se feita a prova a que alude o n.º 2 do artigo 50.º, quando o exequente exibe letras e livranças subscritas em rigorosa conformidade com as cláusulas da escritura que lhe foram endossadas e titulam o financiamento bancário de que o devedor beneficiou».

[96] Prescreve o artigo 46.º, n.º 1, alínea b), na redacção dada pelo Decreto-Lei n.º 329-A/1995, de 12 de Dezembro, que à execução apenas podem servir de base: (...); «os documentos exarados ou autenticados por notário que importem constituição ou reconhecimento de qualquer obrigação». De acordo com o mesmo normativo, na redacção que lhe foi dada pelo Decreto-Lei n.º 303/2007, de 24 de Agosto, com entrada em vigor diferida para o dia 1 de Janeiro de 2008, à execução podem servir de base: (...); «os documentos exarados ou autenticados por notário ou serviço com competência para a prática de actos de registo que importem a constituição ou reconhecimento de qualquer obrigação».

[97] «Os documentos exarados ou autenticados por notário em que se convencionem prestações futuras ou se preveja a constituição de obrigações futuras podem servir

tuiu a expressão "em *cumprimento* do negócio" pela expressão "para *conclusão* do negócio", como também passou a prever dois tipos de situações: a *convenção de prestações futuras*, que exige a prova de que «alguma prestação foi realizada para conclusão do negócio» ([98]); e a *previsão da constituição de obrigações futuras*, que exige a prova de que «alguma obrigação foi constituída na sequência da previsão das partes» ([99]).

2.2.2. Os escritos particulares assinados pelo devedor

Nesta espécie de documentos cabem aqueles com reconhecimento notarial e os documentos particulares simples.

O artigo 153.º do Código do Notariado prevê duas espécies de reconhecimentos notariais: o reconhecimento *simples* ([100]) e o reconhecimento com *menções especiais* ([101]). Enquanto que os reconhecimentos simples são sempre presenciais; já os reconhecimentos com menções especiais podem ser presenciais ou por semelhança.

Para além do Notário, o Decreto-Lei n.º 237/2001, de 30 de Agosto, permite que os actos notariais de reconhecimento sejam

---

de base à execução, desde que se prove, por documento passado em conformidade com as cláusulas deles constantes ou, sendo aqueles omissos, revestidos de força executiva própria, que alguma prestação foi realizada para conclusão do negócio ou que alguma obrigação foi constituída na sequência da previsão das partes» (artigo 50.º).

([98]) São aqui abrangidos os contratos de abertura de crédito, bem como de promessa de mútuo, fornecimento, comodato, depósito ou locação.

O preâmbulo do Decreto-Lei n.º 329-A/95, de 12 de Dezembro, refere expressamente: «ampliam-se as circunstâncias em que os documentos autênticos e autenticados podem servir de título executivo, quando neles se convencionem obrigações futuras».

([99]) Esta previsão procura abranger casos em que as partes não se tenham vinculado, bilateral ou unilateralmente, à celebração de um negócio jurídico, mas se tenham vinculado a *prever*, em documento autêntico ou autenticado (ou particular) a possibilidade dessa celebração, nomeadamente constituindo logo garantia (maxime hipotecária) que cubra a realização desse negócio (cfr. LEBRE DE FREITAS, "obra citada", págs. 56-57).

([100]) O *reconhecimento simples* respeita à letra e assinatura, ou só à assinatura, do signatário do documento.

([101]) O *reconhecimento com menções especiais* é o que inclui, por exigência da lei ou a pedido dos interessados, a menção de qualquer circunstância especial que se refira a estes, aos *signatários ou aos* rogantes e que seja conhecida do notário ou por ele verificada em face de documentos exibidos e referenciados no termo.

praticados por câmaras de comércio e indústria, advogados e solicitadores ([102]).

É *presencial* o reconhecimento da letra e assinatura ou só da assinatura em documentos escritos e assinados ou apenas assinados na presença do notário ([103]), ou o reconhecimento que é realizado

---

([102]) Sob a epígrafe *"reconhecimento com menções especiais"* prescreve o artigo 5.º daquele Diploma, que: «as câmaras de comércio e indústria, reconhecidas nos termos do Decreto-Lei n.º 244/92, de 29 de Outubro, os advogados e os solicitadores podem fazer reconhecimentos, com menções especiais, por semelhança, nos termos previstos no Código do Notariado» (n.º 1); «podem ainda as entidades referidas no número anterior certificar, ou fazer e certificar, traduções de documentos» (n.º 2).

Note-se que, a Portaria 657-B/2006, de 29 de Junho, veio estabelecer a regulamentação do *registo informático* dos actos praticados pelas câmaras de comércio e indústria, advogados e solicitadores, ao abrigo do artigo 38.º do Decreto-Lei n.º 76-A//2006, de 29 de Março. Este Diploma procedeu a uma profunda alteração do Código do Registo Comercial, designadamente, com a eliminação da competência territorial das conservatórias do registo comercial, a redução do número de actos sujeitos a registo, a consagração de um novo regime de registo por depósito de documentos, a criação de condições para a plena utilização dos sistemas informáticos e a reformulação de actos e procedimentos internos. Simultaneamente, procedeu à revogação do Regulamento do Registo Comercial, impondo a aprovação de uma nova regulamentação daquele Código, desenvolvendo as novas soluções nele previstas.

Por seu lado, o n.º 1 do artigo 38.º do Decreto-Lei n.º 76-A/2006, de 29 de Março, estabelece a competência das câmaras de comércio e indústria, dos advogados e dos solicitadores para a prática de reconhecimentos simples e com menções especiais, presenciais e por semelhança, autenticar documentos particulares e certificar, ou fazer e certificar, traduções de documentos. Todavia, o n.º 3 do mesmo artigo condicionou a validade desses actos a registo em sistema informático, cujo funcionamento, respectivos termos e custos associados seriam definidos por portaria do Ministro da Justiça. Dando cumprimento àquele normativo, a Portaria 657-C/2006, de 29 de Junho, veio regular a designação, o funcionamento e as funções do sítio na Internet que permite a constituição online de sociedades comerciais e civis sob forma comercial do tipo por quotas e anónimas, bem como a utilização dos meios de autenticação electrónica e de assinatura electrónica na indicação dos dados e na entrega de documentos, conforme dispõe o artigo 17.º do Decreto-lei n.º 125/2006, de 29 de Junho.

([103]) Em bom rigor, considerado em si mesmo, o acto de reconhecimento presencial constitui um verdadeiro documento autêntico (o termo de reconhecimento – artigos 150.º n.º 2 e 151.º, n.º 1 do Código do Notariado), aposto ao documento particular cuja subscrição não é reconhecida: nele o notário atesta que a assinatura é produzida na sua presença ou que o signatário está presente no acto de reconhecimento, assim como a forma como verificou a sua identidade (artigo 153.º, n.º 5 e 155.º, n.º 2 do Código do Notariado), pelo que estas atestações notariais, relativamente às quais se têm de verificar os requisitos essenciais (de origem) do documento autêntico, são dotadas da mesma força probatória deste, provando plenamente a autoria do documento (cfr. LEBRE DE FREITAS, "A acção declarativa...", pág. 210).

estando o signatário presente no acto (artigo 153.º, n.º 5, do Código do Notariado).

É por *semelhança* o reconhecimento com menção especial relativa à qualidade de representante do signatário, feito por simples confronto da assinatura com a assinatura aposta no bilhete de identidade ou documento equivalente emitido pela autoridade competente de um dos países da União Europeia ou no passaporte, ou com a respectiva reprodução constante de pública-forma extraída por fotocópia (artigo 153.º, n.º 6, do Código do Notariado)([104]).

Para além dos requisitos constantes da alínea a) do n.º 1 do artigo 46.º do Código do Notariado, a que deve obedecer o reconhecimento, que deve ser assinado pelo notário (artigo 155.º, n.º 1 do mesmo Código), o *reconhecimento simples* deve observar o estatuído no normativo do n.º 2 do mesmo preceito e o *reconhecimento com menções especiais* deve conter aqueles mesmos requisitos e a menção a que alude o n.º 3 do referido artigo 155.º.

Por seu lado, o *reconhecimento da assinatura a rogo* deve fazer expressa menção das circunstâncias que legitimam o reconhecimento e da forma como foi verificada a identidade do rogante (artigo 155.º, n.º 4).

Nos documentos *particulares simples* não há qualquer tipo de intervenção notarial. Podem ser escritos e assinados, ou só escritos ou só assinados pela pessoa a quem são atribuídos, por aquela parte que os produz ou invoca([105]).

O artigo 46.º, alínea c) confere exequibilidade aos documentos particulares assinados pelo devedor, constitutivos ou recognitivos de obrigações([106]).

([104]) O reconhecimento notarial da letra e da assinatura, ou só da assinatura por semelhança sem menções especiais foi abolido pelo Decreto-Lei n.º 250/96, de 24 de Dezembro.

([105]) É entendimento dominante na doutrina que o texto do documento não tem de ser escrito pelo signatário, podendo sê-lo mesmo pela parte contrária; o que importa para a declaração de vontade é a subscrição pela qual o subscritor faz seu o texto, muito embora a lei possa exigir, em determinados casos, que o texto seja subscrito pelo signatário (cfr., entre outros, CUNHA GONÇALVES, "Tratado de direito civil português", n.º 2099; PLANIOL REPERT e GABORDE, "Traité de droit civil", 1956, n.º 1457).

([106]) Pelo Decreto-Lei n.º 242/85, de 9 de Julho, foi dispensado o reconhecimento notarial da assinatura do devedor nas letras, livranças e cheque de qualquer

Para que os documentos particulares não autenticados constituam título executivo é necessário que se verifiquem determinados requisitos substanciais (requisitos de fundo) e formais (requisitos de forma). São requisitos substanciais, que dos documentos conste a obrigação de pagamento de quantia determinada ou determinável por simples cálculo aritmético, de entrega de coisa ou de prestação de facto (artigo 46.º, alínea c)([107]). São requisitos formais que, quando se trate de documento assinado a rogo, a assinatura do rogado esteja reconhecida pelo notário (artigo 51.º)([108]).

Da alínea c) do artigo 46.º, na sua redacção anterior à Reforma de 1995/1996 constava «... dos quais conste a obrigação de pagamento de quantias determinadas».

---

montante, bem como do extracto de factura, emitido por exigência do Decreto-Lei n.º 19590, de 21 de Março de 1931, em caso de contratos de compra e venda mercantil a prazo entre comerciantes, documento esse que não se confunde com a *factura conferida* – título onde se discriminam, na sua qualidade e preço, as coisas móveis que são objecto dos contratos comerciais (segundo ROCCO) –, sendo que a lei é mais exigente quanto a este tipo de documento. A Reforma de 1995-1996 dispensou-o em todos os casos (salvo o do documento assinado a rogo) e conferiu exequibilidade aos documentos particulares, que antes a não tinham, dos quais conste obrigação pecuniária a liquidar por simples cálculo aritmético, obrigação de entrega de coisa móvel infungível ou obrigação de prestação de facto. Com a Reforma da acção executiva, também a entrega de coisa imóvel ficou abrangida – no pressuposto, evidentemente, de que a obrigação de entrega pode validamente constar de documento particular, como normalmente acontece com a que respeita a direito pessoal de gozo, mas já não com a que respeita a direito real de gozo. (Neste sentido, ANTÓNIO ABRANTES GERALDES, "Títulos Executivos", in A reforma da acção executiva, Themis, 7, págs. 35 e seguintes).

([107]) Assim, não são exequíveis os documentos particulares dos quais conste a obrigação de pagamento de quantia não liquidável por simples cálculo aritmético. Também a *sentença* que impõe a satisfação de uma obrigação ilíquida, que não possa ser liquidada através de meras operações aritméticas, nunca é título executivo antes dessa liquidação e a liquidação de uma *condenação genérica*, que não possa ser efectuada por simples cálculo aritmético, nunca pode ser realizada no processo executivo. (Neste sentido, MIGUEL TEIXEIRA DE SOUSA, "A reforma da acção executiva", pág. 71).

([108]) O *reconhecimento* da assinatura a rogo deve fazer expressa menção das circunstâncias que legitimam o reconhecimento e da forma como foi verificada a identidade do rogante (artigo 155.º, n.º 4). A verificação da identidade do signatário ou rogante deve ser feita por alguma das formas previstas no n.º 1 do artigo 48.º (artigo 155.º, n.º 5 do Código do Notariado).

Segundo a doutrina dominante, a expressão «*quantia determinada*», a que se referia aquele preceito, devia entender-se como equivalente a «*prestação pecuniária líquida*», a «*certa soma ou importância em dinheiro*», não podendo, assim, a liquidação da obrigação ter lugar quando a execução se baseasse em título particular ([109]).

Dois argumentos eram apresentados, então, em abono dessa interpretação: por um lado, a restrição paralela do titulo particular à obrigação de prestação de coisa fungível, igualmente não passível de liquidação; por outro, que tendo a obrigação de resultar directamente do título, sem prejuízo da regra da conversão da execução para entrega de coisa certa em execução para pagamento de quantia certa (artigo 931.º), não era possível basear um pedido de indemnização por incumprimento de contrato no escrito particular que formalizasse o contrato em causa, ainda que nele se estabelecesse uma cláusula penal ([110]).

No tocante às letras, livranças e cheques, dada a natureza e regime específico destes documentos, tem-se entendido que eles podem configurar a qualidade de títulos executivos não só quanto à obrigação cambiária, desde que verificados os respectivos requisitos, mas também quanto à obrigação subjacente (ou causal) quando a obrigação cambiária já esteja prescrita ([111]), assumindo esses documentos o carácter de simples escritos particulares (quirógrafos), e desde que se verifiquem os requisitos de exequibilidade desta categoria de documentos ([112]).

([109]) Neste sentido, Ac. do STJ, de 06.04.1978, in BMJ n.º 276, pág. 207, que reza: «... a expressão "quantia determinada" é equivalente à de "prestação pecuniária líquida"». Cfr. também, entre outros, MANUEL DE ANDRADE, "Revista de legislação e jurisprudência", Ano 73, pág. 202; ALBERTO DOS REIS, "Processo de execução", vol. I, pág. 177; e ANSELMO DE CASTRO, "Acção executiva singular...", pág. 37.

([110]) Neste sentido, LEBRE DE FREITAS, "Lições de direito processual civil. Acção executiva", 2.ª Ed., pág. 24.

([111]) Os prazos de prescrição das letras, livranças e cheques estão consignados, respectivamente, nos artigos 70.º e 77.º da Lei Uniforme sobre Letras e Livranças, e artigo 52.º da Lei Uniforme sobre Cheques. Por seu lado, o prazo de prescrição da obrigação causal é, como regra, de 20 anos (artigo 309.º do Código Civil).

([112]) Prescrita a obrigação cambiária constante da letra, livrança ou cheque, o documento passa a ter mero valor jurídico de escrito particular – um quirógrafo de

Tal como acontece com os documentos autênticos ou autenticados, os documentos particulares são, actualmente, títulos executivos tanto quando formalizam a constituição de uma obrigação como quando o devedor neles reconhece uma dívida preexistente (cfr. artigo 46.º, n.º 1, alínea c)), a eles equivalendo a pública--forma e a fotocópia atestada conforme por notário, se o executado não requerer a exibição do original – artigos 386.º e 387.º, n.º 2 do Código Civil ([113]).

Se preencherem os requisitos definidos no artigo 46.º, n.º 1, alínea c), também são títulos executivos extrajudiciais os *documen-*

---

crédito –, como parece resultar, *a contrario*, do artigo 2.º, respectivamente da Lei Uniforme sobre Letras e Livranças e da Lei Uniforme sobre Cheques. Consequentemente, o ex-título de crédito preserva-se como título executivo da obrigação subjacente, desde que se verifiquem os requisitos de exequibilidade como documentos particulares (cfr. ALBERTO DOS REIS, "Comentário", vol. I, pág. 77; PALMA CARLOS, "Código de processo civil, anotado", vol. I, pág. 190; e Ac. da Relação do Porto, de 17.06.1964, in Jur. Rel., 1964, pág. 398). Contra, LOPES CARDOSO, "Manual da acção executiva", pág. 93.

LEBRE DE FREITAS distingue os casos em que o título de crédito *mencione a causa* da relação jurídica subjacente, não se justificando, aqui, o estabelecimento de qualquer distinção entre o título prescrito e outro documento particular, enquanto ambos se reportam à relação jurídica subjacente; e os casos em que do título de crédito prescrito *não conste a causa* da obrigação onde, tal como quanto a qualquer outro documento particular nas mesmas condições, há que distinguir consoante a obrigação a que se reportam emirja ou não de um negócio jurídico formal. No primeiro caso, uma vez que a causa do negócio jurídico é um elemento essencial deste, o documento não constitui título executivo (artigos 221.º, n.º 1 e 223.º, n.º 1, do Código Civil). No segundo caso, porém, a autonomia do título executivo em face da obrigação exequenda e a consideração do regime do reconhecimento de dívida (artigo 458.º, n.º 1, do Código Civil) leva a admiti-lo como título executivo, sem prejuízo de a causa da obrigação dever ser invocada na *petição executiva* e poder ser impugnada pelo executado; mas, se o exequente não a invocar, ainda que a título subsidiário, no requerimento executivo, não será possível fazê-lo na pendência do processo, após a verificação da prescrição da obrigação cartular e sem o acordo do executado (artigo 272.º, por tal implicar alteração da causa de pedir ("obra citada", págs. 62-63).

([113]) Cfr. LEBRE DE FREITAS, "obra citada", págs. 58-59.

O Decreto-Lei n.º 66/2005, de 15 de Março, veio regular a transmissão e recepção por telecópia e por via electrónica de documentos com valor de certidão respeitantes aos arquivos dos serviços dos registos e do notariado ou destinados à instrução dos respectivos actos ou processos ou a arquivo nos mesmos serviços, revogando o Decreto--Lei n.º 461/99, de 5 de Novembro.

tos electrónicos, porque estes documentos satisfazem o requisito legal de forma escrita quando o seu conteúdo seja susceptível de representação como declaração escrita (cfr. artigo 3.º, n.º 1, do Decreto-Lei n.º 290-D/99, de 2 de Agosto) e porque, quando lhes tenha sido aposta uma assinatura electrónica qualificada certificada por uma entidade certificadora credenciada, esses documentos têm a força probatória do documento particular assinado (n.º 2, do mesmo preceito) ([114]).

Quanto aos documentos exarados em país estrangeiro, quer sejam autênticos quer particulares, não carecem de revisão para serem exequíveis em Portugal (artigo 49.º, n.º 2) ([115]).

A estrutura interna de um título extrajudicial estrangeiro é regulada pela lei do país em que o documento for emitido, havendo, porém, de legalizá-lo para poder ser exequível (artigos 31.º, 36.º, 65.º e 365.º do Código Civil, artigo 44.º do Código do Notariado e artigo 540.º do Código de Processo Civil) ([116]).

Os documentos autênticos e autenticados são legalizados nos termos do n.º 1.º do artigo 540.º que prevê, para o efeito, além do reconhecimento da assinatura do funcionário público que os emitiu ou autenticou, pelo agente diplomático ou consolar português no Estado respectivo, que a assinatura deste agente esteja autenticada com o selo branco consolar respectivo ([117]).

([114]) O Decreto-Lei n.º 196/2007, de 15 de Maio, veio regular as condições técnicas para a emissão, conservação e arquivamento das facturas ou documentos emitidos por via electrónica, nos termos do Código do Imposto sobre o Valor Acrescentado, remetendo, no que concerne aos mecanismos de certificação e controlo, para o regime jurídico constante do Decreto-Lei n.º 290-D/99, de 2 de Agosto, que se aplica aos documentos electrónicos e da assinatura digital, na redacção que lhe foi dada pelos Decretos-Leis n.ºs 62/2003, de 3 de Abril, 165/2004, de 6 de Julho, e 116-A/2006, de 16 de Junho (cfr. artigo 3.º, alínea a)).

([115]) Note-se que o Regulamento (CE) n.º 805/2004 do Parlamento Europeu e do Conselho, de 21 de Abril, criou o *título executivo europeu* para créditos não contestados; e o Regulamento (CE) n.º 1896/2007 do Parlamento e do Conselho, de 12 de Dezembro, criou um *procedimento europeu de injunção* de pagamento.

([116]) A exequibilidade é determinada exclusivamente pela lex fori ou seja, pelo artigo 46.º e disposições que o complementam (cfr. LOPES CARDOSO, "obra citada", pág. 98).

([117]) Na lei anterior (artigo 2430.º do Código Civil) permitia-se já, no tocante à força probatória, a equiparação dos documentos passados em país estrangeiro aos docu-

Aquele reconhecimento exige-se, igualmente, para os documentos particulares lavrados fora de Portugal que estejam legalizados por funcionário público estrangeiro (artigo 540.º, n.º 2) ([118]).

2.3. Títulos executivos criados por disposição especial

Conforme a própria epígrafe sugere, trata-se de títulos executivos a que, por disposição especial, é atribuída força executiva (artigo 46.º alínea d)). Formalmente, estes títulos são documentos autênticos oficiais (artigos 363.º, n.º 2, 1.ª parte do Código Civil).

A título de exemplos podem mencionar-se: a) dentro dos chamados títulos judiciais impróprios ([119]), que se formam no decurso do processo: o título formado no *processo de prestação de contas*, onde o título executivo são as próprias contas apresentadas pelo réu (artigo 1016.º, n.º 4) ([120]) e o título executivo formado no

---

mentos da mesma natureza exarados em Portugal; mas o artigo 365.º, n.º l, do actual Código Civil tornou extensiva aquela equiparação aos documentos particulares. Por outro lado, a legalização de tais documentos, que era obrigatória nos termos do artigo 545.º do Código de Processo Civil de 1961, só se exige, agora, se se suscitarem dúvidas sobre a sua autenticidade (artigo 365.º, n.º 2 do Código Civil).

([118]) De acordo com a Convenção de Haia, aprovada para ratificação pelo Decreto-Lei n.º 48450, de 24/6/68, o reconhecimento de documentos exarados num dos Estados outorgantes, que se pretendam fazer valer em outro Estado outorgante, é feito através de uma estampilha, a emitir por uma entidade pública do Estado de origem. Em Portugal é competente para o efeito a Procuradoria-Geral da República.

([119]) Têm assim sido classificados, porquanto, formam-se num processo mas não são resultantes de uma decisão judicial. Como títulos judiciais impróprios constituídos no próprio processo executivo (ou fora dele, mas por causa dele e na sua pendência) têm sido apontados os dos artigos: 825.º, n.º 3 (declaração do cônjuge do executado de que aceita a comunicabilidade da dívida; notificação seguida da omissão de declarar); 859.º, n.º 2 (declaração do executado confirmativa de que depende de prestação própria a exigibilidade do direito de crédito penhorado); 860.º, n.º 3 (declaração de reconhecimento do terceiro devedor; notificação seguida da omissão de declarar; título de aquisição do direito de crédito penhorado); 869.º, n.º 3 (declaração de reconhecimento de crédito reclamado pelo executado; notificação seguida da omissão de declarar) e 900.º, n.º 1 (título de transmissão por venda mediante propostas em carta fechada – cfr. artigo 901.º) (cfr. LEBRE DE FREITAS, "obra citada", pág. 64, nota 61-A).

([120]) Quando o réu apresentar as contas e delas resulte um saldo a favor do autor, pode este requerer que o réu seja notificado para pagar a importância do saldo, sob pena de lhe ser instaurado processo executivo.

processo de injunção ([121]); dentro dos títulos administrativos ([122]) podem apontar-se, a título de exemplo: os títulos de *cobrança de tributos*, coimas, dívidas determinadas por acto administrativo, reembolsos ou reposições e outras receitas do Estado (artigos 148.º e 162.º do CPPT); certidão de dívida de contribuições a uma instituição de segurança social (artigo 9.º do Decreto-Lei n.º 511/76, de 3 de Julho); cópia do despacho do director-geral do DAFSE que determine a restituição de quantias recebidas no âmbito das acções do Fundo Social Europeu, acompanhada das outras cópias referidas no artigo 1.º, n.º 2 do Decreto-Lei n.º 158/90, de 17 de Maio; certidão da entidade competente relativa às despesas efectuadas com a demolição de obras ilegais (artigo 6.º, n.º 4 do Decreto-Lei n.º 92//95, de 9 de Maio) ou da Câmara Municipal relativa às despesas efectuadas com obras de conservação ou beneficiação de prédios arrendados, não feitas pelo senhorio no prazo que lhe tenha sido fixado (artigos 15.º, n.º 1 e 17.º, n.º 2 do RAU); dentro dos documentos particulares podem citar-se, a título de exemplo: a *acta de reunião da assembleia de condóminos*, assinada pelo condómino devedor, em que se encontrem fixadas as contribuições a pagar ao condomínio (artigo 6.º, n.º 1 do Decreto-Lei n.º 268/94, de 25 de

---

([121]) Regulado pelo Decreto-Lei n.º 269/98, de 1 de Setembro, e Decreto-Lei n.º 32/2003, de 17 de Fevereiro (com as alterações introduzidas pelo Decreto-Lei n.º 507/05, de 1 de Junho, pela Lei n.º 14/2006, de 26 de Abril e pelo Decreto-Lei n.º 303/2007, de 24 de Agosto), o requerido é notificado para, em 15 dias, pagar ao credor a quantia pedida ou deduzir oposição à pretensão. Se se opuser, ou se a notificação se frustrar, seguem-se os termos do processo especial de acção declarativa criado pelo mesmo diploma (artigos 16.º e 17.º do regime anexo); se o requerido não deduzir oposição, *o secretário judicial*, sem que o processo seja concluso ao juiz, escreverá no requerimento de injunção que "este documento tem força executiva", a menos que não se verifiquem os requisitos do processo de injunção (artigo 14.º, n.os 1 e 2 do regime anexo). O requerente pode propor, no competente juízo civil, a acção executiva com base no título executivo assim formado.

Como se referiu já, CASTRO MENDES aponta estes últimos títulos como judiciais impróprios, embora os inclua dentro da classificação de títulos executivos administrativos ("Direito processual civil", vol. I, págs. 232 e 247).

Note-se que o Regulamento (CE) n.º 1896/2007 do Parlamento e do Conselho, de 12 de Dezembro, criou um *procedimento europeu de injunção* de pagamento.

([122]) Também designados *de formação administrativa*, porquanto são emitidos por repartições do Estado, de Autarquias Locais ou de outras determinadas pessoas colectivas públicas, têm por conteúdo créditos próprios.

Outubro); o *contrato de arrendamento de prédio urbano de duração limitada*, acompanhado da certidão de *notificação judicial avulsa de denúncia* requerida pelo senhorio, fundando execução para restituição do local arrendado (artigos 98.º, 100.º, n.º 2 e 101.º, n.º 1, do RAU ([123]); o *extracto de conta* passado por sociedade, com sede em Portugal, dedicada à concessão de crédito por via de emissão e utilização de cartões de crédito, titulando o respectivo crédito passado pelas entidades registadoras de valores mobiliários escriturais, a estes relativos (artigo 84.º do CVM) ([124]).

3. Natureza e função do título executivo

A função do título executivo é, primariamente, demonstrativa da existência do crédito e, secundariamente, constitutiva do direito de acção executiva ([125]).

Efectivamente, atendendo à sua qualidade de pressuposto específico da acção executiva, o título executivo é o meio necessário que o credor terá de usar para assegurar o tribunal da existência do seu direito de crédito ([126]), permitindo-lhe, desde logo, a instaura-

---

([123]) Também CASTRO MENDES, a propósito do artigo 989.º, alíneas a) e b) do Código de Processo Civil (revogado pela alínea b) do n.º 1 do artigo 3.º do Decreto-Lei n.º 321-B/90, de 15 de Outubro), apontava já estes últimos títulos como judiciais impróprios, embora os incluísse dentro da classificação de títulos executivos administrativos ("Direito processual civil", vol. I, págs. 232 e 247).

Relativamente à eficácia da declaração de denúncia que não tenha chegado ao conhecimento do arrendatário por razão imputável a este, vejam-se: Acs. da Relação de Lisboa, de 25-06-2002, CJ, 2002, III, pág. 106, e de 01-10-2002, CJ, 2002, IV, pág. 82; e Ac. do STJ, de 05-12-1995, BMJ n.º 452, pág. 405.

([124]) Para além daqueles títulos executivos, LEBRE DE FREITAS aponta, ainda, o título que contém a decisão de entidade mediadora, do provedor do cliente ou de comissão de resolução de conflitos, em sede de resolução extrajudicial de conflitos de consumo (artigo 8.º do Decreto-Lei n.º 146/99, de 4 de Maio), que, por não obrigar o consumidor (artigo 7.º do mesmo diploma), mas apenas a contraparte (artigo 6.º, ainda do mesmo diploma), não constitui uma decisão arbitral ("obra citada", pág. 66, nota 63-B).

([125]) Cfr. CASTRO MENDES, "obra citada", pág. 220.

([126]) Em rigor, o título executivo só garante a certeza do direito de crédito nele consubstanciado, no momento em que o título é emitido; no momento da instauração da execução o título executivo demonstra tão-somente a probabilidade séria da existência do direito, mas não a inteira certeza.

ção da acção executiva: o título executivo autoriza a execução, porque atesta ou certifica a existência do direito do exequente ([127]).

ANSELMO DE CASTRO define o título executivo como o instrumento que é necessário e suficiente da acção executiva ([128]).

Quanto à primeira característica – *condição necessária* – ela é indiscutível face à própria função do título executivo (nulla executio sine titulo). O título executivo, veremos adiante, tem de acompanhar o requerimento inicial de execução; quando o título executivo se forme no próprio processo, como acontece no processo de prestação de contas ([129]) e na acção de despejo de prédio urbano ([130]), não há lugar a actos executivos enquanto não for criado o título.

Quanto à configuração do título executivo como «*condição suficiente*» da acção executiva, no sentido de dispensar-se «qualquer indagação prévia sobre a real existência ou subsistência do direito a que se refere», afigura-se-nos, salvo melhor opinião, que ela não pode aceitar-se, pelo menos em absoluto.

Com efeito, aquela afirmação anda ligada à concepção que vê no título executivo um título abstracto, que permite o exercício de um direito nos precisos termos que constam do documento (literalidade), independentemente da existência da relação subjacente ([131]),

---

([127]) Entre outros, BETTI," Concetto dell 'obligazione", pág. 57, vê no título a fixação (acertamento) do direito do credor; SCIALOJA," Commento del codice di procedura Sardo", 5.º vol., parte l, Livro 4.º, n.º 2, vê no título a prova do direito do credor; MORTARA, "Commento del codice e delle leggi di procedura civile", 2.º vol., n.ᵒˢ 428, 430 e 437, vê no título a simples presunção de que o direito do credor existe.

([128]) "Acção executiva singular...", pág. 14. No mesmo sentido, ALBERTO DOS REIS, "Processo de execução", vol. I, pág. 95.

([129]) Quando o réu as apresente e delas resulta um saldo a favor do autor, pode este requerer que o réu seja notificado para pagar a importância do saldo, sob pena de ser instaurado processo executivo (artigo 1016.º, n.º 4).

([130]) Aqui, entende-se que a acção de despejo conserva a *natureza mista* mas, na sua fase declarativa, por força do artigo 56.º, n.º 1 do RAU, passou a ser um processo comum em que, proferida a sentença, se pode vir a enxertar a fase executiva, que continua a revestir a natureza de processo especial de execução para entrega de coisa certa. «O senhorio pode requerer um mandado para a execução do despejo, quando o arrendatário não entregue o prédio na data fixada na sentença» (artigo 59.º, n.º 1 do RAU).

([131]) Cfr. PESSOA JORGE, "obra citada", pág. 245.

e prende-se com uma questão de alcance mais vasto que é a da conformidade ou desconformidade entre o título e a realidade do direito que se pretende executar, isto é, a obrigação exequenda.

Falar na conformidade ou desconformidade entre o título e a obrigação exequenda implica falar na validade formal e substancial do negócio jurídico no momento da sua constituição e de subsistência ulterior da obrigação que dele emerge. É que, em rigor, o título executivo só demonstra a existência da obrigação exequenda no momento da formação do título; posteriormente o título executivo indicia com grande probabilidade a existência da obrigação por ele constituída ou nele certificada, mas não a inteira certeza: se a lei substantiva exige determinado tipo de documento para a constituição ou prova de determinado tipo de negócio jurídico, a execução só pode fundar-se em documento de força probatória igual ou superior àquele (artigo 364.º do Código Civil), para o efeito de cumprimento de obrigações correspondentes a esse tipo de negócio ([132]).

Por outro lado, pode suceder que quando o credor instaura a acção executiva tenha já ocorrido algum dos factos extintivos ou modificativos da obrigação (artigo 814.º, alínea g)) e, neste caso, o tribunal só adquire a convicção da existência do direito de crédito depois de analisar o título executivo e a obrigação exequenda, e ainda, a conduta assumida pelo executado quando citado para o efeito, face ao título executivo e à obrigação exequenda nele consubstanciada.

Tem-se suscitado a questão de saber se o juiz pode conhecer oficiosamente de outras causas de nulidade substancial, mesmo na falta de oposição do executado.

Muito embora uma análise precipitada e mesmo uma interpretação «a contrario sensu» nos possa conduzir a uma resposta negativa, temos para nós que sempre que exista uma desconformidade

---

([132]) Não pode, por exemplo, ser admitida execução para entrega de um imóvel com base em documento particular de compra e venda, tal como não deve ser admitida a execução se tiver sido convencionada pelas partes certa forma voluntária e dado conhecimento ao tribunal desta estipulação, que não tenha sido respeitada no acto de contracção da obrigação exequenda. (Neste sentido, LEBRE DE FREITAS, "obra citada", pág. 72).

manifesta entre o título e o direito que se pretende fazer valer, quer essa desconformidade tenha a sua origem em factos prévios à formação do título – nulidade substancial do negócio jurídico que o título formaliza – ou posterior à sua formação – actos modificativos ou extintivos ([133]) e mesmo impeditivos da obrigação, ao juiz cabe conhecer dessa desconformidade, proferindo despacho de indeferimento liminar, desde que a causa dessa desconformidade seja do seu conhecimento e resulte do próprio título executivo ou deste conjugado com o requerimento inicial de execução, ou de factos notórios ou conhecidos pelo juiz em virtude do exercício das suas funções (artigo 664.º, 264.º, 514.º, 812.º e 820.º.

Da articulação do artigo 812.º, n.º 2, alínea c) com o artigo 820.º resulta que o legislador previu dois momentos de actuação do tribunal: um momento liminar, devendo o juiz indeferir «in limine» o requerimento de execução que se funde em título negocial ([134]) com algum dos fundamentos referidos na alínea c); caso o juiz não se aperceba do vício no início da execução, conhecerá dele logo que o detecte (momento posterior), rejeitando a execução: «rejeitada a execução esta extingue-se... (artigo 820.º, n.º2) ainda que em oposição à execução movida com outro fundamento» ([135]).

De tudo o que acima fica dito, afigura-se-nos poder concluir que o título executivo é condição necessária (meio necessário), mas

---

([133]) É o que sucede, por exemplo, com a extinção da obrigação exequenda por acto de pagamento de terceiro que resulta do próprio requerimento inicial ou que, em caso julgado pelo próprio tribunal de execução, foi declarada prescrita a obrigação ou anulado, por erro ou incapacidade, o contrato de que ela emergia.

([134]) Para LOPES CARDOSO, a expressão «título negocial» abrangia a confissão, a transacção ou conciliação homologadas por sentença, como abrangia os contratos confissão e até as obrigações constituídas por acto unilateral ("Manual da acção executiva", págs. 314-315). No mesmo sentido, RODRIGUES BASTOS, "Notas ao código de processo civil", vol. IV, págs. 39-40.

([135]) Neste sentido, LEBRE DE FREITAS, "obra citada", pág. 74, que acrescenta: "havendo oposição, das duas uma: ou nela se faz valer a causa da desconformidade e é aí que o juiz a apreciará, extinguindo-se seguidamente a execução, se a oposição for julgada procedente; ou nela se faz valer um fundamento diferente, mas são alegados e provados factos dos quais o juiz deve, no próprio processo executivo, retirar oficiosamente a rejeição da execução, aplicando então o artigo 820.º".

não suficiente, para garantir a promoção da execução([136]); é condição necessária porque não há execução sem título, sendo que a obrigação exequenda tem de estar consubstanciada no título; não é condição suficiente, essencialmente por duas ordens de razões: em primeiro lugar, porque não obstante a apresentação do título juntamente com o requerimento inicial, nesse momento nada garante que o direito de crédito ainda exista, para além de poderem suscitar-se dúvidas quanto aos requisitos da obrigação exequenda; depois, porque é a própria lei que impõe ao exequente o ónus de, no requerimento executivo «expor sucintamente os factos que fundamentam o pedido, quando não constem do título executivo» (artigo 810.º, n.º 3, alínea b)).

4. O título executivo e o pedido executivo

Mesmo nos casos em que a acção executiva é precedida de uma acção declarativa e, consequentemente, a base daquela é a sentença proferida nesta, a acção executiva não é, em regra, instaurada oficiosamente, dependendo antes do impulso da parte vencedora.

Efectivamente, por força do princípio dispositivo, cabe à parte vencedora ou credor instaurar a acção executiva, sempre que o seu direito de crédito se encontre numa situação de insatisfação, requerendo ao tribunal «as providências adequadas à reparação efectiva do direito violado» (artigo 4.º, n.º 3), concluindo por um pedido executivo (artigo 467.º, n.º 1, alínea e), *ex vi* artigo 810.º, n.º 3), pedido esse que delimita a actuação do tribunal.

Ora, o relacionamento entre o título e o pedido executivo terá de verificar-se não só quanto aos sujeitos processuais (individualização das partes – artigos 55.º e 56.º) e ao tipo de providências solicitadas ao tribunal (consoante a espécie do direito de crédito

---

([136]) Segundo PESSOA JORGE, a função do título executivo insere-se no objectivo de demonstrar perante o tribunal a quem se pedem as providências coercitivas, que se verifica a situação de direito substantivo que justifica tais providências ("obra citada", pág. 252).

consubstanciado no título – artigos 45.º, n.ºˢ 1 e 2 e 4.º, n.º 3), mas ainda quanto à determinação dos limites (quantum) do direito exequendo (artigo 45.º, n.º 1).

Face à controvérsia da aplicabilidade ou não do artigo 474.º, n.º 2, do código anterior à Reforma de 1995/1996, ao processo de execução, uns entendiam que devia haver lugar a um despacho de indeferimento liminar, uma vez que o pedido executivo não se ajustava ao título executivo e a falta de título implicava um despacho de indeferimento; outros, entendiam que devia haver lugar a um despacho de indeferimento liminar parcial (artigo 474.º, n.º 2, do Código de 1961) relativamente ao excesso e despacho de citação relativamente ao pedido executivo conforme ao título[137].

Na anterior edição[138], a propósito de tal questão, escrevemos que existiam razões verdadeiramente válidas para seguir a orientação daqueles para quem ao processo executivo era de aplicar o normativo do n.º 2 do artigo 474.º, não só porque o artigo 801.º não se opunha à aplicabilidade do preceituado no n.º 2 do citado artigo – no processo executivo não existiam normas próprias e aquela disposição não contrariava as soluções mais adequadas à composição dos interesses que se confrontavam no processo de execução –, como também existiam razões de economia processual que estariam na intenção do legislador para admitir o indeferimento liminar parcial[139].

Sem prejuízo de adiante se voltar ao assunto, podemos avançar desde já algumas ideias: se a desconformidade respeitar à individualização das partes, o problema em causa é de ilegitimidade (artigos 810.º, n.º 3, 812.º, n.º 2, alínea b) e 820.º, n.º 1), excepção dilatória que o juiz deve conhecer oficiosamente nos termos do

---

[137] É obvio que, por força do princípio dispositivo, nada obsta a que o exequente formule um pedido de execução substancialmente inferior ao montante do título executivo – e até poderá ter interesse nisso –, pois que ao executado assiste sempre o direito de, a qualquer momento, efectuar o cumprimento da totalidade da obrigação.

[138] "A acção executiva e a problemática das execuções injustas", pág. 66.

[139] Precedido, naturalmente, de um despacho de aperfeiçoamento, onde o exequente devia ser convidado a apresentar o título quanto ao pedido formulado a descoberto – artigo 477.º, ex vi artigo 801.º do Código de 1961 (cfr. CASTRO MENDES, "Direito processual civil, Acção executiva", págs. 11-12).

artigo 495.º, *ex vi* artigo 466.º, n.º 1; se a desconformidade respeitar ao tipo de providências solicitadas ao tribunal e essa desconformidade for manifesta (ex.: o objecto imediato do direito de crédito consubstanciado no título executivo é uma prestação pecuniária e o exequente, no requerimento inicial, formaliza um pedido referente a um direito de crédito cujo objecto é a entrega de coisa certa ou a prestação de facto) verifica-se a falta de título, e ao juiz caberá proferir despacho de indeferimento liminar (artigos 812.º, n.º 1, alínea a) e 45.º, n.ºs 1 e 2)([140]); se a desconformidade respeitar ao «quantum» do direito exequendo, é hoje claro na lei que é admitido o indeferimento parcial (artigo 812.º, n.º 3)([141]).

5. O título executivo e a causa de pedir

Como já se referiu antes, o título executivo é, para ANSELMO DE CASTRO, condição necessária e suficiente da acção executiva, no sentido desta dispensar a indagação prévia sobre a real existência ou subsistência do direito que pressupõe. Próximo deste entendimento está LOPES CARDOSO, para quem, nesta espécie de acção, o título executivo identifica-se com a causa de pedir([142]). Quer dizer que, se na acção executiva o título executivo desempenha a função da causa de pedir, daí resulta que esta deixa de ser o facto jurídico de que resulta a pretensão do exequente([143]) para passar a ser o próprio título executivo.

Muito embora a questão não seja pacífica, afigura-se-nos, todavia, ser de autonomizar a causa de pedir na acção executiva e,

---

([140]) Se o juiz em vez de proferir despacho de indeferimento liminar, proferir despacho de citação, pode o executado opor-se à execução no prazo de 20 dias a contar da citação, seja esta efectuada antes ou depois da penhora (artigo 813.º, n.º 1).

([141]) "É admitido o indeferimento parcial, designadamente, quanto à parte do pedido que exceder os limites constantes do título executivo".

([142]) "Manual da acção executiva", págs. 27 e 33.

([143]) A questão que se coloca é a de saber, dada a concepção declarativista subjacente ao nosso Código de Processo Civil, se à acção executiva são aplicáveis determinadas figuras processuais elaboradas tendo em vista a acção declarativa, como seja a causa de pedir cuja noção consta do artigo 498.º, n.º 4.

nessa medida, propendemos para a tese daqueles que defendem a exigência da indicação da causa de pedir na acção executiva. Em abono desta posição pesam essencialmente dois argumentos: por um lado, nada obstar à aplicação na acção executiva da teoria da substanciação ([144]); por outro, o título executivo e a causa de pedir são figuras conceitualmente distintas e com funções distintas – o título executivo reside no documento, tem de constituir ou certificar a existência da obrigação e é sempre condição necessária da execução na medida em que sem título não há execução; a causa de pedir é o facto constitutivo da obrigação, facto constitutivo do direito cuja execução se pede em tribunal (artigo 498.º, n.º 4). Em defesa deste ponto de vista diz-se ainda, e a nosso ver bem, que o título executivo não é o meio idóneo para desempenhar uma das mais relevantes funções da causa de pedir ([145]) – a da individualização do litígio de modo a prevenir a repetição de causas através das excepções da litispendência e do caso julgado ([146]).

Como também ensina PESSOA JORGE, o título executivo desempenha a função fundamentadora do pedido executivo e delimita a actuação a desenvolver pelo tribunal na acção executiva ([147]), mas

---

([144]) Esta teoria contrapõe-se à teoria da *individualização* e exige a indicação da causa de pedir em ordem a delimitar a actuação do tribunal relativamente ao tema da investigação e da decisão.

([145]) Na acção declarativa, a causa de pedir desempenha uma tríplice função: função fundamentadora do pedido, função delimitadora do objecto do processo e função individualizadora do litígio.

([146]) Neste sentido, CASTRO MENDES, para quem a acção executiva individualiza-se pela relação jurídica litigiosa, pelo litígio através dos seus sujeitos, objecto e facto constitutivo material, portanto, causa de pedir ("A causa de pedir na acção executiva", in Revista da F.D.U.L., vol. XVIII, págs. 213-214). Contrariando a posição de LOPES CARDOSO, observa ainda o mesmo Mestre: "... se uma pessoa tiver dois títulos executivos do mesmo crédito (escritura e sentença, por exemplo), poderia executar os dois, uma vez que à excepção de litispendência se oporia a diversidade de causa de pedir (artigos 497.º e 498.º, n.º 4) ("Acção executiva", pág. 7). É claro que neste caso não haveria repetição de causas pois, sendo executados títulos diferentes, haveria causas de pedir diferentes.

([147]) Por isso entende, contrariamente a CASTRO MENDES, não ser indispensável que no requerimento inicial o exequente indique o facto constitutivo do direito cuja execução solicita ao tribunal, pois que nos termos do artigo 458.º do Código Civil permite-se ao credor desencadear e alcançar o objectivo da acção executiva com base em título executivo de simples reconhecimento da dívida, donde não conste a *causa petendi* ("obra citada", págs. 262-267).

não desempenha a função individualizadora do litígio, para efeitos de litispendência e caso julgado, pela simples razão de ser perfeitamente possível que a mesma obrigação conste de vários títulos executivos.

Em coerência com a posição acima assumida – de que a acção executiva individualiza-se pela relação jurídica creditória – pela causa de pedir – entendemos que é indispensável a menção de uma causa de pedir no requerimento da acção executiva, sob pena de ser tido como inepto (artigo 193.º) ([148]).

II.II. A OBRIGAÇÃO EXEQUENDA, PRESSUPOSTO ESPECÍFICO DE CARÁCTER MATERIAL

1. Obrigação certa e exigível

Dissemos antes que a acção executiva caracteriza-se pela exigência de uma base documental – o título executivo –, mas caracteriza-se também, por ter por objecto uma obrigação ([149]) que se encontra numa situação de incumprimento: a acção executiva visa assegurar a realização efectiva de determinados direitos – direitos de estrutura obrigacional e/ou relativos a uma prestação patrimonial ([150]).

([148]) E isto, quer o título formalize um negócio meramente declarativo (artigo 458.º do Código Civil) ou o próprio acto constitutivo da obrigação, de modo a permitir verificar se há ou não identidade entre o direito de crédito cuja execução solicita ao tribunal e o consubstanciado no título dado à execução.

([149]) «A obrigação é o vínculo jurídico por virtude do qual uma pessoa fica adstrita para com outra à realização de uma prestação» (artigo 397.º do Código Civil). Na sua forma mais simples, pode dizer-se, pois, que a obrigação caracteriza-se por um vínculo jurídico que liga dois sujeitos: o devedor que está adstrito à realização de uma prestação, e o credor que tem o direito de exigir daquele a realização da prestação.

([150]) E CASTRO MENDES acrescenta: "o direito exequendo é sempre direito relativo a uma prestação patrimonial. Doutrinariamente, pode discutir-se se isso corresponde a ser sempre direito de crédito, ou se não haverá outros direitos, que não de crédito, com aquelas características: as pretensões reais, por exemplo. A nossa lei, contudo, fala de direito exequendo sempre como de crédito (artigo 917.º, n.º 1) e da posição passiva como obrigação (artigos 46.º, alínea c) e 802.º) ou dívida (artigo 51.º, n.º 1, 835.º e 916.º, n.º 1)" ("Direito processual civil", vol. I, págs. 220-221, nota 1).

Nos termos do artigo 802.º (na redacção dada pelo Decreto-Lei n.º 329-A/95, de 12 de Dezembro) «a execução principia pelas diligências, a requerer pelo exequente, destinadas a tornar a obrigação certa, exigível e líquida se o não for em face do título».

De harmonia com aquele normativo, a acção executiva pressupõe o incumprimento da obrigação, todavia, não pode falar-se em incumprimento enquanto a obrigação for incerta, inexigível ou, em certos casos, ilíquida. Há, então, que torná-la certa, exigível ou líquida([151]), sem o que a execução não pode prosseguir.

Para a prossecução de qualquer tipo de execução é necessário, pois, que o direito de crédito exista([152]), esteja numa situação de insatisfação e tenha por objecto uma prestação qualitativa e quantitativamente determinada.

Diz-se que é *certa* a obrigação em que a prestação devida se encontra qualitativamente determinada (ainda que esteja por liquidar ou individualizar)([153]) e que é *exigível* a obrigação quando se encontra vencida ou o seu vencimento depende, de acordo com estipulação expressa ou com a norma geral supletiva do artigo 771.º, n.º 1 do Código Civil, de simples interpelação do deve-

---

([151]) O artigo 802.º do Código de Processo Civil de 1939 exigia, já, a *liquidez* da obrigação, exigência que foi suprimida na revisão de 1961. Perante a supressão, defendeu-se que no conceito de obrigação *certa* se continha o de obrigação *líquida* e, assim, ao exigir a certeza da obrigação, a lei estava-se a referir também à sua liquidez: "o artigo (802.º) ao referir-se a obrigações certas, e, portanto, por contraposição, a obrigações incertas, parece abranger neste último conceito as obrigações ilíquidas; pode dizer-se que estas são incertas pelo que respeita ao quantitativo" (PALMA CARLOS, "Direito processual civil, Acção executiva", págs. 84 e seguintes). Sobre esta matéria defendemos na anterior edição que a liquidez da obrigação era condição da prossecução da acção executiva – a liquidação das obrigações ilíquidas tinha lugar já no próprio processo de execução (artigo 806.º) – ao passo que a certeza e a exigibilidade eram pressupostos da acção executiva.

([152]) A propósito do artigo 802.º, na sua redacção anterior à Reforma de 1995-1996, sustentamos que a existência da obrigação exequenda não era, em rigor, pressuposto da promoção da execução, mas tão só pressuposto da procedência da execução, porquanto, ao promover-se a execução, o exequente tinha de apresentar o título executivo pelo qual a obrigação era constituída ou reconhecida. A prova da existência da obrigação fazia-se através do título executivo que a presumia.

([153]) Já não o é aquela em que a determinação (ou escolha) da prestação, entre uma pluralidade, está por fazer (cfr. artigo 400.º do Código Civil).

dor(¹⁵⁴). Neste caso, a citação do devedor equivale a interpelação (artigo 812.º, n.º 6). Trata-se de uma interpelação judicial (cfr. artigo 805.º, n.º 1 do Código Civil e artigo 662.º, n.º 2, alínea b) do Código de Processo Civil), vencendo-se a obrigação no momento da citação(¹⁵⁵).

Diz-se que é *líquida* a obrigação que tem por objecto uma prestação cujo quantitativo está apurado.

Assim, se à face do título executivo a obrigação exequenda reúne os requisitos supra apontados, o credor logrará a prossecução da execução(¹⁵⁶).

Mas da leitura do título executivo podem resultar dúvidas quer quanto à certeza da prestação, quer quanto à exigibilidade da obrigação e, em certos casos, quanto à liquidez.

Pode verificar-se a primeira situação, nos casos de obrigação alternativa (em que o devedor está obrigado a uma de duas ou mais prestações segundo a escolha a efectuar – artigo 543.º do Código Civil) e nos de obrigação genérica (artigo 539.º do Código Civil) de objecto quantitativamente indeterminado (em que o devedor está obrigado a prestar determinada quantidade de um género que contém duas ou mais espécies diferentes).

Quanto à exigibilidade(¹⁵⁷) da obrigação, em face do título podem suscitar-se dúvidas quanto à verificação deste requisito, pelo menos no momento da instauração da acção executiva. Tal sucede,

---

(¹⁵⁴) Não é exigível a obrigação quando, não tendo ocorrido o vencimento, este não depende de simples interpelação do devedor.

(¹⁵⁵) Acerca da natureza jurídica da interpelação, vide CASTRO MENDES, "Direito e justiça", in Revista de Ciências Humanas da Universidade Católica Portuguesa, vol. II, 1981/86, págs. 5 e seguintes.

(¹⁵⁶) Tal não significa que a obrigação representada no título se mantenha no momento da instauração da execução, cabendo ao executado, em oposição à execução, alegar e provar os factos extintivos, modificativos ou impeditivos que, entretanto, tenham ocorrido, de acordo com o preceituado nos artigos 814.º, 816.º e 663.º, este aplicável por força do artigo 466.º, n.º 1, consoante a execução se baseie em sentença ou noutro título.

(¹⁵⁷) Entende-se que há dois conceitos de exigibilidade: exigibilidade em sentido forte e exigibilidade em sentido fraco. O primeiro traduz a situação em que se encontra a prestação já vencida, o segundo traduz a situação da obrigação que pode ser interpolada (cfr. CASTRO MENDES, "Direito processual civil. Acção executiva", pág. 14. nota l).

quando se trata de obrigações de *prazo certo* e este ainda não tenha decorrido (artigo 779.º do Código Civil([158]); quando o *prazo seja incerto* e a fixar pelo tribunal (artigo 777.º, n.º 2 do Código Civil); quando se trate de obrigação sujeita a *condição suspensiva* e esta ainda se não verificou (artigos 270.º do Código Civil e 804.º, n.º 1 do Código de Processo Civil); e ainda, em caso de sinalagma, quando o credor não tenha satisfeito a contraprestação (artigo 428.º do Código Civil). Nos dois últimos casos «incumbe ao credor provar documentalmente que se verificou a condição ou que se efectuou ou ofereceu a prestação» (artigo 804.º, n.º 1).

2. Obrigações alternativas

«É alternativa a obrigação que compreende duas ou mais prestações, mas em que o devedor se exonera efectuando aquela que, por escolha vier a ser designada» (artigo 543.º, n.º 1 do Código Civil). «Na falta de determinação em contrário, a escolha pertence ao devedor» (n.º 2).

Infere-se daquela disposição que nas obrigações alternativas a escolha ou determinação da prestação a efectuar, entre a pluralidade de prestações que constitui o seu objecto, pode depender de uma declaração de vontade do credor, do próprio devedor, do tribunal ou de terceiro (artigos 400.º, n.ºs 1 e 2, 543.º, n.ºs 1 e 2, e 549.º, todos do Código Civil).

1. *Se a escolha pertencer ao credor*, cabe a ele provocar a determinação da prestação: interpelando extrajudicialmente o devedor, comunicando-lhe qual a prestação que deve realizar([159]), ou interpelando o devedor através de uma notificação judicial avulsa

---

([158]) Salvo se tiver sobrevindo alguma das causas que determinam a exigibilidade antecipada (artigo 780.º do Código Civil) – cabendo ao credor provar complementarmente o(s) facto(s) determinante(s) da exigibilidade antecipada –, ou alguma causa que determine o vencimento antecipado, tratando-se de uma obrigação liquidável em prestações (artigo 781.º do Código Civil).

([159]) Pode servir-se para o efeito de carta registada com aviso de recepção, ou fazê-lo oralmente na presença de testemunhas.

(cfr. artigos 261.º e 262.º)([160]), indicando no requerimento inicial da execução por qual das prestações opta([161]).

Se o credor não fizer a escolha dentro do prazo estabelecido, ou dentro do prazo que o devedor lhe fixar para o efeito (artigo 762, n.º 2 do Código Civil) a escolha passará a pertencer ao devedor (cfr. artigos 549.º e 542.º, n.º 2 do Código Civil)([162]).

Se a escolha já foi feita antes da propositura da acção executiva, só há que provar a sua realização (artigo 804.º, n.ºs 1 e 2); se a escolha ainda não foi efectuada, fá-la-á no requerimento inicial de execução (artigo 810.º, n.º 3, alínea c)).

2. *Pertencendo a escolha ao devedor* (regra geral – artigo 543.º, n.º 1 do Código Civil), o credor tem ao seu dispor o mecanismo do artigo 803.º([163]): «quando a obrigação seja alternativa e pertença ao devedor a escolha da prestação, é este notificado para, no prazo de 10 dias, se outro não tiver sido fixado pelas partes, declarar por qual das prestações opta» (n.º 1). «Na falta de declaração, a execução segue quanto à prestação que o credor escolha» (n.º 2).

Face à redacção dos n.ºs 1 e 2 do artigo 803.º, anterior à Reforma da acção executiva, só divergente quanto ao prazo([164]), havia quem defendesse, antes da Reforma de 1995-1996, que era na pró-

---

([160]) Refira-se que nem sempre o interessado deve empregar este meio de notificação para alcançar determinados fins. É o que sucede com a *notificação para preferência*, exigindo a lei que a parte seja notificada judicialmente para exercer o direito de preferência (cfr. artigo 1458.º, n.º 2). Neste sentido, Ac. do STJ, de 23-07-1980, in BMJ n.º 292, pág. 271.

([161]) Entende CASTRO MENDES que para outros efeitos que não de execução, por exemplo de consignação em depósito, a escolha que não seja feita pelo credor devolve-se ao devedor – cfr. artigos 549.º e 542.º, n.º 2 do Código Civil ("Direito processual civil, Acção executiva", pág. 26, nota 2).

([162]) Neste sentido, ANTUNES VARELA, "Das obrigações em geral", vol. I, pág. 692.

([163]) Segundo PESSOA JORGE este mecanismo é aplicável aos demais casos em que a determinação da prestação compete ao devedor ("obra citada", pág. 88).

([164]) O prazo para a escolha seria o fixado pelo tribunal, em conformidade com o artigo 548.º do Código Civil, que o Decreto-Lei n.º 38/2003, assim derrogou. Anteriormente à revisão de 1967, dizia-se que o devedor devia ser «previamente notificado» em vez de «notificado».

pria execução que o credor deveria exigir que o devedor declarasse por qual das prestações optava, sob pena de a acção prosseguir quanto à prestação que o credor escolhesse [165].

Por seu lado, PALMA CARLOS [166] e LOPES CARDOSO [167] sustentavam que não obstante as alterações introduzidas com a revisão de 1967, a notificação do devedor devia ser provocada antes de ser proposta a acção executiva, devendo o credor recorrer à notificação judicial avulsa do artigo 261.º para exigir do devedor a escolha da prestação, só podendo depois intentar a acção executiva e pedir a prestação que aquele escolhesse ou a que ele próprio escolhesse se o devedor o não tivesse feito.

CASTRO MENDES entendia que cabendo a escolha ao devedor tinha de haver uma actividade processual prévia que podia consistir no processo mais célere da notificação avulsa (artigos 261.º e 262.º) ou no processo mais seguro da fixação judicial do prazo (artigos 1456.º e 1457.º) [168].

Não obstante o peso dos argumentos invocados a favor daqueles para quem a notificação do devedor constituía uma actividade preliminar, designadamente o de a alternatividade da prestação poder reportar-se a uma prestação de facto ou entrega de coisa certa, advindo daí dificuldades quanto à determinação da espécie [169], o que sempre levaria a um despacho do juiz a ordenar que a acção seguisse a forma correcta, defendemos, a esse propósito, na anterior edição, que a notificação ao devedor era uma actividade liminar e, como argumentos em apoio dessa posição salientamos aqueles de ordem literal que se prendiam com as alterações introduzidas no artigo 803.º, na sequência do artigo 548.º do Código Civil. Mais sustentámos, que nem o facto de o legislador ter utilizado o termo «notificação» (artigo 803.º) em vez de «citação» parecia afastar

---

[165] Neste sentido, ANSELMO DE CASTRO para quem nada impedia que o credor fizesse logo a escolha da prestação no requerimento inicial da execução, para o caso de o devedor notificado a não fizesse ("Acção executiva singular, comum e especial", págs. 54-55).
[166] "Direito processual civil, Acção executiva", pág. 83.
[167] "Manual da acção executiva", págs. 210 e seguintes.
[168] "Direito processual civil, Acção executiva", págs. 28-30.
[169] Cfr. CASTRO MENDES, "obra citada", pág. 27.

esse raciocínio pois, como muito bem ensinava PESSOA JORGE, embora chamado pela primeira vez ao processo executivo, o devedor era chamado apenas para exercer o seu direito de escolher a prestação a executar e não para defender-se (cfr. artigo 228.º, n.º 1)([170]).

Se o devedor não declarasse por qual das prestações optava, a escolha deferia-se ao credor, prosseguindo a acção quanto à prestação que este fizesse, admitindo-se que no requerimento inicial fizesse a pré-escolha para a hipótese de o devedor se recusar a efectuá-la.

O princípio da economia processual aconselhava tal solução e a revisão do código consagrou-a no artigo 802.º, que, na redacção actual (só formalmente alterada pelo Decreto-Lei n.º 38/2003) determina que «a execução principia pelas diligências, a requerer pelo exequente, destinadas a tornar a obrigação certa, exigível e líquida, se o não for em face do título executivo».

O teor do citado normativo e sua conjugação com os n.ºs 1 e 2 do artigo 803.º (na sua actual redacção) permite concluir que a *notificação do devedor* (leia-se, do executado) ocorre já dentro da execução, e tem como única finalidade a escolha da prestação; só depois dela feita, ou da escolha pelo exequente se o devedor (executado) a não fizer, é este citado para a execução.

3. Se a *escolha pertencer a terceiro*, e este a não tiver efectuado, há lugar, na fase liminar do processo executivo, à sua notificação para o efeito ou, se o prazo de escolha não estiver determinado, à prévia fixação judicial, nos termos aplicáveis dos artigos 1456.º e 1457.º.

Caso o terceiro não queira ou não possa efectuar a escolha, bem como no caso de haver vários devedores e não ser possível formar maioria quanto à escolha, no silêncio das partes, ela será feita pelo tribunal (artigo 400.º, n.º 2 do Código Civil), a requerimento do exequente, aplicando-se, com as necessárias adaptações, o disposto no artigo 1429.º (artigo 803.º, n.º 3)([171]).

([170]) "Lições de direito processual civil, Acção executiva", pág. 92.

([171]) ANSELMO DE CASTRO levanta a hipótese de aquele preceito aplicar-se só quando não haja execução, e apenas para o fim de obviar ao cumprimento espontâneo da obrigação ("Acção executiva singular, comum e especial", pág. 56).

Se a escolha tiver sido feita antes do processo de execução, compita ela ao devedor, a terceiro ou ao tribunal, cabe ao exequente, ao propor a acção executiva, fazer nela prova de que foi efectuada, por aplicação analógica do artigo 804.º, n.ᵒˢ 1 e 2 (¹⁷²).

A determinação da prestação pelo tribunal tem de ser requerida pelo processo especial de jurisdição voluntária do artigo 1429.º (¹⁷³). De que modo?

CASTRO MENDES entende que a acção executiva começará por um requerimento inicial em que o autor requer que o tribunal determine o que entenda. O tribunal mandará citar o executado, fixando-lhe um prazo para se pronunciar, e depois determinará a prestação, e mandará notificar o executado, consoante o caso, para pagar ou nomear bens à penhora, para entregar a coisa, etc. (¹⁷⁴).

4. Se a determinação da prestação *depender da declaração de vontade de vários devedores* (litisconsórcio de executados), diversas hipóteses podem verificar-se:

a) se todos os litisconsortes se abstêm de fazer qualquer indicação, a execução prosseguirá quanto à prestação que o credor exequente escolha (artigo 803.º, n.º 2);

b) se apenas um ou parte dos litisconsortes indica uma das prestações, a prestação deve considerar-se escolhida pelo devedor ou devedores que respondam;

c) se há um empate das prestações indicados pelos devedores, as manifestações de vontade anulam-se e, por isso, tudo se passa como se nenhuma declaração fosse feita, devolvendo-se ao credor o direito de escolher;

d) se há uma maioria de indicações relativamente a uma prestação, deve considerar-se escolhida a prestação indicada pela maioria dos devedores;

(¹⁷²) Neste sentido, LEBRE DE FREITAS, "obra citada", pág. 89.

(¹⁷³) ANTUNES VARELA entende que "se não é justo que a impossibilidade ou a recusa de cooperação de terceiro impeça o regular cumprimento da obrigação, também não seria razoável que, nesse caso, o poder de selecção da prestação se devolvesse unilateralmente a um ou outro dos sujeitos da relação" ("Das obrigações em geral", vol. I, pág. 693).

(¹⁷⁴) "Direito processual civil, Acção executiva", págs. 26-28.

e) se vários litisconsortes indicam prestações diferentes, mas há empate entre eles relativamente às prestações indicadas, o exequente tem o direito de pedir, e o tribunal pode efectuar a escolha, mas apenas quanto a qualquer das prestações apontadas pelos devedores que não chegam para constituir maioria (cfr. 2.ª parte do n.º 3 do artigo), pois quanto à prestação (ou às prestações) não indicada há a unanimidade dos devedores no sentido de a excluir [175].

3. Obrigações alternativas e obrigações com faculdade alternativa

As obrigações alternativas não se confundem com as obrigações com faculdade alternativa.

Nas primeiras, as partes têm em vista os diversos objectos da obrigação na sua individualidade própria, e apesar de a prestação ser incerta, o devedor exonera-se efectuando aquela que, por escolha, vier a ser designada; a obrigação com faculdade alternativa (a parte debitoris) é a que tem por objecto uma só prestação, mas em que o devedor tem a faculdade de se exonerar mediante uma outra, sem necessidade da aquiescência posterior do credor [176].

Como bem refere ANTUNES VARELA, "o credor não pode exigir a prestação alternativa, mas terá de aceitá-la, se o devedor optar por ela, sob pena de incorrer em mora". E mais adiante, a propósito da diversidade de regime de uma e outra acrescenta: "na obri-

---

[175] Cfr. LOPES CARDOSO, "Manual da acção executiva", pág. 214. Também ALBERTO DOS REIS aborda a questão do empate das prestações pelos devedores, concluindo pela devolução ao credor do direito de escolher a prestação: "como não há fundamento sério para sobrepor uma prestação à outra, a conclusão é que as duas manifestações de vontade se anulam e que, por isso, tudo se passa como se nenhuma declaração fosse feita" ("Processo executivo", vol. I, pág. 459).

Quando a escolha pertence a terceiro, a obrigação alternativa assume a figura de verdadeira obrigação condicional, pelo que o exequente terá de provar que a escolha foi feita. A prova é feita nos termos do artigo 804º, por documento, junto com o requerimento inicial, ou por testemunhas, oferecidas no requerimento inicial e inquiridas antes de o executado ser chamado ao processo.

[176] Cfr. ANTUNES VARELA, "Das obrigações em geral", vol. I, pág. 700.

gação com faculdade alternativa, como a obrigação devida é uma só, não há lugar a nenhuma escolha, sendo essa única prestação que o credor tem o direito de exigir, e podendo fazê-lo, logo que a obrigação se vença" ([177]).

Em sede de execução deve pois o credor intentar a acção pela prestação principal (única); todavia, como em regra a execução começa por um prazo em que o devedor ainda pode cumprir, é-lhe facultado efectuar a segunda prestação neste prazo ([178]).

Admitindo, embora pouco provável, as obrigações com faculdade alternativa por parte do credor, entende-se que o seu regime, em termos do processo de execução, reconduz-se ao das obrigações alternativas com escolha pelo credor.

4. Obrigações genéricas

Diz-se genérica a obrigação cuja prestação está apenas determinada pelo seu género (mediante a indicação das notas ou características que a distinguem) e pela sua quantidade: a entrega de vinte almudes de vinho, o empréstimo de dez moios de trigo ([179]).

A determinação do objecto da obrigação genérica exige, em regra, um acto prévio de escolha, quando as coisas compreendidas no objecto fixado sejam de qualidade diferente ([180]). Pode, todavia, a determinação do objecto da obrigação dispensar uma operação prévia de escolha, quando as coisas compreendidas no género apresentem a mesma qualidade. Neste caso, a determinação (individualização) faz-se por meio de especificação que pode consistir em meras operações de contagem, pesagem ou medida (por ex.: uns

---

([177]) "Obra citada", pág. 701.
([178]) "... Neste prazo pode exercer a faculdade alternativa" (CASTRO MENDES, "Direito processual civil, Acção executiva", pág. 31).
([179]) Cfr. ANTUNES VARELA, "Das obrigações em geral", vol. I, pág. 776.
([180]) "Nas obrigações genéricas, refere CASTRO MENDES, a prestação exige previamente um acto, de escolha, determinação ou concentração – a qual pode ser simples individualização, se a categoria de realidades está determinada de tal forma que não há que optar por espécies diferentes ou exige mais ainda a especificação, no caso contrário" ("obra citada", pág. 23).

tantos alqueires de trigo), configurando-se a obrigação genérica como uma obrigação de prestação específica ou de prestação de coisa certa, aplicando-se-lhe as normas do processo de execução para entrega de coisa certa (artigo 930.º, n.º 2)([181]).

Dependendo a determinação do objecto da obrigação genérica de um acto prévio de escolha, esta poderá caber a qualquer das partes, a um terceiro e ao tribunal (cfr. artigos 539.º, 542.º e 540.º, todos do Código Civil).

Nos termos do artigo 539.º do Código Civil, na falta de estipulação em contrário a escolha do objecto da prestação compete ao devedor. Cabendo a escolha da prestação ao devedor, se este não exercer a faculdade de escolher a prestação, dentro do prazo convencionado constante do título executivo, ou do que para o efeito lhe for determinado, no processo de jurisdição voluntária (artigos 1456.º e 1457.º), a determinação da prestação competirá, em nossa opinião e com o devido respeito pela doutrina dominante, ao tribunal (artigo 400.º, n.º 2 do Código Civil), devendo o credor requerê-la nos termos do artigo 1429.º ([182]).

Entende-se que o mesmo regime será de observar para a hipótese de as partes terem convencionado confiar a escolha da prestação a terceiro e este não venha a fazê-la nos termos antes referidos (cfr. artigo 400.º, n.ºs 1 e 2 do Código Civil); assim já não sucederá para a hipótese de a escolha da prestação ser confiada ao credor: se este não fizer a escolha dentro do prazo estipulado ou daquele que para o efeito lhe for fixado pelo devedor, é a este (e não ao tribunal) que a escolha passa a competir (artigo 542.º, n.º 2 do Código Civil).

A escolha só é eficaz se for declarada ao devedor, quando realizada pelo credor; e se declarada a ambas as partes, quando efectuada por terceiro (artigo 542.º, n.º 1 do Código Civil).

([181]) Cfr. CASTRO MENDES, "obra supra citada", pág. 26: "quando a obrigação carece só de individualização (do objecto da prestação), aplica-se o artigo 930.º, n.º 2".

([182]) Neste sentido, ANTUNES VARELA, "obra supra citada", pág. 779, e JORGE BARATA, "obra citada", pág. 33. Contra, entre outros, CASTRO MENDES, para quem, se o devedor não fizer a especificação, devolve-se ao credor o direito (por analogia com o artigo 803.º) ("obra supra citada", pág. 25).

Quer a escolha caiba a uma ou outra das partes ou a terceiro, deve ser feita segundo critérios ou juízos de equidade, se outros critérios não tiverem sido estipulados (artigo 400.º, n.º 1 do Código Civil) ([183]).

5. Obrigações puras e obrigações a prazo

Atendendo ao momento do cumprimento, as obrigações distinguem-se em obrigações puras (sem prazo) e obrigações a termo (com prazo).

Nas primeiras o credor pode exigir desde logo a prestação ([184]).

Trata-se de obrigações exigíveis a todo o tempo, isto é, de obrigações que se encontram numa situação em que o seu vencimento depende de simples interpelação do devedor pelo credor, podendo este, para o efeito, usar dos seguintes meios tendentes a provocar o vencimento da obrigação: interpelação extrajudicial do devedor, comunicando-lhe que pretende receber a prestação, objecto da obrigação (artigo 805.º, n.º 1 do Código Civil); interpelação do devedor através da notificação judicial avulsa, comunicando-lhe que pretende receber a prestação (artigos 261.º do Código de Processo Civil e 805.º, n.º 1 do Código Civil); interpelação do devedor através da citação na acção executiva (artigos 805.º, n.º 1 do Código Civil e 662.º, n.º 2, alínea b), este aplicável ao processo de execução por força do artigo 466.º, n.º 1, do Código de Processo Civil).

Quer a interpelação não tenha sido efectuada, quer ela tenha sido efectuada mas não acompanhada (nem seguida) dos actos que ao credor incumbia realizar (não ter sido pedido o pagamento no domicílio do devedor), a acção pode ter lugar, embora sujeitando-se o autor ao pagamento das custas da acção (artigo 662.º, n.º 3). Ao credor caberá provar que efectuou devidamente a interpelação

---

([183]) E ANTUNES VARELA acrescenta: "... o que significa, praticamente, que nem o devedor pode escolher, em prejuízo do credor, coisas da pior qualidade, nem o credor, em detrimento da outra parte, coisas da melhor qualidade" ("Das obrigações em geral", pág. 679).

([184]) O artigo 777.º, n.º 1 do Código Civil, reportando-se às obrigações puras, declara que «... o credor tem o direito de exigir a todo o tempo o cumprimento da obrigação, assim como o devedor pode a todo o tempo exonerar-se dela».

ao devedor, nos termos do artigo 804.º, para evitar a sua condenação em custas.

Nas *obrigações a termo* (com prazo)([185]), como regra, o cumprimento só pode ser solicitado uma vez transcorrido o prazo de que o devedor dispõe. A obrigação é inexigível antes do decurso do termo do prazo, salvo se sobrevier alguma das causas que determinam a exigibilidade antecipada (artigo 780.º do Código Civil)([186]) ou alguma causa que determine o vencimento antecipado, no caso de a obrigação representada no título executivo ser alguma obrigação liquidável em prestações (cfr. artigo 781.º do Código Civil).

Se a obrigação tem *prazo certo*, decorrido o prazo fica o devedor constituído desde logo em mora (artigo 805.º, n.º 2, alínea a), do Código Civil), salvo se ocorrer mora do credor, por este não ter aceite a prestação ou não praticar os actos necessários ao cumprimento da obrigação que a ele couberem (artigo 813.º do Código Civil), como seja o caso previsto no artigo 772.º do Código Civil. Porém, nem mesmo nesta situação de mora do credor fica ele impedido de instaurar a competente acção executiva, de harmonia com o exarado no aludido artigo 662.º, n.º 2, alínea b)([187]).

Entende-se que este preceito é aplicável, por analogia, ao caso de *obrigação a prazo*, cabendo ao credor proceder à cobrança no domicílio do devedor, com a especialidade de a dívida vencer-se no momento da instauração da acção, só podendo falar-se em mora do devedor a partir da citação([188]).

([185]) Termo ou prazo é o evento futuro e certo de que dependem os efeitos de um acto ou facto jurídico. Pode ser inicial (dies a quo) ou final (dies ad quem) conforme suspende ou extingue esses efeitos (cfr. GALVÃO TELES, "Direito das obrigações", 1979, págs. 199-200).

([186]) Ao credor exequente competirá prová-la, nos termos do artigo 804.º.

([187]) «Se não houver litígio relativamente à existência da obrigação, observar-se-á o seguinte: (...); b) quando a inexigibilidade derive da falta de interpelação ou do facto de não ter sido pedido o pagamento no domicílio do devedor, a dívida considera-se vencida desde a citação».

A obrigação pura cujo devedor não tenha sido ainda interpelado não está vencida e, no entanto, a prestação é exigível (artigo 771.º do Código Civil).

([188]) Também aqui cabe ao credor o pagamento das custas da acção executiva, salvo se provar, nos termos do artigo 804.º, n.º 1, que procedeu previamente ao auto de cobrança, nos termos acima descritos.

Tratando-se de obrigação dependente de *prazo a fixar pelo tribunal*, competirá ao credor, na fase liminar da acção executiva, promover a fixação judicial do prazo através do processo de jurisdição voluntária previsto nos artigos 1456.º e 1457.º.

Se a determinação do prazo for deixada ao credor e este não usar da faculdade que lhe foi concedida (ou fizer dela um uso abusivo)([189]), compete ao tribunal fixar o prazo a requerimento do devedor (artigo 777.º, n.º 3 do Código Civil). Entende-se que a mesma solução é de observar, por aplicação analógica do artigo 777.º, n.º 3, quando se confie ao devedor a fixação do prazo (sem deixá-lo ao seu puro arbítrio)([190]).

6. Obrigações sinalagmáticas e obrigações condicionais

«Se nos contratos bilaterais não houver prazos diferentes para o cumprimento das prestações, cada um dos contraentes tem a faculdade de recusar a sua prestação enquanto o outro não efectuar a que lhe cabe ou não oferecer o seu cumprimento simultâneo» (artigo 428.º, n.º 1 do Código Civil).

Conforme resulta do preceito, trata-se de matéria de excepção do não cumprimento do contrato a opor à exigência da respectiva prestação, quando a obrigação esteja dependente de condição suspensiva([191]) ou de uma prestação por parte do credor ou de terceiro.

Em ambos os casos, incumbe ao credor provar, documentalmente, perante o agente de execução que se verificou a condição

---

([189]) Confiando-se ao credor a fixação do prazo, terá ele de proceder segundo as regras da boa fé, não podendo fixar um prazo tal que o devedor não possa ou tenha extrema dificuldade em cumprir dentro dele.

([190]) Segundo GALVÃO TELES, a estipulação onde se confia ao devedor a fixação do prazo tem um de dois sentidos. Ou se pretende deixar o prazo ao puro arbítrio do devedor e neste caso quer-se confiar-lhe inteira liberdade de cumprir quando quiser, ou se pretende deixar o prazo ao critério do devedor e, então, não se lhe outorga essa liberdade, apenas se lhe confiando a escolha do momento do cumprimento em atenção às circunstâncias e no exercício de um poder jurisdicionalmente controlável ("obra citada", pág. 202).

([191]) A prestação de obrigação sob *condição suspensiva* só é exigível depois de a condição se verificar, pois até lá todos os efeitos do respectivo negócio constitutivo ficam suspensos (artigo 270.º do Código Civil).

de que se efectuou ou ofereceu a prestação (artigo 804.º, n.º 1), sem o que a execução não é admissível (192).

Antes da Reforma de 1995/1996, entendia-se que, como regra, o credor deveria oferecer prova documental; se não pudesse oferecer prova documental, ou esta fosse insuficiente, deveria oferecer prova testemunhal, indicando no requerimento inicial da execução o rol de testemunhas que seriam inquiridas pelo juiz, podendo este ouvir o devedor sobre a prova oferecida pelo credor, quando o julgasse necessário.

Porém, discutia-se se o devedor deveria ser chamado por meio de notificação ou se por meio de citação. Então, no seguimento de LOPES CARDOSO entendíamos que não obstante o devedor ser chamado pela primeira vez ao processo, era-o não para pagar ou nomear bens à penhora e deduzir oposição à execução, mas apenas para, no prazo que lhe fosse fixado, dizer o que se lhe oferecesse sobre a alegação do credor exequente (193) (194).

Com a Revisão operada pelo Decreto-Lei n.º 38/2003, o legislador admitiu no n.º 2 do artigo 804.º qualquer meio de prova (antes só era admitida prova documental ou, se esta não pudesse ser oferecida ou fosse insuficiente, prova testemunhal).

De harmonia com aquele normativo (n.º 2), sendo a prova inteiramente documental, a verificação da condição ou da prestação é feita pelo agente de execução; se porém o juiz entender que deve ser ouvido o devedor (195), é este logo citado, podendo contestar em oposição à execução (cfr. n.º 3 do artigo 804.º) (196).

---

(192) Embora não se trate de caso de inexigibilidade, no plano dos pressupostos da execução é-lhe dado tratamento semelhante ao dos casos de prestação inexigível (cfr. LEBRE DE FREITAS, "obra citada", pág. 92).

(193) "Feita a prova informatória, o juiz mandará seguir, ou não, a acção executiva, consoante considere averiguado, ou não, ter-se verificado a condição, ou que o exequente fez, ou tentou fazer, a prestação que lhe competia. Só no caso afirmativo, o executado é citado para a acção executiva" ("Manual da acção executiva", págs. 220-221).

(194) Contra, CASTRO MENDES, "Direito processual civil, Acção executiva", pág. 34, nota 1.

(195) O que é determinado no despacho liminar, nos termos do artigo 812.º-A, n.º 2, alínea b).

(196) Embora os normativos dos n.ºs 1 e 3 do artigo 804.º se refiram apenas à prova da verificação da condição suspensiva e da prestação por parte do credor ou de

A segunda parte do n.º 2 do artigo 804.º estabelece um *efeito cominatório* específico para a falta de contestação do executado: considera-se verificada a condição ou efectuada ou oferecida a prestação, nos termos do requerimento executivo, sem prejuízo das excepções ao efeito cominatório da revelia em processo declaratório, nos termos do artigo 485.º, ou seja, no caso de o juiz entender necessário ouvir o devedor, este «é citado com a advertência de que, na falta de contestação, se considerará verificada a condição ou efectuada ou oferecida a prestação, nos termos do requerimento executivo, salvo o disposto no artigo 485.º»([197]).

7. Obrigações ilíquidas

Diz-se *ilíquida* a obrigação que tem por objecto uma prestação cujo quantitativo não está ainda numericamente determinado([198]).

A *iliquidez da obrigação* pode reportar-se tanto a obrigações pecuniárias, como a obrigações de prestação de coisas diversas de dinheiro e de prestação de facto. Apontam-se como exemplos de obrigações ilíquidas: a obrigação de o devedor pagar o montante dos prejuízos causados – obrigação de indemnização emergente de um facto ilícito, ou o lesado pretenda usar da faculdade que lhe confere o artigo 569.º do Código Civil (artigo 471.º, n.º 1, alínea b)); a obrigação de pagar o equivalente em euros correspondente a

---

terceiro, de que dependa a realização da prestação do executado, entende-se que eles se aplicam a todos os casos em que a certeza e a exigibilidade não resultem do título executivo, mas já se verificaram antes da propositura da acção executiva, assim como naqueles casos em que, sendo a prestação exigível em face do título, o credor queira provar que ocorreu o vencimento e a mora do devedor, para evitar a condenação em custas (cfr. LEBRE DE FREITAS/RIBEIRO MENDES, "Código de processo civil anotado", vol. 3.º, pág. 249).

([197]) LOPES DO REGO entende que o citando deve ser expressamente advertido, quer deste efeito cominatório, quer do ónus de cumulação da contestação com a oposição à execução que pretenda deduzir ("Requisitos da obrigação exequenda", in Reforma da acção executiva, Themis, 7, pág. 70) .

([198]) "Obrigações ilíquidas são aquelas em cuja prestação é essencial uma quantidade que não está numericamente determinada" (CASTRO MENDES, "obra supra citada", pág. 15).

uma quantia determinada de moeda estrangeira diferente daquela; a obrigação cuja fixação do quantitativo esteja dependente de prestação de contas ou de outro acto que deve ser praticado pelo réu (artigo 471.º, n.º 1, alínea c)); e a obrigação de pagamento de uma quantia que vença juros a certa taxa.

A obrigação ilíquida não se confunde com a obrigação genérica. Esta tem um objecto quantitativamente determinado, mas pode ter um objecto qualitativamente determinado ou indeterminado. Nesta obrigação, a prestação exige um acto prévio de escolha, determinação ou concentração, podendo esta ser simples individualização ou especificação.

Importa salientar, ainda, que o âmbito da formulação de pedidos ilíquidos ou genéricos, na acção executiva, é muito mais restrito do que na acção declarativa ([199]).

O normativo do n.º 1 do artigo 378.º prevê a formulação de um pedido genérico relativo a uma universalidade ou às consequências de um facto ilícito, e estatui que o autor, antes de começar a discussão da causa, sendo possível, «deduzirá o incidente de liquidação a fim de tornar aquele pedido líquido».

Do estabelecido no n.º 2 do artigo 471.º, em conjugação com o normativo do n.º 1 do artigo 378.º, fluí que o incidente de liquidação previsto neste último preceito ([200]) é susceptível de ter lugar quando se formule um pedido genérico relativo às consequências de um facto ilícito ou a uma universalidade de facto ou de direito,

---

([199]) Entendia-se, já, no anterior Código, que o único caso de pedido ilíquido ou genérico na acção executiva respeitava ao pagamento de um capital que abrangia os juros que se continuassem a vencer e que fossem liquidados nos termos do artigo 805.º, n.º 2. A este caso acrescentava CASTRO MENDES um outro: a exigência judicial de entrega de uma universalidade, de facto ou de direito, nos termos do artigo 471.º, n.º 1, alínea a) ("Direito processual civil, Acção executiva", pág. 16).

([200]) Como bem observa SALVADOR DA COSTA, "a liquidação incidental aí prevista distingue-se da liquidação principal e da liquidação em execução de sentença; na medida em que a primeira surge como incidente da acção declarativa, a segunda é operada nos articulados da causa em que o autor ou o réu reconvinte procede à liquidação da obrigação genérica e conclui pela formulação de um pedido líquido, e a terceira visa a liquidação, em execução, de uma condenação ilíquida" ("Os incidentes da instância", 3.ª Ed., pág. 266).

salvo se dever utilizar-se o processo de inventário, como ocorre na hipótese de necessidade de aceitação beneficiária da herança.

Nos termos do artigo 661.º, n.º 2, «se não houver elementos para fixar o objecto ou a quantidade, o tribunal condenará no que vier a ser liquidado, sem prejuízo da condenação imediata na parte que já esteja líquida» [201]. Deste preceito pode inferir-se que só é possível deixar para liquidação (em execução de sentença) a indemnização respeitante a danos relativamente aos quais, embora provada a sua existência, não existam elementos para fixar o montante.

7.1. Meios de liquidação das obrigações

7.1.1. Liquidação por simples cálculo aritmético

A liquidação pelo exequente tem lugar no próprio requerimento inicial para a acção executiva, sempre que a fixação do quantitativo dependa de especificação e cálculo dos respectivos valores: «sempre que for ilíquida a quantia em dívida o exequente deve especificar os valores que considere compreendidos na prestação devida e concluir o requerimento executivo com um pedido líquido (artigo 805.º, n.º 1) [202].

No seguimento da orientação de CASTRO MENDES [203], já antes defendíamos que a doutrina daquela disposição legal devia aplicar-

---

[201] Este n.º 2 tem a redacção do Decreto-Lei n.º 38/2003, de 8/3. Ainda, no âmbito da redacção anterior, o Ac. da Relação do Porto, de 15.03.1979, in BMJ n.º 286, pág. 403, dizia: «o n.º 2 do artigo 661.º do Código de Processo Civil aplica-se ao caso de se ter formulado inicialmente pedido genérico também no caso de se ter formulado pedido específico, mas não se chegaram a coligir dados suficientes para se fixar com precisão e segurança o objecto ou a quantidade da condenação». No mesmo sentido já se pronunciava ALBERTO DOS REIS, "Código de processo civil anotado", vol. V, pág. 74.

[202] Dá lugar a este meio de liquidação, a obrigação de pagamento de juros vencidos de determinado capital, a de pagamento de um preço a calcular de acordo com a cotação de uma moeda verificada em determinado dia, a de pagamento de uma indemnização em montante a ratear por vários credores conjuntos na proporção dos respectivos direitos (cfr. Ac. do STJ, de 11.01.1977, in BMJ, n.º 263, pág. 192).

[203] "Direito processual civil, Acção executiva", pág. 18. No mesmo sentido, ANSELMO DE CASTRO, "Acção executiva singular...", pág. 60.

-se também quando o cálculo aritmético se baseasse em números que pudessem ser provados por documentos juntos com o requerimento inicial.

Sobre esta matéria, também LOPES CARDOSO entendia que o exequente deveria efectuar as operações necessárias à fixação do quantitativo, concluindo por um pedido líquido, mas ao executado assistia o direito de impugnar a conta, quando a considerasse errada, através do incidente previsto no artigo 607.º [204], ou nos embargos de executado [205].

«Quando a execução compreenda juros que continuem a vencer-se, a liquidação deles é feita a final pela secretaria, em face do título executivo e dos documentos que o exequente ofereça em conformidade com ele ou, sendo caso disso, em função das taxas legais de juros de mora aplicáveis» (artigo 805.º, n.º 2).

Como bem se depreende do preceito, a liquidação é efectuada a final pela secretaria, mas somente quanto aos juros que continuem a vencer-se; quanto aos juros já vencidos, deve o exequente proceder à sua liquidação (de acordo com a regra geral) no requerimento inicial de execução (nos termos acima referidos) [206], devendo ser tomados em consideração para efeitos de fixação do valor da acção executiva (artigo 306.º, n.º 2).

Com a Reforma da acção executiva operada pelo Decreto-Lei n.º 38/2003, de 8 de Março, a liquidação pela secretaria tem também lugar no caso de *sanção pecuniária compulsória*: executando-se obrigação pecuniária, a liquidação não depende de requerimento do executado, devendo ser feita oficiosamente pela secretaria, a final (artigo 805.º, n.º 3); executando-se obrigação de prestação de facto

---

[204] Este artigo foi revogado pelo artigo 3.º do Decreto-Lei n.º 329-A/95, de 22 de Dezembro.

[205] "Manual da acção executiva", págs. 234-235.

[206] Não havendo fixação, pelas partes, da taxa dos juros de mora, aplicam-se as taxas legais supletivas que se hajam sucedido ao longo do período de mora, fixadas nos termos do artigo 559.º, n.º 1 do Código Civil; relativamente às letras e livranças pagáveis em Portugal, são aplicáveis essas taxas e não a dos artigos 48.º e 49.º da Lei Uniforme sobre Letras e Livranças (Assento n.º 4/92, de 17 de Dezembro, BMJ n.º 419, pág. 75); no caso de cheque sem cobertura, acrescem-lhes ainda 10% (artigo 1.º-A, n.º 3 do Decreto-Lei n.º 454/91, de 28 de Dezembro, aditado pelo Decreto-Lei n.º 316/97, de 19 de Novembro).

infungível, o exequente tem de a requerer, quer já tenha sido fixada na sentença declarativa, quer o seja pelo juiz da execução (artigos 933.º, n.º 1, 939.º, n.º 1 e 941.º, n.º 1)([207]).

Os casos supra apontados são os únicos de pedido ilíquido (ou genérico, na terminologia do artigo 471.º) admitidos em processo de execução para pagamento de quantia certa.

Discordando da liquidação feita pelo exequente, o executado, quando para ela seja citado, pode opor-se à execução com fundamento no artigo 814.º, alínea e) – iliquidez da obrigação, tal como ela é definida pelo exequente ao deduzir a liquidação –, podendo também reclamar para o juiz, nos termos do artigo 161.º, n.º 5, do acto da secretaria que liquide os juros vencidos na pendência da execução, sem prejuízo de o funcionário encarregado de os contar poder suscitar previamente perante ele a resolução de alguma dúvida que tenha.

Prescrevia o n.º 3 do artigo 805.º do código anterior que «não estando determinado o dia a partir do qual hão-de ser contados os juros, é esse dia, a requerimento prévio do credor, fixado por despacho em harmonia com o título executivo, depois de ouvidas as partes».

De harmonia com aquele normativo, quando em face do título executivo se suscitassem dúvidas quanto à fixação do dia a partir do qual haviam de ser contados os juros vencidos, deveria o credor desenvolver uma actividade judicial, que uns qualificavam de preliminar ([208]) e outros de liminar ([209]), consoante se entendesse que

---

([207]) Cfr. LEBRE DE FREITAS, "obra citada", pág. 97.

([208]) Neste sentido escrevia ALBERTO DOS REIS: "quanto à oportunidade processual da audiência das partes e da decisão do juiz, isto é, quanto ao modo como se faz funcionar a disposição do parágrafo (n.º 3 do artigo 805.º do código anterior) não nos parece que surjam dificuldades apreciáveis. O exequente, antes de fazer a liquidação e portanto antes de apresentar a petição inicial para a execução, põe a questão ao juiz, requerendo que, ouvido o executado, fixe por despacho o dia a partir do qual hão-de ser contados os juros. Trata-se de uma liquidação prévia" ("Processo de execução", vol. I, pág. 491).

([209]) Cfr. LOPES CARDOSO, que abordava a questão nestes termos: "no actual Código, a revisão ministerial optou pela solução que ALBERTO DOS REIS propugnara. Para consagrar tal solução introduziu, no texto do n.º 3 do artigo 805.º, as palavras «a requerimento prévio do credor». Justificou a alteração dizendo: «Esclarecem-se também

as diligências incluídas no «requerimento prévio do credor» tinham lugar antes de o exequente apresentar o requerimento inicial da execução, ou depois de este ser apresentado, mas antes de proferido o despacho de citação do executado, para pagar ou nomear bens à penhora.

Mercê da Reforma da acção executiva, que eliminou o regime simplificado que constava daquele normativo, se o momento a partir do qual hão-de ser contados os juros não resultar dos documentos oferecidos pelo exequente (artigo 810.º, n.º 4), terá de se lançar mão do procedimento previsto no artigo 805.º, n.º 4, para os casos de litígio sobre a matéria da liquidação ([210]).

7.1.2. Liquidação não dependente de simples cálculo aritmético

De acordo com o n.º 1 do artigo 806.º, do Código anterior, quando a obrigação fosse ilíquida e a liquidação não dependesse de simples cálculo aritmético o exequente especificaria no requerimento inicial da execução os valores que considerasse compreendidos na prestação devida e concluiria por um pedido líquido ([211]), sob pena de o requerimento inicial ser considerado inepto (artigo 193.º, n.º 2, alínea a), «ex vi» artigo 801.º do mesmo Código).

Antes da Reforma da acção executiva, deduzido o pedido de liquidação, e se ao caso não coubesse despacho de aperfeiçoamento ou de indeferimento liminar, o executado era citado para contestar

---

os termos em que deve ser provocado o despacho judicial a fixar o dia a partir do qual devem ser contados os juros, afirmando-se que o requerimento do credor necessário para esse efeito é preliminar da execução». Todavia, parece não ter havido a intenção de atribuir ao chamado preliminar mais do que a natureza de um incidente liminar da acção executiva". E mais adiante acrescenta: "um elementar princípio de economia processual aconselha que fixada a data a partir da qual os juros devem ser contados, nos mesmos autos prossiga a execução, citando-se então o executado, para pagar ou nomear bens à penhora" ("Manual da acção executiva", págs. 230-231).

([210]) Neste sentido, LOPES DO REGO, "Requisitos da obrigação exequenda cit.", pág. 74.

([211]) Além do título executivo, o exequente devia apresentar os documentos destinados a fazer prova dos factos alegados (artigo 523.º, n.º 1, «ex vi» artigo 801.º, então em vigor).

a liquidação, no prazo fixado para a dedução de embargos ([212]), com a explícita advertência da cominação relativa à falta de contestação (artigo 806.º, n.º 2), e podia, no mesmo prazo, embargar a execução, se tivesse fundamento para tal ([213]), cumulando esta oposição com a que eventualmente tivesse a formular contra a liquidação (artigo 807.º, n.º 3), sem prejuízo do seu direito de agravar do despacho de citação (artigo 807.º, n.º 6), no prazo geral dos recursos (artigo 685.º).

Face à citação para a liquidação, o executado poderia assumir uma das seguintes posições: não contestar a liquidação nem se opor à execução através de embargos de executado; impugnar a liquidação sem nada opor à execução; opor-se à liquidação e à execução através de embargos de executado; impugnar a execução sem nada opor à liquidação.

Com a Reforma da acção executiva operada pelo Decreto-lei n.º 38/2003, requerida a liquidação pelo exequente (artigo 805.º, n.º 1) o executado é logo citado ([214]) para contestar, em oposição à execução, a liquidação efectuada pelo exequente, com a advertência de que, na falta de contestação, a obrigação se considera fixada nos termos do requerimento executivo (artigos 805.º, n.º 4 e 814.º, alínea e)).

([212]) Então, o prazo fixado para a dedução de embargos era de 10 dias em processo ordinário (artigo 816.º) e de 5 dias em processo sumário e sumaríssimo (artigos 924.º. n.º 1 e 927.º. n.º 3).

Quando a execução começasse pelo processo de liquidação, o executado não era citado para pagar ou nomear bens à penhora (artigo 811.º, n.º 1); só posteriormente havia lugar à sua notificação para esse efeito (artigo 811.º, n.º 2).

([213]) LOPES CARDOSO entendia que no acto da citação o executado devia ser também advertido de que, «nos termos do artigo 807.º, n.º 3 (então em vigor) teria de deduzir no mesmo prazo os embargos que quisesse opor à execução, cumulando-os com a contestação, se também contestasse a liquidação ("Manual da acção executiva", pág. 245).

([214]) Neste caso, a citação do executado é realizada sem necessidade de qualquer despacho liminar (artigo 812.º, n.º 7, alínea b)).

Entende-se que a citação deve advertir o executado, não só do efeito cominatório atribuído à falta de contestação, mas também (nos termos gerais) do ónus de cumulação de contestação à liquidação com oposição à execução e do prazo em que esta deve ser deduzida.

Apresentada a contestação, seguem-se, por apenso (artigo 817.º, n.º 1), os termos subsequentes do processo sumário de declaração (artigo 380.º, n.º 3)([215]), assistindo ao exequente o direito de apresentar o articulado de resposta nos termos em que é admitida, no processo sumário, a resposta à contestação (artigo 785.º).

Se o executado não contestar nem se opuser e a revelia for inoperante, os termos subsequentes do processo sumário têm lugar nos autos do processo executivo, como *incidente* deste.

Se o executado não contestar e a revelia for operante, a obrigação considera-se liquidada nos termos constantes do requerimento inicial, o que equivale a dizer que se produz o efeito cominatório previsto para o processo declaratório (artigos 484.º e 485.º, conjugados com o artigo 303.º, n.º 3).

Se a prova produzida pelos litigantes for insuficiente para fixar a quantia devida, incumbe ao juiz completá-la oficiosamente, nos termos do artigo 265.º, n.º 3, ordenando, designadamente, a produção de prova pericial, nos termos do artigo 579.º (artigo 380.º, n.º 4) ([216]).

7.1.3. *Liquidação por árbitros*

Antes da Reforma da acção executiva, a liquidação da obrigação cabia aos árbitros: quando a lei especialmente o determinasse (artigos 809.º, n.º l, 1.ª parte) ou as partes o convencionassem (artigo 809.º, n.º l, in fine); quando a prova produzida pelos litigantes no processo de liquidação (artigos 806.º e 807.º) fosse insuficiente para fixar a quantia devida e o juiz não conseguisse superar essa insuficiência mediante diligências por ele ordenadas (artigo 809.º, n.º l alínea a)) ([217]); e quando se verificasse revelia inoperante do executado ou algum dos interessados, e o juiz considerasse exorbitante o pedido (artigos 809.º, n.º l, alínea b) e 808.º, n.º 3). Como

---

([215]) É o que resulta do artigo 805.º, n.º 4, in fine, que diz «havendo oposição ou sendo a revelia inoperante, aplicam-se os n.os 3 e 4 do artigo 380.º».

([216]) O normativo do n.º 4 do artigo 380.º corresponde ao anterior n.º 3 do artigo 807.º, na redacção do Decreto-Lei n.º 329-A/95, de 12 de Dezembro.

([217]) Aqui o que estava em causa não era a existência da obrigação exequenda, mas apenas o quantitativo dessa obrigação que deveria ser fixado por árbitros segundo critérios de equidade (cfr. artigo 566.º, n.º 3 do Código Civil).

muito bem observava LOPES CARDOSO, o processo de liquidação por arbitragem não estava suficientemente regulado no artigo 809.º cujas disposições se limitavam a indicar a forma de nomeação dos árbitros, o número deles, a função do terceiro e o modo de homologar o respectivo laudo [218].

Quanto ao número de árbitros, nos termos do artigo 809.º, n.º 1, a liquidação era feita por um ou mais árbitros, no máximo de três, podendo as partes acordar na nomeação de apenas um árbitro (artigos 808.º, n.º 2, 577.º e 578.º). E, nos termos do § 2.º, do n.º 2 do mesmo artigo, o terceiro árbitro só intervinha na falta de acordo entre os outros dois, mas não era obrigatório conformar-se com o voto de qualquer deles. O juiz homologaria o laudo dos dois árbitros nomeados pelas partes, no caso de acordo entre eles e, no caso de divergência, o laudo do árbitro nomeado pelo tribunal (artigo 809.º, n.ºs 2 e 3).

Como o artigo 809.º não regulamentava de forma cabal o processo de liquidação por arbitragem, discutia-se sobre se lhe seriam aplicáveis (com as necessárias adaptações) os artigos 806.º a 808.º [219] ou se bastaria ao exequente requerer a arbitragem, sendo o executado logo citado para a nomeação de árbitros [220].

Sustentámos, então [221] que, sem afastarmos, em absoluto, a segunda daquelas orientações, pelo menos em certos casos, sempre haveria que recorrer-se às normas dos artigos 806.º a 808.º, designadamente quando o executado pretendesse pôr em causa a própria imposição da arbitragem, o que deveria fazer na contestação da liquidação. Sustentámos, ainda, que em abono desta posição podia apontar-se o texto das alíneas a) e b) do artigo 809.º que regulavam casos em que havia lugar a arbitragem na sequência do processo de liquidação regulado nos artigos 806.º a 808.º, e ainda o preceituado no n.º 1 do artigo 806.º, donde podia depreender-se

---

[218] "Manual da acção executiva", pág. 250.

[219] Posição defendida por LOPES CARDOSO, "obra citada", págs. 239-243; LEBRE DE FREITAS, "Direito processual civil II ...", 2.ª Ed., págs. 55-56; e JORGE BARATA, "obra citada", págs. 151-152.

[220] Neste sentido, ALBERTO DOS REIS, "Processo de execução", vol. I, pág. 511; e PALMA CARLOS, "obra citada", pág. 104.

[221] "A acção executiva e a problemática ...", pág. 73.

que o seu teor era aplicável a todos os casos em que a liquidação não pudesse ser feita no requerimento inicial: «quando a obrigação for ilíquida e a liquidação não depender de simples cálculo aritmético...» ([222]).

Com a Revisão da acção executiva, nos casos em que a lei especialmente determine ou as partes convencionem, que deva ter lugar a liquidação arbitral de obrigação fundada em título diverso de sentença, o incidente de liquidação processa-se nos termos previstos no artigo 380.º-A ([223]), antes de apresentado o requerimento executivo (artigo 805.º, n.º 5, 1.ª parte).

De harmonia com o normativo do n.º 5 do artigo 805.º, a nomeação dos árbitros é feita nos termos aplicáveis à arbitragem voluntária (com a consequente aplicabilidade do preceituado nos artigos 6.º e seguintes da Lei n.º 31/86, de 29 de Agosto), cabendo, porém, ao juiz presidente do tribunal de execução a competência supletiva atribuída ao presidente do Tribunal da Relação no n.º 1 do artigo 12.º, da referida Lei n.º 31/86 ([224]).

Nos termos do artigo 380.º-A, a liquidação considera-se feita: em conformidade com o laudo dos dois árbitros nomeados pelas partes, no caso de acordo entre eles (n.º 3); em conformidade com o laudo do árbitro nomeado pelo tribunal, que só intervém na falta de acordo entre os outros dois, mas não é obrigado a conformar-se com o voto de qualquer deles (n.ºs 3 e 4).

Contrariamente ao que sucedia no anterior Código (artigo 809.º, n.º 3), o n.º 4 do artigo 380.º-A dispensou a homologação judicial do laudo dos árbitros, determinando a prevalência do laudo do terceiro árbitro, nos casos em que se não consiga formar maioria.

([222]) Em favor deste ponto de vista apontavam-se, ainda, as normas reguladoras do tribunal arbitral voluntário (artigos 1519.º e 1528.º), normas estas que foram revogadas pelo artigo 39.º, n.º 3 da Lei n.º 31/86, de 29 de Agosto – Lei da arbitragem voluntária.

([223]) O regime adjectivo que constava do artigo 809.º foi transferido, no essencial, para esta disposição legal.

([224]) Sob a epígrafe *"nomeação de árbitros pelo presidente do Tribunal da Relação"* prescreve o n.º 1 do artigo 12.º: «em todos os casos em que falte nomeação de árbitro ou árbitros, em conformidade com o disposto nos artigos anteriores, caberá essa nomeação ao presidente do tribunal da relação do lugar fixado para a arbitragem ou, na falta de tal fixação, do domicílio do requerente».

7.1.4. *Liquidação da obrigação de entrega de uma universalidade*

Se a iliquidez da obrigação resultar de esta ter por objecto uma universalidade de direito ou de facto (225) e de o autor não poder concretizar os elementos que a compõem, o pedido ilíquido é admitido, procedendo-se à liquidação em *incidente* imediatamente posterior à apreensão e anterior à sua entrega ao exequente (artigo 805.º, n.º 6) (226).

7.2. Liquidação parcial

Sendo a obrigação só parcialmente ilíquida, o exequente pode promover a execução quanto à parte líquida, independentemente da liquidação da outra parte (cfr. artigo 805.º, n.º 7) (227).

Se o exequente, na pendência da execução da parte líquida quiser executar também a parte ilíquida, deverá fazê-lo nos mesmos termos em que é possível a liquidação inicial (artigo 805.º, n.º 8). Assim, a liquidação da condenação genérica que não possa ser realizada através de simples cálculo aritmético (cfr. artigo 47.º, n.º 5) ou a liquidação de uma obrigação que consta de um título extrajudicial que deva ser realizada por árbitros (cfr. artigo 805.º, n.º 5) tem de correr fora da execução pendente (cfr. artigos 378.º, n.º 2, 380.º-A, n.º 1, e 805.º, n.º 5).

---

(225) É o que sucede, por exemplo, quando a execução visa obter a entrega de uma herança.

(226) Para MIGUEL TEIXEIRA DE SOUSA, este regime dispensa a liquidação através do incidente de liquidação que, se o título for uma sentença, deve ser deduzido antes da propositura da acção executiva (cfr. artigo 378.º, n.º 2). E, em justificação desta posição, acrescenta: "É, aliás, isso que justifica que o artigo 805.º, n.º 6, fale da impossibilidade de o autor (e não de o exequente) proceder à liquidação da obrigação, o que inculca que essa situação não pode ser superada na acção declarativa e que, por isso, a liquidação só vai ser realizada na acção executiva com a apreensão dos bens que integram a universalidade. Esta solução é confirmada pelo disposto no artigo 930.º, n.º 2" ("A Reforma da acção executiva", pág. 79).

(227) Nos termos do artigo 763.º, n.º 2 do Código Civil, o credor tem a faculdade de exigir ao devedor uma parte da prestação, podendo este oferecer a prestação por inteiro.

Se o exequente formular pedido quanto à totalidade da obrigação sem ter requerido a liquidação executiva da parte ilíquida, o juiz, atento o princípio da economia processual e o poder de direcção do processo (cfr. artigos 265.º, n.º 2 e 508.º, n.º 2), deverá proferir despacho de aperfeiçoamento e convidar o exequente a apresentar novo requerimento dentro do prazo que lhe fixar, sob pena de, não o fazendo, indeferir parcialmente o pedido quanto à parte ilíquida e mandar seguir a execução quanto à parte líquida (cfr. artigos 805.º, n.º 7, 812.º, n.º 4 e 812.º, n.º 5)([228]).

8. Consequências da incerteza, da inexigibilidade e da iliquidez da obrigação

Sendo proposta execução baseada em título de que resulte a incerteza da obrigação, a inexigibilidade da prestação ou a iliquidez da obrigação, sem que seja imediatamente oferecida e efectuada prova complementar do título ou requeridas as diligências destinadas a tornar a obrigação certa, a prestação exigível, ou a obrigação líquida, o juiz, à semelhança da orientação que já era preconizada na vigência do direito anterior à revisão do Código([229]), deve proferir *despacho de aperfeiçoamento* (artigo 812.º, n.º 4)([230]). Caso o

---

([228]) Neste sentido, ainda no âmbito do regime anterior, JORGE BARATA, "obra citada", págs. 152-153.

([229]) Na vigência do direito anterior à Reforma de 1995/1996 entendia-se que se o exequente não requeresse a liquidação da obrigação exequenda ilíquida, o juiz não tinha outra alternativa que não fosse o indeferimento liminar da petição inicial, com fundamento na falta de um pressuposto de carácter material, ao abrigo do disposto na alínea c) do n.º 1 do artigo 474.º e, se o não fizesse, assistia ao executado o direito de agravar ou opor-se por embargos (artigos 812.º e 813.º, alínea f)); se o exequente requeresse a liquidação da obrigação por um meio diferente daquele que a lei previa (por exemplo, liquidasse no requerimento inicial uma obrigação que só podia ser liquidada por tribunal ou por arbitragem ou vice-versa), o juiz deveria corrigir o vício, mandando seguir a forma de liquidação adequada (artigo 474.º, n.º 3) e, se fosse caso disso, proferir para o efeito despacho de aperfeiçoamento, assistindo ao executado o direito de agravar do despacho, caso o juiz não procedesse daquele modo.

([230]) «Fora dos casos previstos no n.º 2, o juiz convida o exequente a suprir as irregularidades do requerimento executivo, bem como a sanar a falta de pressupostos, aplicando-se, com as necessárias adaptações, o disposto no n.º 2 do artigo 265.º». Este normativo tem a redacção do Decreto-Lei n.º 199/2003, de 10 de Setembro.

exequente não proceda ao aperfeiçoamento do requerimento executivo, tal como no de falta de apresentação do título executivo, dentro do prazo marcado, o juiz deve *indeferir* o requerimento executivo (cfr. artigo 812.º, n.º 5) ([231]).

Havendo lugar a despacho liminar (artigo 812.º, n.º 1), a apreciação judicial tem nele lugar, sem prejuízo de o juiz poder conhecer oficiosamente das mencionadas questões até ao primeiro acto de transmissão de bens penhorados (artigo 820.º, n.º 1). Sendo dispensado o despacho liminar (artigos 812.º, n.º 7 e 812.º-A), cabe ao funcionário judicial suscitar, para o efeito, a intervenção do juiz (artigo 812.º-A, n.º 3).

Se a execução prosseguir sem que a falta do pressuposto seja sanada, ao executado assistirá sempre o direito de se opor à execução (cfr. artigo 814.º, alínea e)).

Embora pouco provável, pode suceder que a liquidação requerida não seja efectuada.

Na vigência do direito anterior à Reforma de 1995/1996, LEBRE DE FREITAS entendia que se a liquidação não fosse feita, o Juiz deveria, em lugar de mandar prosseguir a execução, proferir despacho a extinguir a execução, por iliquidez da obrigação exequenda e já não ser possível o indeferimento liminar ([232]).

Na anterior edição, concordando, embora, que o juiz não devia mandar prosseguir a execução, quando a liquidação não fosse efectuada, sustentámos que em tal situação o juiz deveria ordenar que os autos aguardassem que o exequente algo requeresse, sem prejuízo do disposto no artigo 122.º, n.º 2 (actual artigo 51.º, n.º 2, alínea b)), do Código das Custas Judiciais ([233]).

([231]) «Não sendo o vício suprido ou a falta corrigida dentro do prazo marcado, é indeferido o requerimento executivo». Este normativo tem a redacção do Decreto-Lei n.º 38/2003, de 3 de Março.

([232]) Vide, a este propósito, LEBRE DE FREITAS, "Direito processual civil II, Acção executiva", pág. 56.

([233]) Neste sentido, Ac. da Relação do Porto, de 26.03.1987, in Col. Jur., tomo XII, pág. 225. Importa, porém, distinguir entre a paragem do processo por causa que o tribunal possa e deva remover por força do artigo 266.º e aquela que só deve ser removida por impulso das partes. Só nesta parte deve funcionar o n.º 2 (cfr. Ac. da Relação de Lisboa, de 10.01.1978, in Col. Jur., III, tomo I, pág.29)).

III. PRESSUPOSTOS PROCESSUAIS GERAIS NA ACÇÃO EXECUTIVA

Analisados os pressupostos específicos da acção executiva, cumpre apreciar, agora, os pressupostos processuais gerais do processo civil que apresentam especialidade na acção executiva.

III.I. PRESSUPOSTOS RELATIVOS AO TRIBUNAL

1. Competência internacional

A competência internacional dos tribunais portugueses é definida nos termos do artigo 61.º, pelos princípios consignados nos artigos 65.º e 65.º-A.

Na vigência do direito anterior à Revisão do Código, a doutrina dominante vinha entendendo que aquelas disposições insertas na parte geral do Código eram directamente aplicáveis à acção executiva, subsidiariamente ou por aplicação analógica.

Orientação diferente era defendida por ANSELMO DE CASTRO, para quem os tribunais portugueses só teriam competência internacional para a acção executiva "quando a execução devesse correr sobre bens sitos em Portugal"[234]. Socorria-se, para o efeito, do normativo do artigo 94.º, n.º 3 [235], argumentando que a solução resultante da aplicação do artigo 65.º, n.º 1, alínea a) que remetia para o artigo 90.º era manifestamente inadequada, atenta a larga

---

[234] "Acção executiva singular, comum e especial", págs. 65-68.
[235] Prescreve aquele normativo que «quando a execução haja de ser instaurada no tribunal do domicílio do executado e este não tenha domicílio em Portugal, mas aqui tenha bens, é competente para a execução o tribunal da situação destes bens».

amplitude das regras de atribuição de competência internacional aos tribunais portugueses para a fase declaratória; e que naqueles casos em que a execução incidisse sobre bens situados no estrangeiro a acção executiva só podia atingir o seu fim pelo recurso a cartas rogatórias aos tribunais estrangeiros para a prática de actos executivos, o que excedia o âmbito normal que elas deveriam ter. Concluía, assim, que as regras do artigo 65.º se revelavam inadequadas ao processo de execução.

Na edição anterior [236] defendemos que aquela posição não nos parecia ser de acolher, pelas razões seguintes: em primeiro lugar, porque a norma do artigo 61.º, que estabelecia a competência internacional dos tribunais portugueses, estava inserida nas disposições gerais sobre competência, nada obstando a que os princípios consignados no artigo 65.º fossem directamente aplicáveis à acção executiva [237]; em segundo lugar, porque não encontrávamos, nessa matéria, qualquer norma que expressamente afastasse a aplicação das regras do artigo 65.º ao âmbito da acção executiva, até porque as normas dos artigos 90.º a 95.º eram específicas da acção executiva, mas apenas em matéria da competência interna; finalmente, e no tocante ao argumento da inviabilidade da execução ou pelo menos de dificuldade de a execução atingir o seu fim em todos os casos em que a execução incidia sobre bens situados no estrangeiro, podia defender-se que essa dificuldade poderia, de algum modo, ser contornada pelo recurso ao princípio consignado na alínea d) do n.º 1 do artigo 65.º [238] conjugado com o artigo 1096.º,

---

[236] "A acção executiva e a problemática...", pág. 92.

[237] Neste sentido, Ac. da Relação de Coimbra, de 18.12.1979, in Col. Jur., 1979, tomo V, pág. 143.

[238] Sobre esta matéria escrevia ALBERTO DOS REIS: "a alínea d) do n.º 1 do artigo 65.º tem em vista evitar que o direito fique sem garantia judiciária, atribuindo então competência aos tribunais portugueses por uma razão de necessidade, isto é, quando não seja internacionalmente competente para a acção nenhuma das jurisdições com as quais ela se ache em contacto: é necessário que, das várias jurisdições pelas quais está, pelos seus elementos, em contacto, só haja acesso à jurisdição portuguesa" ("Comentário", vol. III, págs. 139 e seguintes).

Não sendo demonstrado, ou sequer alegado, que existe a referida razão de necessidade, torna-se inaplicável a alínea d) do citado artigo (cfr. Acs. do STJ, de 20.03.1973, in BMJ, 225, pág. 183, e de 15.01.1975, in BMJ, 243, pág. 213).

alínea c), que permitia o reconhecimento da competência alternativa do tribunal estrangeiro para a execução, ainda que o tribunal português fosse o competente nos termos do artigo 65.º ([239]).

A Reforma da acção executiva introduziu o corpo do artigo 65.º-A, bem como a alínea e) desse artigo ([240]), do que decorre que, sempre que se pretenda penhorar bens (móveis ou imóveis) existentes, à data da instauração da execução, em território português, os tribunais nacionais têm competência exclusiva para a execução. Quer isto dizer que não pode proceder-se à penhora de bens aqui existentes à data da instauração da execução no estrangeiro por mera carta rogatória, ainda que a decisão em que a execução se funde se mostre revista e confirmada (artigo 185.º, alínea d)) ([241]). Esta competência parece dever verificar-se também nas execuções nas quais se pretenda a entrega de coisa certa que se localize em Portugal.

Se o bem a apreender não se localiza em qualquer Estado da União Europeia ou signatário da Convenção de Lugano, a competência do tribunal português para uma execução a incidir sobre bens não existentes em Portugal à data da propositura da acção pode resultar, não só do princípio da coincidência (artigo 65.º, n.º 1, alínea b)), mas também de qualquer outro dos princípios consagrados no artigo 65.º ([242]).

([239]) Neste sentido, LEBRE DE FREITAS, "Direito processual civil II, Acção executiva", pág. 59.

([240]) Sob a epígrafe "*competência exclusiva dos tribunais portugueses*" prescreve o artigo 65.º-A: «sem prejuízo do que se ache estabelecido em tratados, convenções, regulamentos comunitários e leis especiais, os tribunais portugueses têm competência exclusiva para: (...); as execuções sobre bens existentes em território português» (alínea e).

([241]) Neste sentido, LEBRE DE FREITAS, "A acção executiva...", pág. 115, que acrescenta: "a norma do artigo 185.º, alínea d) aplica-se quando, tratando-se de execução de sentença estrangeira e não estando em Portugal o bem a penhorar à data da instauração da execução, ele aqui se encontre à data da penhora, sempre tendo em conta que são irrelevantes, para o efeito da competência, as modificações de facto ocorrido na pendência da instância (artigo 22.º, n.º 1 da LOFTJ). Quanto à revisão exigida, não tem lugar no âmbito do Regulamento Bruxelas I ou da Convenção de Lugano, bastando então o *exequatur*. Sendo o título executivo extrajudicial, igualmente é atendível a carta rogatória, sem necessidade de revisão (artigo 49.º, n.º 2), quando o bem a penhorar não se encontrava em Portugal à data da propositura da acção executiva" (nota 23).

([242]) É admissível a expedição de carta rogatória para país estrangeiro em que se localize o bem a apreender, ainda que este não estivesse em Portugal à data da instau-

Como claramente fluí do corpo do artigo 65.º-A, o Regulamento de Bruxelas I e a Convenção de Lugano sobrepõem-se às normas internas sobre a competência internacional dos tribunais portugueses([243]). Quer isto dizer que: se o título que serve de base à execução é uma decisão proferida num outro Estado vinculado e nele é dotada de exequibilidade, são exclusivamente competentes os tribunais do Estado (ou Estados) onde se situem os bens a apreender, que terão competência para os actos de execução e para os processos que com o da execução tenham uma ligação directa([244]); se o título que serve de base à execução é extrajudicial, aplicam-se as normas de competência gerais e especiais, ou eventualmente exclusivas do Regulamento de Bruxelas I e da Convenção de Lugano, que só contêm normas de competência específicas em sede de execução de sentenças([245]).

2. Competência interna

Na ordem interna, a jurisdição reparte-se pelos diferentes tribunais segundo a matéria, a hierarquia judiciária, o valor da causa,

---

ração da execução, quando o tribunal português seja competente por verificação de algum dos elementos de conexão do artigo 65.º, n.º 1.

([243]) LEBRE DE FREITAS, "obra citada", págs. 116-117, (23), nota que: "as normas de competência exclusiva aplicam-se quer o requerido tenha ou não domicílio no território de um Estado abrangido (artigos 4.º, n.º 1 e 22.º do Regulamento; artigos 4.º e 16.º da Convenção); mas o Regulamento (artigo 32) e a Convenção (artigo 25.º) só se ocupam das decisões proferidas pelos tribunais dos Estados abrangidos".

([244]) Cfr. MIGUEL TEIXEIRA DE SOUSA, "A reforma da acção executiva", pág. 81, que observa: ao contrário do que é afirmado no Preâmbulo do Decreto-Lei n.º 38/2003, o Regulamento (CE) n.º 44/2001, de 22/12/2000 (assim como as semelhantes Convenções de Bruxelas e de Lugano) não estabelece qualquer «competência internacional exclusiva para as execuções sobre bens existentes em território nacional». O que o artigo 22.º do Regulamento 44/2001 determina é a competência exclusiva do tribunal da execução para os actos de execução e para os processos que possuem uma ligação directa com a execução, como é o caso, por exemplo, dos incidentes de oposição à execução ou à penhora (cfr. artigos 813.º, n.º 1, e 863.º-A, n.º 1) e dos embargos de terceiro (cfr. artigo 351.º, n.º 1).

([245]) Neste sentido, LEBRE DE FREITAS, "obra citada", págs. 116-117, nota (23).

a forma de processo aplicável e o território – cfr. artigo 17.º, n.º 1 da Lei n.º 3/99, de 13 de Janeiro (LOFTJ) e artigo 62.º, n.º 2 do Código de Processo Civil (²⁴⁶).

2.1. Em razão da matéria

«São da competência dos tribunais judiciais as causas que não sejam atribuídas a outra ordem jurisdicional» (artigo 18.º, n.º 1 da Lei n.º 3/99, de 13 de Janeiro – Lei de Organização e Funcionamento dos Tribunais Judiciais – e artigo 66.º do Código de Processo Civil) (²⁴⁷).

«Os tribunais judiciais são os tribunais comuns em matéria cível e criminal e exercem jurisdição em todas as áreas não atribuídas a outras ordens judiciais» (artigo 211.º, n.º 1 da Lei Constitucional n.º 1/2005, de 12 de Agosto).

Assim, em regra correm perante os tribunais civis (ainda que de competência especializada ou específica) tanto as execuções baseadas em decisões proferidas por esses tribunais (cfr. artigo 103.º da Lei n.º 3/99, de 13 de Janeiro – LOFTJ), como aquelas

---

(²⁴⁶) Pelo Decreto-Lei n.º 272/2001, de 13 de Outubro, foi operada a transferência de competência decisória em determinados processos de jurisdição voluntária dos tribunais judiciais para o Ministério Público e as conservatórias do registo civil; o Decreto-Lei n.º 324/2007, de 28 de Setembro alterou os artigos 6.º, 12.º e 14.º, e revogou o n.º 2 do artigo 6.º, daquele Diploma. Pelo Decreto-Lei n.º 273/2001, de 13 de Outubro, foi operada a transferência de competências em processos de carácter eminentemente registral dos tribunais judiciais para os próprios conservadores de registo, inserindo-se numa estratégia de desjudicialização de matérias que não consubstanciam verdadeiro litígio.

(²⁴⁷) Integram-se em outras ordens judiciais: os tribunais administrativos e fiscais e os tribunais de contas (artigos 209.º, n.º 1, 212.º e 214.º, todos da Lei Constitucional n.º 1/2005, de 12 de Agosto – Constituição da República Portuguesa – 7.ª Revisão). São tribunais de competência especializada, os: de instrução criminal, de família, de menores, do trabalho, de comércio, marítimos e de execução de penas (artigo 78.º da Lei n.º 3/99, de 13 de Janeiro – LOFTJ). «Sem prejuízo da competência dos juízos de execução, os tribunais de competência especializada e de competência específica são competentes para executar as respectivas decisões» (artigo 103.º da Lei n.º 3/99, de 13 de Janeiro, na redacção dada pela Lei n.º 42/2005, de 29 de Agosto)).

baseadas em decisões proferidas por tribunais não judiciais (²⁴⁸) ou não civis (²⁴⁹).

2.2. Em razão da hierarquia

Os tribunais judiciais encontram-se hierarquizados para efeito de recurso das suas decisões (artigo 19.º, n.º 1 da Lei n.º 3/99, de 13 de Janeiro). Com efeito, em sede de acção executiva não existem propriamente especialidades no tocante à competência em razão da hierarquia. Ao contrário da acção declarativa em que os *tribunais superiores* podem funcionar como tribunal de 1.ª instância (²⁵⁰), nas acções executivas tal não sucede: as execuções têm de ser sempre instauradas no tribunal do domicílio do executado, salvo o caso especial do artigo 89.º (²⁵¹) ou, se ele tiver domicílio no estrangeiro, no tribunal da situação dos bens do executado em Portugal (artigo 94.º, n.º 3), limitando-se os tribunais superiores, em *matéria de execução*, à apreciação dos recursos interpostos das decisões proferidas pelos tribunais de comarca.

2.3. Em razão do valor

A competência das diversas categorias de tribunais afere-se em razão do valor: «em regra o Supremo Tribunal de Justiça conhece, em recurso, das causas cujo valor exceda a alçada dos tribunais da Relação e estas das causas cujo valor exceda a alçada dos tribunais de 1.ª instância» (artigo 19.º da Lei n.º 3/99, de 13 de Janeiro) (²⁵²).

(²⁴⁸) É o que sucede com a execução das decisões proferidas por tribunais arbitrais (cfr. artigo 30.º da Lei n.º 31/86, de 29 de Agosto – Arbitragem Voluntária) ou com a execução das decisões dos julgados de paz (cfr. artigo 6.º, n.ᵒˢ 1 e 2, da Lei n.º 78/2001, de 13 de Julho).

(²⁴⁹) É o que se verifica, por exemplo, com a execução da condenação ilíquida proferida em processo penal (artigo 82.º n.º 1, do Código de Processo Penal).

(²⁵⁰) Como sucede nas acções contra juízes e Magistrados do Ministério Público (cfr. artigos 36.º, alínea c), e 56.º, n.º 1, alínea b), ambos da Lei n.º 3/99, de 13 de Janeiro).

(²⁵¹) Cfr. artigo 91.º do Código de Processo Civil.

(²⁵²) Em matéria cível, a alçada dos tribunais da Relação é de € 14.963,94 e a dos tribunais de 1.ª instância é de € 3740,98 (artigo 24.º, n.º 1 da Lei n.º 3/99, de 13

O Decreto-Lei n.º 274/97, de 8 de Outubro, criou a acção executiva simplificada para pagamento de quantia certa.

2.4. Em razão do território

«O Supremo Tribunal de Justiça tem competência em todo o território, os tribunais da Relação, no respectivo distrito judicial e os tribunais judiciais de 1.ª instância, na área das respectivas circunscrições» (artigo 21.º, n.º 1 da Lei n.º 3/99, de 13 de Janeiro).

Os artigos 90.º a 95.º estabelecem as regras definidoras da competência da acção executiva em razão do território. Há que distinguir, todavia, os casos em que o título executivo seja judicial daqueles em que o título executivo seja extrajudicial.

---

de Janeiro). O **Decreto-Lei n.º 303/2007**, de 24 de Agosto, com a entrada em vigor da generalidade das suas normas diferida para o dia 1 de Janeiro de 2008, veio dar nova redacção ao artigo 24.º da Lei n.º 3/99, fixando a alçada dos tribunais da Relação, em € 30 000, e a dos tribunais de 1.ª instância, em € 5 000.

O Decreto-Lei n.º 269/98, de 1 de Setembro, aprovou o regime dos procedimentos destinados a exigir o cumprimento de obrigações pecuniárias emergentes de contratos de valor não superior à alçada do tribunal de 1.ª instância. Tal diploma foi rectificado pela Declaração n.º 16-A/98, de 30 de Outubro e alterado pelos Decretos-Lei n.ºs 383/99, de 23 de Setembro, 183/2000, de 10 de Agosto, 323/2001, de 17 de Dezembro, 32/2003, de 17 de Fevereiro, 38/2003, de 8 de Março, 324/2003, de 27 de Dezembro, 107/2005, de 1 de Julho, rectificado pela Declaração n.º 63/2005, de 19 de Agosto, e n.º 303/2007, de 24 de Agosto. As Portarias n.ºs 808/2005, 809/2005 e 810/2005, de 9 de Setembro, aprovaram, respectivamente, o modelo de requerimento de injunção; as formas de apresentação do requerimento de injunção; e outras formas de pagamento de taxa de justiça devida pelo procedimento de injunção diversas das previstas no Código das Custas Judiciais.

A Lei n.º 78/2001, de 13 de Julho, veio regular a organização, competência e funcionamento dos julgados de paz.

Pelo Decreto-Lei n.º 272/2001, de 13 de Outubro, foi operada a transferência de competência decisória em determinados processos de jurisdição voluntária dos tribunais judiciais para o Ministério Público e as conservatórias do registo civil. Quanto às custas a cobrar pelos processos previstos no Decreto-Lei n.º 272/2001, ver Decreto-Lei n.º 36/2002, de 26 de Fevereiro.

Pelo Decreto-Lei n.º 273/2001, de 13 de Outubro, foi opera a transferência de competências em processos de carácter eminentemente registral dos tribunais judiciais para os próprios conservadores de registo, inserindo-se numa estratégia de desjudicialização de matérias que não consubstanciam verdadeiro litígio.

a) Se a execução tiver por base uma decisão judicial ([253]), duas situações há ainda a considerar, consoante a decisão tenha sido proferida num tribunal de comarca ou num tribunal superior funcionando como 1.ª instância.

Para a execução baseada em decisão proferida por tribunais portugueses é competente, nos termos do artigo 90.º, n.º 1, o tribunal do lugar em que a causa tenha sido julgada ([254]); caso a decisão tenha sido proferida por árbitros em arbitragem que tenha tido lugar em território português, é competente para a execução o tribunal da comarca do lugar da arbitragem (cfr. artigo 90.º n.º 2, na redacção dada pela Lei n.º 31/86, de 29 de Agosto – Arbitragem Voluntária) ([255]).

Para a execução baseada em decisão proferida pelo tribunal da Relação ou Supremo Tribunal de Justiça é competente o tribunal do domicílio do executado (artigo 91.º, 1.ª parte), salvo se o juiz de direito, o seu cônjuge ou algum seu descendente ou ascendente ou quem com ele conviver em economia comum for parte na execução, caso em que é competente o tribunal da jurisdição judicial cuja sede esteja a menor distância da sede daquela (artigo 89.º, n.º 1).

Nos casos supra referidos, baixa o translado ou o processo declarativo ao tribunal competente para a execução (artigo 91.º, última parte).

Quanto à execução por custas, multas e indemnizações, importa distinguir: se a decisão condenatória tiver sido proferida no tribunal de primeira instância é competente para a execução o tribunal em que tenha tido lugar a notificação da respectiva conta de liquidação (artigo 92.º); se a decisão condenatória tiver sido proferida na Relação ou no Supremo Tribunal de Justiça é competente para a execução o tribunal do lugar em que o processo tenha sido

---

([253]) Título executivo com as características antes mencionadas, nele se abrangendo as sentenças propriamente ditas, os acórdãos e os despachos condenatórios.

([254]) A competência interna, em razão do território, para a acção declarativa é definida pelas regras constantes dos artigos 73.º a 89.º.

([255]) A decisão arbitral tem a mesma força executiva que a sentença do tribunal judicial de 1.ª instância (artigo 26.º, n.º 2 da Lei 31/86); o tribunal que a profere é competente para a execução, nos termos da lei de processo civil (artigo 30.º da mencionada Lei).

instaurado (artigo 93.º, n.º 1), mas se o executado for funcionário da Relação ou do Supremo, que nesta qualidade haja sido condenado, é competente para a execução a comarca sede do tribunal a que o funcionário pertencer (artigo 93.º, n.º 2).

Na vigência do direito anterior à revisão do Código discutia-se na doutrina sobre qual seria o tribunal competente para a execução fundada em sentença estrangeira. Havia quem defendesse que valiam para este caso as regras do artigo 94.º [256].

Não deixando de considerar de peso os argumentos apresentados em abono de tal posição, defendemos, então [257], que da análise conjugado dos artigos 1095.º, 71.º, alínea d), 91.º, n.º 1, 94.º, n.º 3, e 95.º podia concluir-se que seria competente para a execução de sentença proferida em país estrangeiro [258] o tribunal da comarca do domicílio do executado; e se este não tivesse domicílio em Portugal, mas aqui tivesse bens, seria competente para a execução o tribunal da situação desses bens (artigo 94.º, n.º 3) [259]. Tal solução acabaria por ser consagrada no artigo 95.º, na redacção introduzida pelo Decreto-Lei n.º 38/2003, de 8 de Março.

b) Se a execução se baseia em título diferente de decisão judicial, rege o normativo do artigo 94.º.

Há, com efeito, a distinguir dois casos: se a execução tiver por fim o pagamento de quantia certa, sendo a dívida exequenda provida de garantia real, ou entrega de quantia certa, será competente o tribunal da comarca da situação dos bens onerados ou do lugar onde a coisa se encontre (artigo 94.º, n.º 2) [260]; se a execução

---

[256] Entre outros, ANSELMO DE CASTRO, "Acção executiva singular...." págs. 72-73; LOPES CARDOSO, "Manual da acção executiva", pág. 161; JORGE BARATA, "Noções fundamentais...", pág. 184.

[257] "A Acção executiva e a problemática ...", pág. 96

[258] Sobre a execução em Portugal de decisões que constituem título executivo proferidas em virtude da aplicação dos tratados instituintes das Comunidades Europeias, veja-se a Lei n.º 104/88, de 31 de Agosto.

[259] Neste sentido PESSOA JORGE, "Direito processual civil, Acção executiva", pág. 184.

[260] A regra do artigo 94.º, n.º 2, de que é competente para a execução o lugar da situação dos bens, pode ser derrogada por vontade das partes, através de convenção expressa, nos termos do artigo 100.º do mesmo diploma (cfr. Ac. da Relação do Porto, de 19.01.1998, proc. n.º 9750919 – http://www.dgsi.pt).

tiver por fim o pagamento de quantia certa, sendo a dívida exequenda desprovida de garantia real, ou para prestação de facto, será competente o tribunal do domicílio do executado, podendo o exequente optar pelo tribunal do lugar em que a obrigação deva ser cumprida quando o executado seja pessoa colectiva ou quando, situando-se o domicílio do exequente na área metropolitana de Lisboa ou do Porto, o executado tenha domicílio na mesma área metropolitana (artigo 94.º, n.º l) [261], e se o lugar do cumprimento da obrigação coincidir com o domicílio do executado e este não tiver domicílio em Portugal, mas aqui tiver bens, será competente o tribunal da comarca da situação desses bens (artigo 94.º, n.º 3).

Sempre que os tribunais portugueses sejam exclusivamente competentes por força do artigo 65.º-A, alínea e) e a execução se baseie em título executivo extrajudicial, é competente para ela o tribunal da situação dos bens a executar (artigo 94.º, n.º 4) [262].

3. Incompetência absoluta e relativa

No âmbito da acção declarativa, as normas de competência em razão da matéria e da hierarquia têm carácter *imperativo* [263], e a sua violação gera a incompetência *absoluta* [264]. O mesmo regime

---

[261] Na redacção dada pela Lei n.º 14/2006, de 26 de Abril.

[262] «É igualmente competente o tribunal da situação dos bens a executar quando a execução haja de ser instaurada em tribunal português, por via da alínea e) do artigo 65.º-A, e não ocorra nenhuma das situações previstas nos artigos anteriores e nos números anteriores deste artigo» (artigo 94.º, n.º 4, aditado pelo Decreto-Lei n.º 38/2003, de 8 de Março). Sobre este assunto, observa MIGUEL TEIXEIRA DE SOUSA, "sempre que a execução se baseie num título extrajudicial, a situação dos bens em Portugal releva tanto para a competência internacional dos tribunais portugueses nos termos do artigo 65.º-A, alínea e), como para a aferição da competência do tribunal territorialmente competente" ("A Reforma da acção executiva", págs. 85-86).

[263] Por isso não podem ser afastadas por vontade das partes (artigo 100.º, n.º 1).

[264] A incompetência absoluta do tribunal constitui uma excepção dilatória (artigo 494.º, n.º 1, alínea a)) que pode ser arguida pelas partes e deve ser conhecida oficiosamente pelo tribunal (artigos 102.º, n.º 1 e 495.º) e implica a absolvição do réu da instância (artigo 288.º, n.º 1, alínea a)).

de imperatividade e oficiosidade têm as normas de competência em razão do valor, que geram, porém, incompetência *relativa* (265). Por seu lado, as normas da competência interna em razão do território são, em regra, *supletivas* (266) e a sua violação determina a incompetência relativa do tribunal (267). Quanto às normas de competência internacional, salvo quando haja mera violação de um pacto privativo de jurisdição, a sua violação gera incompetência *absoluta*, também de conhecimento oficioso (artigos 101.º e 102.º, n.º 1).

Doutrinariamente e mesmo jurisprudencialmente vinha-se entendendo que aquelas normas eram aplicáveis à acção executiva (268), invocando-se, para o efeito, essencialmente o texto do artigo 108.º e o princípio da aplicabilidade subsidiária à acção executiva das regras da acção declarativa (269).

Com a revisão do Código, parece ter ficado clara a subordinação do regime da incompetência na acção executiva ao regime geral da incompetência na acção declarativa. Quer isto dizer que, se houver violação das regras estabelecidas nos artigos 90.º, n.º 1 e 94.º, n.º 2 e, por identidade de razões, no artigo 94.º, n.º 4, bem como, nos termos do artigo 110.º, n.º 1, alínea b), sempre que se dispense a citação prévia do executado (cfr. artigo 812.º-B, n.ºs 1, 2 e 4), o tribunal deve conhecer oficiosamente da violação dessas regras (cfr. artigo 110.º, n.º 1, alínea a)) (270).

---

(265) Cfr. artigos 100.º, n.º 1 e 110.º, n.º 2.

(266) Por isso podem ser afastadas por acordo expresso das partes (artigo 100.º, n.º 1), excepto nos casos previstos no artigo 110.º (artigo 100.º, n.º 1).

(267) De conhecimento oficioso apenas nesses mesmos casos (artigos 108.º a 110.º).

(268) Excepto quando se tratasse de execução de decisões proferidas por tribunal português comum ou arbitral, uma vez que a alteração da competência pela vontade das partes não se coadunava com os normativos estabelecidos nos artigos 90.º, n.º 3 e 91.º, n.º 2 então em vigor (cfr. LOPES CARDOSO, "obra citada", pág. 168, nota 4).

(269) Cfr., LOPES CARDOSO, "obra citada", págs. 69 e 137. No mesmo sentido, JORGE BARATA, "obra citada", págs. 64-66. Entendimento diferente tinha ANSELMO DE CASTRO, para quem, baseando-se, além do mais, na análise do artigo 108.º e ainda dos artigos 100.º e 53.º, n.º 1, alínea a), as normas da competência em razão do valor e do território eram igualmente imperativas e conduziam à incompetência absoluta do tribunal.

(270) A violação das normas da competência em razão do território gera a incompetência relativa do tribunal (artigo 108.º). Nos termos do artigo 110.º, n.º 1, a incompetência territorial deve ser conhecida oficiosamente pelo tribunal, sempre que os autos

III.II. PRESSUPOSTOS RELATIVOS ÀS PARTES

Partes são as pessoas pelas quais e contra as quais é requerida, através da acção, a providência judiciária[271]. As primeiras chamam-se, genericamente, requerentes-demandantes em processo contencioso, autores em processo declarativo, exequentes em processo executivo; as segundas, respectivamente requeridos-demandados, réus, executados[272].

Em sede da acção executiva, a legitimidade das partes está regulamentada nos artigos 55.º e seguintes, mas à acção executiva são também aplicáveis as normas gerais relativas à personalidade e capacidade judiciárias reguladas nos artigos 5.º e seguintes.

1. Legitimidade Singular

1.1. *Quem é parte legítima*

Em regra, a legitimidade das partes na acção executiva afere-se em face do título executivo: «a execução tem se ser promovido pela pessoa que no título executivo figure como credor e deve ser instaurada contra a pessoa que no título tenha a posição de devedor» (artigo 55.º, n.º 1)[273].

---

fornecerem os elementos necessários, nos casos previstos nas alíneas a) a c). Note-se que a alínea a), na redacção que lhe foi dada pela Lei n.º 14/2006, de 26 de Abril, incluiu as causas a que se refere a 1.ª parte do n.º 1 do artigo 74.º e a 1.ª parte do n.º 1 do artigo 94.º, dela excluindo as causas a que se refere o artigo 82.º.

«A incompetência em razão do valor da causa ou da forma de processo aplicável é sempre do conhecimento oficioso do tribunal, seja qual for a acção em que se suscite» (artigo 110.º, n.º 2).

[271] Trata-se de um conceito meramente formal pois não depende de que exista realmente o direito material invocada na petição, nem de que sejam os intervenientes os verdadeiros titulares desse direito (cfr. Anselmo de Castro, "Direito processual civil", vol. II, pág. 98).

[272] Cfr. Castro Mendes, "Direito processual civil", vol. II, pág. 4.

[273] Esta noção de parte já se aproxima do conceito de parte verdadeira ou legítima na acção declarativa, e dela se vê que não vale no processo executivo um conceito de legitimidade que se reconduza à simples afirmação da titularidade do direito de obrigação, na medida em que esta terá que se apresentar fundada no próprio título (cfr. Anselmo de Castro, "Acção executiva singular...", pág. 76).

Quer dizer que se alguma das pessoas indicadas no requerimento inicial de execução não coincide com quem aparece no título executivo como credor ou devedor, será parte *ilegítima*, o que impedirá o tribunal de desenvolver as actuações coercivas que lhe forem solicitadas ([274]). Esta regra admite, todavia, desvios, desde logo a hipótese de o título ser «ao portador» e, portanto, não figurar nele o nome do credor: «se o título for ao portador, será a execução promovida pelo portador do título» (artigo 55.º, n.º 2 ([275]).

Constituem também desvio à regra geral do artigo 55.º, aquelas situações previstas nos artigos 56.º e 57.º.

PESSOA JORGE classifica as entidades intervenientes na acção executiva em partes principais e partes acessórias, distinguindo ainda dentro daquelas, as necessárias e as eventuais, consoante tenham ou não de intervir sempre no processo ([276]).

Assim, e de acordo com aquela classificação, serão partes *principais necessárias* – por terem de intervir sempre na acção executiva – o exequente e o executado; serão partes *principais eventuais* – por nem sempre intervirem na acção executiva – os credores preferenciais do executado (artigo 864.º, n.ºˢ 1 e 3, alínea b)) ([277]) e o cônjuge do executado (artigos 864.º, n.º 3, alínea a) e 825.º) ([278]).

Partes acessórias, no sentido de ser permitida a sua intervenção na acção executiva, serão os assistentes (artigo 340.º, *ex vi*

([274]) A legitimidade activa, nas execuções, deve ser apreciada em função da posição formal assumida no título executivo. (Neste sentido, Ac. do STJ, de 25.02.1997, proc. n.º 96A611 – http://www.dgsi.pt).

([275]) Acerca da transmissão do título de crédito (cheque), veja-se ABEL PEREIRA DELGADO, "Lei uniforme sobre cheques", págs. 85-88.

([276]) "Lições de direito processual civil, Acção executiva", págs. 252 e seguintes.

([277]) Os credores preferenciais são partes principais (quando admitidos a intervir no processo) na medida em que vêm solicitar ao tribunal que os respectivos créditos sejam realizados coercivamente. A falta de citação de algum deles leva à anulação de todo o processado a partir desse momento (artigos 864.º, n.º 10, e 194.º).

([278]) Na vigência do direito anterior à revisão da acção executiva, a intervenção do cônjuge do executado no processo executivo podia verificar-se em duas circunstâncias: quando a penhora tivesse recaído sobre bens imóveis que o executado não pudesse alienar livremente (artigo 864.º, n.º 1, alínea a) 1.ª parte); e quando o exequente requeresse a sua citação nos termos do artigo 825.º. Nestas situações o cônjuge do executado devia ser citado sob pena de ser anulado todo o processado a partir desse momento (artigos 864.º, n.º 3, e 194.º).

artigo 466.º, n.º 1), os remidores (artigos 912.º e seguintes) e os preferentes (artigo 892.º) (²⁷⁹).

1.2. Legitimidade quando tenha havido sucessão no crédito ou na dívida

O artigo 56.º, n.º 1 permite que a execução corra entre os sucessores das pessoas que no título executivo figurem como credor ou devedor da obrigação exequenda, quando tenha havido sucessão (²⁸⁰) no direito ou na obrigação. Assim, terão legitimidade como exequentes e como executados os sucessores do credor que figure no título e os sucessores do devedor que figure nesse título.

Se a sucessão no direito ou na obrigação se opera depois de instaurada a acção executiva (²⁸¹), o prosseguimento desta contra os

---

(²⁷⁹) Cfr. ALBERTO DOS REIS, "Processo de execução", vol. I, pág. 204; e PALMA CARLOS, "Direito processual civil, Acção executiva", págs. 22-23 que, no direito anterior à Reforma do Código, incluíam, ainda, os licitantes e os arrematantes.

No direito anterior à Reforma de 1995/1006, PESSOA JORGE integrava na categoria de auxiliares processuais: o *depositário judicial* dos bens penhorados (artigos 838.º, n.º 2 e seguintes), os *árbitros* que podiam decidir da liquidação (artigo 809.º), as *testemunhas* arroladas para prova complementar (artigo 804.º, n.º 2), os *mandatários* encarregados de venda por negociação particular (artigo 887.º) e os *peritos* ("obra citada", pág. 255).

(²⁸⁰) A palavra «sucessão» está empregada aqui num sentido genérico, para designar qualquer espécie de transmissão e não unicamente a transmissão por morte (cfr. ALBERTO DOS REIS, "Comentário", vol. I, pág. 91).

(²⁸¹) E LEBRE DE FREITAS acrescenta: "ou se o facto do falecimento do executado, sendo anterior à propositura da acção, for pela primeira vez trazido ao processo na sequência da frustração da citação (artigo 371.º, n.º2). Ou ainda se do acto da transmissão entre vivos da posição do executado só se vier a ter conhecimento em momento posterior à propositura da acção executiva: sendo o *título executivo uma sentença*, a produção de caso julgado em face de quem adquira na pendência da acção declarativa (artigo 271.º, n.º 3) ou depois de nesta ser proferida a sentença (artigo 498.º, n.º 2) e a consequente legitimidade do adquirente para a execução tornam necessária a aplicação analógica do artigo 371.º, n.º 2; sendo o *título extrajudicial*, a aplicação analógica deve continuar a ter lugar para as transmissões posteriores à formação do título executivo, dado que a responsabilidade patrimonial do adquirente igualmente torna necessário que contra ele seja movida a execução e representaria ofensa do princípio da economia processual e possibilidade de grave lesão dos interesses do credor forçá-lo à propositura de nova acção executiva, que por sua vez poderia ser confrontada com nova

sucessores do exequente ou do executado depende do incidente de habilitação (artigos 371.º e seguintes). Tal incidente tem lugar não só naquela situação, mas também quando em consequência das diligências para a citação resultar verificado o falecimento do executado (artigo 371.º, n.º 1), ou quando a acção executiva seja proposta em nome do mandante falecido e «se verifique algum dos casos excepcionais em que o mandato é susceptível de ser exercido depois da morte do constituinte» – artigo 371.º, n.º 3 ([282]).

A «sucessão» a que se refere o artigo 56.º, n.º 1 abrange todos os modos de transmissão das obrigações, ou seja, tanto mortis causa como inter vivos (cessão de créditos – artigos 577.º a 588.º – e sub-rogação – artigos 589.º a 594.º do Código Civil). Porém, sempre terá o exequente de deduzir no requerimento inicial os factos constitutivos da sucessão ([283]).

1.3. Legitimidade passiva na execução por dívida provida com garantia real

«A execução por dívida provida de garantia real sobre bens de terceiro seguirá directamente contra este, se o exequente preten-

---

transmissão. Saliente-se, porém, que, dada a exigência do consentimento do credor para a transmissão singular de dívidas (artigo 595.º, n.º1, do Código Civil) e o ónus da notificação ao outro contraente da cessão da posição contratual, quando previamente consentida (artigos 424.º, n.º 2 e 1038.º, alínea g), ambos do Código Civil, e artigos 115.º, n.º 1 e 118.º, n.º 1, ambos do RAU), a hipótese só se pode pôr no campo da pretensão real de entrega de coisa certa ou na de demolição" ("obra citada", págs. 123--124, nota 5).

([282]) A habilitação a que se refere este artigo 371.º e seguintes é a habilitação como incidente da causa já instaurada (cfr., no entanto, n.ºs 2 e 3), e que tem lugar, portanto, quando alguma das partes morre (n.º 1) ou se extingue a pessoa colectiva ou a sociedade representada como parte na causa (artigo 374.º, n.º 3) ou ainda quando a coisa ou direito em litígio são transmitidos por acto entre vivos (artigo 376.º, n.º 1) (cfr., entre outros, Ac. da Relação de Coimbra, de 30.06.1972, in BMJ, n.º 218, pág. 309).

([283]) Ao executado cabe, em oposição à execução, impugnar os factos alegados pelo exequente, baseando-se, para o efeito, na ilegitimidade da parte à qual o exequente atribui a qualidade de sucessor (artigos 814.º, alínea c)). Para Lopes Cardoso, a prova dos fundamentos da sucessão só é necessária no caso de o executado embargar com fundamento na sua ilegitimidade ("Manual da acção executiva", pág. 117).

der fazer a garantia, sem prejuízo de poder desde logo ser também demandado o devedor» (artigo 56.º, n.º 2)(²⁸⁴).

«Quando a execução tenha sido movida apenas contra o terceiro e se reconheça a insuficiência dos bens onerados com a garantia real, pode o exequente requerer, no mesmo processo, o prosseguimento da acção executiva contra o devedor, que será demandado para completa satisfação do crédito exequendo» (artigo 56.º, n.º 3)(²⁸⁵).

Assim, e de harmonia com os citados normativos, em execução por dívida provida de garantia real, se o garante for um terceiro e o exequente quiser fazer valer a garantia, a acção terá que ser instaurada contra o terceiro, podendo o exequente também demandar o devedor de início ou depois de se reconhecer a insuficiência dos bens onerados (²⁸⁶) (²⁸⁷).

Na vigência do direito anterior à Reforma de 1995/1996 entendia-se que no âmbito da previsão do normativo do n.º 2 do artigo 56.º cabiam não só os casos em que os bens onerados pela garantia

---

(²⁸⁴) A redacção deste n.º 2 foi introduzida pelo Decreto-Lei n.º 180/1996, de 25 de Setembro.

(²⁸⁵) A redacção deste n.º 3 foi introduzida pelo Decreto-Lei n.º 38/2003, de 8 de Março.

(²⁸⁶) «O devedor que for dono da coisa hipotecada tem o direito de se opor não só a que outros bens sejam penhorados na execução enquanto se não reconhecer a insuficiência da garantia, mas ainda a que, relativamente aos bens onerados, a execução se estenda além do necessário à satisfação do direito do credor» (artigo 697.º do Código Civil).

(²⁸⁷) «No que concerne ao complexo e controverso problema da definição da legitimidade das partes na acção executiva, quando o objecto desta seja uma *dívida provida de garantia real*, procurou tomar-se posição clara sobre a questão da legitimação do terceiro, possuidor ou proprietário dos bens onerados com tal garantia. Assim, concede-se tanto a um como a outro *legitimidade passiva* para a execução, quando o exequente pretenda efectivar tal garantia, incidente sobre bens pertencentes ou na posse de terceiro, sem, todavia, se impor o litisconsórcio necessário, quer entre estes – proprietário e possuidor dos bens – quer com o devedor. Considera-se, na verdade, que cumpre ao exequente avaliar, em termos concretos e pragmáticos, quais as vantagens e inconvenientes que emergem de efectivar o seu direito no confronto de todos aqueles interessados passivos, ou de apenas algum ou alguns deles, bem sabendo que se poderá confrontar com a possível dedução de embargos de terceiro por parte do possuidor que não haja curado de demandar» (Extracto do Preâmbulo do Decreto-lei n.º 329-A/95, de 12 de Dezembro).

real pertencessem a um terceiro – garantia real directamente prestada por um terceiro –, mas também aqueles em que os bens onerados pela garantia pertencessem ao próprio devedor no momento da constituição da garantia real, mas posteriormente à constituição desta e antes de instaurada a acção executiva fossem alienados pelo devedor a um terceiro, e ainda quando, sendo proprietário o devedor, a posse em nome próprio fosse de terceiro. Mais se entendia que, em qualquer dos casos, não havia coincidência entre a qualidade do devedor e a de proprietário ou possuidor([288]) dos bens sobre que incidia a garantia real.

Assim, no regime de execução de divida provida de garantia real distinguiam-se os casos em que os bens dados em garantia pertenciam a terceiros, daqueles em que tal não sucedia.

Se a garantia real tivesse sido prestada *directamente por terceiro*, o exequente tinha a faculdade de instaurar a execução *apenas* contra o devedor([289]), requerendo a citação deste para pagar ou nomear bens à penhora([290]); ou instaurar a execução *apenas* contra o terceiro possuidor dos bens onerados, requerendo a citação deste para pagar sob pena de, não o fazendo, a penhora recair sobre os bens que garantiam a dívida (cfr. artigo 835.º). Verificando-se que os bens onerados eram insuficientes para assegurar o pagamento integral do crédito exequendo, deveria o credor requerer a citação do devedor para completar a liquidação do crédito insatisfeito (cfr. artigos 56.º, n.º 2, e 835.º).

([288]) Por possuidor, escreve LOPES CARDOSO, deve entender-se aquele que tem a posse civil, ou em próprio nome, e não o que tenha a mera posse precária ("Manual da acção executiva", pág. 223). Por seu lado, CASTRO MENDES entende que a «posse», como requisito da procedência dos embargos de terceiro, deverá ser a posse causal ou em nome próprio ("Direito processual civil, Acção executiva", págs. 132 e seguintes).

([289]) LEBRE DE FREITAS entendia que sem prévia renúncia à garantia real constituída, nos termos da lei civil (artigos 663.º, n.º 3, 677.º e 731.º), o exequente não poderia, sob pena de ilegitimidade, propor a acção executiva apenas contra o devedor ("Direito processual civil II, Acção executiva", pág. 70).

([290]) Neste caso a penhora não podia recair sobre os bens que garantiam a dívida; e se tal sucedesse, podia o terceiro possuidor desses bens opor-se à penhora através de embargos de terceiro (artigo 1037.º, n.º 1,do Código de Processo Civil, então em vigor),

Se os bens onerados pela garantia real pertencessem ao *próprio devedor* no momento da constituição da garantia real – o devedor era o proprietário pleno dos bens dados em garantia – e posteriormente à constituição desta, mas antes de instaurada a acção executiva, tivesse alienado os bens a um terceiro, ou tivesse constituído um direito real menor (usufruto) sobre esses bens a favor de um terceiro, o exequente tinha a faculdade de instaurar a execução apenas contra o terceiro ou instaurá-la, simultaneamente, contra o terceiro e o devedor ([291]).

Entendia-se, então, que se o credor exequente instaurasse a acção apenas contra o devedor, este poderia opor-se à penhora dos seus bens através de embargos de terceiro de executado (artigo 1037.º, n.º 2) ([292]), invocando a impenhorabilidade subsidiária dos seus bens, emergente da existência de garantia real e a consequente necessidade de verificar-se previamente a insuficiência dos bens afectos ([293]).

1.4. Terceiros contra quem a sentença condenatória tenha força de caso julgado

O artigo 57.º atribui exequibilidade às sentenças condenatórias, «não só contra o devedor» que por elas tenha sido expressa-

---

([291]) A acção executiva em que se pretendesse fazer valer uma garantia hipotecária devia ser proposta contra o possuidor dos bens hipotecados. Era o que se retirava do Acórdão do STJ, de 11.10.1974, BMJ., n.º 240, pág. 191, que dizia: «o problema circunscreve-se à questão de saber se o devedor de uma obrigação garantida por hipoteca sobre certos e determinados prédios, cuja posse e propriedade transmitiu a terceiro, é ou não parte legítima na execução hipotecária movida pelo credor, quando se mostre que os bens hipotecados são suficientes para integral satisfação da dívida. É, assim, posta em causa a interpretação do artigo 56.º, n.º 2 do Código de Processo Civil. Como o credor hipotecário tem o direito de ser pago pelo produto dos bens hipotecados de preferência a outros credores, as coisas que constituem a garantia estão especialmente afectas ao cumprimento da obrigação que se executa e, assim, a acção executiva, querendo, como acontece no caso em apreço, fazer-se valer a garantia, deve ser proposta contra o possuidor das coisas, visto se ter de entender que a sua posse não prejudica aquela afectação jurídica».

([292]) Revogado pelo artigo 3.º do Decreto-Lei n.º 329-A/95, de 12 de Dezembro.

([293]) Neste sentido, JORGE BARATA, "obra citada", pág. 211; contra LEBRE DE FREITAS, "Direito processual civil II, Acção executiva", 2.ª Ed., pág. 70.

mente condenado, mas ainda «contra terceiros» relativamente aos quais a sentença tenha força de caso julgado (²⁹⁴).

LOPES CARDOSO entende que a força executiva da sentença, relativamente a terceiros não condenados respeita, unicamente, à entrega de coisas. Mais entende que não é possível exigir de terceiro a quantia que o devedor foi condenado a pagar, ou a prestação de um facto que o vencido foi condenado a praticar; admite, todavia, que se na acção tiver sido discutido o domínio ou a posse de uma coisa, já o exequente possa ir expropriá-la onde ela se encontre, enquanto a decisão tenha força exequível contra o possuidor (²⁹⁵).

Integram a previsão do artigo 57.º, os casos seguintes:

a) os casos da transmissão do direito litigioso por acto entre vivos, sem subsequente intervenção do adquirente no processo (artigos 270.º, alínea a), 271.º e 376.º). Aqui, a sentença produz efeitos contra o adquirente, desde que a transmissão seja posterior à instauração da acção ou, estando a acção sujeita a registo (²⁹⁶), quando se tenha feito tal registo antes da do título de aquisição (artigo 271.º, n.º 3) (²⁹⁷) (²⁹⁸).

(²⁹⁴) No artigo 57.º do Código de 1939 usava-se uma terminologia algo diferente: «... não só contra o vencido, mas ainda contra outra pessoa (...), independentemente de habilitação».

(²⁹⁵) "Manual da acção executiva", pág. 127.

(²⁹⁶) Estão sujeitas a registo as acções indicadas nas alíneas a), b) e c) do n.º 1 do artigo 3.º do Decreto-Lei n.º 224/84, de 6 de Julho, alterado pelo Decreto-Lei n.º 533/99, de 11 de Dezembro.

(²⁹⁷) LEBRE DE FREITAS, que nas anteriores edições aceitava que esta situação integrava o artigo 57.º, entende, agora, que ela é já abrangida pela norma do artigo 56.º, n.º 1 ("obra citada", pág. 129).

A propósito do incidente de habilitação, diz ALBERTO DOS REIS que ele pode ser provocado por três espécies de eventos: 1) o falecimento de um litigante; 2) a extinção da pessoa colectiva, parte na causa; 3) a transmissão da coisa ou direito em litígio. Segundo o mesmo Professor, só nos casos dos n.ᵒˢ 1 e 2 o incidente tem carácter obrigatório; no caso do n.º 3 tem carácter facultativo ("Código de processo civil anotado", vol. I, pág. 575).

(²⁹⁸) No requerimento inicial de execução, o exequente deve alegar que a sentença tem força de caso julgado contra o executado, podendo este, se tal alegação não for exacta, deduzir oposição à execução com fundamento na sua ilegitimidade (artigo 814.º, alínea c)).

b) Os casos de chamamento à intervenção principal de terceiro titular de situação susceptível de gerar litisconsórcio voluntário passivo, nos termos do artigo 27.º, n.º 2, que não intervém na causa ([299]).

A intervenção principal pode ser espontânea (artigo 320.º, alínea a)) ou provocada por qualquer das partes já presentes no processo (artigo 325.º, n.º 1) e só pelo autor quando haja lugar: a

---

([299]) Na vigência do direito anterior entendia-se que integrava a previsão do artigo 57.º, além daquelas referenciadas:
   a) a nomeação à acção de terceiro que negasse a qualidade que lhe era atribuída. A lei admitia expressamente esta forma de intervenção quando o réu, demandado como possuidor de uma coisa em nome próprio, invocava a qualidade de possuidor em nome alheio e quisesse fazer intervir na acção a pessoa em nome de quem a possuía – artigo 320.º, n.º 2). Nesta situação, se a pessoa chamada a intervir negasse a qualidade que lhe era atribuída, a nomeação à acção ficava sem efeito, correndo a acção contra o réu primitivo e a sentença proferida na causa constituiria caso julgado em relação à pessoa nomeada (artigo 323.º, n.º 1);
   b) a nomeação à acção de terceiro que não repudiava a qualidade que lhe era atribuída. Neste caso, o nomeado ficaria a ocupar no processo a posição de verdadeiro réu, com a consequente exclusão automática do primitivo réu, considerando-se sem efeito a citação da pessoa primitivamente demandada. Esta poderia intervir na acção como assistente, mas a sentença que viesse a ser proferida constituiria caso julgado em relação a ela, independentemente da sua posição de terceiro ou da sua intervenção no processo como assistente (artigo 323.º, n.º 2);
   c) *o chamamento à autoria de terceiro, que aceitava o chamamento*, requerendo o réu primitivo a sua exclusão da causa (artigo 328.º, n.º 2). Também aqui, a sentença que viesse a ser proferida constituiria caso julgado em relação ao réu primitivo, não obstante a sua exclusão da causa. ALBERTO DOS REIS entendia que depois de excluído da causa podia ainda o réu intervir no processo como assistente (artigo 335.º) ("obra supra citada", pág. 449).
   No caso de chamamento à autoria de terceiro que não a aceitava (artigo 327.º, n.º 1), a sentença que viesse a ser proferida contra o réu primitivo não tinha eficácia executiva contra o terceiro; tal sentença só constituía caso julgado em relação ao terceiro quanto à diligência processual do réu primitivo, devendo a sua condenação ter lugar em acção de indemnização autónoma, na qual o réu exerceria o seu direito de regresso (artigos 327.º, n.º 1 e 325.º). (Neste sentido, Ac. do STJ, de 21.11.1975, in BMJ, n.º 251, pág. 184, que reza: «A sentença proferida vincula o chamado à autoria quanto ao pressuposto da acção de regresso do demandado contra o chamado que é o da responsabilidade daquele, mas não visa a condenação do chamado juntamente com o demandado».

listisconsórcio necessário, nos termos do artigo 269.°, n.° 1, e a litisconsórcio voluntário, nos termos do artigo 325.°, n.° 2.

Quanto aos efeitos do caso julgado, a sentença que vier a ser proferida constituirá caso julgado perante o chamado que não tenha intervindo, nos casos previstos no n.° 2 do artigo 328.°.

1.5. Legitimidade do Ministério Público como exequente

«Compete ao Ministério Público promover a execução por custas e multas impostas em qualquer processo» (artigo 59.°).

Esta disposição prevê a legitimidade específica do Ministério Público para a acção executiva; porém, tal disposição deve ser complementada por aquelas outras que regulam em geral a legitimidade do Ministério Público para a acção em geral (artigos 11.°, 15.°, 16.° e 20.°), aplicáveis, portanto, à acção executiva.

As custas a que se refere o preceito compreendem a taxa de justiça e os encargos (artigo 1.°, n.° 2 do Código das Custas Judiciais).

A título de exemplos de multas cuja execução é da legitimidade do Ministério Público podem apontar-se as previstas nos artigos: 456.° (multas aplicáveis aos litigantes de má-fé), 523.°, n.° 2 (multa aplicável por apresentação tardia e injustificada de documentos destinados a fazer prova dos fundamentos da acção ou da defesa), 519.°, n.° 2, (multa aplicável àqueles, sejam ou não partes na causa, que recusem injustificadamente a colaboração devida para a descoberta da verdade), 629.°, n.° 4 (multa aplicada à testemunha que tenha faltado à audiência de julgamento para que tenha sido notificada e não justifique a falta) e 819.° (multa aplicada ao exequente, quando este não tenha agido com a prudência normal) ([300]).

([300]) Cfr., ainda, artigo 491.°, n.° 2 do Código de Processo Penal (não pagamento da multa), artigo 116.° do Código das Custas Judiciais (nomeadamente com a necessidade de o interessado requerer a execução ao Ministério Público e indicar bens penhoráveis do executado (artigo 116.°, n.° 3) e artigos 543.°, n.° 2, e 537.°, estes do Código de Processo Civil.

1.6. Consequências da ilegitimidade das partes

A ilegitimidade de alguma das partes constitui uma excepção dilatória de conhecimento oficioso (artigos 494.º, alínea e) e 495.º).

Assim, se da análise do requerimento inicial da acção executiva e do título executivo apresentado o juiz verificar a ilegitimidade, e esta for insanável, deve indeferir liminarmente o requerimento executivo, no despacho liminar, quando a ele haja lugar (artigo 812.º, n.os 2, alínea b), e 5); sendo a excepção sanável, o juiz deve proferir despacho de aperfeiçoamento (artigos 265.º, n.º 2 e 812.º, n.º 4) e, seguidamente, se não for sanada, indeferir o requerimento executivo (artigo 812.º, n.º 5). Não havendo lugar a despacho liminar, aplicam-se os normativos dos artigos 812.º-A, n.º 3, alínea b) e 820.º.

Se, face a uma ilegitimidade insanável, ainda que não manifesta, o juiz proferir despacho de citação, assiste ao executado o direito de se opor à execução (artigos 813.º, 814.º, alínea c), 815.º e 816.º).

2. Legitimidade Plural

A pluralidade de partes, do lado activo ou passivo, da relação jurídica processual, pode revestir a forma de litisconsórcio (artigos 27.º a 29.º) ou a de coligação (artigos 30.º e 31.º).

2.1. Litisconsórcio

Em termos gerais, pode dizer-se que o litisconsórcio[301] caracteriza-se por uma pluralidade de partes — dois ou mais exequentes, dois ou mais executados —, e por unidade de objecto — unidade da obrigação exequenda.

Em sede da acção executiva há a distinguir o litisconsórcio necessário (obrigatório) e o litisconsórcio voluntário (facultativo).

---

[301] O litisconsórcio pode ser activo, passivo ou simultâneo (cfr. artigo 27.º, n.º 1). Veja-se, a propósito, LUSO SOARES, "Direito processual civil", págs. 160-161.

Tem lugar o primeiro, quando a lei, o negócio ou a própria natureza da prestação a efectuar exigem a intervenção de todos os interessados na relação controvertida (artigo 28.º); tem lugar o segundo, quando a lei permite, mas não obriga, que a acção seja proposta por todos ou contra todos os interessados (artigo 27.º) (302).

Haverá litisconsórcio na acção executiva, quando a prestação exigida por vários exequentes, a vários executados, é a mesma (303).

Dado que na acção executiva o litisconsórcio não é objecto de regulamentação específica – pese embora as normas do artigos 56.º, n.º 2 – as normas reguladoras do listiconsórcio executivo são, em princípio, as mesmas que regulam a acção declarativa, aplicáveis àquele, directamente ou por força do artigo 466.º, n.º 1 (304).

2.1.1. *Litisconsórcio necessário inicial*

Esta modalidade de litisconsórcio tem lugar na acção executiva para pagamento de quantia certa, nas hipóteses previstas no

---

(302) Podem configurar casos de *litisconsórcio voluntário*, para além das obrigações conjuntas (artigo 27.º, n.º 1), as obrigações solidárias (artigos 517.º e 519.º do Código Civil), a garantia por bens de terceiro (artigos 641.º, n.º 1, 667.º, n.º 2 e 717.º, todos do Código Civil), as obrigações indivisíveis com pluralidade de credores (artigo 538.º, n.º 1 do Código Civil) e as relações reais que lhe são equiparadas (artigos 1286.º – composse –, 1405.º, n.º 2 – compropriedade – e 2078.º, n.º 1 – co-herdeiros –, todos do Código Civil).

(303) ALBERTO DOS REIS nega a existência de *litisconsórcio necessário* na acção executiva, mas refere-se à figura do litisconsórcio activo sucessivo, para explicar a situação processual que se cria com a intervenção dos credores: "se em vez de um único exequente, passa a haver vários exequentes, estamos perante o fenómeno do litisconsórcio. Mas trata-se, como o admite Liebman, de um litisconsórcio sui generis, visto que o direito substancial de um credor pode colidir com o do outro" ("Processo de execução", vol. II, pág. 623). A este entendimento opõe-se PALMA CARLOS para quem o número de credores não constitui litisconsórcio por não existir unidade de relação jurídica material ("Direito processual civil, Acção executiva", págs. 73-74).

(304) Neste sentido, PALMA CARLOS, que ensina: "da sua aplicação (do artigo 801..º, actual artigo 466.º, n.º 1) resultará a necessidade do litisconsórcio na acção executiva, por exemplo, quando numa escritura pública se haja consignado que os vários credores que, por hipótese, nela figurem, só poderão dá-la à execução vindo todos simultaneamente a juízo, ou que terão de executá-lo contra todos os devedores" (obra e locais supra citados).

artigo 2091.º do Código Civil em que certos direitos relativos à herança só podem ser exercidos conjuntamente por todos os herdeiros.

Entende-se, todavia, que esta modalidade de litisconsórcio na forma passiva pode ter lugar na acção executiva para entrega de coisa certa (pertencente a vários devedores) [305] ou prestação de facto cuja realização caiba a vários devedores [306].

2.1.2. Litisconsórcio necessário sucessivo

Há litisconsórcio sucessivo quando a pluralidade de partes se verifica num momento posterior à instauração da acção. É o que sucede, em sede da acção declarativa, quando tenha sido deduzido o incidente de intervenção de terceiro, e este venha a ocupar na acção proposta a posição de autor ou de réu, ao lado das partes primitivas [307].

Na vigência do direito anterior à Reforma e Revisão do Código entendia-se que a modalidade de litisconsórcio voluntário sucessivo, na acção executiva, verificava-se no caso previsto no artigo 56.º, n.º 2: quando o credor exequente instaurava a execução apenas contra o possuidor dos bens onerados e posteriormente vinha a verificar-se a insuficiência destes bens para assegurar a completa liquidação do crédito exequendo, assistia-lhe a faculdade de requerer a citação do devedor para este pagar ou nomear bens à penhora tendentes à liquidação integral do crédito exequendo [308].

Com a Reforma de 1995/1996 e a Reforma da acção executiva, o litisconsórcio passou a ser admitido pela lei nos seguintes casos: quando o exequente demande apenas o proprietário dos bens one-

---

[305] Cfr. artigos 535.º e 1405.º, n.º 1 do Código Civil.

[306] Cfr. ANSELMO DE CASTRO, "Acção executiva singular ...", pág. 83.

[307] Sobre a questão da admissibilidade ou não de alguns tipos de incidentes de intervenção de terceiros, em sede da acção executiva, vide LEBRE DE FREITAS ("Direito processual civil II, Acção executiva", págs. 77-78.

[308] Para ANSELMO DE CASTRO, o regime consagrado no artigo 56.º, n.º 2 (na redacção do Código de 1961) continha a afloração de um princípio geral, a aplicar aos demais casos de pluralidade de devedores, sempre que os bens do executado primitivo se revelassem insuficientes e houvesse obrigados subsidiários ("obra citada", pág. 85).

rados, assiste-lhe a faculdade de, mais tarde, demandar o devedor, se os bens que e garantem o cumprimento da obrigação se vierem a revelar insuficientes (artigo 56.º, n.º 2) ([309]); quando o exequente demande apenas o devedor principal, cujos bens se revelem insuficientes, assiste-lhe a faculdade de demandar, no mesmo processo, o devedor subsidiário (artigo 828.º, n.º 5); quando o exequente demande apenas o devedor subsidiário, e este invoque o benefício da excussão prévia, ao exequente assiste a faculdade de demandar o devedor principal, promovendo a penhora dos bens deste (artigo 828.º, n.º 2); quando o exequente demande o devedor no título (diverso de sentença) e citado o cônjuge, a requerimento do exequente ou do executado ([310]), para declarar se aceita a comunicabilidade da dívida ([311]), o cônjuge do executado constitui-se como executado, se a aceitar ou nada declarar (artigo 825.º, n.ºs 2, 3 e 6) ([312]).

ANSELMO DE CASTRO entendia que a modalidade de litisconsórcio sucessivo passivo poderia verificar-se na acção executiva para pagamento de quantia certa, quando houvesse a intervenção do cônjuge do executado e dos credores com garantia real sobre os

---

([309]) «O devedor que for dono da coisa hipotecada tem o direito de se opor não só a que outros bens sejam penhorados na execução enquanto se não reconhecer a insuficiência da garantia, mas ainda a que, relativamente aos bens onerados, a execução se estenda além do necessário à satisfação do direito do credor» (artigo 697.º do Código Civil).

([310]) Fora do caso particular do artigo 825.º, n.º 6, a intervenção principal provocada pelo executado não é admitida.

([311]) «Igual possibilidade (de formação, no próprio processo de execução, *de título executivo parajudicial*) é admitida contra o cônjuge do executado, quando este ou o exequente pretendam que a dívida seja comum. Nomeadamente, quando o exequente tenha fundamentadamente alegado que a dívida, constante de título diverso de sentença, é comum, é ainda o cônjuge do executado citado para, em alternativa e no mesmo prazo, declarar se aceita a comunicabilidade da dívida, com a cominação de, se nada disser, a dívida ser considerada comum» (Extracto do Preâmbulo ao Decreto-Lei n.º 38/2003, de 8 de Março).

([312]) Neste caso constitui-se automaticamente um título executivo extrajudicial contra o cônjuge que passa, com base nele, a ser executado: «... a execução prossegue também contra o cônjuge não executado, cujos bens próprios podem nela ser subsidiariamente penhorados» (artigo 825.º, n.º 3).

bens penhorados, que devessem ser convocados na fase posterior à penhora (artigo 864.º) ([313]).

Na anterior edição defendemos que este entendimento, não obstante algumas vozes discordantes, não nos deixava grandes reservas uma vez que, quer o cônjuge do executado quer os credores reclamantes, quando admitidos a intervir no processo, assumiam a posição de partes principais ([314]): estes, porque vinham solicitar ao tribunal que os respectivos créditos fossem realizados coercivamente; o cônjuge do executado, porque ficava investido em alguns dos direitos processuais que competiam ao executado.

Actualmente, mercê da revisão e reforma, que permitiram uma ampliação dos poderes processuais do cônjuge do executado, parece não haver dúvidas de que ele deve ser considerado, a partir da citação, uma parte principal por assumir um estatuto equiparado ao do executado ([315]); quanto aos credores reclamantes, não nos repugnando que eles possam ser considerados partes acessórias, visto que não dispõem de todos os poderes processuais que cabem ao exequente, pelo menos no apenso de reclamação e verificação de créditos e na situação prevista no n.º 2 do artigo 820.º eles deverão assumir o estatuto de partes principais na execução: «também o credor cujo crédito esteja vencido (...) pode requerer, no prazo de 10 dias contados da notificação da extinção da execução,

---

([313]) "Obra citada", pág. 84, contra PALMA CARLOS, "obra citada", pág. 74.

([314]) Já vimos antes (supra, III.1.1.1.) que, de acordo com a classificação de PESSOA JORGE, serão partes principais necessárias – por terem de intervir sempre na acção executiva – o exequente e o executado; serão partes principais eventuais – por nem sempre intervirem na acção executiva – os credores preferenciais do executado (artigo 864.º, n.os 1 e 3, alínea b)) e o cônjuge do executado (artigos 864.º, n.º 3, alínea a) e 825.º) ("Lições de direito processual civil, Acção executiva", págs. 253 e seguintes).

([315]) O estatuto processual do cônjuge do executado consta do artigo 864.º-A, rectificado na Declaração n.º 16-B/2003, de 31 de Outubro: «... é admitido a deduzir oposição à execução ou à penhora e a exercer, no apenso de verificação e graduação de créditos e na fase do pagamento, todos os direitos que a lei processual confere ao executado, sem prejuízo de poder também requerer a separação dos bens do casal, nos termos do n.º 5 do artigo 825.º, quando a penhora recaia sobre bens comuns». Segundo LEBRE DE FREITAS, é sobretudo a possibilidade de se opor à execução, ainda que já não o possa fazer o executado, que lhe confere o estatuto de parte principal, cujas eventuais divergências com o executado o juiz há-de resolver, nos termos gerais do artigo 809.º, n.º 1, alínea d) ("obra citada", pág., 141, nota (16)).

o prosseguimento da execução para efectiva verificação, graduação e pagamento do seu crédito» ([316]).

2.2. Coligação

Na vigência do direito anterior à Reforma de 1995/1996 e à Revisão do Código, entendia-se que a figura da *coligação* caracterizava-se por pluralidade de pedidos formulados por uma pluralidade de sujeitos ou contra uma pluralidade de sujeitos, em que a cada pedido correspondia a um sujeito ou sujeitos diferenciados (artigo 58.º, n.º 1). Vista nesses termos, a figura da coligação distinguia-se da do litisconsórcio na qual havia unidade de objecto do processo: unidade da obrigação exequenda.

Entendia-se, igualmente, da análise dos normativos dos artigos 53.º, n.º 1, e 58.º, conjugados entre si, que o critério de distinção entre as figuras da *cumulação* de execuções e da *coligação* residia no número de partes: esta exigia pluralidade de partes; aquela caracterizava-se pela dualidade de partes – um exequente e um executado –, unidade de processo e pluralidade de execuções ([317]).

([316]) Uma vez citados, assiste aos credores reclamantes o direito de: «substituir-se ao exequente na prática do acto que ele tenha negligenciado», nas condições prevista no n.º 3 do artigo 847.º; impugnar os créditos, nos termos do n.º 3 do artigo 866.º; requerer a adjudicação dos bens penhorados, nos termos do n.º 2 do artigo 875.º; ser ouvido sobre a modalidade de venda e valor base dos bens, nos termos dos n.ºs 1 e 5 do artigo 886.º-A; ser dispensado de depositar parte do preço, nos termos do n.º 1 do artigo 887.º; apreciar as propostas, nos termos do n.º 1 do artigo 894.º; arguir as irregularidades a que alude o n.º 1 do artigo 895.º; aceitar o comprador ou o preço propostos pelo exequente ou executado, na venda por negociação particular (artigo 904.º, alíneas a) e b)); propor a venda em determinado estabelecimento de leilão (artigo 806.º, n.º 1, alínea a)); e requerer o prosseguimento da execução, nos termos do n.º 2 do artigo 920.º.

LEBRE DE FREITAS entende que, dispondo, embora, de alguns dos poderes processuais que cabem ao exequente, quer pela limitação do elenco dos poderes processuais que podem exercer no processo de execução, quer por não terem a disponibilidade do seu objecto, não se constituem como partes principais, mas como partes acessórias, aceitando, todavia, que "são convertidos em partes principais na execução quando accionado o mecanismo do artigo 920.º, n.º 2" ("obra citada", págs. 141-142 e nota (19)).

([317]) ALBERTO DOS REIS, "Processo de execução", vol. I, págs. 258 e seguintes, admitindo a necessidade de uma clara distinção entre as figuras da *cumulação* e da

Pese embora as alterações operadas com a Revisão do Código, continua a entender-se que o critério de distinção entre a coligação e o litisconsórcio reside na formulação de uma pluralidade de pedidos ou de um pedido único por um ou contra uma parte plural.

Tal como na acção declarativa, também na acção executiva pode haver lugar a coligação activa, passiva e simultânea ([318]).

Assim, pode verificar-se a *coligação activa* quando vários credores exequentes formulam contra um só executado ou contra vários executados litisconsortes diferentes pedidos executivos correspondentes a diferentes direitos de crédito ([319]); pode verificar-se a *coligação passiva* quando um mesmo exequente ou diversos exequentes litisconsortes formulam contra vários executados diferentes pedidos executivos correspondentes a distintos direitos de crédito ([320]); pode haver *coligação simultânea – mista* (activa e passiva) quando vários exequentes formulam contra vários executados diferentes pedidos executivos correspondentes a diferentes direitos de crédito ([321]).

---

coligação de exequentes, escreve; "o âmbito da distinção é o mesmo que habilita a diferenciar, no processo declarativo, a cumulação de pedidos (artigo 470.º) da coligação de autores e réus (artigo 30.º). Tanto na simples cumulação como na coligação há uma pluralidade de pretensões ou de lides; a diferença é esta: ao passo que na simples cumulação existe um só autor e um só réu (processo de declaração), um só exequente e um só executado (processo de execução), na coligação existe pluralidade de autores ou de réus (processo de declaração) uma pluralidade de exequentes (processo de execução)".

([318]) Neste sentido, Lebre de Freitas, "obra citada", págs. 142-143, nota (21).

([319]) São exemplos: A demanda C por 1000 euros e B demanda-o por 500 euros, tratando-se de dívidas distintas; A demanda C e D por 1000 euros e B demanda-os por 500 euros, tratando-se igualmente de dívidas distintas, pelas quais C e D são solidariamente responsáveis.

([320]) São exemplos: A demanda B por uma dívida de 1000 euros e demanda C por outra dívida de 500 euros; A e D demandam B por uma dívida de 1000 euros e C por outra de 500 euros, sendo A e D credores solidários em ambos os casos; A e D, credores solidários, demandam B e E como devedores solidários dos 1000 euros e C e F como devedores solidários dos 500 euros.

([321]) São exemplos: A demanda B e mulher por uma dívida de 1000 euros e C e mulher por 500 euros, enquanto D e F, credores solidários, demandam B e mulher por 800 euros e C e mulher por 600 euros.

Por força do artigo 58.º, em processo executivo a coligação depende da verificação, cumulativamente, dos seguintes pressupostos:
   a) que a execução decorrente de cada um dos pedidos seja a mesma: pagamento de quantia certa, entrega de coisa certa ou prestação de facto (artigo 53.º, n.º 1, alínea b)) ([322]);
   b) que, na execução para pagamento de quantia certa, as diferentes obrigações sejam líquidas ou liquidáveis por simples cálculo aritmético (artigo 58.º, n.º 2);
   c) que o tribunal seja competente internacionalmente e em razão da matéria e da hierarquia para apreciar os diferentes pedidos, ainda que o não seja em razão do valor e do território (artigo 53.º, n.º 2, alínea a)) ([323]).
   d) que a cada um dos pedidos, individualmente considerados, corresponda processo comum de execução, ou o mesmo processo especial de execução, não interessando a natureza do título executivo que serve de base às execuções ([324])

([322]) Na vigência do direito anterior à Reforma de 1995/1996, por força do artigo 58.º, n.º 1, não era admissível a coligação nas execuções para entrega de coisa certa e para prestação de facto (positivo ou negativo). A solução era, porém, diferente para a cumulação de execuções, onde se exigia apenas que o fim das execuções fosse o mesmo, podendo, consequentemente, cumular-se várias execuções para entrega de coisa certa ou várias execuções para prestação de facto (cfr. artigo 53.º, n.º 1, alínea b)).

([323]) No direito anterior, esta competência, ao contrário do que sucedia com a exigida para a *cumulação de pedidos no processo declarativo*, tinha de ser total, isto é, quer em razão da matéria e da hierarquia, quer em razão do valor e do território, e até internacional, pois que o artigo 52.º, n.º l, alínea a) não estabelecia qualquer distinção e se entendia que, aqui, a competência exigida tinha um alcance mais amplo do que a exigida para a coligação e cumulação na acção declarativa (artigos 31.º, n.º 1 e 470.º, do Código anterior). Tal entendimento era sustentado, além de outros, por ALBERTO DOS REIS, "Processo de execução", vol. I, pág. 263, nestes termos: "... pois que nenhumas restrições se fazem quanto à modalidade de competência que se reclama, tem de concluir-se que o tribunal há-de ser competente para as execuções sob todos os aspectos, e portanto, além da competência internacional, há-se estar investido de competência interna quer sob o ponto de vista da matéria, do valor, e da hierarquia, quer sob o ponto de vista do território".

([324]) Já no direito anterior se entendia que podia cumular-se uma execução a que correspondesse processo comum ordinário com outra a que correspondesse processo sumário ou sumaríssimo, mas se a uma das execuções correspondesse processo espe-

nem, tratando-se de execução de sentença, a forma de processo declarativo em que ela tenha sido proferida, e sem prejuízo do disposto nos n.ᵒˢ 2 e 3 do artigo 31.º (artigo 53.º, n.º 1, alínea c)).

Na coligação *passiva* exige-se, ainda, que a execução tenha por base, quanto a todos os pedidos, o mesmo título (artigo 58.º, n.º 1, alínea b)) ou que os devedores sejam titulares de quinhões no mesmo património autónomo (ou seja, de uma quota ideal numa comunhão) ou de direitos relativos ao mesmo bem indiviso (isto é, de uma quota-parte numa compropriedade), sobre os quais recaia a penhora (artigo 58.º, n.º 1, alínea c)) ([325]).

O n.º 3 do artigo 58.º manda «aplicar à coligação o disposto nos n.ᵒˢ 2, 3 e 4 do artigo 53.º para a cumulação de execuções». Do teor daqueles normativos resulta que, no tocante à competência em razão do valor e do território na coligação, devem distinguir-se os casos em que todos os títulos executivos dados à execução são decisões judiciais, daqueles em que, além de decisões judiciais a execução se baseia noutros títulos executivos (não judiciais).

Assim: se todas as execuções se fundarem em decisões judiciais, ou em outros títulos de formação judicial (títulos judiciais impróprios), a acção executiva correrá no tribunal do lugar onde tenha corrido a acção ou o processo de valor mais elevado (artigo 53.º, n.º 2) ([326]); se as execuções se fundarem em decisão judicial e

---

cial, não podia ela cumular-se com outra a que correspondesse forma de processo especial diferente ou a que correspondesse processo comum em qualquer das duas formas (cfr. ALBERTO DOS REIS, "Processo de execução", vol. I, pág. 265).

([325]) Nesta conformidade, podem ser demandados todos os herdeiros que são titulares de uma herança indivisa ou todos os devedores cujas dívidas estejam garantidas por uma hipoteca que incide sobre um bem de que todos eles sejam comproprietários. E TEIXEIRA DE SOUSA acrescenta: "a admissibilidade da coligação nesta situação deve ser coordenada com a venda conjunta de todos os quinhões ou de todos os direitos que se encontra estabelecida no artigo 826.º, n.º 2, pois que aquela coligação é uma a forma de facilitar esta venda simultânea" ("A reforma da acção executiva", pág. 97).

([326]) Na vigência do direito anterior à Reforma de 1995/1996 e à Reforma da acção executiva, se o pedido de maior valor se baseasse numa sentença, a acção executiva devia ser promovida por apenso ao processo declarativo em que ela tivesse sido

em título diverso, ou em outro título de formação judicial e em título extrajudicial, a execução correrá no tribunal em que tenha corrido, respectivamente, a acção ou o processo em que o título se formou (artigo 53.º, n.º 3); se todas as execuções se fundarem em títulos extrajudiciais, a competência determina-se nos termos dos n.ºˢ 2 e 3 do artigo 87.º, com as necessárias adaptações (artigo 53.º, n.º 4).

O artigo 58.º, n.º 4 qualifica a situação prevista no n.º 4 do artigo 832.º como um caso de *coligação sucessiva activa*: quando seja proposta uma execução e se verifique que o bem, sobre o qual o exequente tenha direito real de garantia que não seja um privilégio creditório geral, foi objecto de penhora noutra execução, na qual ainda não tenha sido proferida a sentença de graduação, o requerimento executivo é para ela remetido. Encontrando-se a execução na fase do concurso de credores, o requerimento executivo vale como reclamação, assumindo o exequente a posição de reclamante; caso contrário, constitui-se coligação de exequentes (artigo 832.º, n.º 5).

3. Consequências da preterição do litisconsórcio, quando necessário, e da coligação ilegal

Se a lei ou o negócio jurídico exigirem o litisconsórcio – litisconsórcio necessário ([327]) –, a falta de algum deles é fundamento de ilegitimidade (artigo 28.º, n.º 1), de que o juiz deve conhecer

---

proferida, ao qual se apensariam os restantes processos (quando todos os pedidos se baseassem em sentenças) e incorporando-se nos autos de execução os títulos extrajudiciais (quando além da sentença existiam títulos extrajudiciais de valor inferior ao da sentença) – artigo 53.º, n.ºˢ 3 e 4, 1.ª parte; se o pedido de maior valor se baseasse em título extrajudicial, formava-se um processo autónomo ao qual deviam ser incorporados os outros títulos extrajudiciais e apensados os processos declarativos em que tivessem sido proferidas as sentenças (caso se tratasse de cumulação de pedidos baseados em sentenças) – artigo 53.º, n.º 4, 2.ª parte.

([327]) Há litisconsórcio necessário imposto pela natureza da relação jurídica quando a decisão a obter só produza o seu efeito útil normal com a intervenção de todos os interessados. (Neste sentido, Ac. do STJ, de 06.05.1999, Agravo n.º 368/99 – 2.ª Secção, Boletim n.º 31, Maio de 1999).

no despacho liminar, quando o houver, *convidando* o exequente a requerer a intervenção principal do terceiro (artigos 265.º, n.º 2 e 812.º, n.º 4) e, se o exequente não responder ao convite, *indeferindo liminarmente* o requerimento executivo (artigo 812.º, n.º 5); nas execuções dispensadas de despacho liminar, aplica-se o artigo 812.º-A, n.º 3.

Porém, o exequente tem a faculdade de corrigir o vício se, dentro do prazo de 30 dias a contar do trânsito em julgado do despacho de indeferimento (ou de rejeição oficiosa da execução, nos termos do artigo 820.º) ou da sentença que julgue procedente a oposição à execução (equivalentes ao despacho saneador para o efeito em causa), chamar a intervir nos autos a pessoa cuja falta é motivo de ilegitimidade (artigo 269.º, n.º 1) e, se já estiver extinta à data do chamamento, a instância é renovada, recaindo sobre o exequente o encargo do pagamento das custas (artigo 269.º, n.º 2) ([328]).

Quanto à *coligação ilegal*, ocorrendo a falta de algum dos pressupostos atrás mencionados, no despacho liminar, quando o houver, ou sendo-lhe concluso o processo nos termos do artigo 812.º-A, n.º 3, o juiz deve proferir despacho de aperfeiçoamento, convidando o exequente (ou exequentes) a que escolha o pedido relativamente ao qual pretende que o processo prossiga, e só no caso de ele não o fazer absolverá o executado da instância (artigos 31.º-A ([329]) e 812.º, n.ᵒˢ 4 e 5); verificada a incompetência absoluta do tribunal ou a inadequação da forma de processo quanto a algum dos pedidos, o juiz deve proferir despacho de indeferimento par-

---

([328]) A actual redacção do artigo 269.º foi introduzida pelo Decreto-Lei n.º 180/96, de 25 de Setembro, em cujo preâmbulo se afirma: «Nos capítulos da instância e dos procedimentos cautelares, deve salientar-se a circunstância de o artigo 269.º, como decorrência do princípio da economia processual, permitir a regularização da instância, no caso de absolvição por preterição do litisconsórcio necessário, se não em termos ampliados, ao menos em norma interpretativa do regime vigente».

([329]) A actual redacção deste artigo foi introduzida pelo Decreto-Lei n.º 329-A/95, de 12 de Dezembro, em cujo preâmbulo se afirma: «Faculta-se ainda – em homenagem ao princípio da economia processual – o suprimento da coligação ilegal tal como se reduzem aos seus justos limites os efeitos do uso pelo juiz do poder de decretar a separação de causas, facultando ao interessado a escolha e indicação de pretensão a que ficará reduzido o objecto do processo, em vez de o inutilizar na totalidade, em consequência da absolvição da instância quanto a todos os pedidos deduzidos».

cial, prosseguindo a causa relativamente aos outros pedidos (artigo 812.º, n.º 3); verificada a incompetência absoluta do tribunal ou a inadequação da forma de processo quanto a todos os pedidos, o juiz deve proferir despacho de indeferimento liminar total (artigo 812.º, n.º 2, alínea b)) ([330]).

Quer no caso de preterição de litisconsórcio necessário, quer no de coligação ilegal, o executado pode opor-se à execução, invocando os respectivos fundamentos (artigos 813.º e 814.º, alínea c)).

([330]) Na vigência do direito anterior à Reforma e Revisão do Código discutia-se, quanto à coligação ilegal, se seria admissível o despacho de indeferimento liminar e, em caso afirmativo, se este era total ou parcial. Sobre tal matéria, LOPES CARDOSO distinguia várias hipóteses, defendendo que, salvo o caso de incompetência do tribunal, em razão do valor ou do território, para conhecer de algum dos pedidos – caso em que o juiz não podia indeferir liminarmente a acção executiva por o tribunal não poder conhecer oficiosamente da incompetência relativa –, a *ilegalidade de coligação* impunha um indeferimento liminar do requerimento inicial, nos termos do artigo 474.º, n.º 1, alínea c) ou alínea b), esta para o caso de incompetência absoluta, ou o n.º 3 para o caso de erro na forma do processo. Defendia ainda que o indeferimento tinha de ser total, muito embora o vício afectasse unicamente parte dos pedidos ou créditos, só podendo ser parcial quando dele apenas resultasse a exclusão de algum ou alguns executados, o que só sucederia quando a ilegalidade respeitasse à coligação passiva (artigo 474.º, n.º 2) ("obra citada", págs. 140-141).

Na anterior edição, e face aos normativos então em vigor, sustentámos que não nos repugnava aceitar que o tribunal conhecesse oficiosamente da excepção ilegal fundada em incompetência do tribunal, quando não fosse o mesmo tribunal competente para conhecer dos vários pedidos. Quanto à questão da aplicabilidade ou não do artigo 474.º, n.º 2 à acção executiva, relativamente à coligação passiva ilegal, o indeferimento liminar parcial não nos suscitava quaisquer dúvidas, por aplicação do n.º 2 do artigo 474.º; relativamente à ilegal coligação de exequentes, entendíamos que razões de economia processual aliadas às particularidades da acção executiva levavam a concluir pela inaplicabilidade do preceito, nesta parte, à acção executiva. Nessa conformidade, defendíamos que o n.º 2 do artigo 474.º devia ser interpretado restritamente, ou seja, no sentido de que se referia aos casos em que o pedido era simples e único ("A acção executiva e a problemática...", págs. 114-116). Neste sentido, também, CASTRO MENDES, "Direito processual civil", vol. III, págs. 130-131.

III.III. PATROCÍNIO JUDICIÁRIO

O patrocínio judiciário consiste na assistência técnica prestada às partes por profissionais do foro (advogados, candidatos à advocacia ou solicitadores) na condução do processo em geral ou na realização de certos actos em especial [331].

Há causas e actos cuja importância ou natureza exigem (é obrigatória) a constituição de advogado (como mandatário judicial) [332].

O regime do patrocínio judiciário na acção executiva difere do estabelecido para a acção declarativa.

Relativamente às acções executivas, a constituição de advogado só é obrigatória nas execuções cujo valor exceda a alçada da Relação, ou nas de valor compreendido entre a alçada dos tribunais de primeira instância e o dos tribunais da Relação, quando tenha lugar algum procedimento que siga os termos do processo declarativo (artigo 60.º, n.º 1). Havendo lugar a verificação e graduação de créditos, a intervenção de advogado só é obrigatória para a reclamação de créditos de valor superior à alçada do tribunal de comarca e apenas para a verificação deles (artigo 60.º, n.º 2) [333] [334].

No seguimento de ANSELMO DE CASTRO [335] entendemos que a intervenção de advogado é ainda obrigatória: na oposição à execução, no incidente de liquidação, nos embargos de terceiro e quando haja lugar a Recurso [336].

---

[331] Cfr. ANTUNES VARELA, "Manual de Processo civil", pág. 18.

[332] Não existe no nosso direito distinção de tratamento entre parte (ou interessado) com advogado e parte que o não tenha constituído, na consideração de que, não impondo a lei a sua constituição, não se justifica tratamento diferente no que respeita ao acompanhamento dos termos do processo. (Neste sentido, Ac. do STJ, de 24.04.1991, proc. n.º 076206 – http://www.dgsi.pt).

[333] E é assim porque o patrocínio não é obrigatório para *a reclamação* (requerimento de), mas apenas para a *apreciação*, isto é, o patrocínio só é obrigatório quando o crédito for impugnado e a partir do momento da impugnação.

[334] «As partes têm de se fazer representar por advogado, advogado estagiário ou solicitador nas execuções de valor superior à alçada do tribunal de primeira instância não abrangidas pelos números anteriores» (artigo 60.º, n.º 3).

[335] "Acção executiva singular, comum e especial", págs. 88-89.

[336] LEBRE DE FREITAS entende que não é obrigatória a constituição de advogado, em execuções com valor compreendido entre o da alçada da primeira instância e o da alçada da Relação, no incidente de oposição à penhora (artigo 863.º-B, n.º 2), no

Como pressuposto processual que é, a falta de patrocínio judiciário, nos casos em que a constituição é obrigatória, provoca os efeitos próprios da falta de um pressuposto processual. Todavia, atento o princípio da economia processual, o juiz deve ordenar a notificação da parte para suprir a falta dentro do prazo fixado. A sanção variará consoante o processo em que se verifique o vício (processo executivo ou declarativo enxertado no processo executivo), entendendo-se que devem aplicar-se à acção executiva as normas dos artigos 33.º e 40.º ([337]).

III.IV. CUMULAÇÃO SIMPLES DE PEDIDOS

1. Formas que pode revestir

À cumulação de pedidos já nos referimos, embora sucintamente, a propósito da coligação que constitui também uma cumulação de pedidos; cabe, agora, desenvolver um pouco mais esta matéria.

Em processo declarativo pode haver mais do que um pedido sem que a dedução total seja do autor, como acontece na reconvenção. Porém, só pode falar-se de «cumulação» quando os pedidos são deduzidos pelo autor ([338]).

É permitido ao exequente, ou a vários exequentes consortes, cumular pedidos contra o mesmo executado ou contra vários exe-

---

incidente de prestação de caução (artigo 983.º, n.º 1), no incidente de ilisão da autenticidade ou da força probatória de documento (artigo 550.º, n.os 1 e 2), no incidente de habilitação (artigo 371.º), em incidente de intervenção de terceiros, tal como não o é nas diligências de prova complementar do título executivo (artigo 804.º, n.º 2), no processamento de anulação da venda executiva (designadamente, nos termos dos artigos 908.º, n.º 2 e 909.º, n.º 1, alíneas b) e c)), etc. ("obra citada", págs. 133-134, nota (2)).

([337]) A sanção para o exequente que, no prazo marcado, não constitua advogado, só pode ser ficar sem efeito a execução (cfr. LOPES CARDOSO, "obra citada", págs. 153--154). E mais adiante acrescenta: "nem a falta de patrocínio, nem a falta, irregularidade ou insuficiência do mandato estão incluídas entre os fundamentos de embargos, mencionados no artigo 813.º (...). O executado tem uma única maneira de reagir: arguir a falta, irregularidade ou insuficiência, nos termos dos artigos 33.º e 40.º, n.º 1".

([338]) Cfr. LUSO SOARES, "Direito processual civil", págs. 258-260.

cutados litisconsortes, quer eles se baseiem no mesmo título ou em títulos diferentes (³³⁹).

A cumulação de pedidos realizada mediante cumulação de títulos pode ser inicial ou sucessiva (subsequente). É *inicial* quando o credor exequente formula no requerimento inicial diversos pedidos baseados no mesmo ou em vários títulos (artigo 53.º); é *sucessiva* quando, na pendência da execução já instaurada, o exequente requer a execução de outro título (artigo 54.º) (³⁴⁰).

2. Pressupostos da cumulação inicial e sucessiva

Quer seja inicial, quer seja sucessiva, a cumulação de pedidos exige a verificação dos pressupostos antes referidos (supra, *III.II.2.2.*), sob as alíneas a) (espécie de acção executiva), c) (competência) e d) (forma de processo) (³⁴¹). Mas, ainda que as execu-

---

(³³⁹) No direito anterior já se entendia que a expressão «contra o mesmo devedor» não excluía o caso de litisconsórcio passivo, tal como o termo «credor» não excluía o caso litisconsórcio activo, do mesmo modo que no artigo 58.º. Neste sentido, LOPES CARDOSO," obra citada", pág. 135, para quem a expressão «mesmo devedor» deve entender-se como abrangendo um mesmo grupo devedor. Compreende o litisconsórcio.

(³⁴⁰) A cumulação *sucessiva* pode compreender um ou mais títulos e estes podem ser de diversa natureza – pode cumular-se indistintamente, quer na cumulação inicial, quer na sucessiva, todas as espécies de títulos previstos no artigo 46.º. O *outro título* pode estar constituído no mesmo documento que constitui o título da execução inicial (cfr. Germano MARQUES DA SILVA, "Curso de processo civil executivo", pág. 27).

(³⁴¹) No direito anterior, a cumulação inicial exigia a verificação de determinados requisitos:
  a) a competência do tribunal para todas as execuções (artigo 53.º, n.º 1, alínea a)). Esta competência, contrariamente à exigida para a acção declarativa, tinha de ser total, visto que o preceito não fazia qualquer excepção;
  b) a unidade de fins de todas as execuções (artigo 53.º, n.º 1, alínea b)). Não podia, pois, pedir-se na mesma acção executiva, o pagamento de quantia e a entrega de coisas ou a prestação de facto. Sobre a limitação imposta, ensinava ALBERTO DOS REIS: "os trâmites do processo de execução estão, como é natural, em estreita dependência e correlação com o fim que o exequente se propõe conseguir; a diversidade do fim impõe, necessariamente, a diversidade dos meios e, portanto, a diversidade dos actos e termos do respectivo processo. Sendo assim, é claro que cumular uma execução para pagamento de quantia certa com uma execução para entrega de coisa certa ou para prestação de facto

ções tenham fins diferentes (artigo 53.º, n.º 1, alínea b)), nos termos do n.º 2 do artigo 54.º, a cumulação sucessiva é admitida quando «a execução iniciada com vista à entrega de coisa certa ou de prestação de facto haja sido convertida em execução para pagamento de quantia certa» (artigos 931.º e 934.º).

Nos termos do n.º 1 do artigo 53.º, é permitido cumular pedidos fundados no mesmo título ou em títulos diferentes. Não se exige, porém, para a cumulação de pedidos, que as diferentes obrigações sejam líquidas ou liquidáveis por simples cálculo aritmético ([342]).

---

equivaleria a introduzir a desordem e a anarquia dentro do processo" ("Processo de execução", vol. I, pág. 264);
c) a unidade da forma de processo (artigo 53.º, n.º 1, alínea c)). A diversidade da forma de processo, quando contida dentro dos limites do processo comum, não impedia a cumulação: podia cumular-se uma execução a que correspondesse processo ordinário com outra a que correspondesse processo sumário ou processo sumaríssimo, tal como podia cumular-se uma execução com processo sumário com outra de processo sumaríssimo. Podia igualmente cumular-se um execução a que correspondesse processo especial com outra ou outras a que correspondesse o mesmo processo especial; mas não podia cumular-se uma execução a que correspondesse processo especial com outra a que correspondesse processo comum, do mesmo modo que não podia cumular-se uma execução a que correspondesse determinada forma de processo especial com outra a que correspondesse processo especial diferente.

Quanto aos *pressupostos da cumulação sucessiva*, entendia-se que as condições requeridas para a cumulação inicial valiam também para a cumulação sucessiva. Todavia, no tocante à forma de processo, havia uma maior exigência: à execução que se pretendesse cumular tinha de corresponder, sob o ponto de vista do valor, a forma de processo empregada na execução pendente (artigo 54.º, in fine). Desta forma, se a execução pendente estivesse a seguir a forma ordinária, não podia cumular-se outra execução a que correspondesse forma diferente da ordinária. Questionava-se, então, por que se proibia em cumulação sucessiva o que se permitia em cumulação inicial. Pronunciando-se sobre tal questão, escrevia ALBERTO DOS REIS "Processo de execução", vol. I, págs. 268-269: "tratando-se de *cumulação inicial*, nada importa que às várias execuções correspondam formas de processo comum diferentes, visto que se somam os valores e a forma de processo comum a adoptar para todas elas será a que a totalidade dos valores impuser. Tratando-se de *cumulação sucessiva*, o caso muda de figura, visto introduzir-se uma execução nova em processo que está seguindo já uma certa forma".

Para além do mencionado condicionalismo, havia que atender ainda ao artigo 465.º que distinguia as diversas formas de processo consoante a natureza do título.

([342]) Pressuposto exigido para a coligação – artigo 58.º, n.º 2 – cfr. supra referido em *B) 2 – b)*, sob a alínea b).

Quanto à competência em razão do valor e do território, para a cumulação de pedidos valem as mesmas regras aplicáveis para a coligação (artigo 53.º, n.ºs 2, 3 e 4) antes referidas (supra *III.II.2.2.*).

3. Consequências da cumulação indevida

As questões suscitadas a propósito da coligação ilegal colocam-se também aqui, pelo que as soluções então apontadas valem igualmente para a cumulação indevida. Escusamo-nos, pois, de reapreciá-las.

Tratando-se de *cumulação sucessiva*, se o juiz se aperceber da ilegalidade da cumulação deve, no despacho liminar, se o houver, ou quando o funcionário judicial suscitar a sua intervenção, indeferir o requerimento do exequente. Se o não fizer e ordenar a notificação do executado, ou quando não haja despacho liminar, assiste ao executado, quando notificado nos termos do artigo 864.º, n.º 7, o direito de deduzir oposição à execução, alegando que a cumulação é indevida (artigos 813.º, n.º 3).

IV. FORMAS DE PROCESSO DE EXECUÇÃO

Vimos antes, e resulta também do normativo do n.º 2 do artigo 45.º, que o processo executivo admite, quanto ao fim, os seguintes tipos de acção executiva: para pagamento de quantia certa (artigos 810.º a 927.º); para entrega de coisa certa (artigos 928.º a 932.º); e para prestação de facto – positivo ou negativo – (artigos 933.º a 942.º).

Nos termos do artigo 460.º, disposição comum ao processo declarativo e executivo, cada um dos referidos tipos de acção pode seguir uma forma de processo comum ou uma forma de processo especial.

O processo especial tem lugar quando a lei impõe, para a execução de determinadas obrigações, uma tramitação especial (artigos 1118.º e seguintes, e artigos 116.º a 123.º do Código das Custas Judiciais).

1. Processo comum

Até à Reforma de 1995/1996, para a determinação da forma de processo comum tinha de atender-se, uma vezes à espécie de título executivo que servia de base à execução e outras ao valor da causa relacionado com a alçada da Relação. À primeira hipótese referiam-se os n.ᵒˢ 2 e 3 do artigo 465.º ([343]); fora desses casos,

---

([343]) Assim, as execuções baseadas em *sentenças proferidas em acções de processo sumário* seguiam sempre a forma sumária, quer o valor do pedido fosse superior ao da alçada da Relação (tal podia suceder, por na acção declarativa se ter pedido juros, rendas ou rendimentos vincendos ou se ter deduzido um pedido ilíquido não liquidado naquela acção – artigos 306.º, n.º 2 e 308.º, n.º 3), quer fosse inferior a metade da alçada do tribunal de comarca (artigo 465.º, n.º 2), bastando, para tanto, que o montante

para a determinação da forma de processo comum tinha de atender-se ao valor da causa relacionada com a alçada da Relação ([344]).

Com a Reforma de 1995/1996, o processo executivo comum ficou reduzido às formas ordinária e sumária, determinadas pela espécie do título executivo, conjugado, em certos casos, com o valor da causa, o objecto da penhora e a necessidade de liquidar a obrigação exequenda ([345]).

A Reforma da acção executiva passou a admitir *uma única forma* do processo comum em cada um dos referidos tipos de acção executiva (artigo 465.º).

2. Processos especiais

Os processos executivos especiais são muito mais raros do que os processos declarativos especiais.

As diferentes espécies de processos executivos especiais podem agrupar-se em duas categorias: uma é constituída por *processos*

---

da condenação tivesse sido inferior ao pedido na acção declarativa ou esta não se destinasse a nenhum dos fins indicados no artigo 462.º, n.º 1, in fine. Se a execução se baseasse em *sentença proferida em processo sumaríssimo*, seguia sempre a forma sumaríssima (artigo 465.º n.º 3), ainda que o valor fosse superior a metade da alçada do tribunal de comarca. Nos termos do artigo 462.º, n.º 1, a acção declarativa que visasse o *cumprimento de obrigações de prestação de facto* só poderia seguir a forma ordinária ou sumária. Por isso não podia falar-se de processo executivo comum para prestação de facto, na forma sumaríssima.

([344]) Se a execução se baseasse em qualquer *outro título* (expressão que abrangia todos os títulos que não fossem «sentenças proferidas em acção de processo sumário» ou «sentenças proferidas em processo sumaríssimo» – cfr. LOPES CARDOSO, "obra citada", pág. 184), mesmo sentença, desde que proferida em acção com processo ordinário ou especial, ou por tribunal estrangeiro, seguiria a forma ordinária ou sumária consoante o seu valor excedesse ou não a alçada da Relação (artigo 465.º, n.os 1 e 2, 2.ª parte).

([345]) Assim: a execução de decisões judiciais tinha lugar em processo sumário, a menos que a obrigação fosse ilíquida e não liquidável mediante simples cálculo aritmético (artigo 465.º, n.º 2); a execução dos outros títulos tinha lugar em processo ordinário (artigo 465.º, n.º 1, alínea a)); também a execução de decisão judicial que condenasse no cumprimento de obrigação ilíquida, não liquidável por simples cálculo aritmético, seguia a forma ordinária (artigo 465.º, n.º 1, alínea b)).

([346]) No mesmo sentido, SALVADOR DA COSTA, "Código das custas judiciais, anotado e comentado", Almedina, 2005, pág. 488; e AMÂNCIO FERREIRA, "obra citada", pág. 491. Contra, LEBRE DE FREITAS, "obra citada", págs. 149 e 404.

exclusivamente executivos, fazendo parte desta categoria, em nosso entender, o processo de execução por custas (artigos 116.º a 123.º, do Código das Custas Judiciais) (³⁴⁶) e o processo de execução por alimentos (artigos 1118.º a 1121.º-A) (³⁴⁷); a outra é constituída por *processos mistos*, isto é, processos que se caracterizam por, a uma primeira fase declarativa se seguir uma fase executiva, fazendo parte desta categoria, a nosso ver, o processo de investidura em cargos sociais (artigos 1500.º e 1501.º) (³⁴⁸).

Nos processos declarativos especiais: de expurgação de hipotecas (artigo 1003.º, n.º 2), de divisão de coisa comum (artigo 1056.º, n.º 2), de justificação de ausência (artigo 1108.º, n.ᵒˢ 4 e 6), de liquidação judicial de sociedades (artigos 1125.º, n.º 3 e 1127.º, n.º 3), de liquidação da herança vaga em benefício do Estado (artigo 1133.º, n.ᵒˢ 2 e 4), de inventário (artigos 1326.º, n.º 1, in fine, 1384.º e 1385.º, n.º 4), e de apresentação de coisa ou documento (artigo 1478.º) podem ter lugar actos executivos (³⁴⁹).

3. Disposições reguladoras do processo de execução

O processo de execução comum é regulado pelas disposições gerais dos artigos 801.º a 809.º, sendo: a execução para pagamento de quantia certa regulada pelas disposições dos artigos 810.º a 923.º (³⁵⁰); a execução para entrega de coisa certa regulada pelas

---

(³⁴⁷) Deixou de constituir processo especial: a execução para entrega de imóveis arrendados quando o título executivo fosse o auto de verificação de escritos ou a notificação de despedimento aceite pelo arrendatário (artigo 989.º).

(³⁴⁸) Deixaram de integrar esta categoria, os processos especiais de *venda e adjudicação do penhor* (artigos 1008.º a 1012.º, revogados pelo artigo 3.º do Decreto-Lei n.º 329-A/95, de 12 de Dezembro), a *posse e entrega judicial* (artigos1044.º a 1051.º, revogados também pelo artigo 3.º do Decreto-Lei n.º 329-A/95, de 12 de Dezembro), a execução para *entrega de bens imóveis arrendados* quando o título executivo fosse a sentença proferida na acção especial de despejo (artigos 985.º e seguintes) e a *execução de despejo de prédio urbano* (artigos 56.º e 59.º a 61.º, do Regime do Arrendamento Urbano (RAU), diploma esse que foi revogado pelo artigo 60.º da Lei n.º 6/2006, de 27 de Fevereiro, que aprovou o Novo Regime do arrendamento Urbano (NRAU).

(³⁴⁹) Cfr. LEBRE DE FREITAS, "obra citada"., pág. 150.

(³⁵⁰) Registe-se que os artigos 922.º e 923.º foram *revogados* pelo artigo 9.º do Decreto-Lei n.º 303/2007, de 24 de Agosto, diploma esse que procedeu à Reforma do

disposições dos artigos 928.º a 932.º; e a execução para prestação de facto regulada pelas disposições dos artigos 933.º a 943.º(³⁵¹). Nos termos do n.º 1 do artigo 466.º, são subsidiariamente aplicáveis ao processo comum de execução, com as necessárias adaptações, as disposições reguladoras do processo de declaração que se mostrem compatíveis com a natureza da acção executiva(³⁵²).

---

regime dos recursos cíveis e cuja *entrada em vigor foi diferida para o dia 1 de Janeiro de 2008*; simultaneamente, pelo artigo 2.º do mesmo Diploma foram *aditados* os artigos 922.º-A, 922.º-B e 922.º-C, que regulam os recursos de apelação e de revista.

(³⁵¹) Note-se que os artigos 932.º e 943.º, que regulavam a "*subida dos agravos*", foram *revogados* pelo artigo 4.º do Decreto-Lei n.º 38/2003, de 8 de Março, que procedeu à Reforma da acção executiva.

(³⁵²) Na vigência do direito anterior à Reforma de 1995/1996, o processo executivo tipo era o da acção executiva destinada a obter o pagamento de uma quantia; todos os outros revertiam à sua forma quando a prestação exequenda tivesse de ser substituída por valor equivalente do património do devedor, cujas normas que o regulavam eram de aplicação geral (artigo 466.º,n.º 1). De tal disposição podia inferir-se que só o processo executivo para pagamento de quantia certa na forma ordinária se encontrava regulamentado de forma completa, pois que, quanto às outras espécies e formas de execução havia que observar aquela disposição legal. Nessa conformidade:

  a) O *processo executivo para pagamento de quantia certa* regia-se pelas normas próprias dele – artigos 811.º a 923.º para processo ordinário, artigos 924.º a 926.º para o processo sumário e artigo 927.º para o processo sumaríssimo –; pelas normas gerais ou comuns do processo de execução – artigos 45.º a 60.º, 90.º a 95.º, 465.º, 466.º e 801.º a 810.º (para todas as formas) –; e pelas normas comuns aos processos de execução e de declaração (para todas as formas). Aos *processos sumário e sumaríssimo para pagamento de quantia certa* aplicar-se-iam, respectivamente: ao primeiro, as normas reguladoras do processo ordinário (artigos 466.º, n.º 2 e 463.º, n.º 1); e ao segundo, as normas reguladoras do processo sumário e, na falta destas, as reguladoras do processo ordinário para o mesmo fim (artigos 466.º, n.º 2, 1.ª parte, e 464.º).

  b) O *processo executivo para entrega de coisa certa* regia-se, para além das normas comuns ou gerais do processo de execução, pelas seguintes normas: na *forma ordinária*, pelas normas dos artigos 928.º a 930.º e pelas normas reguladoras do processo de execução na forma ordinária para pagamento de quantia certa (artigo 466.º, n.º 1); na *forma sumária*, pelas normas reguladoras do processo de execução na forma ordinária, para entrega de coisa certa, mas os prazos e o processo de oposição eram os estabelecidos para o processo de execução, na forma sumária, para pagamento de quantia certa (artigo 466.º, n.º 2, 2.ª parte); na *forma sumaríssima*, pelas normas reguladoras do processo de execução, na forma sumária, para entrega de coisa certa, mas os prazos e o processo de oposição eram, com as necessárias adaptações, os estabelecidos

São ainda subsidiariamente aplicáveis: à execução para entrega de coisa certa e para prestação de facto, na parte em que o puderem ser, as disposições reguladoras da execução para pagamento de quantia certa (artigo 466.º, n.º 2); às execuções especiais, as disposições reguladoras do processo comum (artigo 466.º, n.º 3).

---

  para o processo de execução, na forma sumaríssima, para o pagamento de quantia certa (artigo 466.º, n.º 3).
 c) O *processo de execução para prestação de facto* (positivo ou negativo) sendo que não havia lugar ao processo de execução para prestação de facto na forma sumaríssima) regia-se pelas seguintes normas: na *forma ordinária*, pelas normas dos artigos 933.º a 943.º, pelas normas gerais ou comuns do processo de execução e pelas normas reguladoras do processo de execução na forma ordinária, para pagamento de quantia certa (artigo 466.º, n.º 1); na *forma sumária*, pelas normas reguladoras do processo de execução na forma ordinária, para prestação de facto, mas os prazos e o processo de oposição eram os estabelecidos para o processo de execução, na forma sumária, para pagamento de quantia certa (artigo 466.º, n.º 2).

 Quanto *aos processos especiais*, regia o artigo 463.º que mandava aplicar subsidiariamente as regras do processo na forma ordinária, salvo quanto a recursos (n.º 3).

 O artigo 801.º estabelecia ainda a aplicação subsidiária das disposições próprias do processo de declaração (artigos 467.º e seguintes), disposições essas que só seriam aplicáveis quando não contrariassem a natureza e a estrutura específica do processo executivo. ALBERTO DOS REIS entendia que o juiz devia indeferir in limine o requerimento inicial nos casos previstos no artigo 494.º cuja aplicabilidade ao processo executivo resultasse do artigo 801.º ("Processo de execução", vol. 1.º, pág. 198).

PARTE II
PROCESSO DE EXECUÇÃO COMUM PARA PAGAMENTO DE QUANTIA CERTA

I. ÂMBITO DE APLICAÇÃO

A execução para pagamento de quantia certa aplica-se às obrigações originariamente pecuniárias ou que venham a converter-se em obrigações pecuniárias por impossibilidade de cumprimento especificado ([1]).

As obrigações pecuniárias compreendem três modalidades: obrigações de quantidade, obrigações de moeda específica e obrigações em moeda estrangeira, mas nem todas se executam através da execução para pagamento de quantia certa.

Executam-se pelo processo executivo para pagamento de quantia certa: as *obrigações de quantidade*, cujo objecto é um certo valor expresso em moeda que tenha curso legal no País (artigo 550.º do Código Civil) ([2]) e as *obrigações de moeda específica*, com ou sem curso legal ([3]); se têm curso legal, a secretaria deve

---

([1]) É o que sucede nas obrigações de entrega de coisa certa quando a coisa não é encontrada (artigo 931.º), ou nas obrigações de prestação de facto quando se pretende obter o quantitativo correspondente à prestação ou às despesas com a construção da obra (artigos 934.º e 935.º).

Com a avaliação do custo da prestação e penhora dos bens havidos por suficientes, o dever de diligência na execução passa a recair sobre o exequente que, por isso, sofre as consequências da demora na execução do facto. Não devendo o executado responsabilizar-se pela desactualização da avaliação feita, e estando os custos da obra garantidos pelo depósito efectuado, não se justifica a manutenção da penhora. Se após a avaliação, por efeito do processo inflacionista, veio a mostra-se insuficiente o depósito, é o exequente que deve suportar os efeitos negativos da falta de garantia bastante, havendo que cobrar a diferença, renovando a fase da penhora (Ac. do STJ, de 06.05.1993, Col. Jur./Acs. STJ, vol. 2.º, pág. 92).

([2]) Estas obrigações constituem o tipo mais corrente entre as obrigações pecuniárias.

([3]) De harmonia com o princípio da autonomia da vontade, reserva-se às partes a faculdade de escolherem o regime que melhor lhes aprouver na determinação do objecto

proceder à sua conversão (artigos 552.º, 555.º e 557.º do Código Civil e artigo 872.º, n.º 1 do Código de Processo Civil); se não têm curso legal, a obrigação converte-se em obrigação de quantidade (artigo 556.º do Código Civil). As *obrigações em moeda estrangeira* [4] executam-se através da execução para entrega de coisa certa.

da prestação, e frequentemente elas mencionam esta modalidade, sobretudo quando se trata de prestações a longo prazo e os interessados receiam a desvalorização da moeda.

[4] Ou «obrigações valutárias», como lhe chama ANTUNES VARELA, "Das obrigações em geral", vol. I, pág. 724. Esta modalidade de obrigações tem lugar, entre outros casos, nos de transacções internacionais cujo valor da mercadoria tenha de ser pago na moeda de determinado país.

Para maior desenvolvimento destes pontos: CASTRO MENDES, "Direito processual civil, Acção executiva", 1980, págs. 37 e seguintes.

II. FASES DO PROCESSO DE EXECUÇÃO

Habitualmente distinguem-se quatro fases ou momentos fundamentais no processo executivo para pagamento de quantia certa: a fase inicial, a fase da penhora, a fase da venda e a fase do pagamento.

II.I. FASE INICIAL

1. Requerimento executivo

A acção executiva tem início mediante a entrada na secretaria do tribunal de um articulado denominado de «requerimento executivo ou inicial» [5]. Este articulado na acção executiva corresponde à petição inicial na acção declarativa [6].

---

[5] Nos termos do artigo 267.º, n.º 1, a instância executiva inicia-se pela propositura da acção e esta considera-se proposta, iniciada ou pendente logo que seja recebido na secretaria o respectivo requerimento executivo.

[6] Na vigência do direito anterior à Reforma do Código entendia-se que este articulado devia obedecer a todos os requisitos gerais dos articulados (artigo 152.º), em tudo quanto não contrariasse a natureza específica do processo executivo, mas, em regra, não tinha de ser redigido sob a forma articulada, salvo quando o processo executivo se iniciasse pelo processo de liquidação regulado nos artigos 806.º e seguintes (que seguia os termos do processo sumário de declaração quando o executado contestasse o pedido líquido formulado pelo exequente – artigo 807.º, n.º 2). Assim, só era obrigatória a dedução por artigos de factos susceptíveis de serem levados à especificação e ao questionário (artigo 151.º, n.º 2); todavia, e apesar de no processo executivo não haver lugar a especificação e questionário, tal podia verificar-se nos respectivos apensos (embargos e concurso de credores). Com a reforma do Código, em regra, só é obrigatória a dedução por artigos dos factos que interessem à fundamentação do pedido ou da defesa (artigo 151.º, n.º 2).

O requerimento executivo deve obedecer ao modelo aprovado pelo Decreto-Lei n.º 200/2003, de 10 de Setembro (artigo 810.º, n.º 1) e, salvo se o exequente não estiver representado por mandatário judicial, deve ser entregue em formato digital, por transmissão electrónica de dados (artigo 3.º, n.º 1 do Decreto-Lei n.º 200/2003, de 10 de Setembro[7], na redacção dada pelo artigo 10.º do Decreto-Lei n.º 324/2003, de 27 de Dezembro, e artigos 1.º a 3.º da Portaria n.º 985-A/2003, de 15 de Setembro)[8].

O desrespeito desta forma de entrega, salvo alegação e prova de justo impedimento, implica para a parte o pagamento imediato de multa, no valor de meia unidade de conta, a pagar por estampilha (artigo 3.º, n.º 4 do referido Decreto-Lei n.º 200/2003).

Depois da entrega do requerimento executivo em formato digital, a parte deve enviar à secretaria uma cópia de segurança, acompanhada do título executivo, dos documentos que não hajam sido enviados (artigo 3.º, n.º 3 do Decreto-Lei n.º 200/2003 e artigo 5.º da Portaria n.º 985-A/2003) e ainda do comprovativo do pagamento da taxa de justiça inicial ou da concessão do benefício de apoio judiciário, na modalidade de dispensa total ou parcial do mesmo (artigos 810.º, n.º 4 e 467.º, n.º 3)[9].

---

[7] O Decreto-Lei n.º 200/2003, de 10 de Setembro, aprovou o modelo de requerimento executivo previsto no Código de Processo Civil e previu as respectivas formas de entrega, sendo que o n.º 3, alínea a) do artigo 2.º deste Diploma veio a ser alterado pelo artigo 5.º do Decreto-Lei n.º 303/2007, de 24 de Agosto, cuja entrada em vigor foi diferida para o dia 1 de Janeiro de 2008. Por seu lado, o Decreto-Lei n.º 201/2003, de 10 de Setembro regulou o registo informático de execuções previsto no Código de Processo Civil; e o Decreto-Lei n.º 202/2003, de 10 de Setembro regulou o regime das comunicações por meios telemáticos entre as secretarias judiciais e os solicitadores de execução previsto no Código de Processo Civil, sendo que os n.ºs 1 e 2 do artigo 3.º deste último Diploma vieram a ser alterados pela Lei n.º 14/2006, de 26 de Abril.

[8] A Portaria n.º 985-A/2003, de 15 de Setembro estabelece que a entrega em formato digital do requerimento executivo previsto no Decreto-Lei n.º 200/2003, de 10 de Setembro, deva ser realizada por transmissão electrónica, em formulário próprio a disponibilizar pela Direcção-Geral da Administração da Justiça, em página informática de acesso público.

[9] Note-se que o Decreto-Lei n.º 303/2007, de 24 de Agosto, cuja entrada em vigor foi diferida para o dia 1 de Janeiro de 2008, veio dar *nova redacção* à alínea a) do n.º 1 e ao n.º 4 artigo 467.º, prescrevendo, neste n.º 4, que «Quando a petição inicial seja apresentada por transmissão electrónica de dados, o prévio pagamento da taxa de justiça ou a concessão do benefício do apoio judiciário são comprovados nos termos definidos na portaria prevista no n.º 1 do a artigo 138.º-A».

Em termos semelhantes aos da acção declarativa, no requerimento executivo o exequente deve designar o tribunal onde a acção é proposta, identificar as partes, indicar o domicílio profissional do mandatário judicial, indicar a forma de processo, indicar o fim da execução e a forma do processo, expor os factos (causa de pedir) que servem de fundamento do pedido, quando não constem do título executivo ([10]), formular o pedido, declarar o valor da causa ([11]) (artigos 467.º, n.º 1 ([12]), e 810.º, n.ᵒˢ 1 e 3) ([13]).

Do requerimento executivo deve constar ainda: a liquidação da obrigação ([14]) e a escolha da prestação, quando esta caiba ao

---

([10]) A propósito da necessidade, ou não, de indicação da causa de pedir no requerimento executivo, escreve LEBRE DE FREITAS: "Quando o título executivo contenha uma *promessa de cumprimento* ou o *reconhecimento duma dívida* sem indicação da respectiva causa (artigo 458.º do Código Civil), maxime tratando-se de título de crédito (letra, livrança ou cheque) relativamente ao qual tenham decorrido já os prazos de prescrição da obrigação cartular e tendo sido a prescrição já invocada pelo devedor ou querendo-se, prudentemente, prevenir a hipótese da sua invocação em oposição à execução, o exequente deve alegar a *causa da obrigação*, competindo ao tribunal ajuizar da sua validade nos termos que ficaram indicados a propósito do título executivo. Executando-se título referente a negócio jurídico para o qual a lei exija a *forma escrita*, o problema não se põe, visto que a causa deve constar do próprio título, sob pena de este não poder fundar a execução: quer a alínea b), quer a alínea c), do artigo 46.º exigem, como vimos a validade da obrigação titulada" ("obra citada", pág. 158).

([11]) Na acção executiva, o valor da causa é determinado pelo montante do pedido executivo e não pelo valor constante do título executivo.

([12]) Note-se que o Decreto-Lei n.º 303/2007, de 24 de Agosto, com entrada em vigor diferida para o dia 1 de Janeiro de 2008, veio dar nova redacção à alínea a) do n.º 1 do artigo 467.º, inserindo a expressão «número de identificação civil e de identificação fiscal», que não consta do normativo ainda em vigor.

([13]) Na vigência do direito anterior à Reforma do Código, em regra o exequente concluía o requerimento inicial requerendo que o executado fosse citado para, no prazo de dez dias, pagar ou nomear bens à penhora (artigo 811.º, n.º 1); mas se a dívida estivesse provida de garantia real devia, em vez disso, pedir que o executado fosse citado para pagar sob pena de a penhora recair sobre os bens que garantiam a dívida (artigo 835.º).

([14]) Neste caso o requerimento executivo deve ser deduzido por artigos (artigos 151.º, n.º 2 e 805.º, n.º 4). O requerimento executivo deve ainda ser deduzido por artigos quando: o título careça de *prova complementar*, por a certeza ou a exigibilidade dele não resultar, designadamente, por ter ocorrido sucessão no crédito ou no débito ou no caso de escritura pública contendo a promessa de contrato real ou a previsão de obrigação futura; e nas obrigações puras, caso em que o exequente, para evitar a condenação em custas, deve legar que interpelou o devedor.

exequente (artigo 810.º, n.º 3, alínea c)); a indicação, sempre que possível, do empregador do executado, das contas bancárias de que o executado seja titular e dos seus bens, bem como dos ónus e encargos que sobre eles incidam (artigo 810.º n.º 3, alínea d))([15]); a designação do solicitador de execução (artigo 810.º, n.º 3, alí-nea e))([16]); e o pedido de dispensa da citação prévia do executado (artigo 810.º, n.º 3, alínea f)).

Por outro lado, e uma vez que não é admissível a acção executiva sem título, o requerimento executivo deve ser acompanhado pelo título executivo (artigos 45.º, n.º 1, 523.º, n.º 1 e 810.º, n.º 4), salvo o caso em que a execução deva correr por apenso ao processo em que a decisão tenha sido proferida (artigo 90.º, n.º 3)([17]); também os documentos tendentes a fazer prova complementar do título executivo, e outros documentos ou títulos que tenha sido possível obter relativamente aos bens penhoráveis indicados (artigos 804.º, n.º 2 e 523.º, n.º 1); e a procuração de advogado (quando seja obrigatória a constituição de mandatário e ainda se não mostre constituído – o que pode verificar-se, fundando-se a execução em sentença), devem acompanhar o requerimento executivo.

No direito anterior à Revisão do Código, o artigo 117.º do Código das Custas Judiciais proibia a execução de sentença profe-

---

([15]) Na indicação dos bens e direitos a penhorar deve o exequente, tanto quanto possível, fornecer os elementos referidos no artigo 810.º, n.º 5. A não indicação de ónus ou encargo conhecido pode gerar, por falta de citação do respectivo titular, a *responsabilidade judicial do exequente* (artigo 864.º, n.º 10).

([16]) Esta designação fica sem efeito – e, portanto, o exequente deixa de poder escolher o solicitador de execução – se o solicitador designado não declarar que a aceita, no próprio requerimento executivo ou em requerimento avulso a apresentar no prazo de 5 dias após a entrega do requerimento executivo (artigo 810.º, n.º 6). «Não tendo o exequente designado o solicitador de execução ou ficando a designação sem efeito, é esta feita pela secretaria, segundo a escala constante da lista informática para o efeito fornecida pela Câmara dos Solicitadores» (artigo 811.º-A, n.º 1).

([17]) O n.º 3 do artigo 90.º, na redacção que lhe foi dada pelo Decreto-Lei n.º 303/2007, de 14 de Agosto, cuja **entrada em vigor foi diferida para o dia 1 de Janeiro de 2008**, prescreve: «A execução corre por apenso, excepto quando, em comarca com competência executiva específica, a sentença haja sido proferida por tribunal com competência específica cível ou com competência genérica e quando o processo tenha entretanto subido em recurso, casos em que corre no traslado, sem prejuízo da possibilidade de o juiz da execução poder, se entender conveniente, apensar à execução o processo já findo».

rida em causa que «dimanasse de contrato», sem que estivessem pagas ou depositadas as custas da mesma causa. Por seu lado, o artigo 119.º, n.º 1 do mesmo Código proibia, «quando o processo não dimanasse de contrato», que a decisão se executasse sem estarem pagas ou garantidas as custas pelas quais o exequente fosse responsável ([18]).

Por força do normativo do n.º 1 do artigo 14.º do Decreto-Lei n.º 329-A/95, de 12 de Dezembro, na redacção que lhe foi dada pelo Decreto-Lei n.º 180/96 ([19]), o Código das Custas de 1996 (Decreto-Lei n.º 224-A-96, de 26 de Novembro) deixou de inserir qualquer disposição nesse sentido, tendo assim deixado o não pagamento das custas de constituir impedimento à propositura da acção executiva.

Se não tiver sido reembolsado das custas de parte, por falta de pagamento das custas da acção declarativa pelo réu nela condenado, o exequente poderá exigir o reembolso no requerimento executivo, procedendo à cumulação de pedidos, se a execução for para pagamento de quantia certa ([20]).

([18]) Este último preceito foi revogado pelo artigo 5.º, n.º 1, alínea a) da Reforma Tributária Intercalar (Decreto-Lei n.º 387-D/87, de 29 de Dezembro) e o artigo 117.º foi objecto de profundas alterações pelo artigo 1.º deste mesmo diploma, do qual resultou a eliminação do relevo da distinção entre processo dimanado e não dimanado de contrato. Deixou o cumprimento do julgado e a emissão de certidão de depender, em absoluto, do depósito das custas devidas, proibindo-se apenas ao devedor das custas contadas, enquanto as não pagar, a prática de actos no processo e apensos.

Permitia-se, entretanto, ao interessado, quando o preparo inicial excedesse 5 UC's. ou 10 UC's., substituí-lo, respectivamente, «mediante a junção ao processo de títulos de depósito a prazo, na Caixa Geral de Depósitos, de importância igual ou superior ao preparo devido» (artigo 118.º, n.º 1 do Código das Custas Judiciais) e «por fiança bancária que garanta o pagamento da taxa de justiça aplicável e da procuradoria máxima» (artigo 119.º do citado diploma). Estes preceitos (artigos 818.º e 819.º) foram introduzidos pelo Decreto-Lei n.º 212/89, de 30 de Junho.

([19]) Aquele normativo (artigo 14.º, n.º 1) revogou todas as disposições que estabeleciam cominações ou preclusões de natureza processual como consequência do não pagamento de quaisquer custas ou preparos. A inadmissibilidade da execução não constitui cominação ou preclusão, pelo que o caso não foi abrangido por essa revogação.

([20]) Se a execução for para entrega de coisa certa ou para prestação de facto, não há possibilidade de cumulação; mas esta já é possível se tiver lugar a conversão da execução prevista nos artigos 931.º e 934.º (artigo 54.º).

Finalmente, o requerimento executivo deve ser assinado pelo mandatário constituído ou, se o patrocínio não for obrigatório (cfr. artigo 60.º, n.ᵒˢ 1 e 3) e o exequente não tiver constituído mandatário, pelo próprio exequente (artigo 810.º, n.º 1).

2. Formalidades – recusa do requerimento

Entregue o requerimento executivo, duas situações podem verificar-se: ou a secretaria recusa recebê-lo, ou recebe-o.

Como na acção declarativa (artigo 474.º), a secretaria *pode recusar o recebimento do requerimento executivo* nos casos previstos no artigo 811.º, n.º 1, designadamente, quando:

– não seja respeitado o modelo de requerimento ou seja omitido algum dos requisitos do requerimento executivo impostos pelo n.º 3 do artigo 810.º (artigo 811.º, n.º 1, alínea a)) ([21]);
– não seja apresentado título executivo ou seja manifesta a insuficiência do título apresentado (artigo 811.º, n.º 1, alínea b)) ([22]);
– não seja junto documento comprovativo do pagamento da taxa de justiça inicial ou a concessão de apoio judiciário, o requerimento não esteja assinado e não esteja redigido em

---

([21]) Entende-se que a omissão dos requisitos referidos no artigo 810.º, n.º 3, alíneas e) e f), pelo facto de constituírem menções, facultativas ou eventuais, não podem justificar a recusa de recebimento do requerimento pela secretaria.

([22]) PAULA COSTA E SILVA considera «de constitucionalidade mais que duvidosa» a competência atribuída à secretaria para controlar a suficiência ou insuficiência do título ("A Reforma da Acção Executiva", Coimbra Editora, 2003, 3.ª edição, pág. 48).

Vimos antes (supra **1.**) que, salvo se o exequente não estiver representado por mandatário judicial, o requerimento deve ser entregue em formato digital, por transmissão electrónica de dados (artigo 3.º, n.º 1 do Decreto-Lei n.º 200/2003(7), na redacção dada pelo artigo 10.º do Decreto-Lei n.º 324/2003, de 27 de Dezembro, e artigos 1.º a 3.º da Portaria n.º 985-A/2003, de 15 de Setembro), sob pena de a parte suportar o pagamento imediato de multa, no valor de meia unidade de conta, a pagar por estampilha (artigo 3.º, n.º 4 do Decreto-Lei n.º 200/2003); ora, quando o requerimento executivo seja entregue em formato digital, por transmissão electrónica de dados, a recusa do seu recebimento só pode ocorrer depois de estar esgotado o prazo que o exequente tem para juntar o título executivo (cfr. artigo 3º, n.º 3, do Decreto-Lei n.º 200/2003).

língua portuguesa (artigos 811.º, n.º 1, alínea c), e 474.º, alíneas f), g) e h)) (23).

Do acto de recusa cabe reclamação para o juiz de execução, cuja decisão é irrecorrível, salvo quando se funde na insuficiência do título ou na falta de exposição de factos (artigo 811.º, n.º 2) (24).

Nos 10 dias subsequente à recusa do recebimento ou à notificação da decisão judicial que a confirme, o exequente pode apresentar outro requerimento executivo ou o documento em falta, considerando-se o novo requerimento apresentado na data em que o primeiro foi entregue em juízo (artigo 811.º, n.º 3).

Se a secretaria *não recusar o recebimento do requerimento executivo*, seguem-se, como na acção declarativa, a distribuição (salvo se a execução dever correr por apenso ao processo em que a decisão tenha sido proferida – cfr. artigo 90.º, n.º 3) (25), a autua-

---

(23) Quando o requerimento executivo seja entregue em formato digital, por transmissão electrónica, a recusa do seu recebimento só pode ocorrer depois de estar esgotado o prazo que o exequente tem para proceder à junção desse documento (cfr. artigo 3.º, n.º 3, do Decreto-Lei n.º 200/2003).

Dispõe a Portaria n.º 1433-A/2006, de 29 de Dezembro, o seguinte: Artigo 1.º – Pagamento de custas e multas processuais: 1 – O pagamento prévio de taxa de justiça inicial e o pagamento de taxa de justiça subsequente, encargos ou multas processuais é feito, preferencialmente, pelos meios electrónicos disponíveis, podendo ser feito também directamente nos balcões da Caixa Geral de Depósitos. 2 – Quando seja necessária a emissão de guia para pagamento de quaisquer quantias devidas por custas processuais, juros de mora ou multas, esta conterá obrigatoriamente a indicação dos meios de pagamento electrónico disponíveis e os dados necessários para a realização de pagamento electrónico; Artigo 2.º – Formas de pagamento electrónico: 1 – As quantias devidas a título de custas, juros de mora ou multas são pagáveis nos terminais Multibanco ou através do sistema de Homebanking. 2 – Os pagamentos referidos no número anterior consideram-se efectuados quando for junto ao processo o documento comprovativo do mesmo; Artigo 3.º – Destinatário dos pagamentos: Todos os pagamentos de custas ou multas processuais são feitos a favor do Instituto de Gestão Financeira e Patrimonial da Justiça.

(24) TEIXEIRA DE SOUSA entende que "se a decisão for recorrível, há que aplicar à admissibilidade do recurso, por identidade de razões, o regime que consta do artigo 234º-A, n.º 4 (n.º 2): o exequente pode sempre interpor esse recurso, qualquer que seja o valor da execução" ("A reforma da acção executiva", pág. 108).

(25) A actual redacção do n.º 3 do artigo 90.º foi-lhe dada pela Lei n.º 14/2006, de 26 de Abril, que suprimiu as alíneas a) e b) do mesmo número, na redacção que lhe fora dada pelo Decreto-Lei n.º 38/2003, de 8 de Março.

ção, as diligências tendentes a tornar a obrigação certa ou exigível (caso seja necessário), a designação de solicitador de execução pela secretaria, quando o exequente o não tenha designado ou não tenha sido aceite a designação (cfr. artigos 808.º, n.º 2, 810.º, n.º 6 e 811.º-A, n.º 1), e a subsequente notificação a este da designação efectuada (cfr. artigo 811.º-A, n.º 2).

Nos casos em que se mostre necessário, segue-se a produção de prova complementar do título executivo.

3. Despacho liminar

Em regra, o despacho liminar[26] é dispensado nas execuções baseadas em:

a) Decisão judicial ou arbitral (artigo 812.º-A, n.º 1, alínea a))[27];

b) Requerimento de injunção no qual tenha sido aposta a fórmula executória (artigo 812.º-A, n.º 1, alínea b))[28].

c) Documento exarado ou autenticado por notário, ou em documento particular com reconhecimento presencial da assinatura do devedor, desde que estejam reunidas as seguintes condições:

---

[26] Na vigência do direito anterior à Reforma do Código entendia-se que, tal como na acção declarativa, também na acção executiva o juiz devia proferir, logo que o processo lhe fosse concluso, um despacho liminar que poderia ser de indeferimento, aperfeiçoamento ou citação; a Reforma do Código aboliu o despacho liminar, como regra, na acção declarativa, mas manteve-o na acção executiva; a Reforma da acção executiva continua a admitir a necessidade do despacho liminar, mas com as excepções previstas no n.º 1 do artigo 812.º-A (cfr. artigo 812.º, n.º 1).

[27] Mesmo quando a decisão não tenha transitado em julgado, por dela ter sido interposto recurso com efeito meramente devolutivo (cfr. artigo 47.º, n.º 1). Quer isto dizer que se o devedor apelante não requer, nos termos do artigo 692.º, n.º 3, que a apelação tenha efeito suspensivo, em princípio ele só terá conhecimento da instauração da execução, depois da penhora (cfr. artigos 812.º-B, n.º 1, e 864.º, n.º 2).

[28] O artigo 7.º do Decreto-Lei n.º 32/2003, de 17 de Dezembro, operou o alargamento do âmbito de aplicação da injunção.

- se o montante da dívida *não exceder a alçada do tribunal da relação*, ao exequente bastará apresentar o documento comprovativo da interpelação do devedor, quando tal seja necessário ao vencimento da obrigação (artigo 812.º-A, n.º 1, alínea c), § 1.º; cfr. artigo 802.º)([29]);
- se o montante da dívida *exceder a alçada do tribunal da relação*, independentemente de ser necessária a interpelação para o vencimento, ao exequente bastará ter demonstrado que exigiu o cumprimento da obrigação por *notificação judicial avulsa* (artigo 812.º-A, n.º 1, alínea c), § 2.º; cfr. artigo 261.º).

Assim, quando não estejam preenchidos os requisitos definidos no artigo 812.º-A, n.º 1, alínea c), haverá lugar a despacho liminar, que será o de citação prévia do executado.

Para LEBRE DE FREITAS, a exigência de cumprimento constitui interpelação quando a obrigação dela careça para vencer; mas não se confunde com ela quando a obrigação está já vencida (pelo decurso de prazo, certo ou incerto; por provir de acto ilícito; por acto de interpelação verbal ou por escrito particular). Nestes casos, a exigência de cumprimento constitui um *acto suplementar*, produtor de efeitos exclusivamente processuais (a dispensa do despacho liminar e, consequentemente, da citação prévia do executado, podendo fazer-se logo a penhora)([30]).

([29]) Neste caso, o credor pode optar entre: fazer a interpelação do devedor, *por escrito*, antes de instaurar a execução, apresentando com o requerimento executivo o documento que a prova; ou instaurar logo a execução, caso em que a citação valerá como interpelação, sendo que antes dela não podem ter lugar actos executivos, devendo a citação ser precedida de despacho liminar. A prova da exigibilidade e da certeza da obrigação é feita no próprio requerimento de execução ou por documentos ou pelo oferecimento de testemunhas (cfr. ALBERTO DOS REIS, "Processo de execução", págs. 462 e seguintes).

([30]) "Ora citada", pág. 162; neste sentido, também, LEBRE DE FREITAS / RIBEIRO MENDES, "Código de processo civil anotado", vol. 3.º, pág. 300; para ANA PAULA COSTA E SILVA , "A reforma da acção executiva", Coimbra 2003, pág. 59, o artigo 812.º-A, n.º 1, alínea c) só é aplicável quando a notificação seja necessária para provocar o vencimento da obrigação.

d) Qualquer título de obrigação vencida de montante não superior ao tribunal da Relação, desde que a penhora não recaia sobre bem imóvel, estabelecimento comercial, direito real menor que sobre eles incida ou em quinhão em património que os inclua (artigo 812.º-A, n.º 1, alínea d)).

Na vigência do direito anterior, se coubesse ao exequente nomear bens à penhora, a nomeação no requerimento inicial teria de obedecer ao normativo do artigo 834.º.

No novo regime, o exequente não nomeia bens à penhora, limitando-se a *indicar* os bens do executado que conheça (artigo 810.º, n.º 3, alínea d)). Porém, prescreve o artigo 834.º que: «A penhora começa pelos bens cujo valor pecuniário seja de mais fácil realização e se mostre adequado ao montante do crédito do exequente» (n.º 1). «Ainda que não se adeqúe, por excesso, ao montante do crédito exequendo, é admissível a penhora de bens imóveis ou do estabelecimento comercial, quando a penhora de outros bens presumivelmente não permita a satisfação integral do credor no prazo de seis meses» (n.º 2).

Ora, da análise dos supra referenciados normativos fluí que, se no requerimento executivo o exequente indicar algum dos bens constantes do artigo 812.º-A, n.º 1, alínea d), o processo só não será submetido a despacho liminar se o exequente, invocando o artigo 834.º, alegar que outros bens, que no requerimento executivo tenha indicado, presumivelmente permitirão a satisfação integral do crédito; porém, se no momento da penhora se verificar a insuficiência desses outros bens, o processo deve ser concluso ao juiz antes deles serem penhorados, a fim de ordenar a citação do executado, se o não tiver sido ainda ([31]).

([31]) Em regra, o agente de execução cita o executado no acto da penhora (artigo 864.º, n.º 2). Nas execuções em que tem lugar despacho liminar, bem como nas movidas contra o devedor subsidiário, o exequente pode requerer que a penhora seja efectuada *sem a citação prévia do executado*, tendo para o efeito de alegar factos que justifiquem o receio de perda da garantia patrimonial do seu crédito e oferecer de imediato os meios de prova (artigo 812.º, n.º 2). Se o executado já tiver sido citado, será notificado da indicação de novas penhoras, uma vez efectuadas.

Qualquer que seja o título executivo utilizado pelo exequente, há sempre lugar a despacho liminar: nas execuções movidas apenas contra o devedor subsidiário ([32]), em que o exequente tenha requerido que a penhora seja efectuada sem a prévia citação do executado (artigo 812.º-A, n.º 2, alínea a)); quando haja prova complementar do título (prova da verificação da condição suspensiva ou do oferecimento da prestação) a produzir perante o juiz de execução, nos termos do artigo 804.º, n.º 2 (artigo 812.º-A, n.º 2, alínea b)); quando, não obstante se estar perante dispensa do despacho liminar, o juiz seja chamado a escolher a prestação alternativa, nos termos do artigo 803.º, n.º 3 ([33]); quando se trate de execução urgente, que deva preceder a distribuição (artigo 234.º, n.º 4, alínea f)), e o exequente invoque os motivos que a justifiquem (artigo 478.º, n.º 2).

Ainda que o despacho liminar esteja legalmente dispensado, o funcionário judicial deve suscitar a intervenção do juiz nos casos em que suspeite da ocorrência de algum fundamento de indeferimento liminar, mais concretamente, quando: tenha dúvida sobre a insuficiência do título executivo ou sobre a interpelação ou notificação do devedor (artigo 812.º-A, n.º 3, alínea a)) ([34]); suspeite de verificação de irregularidades do requerimento executivo ou da ocorrência de excepções dilatórias de conhecimento oficioso, bem como da inexistência de factos constitutivos ou da existência de factos impeditivos ou extintivos da obrigação exequenda (artigo 812.º-A, n.º 3, alínea b)); sendo o titulo executivo uma decisão

---

([32]) «A obrigação do fiador é acessória da que recai sobre o principal devedor» (artigo 627.º, n.º 2 do Código Civil). «Ao fiador é lícito recusar o cumprimento enquanto o credor não tiver excutido todos os bens do devedor sem obter a satisfação do seu crédito» (artigo 638.º, n.º 1 do Código Civil).

([33]) «Se a determinação (da prestação) não puder ser feita no tempo devido, sê-lo-á pelo tribunal, sem prejuízo do disposto acerca das obrigações genéricas e alternativas» (artigo 400.º, n.º 2 do Código Civil).

([34]) Já vimos supra que há dispensa de despacho liminar no caso de o montante da dívida não exceder a alçada da Relação e for apresentado documento comprovativo da interpelação do devedor, quando tal seja necessário ao vencimento da obrigação (artigo 812.º-A, n.º 1,alínea c), § 1.º; cfr. artigo 802.º).

arbitral, duvide sobre a arbitrabilidade do litígio (artigo 812.º-A, n.º 3, alínea c)) ([35]).

Havendo lugar a despacho liminar, ele pode ser de indeferimento liminar, de aperfeiçoamento ou de citação.

Na vigência do direito anterior à Reforma de 1995/1996, o juiz devia proferir despacho de indeferimento liminar quando se verificasse algum dos fundamentos seguintes:

a) Quando o requerimento inicial da acção executiva fosse inepto (artigo 474.º, n.º 1, alínea a)) ([36]).

b) Quando fosse manifesta a incompetência absoluta do tribunal, a falta de personalidade judiciária ou de capacidade do exequente ou do executado, ou a sua ilegitimidade (artigo 474.º, n.º 1, alínea b)) ([37]).

([35]) «Desde que por lei especial não esteja submetido exclusivamente a tribunal judicial ou a arbitragem necessária, qualquer litígio que não respeite a direitos indisponíveis pode ser cometido pelas partes, mediante convenção de arbitragem, à decisão de árbitros» (artigo 1.º, n.º 1 da Lei de Arbitragem Voluntária – Lei n.º 31/86, de 29/8).

([36]) Sobre a *cumulação de pedidos «substancialmente incompatíveis»* – uma das causas que determinam a ineptidão da petição inicial (artigo 193.º, n.º 2, alínea c)), LOPES CARDOSO esclarecia que o advérbio «substancialmente» não constava do correspondente artigo 139.º do Código de 1939 e "foi acrescentado pela revisão ministerial para tornar mais claro o que já se entendia em face do preceito antigo, ou seja, que a incompatibilidade se entendia em face do preceito antigo, ou seja, que a incompatibilidade de pedidos, para originar ineptidão da petição inicial, devia ser substancial, não estando abrangidos os casos de se cumularem pedidos sujeitos a formas de processos diferentes ou à competência de tribunais diversos" ("Manual da acção executiva", pág. 266, nota 4). Por seu lado, ANSELMO DE CASTRO entendia que não era correcto transpor pura e simplesmente a disciplina declarativa da ineptidão da petição inicial para a acção executiva sem atender às especialidades desta. Para este Mestre, todas as faltas ou deficiências da petição, quanto à formulação do pedido, deviam ser resolvidas quando muito por despacho de correcção, pelo que o juiz devia convidar o exequente a corrigir a formulação da petição. Baseava este seu pensamento no texto do artigo 813.º (na redacção anterior à Reforma de 1995/1996), onde, ao fazer-se a enumeração dos fundamentos da oposição à execução, não referia em nenhuma das suas alíneas a «ineptidão da petição inicial», apesar de referir todos os demais pressupostos processuais, além da inexequibilidade do título. Daqui concluía que a figura da ineptidão da petição inicial não relevava em si mesma na acção executiva, mas apenas enquanto constituía inexequibilidade do título ("Acção executiva singular,...", págs. 90-91).

([37]) Entendia-se que: era manifesta a *incompetência absoluta do tribunal* quando o requerimento inicial era dirigido a uma entidade diversa daquela que pela nacionalidade, pela matéria ou pela hierarquia, teria competência para a execução; era manifesta a

c) Quando a acção executiva fosse proposta fora de tempo, sendo a caducidade de conhecimento oficioso, ou quando, por outro motivo, fosse evidente que a pretensão do exequente não podia proceder (artigo 474.º, n.º 1, alínea c)) ([38]).

No regime actual, o juiz deve proferir despacho de *indeferimento liminar* nos casos em que: seja manifesta a falta ou insuficiência do título executivo e a secretaria não tenha recusado o requerimento executivo (artigo 812.º, n.º 2, alínea a)) ([39]); ocorram excepções dilatórias insupríveis de conhecimento oficioso (artigo

---

ilegitimidade das partes quando, da análise do requerimento inicial, do título executivo e documentos que o acompanhavam, se verificasse que o exequente ou o executado não eram as pessoas que nele (título) figuravam como credor e devedor (artigo 55.º, n.º 1), nem os seus sucessores (artigo 56.º, n.º 1), nem a pessoa (quanto ao executado) que fosse o possuidor dos bens onerados com garantia real (artigo 56.º, n.º 2), nem a pessoa contra quem a sentença tivesse força de caso julgado (artigo 57.º).

([38]) Uma vez que os prazos facultados para o exercício do direito de acção executiva têm, em regra, natureza de prazos de prescrição que não é de conhecimento oficioso, entendia-se que o fundamento inserido na 1.ª parte da referida alínea abrangia apenas o caso de se pretender instaurar uma execução cujo título executivo fosse um extracto de factura, após o decurso do prazo de cinco dias sobre a data do vencimento: «A acção a que se refere o número anterior (acção executiva) caduca passados cinco anos a contar da data do vencimento ou do último acto judicial, sem prejuízo do recurso aos meios ordinários» (artigo 13.º do Decreto n.º 19490, de 21 de Março de 1931). Tratava-se, pois, de um prazo de *caducidade* que era de conhecimento oficioso; quanto à 2.ª parte da citada alínea, entendia-se que ela se referia à maioria dos casos em que a lei autorizava a defesa por embargos e que fossem de conhecimento oficioso, ou seja, aos factos contidos no artigo 813.º, alíneas a), d) e f) do regime então em vigor; ao caso de o exequente cumular pedidos executivos sem observar os condicionalismos previstos no artigo 53.º; e à circunstância prevista no artigo 820.º, Ainda, a propósito da 2.ª parte da citada alínea escrevia ALBERTO DOS REIS: "adaptando esta fórmula (quando for evidente que a pretensão do autor não pode proceder) ao processo executivo, vem o seguinte: quando for evidente que a pretensão do exequente não está em condições de obter sucesso." ("Processo de execução", vol. II, pág. 10).

([39]) A secretaria deve recusar o recebimento do requerimento executivo, independentemente de a execução admitir ou dispensar o despacho liminar, se não for apresentado o título executivo ou a insuficiência do título executivo apresentado for manifesta (artigo 811.º, n.º 1, alínea b)); não deve recusar o requerimento executivo se a insuficiência do título não for manifesta, mas se o funcionário judicial duvidar da suficiência do título, deve suscitar a intervenção do juiz de execução quando a acção seja dispensada de despacho liminar (artigo 812.º-A, n.º 3, alínea a)).

812.º, n.º 2, alínea b)) (⁴⁰); fundando-se a execução em título negocial, seja manifesta a inexistência da obrigação exequenda que ao juiz seja lícito conhecer (artigo 812.º, n.º 2, alínea c)) (⁴¹).

Antes da Reforma do Código, a lei não admitia o *indeferimento liminar parcial da petição,* a não ser que dela resultasse a exclusão de algum dos réus (artigo 474.º, n.º 2).

Discutia-se, então, sobre a aplicabilidade ou não à acção executiva do citado preceito. Quanto a esta questão, escrevemos na anterior edição (⁴²), que deveríamos distinguir as hipóteses de coligação ilegal de exequentes das de coligação ilegal de executados: relativamente à coligação passiva ilegal, o indeferimento liminar parcial resultava da aplicação do normativo do n.º 2 daquele preceito, razão por que se não nos suscitavam quaisquer dúvidas; no tocante à ilegal coligação de exequentes, pese embora a orientação

---

(⁴⁰) É o que sucede quando ocorra a maioria dos casos em que a lei autoriza a oposição à execução (artigo 814.º), como, de resto, já sucedia no direito anterior (cfr., supra, nota 39).

(⁴¹) Podem ser conhecidos no despacho saneador ou nos termos do artigo 820.º os fundamentos de oposição à execução (artigo 815.º) que são de conhecimento oficioso.

À luz do direito anterior à Reforma do Código, CASTRO MENDES entendia que o juiz podia conhecer a todo o tempo da falta de pressupostos processuais, mas só até ao momento da venda, e isto porque na acção executiva (quando não houvesse embargos de executado) não havia nenhum momento normal (o despacho saneador) ("Direito processual civil, Acção executiva", pág. 48). No seguimento de LOPES CARDOSO, "obra citada", pág. 315, defendemos na anterior edição (págs. 122-123), que para além do momento liminar, em regra o juiz só podia e devia conhecer em qualquer altura, da circunstância prevista no artigo 820.º, o que, de resto, resultava claramente do artigo: «não se admitirá nem se deixará seguir». E em abono de tal entendimento argumentávamos que, ao contrário da acção declarativa, onde o juiz devia conhecer da falta de algum pressuposto processual no despacho liminar (artigo 474.º n.º 1, alínea b)), mas se inadvertidamente deixasse seguir o processo ou não dispusesse de elementos, podia ainda conhecer da matéria dos pressupostos processuais no despacho saneador (artigo 510.º, n.º 1, alínea a)), podendo mesmo remeter o seu conhecimento para a sentença (artigo 660.º, n.º 1) naqueles casos em que a lei lho permitisse (cfr. artigo 510.º, n.º 2); na acção executiva não havia despacho saneador ou sentença, pelo que, quando o executado não deduzisse embargos de executado, o juiz não dispunha de outro momento próprio para conhecer da matéria dos pressupostos processuais, para além do despacho liminar, devendo, por isso, conhecer aí de todas as questões que fossem de conhecimento oficioso, mesmo que não mencionadas na alínea b) do n.º 1 do artigo 474.º.

(⁴²) "Obra citada", págs. 115-116.

contrária(⁴³), entendíamos que razões de economia processual aliadas às particularidades da acção executiva levavam a concluir pela inaplicabilidade do preceito, nesta parte, à acção executiva. E argumentávamos para tanto que, enquanto na acção declarativa, ainda que se admitisse que não era possível o indeferimento liminar parcial da petição, não estava o julgador impedido de, no despacho saneador, tomar posição sobre o problema do vício ou causa do indeferimento parcial da petição, pois que a lei admitia e até impunha o conhecimento de todas as questões, de forma ou de fundo (artigo 510.º), já no processo executivo, onde não havia (nem há) lugar a despacho saneador, o julgador ficaria impedido de tomar posição sobre o vício ou causa do indeferimento parcial da petição e, optar-se pelo despacho de citação do executado, como alternativa ao de indeferimento parcial, seria colocar na exclusiva disponibilidade deste o conhecimento pelo tribunal de excepções dilatórias que são de conhecimento oficioso, o que de algum modo contrariava ou punha em causa razões de justiça e de lógica jurídica. Nessa conformidade, sustentávamos que o n.º 2 do artigo 474.º devia ser interpretado restritamente, ou seja, no sentido de que se referia aos casos em que o pedido era simples e único(⁴⁴).

No regime actual, para que haja lugar a *despacho de aperfeiçoamento* é necessário que não ocorra nenhuma das circunstâncias mencionadas no n.º 2 do artigo 812.º, supra analisadas. Assim, havendo lugar a despacho liminar, o juiz deve proferir despacho de aperfeiçoamento, convidando o exequente a suprir as irregularidades de que enferma o requerimento executivo e a sanar a falta de pressupostos processuais, desde que sanáveis: «fora dos casos previstos no n.º 2 o juiz convida o exequente a suprir as irregularidades do requerimento executivo, bem como a sanar a falta de pressupostos, aplicando-se, com as necessárias adaptações, o disposto no n.º 2 do artigo 265.º» (artigo 812.º, n.º 4)(⁴⁵).

(⁴³) LOPES CARDOSO," obra citada", págs. 140-141.
(⁴⁴) Neste sentido, Ac. do STJ, de 25.03.1980, BMJ n.º 295, pág. 326; cfr., também, CASTRO MENDES, "Direito processual civil", vol. III, págs. 130-131.
(⁴⁵) Entendia-se que o despacho que convidava o exequente a apresentar novo requerimento inicial, nos termos do artigo 477.º (revogado pelo artigo 3.º do Decreto-Lei n.º 329-A/95, de 12 de Dezembro) não era susceptível de recurso, esclarecendo

O despacho de aperfeiçoamento será seguido de despacho de indeferimento liminar nas circunstâncias supra descritas, ou seja, no caso de o exequente não suprir a falta de pressupostos processuais e de outras irregularidades susceptíveis de comprometer o êxito da execução: «não sendo o vício suprido ou a falta corrigida dentro do prazo marcado, é indeferido o requerimento executivo» (artigo 812.º, n.º 5) ([46]).

Decorrido o momento do despacho liminar, o juiz pode ainda conhecer oficiosamente, até ao primeiro acto de transmissão de bens penhorados (entrega de dinheiro, adjudicação dos bens penhorados, consignação judicial dos rendimentos, produto da respectiva venda – cfr. artigo 872.º. n.º 1), das questões que, nos termos dos n.os 2 a 4 do artigo 812.º podiam ter conduzido ao despacho de aperfeiçoamento ou, nos termos do n.º 5 do artigo 812.º, ao despacho de indeferimento liminar do requerimento executivo (artigo 820.º) ([47]).

Se o exequente, convidado a suprir as irregularidades ou a falta de pressupostos, não der cumprimento ao ordenado, ou no caso de rejeição da execução, o juiz deve proferir despacho de extinção da instância e ordenar o levantamento da penhora, sem prejuízo de a execução prosseguir com objecto restrito quando a rejeição for parcial (artigo 820.º, n.º 2).

Caso o exequente supra o vício no prazo fixado pelo tribunal, haverá lugar a despacho de citação.

LOPES CARDOSO que foi essa a doutrina defendida pelo relator do Projecto de Revisão desta parte do Código e depois sufragada pela revisão ministerial, que rejeitou a proposta feita pela Comissão Revisora, de que se declarasse recorrível o dito despacho ("Manual da acção executiva", pág. 269).

([46]) Em vez de ordenar a citação, o juiz pode indeferir liminarmente a petição, quando o pedido seja manifestamente improcedente ou ocorram, de forma evidente, excepções dilatórias insupríveis e de que o juiz deva conhecer oficiosamente (cfr. artigo 234.º-A, n.º 1),

([47]) Como bem refere LEBRE DE FREITAS, "só com o primeiro acto destinado ao pagamento preclude a possibilidade de apreciação, no âmbito do processo executivo, dos pressupostos processuais gerais e das questões de mérito respeitantes à existência da obrigação exequenda, diversamente do que acontecia no direito anterior à revisão do Código" ("obra citada", pág. 166).

4. Citação do executado

Não havendo motivo para o aperfeiçoamento ou indeferimento liminar e achando-se o requerimento executivo em termos de ser recebido, é ordenada e efectuada a citação do executado para, no prazo de 20 dias, pagar ou opor-se à penhora (artigo 812.º, n.º 6) [48].

De harmonia com as disposições conjugadas dos artigos 812.º, n.ºs 1 e 6, e 812.º-B, n.º 1, em regra só há lugar a citação prévia do executado quando haja despacho liminar.

Pode, todavia, haver lugar a citação do executado antes da realização da penhora (citação prévia), sem precedência de despacho liminar:

a) Quando, em execução movida apenas contra o devedor subsidiário, o exequente não tenha pedido a dispensa da citação prévia (artigo 812.º, n.º 7, alínea a)).

Nas execuções em que há lugar a despacho liminar, bem como naquelas que são movidas contra o devedor subsidiário, o exequente pode requerer a dispensa da citação prévia do executado (cfr. artigo 810.º, n.º 3, alínea f)) e, consequentemente, que a penhora seja efectuada sem aquela, se justificar o receio de perda da garantia patrimonial do seu crédito (artigo 812.º-B, n.º 2). Neste caso, à semelhança do que se verifica com as providências cautelares (artigo 383.º, n.º 1), o exequente serve-se da própria execução para alcançar o efeito de acautelamento do seu direito, devendo, para o efeito, alegar e provar sumariamente os factos que justifiquem o receio de perda da garantia patrimonial. Este receio está sempre demonstrado

---

[48] Nos casos de litisconsórcio sucessivo, o devedor subsidiário que tenha sido citado previamente pode invocar o benefício da excussão prévia antes de realizada a penhora; o novo executado é citado em momento ulterior, também para pagar (o remanescente da dívida) ou opor-se à execução (artigos 56.º, n.º 2 e 828.º, n.º 2).

Na vigência do direito anterior à Reforma, a citação do executado era também substituída por notificação quando se verificasse a cumulação sucessiva (artigo 811.º, n.º 2) e ainda quando na execução por dívida provida de garantia real, se verificasse que os bens onerados eram insuficientes para pagamento integral do crédito exequendo e a execução tivesse de prosseguir sobre outros bens do executado (artigos 835.º e 56.º, n.º 2).

se, no registo informático de execuções, constar a menção de frustração, total ou parcial, de anterior acção executiva movida contra o executado (artigo 812.º-B, n.º 3, 2.ª parte). Se o crédito exequendo estiver já provido de garantia real não há, em regra, receio de perda da garantia patrimonial e, consequentemente, nada justifica a dispensa da citação prévia do executado ([49]).

Importa, todavia, realçar que, mesmo quando a dispensa de citação prévia do executado ocorra nos termos do n.º 3, 2.ª parte, do artigo 812.º-B, é ao agente de execução que incumbe, em primeira linha, a procura de bens penhoráveis (artigo 832.º, n.º 3).

b) Quando, não sendo o título executivo uma sentença, se trate de execução de obrigação ilíquida cuja liquidação não dependa de simples cálculo aritmético (artigo 812.º, n.º 7, alínea b)). Neste caso, o executado é citado para contestar a liquidação realizada pelo exequente (artigo 805.º, n.º 4).

Bem se compreende que, nos casos de citação prévia sem despacho, a dispensa não possa ter lugar quando a obrigação é ilíquida pois, de outro modo, permitir-se-ia a penhora de bens com base na liquidação feita pelo exequente, sem que ao executado pudesse ser facultado o direito de exercer o contraditório ([50]).

Vimos já, a propósito da análise do normativo do n.º 2 do artigo 804.º, que há sempre despacho liminar quando tenha de ser produzida prova complementar, não documental, do título executivo;

([49]) TEIXEIRA DE SOUSA entende que esta conclusão também vale mesmo se, contra o mesmo executado, tiver terminado, sem integral pagamento, uma anterior execução. Portanto, apesar do sentido imperativo do artigo 812.º-B, n.º 3, 2.ª parte, o exequente que beneficia de uma garantia real sobre bens do executado não pode pretender obter a dispensa da citação prévia desta parte com o argumento de que uma anterior execução terminou sem integral pagamento ("A reforma da acção executiva",pág. 118).

Na vigência do direito anterior à Reforma e Revisão do Código, se a obrigação exequenda estivesse provida de garantia real, o executado era citado apenas para pagar a quantia a exequenda no prazo de dez dias, visto que, nos termos do artigo 835.º a penhora começaria, independentemente de nomeação, pelos bens que garantiam a dívida.

([50]) Nos termos do artigo 811.º, n.os 2 e 3 do anterior Código, se tivesse sido deduzido inicialmente o pedido de liquidação da quantia exequenda, o executado era apenas citado para contestar a liquidação, dentro do prazo fixado para a dedução de embargos (artigo 806.º, n.º 2) e, uma vez efectuada a liquidação seria notificado para pagar ou nomear bens à penhora.

neste caso, se o tribunal entender necessário ouvir o devedor sobre a verificação do facto de que depende a certeza ou a exigibilidade da obrigação, ele é citado para o efeito. Quando tenham lugar diligências liminares destinadas a tornar certa ou exigível a obrigação, o devedor é citado para escolher a prestação ou se pronunciar sobre a escolha a efectuar pelo tribunal ou sobre o prazo a fixar judicialmente (cfr. artigos 802.º e 803.º), só depois delas tendo lugar a sua citação ([51]).

c) Quando a execução se funda em título extrajudicial de empréstimo contraído para aquisição de habitação própria hipotecada em garantia (artigo 812.º, n.º 7, alínea c)).

Se a execução se funda em título extrajudicial de empréstimo para aquisição de habitação própria, em que o prédio com ele adquirido é objecto de hipoteca, não há qualquer risco de perda da garantia patrimonial porque o exequente já está garantido.

Se não houver lugar à citação prévia do executado, entra-se imediatamente na fase da penhora (artigo 812.º-B, n.º 1) e só no próprio acto da penhora ou depois dela o executado é citado (artigo 864.º, n.º 1).

Porém, se pelo agente de execução não forem encontrados bens do executado e o exequente, que tiver sido notificado para os indicar (cfr. artigo 833.º, n.º 4), não os indique, o executado, que não tenha sido previamente citado, é-o para pagar ou indicar bens para penhora, podendo também opor-se à execução (artigo 833.º, n.º 5).

A citação do executado é substituída por notificação quando tenha tido lugar a citação prévia e quando ocorra a cumulação sucessiva (artigo 864.º, n.º7) ([52]).

([51]) Neste sentido, LEBRE DE FREITAS, "obra citada", pág. 169, nota (16).

([52]) Quando a execução é movida contra o devedor principal e o devedor subsidiário, este, em regra só é citado depois de excutidos os bens daquele (cfr. artigo 828.º, n.º 1), podendo opor-se à execução; depois da excussão do património do devedor principal, o devedor subsidiário é notificado para pagar a dívida ou o remanescente.

Já vimos supra que também na vigência do direito anterior à Reforma, a citação do executado era substituída por notificação quando se verificasse a cumulação sucessiva (artigo 811.º, n.º 2) e ainda quando na execução por dívida provida de garantia real, se verificasse que os bens onerados eram insuficientes para pagamento integral do

Quanto às formalidades e modo de citação, em regra valem para a acção executiva as disposições que regulam essa matéria na acção declarativa (artigos 864.º, n.º 1, e 233.º e seguintes)[53].

Em regra, compete ao agente de execução efectuar a citação (artigo 808.º, n.º 1), mas pode sê-lo também pelo mandatário do exequente (cfr. artigo 233.º, n.º 3, e 245.º[54]) e pelo funcionário judicial quando exerça as funções de agente de execução, por não haver solicitador de execução disponível (cfr. artigo 808.º, n.º 2, 2.ª parte), ou se trate de execução por custas (artigo 808.º, n.º 3).

Quando o executado resida no estrangeiro, deve observar-se o que esteja estipulado nos tratados e convenções internacionais (cfr. artigo 247.º, n.º 1). Residindo o executado em algum dos Estados--membros da União Europeia (com excepção da Dinamarca)[55] aplica-se o Regulamento (CE) n.º 1348/2000 do Conselho, de 29 de Maio de 2000, relativo à citação e à notificação dos actos judiciais e extrajudiciais em matérias civil e comercial nos Estados-membros, em vigor desde 31/5/2001 (artigo 20.º do Regulamento)[56].

Quanto à citação edital e suas formalidades por incerteza do lugar, rege o artigo 248.º

---

crédito exequendo e a execução tivesse de prosseguir sobre outros bens do executado (artigos 835.º e 56.º, n.º 2).

Também na vigência do direito anterior à Reforma, se a obrigação exequenda estivesse provida de garantia real, o executado era citado apenas para pagar a quantia exequenda no prazo de dez dias, visto que, nos termos do artigo 835.º a penhora começava, independentemente de nomeação, pelos bens que garantiam a dívida.

[53] O Decreto-Lei n.º 303/2007, de 24 de Agosto, cuja **entrada em vigor foi diferida para o dia 1 de Janeiro de 2008**, veio dar nova redacção aos artigos 233.º e 234.º-A; é do seguinte teor a nova redacção do artigo 233.º, n.º 2, alínea a): «A citação pessoal é feita mediante: a) Transmissão electrónica de dados, nos termos definidos na portaria prevista no n.º 1 do artigo 138.º-A; (...)».

[54] Contra, RAMOS PEREIRA, "Processo executivo", págs. 583 e seguintes.

[55] Através da decisão do Conselho, de 27/4/2006 (JO, L 120/23, de 5 de Maio), foi "aprovado, em nome da Comunidade, o Acordo entre a Comunidade Europeia e o Reino da Dinamarca relativo à citação e à notificação dos actos judiciais e extrajudiciais em matéria civil e comercial." Este Acordo entrou em vigor no dia 1 de Julho de 2007 (cfr. a informação publicada no JO, L 94/70, de 04/04/2007).

[56] Veja-se também a Convenção Relativa à Citação e à Notificação no Estrangeiro dos Actos Judiciais e Extrajudiciais em Matérias Civil e Comercial (Haia, 15/11/1965), aprovada para ratificação pelo Decreto-Lei n.º 210/71, de 18 de Maio.

5. Oposição à execução

5.1. *Meio de oposição*

Citado (ou notificado, nos termos do artigo 864.º, n.º 7), o executado pode opor-se à execução (artigo 813.º, n.º 1).

Como é consabido, a acção executiva é destinada à satisfação efectiva do direito do credor; nela o exequente requer as providências adequadas à reparação efectiva do direito violado (artigo 4.º, n.º 3). Porém, num Estado de Direito não poderia haver procedimentos executivos justos se ao executado não fosse garantido o direito de audição ou de contraditório. E é assim porque, como já salientamos supra, o título executivo apenas faz presumir a existência de um direito que deve ser satisfeito no momento em que é constituído; no momento em que o exequente lança mão dos meios coercivos contra o património do executado nada garante que o direito ainda exista, quer porque o direito entretanto se extinguiu, quer porque a realidade formal constante do título nunca correspondeu à realidade formal.

Assim, a oposição à execução constitui o meio idóneo posto à disposição do executado[57], quando ele pretenda defender-se de uma *execução injusta*, quer pondo em causa a existência do crédito exequendo, quer invocando a falta de algum pressuposto, específico ou geral, da acção executiva.

Configurando, de certo modo, uma verdadeira acção declarativa (embora com particularidades), que corre por apenso ao processo de execução[58], nela é possível ao executado invocar questões de facto e de direito, ou só de direito[59].

---

[57] Também o cônjuge do executado pode opor-se à execução, quando citado nos termos do artigo 864.º, n.º 3, alínea a).

O Código de 1939 admitia ainda a oposição através de simples requerimento; era o meio idóneo para a arguição de vícios da relação processual executiva. A reforma de 1961 suprimiu-o por entender-se que tal meio era inútil e perigoso.

[58] Designada na vigência do direito anterior, de *embargos de executado*, com a Reforma da acção executiva a oposição passou a ser chamada de *oposição à execução*, mas a sua estrutura continua a ser equivalente à estrutura de uns embargos, uma vez que pouco mudou no tocante ao contraditório do executado.

[59] Na vigência do direito anterior à Reforma, o artigo 812.º permitia ao executado opor-se à execução por embargos ou agravar do despacho de citação, desde que

5.2. Fundamentos de oposição

Liminarmente importará realçar que com a Reforma do Código o legislador procedeu, não só a uma renumeração dos anteriores artigos 813.º, 814.º e 815.º, que passaram a ser, respectivamente, os artigos 814.º, 815.º e 816.º, como também à deslocação, para o artigo 814.º (fundamentos de oposição à execução baseada em sentença) do que anteriormente se previa no n.º 2 do artigo 815.º, passando agora a prever-se na alínea h) do artigo 814.º e, portanto, em sede de oposição à execução baseada em sentença, a oposição à execução de sentença homologatória de confissão ou transacção, com fundamento em nulidade ou anulabilidade invalidade do negócio processual [60].

O conteúdo da petição de oposição à execução varia consoante os fundamentos invocados pelo executado e estes consoante a

---

não produzisse num dos meios os fundamentos que invocasse no outro. Ao contrário do que sucedia (e sucede) na acção declarativa, onde o despacho de citação não admitia (nem admite) recurso de agravo, em sede da acção executiva o legislador tinha optado pela não supressão do recurso de agravo do despacho de citação, por entender-se que na acção executiva, o despacho liminar era, em regra, o momento próprio para o tribunal apreciar os vícios da relação processual executiva e suprimir o recurso de agravo equivaleria a limitar a oposição à execução ao único meio específico: os embargos, o que seria manifestamente insuficiente e inidóneo para todas as situações.

Ainda, na vigência do direito anterior à Reforma, o artigo 479.º, n.º 1 determinava que não cabia recurso do despacho que mandava citar o réu. Defendemos, então, que terão sido razões de simplicidade e de celeridade processuais que levaram o legislador a optar pela supressão do recurso de agravo do despacho de citação na acção declarativa, razões essas que não valiam para a acção executiva. Hoje, por força do normativo do artigo 234.º, n.º 5, aplicável à acção executiva nos termos do artigo 466.º, n.º 1, o único meio de oposição é a acção declarativa, na qual o executado pode levantar questões de facto ou de direito, alegar factos novos e oferecer novos meios de prova.

Importa lembrar que o Decreto-Lei n.º 303/2007, de 24 de Agosto, que procedeu à Reforma dos recursos cíveis e cuja entrada em vigor foi diferida para o dia 1 de Janeiro de 2008, veio, pelo seu artigo 4.º, n.º 1, alínea a), estabelecer que «as referências ao agravo interposto na primeira instância consideram-se feitas ao recurso de apelação».

[60] Nos termos do n.º 1 do artigo 301.º, «A confissão, a desistência e a transacção podem ser declaradas nulas ou anuladas como os outros actos da mesma natureza, sendo aplicável a confissão o disposto no n.º 2 do artigo 359º do Código Civil».

natureza do título em que a execução se baseia: sentença ou título diferente de sentença.

1. Se a execução se baseia em *sentença*, aqui se distinguindo a sentença dos tribunais estaduais (artigo 814.º) da sentença do tribunal arbitral (artigo 815.º), a oposição só pode ter por fundamento algum dos enumerados no artigo 814.º [61]. Tratando-se de execução para a entrega de coisa ou para prestação de facto, o executado pode ainda deduzir oposição à execução: na 1.ª hipótese com fundamento em benfeitorias a que tenha direito (artigo 929.º, n.º 1); na 2.ª com fundamento na ilegalidade do pedido na prestação por outrem (artigo 940.º, n.º 2).

Os fundamentos consignados nas alíneas a) a g) do artigo 814.º reportam-se à falta de pressupostos processuais gerais da acção executiva [62], à falta de pressupostos processuais específicos [63] e à inexistência (no momento da instauração da execução) da obrigação exequenda [64].

---

[61] Era entendimento pacífico na doutrina que a oposição podia ter qualquer outro fundamento de defesa, desde que fosse de conhecimento oficioso – caso da incompetência absoluta do tribunal e incapacidade.

[62] «Falta de qualquer pressuposto processual de que dependa a regularidade da instância executiva, sem prejuízo do seu suprimento» (artigo 814.º, alínea c)). Esta alínea tem a redacção do Decreto-Lei n.º 180/96, de 25 de Setembro; o corpo e a alínea h) do artigo 814.º têm a redacção do Decreto-Lei n.º 38/2003, de 8 de Março.

[63] «Inexistência ou inexequibilidade do título» (artigo 814.º, alínea a)); «falsidade do processo ou do traslado ou infidelidade deste, quando uma ou outra influa nos termos da execução» (artigo 814.º, alínea b)); «falta ou nulidade da citação para a acção declarativa, quando o réu não tenha intervindo no processo» (artigo 814.º, alínea d)); «incerteza, inexigibilidade ou iliquidez da obrigação exequenda, não supridas na fase introdutória da execução» (artigo 814.º, alínea e)), incluindo o caso em que o direito de crédito é paralizável pela excepção de não cumprimento, ao qual a lei processual dá o mesmo tratamento da falta de pressuposto (cfr. LEBRE DE FREITAS, "obra citada", pág. 172, nota (7)); «caso julgado anterior à sentença que se executa» (artigo 814.º, alínea f)). Todas as referidas alíneas têm a redacção do Decreto-Lei n.º 329-A/95, de 12 de Dezembro.

[64] «Qualquer facto extintivo ou modificativo da obrigação, desde que seja posterior ao encerramento da discussão no processo de declaração e se prove por documento. A prescrição do direito ou da obrigação pode ser provada por qualquer meio» (alínea g)). Esta alínea tem a redacção do Decreto-Lei n.º 329-A/95, de 12 de Dezembro.

Já analisamos alguns desses fundamentos[65], abstendo-nos, por isso, de voltar à sua análise em profundidade. Limitar-nos-emos, agora, a referi-los de forma superficial e ao estudo dos restantes.

a) «*Inexistência ou inexequibilidade do título*» (artigo 814.º, alínea a)). Incluem-se neste fundamento, tanto a falta absoluta do título executivo, como a contradição entre o pedido e o título executivo e ainda a ineficácia do título executivo (quando o título não reúna os requisitos de exequibilidade (artigos 47.º a 51.º).

b) «*Falsidade do processo ou do translado ou infidelidade deste, quando uma ou outra influa nos termos da execução*» (artigo 814.º, alínea b))[66]. Este fundamento merece-nos uma análise mais cuidada.

Conforme resulta da referida alínea, o processo a que respeita a falsidade é o processo declarativo onde haja sido proferida a sentença exequenda. A falsidade de qualquer acto do processo executivo (incluindo a falsidade da citação – cfr. artigo 551.º-A, n.º 1) ou de qualquer documento deste que não seja título executivo, tem de ser arguida e apreciada nos termos dos artigos 546.º e seguintes, que nada tem a ver com a oposição à execução.

Quando esteja em causa a falsidade de actos judiciais isolados do processo declarativo ou qualquer documento nele produzido em que a sentença se tenha baseado, o meio próprio de a atacar será o recurso de revisão de sentença (artigo 771.º, alínea b))[67], e não o de oposição à execução.

Refira-se que se a falsidade for evidente em face dos sinais exteriores do documento (processo ou translado), pode o tribunal, oficiosamente, declara-lo falso (artigo 372.º, n.º 3 do Código Civil).

Tratando-se de «*infidelidade*» do translado ao original (infidelidade de certidão ou fotocópia – artigos 385.º e 387.º, n.º 1 do Código Civil) há lugar à dedução de oposição e não ao incidente a que se refere o artigo 544.º, n.º 3.

---

[65] Supra, II.,I,5., II.II.1.1.6., III.2.2.3. e III.IV.3.

[66] Há falsidade nos casos previstos no artigo 372.º, n.º 2 do Código Civil, podendo ela revestir a modalidade de falsidade ideológica ou de falsidade material.

[67] Este normativo foi alterado pelo Decreto-lei n.º 303/2007, de 24 de Agosto, com entrada em vigor diferida para o dia 1 de Janeiro de 2008.

Refira-se ainda que não basta que se verifique a falsidade do processo ou do translado ou infidelidade deste para fundamentar a oposição; é necessário que uma ou outra influa nos termos da execução.

LOPES CARDOSO equiparava à falsidade do título, a simulação do negócio jurídico titulado: "quando o título executivo for uma sentença, a simulação processual não pode servir de fundamento à oposição, por não estar incluída no artigo 813.º (actual artigo 814.º). Essa simulação só pode ser atacada mediante o recurso de oposição de terceiro regulado nos artigos 778.º e seguintes. Mas quando o título for diverso de sentença, já a simulação pode ser arguida nos embargos, vistos os termos latos do artigo 815.º (actual artigo 816.º)" [68].

c) «*Falta de qualquer pressuposto processual de que dependa a regularidade da instância executiva*» (artigo 814.º, alínea c)). Incluem-se neste fundamento as alíneas c) e d) do regime anterior à Reforma [69].

A ilegitimidade das partes na acção executiva, a cumulação indevida de execuções e a coligação ilegal decorrem, respectivamente, da violação das regras dos artigos 55.º e seguintes, 53.º, 54.º e 58.º, já oportunamente analisados. A ilegitimidade da representação das partes decorre da violação das disposições dos artigos 10.º a 16.º, 21.º e 22.º.

Atenta a possibilidade de suprimento destes vícios (artigo 24.º), a oposição fundada nessa violação tem consequências especiais: conhecida oficiosamente a irregularidade de representação de qualquer das partes, o juiz deve, a todo o tempo, providenciar pela

---

[68] "Manual da acção executiva", pág. 284. Vem-se entendendo que a «simulação» e a «impugnação pauliana do negócio alegado pelo embargante» podem constituir objecto de defesa por parte do exequente na sua contestação aos embargos de terceiro (cfr. ALBERTO DOS REIS, "Processo de execução", vol. I, págs. 449 e seguintes; Ac. STJ, de 13.05.1976, in BMJ n.º 276, pág. 177, e Ac. Relação Coimbra, de 31.03.1987, in BMJ n.º 365, pág. 704.

[69] «Ilegitimidade do exequente ou do executado ou da sua representação» (artigo 813.º, alínea c)); «cumulação indevida de execuções ou coligação ilegal de executados» (artigo 813.º, alínea d)).

regularização da instância (cfr. artigos 23.º, n.º 1 e 24.º), nos termos do n.º 2 do artigo 24.º.

As consequências da irregularidade da representação, quando deduzida em oposição à execução, variam consoante respeitem ao exequente ou ao executado e conforme haja ou não sanação do vício dentro do prazo que for fixado:
1. Respeitando a irregularidade ao exequente, se o seu legítimo representante vier ratificar o processado e intervir na causa, a acção executiva prossegue os seus termos normais como se o vício não existisse (artigo 23.º, n.º 2, 1.ª parte); se o representante legítimo se recusar a ratificar o processado, fica sem efeito todo o processado posterior ao momento em que a falta se deu ou a irregularidade foi cometida, correndo novamente os prazos para a prática dos actos não ratificados, que podem ser renovados (artigo 23.º, n.º 2, 2.ª parte).
2. Respeitando a irregularidade ao executado, deve o juiz ordenar a citação do seu legítimo representante (artigo 24.º, n.º 2).

Em determinados casos a lei exige, como complemento da regularidade da representação, a verificação de outro circunstancialismo conforme resulta do artigo 25.º. Assim, se as partes estiverem regularmente representadas, mas a lei exigir alguma autorização ou deliberação para intervirem na acção executiva e não exibirem prova documental demonstrativa de estarem autorizados ou de ter sido tomada a deliberação, o juiz deve, oficiosamente [70], marcar prazo para a falta ser suprida, suspendendo, entretanto, os termos da causa (artigo 25.º).

Sendo suprida a falta no prazo designado pelo juiz, a acção executiva prosseguirá os seus termos normais; não sendo a falta sanada dentro do prazo, duas situações podem verificar-se: a acção executiva fica sem efeito e o executado é absolvido da instância executiva, se a falta de autorização ou deliberação respeitar ao repre-

---

[70] Cfr. artigos 494.º, alínea d) e 495.º. Quando a falta, autorização ou deliberação respeitar ao exequente e o juiz se não aperceba do vício, pode o executado arguí-lo em qualquer altura (artigos 494.º, alínea d) e 489.º, n.º 2).

sentante do exequente (artigo 25.º, n.º 2, 1.ª parte); se a falta de autorização ou deliberação respeitar ao representante do executado, fica sem efeito a oposição que ele tiver deduzido (artigo 25.º, n.º 2, 2.ª parte).

d) «*Falta ou nulidade da citação para a acção declarativa*» (artigo 814.º, alínea d)). Refere-se esta alínea à falta da citação para a acção declarativa e à nulidade dela [71].

Há falta de citação para a acção declarativa, nos casos indicados no artigo 195.º, n.º 1.

A falta de citação é de conhecimento oficioso (artigo 202.º) [72] e pode ser arguida em qualquer estado do processo onde foi cometida (artigo 204.º, n.º 2). Considera-se sanada se não for arguida por aquele que devia ser citado, logo que intervenha no processo (artigo 196.º).

Há nulidade de citação quando tenha havido, na realização do acto, preterição de formalidades previstas na lei (artigo 198.º, n.º 1). Este vício, que no processo declarativo deve, em regra, ser arguido no prazo indicado para a contestação (artigo 198.º, n.º 2), pode ser arguido pelo interessado em oposição à execução quando não tenha sido invocado no processo declarativo, desde que a acção tenha

---

[71] Sobre esta matéria, e ainda na vigência do direito anterior à Reforma de 1995/1996, escrevia ALBERTO DOS REIS: "A linha de demarcação entre a falta e a nulidade de citação assenta na discriminação entre formalidades essenciais e formalidades acidentais da citação. (...).

Postos de parte os casos definidos nos n.ºs 1, 2 e 3 do artigo 195.º (actuais alíneas a), b) e c) do n.º 1 do mesmo artigo), em todos os outros o traço diferencial entre as duas figuras vinca-se assim:

a) Se no acto da citação se preteriram formalidades essenciais, verifica-se a falta da citação;

b) Se a preterição incidiu sobre formalidade acidentais, verifica-se a nulidade da citação.

A nossa lei não se limita a fixar este critério de diferenciação. Foi mais longe. Para evitar incertezas e divergências de interpretação e aplicação da lei, teve o cuidado de especificar as formalidades essenciais – artigo 195.º, § único (n.º 2 do mesmo artigo anterior à Reforma). Conhecidas estas, é claro que todas as outras prescritas na lei têm o carácter de acidentais" ("Comentário", vol. II, págs. 427-428).

[72] Se o tribunal se aperceber do vício deve indeferir liminarmente o requerimento inicial.

corrido à revelia do réu(⁷³), dele não podendo conhecer oficiosamente o tribunal (artigo 203.º, n.º 1).

Da falta ou nulidade da citação na acção declarativa deve distinguir-se a falta ou nulidade da citação na acção executiva (artigo 921.º). Sobre este assunto esclarece LOPES CARDOSO: "quando o réu seja revel, a simples nulidade da citação vale o mesmo que a falta de citação, como se vê pela alínea f) do artigo 771.º (actual alínea e) do mesmo artigo), pela alínea e) do artigo 813.º (actual alínea d) do artigo 814.º) e pelo artigo 921.º e, portanto, pode ser invocada, ou em recurso de revisão, ou em oposição à execução, ou em qualquer altura desta e até depois de findo o processo executivo e, além disso, produz os efeitos que os citados textos lhe atribuem, qualquer que seja a gravidade da falta cometida"(⁷⁴).

Assim, quando o artigo (921.º) se refere ao caso de «a execução correr à revelia do executado» quer dizer a execução correr sem qualquer intervenção do executado, por si ou por seu mandatário. Aqui, a nulidade da citação pode ser arguida a todo o tempo, desde que o processo tenha corrido à revelia do executado, mesmo que a irregularidade não tivesse podido prejudicar a defesa deste.

e) «Caso julgado anterior à sentença que se executa» (artigo 814.º, alínea f)).

Ao conceito de caso julgado e seus requisitos referem-se os artigos 497.º e 498.º(⁷⁵). O caso julgado constitui uma excepção dilatória (artigo 494.º, alínea i))(⁷⁶), de conhecimento oficioso (artigo

---

(⁷³) Sobre esta matéria escreve LEBRE DE FREITAS: "O prazo do artigo 198.º, n.º 2 é assim, muito excepcionalmente, um prazo peremptório que não preclude inteiramente o direito de praticar o acto (cfr. artigo 145.º, n.º 3), na oposição à execução ou também em recurso de revisão (artigo 771.º, alínea f)). Outro prazo assim é o do artigo 544.º, aplicado, por força do artigo 546.º, n.º 1, à arguição de falsidade (cfr. artigo 771.º, alínea b)). Seria melhor solução, porque mais conforme com a economia processual, a de sujeitar a nulidade da citação, quanto ao prazo de arguição, ao mesmo regime da sua falta" ("obra citada", pág. 174, nota (14)).

(⁷⁴) "Manual da acção executiva", págs. 289-290.

(⁷⁵) Veja-se, sobre esta matéria, MANUEL DE ANDRADE, "Noções elementares de processo civil", págs. 316 e seguintes; e ALBERTO DOS REIS, "Código de processo civil anotado", vol. III, págs. 101 e seguintes.

(⁷⁶) Na vigência do direito anterior à Reforma do Código o caso julgado constituía uma excepção peremptória prevista no artigo 496.º, alínea a).

495.º) (⁷⁷), que pressupõe a repetição de uma causa verificada depois de outra ter sido decidida por sentença transitada em julgado (artigo 497.º, n.º 1, 2.ª parte) e tem por fim evitar que o tribunal seja colocado na alternativa de contradizer ou reproduzir uma decisão anterior (artigo 497.º, n.º 2).

O caso julgado tem de ser «anterior» à sentença que se executa; esta condição de anterioridade resulta do artigo 675.º, segundo o qual, havendo duas decisões sobre o mesmo objecto, cumprir-se-á a que primeiro transitou em julgado. Se o exequente basear a execução em sentença transitada em segundo lugar, assiste ao executado a faculdade de defender-se: por oposição à execução com o fundamento a que vimos fazendo referência (artigo 814.º alínea f)), ou interpondo o recurso de revisão (artigo 771.º, alínea f)) (⁷⁸).

f) «Outros factos extintivos ou modificativos da obrigação...» (artigo 813.º, alínea g)).

Cabem na previsão da alínea g) as seguintes causas de extinção da obrigação: o pagamento, a dação em pagamento, a consignação em depósito, a compensação, a novação, a remissão e a confusão (cfr. artigos 837.º e seguintes do Código Civil), bem como aquelas causas que as modificam (designadamente por substituição do seu objecto, extinção parcial ou alteração de garantias), a prescrição (⁷⁹).

(⁷⁷) Já na vigência do direito anterior à Reforma do Código o tribunal conhecia oficiosamente do caso julgado (cfr. artigo 500.º). Quando o processo em que foi proferida a decisão primeiramente transitada tenha corrido no mesmo tribunal, também o é o facto em que ela se funda (cfr. artigo 514.º, n.º 2).

(⁷⁸) Se o executado pretender suspender a execução mediante prestação de caução (artigo 818.º, n.º 1), deverá recorrer à oposição e não ao recurso de revisão, uma vez que este não tem efeito suspensivo (artigo 774.º, n.º 4). Importa lembrar que o Decreto--Lei n.º 303/2007, de 24 de Agosto, cuja entrada em vigor foi diferida para o dia 1 de Janeiro de 2008, procedeu à alteração dos artigos 771.º a 776.º, e, pelo seu artigo 9.º revogou o n.º 4 do artigo 774.º; de acordo com a nova redacção dada pelo referido Diploma à alínea f) do artigo 771.º «A decisão transitada em julgado só pode ser objecto de revisão quando: (...) Seja inconciliável com decisão definitiva de uma instância internacional de recurso vinculativa para o Estado Português; (...)».

(⁷⁹) Àquelas causas acrescenta LEBRE DE FREITAS, "no que respeita às pretensões reais, as causas de extinção e de modificação do direito em que se baseiam (incluindo aquelas de que decorre a transmissão do direito real), bem como a usucapião». Como

Baseando-se a execução em sentença condenatória, é necessário: que o facto extintivo ou modificativo seja posterior ao encerramento da discussão no processo declarativo (artigo 663.º, n.º 1); e que, salvo quanto à prescrição, se prove documentalmente – cfr. alínea g), 1.ª parte.

Quando o facto extintivo ou modificativo da obrigação seja matéria a discutir no processo declarativo, quer tenha sido alegado e discutido nesse processo, quer não, o executado não pode servir-se dele como fundamento de oposição à execução, sob pena de ofensa de caso julgado.

Quando na acção declarativa o executado tenha invocado facto extintivo ou modificativo da obrigação, mas não tenha conseguido fazer aí a conveniente prova por não estar munido dos competentes documentos e só mais tarde aparecerem documentos, não exibidos, que o provem, não poderá alegá-los em oposição à execução [80]. Assim, se o facto extintivo ou modificativo da obrigação ocorre antes do encerramento da discussão em processo declarativo, mas o réu não tem conhecimento dele ou não dispõe de documento bastante para o provar, só lhe restará a interposição do recurso de revisão com o fundamento na alínea c) do artigo 771.º [81].

Como é sabido, a acção executiva tem de conciliar, na medida do possível, o interesse do credor que exige que a execução seja pronta e rápida, com o interesse do devedor que exige que a execução seja justa. Por outro lado, o processo de oposição à execução é um processo de declaração tendente a verificar se o direito de crédito, expresso formalmente e abstractamente no título executivo, existe na realidade. E se o tribunal, julgando procedente a oposição, declarar que o direito exequendo não existe de todo, ou

---

também refere o mesmo Professor, «a prescrição não é uma causa extintiva da obrigação, nem a usucapião é uma causa aquisitiva de um direito real (reflexamente extintiva do direito precedente); a eficácia de uma e de outra é antes preclusiva" ("obra citada", pág. 175 e nota (15)).

[80] Esta e outras situações semelhantes podem dar lugar a uma execução injusta, figura que analisaremos mais adiante.

[81] RODRIGUES BASTOS entende que o documento (alínea c) além de superveniente tem de, só por si, fazer a prova de um facto inconciliável com a decisão a rever. Vide "Notas ao código de processo civil", vol. III, 1972, pág. 428.

não existe tal como o título o apresenta, a consequência será a anulação total ou parcial do título executivo, base da execução; destruída ou alterada a base, a execução extinguir-se-á, conforme resulta do artigo 919.º.

Assim se compreende que o legislador imponha ao executado a apresentação dos documentos tendentes a fazer a prova dos factos extintivos ou modificativos invocados na petição de oposição à execução, visando, deste modo, evitar execuções infundadas à execução, deduzidas exclusivamente com o único ou principal objectivo de protelar o andamento normal da acção executiva.

Apesar de a alínea g) do artigo 814.º não referir os *factos impeditivos*, entende-se que devem estar sujeitos ao mesmo regime (de invocabilidade em oposição, quando os respectivos pressupostos se tenham verificado já depois de encerrada a discussão da causa) aqueles que integrem excepções em sentido próprio [82].

Quanto ao facto extintivo da *compensação*, suscita ele, na acção executiva fundada em sentença, dificuldades que já existiam, embora em termos diferentes, no regime da compensação *ipso iure* da lei anterior e que mais agravados se apresentam no actual regime de compensação dependente da declaração de vontade do devedor de exercer a compensação [83].

Tem-se entendido que a acção executiva não admite reconvenção [84] e que a compensação só opera pela declaração do devedor de compensar, desde que seja posterior ao encerramento da discussão na acção declarativa.

A nível jurisprudencial tem-se sustentado que a reconvenção só reveste tal natureza quando se pretenda fazer valer contra o autor um crédito superior ao deste: «na medida em que os créditos opostos atinjam igual montante, a defesa é por excepção peremptória, servindo tal manifestação de vontade para tornar efectiva a compensação; na parte em que o crédito oposto ao pedido exceda o mon-

---

[82] É o caso, por exemplo, de anulabilidade; esta excepção é admissível se a cessação do vício que funda o direito de anulação tiver lugar depois desse momento, visto que essa cessação é um pressuposto do exercício do direito (artigo 287.º, n.º 1 do Código Civil) (cfr. LEBRE DE FREITAS, "obra citada", pág. 178, nota (21-A)).

[83] Cfr. ANSELMO DE CASTRO, "obra citada", pág. 281.

[84] Neste sentido, LOPES CARDOSO, "obra citada", pág. 295.

tante deste, deve usar-se o pedido reconvencional» (⁸⁵). E, nesta parte escreve-se ainda: «para fazer operar a compensação, o pedido reconvencional só tem razão de ser para obter o reconhecimento da parte do crédito do reconvinte que exceda o do credor» (⁸⁶).

Mais recentemente, entendeu-se que a compensação do crédito exequendo com um contra crédito já existente à data do encerramento da discussão no processo declarativo devia ter sido feita valer neste processo, dado que o caso julgado nele produzido cobre, não só as excepções deduzidas, mas também as dedutíveis, cujo direito de arguição preclude com a contestação (ou, quando constituído posteriormente, no prazo do artigo 506.º, n.º 3) (⁸⁷).

Há também quem defenda que a compensação só pode ser alegada se constar de documento com força executiva (⁸⁸).

Salvo o devido respeito, não vemos que resulte da lei tal entendimento. Na verdade, a compensação é e apresenta-se como mera defesa, como qualquer outra causa extintiva ou impeditiva do direito deduzido em juízo e, como toda a defesa, directa ou indirecta, tem de ser alegada na respectiva acção sob pena de ficar precludida pelo caso julgado (cfr. artigo 814.º alínea g)). De resto, a lei não exige que os documentos tendentes a fazer a prova da compensação obedeçam aos requisitos legais da exequibilidade dos documentos: ao alegá-la, o executado mais não pretende do que fazer valer um facto extintivo do direito exequendo, ocorrido anteriormente ao momento em que deduz a sua defesa. "Basta, pois, que se provem por documento o facto constitutivo do contracrédito e as suas características relevantes para o efeito do artigo 847.º do Código Civil, bem como a declaração de querer compensar (artigo 748.º do Código Civil), no caso de esta ter sido feita fora do processo, sem necessidade de observar os requisitos legais da exequibilidade dos documentos (⁸⁹).

(⁸⁵) Cfr. Ac. do STJ, de 20.06.1976, in BMJ n.º 259, pág. 223.
(⁸⁶) Cfr. Ac. do STJ, de 04.04.1978. in BMJ n.º 276, pág. 236.
(⁸⁷) Cfr. Ac. do STJ, de 06-10-1987, in BMJ n.º 370, pág. 496.
(⁸⁸) Cfr. LOPES CARDOSO, "Manual da acção executiva", pág. 295.
(⁸⁹) Cfr. LEBRE DE FREITAS, "obra citada", págs. 178-179, que em nota (24), deixa escrito: "A prova documental não tem por objecto exclusivo a declaração (extrajudicial) de querer compensar, mas também o facto constitutivo do contracrédito (Ac. do STJ, de

Para que a compensação, como qualquer dos factos extintivos da obrigação possa servir de fundamento de oposição, é necessário que se tenha verificado antes do ingresso judicial da acção executiva. Verificando-se depois, dá lugar, não à oposição à execução, mas à extinção da execução, nos termos dos artigos 916.º e seguintes [90]. Se o executado for titular de um crédito superior ao do exequente, não poderá invocar a sentença de embargos (de oposição) que a seu favor venha a ser proferida como uma sentença de condenação do exequente no pagamento da diferença entre os dois créditos, e muito menos obter o pagamento forçado dessa diferença no processo executivo em que deduziu oposição [91].

Quanto à *prescrição*, permite a lei que se prove por qualquer meio.

Como bem esclarece ANSELMO DE CASTRO, "a prescrição a considerar é para as execuções fundadas em sentença a que se inicia após o trânsito em julgado da sentença..." [92]. Por isso, é aos prazos estabelecidos para a prescrição do direito ou da obrigação deduzidos que tem de se atender. Qual direito ou qual obrigação? Responde ALBERTO DOS REIS: "evidentemente o direito reconhecido pela sentença que se executa, a obrigação imposta por uma sentença" [93].

O prazo de prescrição é, em regra, o ordinário, uma vez que a sentença transitada em julgado altera o prazo de prescrição dos direitos que reconhece, ainda que este último prazo fosse o da prescrição presuntiva (artigo 311.º, n.º 1 do Código Civil). No entanto, se a sentença exequenda tiver condenado em *prestações futuras*, continua, em relação a elas, a contar-se a prescrição de curto prazo (artigo 311.º, n.º 2 do Código Civil). Também no tocante às *pres-*

06.10.1987, BMJ n.º 370, pág. 496, e, um pouco confusamente, Ac. do STJ, de 27.01.1989, BMJ n.º 383, pág. 501), a menos que este tenha origem não negocial, caso em que apenas se deverá exigir a prova documental da declaração de querer compensar, se ela tiver tido lugar fora do processo (MANUEL DE ANDRADE, citado por ANSELMO DE CASTRO, "A acção executiva singular ...", pág. 291)".

[90] Cfr. LOPES CARDOSO, "obra citada", pág. 290.
[91] Neste sentido, LEBRE DE FREITAS, "obra citada", págs. 110-111.
[92] "Acção executiva singular ...", pág. 280.
[93] "Processo de execução", vol. II, pág. 26.

tações vencidas depois da sentença de condenação (⁹⁴), a prescrição continua a ser, em relação a elas, a de curto prazo.

2. Se a execução se baseia em *confissão ou transacção* (⁹⁵) das partes devidamente homologada por sentença, podem invocar-se como fundamento de oposição, além dos mencionados nas alíneas a) a g) do artigo 814.º, quaisquer causas que, segundo a lei civil, determinem a nulidade ou anulabilidade desses actos (artigo 814.º, alínea h)).

O título executivo é a sentença homologatória da confissão ou da transacção; só a ela se refere o artigo 814.º, alínea h) pelo que antes da homologação exigida expressamente pela lei (artigo 300.º, n.ᵒˢ 3 e 4) não há título executivo.

A alínea h) do artigo 814.º remete para o artigo 301.º e este não declara quais os fundamentos pelos quais pode ser impugnada a confissão, a desistência ou a transacção, limitando-se a dizer que podem ser declaradas nulas ou anuladas como os outros actos da mesma natureza; porém, como negócios jurídicos que são, entende-se que a confissão, e a transacção estão sujeitas a ser impugnadas pelos mesmos fundamentos (simulação, dolo, coacção, erro, falta de vontade, inedoneidade do objecto, incapacidade, etc.) que servem de base à impugnação dos negócios da mesma natureza, aplicando-se à confissão o n.º 2 do artigo 359.º do Código Civil (⁹⁶).

Por seu lado, o n.º 2 do artigo 301.º (⁹⁷), completando o sentido do n.º 1 da mesma disposição, tem exclusivamente em vista aqueles casos de nulidade ou de anulação da confissão, desistência

---

(⁹⁴) Cabem aqui, entre outros, os juros, rendas e pensões alimentícias.

(⁹⁵) Cabe aqui a sentença homologatória de partilha em processo de inventario, quando feita com base em acordo unânime dos interessados sobre a composição dos quinhoes (artigo 1353.º, n.ᵒˢ 1 e 6). Neste sentido, REMÉDIO MARQUES, "Curso de processo executivo comum à face do código revisto", pág. 152. Posição ligeiramente diversa é a de ANSELMO DE CASTRO, "obra citada", pág. 277 (1), que não distingue dos outros o caso do acordo de todos os interessados.

(⁹⁶) «O erro, desde que seja essencial, não tem de satisfazer aos requisitos exigidos para a anulação dos negócios jurídicos» (artigo 359.º, n.º 2 do Código Civil).

(⁹⁷) « O trânsito em julgado da sentença proferida sobre a confissão, desistência ou transacção não obsta a que se intente a acção destinada à declaração de nulidade ou a anulação de qualquer delas, ou se peça a revisão da sentença com esse fundamento, sem prejuízo da caducidade do direito à anulação».

ou transacção, baseados na falta de vontade ou nos vícios de consentimento dos outorgantes [98].

Por virtude do n.º 1 do artigo 301.º são aplicáveis à confissão e transacção as normas dos artigos 286.º e seguintes, «ex vi» do artigo 295.º do Código Civil.

Quanto à *nulidade*, nenhuma dúvida oferece: é invocável a todo o tempo por qualquer interessado e pode ser declarada oficiosamente pelo tribunal (artigo 286.º do Código Civil).

Quanto à *anulabilidade*, decorre do artigo 287.º, n.º 1 do mesmo Código que o executado só pode invocar os vícios da confissão, desistência ou transacção, se não tiver decorrido o prazo aí estabelecido para impugnar negócios jurídicos em que se traduzem aqueles actos. Este prazo só releva quando o negócio está cumprido; enquanto o negócio não for cumprido, a causa de anulabilidade pode ser arguida a todo o tempo (artigo 287.º, n.º 2) [99].

3. Se a execução se baseia em *decisão arbitral*, podem servir para fundamentar a oposição, além dos mencionados no artigo 814.º, aqueles em pode basear-se a anulação ou a anulabilidade da mesma decisão (artigo 815.º, n.º 1).

A versão actual do artigo 815.º, n.º 1 resulta do artigo 36.º da Lei 31/86, de 29 de Agosto (Arbitragem Voluntária). É, pois, nesta Lei que teremos de buscar os fundamentos que servem de fundamento de oposição à execução.

Nos termos do artigo 27.º da citada Lei, a sentença arbitral só pode ser anulada pelo tribunal judicial, por qualquer dos fundamentos enumerados nas alíneas a) a e) do n.º 1 [100].

---

[98] Cfr. ANTUNES VARELA, "Revista de Legislação e Jurisprudência", Ano 116.º, pág. 79.

[99] É óbvio que se o exequente pretende executar a sentença homologatória do negócio jurídico, é porque o negócio não está cumprido.

[100] «Não ser o litígio susceptível de resolução por via arbitral» (artigo 27.º, n.º 1, alínea a) da LAV), quer por lei especial o submeter exclusivamente a tribunal judicial ou a arbitragem voluntária, quer por respeitar a matéria excluída do âmbito do direito disponível (artigo 1.º, n.º 1 da LAV); «ter sido proferida por tribunal incompetente ou irregularmente constituído» (artigo 27.º, n.º 1, alínea b) da LAV), sendo que a incompetência do tribunal arbitral se afere perante a convenção de arbitragem e pode resultar da sua nulidade ou caducidade (cfr. artigos 3.º e 4.º da LAV); «ter havido no processo violação dos princípios referidos no artigo 16.º, com influência decisiva na resolução do

O direito de requerer a anulação da decisão arbitral é irrenunciável e se as partes quiserem exercitar esse direito dispõem do prazo de um mês a contar da notificação da decisão arbitral (artigo 28.º, n.ºs 1 e 2); se da sentença arbitral couber recurso e ele for interposto, a anulabilidade só poderá ser apreciada no âmbito desse recurso (artigo 27.º, n.º 3).

Tal como a sentença do tribunal judicial, a *decisão arbitral* considera-se transitada em julgado, logo que não seja susceptível de recurso ordinário (artigo 26.º, n.º 1 da LAV). Assim, se as partes não tiverem renunciado aos recursos, da decisão arbitral cabem para o tribunal da Relação os mesmos recursos que caberiam da sentença proferida pelo tribunal da comarca (artigo 29.º, n.º 1 da LAV), aplicando-se-lhes, portanto, as normas que regulam os recursos; mas podem as partes renunciar aos recursos: quando tenham dado autorização aos árbitros para julgarem segundo a equidade (cfr. artigo 29.º, n.º 2 da LAV).

Quer as partes não tenham interposto recurso da decisão arbitral (quando admissível), quer tenham deixado passar o prazo para intentar a acção de anulação, nem por isso ficam inibidas de invocar os seus fundamento em via de oposição à execução da decisão arbitral (cfr. artigo 31.º da LAV) ([101]).

---

litígio» (artigo 27.º, n.º 1, alínea c) da LAV), designadamente, violação dos princípios da igualdade das partes e do contraditório (cfr. artigo 16.º da LAV); «ter havido violação do artigo 23.º. n.ºs 1, alínea f), 2 e 3 (artigo 27.º, n.º 1, alínea d), da LAV), designadamente, a falta de assinatura dos árbitros» (artigo 23.º, n.º 1, alínea f) da LAV); «ter o tribunal conhecido de questões de que não podia tomar conhecimento, ou ter deixado de pronunciar-se sobre questões que devia apreciar» (artigo 27.º, n.º 1, alínea e) da LAV).

Nos termos do n.º 2 do artigo 814.º do direito anterior à Reforma do Código, o tribunal deveria indeferir oficiosamente o pedido de execução quando reconhecesse que o litígio não podia ser cometido à decisão por árbitros, quer por estar remetido, por lei especial, exclusivamente a tribunal judicial ou a arbitragem necessária, quer por o direito não ser disponível pelo seu titular. Bem se compreende que a lei impusesse o indeferimento liminar nas situações mencionadas, visto que tratava-se de matérias excluídas do âmbito da «convenção de arbitragem» a que se refere o n.º 1 do artigo 1.º da mencionada Lei de Arbitragem Voluntária e, conforme determina o artigo 3.º do mesmo diploma, a convenção de arbitragem celebrada com violação do disposto no artigo 1.º, n.º 1, é nula.

([101]) Uma vez que da decisão arbitral de que tenha sido interposto recurso cabe efeito meramente devolutivo, o executado pode obter a suspensão da execução mediante

4. Se a execução se baseia em *título diferente de sentença*, a lei permite que além dos fundamentos de oposição especificados no artigo 814.º, na parte em que sejam aplicáveis, se alegue qualquer fundamento que seja lícito deduzir como defesa em processo de declaração (artigo 816.º).

A razão é óbvia pois, se a acção executiva não foi precedida de acção declarativa e, por isso, o executado não teve oportunidade de defender-se amplamente da pretensão do exequente, deve permitir-se que o faça em oposição à execução, por impugnação e por excepção (artigo 487.º, n.º 2); não poderá, todavia, reconvir, visto que, não sendo a aposição um meio de defesa mas de contra-ataque, a reconvenção não é admissível em processo executivo ([102]) nem nos processos declarativos que a ele funcionalmente se subordinam.

5. Quanto à admissibilidade ou não da *oposição por simples requerimento*, vimos já supra *(5.1.1., nota 35, § 2.º)* que o Código de 1939 admitia-o, por ser o meio idóneo para a arguição de vícios da relação processual executiva, mas a reforma de 1961 suprimiu-o por entender-se que tal meio era inútil e perigoso.

Porém, não obstante a letra da lei (anterior artigo 813.º e actual artigo 814.º), antes da revisão do Código CASTRO MENDES defendeu que o executado podia deduzir oposição à execução de sentença, não só com algum dos fundamentos indicados no artigo 813.º (actual artigo 814.º), mas também com base em *outro qualquer fundamento que fosse de conhecimento oficioso*, designadamente a incompetência absoluta e a litispendência ([103]); também ANSELMO DE CASTRO, entendendo que podia fundar a oposição a falta de *qualquer pressuposto processual geral*, indicava a incompetência e a nulidade por erro na forma de processo como fundamentos

---

prestação de caução (artigo 47.º, n.º 4), tal como a pode obter quando se opõe à execução (artigo 818.º, n.º 1). (Neste sentido, LEBRE DE FREITAS, "obra citada", pág. 182, nota (30-A), que noutra parte (pág. 182) acrescenta: "por isso, tal como no caso do recurso de revisão, o executado deve opor-se à execução e nela repetir os fundamentos que já tenha invocado na acção de anulação, sendo seguidamente suspensa uma das instâncias, que será normalmente a de anulação".

([102]) Veja-se, todavia, o artigo 929.º, n.º 1, in fine e n.º 2.
([103]) "Direito Processual civil, acção executiva", págs. 60 a 64.

susceptíveis de integrar a enumeração do artigo 813.º (actual artigo 814.º) (104).

Abreviando o que se tem escrito sobre esta questão e outras com ela relacionadas, vale a pena dizer que tanto a incompetência absoluta como a litispendência são hoje abrangidas na previsão da alínea c) do artigo 814.º (105). Mas, para além daqueles, outros fundamentos processuais de oposição do executado podem ser apontados: o *erro na forma de processo* (106), a não indicação do *valor da acção* no requerimento executivo (107) e a falta de *outro requisito legal* da petição (cfr. artigos 508.º, n.º 2, 812.º, n.º 4 e 812.º).

Ora, ocorrendo algum dos referenciados casos, ao executado assiste o direito de suscitar a questão e poderá fazê-lo por *simples requerimento* no próprio processo executivo, essencialmente por três ordens de razões: em primeiro lugar, porque estão em causa vícios cuja demonstração não carece de alegação de factos novos nem de prova; depois, porque o normativo do artigo 809.º, n.º 1, alínea d) admite, em geral, o requerimento da parte ao juiz do processo; finalmente, porque a redacção do artigo 814.º não afasta o

---

(104) "A acção executiva singular ...", pág. 279.

(105) Fundando-se a execução em sentença, a oposição só pode ter algum dos fundamentos seguintes: (...) c) «Falta de qualquer pressuposto processual de que dependa a regularidade da instância executiva, sem prejuízo do seu suprimento». Estão ainda abrangidas neste normativo: a falta de personalidade judiciária, a incompetência relativa, a falta, insuficiência ou irregularidade do mandato e a ineptidão da petição inicial.

(106) «O erro na forma de processo importa unicamente a anulação dos actos que não possam ser aproveitados, devendo praticar-se os que forem estritamente necessários para que o processo se aproxime, quanto possível, da forma estabelecido pela lei» (artigo 199.º, n.º 1). «Não devem, porém, aproveitar-se os actos já praticados, se do facto resultar uma diminuição de garantias do réu» (artigo 199.º, n.º 2). Dos citados normativos fluí que, se o exequente utilizar um meio processual inadequado, o juiz, sem prejuízo do princípio da adequação formal (cfr. artigo 265-A), deve aproveitar os actos, já praticados, que possam ser aproveitados e ordenar o seguimento do processo na forma adequada. Não o tendo feito no despacho liminar, pode o executado arguir a nulidade praticada. E pode também faze-lo se, convidado o exequente a apresentar nova petição inicial, por a que apresentou não ser aproveitável para a forma adequada, ele não o tiver feito e o juiz não tiver indeferido, em consequência, a petição inicial, nos termos do artigo 812.º, n.º 2.

(107) Neste caso, o juiz deve convidar o exequente a declará-lo, sob a cominação de a instância se extinguir (artigo 314.º, n.º 3).

recurso ao simples requerimento, desde que seja observado e assegurado, em qualquer dos casos, o princípio do contraditório ([108]).

5.3. Dedução da oposição

Em processo de execução para pagamento de quantia certa, a oposição à execução deve ser deduzida no prazo de 20 dias a contar da citação do executado (artigo 813.º, n.º 1) ou da sua notificação, quando ocorra a cumulação sucessiva de pedidos (artigo 864.º, n.º 7) ([109]).

No caso de pluralidade de executados, se os respectivos prazos terminarem em dias diferentes, a oposição de qualquer deles terá de ser deduzida no prazo de 20 dias a contar da citação de cada executado, e não a contar da citação do último executado, porquanto «não é aplicável à execução o disposto no n.º 2 do artigo 486.º» (artigo 813.º, n.º 4) ([110]).

Se o fundamento da oposição for superveniente – o que pode verificar-se quando o *facto* que fundamenta a oposição (ex.: o pagamento) ocorra depois da citação do executado, ou quando este só tenha conhecimento do facto (ex.: pagamento efectuado por um seu antecessor) depois da sua citação –, o prazo de 20 dias para a

---

([108]) Como bem refere LEBRE DE FREITAS, "obra citada", pág. 188, "sempre que a contraditoriedade possa ser assegurada por um simples requerimento, essa é a via que permitirá colmatar as lacunas das normas que regulam a defesa do executado, com as vantagens da maior simplicidade do meio (princípio da economia processual) e da não violentação do texto legal do artigo 814.º"".

([109]) Proferido despacho de citação, é o executado citado para, no prazo de 20 dias, pagar ou opor-se à execução (artigo 812.º, n.º 6). Quando o executado seja citado para a execução de determinado título e ocorra a cumulação sucessiva, o executado (ou o seu mandatário, quando constituído) é notificado (e não citado de novo) para pagar ou opor-se à execução do título cumulado (artigo 864.º, n.º 7).

([110]) Na anterior edição defendemos que, no caso de pluralidade de executados, se os respectivos prazos terminassem em dias diferentes, os embargos de qualquer deles podiam ser deduzidos no prazo de dez dias a contar da citação do último executado – artigo 486.º, n.º 2, «ex vi» artigo 801.º ("obra citada", pág. 152); com a revisão do Código ficou expressamente afastada a aplicabilidade à oposição à execução do normativo do n.º 2 do artigo 486.º.

dedução da oposição contar-se-á a partir da data em que ocorreu o facto ou do seu conhecimento pelo executado (artigo 813.º, n.º 3).

5.4. Tramitação da oposição à execução

Conforme se referiu oportunamente, a oposição à execução constitui uma verdadeira acção declarativa (embora com especialidades próprias) que corre seus termos por apenso ao processo de execução.

A oposição à execução inicia-se com uma *petição inicial* que, de harmonia com o normativo do n.º 2 do artigo 151.º, terá de ser articulada.

Apresentada a petição e autuada por apenso ao processo de execução, o processo é concluso ao juiz para proferir *despacho liminar* que poderá ser de *indeferimento*/rejeição (artigo 817.º, n.º 1) ou de recebimento/*citação* (artigo 817.º, n.º 2).

O juiz deve proferir despacho de *indeferimento* (rejeição), para além dos casos previstos no artigo 817.º, n.º 1: dedução fora de prazo (alínea a)), fundamento não autorizado pelos artigos 814.º a 816.º (alínea b)) e manifesta improcedência da oposição do executado (alínea c))[111], quando ocorra, no processo de oposição, alguma excepção dilatória insuprível de que o juiz deva conhecer oficiosamente (artigo 234.º-A, n.º 1)[112].

---

[111] Observe-se que à «manifesta improcedência» referida na alínea c) do n.º 1 do artigo 817.º, refere-se também o n.º 1 do artigo 234.º-A: «quando o pedido seja manifestamente improcedente».

[112] Sobre esta matéria escreve MIGUEL TEIXEIRA DE SOUSA, "Estudos sobre o novo processo civil", 2.ª Ed., pág. 275: "O artigo 234.º-A, n.º 1, coloca o problema de saber se o único despacho admissível nesse momento é o de indeferimento liminar. Pode perguntar-se se, perante uma petição irregular ou deficiente (sobre estes vícios, cfr. artigo 508.º, n.ᵒˢ 2 e 3), o juiz está impedido de solicitar a sanação da irregularidade ou de convidar o autor a aperfeiçoar esse articulado. Impõe-se claramente uma resposta positiva. O momento normal de correcção desses vícios é a fase da condensação (artigos 508.º, n.º s 1, alínea b), 2 e 3, e 508.º-A, n.º 1, alínea c)), mas isso supõe que, antes dele, não há qualquer intervenção do juiz. Havendo-a, como sucede no caso em análise, nada impede que essa correcção se possa realizar numa fase anterior. Alias, se assim não se entendesse, a consequência seria a eventual repercussão nos outros articulados das irregularidades ou insuficiências da petição inicial, o que ampliaria um vício que podia ter sido atempadamente sanado".

Não havendo motivo para rejeição liminar da oposição à execução, o juiz ordena que se proceda à notificação do exequente para a contestar, querendo, no prazo de 20 dias (artigo 817.º, n.º 2). Nos termos do normativo do n.º 2 do artigo 151.º, a contestação da oposição terá de ser articulada.

O *efeito* do recebimento da oposição difere, consoante haja ou não lugar à citação prévia do executado:

No primeiro caso a suspensão do processo de execução só ocorrerá quando o opoente preste caução ([113]) ou quando, tendo o opoente impugnado a assinatura do documento particular e apresentado documento que constitua princípio de prova, o juiz, ouvido o exequente, entenda que se justifica a suspensão (artigo 818.º, n.º 1).

No segundo caso, em regra, o recebimento da oposição suspende o processo de execução, sem prejuízo do reforço ou da substituição da penhora (artigo 818.º, n.º 2) ([114]).

Se o opoente pretender prestar caução deverá fazê-lo por qualquer dos meios previstos no artigo 623.º do Código Civil e através do incidente regulado nos artigos 981.º e seguintes "*ex vi*" artigo 990.º, o qual deverá ser autuado por apenso ao processo de execução (de oposição), devendo o exequente ser notificado para impugnar o seu valor ou a sua idoneidade.

A execução suspensa prosseguirá se a oposição estiver parado durante mais de 30 dias, por negligência do opoente em promover os seus termos (artigo 818.º, n.º 3).

([113]) Compreende-se que o legislador imponha ao executado (opoente) a prestação de caução quando pretenda suspender a execução pois, como é consabido, a acção executiva existe para realizar o direito de crédito consubstanciado no título executivo e enquanto este não for destruído ou modificado subsiste a presunção de que o exequente é portador do direito que se arroga, cabendo ao executado (opoente) pô-lo em causa; daí vem que, com vista a evitar oposições infundadas, que outra função não têm que não seja o protelamento da realização do crédito exequendo, se obrigue o opoente a prestar caução. É claro que se o executado (opoente) presta caução, nenhuma razão subsiste para que a execução prossiga já que a caução põe o exequente a coberto de riscos na demora da acção executiva, ficando o crédito exequendo devidamente salvaguardado.

([114]) Desde que ocorra motivo justificado, a execução também poderá ser suspensa por determinação do juiz (artigo 279, n.º 1). – Cfr. LOPES CARDOSO, "Manual da acção ...", pág. 304, nota (2).

Uma vez que o processo de oposição à execução corre por apenso à acção executiva e paralelamente a esta (caso não se verifiquem os condicionalismos supra referidos), pode bem suceder que a acção executiva chegue à fase do pagamento sem estar decidida ainda a oposição; neste caso, nem o credor exequente nem qualquer outro credor pode ser pago sem prestar caução (artigo 818.º, n.º 4).

Após a contestação, a oposição à execução segue, sem mais articulados, os termos do processo sumário de declaração (artigo 817.º, n.º 2 in fine), o que equivale a dizer que não há lugar a réplica nem resposta à contestação em que tenham sido deduzidas excepções, mas o opoente pode responder à matéria das excepções, alegando, se necessário, novos factos, na *audiência preliminar* [115] ou na *audiência final* (artigo 3.º, n.º 4) [116].

No direito anterior à Revisão do Código, porque a lei era omissa, discutia-se a questão de saber qual a consequência da falta de *contestação* dos embargos.

Para ANSELMO DE CASTRO "tinha aplicação também o regime geral, independentemente de a notificação para contestar ser feita com a cominação legal, que a lei não exigia, nem devia exigir. Eram, pois, de excluir as excepções estabelecidas para a falta de contestação no processo declaratório que por pressuporem a diferente situação de parte ainda não presente em juízo, não tinha aplicação. A regra a aplicar era a do artigo 505.º" [117].

---

[115] Uma vez que em processo sumário *a audiência preliminar* só se realiza quando a complexidade da causa ou a necessidade de actuar o princípio do contraditório o determinem (cfr. artigo 787.º, n.º 1), entendemos que por imposição deste princípio deve realizar-se a audiência preliminar para o opoente responder à matéria das excepções, e isto porque nenhuma decisão deve ser tomada pelo juiz sem que previamente tenha sido dada ampla e efectiva possibilidade ao sujeito processual contra quem é dirigida, de a discutir, de a contestar e de a valorar. (Neste sentido, Ac. do STJ, de 04.05.1999, proc. n.º 99A057 – http/www.dgsi.pt).

[116] Sob a epígrafe «necessidade do pedido e da contradição» prescreve o artigo 3.º, n.º 4: «Às excepções deduzidas no último articulado admissível pode a parte contrária responder na audiência preliminar ou, não havendo lugar a ela, no inicio da audiência final».

[117] "Acção executiva singular...", págs. 316-317.

Apesar de a solução nos afigurar duvidosa, defendemos na anterior edição que, se o exequente/embargado não contestasse os embargos, a consequência seria a admissão por acordo dos factos alegados na petição de embargos. Mais entendíamos que esta solução podia buscar-se, não por aplicação do artigo 484.º, n.º 1 relativo aos efeitos da «revelia» que não tinha aqui lugar, visto que o exequente/embargado já tinha assumido a posição de vir a juízo exigir a realização do seu crédito fundamentando-o no requerimento inicial de execução e no título executivo que o acompanhava, nem por aplicação do artigo 485.º que introduz as excepções à regra geral do artigo 484.º, mas na falta de um articulado (da contestação aos embargos), do que resultavam as consequências previstas no artigo 505.º, que remete para o artigo 490.º – admissão por acordo dos factos alegados na petição de embargos que não estivessem em oposição com os factos já alegados no requerimento inicial (ou com a versão fáctica deste no seu conjunto) ([118]).

Com a revisão do Código, a questão ficou definitivamente resolvida: a *falta de contestação* importa a admissão dos factos alegados na petição de oposição, aplicando-se o artigo 484.º, n.º 1 (revelia do réu), com as excepções do artigo 485, mas não são dados como provados os factos alegados na petição de oposição que estejam em oposição com os expressamente alegados no requerimento inicial da execução (artigo 817.º, n.º 3) ([119]).

À contestação seguir-se-ão, sem mais articulados, os termos do processo sumário de declaração (artigo 817.º, n.º 2), a saber:

([118]) "A acção executiva e a problemática ...", págs. 154-155. No mesmo sentido, também, CASTRO MENDES, "Direito processual civil, Acção executiva", págs. 68-69. Para ALBERTO DOS REIS não existia qualquer cominação para a falta de contestação: "Atente-se que a cominação prevista no artigo 488.º (actual 484.º, n.º 1) está ligada intimamente à citação; (...) aqui não há contestação; o exequente é notificado e não tem de ser advertido de que se não responder (admitia-se, então, a oposição por simples requerimento) se consideram confessados os factos expostos na contestação. Portanto, se houver matéria de facto, o juiz, apesar da falta de resposta, há-de decidi-la em conformidade com a prova produzida pelo executado" ("Processo de execução", vol. II, págs. 57 e 60).

([119]) Bem se compreende a restrição imposta no normativo pois, diferentemente do que acontece em processo declarativo comum, o exequente que não conteste já assumiu a posição de vir a juízo, propondo a acção executiva.

A oposição à execução poderá terminar na fase da condensação se, nos termos do artigo 510.º, n.º 1, alínea b)([120]), o estado do processo permitir, sem necessidade de mais prova, conhecer imediatamente do mérito da causa ou de alguma excepção peremptória. O despacho saneador que conhecer do pedido ou da excepção peremptória terá, para todos os efeitos, o valor de sentença (artigo 510.º, n.º 3).

No regime anterior à Reforma da acção executiva, se a oposição à execução fosse julgada procedente, na sentença o juiz declarava extinta a acção executiva, ordenava o levantamento das penhoras e bem assim o cancelamento dos registos que tivessem sido efectuados; por virtude daquela Reforma, se a oposição à execução for julgada procedente, a execução extingue-se (artigo 817.º, n.º 4), mas se os bens penhorados tiverem sido vendidos, a venda executiva ficará sem efeito (artigo 909.º, n.º 1, alínea a)).

Se a sentença julgar a oposição à execução improcedente, a execução prosseguirá os seus termos normais até final.

Da sentença que julgar a oposição à execução cabe recurso, que será de *apelação*, se a oposição é de mérito (artigo 922.º, alínea c)), e será de *agravo*, se a oposição não é de mérito (artigo 923.º). O recurso de agravo só tem lugar até à Relação, salvo quando o fundamento da oposição (e do recurso) o admita, nos termos do artigo 678.º, n.º 2, ou ocorra oposição de acórdão, nos termos do artigo 754.º([121]).

([120]) Nos termos do n.º 1 do artigo 787.º, «Findos os articulados, observar-se-á o disposto nos artigos 508.º a 512.º...».

([121]) Como já se referiu noutros locais, o Decreto-Lei n.º 303/2007, de 24 de Agosto, cuja entrada em vigor foi diferida para o dia 1 de Janeiro de 2008, procedeu à Reforma dos recursos cíveis, *extinguindo* o recurso ordinário de *agravo*, em 1.ª e 2.ª instância, bem como o recurso extraordinário de *oposição de terceiro*, com a consequente revogação dos artigos 733.º a 762.º, do n.º 4 do artigo 774.º, dos artigos 778 a 782.º, e dos artigos 800.º, 922.º e 923.º (cfr. artigo 9.º); simultaneamente, pelo artigo 2.º do mesmo Diploma foram aditados, além de outros, os artigos 922.º-A, 922.º-B e 922.º-C. Nos termos do artigo 922.º-A (aditado) as disposições reguladoras do processo de declaração aplicam-se aos recursos de apelação e de revista de decisões proferidas no processo executivo, salvo, quanto à apelação, o disposto no artigo 922.º-B, e, quanto à revista, o disposto no artigo 922.º-C. Assim, e de acordo com o disposto no artigo 922.º-B, n.º 1, alínea c), da decisão que ponha termo ao processo, proferida em oposição deduzida contra a execução cabe recurso de apelação, cabendo recurso de revista, nos termos do artigo 922.º-C.

Tal como qualquer processo declarativo, a oposição à execução pode terminar por *transacção*. Se tal suceder, o juiz homologará por sentença a transacção (artigo 300.º, n.º 3), mandando seguir ou não a acção executiva, em conformidade.

O pagamento voluntário da quantia exequenda na pendência da oposição à execução implica a desnecessidade da apreciação da matéria alegada e a consequente *extinção* da acção executiva, nos termos dos artigos 916.º e seguintes; a oposição pendente extingue-se, também, por inutilidade superveniente da lide (artigo 287.º, alínea e)). A mesma solução vale, igualmente, para o caso de o exequente *desistir* da acção executiva (artigo 918.º, n.º1) ([122]) ou quando, baseando-se esta em sentença provisória ou recorrida, a mesma sentença venha a ser revogada pela decisão definitiva (cfr. artigo 47.º, n.º 2) ([123]).

5.5. Responsabilidade do exequente

O normativo do artigo 819.º, introduzido pelo Decreto-Lei n.º 38/2003, de 8 de Março, que estabelece a *responsabilidade do exequente*, tem o seu correspondente na *responsabilidade do requerente* de providência cautelar que seja considerada injustificada ou vier a caducar por facto que lhe seja imputável (cfr. artigo 390.º, n.º 1) ([124]).

Nos termos do artigo 812.º-B, n.º 1, a penhora é efectuada sem citação prévia do executado quando não há lugar a despacho liminar.

Ora, quando a penhora é efectuada sem citação prévia do executado e a oposição à execução é julgada procedente, o exequente

---

([122]) Salvo se o opoente não aceitar a desistência (artigo 918.º, n.º 2).

([123]) Neste sentido, LOPES CARDOSO, "obra citada", págs. 305-306.

([124]) «Se a providência for considerada injustificada ou vier a caducar por facto imputável ao requerente, responde este pelos danos culposamente causados ao requerido, quando não tenha agido com prudência». Para a existência de responsabilidade civil, à semelhança do que sucede com a disposição similar do artigo 621.º do Código Civil (respeitante ao arresto), basta a prova da *mera culpa* segundo o conceito de culpa em abstracto vertido no n.º 2 do artigo 487.º do mesmo diploma, não sendo pois exigida uma actuação com dolo ou má-fé (cfr. Ac. do STJ, de 03.12.1998 – http://www.dgsi.pt).

responde, nos termos gerais da responsabilidade civil, pelos danos *culposamente* causados ao executado com a penhora ilicitamente efectuada, e incorre em multa correspondente a 10% do valor da execução, ou da parte dela que tenha sido objecto de oposição, mas não inferior a 10 UC nem superior ao dobro do máximo da taxa de justiça, quando não tenha agido com a prudência normal, sem prejuízo de eventual responsabilidade criminal (artigo 819.º).

Importará realçar, entretanto, que a actuação geradora da responsabilidade do exequente tida com dolo ou culpa, ainda que leve, não se confunde com a sua actuação como litigante de má fé, prevista no normativo do artigo 456.º: nesta, o âmbito da ilicitude é mais largo; naquela, o âmbito da culpa é mais largo([125]); por outro lado, a responsabilidade do exequente, a que se reporta o artigo 819.º, não tem lugar quando o executado haja sido previamente citado, uma vez que teve oportunidade de se defender e evitar a penhora.

II.II. PENHORA

Vimos já (supra **II.I.4.**) que, não havendo motivo para o aperfeiçoamento ou indeferimento liminar e achando-se o requerimento executivo em termos de ser recebido, é ordenada e efectuada a citação do executado para, no prazo de 20 dias, pagar ou opor-se à penhora (artigo 812.º, n.º 6). Vimos também que, se não houver lugar à citação prévia do executado, entra-se imediatamente na fase da penhora (artigo 812.º-B, n.º 1) e só no próprio acto da penhora ou depois dela o executado é citado (artigo 864.º, n.º 1).

1. Conceito e natureza da penhora

A penhora traduz-se num conjunto de actos que visam a apreensão de bens do devedor colocados à ordem do tribunal de exe-

---

([125]) Neste sentido, LEBRE DE FREITAS/RIBEIRO MENDES, "*Código de processo civil anotado*", volume 3.º, anotação ao artigo 819.º.

cução a fim de os usar para a realização dos fins da acção executiva ([126]), ficando o executado limitado no seu poder de disposição quanto a eles ([127]).

2. Objecto da penhora

2.1. *Princípios Gerais*

A regra é a da penhorabilidade de todos os bens do devedor, sem descriminação entre eles, desde que tenham valor pecuniário (quer pertençam ao executado em propriedade plena ou limitada, quer constituam simples créditos, seja qual for a sua proveniência): «Estão sujeitos à execução todos os bens do devedor susceptíveis de penhora que, nos termos da lei substantiva ([128]), respondam pela dívida exequenda» (artigo 821.º, n.º 1) ([129]). «Nos casos especialmente previstos na lei, podem ser penhorados bens de terceiro,

---

([126]) Da satisfação do direito do exequente e dos credores com garantia real sobre os bens penhorados que venham a reclamar o pagamento dos seus créditos.

([127]) Podendo embora aliená-los ou onerá-los, tais actos são ineficazes em relação ao credor exequente e aos credores preferenciais que venham reclamar o pagamento dos seus créditos. Através da penhora opera-se, portanto, a transmissão forçada da posse: o executado é como que desapossado dos direitos de que o tribunal irá dispor nas fases posteriores da execução. Já antes da Reforma da acção executiva entendia-se que, mesmo nos casos especiais em que fosse o executado depositário dos bens penhorados (artigos 839.º, n.º 2), era possuidor em nome alheio.

([128]) Os bens que, nos termos da lei substantiva, por força do artigo 821.º, estão sujeitos à execução são apenas os bens do próprio devedor e aqueles que, negocialmente, tenham sido afectados ao cumprimento da obrigação (por exemplo bens que um terceiro haja hipotecado para garantir uma dívida do executado e que, por tal motivo, estejam directamente destinados àquela finalidade por vontade do seu titular (cfr. Ac. do STJ, de 02.11.1979, in BMJ n.º 291, pág. 429).

([129]) O artigo 821.º remete para a lei substantiva e do artigo 601.º do Código Civil retira-se que, em regra, os bens patrimoniais susceptíveis de penhora respondem por qualquer dívida do seu titular: «pelo cumprimento da obrigação respondem todos os bens do devedor susceptíveis de penhora, sem prejuízo dos regimes especialmente estabelecidos em consequência da separação de patrimónios».

desde que a execução tenha sido movida contra ele» (artigo 821.º, n.º 2).

Os bens de *terceiro* só podem ser objecto de execução em dois casos: quando sobre eles incida direito real constituído para garantia do crédito exequendo (artigo 835.º)([130]); quando tenha sido julgada procedente impugnação pauliana de que resulte para o terceiro a obrigação de restituição dos bens ao credor (artigo 616.º, n.º 1 do Código Civil)([131]).

A regra da penhorabilidade total dos bens do devedor sofre, todavia, desvios determinados, quer pela natureza dos bens (artigo 822.º), quer pela existência de patrimónios autónomos (artigos 825.º e 826.º), quer pela origem da dívida (artigo 827.º), quer pelo grau da responsabilidade do devedor principal e devedor subsidiário (artigos 828.º, 835.º e 56.º, n.º 2). Daí vem que:

a) só estão sujeitos à penhora os bens *do devedor*, seja este principal ou subsidiário;

b) podem ser objecto de penhora todos os bens que constituem o património *do devedor*, principal ou subsidiário, salvo se se tratar de bens inalienáveis (artigo 822.º, n.º 1, proémio) ou de outros que a lei declare impenhoráveis total ou parcialmente;

c) podem ser penhorados os bens de terceiro ou em poder deste quando onerados com garantia real, que lhes seja oponível, à obrigação exequenda, quer constituída pelo executado com transmissão dos bens posteriormente a terceiro, quer constituída directamente por terceiro, e ainda os bens que tenham sido objecto de impugnação pauliana (artigos 816.º, n.º 1 e 818.º do Código Civil).

d) na penhorabilidade há que atender à existência de patrimónios autónomos bem como à articulação de responsabilidades entre devedor principal e devedor subsidiário.

([130]) Nos termos do artigo 56.º, n.os 2 e 3, em execução por dívida provida de garantia real, se o garante for um terceiro e o exequente quiser fazer valer a garantia, a acção terá que ser instaurada contra o terceiro, podendo o exequente também demandar o devedor de inicio ou depois de se reconhecer a insuficiência dos bens onerados.

([131]) Julgada procedente a impugnação, o credor pode executar os bens que foram objecto do acto impugnado no património do terceiro obrigado à restituição.

Vejamos, agora, os desvios ou limitações ao objecto da penhora ditados quer pela lei substantiva (impenhorabilidade substantiva) quer pela lei adjectiva (impenhorabilidade adjectiva).

2.2. Impenhorabilidade resultante da lei substantiva

Não podem ser penhorados (*bens absoluta ou totalmente impenhoráveis*), além de outros, *os bens do domínio público do Estado* e das respectivas pessoas colectivas públicas (artigo 822.º, alínea b)) e *os bens* (coisas ou direitos) *inalienáveis do domínio privado* (artigo 822.º, alínea a)).

Como bens *isentos* de penhora citam-se, entre outros, o direito a alimentos (artigo 2008.º, n.º 1 do Código Civil), o direito de uso e habitação (artigos 1484.º e 1488.º do Código Civil), o direito ao arrendamento, sendo a casa destinada a habitação, visto que só é transmissível por morte do arrendatário a determinadas pessoas e quando verificados determinados condicionalismos (artigo 85.º do RAU – Regime do Arrendamento Urbano)([132]), os bens cedidos aos credores, impenhoráveis em relação aos credores posteriores (artigo 833.º do Código Civil), o direito de servidões, salvo se penhorado juntamente com o prédio (artigo 1545.º do Código Civil) e a impenhorabilidade de quantias pecuniárias ou depósitos bancários (artigo 824.º-A).

Da lei ou da convenção das partes pode resultar a exigência de determinada autorização para que a alienação seja possível: a alienação de bens imóveis de um dos cônjuges carece de consentimento do outro (artigo 1682.º-A, n.º 1, alínea a) do Código Civil), salvo se entre eles vigorar o regime de separação de bens. A falta de consentimento não obsta, todavia, à penhorabilidade dos bens próprios do cônjuge por dívidas da sua exclusiva responsabilidade (artigos 1696.º e 1692.º do Código Civil).

([132]) Esta restrição não abrange o direito ao arrendamento comercial, industrial ou para o exercício de profissão liberal (artigos 115.º e 122.º do RAU – Regime do Arrendamento Urbano) Veja-se, no entanto, a Lei n.º 6/2006, – Novo Regime do Arrendamento Urbano (NRAU).

Nos termos do mesmo artigo 822.º (proémio) há ainda a considerar as disposições de direito substantivo que *isentam* de penhora determinados bens. Encontram-se nesta situação, entre outros:

1. A impenhorabilidade por convenção das partes: a lei permite que, por convenção entre credor e devedor, se limite a responsabilidade a alguns dos bens deste, salvo quando se trate de matéria subtraída à responsabilidade das partes (artigo 602.º do Código Civil).
2. Os bens deixados ou doados com a cláusula de exclusão da responsabilidade por dívidas do beneficiário são *impenhoráveis* nas execuções contra o beneficiário por dívidas anteriores à liberalidade, excepto se a cláusula estiver sujeita a registo e a penhora for registada antes daquela (artigo 603.º do Código Civil).
3. Os bens sujeitos a cessão aos credores ([133]) são impenhoráveis por credores posteriores à cessão ou por cessionários de credores anteriores (artigo 833.º, 2.ª parte do Código Civil); os credores que não participam na cessão podem penhorar os bens cedidos, enquanto não tiverem sido alienados (artigo 833.º, 1.ª parte).
4. Os bens de que o menor não tenha a livre disposição não respondem pelas dívidas emergentes de actos relativos à profissão, arte ou ofício do mesmo menor, ou praticados no seu exercício (artigo 127.º, n.º 1, alínea c) e n.º 2 do Código Civil).

2.3. Impenhorabilidade resultante da lei adjectiva

Esta impenhorabilidade pode ser *absoluta* ou total (os bens não podem, na sua totalidade, ser penhorados, seja qual for a dívida exequenda), *relativa* (os bens podem ser penhorados apenas em

---

([133]) «Dá-se a cessão de bens aos credores quando estes, ou algum deles, são encarregados pelo devedor de liquidar o património deste, ou parte dele, e repartir entre si o respectivo produto, para satisfação dos seus créditos» (artigo 831.º do Código Civil).

determinadas circunstâncias ou para pagamento de certas dívidas) ou *parcial* (os bens só podem ser penhorados em certa parte).

À impenhorabilidade *absoluta* ou *total* refere-se o artigo 822.º. São absolutamente impenhoráveis: os objectos cuja apreensão seja ofensiva dos bons costumes ou careça de justificação económica, pelo seu diminuto valor venal([134](#)), os objectos especialmente destinados ao exercício de culto público, os túmulos, os bens imprescindíveis a qualquer economia doméstica que se encontrem na residência do executado([135](#)), salvo se se tratar de execução destinada ao pagamento do preço da respectiva aquisição ou do custo da sua reparação([136](#)), os instrumentos indispensáveis aos deficientes e os objectos destinados ao tratamento de doentes (artigo 822.º, alíneas c), d), e) f) e g))([137](#)).

À impenhorabilidade *relativa* refere-se o artigo 823.º o qual, na redacção dada ao seu n.º 1 pelo Decreto-lei n.º 38/2003, de 8 de Março, esclarece que são declarados impenhoráveis os bens do Estado e das restantes pessoas colectivas públicas, de entidades concessionárias de obras ou serviços públicos e de pessoas colectivas de utilidade publica, quando se encontrem especialmente afec-

---

([134](#)) O artigo 822.º, na sua versão anterior à Revisão do Código incluía um n.º 2, que prescrevia «A apreensão carece de justificação económica quando o valor venal dos bens seja de tal modo diminuto que a penhora só possa explicar-se pela intenção de vexar ou lesar o executado».

([135](#)) Jurisprudencialmente vem-se entendendo que são susceptíveis de penhora, por não se enquadrarem na alínea f) do artigo 822.º, bens como a televisão, o frigorífico, candeeiros e «maples» integrantes do recheio da residência do executado (cfr. Ac. Relação Lisboa, de 09.07.1985, in BMJ n.º 356, pág. 438).

([136](#)) Da alínea f) do n.º 1 do artigo 822.º do Código, anterior à revisão operada pelo Decreto-Lei n.º 180/06, de 25 de Setembro, não constava a expressão «salvo se se tratar de execução destinada ao pagamento do preço da respectiva aquisição ou do custo da sua reparação» e, por isso, defendemos na anterior edição que o juiz deveria, antes de ordenar a penhora, analisar a situação caso a caso e verificar se no caso em apreço devia ordenar ou não a penhora de determinados bens que considerasse prescindíveis ou não prescindíveis.

([137](#)) O artigo 822.º, na sua versão anterior à Revisão do Código incluía ainda um n.º 3, que prescrevia «As capelas particulares podem ser penhoradas na falta de outros bens; e juntamente com elas podem ser apreendidos os objectos que se destinem a exercer aí o culto religioso». Na anterior edição "A acção executiva e a problemática...", pág. 159), defendemos que do artigo 822.º deviam ser excluídos os bens indicados no n.º 3, que eram relativa ou subsidiariamente impenhoráveis.

tados à prossecução de fins de utilidade pública, salvo se a execução for para pagamento de dívida com garantia real.

De harmonia com o referido preceito, a penhora é possível quando a execução for para pagamento de divida com garantia real, mas já não o é no caso de conversão da execução para entrega de coisa certa em execução para pagamento de quantia certa (artigo 931.º) ou por os bens onerados não serem suficientes (artigo 835.º, n.º 1) ([138]).

Nos termos do n.º 2 do mesmo preceito são impenhoráveis os instrumentos de trabalho e os objectos indispensáveis ao exercício da actividade ou formação profissional do executado, salvo se ocorrer alguma das situações previstas nas alíneas aí previstas ([139]).

Ao regime da impenhorabilidade *parcial* refere-se o artigo 424.º, que sofreu modificações pela Revisão da acção executiva.

Nos termos do referido preceito são impenhoráveis dois terços dos vencimentos, salários ou prestações de natureza semelhante, pensões, seguros, indemnizações por acidente ou rendas vitalícias, ou prestações de natureza semelhante, auferidos pelo executado (artigo 824.º, n.º 1); na penhora de dinheiro ou de saldo bancário de conta à ordem, é impenhorável o valor correspondente a um salário mínimo nacional (artigo 824.º, n.º 3). Todavia, estas regras podem ser objecto de uma derrogação legal ([140]) ou judicial. Assim:

([138]) Sobre esta matéria escreve LEBRE DE FREITAS: "... não é possível penhorar outros bens do Estado ou outros bens de pessoa colectiva aplicados a fins de utilidade pública, quando os bens onerados não sejam suficientes (cfr. artigo 835.º, n.º 1), do mesmo modo que, em execução para entrega de coisa certa em que esta é apreensível (artigo 930.º, n.º 1) não podem penhorar-se bens do Estado ou de pessoa colectiva aplicados a fins de utilidade pública, quando se dá a conversão em execução para coisa certa, nos termos do artigo 931.º"' ("obra citada", págs. 220-221, nota (23)).

([139]) A penhora é possível por indicação do executado (artigos 823.º, n.º 2, alínea a) e 833.º, n.º 5), quando a execução se destine ao pagamento do preço por que os bens foram comprados ou do custo da sua reparação (artigo 823.º, n.º 2, alínea b)), ou quando os bens constituam elementos corpóreos de um estabelecimento comercial e sejam com ele apreendidos (artigos 823.º, n.º 2, alínea c), e 862.º-A).

([140]) O artigo 12.º do Decreto-Lei n.º 329-A/95, de 12 de Dezembro, veio derrogar as disposições que estabeleciam a impenhorabilidade absoluta de rendimentos, independentemente do seu montante, ao prescrever: «Não são invocáveis em processo civil as disposições constantes de legislação especial que estabeleçam a impenhorabilidade

Por força da derrogação legal, a impenhorabilidade tem como limite máximo o montante equivalente a três salários mínimos nacionais à data de cada apreensão e como limite mínimo, quando o executado não tenha outro rendimento e o credito exequendo não seja de alimentos, o montante equivalente a um salário mínimo nacional (artigo 824.º, n.º 2) ([141]).

Ponderados o montante e a natureza do crédito exequendo, bem como as necessidades do executado e do seu agregado familiar, o juiz pode, a requerimento do executado, reduzir a parte penhorável dos rendimentos e mesmo, por um período não superior a um ano, isentá-los de penhora (artigo 824.º, n.º 4); podendo, igualmente, a requerimento do exequente, admitir, sem restrições, a penhora de dinheiro ou de saldo bancário de conta à ordem e reduzir o limite mínimo do montante impenhorável do vencimento ou salário (artigo 824.º, n.º 5) ([142]).

---

absoluta de quaisquer rendimentos, independentemente do seu montante, em colisão com o disposto no artigo 824.º do Código de Processo Civil».

([141]) Já antes da Revisão do Código questionava-se sobre se poderia penhorar-se, depois de recebidos, para além de 1/3, o montante do ordenado, vencimento, salário, prestações periódicas pagas a título de reforma, pensões (...) e de outras pensões de natureza semelhante (artigo 823.º, alíneas e) e f) do Código anterior à Revisão). Sobre esta matéria escrevia CASTRO MENDES: "Parece que a ratio do artigo 823.º (anterior à Revisão do Código) impõe que a quantia é *impenhorável* enquanto se puder presumir que o seu emprego normal é o sustento do executado e de sua família. Por exemplo, no caso de depósito, se o depósito contiver apenas o seu vencimento, continuando o funcionário a fazer as suas despesas por cheque, ou por levantamentos periódicos, deve ter-se como impenhorável em metade. As economias – mesmo provenientes do vencimento – são penhoráveis" ("Direito processual civil, Acção executiva", pág. 84). Na edição anterior escrevemos que, impondo a ratio daquele preceito que a quantia era imprescindível enquanto se pudesse presumir que o seu emprego normal era o sustento do executado e de sua família, o mesmo entendimento deveria ser válido para aqueles casos em que tais rendimentos fossem de montante inferior ao salário mínimo nacional, pois que, se o legislador estabeleceu um salário mínimo nacional (variável consoante o sector de actividade), fê-lo por entender que esse salário era indispensável para assegurar o sustento do trabalhador e do seu agregado familiar; nada prevendo a lei adjectiva sobre tal matéria, já então defendíamos que a solução deveria passar por considerar-se impenhoráveis todos os rendimentos a que se referissem as alíneas e) e f) do artigo 823.º, sempre que os montantes não excedessem o equivalente ao salário mínimo nacional ("obra citada", págs. 161-162. No mesmo sentido, também, JORGE BARATA, "Acção executiva comum, noções fundamentais", 1979, págs. 56 e seguintes).

([142]) O Tribunal Constitucional julgou inconstitucional a norma do artigo 45.º da Lei n.º 28/84, na medida em que isentava de penhora a parte das prestações devidas

2.4. Penhorabilidade subsidiária

Dissemos já que o princípio geral de que todos os bens do executado são garantia da dívida exequenda sofre limitações de ordem substantiva e adjectiva, projectando-se na impenhorabilidade, que pode decorrer da inalienabilidade.

Há, porém, casos em que determinados bens ou todo um património só podem ser penhorados depois de executados outros bens ou outro património primeiramente obrigado e de se haver concluído pela sua insuficiência para a completa satisfação do crédito exequendo.

Assim sucede: com a penhora de bens próprios por dívida da responsabilidade de ambos os cônjuges e com a penhora de bens comuns por dívida da responsabilidade de um dos cônjuges; com a penhora de bens quando, por negócio ou por lei, há um devedor principal ou um património colectivo que responde em primeiro lugar, e um devedor subsidiário com o benefício da excussão prévia; com a penhora de bens do devedor especialmente afectos ao cumprimento da obrigação (dívida com garantia real); com a penhora de certos bens em último lugar quando a consideração de determinados interesses o imponha.

2.4.1. Penhora de bens comuns e de bens próprios dos cônjuges

A penhora de bens comuns ou próprios de cada um dos cônjuges varia consoante o regime de bens e a natureza da dívida.

O regime de bens supletivo é o da comunhão de adquiridos, mas podem os cônjuges ter convencionado ou a lei impor outro regime: da comunhão geral (artigo 1732.º do Código Civil) e da separação (artigo 1735.º).

---

pelas instituições de segurança social que excedesse o mínimo necessário a uma sobrevivência condigna, por, por um lado, encerrar um sacrifício excessivo do direito do credor e, por outro, atribuir aos pensionistas da segurança social um benefício injustificado, em comparação com os pensionistas de outras instituições, assim violando o princípio da igualdade (Acs. n.os 349/91, DR, II Série, de 02.12.1991, e 411/93, DR, II Série, de 19.01.1994).

No *regime da comunhão de adquiridos* são bens *próprios* dos cônjuges e, portanto, exceptuados da comunhão, os indicados no artigo 1722.º os subrogados no lugar desses (artigo 1723.º) e os adquiridos por virtude da titularidade de bens próprios (artigo 1728.º), e *comuns* os indicados no artigo 1724.º do Código Civil; no *regime da comunhão geral* são incomunicáveis os bens mencionados no artigo 1733.º do Código Civil. No *regime de separação*, cada um dos cônjuges conserva o domínio e a fruição de todos os seus bens (artigo 1735.º do Código Civil). Aqui não se levantam problemas de penhorabilidade subsidiária: os bens próprios de cada cônjuge respondem por metade da dívida exequenda (artigo 1695.º, n.º 2 do Código Civil).

São da *responsabilidade de ambos os cônjuges* as dívidas que constam dos artigos 1691.º e 1694.º, n.º 1; são da *responsabilidade de um dos cônjuges* as dívidas enumeradas nos artigos 1692.º, 1693.º, n.º 1 e 1694.º, n.º 2, todos do Código Civil.

Se o regime de bens *não for o da separação*, pelas dívidas que são da responsabilidade de ambos os cônjuges respondem os *bens comuns* do casal e, na falta ou insuficiência deles, solidariamente os bens próprios de qualquer dos cônjuges (artigo 1695.º n.º 1 do Código Civil); pelas dívidas da exclusiva responsabilidade de um dos cônjuges respondem os *bens próprios* do cônjuge devedor (artigo 1696.º, n.º 1, 1.ª parte), os indicados nas alíneas do n.º 2 do mesmo preceito e, subsidiariamente a sua *meação nos bens comuns...*» (artigo 1696.º, n.º 1, 2.ª parte, do Código Civil).

Quer a dívida seja da responsabilidade de ambos os cônjuges, quer seja da responsabilidade de um deles, não é necessário proceder à venda dos bens para se concluir da sua insuficiência para satisfação integral da dívida exequenda, conforme resulta das regras dos artigos 834.º, n.ºs 2 e 3 e 889.º, n.º 2 [143].

A actual redacção do artigo 1696.º foi introduzida pelo artigo 4.º, n.º 1 do Decreto-Lei n.º 329-A/95, de 12 de Dezembro, com

---

[143] Neste sentido, Ac. Relação Lisboa, de 24.02.1983, in Col. Jurp., tomo. I, pág. 141, que diz: «Podem ser nomeados outros bens à penhora desde que seja manifesta a insuficiência dos bens já penhorados, não se tornando necessária a demonstração de tal insuficiência após a venda daqueles bens».

início de vigência em 1 de Janeiro de 1997, tendo sido suprimida, quer a 2.ª parte do n.º 1 – «*neste caso, porém, o cumprimento só é exigível depois de dissolvido, declarado nulo ou anulado o casamento, ou depois de decretada a separação judicial de pessoas e bens ou a simples separação judicial de bens*» –, quer o n.º 3 do mesmo preceito — «*não há lugar à moratória estabelecida no n.º 1, se a incomunicabilidade da dívida cujo cumprimento se pretende exigir resulta do disposto na alínea b) do artigo 1692*».

Assim, após a alteração do referido preceito deixou de haver lugar à distinção entre as dívidas que davam lugar a moratória e aquelas que a ela não davam lugar, podendo todas as dívidas da exclusiva responsabilidade de um executado dar lugar à penhora subsidiária de bens comuns, sem ter de esperar a *dissolução, declaração de nulidade ou anulação do casamento, ou da separação judicial de pessoas e bens ou da simples separação judicial de bens.*

O artigo 825.º regula esta matéria do direito substantivo, mas fá-lo em termos mais amplos, isto é, para todos os casos de execução movida contra um só dos cônjuges, nele se incluindo não só os casos de responsabilidade exclusiva do executado, mas também aqueles em que a responsabilidade é comum, segundo a lei substantiva, mas a execução foi movida apenas contra um dos responsáveis.

Porém, quanto à ordem a observar na penhora, haverá que atender à diferença dos regimes substantivos aplicáveis consignados nos supra citados normativos. Assim:

a) Se a dívida exequenda é da *responsabilidade exclusiva do executado*, a penhora deve começar pelos bens próprios dele e só na insuficiência destes pode ser penhorada a meação nos bens comuns (artigo 1696.º, n.º 1 do Código Civil).

b) Se a dívida exequenda é *comum* e *ambos os cônjuges estão obrigados no título*, a penhora deve começar pelos bens comuns do casal e só na falta ou insuficiência deles pode incidir sobre os bens próprios de qualquer deles (artigo 1695.º, n.º 1 do Código Civil).

c) Se a dívida é *comum* e a execução se baseia *em sentença que apenas constitui título executivo contra um dos cônjuges*, o executado não poderá alegar na acção executiva que a dívida é comum, já que na acção declarativa podia ter chamado o cônjuge à demanda, para o convencer da sua responsabilidade (cfr. artigo 329.º, n.º 1); neste caso o regime da penhora a observar é o das dívidas da responsabilidade exclusiva do executado (cfr., por analogia, o artigo 641.º, n.º 2, do Código Civil), embora fique titular do direito de regresso sobre o outro cônjuge a exercer no termo da divisão conjugal (artigo 1697.º, n.º 1 do Código Civil).

d) Se a dívida é *comum* e a execução se baseia *em título diferente de sentença contra um só dos cônjuges*, o regime de penhora a observar é, parece-nos, também o das dívidas da responsabilidade exclusiva de um dos cônjuges, sem prejuízo do direito de regresso sobre o outro cônjuge a exercer no termo conjugal.

Anteriormente à Reforma da acção executiva, havia quem defendesse que, neste caso, o executado podia chamar o cônjuge à demanda executiva e alegar em embargos de executado a comunicabilidade da dívida ([144]). Ao contrário, entendiam LOPES CARDOSO ([145]) e ANSELMO DE CASTRO ([146]) que o chamamento à demanda do cônjuge não podia ter lugar. Segundo este Mestre, era ao réu demandado na acção declarativa que incumbia o chamamento à demanda do outro cônjuge para esse fim, e não ao credor, a quem livremente competia demandá-lo ou não para a acção conforme as suas conveniências.

Na anterior edição desta obra sustentámos que existiam essencialmente duas ordens de razões que levavam a afastar a orientação defendida por ALBERTO DOS REIS: em primeiro lugar, porque nos termos do artigo 55.º, n.º 1, em regra, a acção executiva só devia ser intentada pela pessoa que no título executivo figurava

---

([144]) Cfr. ALBERTO DOS REIS, "Processo de execução", vol. I, págs. 282 e seguintes, para quem, tratando-se de dívida conjugal comunicável em cujo título só figurasse o marido, este podia chamar a sua mulher à demanda executiva, pelo processo dos artigos 335.º, n.º 4 e 338.º do Código de 1939 (artigos 330.º, n.º 1, alínea d), e 333.º, ambos do Código de 1961), ficando esta a ser, então executada legítima.
([145]) "Manual da acção executiva", págs. 118-119.
([146]) "Acção executiva singular...", págs. 120 e seguintes.

como credor e contra a pessoa que no título executivo figurava como devedor sob pena de ilegitimidade, não podendo mesmo argumentar-se que este preceito "nada tinha com o caso em exame, visto que era o executado, e não o exequente, quem pretendia alargar a execução", pois como bem esclarecia LOPES CARDOSO, então ter-se-ia de aplicar a doutrina a todos os casos de solidariedade passiva: "sempre o devedor solidário poderia vir a ser executado, mesmo não figurando como tal no título, desde que o devedor constante dele o chamasse à demanda executiva" ([147]); em segundo lugar, porque o processo de embargos de executado era o meio idóneo para obstar à prossecução de execuções injustas e não para obter a condenação do chamado à demanda e desse modo conseguir-se um título executivo contra ele, o que não se compadecia nem com o fim nem com os limites da acção executiva ([148]).

Com a Reforma da acção executiva operada pelo Decreto-Lei n.º 38/2003, de 8 de Março, foram introduzidas importantes alterações no regime da penhora de bens dos cônjuges, concedendo-se não só ao exequente (cfr. artigo 825.º, n.º 2), mas também ao executado (cfr. artigo 825.º, n.º 6), a possibilidade de alargar o âmbito subjectivo do título.

Nos termos do n.º 1 do artigo 825.º, na execução movida contra um só dos cônjuges, só depois de penhorados bens comuns do casal, por não se conhecerem bens suficientes próprios do executado, será citado o cônjuge do executado para se pronunciar sobre a comunicabilidade, isto é, o cônjuge do executado é citado para requerer a separação dos bens comuns ou fazer prova da pendência do processo de separação ([149]).

([147]) "Obra citada", págs. 118-119.

([148]) Se o credor dispusesse de um título extrajudicial no qual figurasse como obrigado apenas um dos cônjuges e tivesse conveniência em penhorar os bens comuns do casal, cabia a ele intentar previamente a competente acção declarativa de condenação contra ambos os cônjuges, na qual teria de alegar e provar a comunicabilidade da dívida.

([149]) O regime regra estabelecido nos artigos 825.º, n.º 1 e 1696.º, n.º 1, este do Código Civil, nas suas redacções anteriores ao Decreto-Lei n.º 329-A/95, de 12 de Dezembro, admitia a excepção prevista no n.º 3 deste último preceito: se as dívidas tivessem provindo de crimes ou representassem indemnizações, restituições, custas judiciais ou multas devidas por factos imputáveis ao executado, ou se tratasse de dívidas

Se o exequente tiver fundamentadamente alegado, no requerimento executivo ([150]), que a divida, constante de titulo diverso de sentença ([151]) é comum, o cônjuge do executado é ainda citado para, em alternativa e no mesmo prazo, declarar se aceita a comunicabilidade da dívida, com a cominação de, se nada disser, a divida ser considerada comum, para efeitos da execução, e sem prejuízo da oposição que contra ela deduza (cfr. artigo 825.º, n.º 2).

Sendo o título diverso de sentença, o n.º 6 do artigo 825.º permite também ao executado, no prazo de que dispõe para a oposição, suscitar fundamentadamente a questão da comunicabilidade da dívida, caso em que o cônjuge não executado, se não tiver requerido a separação dos bens comuns, é notificado para declarar se aceita a comunicabilidade, se não houver oposição do exequente. Quer isto dizer que o cônjuge só é notificado para declarar se aceita a comunicabilidade da dívida, se não tiver requerido, entretanto, a separação dos bens comuns do casal; se a tiver requerido ou se o cônjuge tiver provado que a requereu, antes do executado suscitar a questão da comunicabilidade, a citação do cônjuge para o efeito de se pronunciar já não tem de ter lugar ([152]).

Se o cônjuge do executado não nega, expressamente, a comunicabilidade nem requer a separação de bens ou faz prova da pendência do processo de separação, a dívida considera-se comum e, neste caso, a execução prossegue também contra o cônjuge não executado, cujos bens próprios podem nela ser subsidiariamente penhorados (cfr. artigo 825.º, n.º 3) ([153]).

---

comerciais (artigo 10.º do Código Comercial), não havia lugar à moratória, podendo ser imediatamente penhorados os bens comuns do casal, contanto que o exequente ao nomeá-los à penhora, pedisse a citação do executado para requerer a separação de bens (cfr. artigo 825.º, n.º 2, na redacção anterior ao referido Diploma).

([150]) Cfr. artigo 810.º.

([151]) A expressão «título diverso de sentença» deve abranger não só os títulos negociais (extrajudiciais), mas também aqueles que são títulos executivos por disposição especial da lei, aqui se incluindo o requerimento de injunção.

([152]) Cfr. LEBRE DE FREITAS, "obra citada", pág. 230.

([153]) Se o cônjuge reconhecer a comunicabilidade, a sua declaração terá, fora do processo, o valor que lhe couber como reconhecimento de divida (artigo 458.º do Código Civil) ou confissão (artigos 352.º, 355.º, n.º 3 e 358.º, n.º 2, todos do Código Civil). Se nada disser, a admissão circunscreve os seus efeitos no plano da formação do título executivo, não precludindo, fora dele, a questão da comunicabilidade (cfr. LEBRE DE FREITAS, "obra citada", pág. 228, nota (39)).

Assim, citado o cônjuge do executado, no momento e com as garantias previstas no artigo 864.º, n.º 3, alínea a), este poderá, no prazo de que dispõe para a oposição (cfr. artigo 864.º-A), requerer a separação ou juntar certidão comprovativa da pendência de outro processo em que a separação já tenha sido requerida (artigo 825.º n.º 2) ([154]).

Se o cônjuge do executado não requer a separação nem junta certidão, a acção executiva prosseguirá os seus termos normais nos bens penhorados (artigo 825.º, n.º 4); se requer a separação, esta segue os termos do processo de inventário regulado no artigo 1406.º, o qual corre por apenso à acção executiva ([155]), que tem de ficar suspensa até que nesse apenso se faça a partilha (cfr. artigo 825.º, n.º 7, 1.ª parte).

Este processo de separação de bens admite determinadas particularidades em relação ao processo de inventário, designadamente, a de o exequente ou qualquer credor poder promover o andamento do inventário (artigo 1406.º, n.º 1, alínea a)) e a de o cônjuge do executado poder escolher os bens com que há-de ser formada a sua meação (artigo 1406.º, n.º 1, alínea c), 1.ª parte). Neste caso, isto é, se o cônjuge do executado fizer uso do direito de escolher os bens, serão notificados da escolha os credores, que podem reclamar contra a escolha, fundamentando a sua queixa (artigo 1406.º, n.º 1, alínea c), 2.ª parte) ([156]).

Tendo sido efectuada a penhora, duas situações podem verificar-se: se os bens penhorados couberem em partilha ao executado,

---

([154]) Para ALBERTO DOS REIS, "Processo de execução", vol. I, pág. 207, pela citação o cônjuge do executado passava a ter a posição de parte principal e, portanto, legitimidade para recorrer; se se pensasse que assim não acontecesse, isto é, que não intervinha corno parte principal, sempre teria legitimidade para, na qualidade de directa e efectivamente prejudicada pela decisão (artigo 680.º, n.º 2), recorrer do despacho que ordenasse a sua citação ou a penhora dos bens comuns do casal. No mesmo sentido, também, Ac. Relação Lisboa, de 24.06.1977, in Col. Jurp. 1977, pág. 670; PESSOA JORGE, "Lições de direito processual civil, Acção executiva", págs. 253 e seguintes.

([155]) Cfr. artigo 825.º, n.º 7.

([156]) Qualquer credor tem a possibilidade de recorrer ao meio geral da impugnação pauliana, em acção própria, se porventura for prejudicado com os termos em que a partilha é efectuada (cfr. artigos 1610.º e seguintes do Código Civil).

nenhuma dúvida oferece pois a penhora mantém-se e a acção executiva, que se encontrava suspensa (cfr. artigo 825.º, n.º 7, 1.ª parte), prosseguirá os seus termos normais; se os bens penhorados couberem em partilha ao cônjuge não executado, poderão ser penhorados outros bens que ao executado tenham cabido, permanecendo a anterior penhora até nova apreensão (cfr. artigo 825.º, n.º 7, 2.ª parte).

2.4.2. Penhorabilidade subsidiária com excussão prévia

O artigo 828.º, n.º 1 do regime anterior previa mais um caso em que a penhora dos bens só sucessivamente responsáveis estava subordinada à prévia excussão dos bens primeiramente obrigados, isto é, à prévia excussão dos bens do devedor principal, desde que o fiador fundamentadamente invocasse o benefício da excussão dentro do prazo do artigo 816.º ([157]).

Ao benefício da excussão refere-se o artigo 638.º do Código Civil que estabelece, a favor do fiador, o benefício de não ser compelido a pagar a dívida sem prévia excussão do património do devedor ([158]).

Também o n.º 2 do mesmo artigo (828.º) autoriza o fiador a recusar o cumprimento, provando que o crédito não foi pago por culpa do credor ([159]); por seu lado, o artigo 639.º, n.º 1 do mesmo Código faculta ao fiador, havendo garantia real constituída por terceiro, o direito de exigir a prévia excussão das coisas sobre que a garantia real incide ([160]). Tanto num como noutro caso, o meio de

---

([157]) «Na execução movida contra o fiador, não podem penhorar-se os bens deste, enquanto não estiverem excutidos todos os bens do devedor principal, desde que o devedor fundamentadamente invoque o benefício da excussão» (artigo 828.º, n.º 1).

([158]) «Ao fiador é lícito recusar o cumprimento enquanto o credor não tiver excutido todos os bens do devedor sem obter a satisfação do seu crédito» (artigo 638.º, n.º 1 do Código Civil).

([159]) «É lícita ainda a recusa, não obstante a excussão de todos os bens do devedor, se o fiador provar que o crédito não foi satisfeito por culpa do credor».

([160]) «Se, para segurança da mesma dívida, houver garantia real constituída por terceiro, contemporânea da fiança ou anterior a ela tem o fiador o direito de exigir a excussão prévia das coisas sobre que recaia garantia real».

efectivar o direito do fiador eram, então, os embargos de executado com fundamento na inexigibilidade previsto no artigo 813.º, alínea f), e isto porque sem a prévia excussão dos bens do devedor a obrigação do fiador ainda se não tornara exigível.

Não existirá o benefício da excussão quando: a) o fiador a ele tiver renunciado e, em especial, quando se tiver obrigado como principal pagador (artigo 640.º, alínea a) do Código Civil); b) o devedor ou o dono dos bens onerados com a garantia não puder, em virtude de facto posterior à constituição da fiança, ser demandado ou executado no território continental ou das ilhas adjacentes (alínea b) do mesmo preceito).

Quanto à *renúncia* ao benefício da excussão, há ainda a considerar o artigo 641.º do Código Civil nos termos do qual se o credor tiver demandado, na acção declarativa, apenas o fiador, este, tenha ou não o benefício da excussão, tem a faculdade de chamar o devedor para com ele se defender ou ser conjuntamente condenado (n.º 1). Não usando desta faculdade e não fazendo qualquer declaração em contrário, entender-se-á que renuncia ao benefício da excussão (n.º 2).

Assim, se a acção executiva fosse intentada *apenas* contra o devedor principal e os bens deste, depois de excutidos, fossem insuficientes para satisfazer integralmente a dívida exequenda, o exequente podia fazer prosseguir a execução contra o devedor subsidiário (fiador), requerendo a sua citação para pagar a parte restante da dívida ou nomear bens à penhora (cfr. artigo 56.º, n.º 2).

Se a acção executiva fosse instaurada contra o devedor principal e o fiador, a penhora incidiria sobre os bens daquele, só podendo recair sobre os bens do fiador se, depois de excutidos os bens do devedor principal se concluísse da insuficiência dos mesmos para pagamento integral da dívida exequenda.

Caso fossem nomeados à penhora bens do fiador, este poderia evitar a efectivação da penhora se, mediante requerimento, invocasse o benefício da excussão antes de o juiz ordenar a penhora[161]; se fossem penhorados bens do fiador sem estarem excutidos todos

---

[161] Neste sentido, LOPES CARDOSO, "obra citada", pág. 368.

os bens do devedor principal, o meio de efectivar o direito do fiador eram os embargos de terceiro de executado (artigo 1037.º, n.º 2, § 2.º).

Se, não obstante a penhora dos bens do devedor em primeiro lugar e por manifesta insuficiência destes para garantir o pagamento integral da dívida se viessem a penhorar bens do fiador, este poderia fazer sustar a execução nos seus próprios bens se indicasse bens do devedor que fossem posteriormente adquiridos ou que não fossem conhecidos (cfr. artigos 828.º, n.º 2 e 1037.º, n.º 2, 2.ª parte).

O actual artigo 828.º prevê também casos de responsabilidade subsidiária com benefício de excussão prévia, isto é, a penhorabilidade dos bens do devedor subsidiário fica subordinada à prévia excussão, mediante venda ou adjudicação, dos bens que respondem, em primeiro lugar, pela dívida.

São devedores *subsidiários* com o benefício da excussão prévia: o *fiador* (artigos 627.º, n.º 2 e 638.º, n.º 1 do Código Civil), os sócios da *sociedade comercial em nome colectivo* bem como *os sócios comanditados* da sociedade comercial em comandita (artigos 175.º, n.º 1 e 465.º do Código das Sociedades Comerciais) e os sócios da sociedade civil (artigo 997.º, n.º 2 do Código Civil).

Na responsabilidade subsidiária importa distinguir os casos em que o devedor principal e o devedor subsidiário são ambos demandados inicialmente na execução, daqueles em que a execução é movida apenas contra o devedor principal e em que a execução é movida somente contra o devedor subsidiário.

a) *Se a execução tiver sido movida contra o devedor principal e o devedor subsidiário*, haverá que distinguir duas hipóteses: se o devedor subsidiário tiver sido *citado previamente*, a penhora dos bens deste só se realiza depois de excutidos os bens do devedor principal (artigo 828.º, n.º 1, 1.ª parte)([162]); uma vez que esta cita-

---

([162]) Por outras palavras, a penhora começa pelos bens do devedor principal e só depois de, efectuada a venda, se apurar que eles são insuficientes para o pagamento das custas, do crédito exequendo e dos créditos dos credores reclamante que antes do exequente tenham sido graduados, é que é admitida a penhora de bens do devedor subsidiário, precedida da sua citação.

ção prévia realiza-se apenas quando o exequente o requeira ([163]), daí vem que, neste caso, o devedor subsidiário tem o ónus de invocar o benefício da excussão, no prazo da oposição à execução (artigo 828.º, n.º 1, 2.ª parte). Se o exequente tiver pedido a *dispensa da citação prévia* do devedor subsidiário, os bens deste só podem ser penhorados depois de excutidos todos os bens do devedor principal, salvo se o exequente provar que o devedor subsidiário renunciou ao benefício de excussão prévia (artigo 828.º, n.º 3, alínea a)), nos termos do artigo 640.º, alínea a) do Código Civil ([164]).

b) Se *a execução tiver sido movida apenas contra o devedor principal*, observar-se-á o regime-regra ([165]), uma vez que na execução não podem penhorar-se bens de terceiro (subsidiário) contra quem a execução não foi instaurada; porém, se os bens do devedor principal se revelarem insuficientes para assegurar a satisfação do crédito exequendo, o exequente pode requerer, no mesmo processo, caso disponha de título executivo contra o devedor subsidiário (cfr. artigo 55.º, n.º 1), a citação deste para com ele prosseguir a execução (artigo 828.º, n.º 5) ([166]).

c) Se *a execução tiver sido movida apenas contra o devedor subsidiário*, o regime a observar difere consoante este executado seja citado antes ou depois da penhora:

([163]) Seja porque quer assegurar, desde já, a possibilidade de penhorar bens do devedor subsidiário, seja porque quer contar com a colaboração deste devedor na descoberta de bens penhoráveis do devedor principal (cfr., LEBRE DE FREITAS/RIBEIRO MENDES, "Código de processo civil anotado", vol. 3.º, pág. 379).

([164]) Se não provar a renúncia, os bens do devedor subsidiário só podem ser penhorados após excussão dos bens do devedor principal.

Uma vez citado (após a penhora), ao devedor subsidiário assiste o direito de opor-se à penhora dos seus bens com fundamento em que não renunciou ao benefício ou em que não foram excutidos todos os bens do devedor principal. Neste último caso, deve proceder-se à penhora dos bens que indique (artigo 828.º, n.º 6), levantando-se a penhora que incide sobre os seus bens logo que aqueles se revelem suficientes.

([165]) Com dispensa do despacho liminar e de citação prévia (artigos 812.º-A e 812.º-B).

([166]) O n.º 5 do actual artigo 825.º corresponde ao anterior n.º 3 do mesmo preceito, donde flúi que o legislador manteve inalterado o regime de litisconsórcio sucessivo na hipótese de os bens do devedor principal se revelarem insuficientes.

Se o devedor subsidiário for citado antes da penhora, este poderá, após a sua citação (artigo 812.º, n.º 7, alínea a))([167]), invocar o benefício da excussão prévia e requerer o levantamento da penhora quando, havendo bens do devedor principal, o exequente não tenha promovido a execução contra ele, obtendo, dessa forma, a suspensão da execução até que o exequente requeira, no mesmo processo, a citação do devedor principal, contra quem tenha também título executivo, e promova a penhora de bens deste (artigo 828.º, n.º 2)([168]).

Se o exequente tiver requerido a dispensa de citação prévia do devedor subsidiário([169]), o juiz, produzidas as provas, profere despacho liminar e, sendo deferido, a penhora dos bens do devedor subsidiário é efectuada antes de este ser citado, desde que o exequente demonstre que o devedor principal não tem bens ou prove que o devedor subsidiário renunciou ao benefício da excussão prévia (artigo 828.º, n.º 3, alínea b))([170]).

([167]) A citação é previamente efectuada, sem necessidade de despacho liminar: quando, em execução movida apenas contra o devedor subsidiário, o exequente não tenha pedido a dispensa da citação prévia.

([168]) Se a execução for movida apenas contra o devedor subsidiário e este não tiver sido previamente citado, só é admissível a penhora dos seus bens quando se mostre que o devedor principal não tem bens ou se prove que o devedor subsidiário renunciou ao benefício da excussão previa (artigo 828.º, n.º 3, alínea b)). Neste caso, o executado pode invocar o benefício da excussão prévia em oposição à penhora, requerendo o respectivo levantamento quando, havendo bens do devedor principal, o exequente não haja requerido contra ele execução, no prazo de 10 dias, a contar da notificação de que foi deduzida a referida oposição ou quando seja manifesto que a penhora efectuada sobre os bens do devedor principal é suficiente para a realização dos fins da execução (artigo 828.º, n.º 4).

Como bem refere LEBRE DE FREITAS, "se o título executivo for uma sentença proferida apenas contra o devedor subsidiário, em execução que não tenha intervindo o devedor principal, o benefício da excussão prévia não é já invocável, por o réu, na acção declarativa, não ter chamado a intervir o devedor principal, nos termos do artigo 329.º, a menos que então expressamente tenha declarado que não pretendia renunciar ao benefício da excussão – artigo 641.º, n.º 2 do Código Civil" ("obra citada", pág. 232).

([169]) Neste caso, terá de alegar factos que justifiquem o receio de perda da garantia patrimonial do seu crédito e oferecer de imediato os meios de prova (cfr. artigo 812.º, n.º 2).

([170]) Quer isto dizer que *a dispensa da citação prévia do devedor subsidiário* não depende apenas da previsão do n.º 2 do artigo 812.º-B, mas também da verificação

No caso de dispensa de citação prévia, ao devedor subsidiário assiste o direito de, *em oposição à penhora*, invocar o benefício de excussão, requerendo o levantamento da penhora quando, havendo bens do devedor principal, o exequente não haja requerido contra ele execução no prazo de 10 dias a contar da notificação de que foi deduzida oposição, ou quando seja manifesto que os bens do devedor principal são suficientes para a realização dos fins da execução (artigo 828.º, n.º 4)([171]).

2.4.3. Penhorabilidade de bens em caso de comunhão ou compropriedade

O artigo1408.º, n.º 1 do Código Civil proíbe o comproprietário de alienar ou onerar qualquer parte especificada da coisa comum, antes de devidamente partilhada, mas consente-lhe, dentro de certas condições, que aliene o direito (quota ideal) à parte que virá a determinar-se pela partilha.

Adjectivando este preceito, o artigo 826.º, n.º 1 proíbe a penhora dos bens compreendidos no património comum ou de uma fracção de qualquer deles, ou de uma parte especificada de bem indiviso, salvo se a execução for instaurada contra todos os contitulares ([172]).

Não nos suscitam reparos tais disposições, porquanto os comproprietários exercem, em conjunto, todos os direitos que pertencem ao proprietário singular (cfr. artigo 1405.º, n.º 1 do Código Civil). Por outro lado, e uma vez que cada comproprietário é titular

---

dos requisitos da alínea b) do n.º 3 do artigo 828.º (cfr. MARIA JOSÉ CAPELO, "Pressupostos processuais gerais na acção executiva", in Reforma da acção executiva, Themis, n.º 7 (2003), pág. 99).

([171]) Neste caso é concedida ao exequente a possibilidade de substituir os bens do devedor subsidiário pelos bens do devedor principal (cfr. artigo 834.º, n.º 3, alínea f)).

([172]) O n.º 1 do artigo 826.º corresponde, substancialmente, ao anterior artigo 826.º, que já correspondia, no essencial, ao anterior artigo 824.º (anterior à Reforma de 1995-1996), que proibia a penhora de bens compreendidos numa universalidade, ou uma fracção deles ou uma sua parte especificada, salvo se a execução fosse instaurada contra os comproprietários.

de uma quota ideal do património autónomo ou bem indiviso, se a penhora recaísse sobre uma parte materialmente certa de bens incluídos no património autónomo, bem podia suceder que essa parte, efectuada a partilha, viesse a pertencer a pessoa diferente do executado, do que resultaria a violação do princípio geral de que, em regra, só o património deste está sujeito à penhora([173]).

Se, com violação das regras do artigo 826.º, n.º 1 forem penhorados os bens compreendidos no património comum ou uma fracção de qualquer deles, ou uma parte especificada do bem indiviso em execução movida contra apenas algum ou alguns dos comproprietários, aos restantes assiste o direito de se defenderem contra a violação por dois meios: se os comproprietários de património autónomo ou bem indiviso tiverem a composse dos bens, podem indistintamente deduzir embargos de terceiro (artigos 351.º e seguintes) ou intentar a acção de reivindicação (artigo 1405.º, n.º 2 do Código Civil); se não tiverem a composse dos bens, ou tendo-a, não fizerem uso dos embargos de terceiro, só lhes resta defenderem-se mediante a acção de reivindicação.

Encontrando-se penhorados noutras execuções todos os quinhões no património autónomo ou todos os direitos sobre o bem indiviso, realiza-se uma única venda de todo o património ou de todo o bem indiviso, no âmbito do processo em que se tenha efectuado a primeira penhora, dividindo-se posteriormente o produto obtido (artigo 826.º, n.º 2).

Tratando-se de *património colectivo*([174]), só após a excussão deste respondem os bens dos respectivos titulares. Se a dívida tiver sido contraída na prossecução das finalidades visadas com a criação do património colectivo, respondem, em primeiro lugar, os

---

([173]) Neste sentido decidiu já o Acórdão do STJ, de 15.04.1974, in BMJ, n.º 233, pág. 126: «A nomeação à penhora de bens que fazem parte de um património indiviso, sem que todos os titulares sejam executados, é ilegal por violar o artigo 1408.º do Código Civil e, portanto, insusceptível de produzir o efeito que lhe é próprio, implicando o não exercício pelo executado do direito de nomeação e a sua consequente devolução ao exequente. A oposição pelo exequente à nomeação daqueles bens substancialmente impenhoráveis pode fazer-se por meio de requerimento».

([174]) Constitui um património colectivo o património da sociedade civil que não seja dotada de personalidade colectiva.

bens que o integram e só na sua falta ou insuficiência os bens dos titulares ([175]).

2.4.4. Penhorabilidade de bens por dívida pessoal do sócio

A determinação dos casos em que um sócio pode ser responsabilizado pelas obrigações da sociedade a que pertence cabe à lei substantiva.

Quanto à *responsabilidade pelas obrigações sociais*, resulta dos n.ᵒˢ 1 e 4 do artigo 997.° do Código Civil que a sociedade e, pessoal e solidariamente os sócios, responderão pelas dívidas sociais ainda que anteriores à entrada de algum sócio para a sociedade. «Porém, o sócio demandado para pagamento dos débitos sociais pode exigir a prévia excussão do património social» (n.° 2) ([176]).

([175]) É o que sucede com as *associações sem personalidade jurídica*, cujos associados só subsidiariamente respondem pelas dívidas validamente contraídas em nome da associação: «pelas obrigações validamente assumidas em nome da associação repõe o fundo comum e, na falta ou insuficiência deste, o património daquele que as tiver contraído; sendo o acto praticado por mais de uma pessoa, respondem todas solidariamente» (artigo 198.°, n.° 1 do Código Civil); «na falta ou insuficiência do fundo comum e do património dos associados directamente responsáveis, têm os credores acção contra os restantes associados, que respondem proporcionalmente à sua entrada para o fundo comum» (n.° 2 do mesmo preceito).

Quanto às *comissões especiais*, os seus membros respondem pessoal e solidariamente pelas obrigações contraídas em nome delas (artigo 200.°, n.° 2 do Código Civil). Quanto aos credores pessoais dos membros da associação, não lhes assistindo o direito de fazer excutir o fundo comum, só lhes resta esperar pela liquidação do património colectivo na expectativa de algum bem que lhe pertença vir a ingressar no património do devedor (cfr. artigo 196.°, n.° 2 do Código Civil).

([176]) Nos termos do artigo 826.°, n.° 1 anterior à Reforma de 1995/1996, na execução movida contra a sociedade e o sócio, como tal responsável, respondiam, em primeiro lugar, os bens sociais e, em segundo lugar, os bens particulares do sócio, se este exigisse a prévia excussão dos bens sociais.

Sustentámos, na primeira edição "A acção executiva e a problemática...", pág. 164), que tal preceito previa o caso de a execução ser instaurada contra a sociedade e o sócio, mas podia a execução ser instaurada apenas contra a sociedade ou apenas contra o sócio: no primeiro caso apenas poderiam penhorar-se os bens da sociedade e se do título executivo constasse o sócio também como obrigado, poderia a execução prosseguir contra ele se o exequente requeresse a sua citação se, depois da executados os bens sociais, concluísse pela insuficiência do património social (cfr. artigo 56.°, n.° 2, também na redacção anterior à reforma); se execução tivesse sido movida apenas

Quanto ao direito do *credor particular do sócio,* e enquanto não for dissolvida a sociedade, importa distinguir duas situações: se os outros bens do devedor forem suficientes, o credor particular do sócio *apenas* pode *executar o direito deste aos lucros e à quota de liquidação;* se os outros bens do devedor forem insuficientes, ao credor assiste o direito de exigir *a liquidação da quota do devedor* na sociedade civil, nos termos do artigo 1021.º ([177]) (cfr. artigo 999.º do Código Civil).

Este regime vale, também, para a *sociedade comercial em nome colectivo* (artigo 183.º do Código das Sociedades Comerciais) ([178]) e, quanto aos sócios comanditados, para a *sociedade comercial em comandita simples* (artigo 474.º do mesmo Código) ([179]), onde não há representação do capital por acções (artigo 465.º, n.º 3, também do mesmo Código) ([180]). Vale, ainda, quanto ao *estabelecimento*

---

contra o sócio, poderia este, invocando o benefício da execução prévia, obter a sua suspensão, até que o exequente, em outro processo de execução executasse o património social.

([177]) «Nos casos de morte, exoneração ou exclusão de um sócio, o valor da sua quota é fixado com base no estado da sociedade à data em que ocorreu ou produziu efeitos o facto determinante da liquidação (...)» (artigo 1021.º, n.º 1 do Código Civil). Como bem observa LEBRE DE FREITAS, "obra citada", pág. 236, esses casos dão lugar à liquidação da quota do sócio "por não ser possível, sem alteração do contrato de sociedade por unanimidade, a admissão de novo sócio em sua substituição".

([178]) Sob a epígrafe *"Execução sobre a parte do sócio"* prescreve o artigo 183.º do Código das Sociedades Comerciais: «1. O credor do sócio não pode executar a parte deste na sociedade, mas apenas o direito aos lucros e à quota de liquidação. 2. Efectuada a penhora dos direitos referidos no número anterior, o credor, nos quinze dias seguintes à notificação desse facto pode requerer que a sociedade seja notificada para, em prazo razoável, não excedente a 180 dias, proceder à liquidação da quota. 3. Se a sociedade demonstrar que o sócio devedor possui outros bens suficientes para satisfação da dívida exequenda, a execução continuará sobre esses bens. 4. Se a sociedade provar que a parte do sócio não pode ser liquidada, por força do disposto no artigo 188.º, prosseguirá a execução sobre o direito aos lucros e à quota de liquidação, mas o credor pode requerer que a sociedade seja dissolvida».

([179]) «Às sociedades em comandita simples aplicam-se as disposições relativas às sociedades em nome colectivo, na medida em que forem compatíveis com as normas do capítulo anterior e do presente» (artigo 474.º, n.º 1).

([180]) «Na sociedade em comandita cada um dos sócios comanditários responde apenas pela sua entrada; os sócios comanditados respondem pelas dívidas da sociedade nos mesmos termos que os sócios da sociedade em nome colectivo" (artigo 465.º, n.º 1). "Na sociedade em *comandita simples* não há representação do capital por acções; na sociedade em *comandita por acções* só as participações dos sócios comanditários são representadas por acções» (artigo 465.º, n.º 3).

individual de responsabilidade limitada, ao qual o interessado afecta uma parte do seu património, cujo valor representa o capital inicial do estabelecimento (cfr. artigo 1.º, n.º 2 do Decreto-Lei n.º 248/86, de 25 de Agosto) ([181]).

2.4.5. Penhorabilidade de bens onerados com garantia real e de bens indivisos

Nos termos do n.º 1 do artigo 835.º, se a dívida estiver assegurada por uma garantia real que onera bens pertencentes ao devedor, a penhora deve começar por esses bens e só pode recair sobre outros depois se se verificar a insuficiência dos bens onerados ([182]); o mesmo sucede quando a penhora incide sobre bens arrestados, por virtude da conversão do arresto em penhora (cfr. artigo 846.º) ([183]).

Ao regime da execução de dívida provida de garantia real, referimo-nos já a propósito da análise do artigo 56.º, n.º 2, aproximando-o do artigo 835.º ([184]).

([181]) Sob a epígrafe *"Dívidas pelas quais responde o património do estabelecimento individual de responsabilidade limitada"*, prescreve o n.º 1 do artigo 10.º do Decreto-Lei n.º 248/86, de 25 de Agosto: «Sem prejuízo do disposto no artigo 22.º, o património do estabelecimento individual de responsabilidade limitada responde unicamente pelas dívidas contraídas no desenvolvimento das actividades compreendidas no âmbito da respectiva empresa». Por seu lado, o artigo 22.º do mesmo Diploma estabelece: «Na execução movida contra o titular do estabelecimento individual de responsabilidade limitada por dívidas alheias à respectiva exploração, os credores só poderão penhorar o estabelecimento provando a insuficiência dos restantes bens do devedor».

([182]) «Executando-se dívida com garantia real que onere bens pertencentes ao devedor, a penhora inicia-se pelos bens sobre que incida a garantia e só pode recair noutros quando se reconheça a insuficiência deles para conseguir o fim da execução» (artigo 835.º, n.º 1).

«O devedor que for dono da coisa hipotecada tem o direito de se opor não só a que outros bens sejam penhorados na execução enquanto se não reconhecer a insuficiência da garantia, mas ainda a que, relativamente aos bens onerados, a execução se estenda além do necessário à necessidade do direito do credor» (artigo 697.º do Código Civil).

([183]) Prescreve o artigo 846.º: «Quando os bens estejam arrestados, converte-se o arresto em penhora e faz-se no registo predial o respectivo averbamento, aplicando-se o disposto no artigo 838.º».

([184]) *Supra*, III. II. 1. 3.

Habitualmente distingue-se no regime da execução de dívida provida de garantia real duas hipóteses: a de os bens onerados pertencerem ao devedor; e a de a garantia incidir sobre bens de terceiro ([185]).

Assim, em execução provida de garantia real: se o bem onerado pertence ao *devedor*, rege o citado normativo do n.º 1 do artigo 835.º; se o garante for um *terceiro* e o exequente quiser fazer valer a garantia ([186]), a acção terá de ser instaurada contra o terceiro,

---

([185]) A este propósito dizia-se em «Observações» no BMJ, n.º 124, pág. 170: «Entre as situação abrangidas pelo artigo 838.º (correspondente ao artigo 835.º anterior à Reforma de 1995/1996) convém distinguir duas hipótese: 1.ª) estão na posse do devedor os bens onerados; 2.ª) a garantia foi concedida por terceiro ou foram adquiridos por terceiro os bens onerados.

Na 1.ª, não há dúvidas quanto aos termos de aplicação do artigo. A penhora começará, independentemente de nomeação, pelos bens onerados. Na 2.ª, tudo depende da atitude do credor exequente. Se, prescindindo da garantia, ele executa o crédito como crédito comum, há que aplicar apenas os princípios fixados no artigo 837.º (correspondente ao artigo 833.º anterior à Reforma de 1995/1996). Se, pelo contrário, intenta a execução só contra o terceiro possuidor dos bens onerados, é evidente que a penhora começará por estes, independentemente de nomeação.

Se a instaurar simultaneamente contra o devedor e o possuidor dos bens onerados, deve dar-se ainda ao executado a faculdade de nomear, nos termos do artigo 837.º (artigo 833.º anterior à Reforma), os bens à penhora».

LOPES CARDOSO discordava da doutrina deste último parágrafo, entendendo que sendo a execução proposta contra o devedor e contra terceiro possuidor dos bens onerados, por ter sido executado o possuidor, nesta qualidade, funcionaria imediatamente o artigo 835.º, só havendo lugar à penhora de outros bens a partir do momento em que se reconhecesse a insuficiência dos onerados ("Manual da acção executiva", pág. 403).

Sobre esta matéria, na anterior edição sustentávamos, por se nos afigurar mais consentâneo com os normativos dos artigos 835.º e 56.º (então em vigor), que "no caso de a execução ser proposta simultaneamente contra o devedor e o terceiro, aquele deveria ser citado também apenas para pagar, sob pena de, não o fazendo ele ou o terceiro, a penhora recair sobre os bens afectos à garantia; reconhecida a insuficiência dos bens onerados, haveria lugar à penhora dos bens do devedor, devendo o credor exequente requerer a notificação do devedor para pagar ou nomear bens à penhora" ("obra citada", págs. 166-167).

([186]) Caso o credor pretenda renunciar à *garantia real*, terá de fazê-lo pelas formas indicadas na lei civil: a renúncia à *hipoteca* ou à *consignação de rendimentos*, necessariamente expressa, está sujeita à forma exigida para a sua constituição (artigos 660.º, n.º 1, 663.º, n.º 3, 704.º, 708.º, 710.º, n.º 1, 714.º e 731.º, n.º 1, todos do Código Civil), mas nos casos em que a hipoteca, sendo voluntária, tenha por objecto coisas móveis equiparadas às imóveis (artigo 688.º, n.º 1 do Código Civil) o credor

podendo o exequente também demandar o devedor de início ou depois de se reconhecer a insuficiência dos bens onerados (cfr. artigo 56.º, n.ᵒˢ 2 e 3) ([187]).

Quando a penhora tenha recaído sobre quinhão em património autónomo ou direito sobre bem indiviso, a penhora deve começar por esse quinhão ou direito quando, por se encontrarem penhorados noutras execuções todos os outros quinhoes ou direitos, se possa realizar uma única venda de todo o património ou de todo o bem e tal se mostre conveniente para os fins da execução (cfr. artigos 835.º, n.º 2 e 826.º, n.º 2) ([188]).

---

pode, na petição da acção executiva, a ela renunciar, desde que o faça expressamente; a renúncia ao *penhor*, além de poder ter sempre lugar por forma expressa, pode também resultar da extinção do penhor operada pela restituição da coisa empenhada, ou de documento que confira a exclusiva disponibilidade dela (artigo 677.º do Código Civil); quanto ao *direito de retenção*, a sua extinção ocorre pelas mesmas causas por que cessa o direito de hipoteca, e ainda pela entrega da coisa (artigo 761.º do Código Civil); quanto aos *privilégios creditórios*, a sua extinção ocorre pelas mesmas causas por que se extingue o direito de hipoteca (artigo 752.º do Código Civil).

([187]) Sobre esta matéria permitimo-nos transcrever um extracto do Preâmbulo do Decreto-Lei n.º 329-A/95, de 12 de Dezembro: «No que concerne ao complexo e controverso problema da definição da legitimidade das partes na acção executiva, quando o objecto desta seja uma divida provida de garantia real, procurou tomar-se posição clara sobre a questão da legitimação do terceiro, possuidor ou proprietário dos bens onerados com tal garantia. Assim, concede-se tanto a um como a outro legitimidade passiva para a execução, quando o exequente pretenda efectivar tal garantia, incidente sobre bens pertencentes ou na posse de terceiro, sem, todavia, se impor o litisconsórcio necessário, quer entre estes – proprietário e possuidor dos bens – quer com o devedor.

Considera-se, na verdade, que cumpre ao exequente avaliar, em termos concretos e pragmáticos, quais as vantagens e inconvenientes que emergem de efectivar o seu direito no confronto de todos aqueles interessados passivos, ou de apenas algum ou alguns deles, bem sabendo que se poderá confrontar com a possível dedução de embargos de terceiro por parte do possuidor que não haja curado de demandar»

([188]) Encontrando-se penhorados noutras execuções todos os quinhões no património autónomo ou todos os direitos sobre o bem indiviso, realiza-se uma única venda de todo o património ou de todo o bem indiviso, no âmbito do processo em que se tenha efectuado a primeira penhora, dividindo-se posteriormente o produto obtido (artigo 826.º, n.º 2).

Tratando-se de património colectivo, só após a excussão deste respondem os bens dos respectivos titulares. Se a dívida tiver sido contraída na prossecução das finalidades visadas com a criação do património colectivo, respondem, em primeiro lugar, os bens que o integram e só na sua falta ou insuficiência os bens dos titulares.

2.4.6. Penhora de bens na execução contra o herdeiro

A herança constitui um património autónomo relativamente ao património dos herdeiros [189]. Daí vem que na execução movida contra o herdeiro do devedor só possam ser penhorados os bens que ele tiver recebido do autor da herança [190].

Penhorados bens diversos dos recebidos, o executado poderá opor-se por simples requerimento, em que pedirá que seja levantada a penhora, indicando os bens da herança que tenha em seu poder (artigo 827.º, n.º 2).

Notificado o exequente para se opor, se este se não opuser, o requerimento é logo deferido e a penhora levantada (artigo 827.º, n.º 2, 2.ª parte); se o exequente se opuser ao levantamento da penhora, duas situações há a considerar: ou o herdeiro aceitou a herança a benefício de inventário ou aceitou-a pura e simplesmente.

1. Se a herança foi recebida *a benefício de inventário* [191] e o executado, ao requerer o levantamento da penhora, juntou certidão do inventário da qual conste que os bens foram efectivamente descritos no inventário [192], o juiz apreciará a prova oferecida e decidirá em conformidade (artigo 827.º, n.º 3, *a contrario*, e artigo 2071.º, n.º 1 do Código Civil) [193].

---

[189] «A herança responde pelas despesas com o funeral e sufrágios do seu autor, pelos encargos com a testamentaria, administração e liquidação do património hereditário, pelo pagamento das dívidas do falecido e pelo cumprimento dos legados» (artigo 2068.º do Código Civil).

[190] «Na execução movida contra o herdeiro só podem penhorar-se os bens que ele tenha recebido do autor da herança» (artigo 827.º, n.º 1).

[191] «Sendo a herança aceita a benefício de inventário, só respondem pelos encargos respectivos os bens inventariados, salvo se os credores ou legatários provarem a existência de outros bens» (artigo 2071.º, n.º 1 do Código Civil).

[192] ALBERTO DOS REIS entende que, no caso de o executado oferecer logo prova de que os bens penhorados não figuram entre os inventariados, não se toma necessária a audiência do exequente ("Processo de execução", vol. I, pág. 309). Entendimento diferente tem LOPES CARDOSO, invocando a letra da lei – "o artigo 827.º não distingue: manda ouvir sempre o exequente sobre o pedido de levantamento da penhora" – e a possibilidade de o exequente poder alegar e provar a falsidade dos documentos oferecidos pelo executado mediante o incidente de falsidade ("Manual da acção executiva", pág. 337, notas 1 e 2).

[193] Para além de poder arguir a falsidade da certidão junta e do direito de recurso do despacho que o juiz tiver proferido, ao exequente assiste ainda o direito de,

2. Se a herança foi recebida *pura e simplesmente* ([194]), o executado, em face da oposição deduzida pelo exequente deverá, em oposição à penhora, alegar e provar: a) que os bens penhorados não provieram da herança; b) que não recebeu da herança mais bens do que aqueles que indicou ou, se recebeu mais, que os outros foram todos aplicados em solver encargos dela (artigo 827.º, n.º 3) ([195]).

De harmonia com o n.º 3 daquele artigo, o ónus probandi compete ao herdeiro executado: se ele consegue provar ambos os requisitos, a oposição à penhora será julgada procedente com o consequente levantamento da penhora que recairá sobre outros bens se o herdeiro os tiver indicado; se não conseguir provar ambos os requisitos, a oposição à penhora será julgada improcedente e a consequência será a manutenção da penhora.

2.4.7. Extensão da penhora

Prescreve o n.º 1 do artigo 842.º que «A penhora abrange o prédio com todas as suas partes integrantes ([196]) e os seus frutos» ([197]), materiais ou civis, desde que não sejam expressamente excluídos ([198]) e nenhum privilégio ([199]) exista sobre eles».

---

em acção separada, demonstrar a existência de outros bens da herança para além dos inventariados.

([194]) «Sendo a herança aceita pura e simplesmente, a responsabilidade pelos encargos não excede o valor dos bens herdados, mas incumbe, neste caso, ao herdeiro provar que na herança não existem valores suficientes para cumprimento dos encargos» (artigo 2071.º, n.º 2 do Código Civil).

([195]) Embora só os bens da herança respondam pelas dívidas hereditárias, se o herdeiro habilitado do executado não deduziu oposição à penhora dos bens do seu património pessoal, a penhora, apesar de ilegal, ficou definitivamente sujeita aos fins da execução (neste sentido, Ac. do STJ, de 18.06.1998, proc. n.º 98B1008, in http:/www.dgsi.pt).

([196]) «É parte integrante toda a coisa móvel ligada materialmente ao prédio com carácter de permanência» (artigo 204.º, n.º 3 do Código Civil).

([197]) Sobre o conceito de frutos, vide artigo 212.º, do Código Civil.

([198]) Tratando-se de *partes integrantes* ou de *frutos naturais*, só o proprietário (ou o titular de direito real menor de gozo que o consinta) tem a faculdade de operar a separação jurídica da coisa móvel (cfr. MANUEL DE ANDRADE, "Teoria geral do direito civil", pág. 242); por isso, quanto a eles, só pode haver exclusão da penhora se o executado (proprietário ou titular de outro direito real de gozo) nela consentir.

Apesar de integrado na secção da penhora de bens imóveis, este preceito é aplicável à penhora de móveis (artigo 855.º) e de direitos (artigo 863.º) (²⁰⁰).

O n.º 2 do artigo 842.º permite a penhora de frutos pendentes em separado, tratando-os como móveis, «desde que não falte mais de um mês para a época normal da colheita» (²⁰¹). Esta condição justifica-se, salienta ANSELMO DE CASTRO, "pelo carácter aleatório que teria uma penhora que antecedesse esse momento (com a consequente imprevisão do valor a atribuir aos frutos) e, sobretudo, pelos encargos desproporcionais ao valor em causa, que acarretaria a sua administração" (²⁰²).

No sentido da *extensão da penhora*, dispõe também o artigo 823.º do Código Civil: «Se a coisa penhorada se perder, for expropriada ou sofrer diminuição do valor, e, em qualquer dos casos, houver lugar a indemnização de terceiro, o exequente conserva sobre os créditos respectivos, ou sobre as quantias pagas a título de indemnização, o direito que tinha sobre a coisa».

Tratando-se de *frutos civis*, a sua exclusão da penhora é admissível sem restrições, sem prejuízo da integração dos frutos civis futuros no objecto da venda subsequente.

(¹⁹⁹) O termo *«privilégio»* está usado, aqui, num sentido amplo, em que se incluem, não só o *privilégio creditório* sobre frutos (cfr. artigos 739.º e 740.º, ambos do Código Civil), mas também a *consignação de rendimentos* (cfr. artigos 656.º e 658.º, ambos do Código Civil).
Quanto ao *penhor* de uma parte integrante do bem penhorado, escreve LEBRE DE FREITAS: "Dos termos em que é admissível o negócio de alienação de uma parte integrante, resulta que o efeito de oneração da coisa fica condicionado ao acto da separação, pelo que quando este não tiver tido ainda lugar à data da penhora, o «privilégio» não está constituído, não tendo o credor pignoratício qualquer direito sobre a coisa" ("obra citada", pág. 240).

(²⁰⁰) Neste sentido decidiu o Ac. do STJ, de 20.07.1973, in BMJ n.º 229, pág. 140. Cfr. também ALBERTO DOS REIS, "Processo de execução", vol. II, págs. 119 e seguintes, e CASTRO MENDES, "Direito processual civil, Acção executiva", págs. 86 e seguintes.

(²⁰¹) «Se assim suceder, a penhora do prédio não os abrange, mas podem ser novamente penhorados em separado, sem prejuízo da penhora antecedente» (cfr. n.º 2, 2.ª parte do artigo 842.º).

(²⁰²) "Obra citada", págs. 136-137.

LOPES CARDOSO entende, e a nosso ver bem, baseando-se na doutrina do artigo 692.º do Código Civil, que tem de continuar a entender-se que também o credor graduado conserva o seu direito sobre a coisa [203].

2.4.8. Divisão do prédio penhorado

Sendo penhorado um bem imóvel divisível e o seu valor exceder manifestamente o da dívida exequenda e dos créditos reclamados, o executado pode requerer autorização para proceder ao seu fraccionamento, sem prejuízo do prosseguimento da execução (artigo 842.º-A, n.º 1).

Introduzido com a Reforma de 1995/1996 [204], no artigo 842.º-A poderá encontrar-se uma dupla finalidade: por um lado, permite-se a venda (separada) de uma parte do prédio, quando se reconheça ser desnecessária a venda de outra parte do imóvel primitivo, que permanecerá na titularidade do executado; por outro, permite-se o levantamento parcial da penhora quanto à parte fraccionada do prédio primitivo, quando o valor das partes restantes for manifestamente suficiente para satisfação do crédito exequendo e dos credores reclamantes [205].

3. Efectivação da penhora – seu processamento

3.1. *Determinação dos bens a apreender*

No regime anterior à Reforma da acção executiva, cabia às partes nomear os bens a penhorar: em processo ordinário para pagamento de quantia certa, ao executado assistia o direito de

---

[203] "Obra citada", pág. 789.
[204] Redacção do Decreto-Lei n.º 329-A/95, de 12 de Dezembro.
[205] «A penhora mantém-se sobre todo o prédio, mesmo após a divisão, salvo se, a requerimento do executado e ouvidos os demais interessados, o juiz autorizar o levantamento da penhora sobre algum dos imóveis resultantes da divisão, com fundamento na manifesta suficiência do valor dos restantes para a satisfação do crédito do exequente e dos credores reclamantes» (artigo 842.º-A, n.º 2).

nomear à penhora([206]), com as limitações impostas pelo n.º 1 do artigo 834.º, aqueles bens que fossem «*penhoráveis*» e «*suficientes*»([207]) para pagamento do crédito do exequente e das custas (artigos 811.º, n.º 1 e 833.º); se o executado não nomeasse bens à penhora ou, fazendo-o, não observasse a ordem indicada no artigo 834.º ou, ainda, se não fossem encontrados alguns dos bens nomeados, o direito de nomeação devolvia-se ao exequente (artigo 836.º, n.º 1)([208]); ao exequente assistia ainda o direito de nomear outros bens à penhora, mesmo depois de efectuada esta, nos casos mencionados no n.º 2 do artigo 836.º. Em processo sumário, o direito de nomear bens à penhora pertencia exclusivamente ao exequente (cfr. artigo 924.º). Nomeados os bens à penhora, os autos eram conclusos ao juiz para, depois de examinar a legalidade da nomeação dos bens indicados, tendo em vista evitar possíveis abusos no direito de nomeação, proferir despacho a ordenar a penhora (ou a recusá-la por ilegal ou excessiva), que era obrigatoriamente notificado ao executado (cfr. artigos 838.º, n.º 1, 855.º e 863.º).

No sistema instituído pela Reforma da acção executiva, deixou de haver nomeação de bens à penhora e despacho a ordená-la. Embora o exequente possa indicar, no requerimento executivo, os bens ou direitos do executado que podem ser apreendidos (artigo 810.º, n.º 3, alínea d)), caso em que deve proceder, tanto quanto

---

([206]) Uma vez que o processo de execução está organizado em termos de permitir a realização do crédito exequendo através do valor dos bens do devedor e ao credor é indiferente que a satisfação do seu crédito seja feita através do valor de determinados bens do devedor e não de outros, a lei concedia ao executado o direito de indicar os bens sobre os quais a penhora havia de recair.

([207]) Não bastava que o valor dos bens nomeados fosse superior ao crédito exequendo; era necessário que o valor realizado permitisse a satisfação integral desse crédito. Assim, os bens nomeados seriam «insuficientes» para pagar ao exequente, não só quando valiam menos que o crédito dele, mas também quando, valendo mais, estivessem onerados em garantia de outros créditos que pelo seu produto devessem ser pagos com prioridade, deixando um resto insuficiente.

([208]) "E também, porque o interesse do exequente é a medida da execução, como dissemos, não está o exequente impedido de nomear à penhora bens do executado sitos no estrangeiro. Se houver grandes dificuldades, daí resultantes, em obter o pagamento do que lhe é devido, *sibi imputet*" (MANUEL BAPTISTA LOPES, "A penhora", pág. 196).

possível, à sua individualização (artigo 810.º, n.º 5)(²⁰⁹) e juntar os documentos ou títulos relativos aos bens penhorados (artigo 810.º, n.º 4), a determinação dos bens a apreender assenta na actividade do agente de execução (cfr. artigos 832.º, n.º 3 e 833.º, n.ᵒˢ 1 a 3), que deve proceder com as limitações que os normativos dos artigos 821.º, e 834.º, n.ᵒˢ 1 e 2 impõem (²¹⁰).

Mesmo que o exequente tenha indicado, no requerimento executivo, bens penhoráveis, o agente de execução, tendo em vista a descoberta dos bens do executado, começa por consultar o registo informático de execuções (cfr. artigo 832.º, n.º 2)(²¹¹). De seguida, o agente de execução procede a todas as diligências úteis à identificação ou localização de bens penhoráveis, incluindo a consulta de bases de dados da segurança social, das conservatórias do registo e de outros registos ou arquivos semelhantes, precedida de autorização judicial no caso de estarem protegidos pelo sigilo fiscal ou de outros dados sujeitos a regime de confidencialidade (artigo 833.º, n.ᵒˢ 1 e 3)(²¹²).

Sendo encontrados pelo agente de execução vários bens ou direitos susceptíveis de penhora, para escolher aqueles que devem

---

(²⁰⁹) Importa, todavia, realçar que nem o exequente tem qualquer ónus de indicar no requerimento executivo os bens a apreender, nem o agente de execução está vinculado aos bens indicados pelo exequente, podendo, em vez deles, penhorar outros (cfr. artigo 832.º, n.º 2).

(²¹⁰) «A penhora limita-se aos bens necessários ao pagamento da divida exequenda e das despesas previsíveis da execução, as quais se presumem, para o efeito de realização da penhora e sem prejuízo de ulterior liquidação, no valor de 20%, 10% e 5% do valor da execução, consoante, respectivamente, este caiba na alçada do tribunal de comarca, a exceda, sem exceder o valor de quatro vezes a alçada do tribunal da relação, ou seja superior a este ultimo valor» (artigo 821.º, n.º 3).

(²¹¹) Regulado pelo Decreto-Lei n.º 201/2003, de 10 de Setembro de 2003, o registo informático de execuções contém o rol dos processos de execução pendentes e, relativamente a cada um deles, com informação sobre as partes, pedidos, bens indicados para penhora, bens penhorados e créditos reclamados (cfr. artigo 806.º, alterado pelo Decreto-Lei n.º 53/204, de 18 de Março, Diploma este que também deu nova redacção à alínea a) do n.º 3 do artigo 2.º daquele Decreto-Lei n.º 201/2003).

(²¹²) Como bem refere LEBRE DE FREITAS, "obra citada", pág. 245 (3), se o agente de execução tiver dificuldades em obter informação de terceiros, deverá solicitar as medidas judiciais que se impõem, aplicando-se analogicamente o regime dos artigos 519.º, 531.º a 533.º e 535.º. Tratando-se de serviço oficial, aplica-se o artigo 833.º, n.º 2.

ser efectivamente penhorados deve ele observar os critérios já acima analisados, ou seja: se a dívida estiver assegurada por uma garantia real que onera bens pertencentes ao devedor, a penhora deve começar por esses bens e só pode recair sobre outros depois se se verificar a insuficiência dos bens onerados (cfr., artigo 835.º, n.º 1)(213), critério que também é observado quando a penhora incide sobre bens arrestados, por virtude da conversão do arresto em penhora (cfr. artigo 846.º)(214); se a penhora tiver recaído sobre quinhão em património autónomo ou direito sobre bem indiviso, a penhora deve começar por esse quinhão ou direito quando, por se encontrarem penhorados noutras execuções todos os outros quinhões ou direitos, se possa realizar uma única venda de todo o património ou de todo o bem e tal se mostre conveniente para os fins da execução (cfr. artigos 835.º, n.º 2 e 826.º, n.º 2)(215); fora das situações previstas no artigo 835.º, a penhora deve começar pelos bens cujo valor pecuniário seja de mais fácil realização e se mostre adequado ao montante do crédito do exequente (artigo 834.º, n.º 1)(216); só quando a penhora de outros bens presumivelmente

---

(213) «Executando-se dívida com garantia real que onere bens pertencentes ao devedor, a penhora inicia-se pelos bens sobre que incida a garantia e só pode recair noutros quando se reconheça a insuficiência deles para conseguir o fim da execução» (artigo 835.º, n.º 1).

«O devedor que for dono da coisa hipotecada tem o direito de se opor não só a que outros bens sejam penhorados na execução enquanto se não reconhecer a insuficiência da garantia, mas ainda a que, relativamente aos bens onerados, a execução se estenda além do necessário à necessidade do direito do credor» (artigo 697.º do Código Civil).

(214) «Quando os bens estejam arrestados, converte-se o arresto em penhora e faz-se no registo predial o respectivo averbamento, aplicando-se o disposto no artigo 838.º» (artigo 846.º).

(215) Tratando-se de património colectivo, só após a excussão deste respondem os bens dos respectivos titulares. Se a dívida tiver sido contraída na prossecução das finalidades visadas com a criação do património colectivo, respondem, em primeiro lugar, os bens que o integram e só na sua falta ou insuficiência os bens dos titulares.

(216) Seguindo o duplo critério legal da proporcionalidade ou adequação tido em conta no artigo 821.º, n.º 3, e da facilidade de realização do valor pecuniário a que alude o artigo 834.º, n.º 1, o agente de execução acabará por observar a seguinte ordem de precedências: penhora de depósitos bancários; penhora de títulos e valores mobiliários; penhora de rendas, abonos, vencimentos, salários ou outros créditos que, pelo seu montante e datas de vencimento, permitam o rápido pagamento ao exequente; penhora

não permita a satisfação integral do credor no prazo de seis meses é que é admissível a apreensão de bens imóveis ou de um estabelecimento comercial, ainda que o valor destes exceda o montante do crédito exequendo (cfr. artigo 834.º, n.º 2).

Não sendo encontrados pelo agente de execução bens penhoráveis, é notificado o exequente para se pronunciar e, se este indicar bens para penhorar, devem eles ser penhorados (artigo 833.º, n.º 4); se o exequente não indicar bens penhoráveis, o executado é citado (ou notificado) para pagar ou indicar bens à penhora (artigo 833.º, n.º 5); se o executado não pagar nem indicar bens para penhora e não forem encontrados bens([217]), suspende-se a instância (artigos 832.º, n.º 3 e 833, n.º 6). Se o executado fizer uma declaração falsa sobre os seus bens, ou não fizer qualquer declaração e venha posteriormente a verificar-se que tinha bens penhoráveis, fica sujeito a uma *sanção pecuniária compulsória* (artigo 833.º, n.ºs 5 e 7).

3.2. *Despacho a autorizar a penhora*

Apesar de no sistema instituído pela Reforma da acção executiva ter deixado de haver despacho a ordenar a penhora, excepcionalmente a lei exige que a penhora de certos bens seja precedida de despacho judicial.

Efectivamente, o agente de execução que for constituído fiel depositário do bem penhorado deve tomar posse efectiva desse imóvel (artigo 840.º, n.º 1) ou móvel (artigo 850.º, n.º 1). Ora, se for necessário recorrer à força pública ou se houver o receio justi-

---

de bens móveis sujeitos a registo; penhora de bens móveis não sujeitos a registo, penhora de bens imóveis; penhora de direitos de aquisição com eficácia real; penhora de outros direitos ou expectativas de aquisição. (Neste sentido, LEBRE DE FREITAS/RIBEIRO MENDES, "Código de processo civil anotado", vol. 3.º, págs. 394-395).

([217]) Quando tenham sido penhorados bens não provenientes da herança, o herdeiro pode requerer o levantamento da penhora desses bens, indicando os bens da herança que tenha em seu poder (artigo 827.º, n.º 2); também o devedor subsidiário tem a faculdade de indicar bens do devedor principal que hajam sido adquiridos posteriormente à penhora ou que não fossem conhecidos (artigo 828.º, n.º 6).

ficado de que tal se verifique para a entrega efectiva([218]), o agente de execução deve, por imposição da norma constitucional que garante a inviolabilidade do domicílio (artigo 34.º, n.º 2 da Constituição da República), requerer ao juiz que determine a sua requisição (artigos 840.º, n.º 2, 848.º, n.º 3, e 850.º, n.º 1). Também a penhora de depósitos bancários terá, por imposição do regime legal de protecção do sigilo bancário (cfr. artigos 78.º e 79.º do Decreto--Lei n.º 298/92, de 31 de Dezembro), de ser precedida de despacho judicial (artigo 861.º-A, n.º 1)([219]).

3.3. Reforço e substituição da penhora

O artigo 834.º, n.º 3 enumera os casos em que a penhora pode ser reforçada ou substituída pela penhora de outros bens. Para além da faculdade concedida ao *executado* de requerer, no prazo da oposição à penhora (cfr. artigo 863.º-B, n.º 1), a substituição dos bens penhorados por outros que igualmente assegurem os fins da execução (artigo 834.º, n.º 3, alínea a)), a penhora ou reforço da penhora pode ter lugar: na situação de *manifesta insuficiência* dos bens penhorados (artigo 834.º, n.º 3, alínea b)); na situação de *oneração* dos bens penhorados, quando o executado disponha de bens desonerados (artigo 834.º, n.º 3, alínea c)); quando sejam recebidos *embargos de terceiro* contra a penhora, com a consequente suspensão da execução (cfr. artigo 356.º), ou ocorra *oposição à penhora* com prestação de caução e consequente suspensão da execução sobre os bens penhorados (artigo 834.º, n.º 3, alínea d); cfr. artigo 863.º-B, n.º 3); quando o exequente *desista da penhora*, por outra

---

([218]) «Sem prejuízo do disposto nos n.ᵒˢ 1 e 2 do artigo anterior, o depositário deve tomar posse efectiva do imóvel» (artigo 840.º, n.º 1); «se o executado ou quem o represente, se recusar a abrir quaisquer portas ou móveis, ou a casa estiver deserta e as portas e móveis se encontrarem fechados, observar-se-á o disposto no artigo 840.º» (artigo 850.º, n.º 1).

([219]) «A penhora que incida sobre depósito existente em instituição legalmente autorizada a recebê-lo é feita, preferentemente, por comunicação electrónica e mediante despacho judicial, que poderá integrar-se no despacho liminar quando o houver, aplicando-se as regras referentes à penhora de créditos, com as especialidades constantes dos números seguintes».

incidir já anteriormente sobre os mesmos bens (artigo 834.º, n.º 3, alínea e)); quando, numa execução movida apenas contra o devedor subsidiária que não tenha sido previamente citado (cfr. artigo 828.º, n.º 1, 2.ª parte) este invoque o benefício de *excussão prévia* (artigo 834.º, n.º 3, alínea f)).

Uma vez que a dispensa de citação prévia faculta ao devedor subsidiário o direito de, *em oposição à penhora*, invocar o benefício de excussão, requerendo o levantamento da penhora quando, havendo bens do devedor principal, o exequente não haja requerido contra ele execução no prazo de 10 dias a contar da notificação de que foi deduzida oposição, ou quando seja manifesto que os bens do devedor principal são suficientes para a realização dos fins da execução (artigo 828.º, n.º 4), a penhora inicial, cuja substituição seja pedida, só é levantada depois da realização da nova penhora (artigo 834.º, n.º 4).

Nos termos do artigo 834.º, n.º 5, é facultado ao executado, que se oponha à execução, requerer a substituição da penhora por caução idónea ([220]) que igualmente garanta os fins da execução.

4. Penhora propriamente dita

4.1. *Penhora de imóveis*

Podendo ser feita nos termos gerais do registo predial (artigos 41.º e 42.º do Código de Registo Predial), a *penhora de bens imóveis* ([221]) realiza-se por comunicação electrónica à conservatória do

---

([220]) Sobre o processo de prestação de caução, prestação de caução como incidente e reforço ou substituição da caução prestada como incidente, veja-se, respectivamente, artigos 981.º a 989.º, 990.º e 996.º.

([221]) Para LOPES CARDOSO, "Manual da acção executiva", págs. 419-420, a expressão «penhora de bens imóveis» não compreende a penhora do direito de compropriedade regulado no artigo 862.º; quanto aos direitos reais menores que se traduzem na posse efectiva e exclusiva da coisa, entende que lhes são aplicáveis, analogicamente, as normas reguladoras da penhora de móveis ou imóveis, já que todas têm em comum o acto de desapossamento do executado. Quanto aos direitos reais menores que não acarretem a posse, dão lugar à penhora de direitos; as coisas incorpores são insusceptíveis de posse (cfr. ANTUNES VARELA, "Código civil anotado", vol. III, n.º 2 da anotação ao artigo 1251.º).

registo predial competente, comunicação essa que vale como apresentação para o efeito da inscrição no registo (artigo 838.º, n.º 1; cfr. artigo 48.º, n.º 1 do Código de Registo Predial) [222][223]. Depois de inscrita a penhora, a conservatória do registo predial envia ao agente de execução o certificado do registo e a certidão dos ónus que incidam sobre os bens penhorados (artigo 838.º, n.º 2) e, de seguida, o gente de execução lavra o auto de penhora (artigos 836.º e 838.º, n.º 3) e procede à afixação de um edital, na porta o noutro local visível do imóvel penhorado (artigo 838.º, n.º 3) [224].

Qualquer que tenha sido a forma de realização da penhora, a conservatória deve procede à notificação do exequente, eventualmente na pessoa do seu mandatário, quando o tenha constituído na execução, para, no prazo de 15 dias, proceder ao pagamento do respectivo preparo, sob pena de, não o fazendo, nem o fizer o agente de execução, no mesmo prazo, a apresentação perder eficácia (cfr. artigo 838.º, n.ºs 6 e 7) [225].

4.2. Penhora de bens móveis

Liminarmente importa referir que a Reforma da acção executiva operou a distinção entre as regras aplicáveis à penhora de *móveis não sujeitos a registo* (artigos 848.º e seguintes) e aquelas aplicáveis aos *móveis sujeitos a registo* (artigo 851.º, que remete para o regime da penhora de bens imóveis). À penhora de bens móveis

---

[222] Se houver bens móveis arrestados, a conversão do arresto em penhora faz-se através de comunicação electrónica à entidade competente para efectuar o registo (artigos 846.º e 838.º). Nos termos do n.º 2 do artigo 822.º do Código Civil, a anterioridade da penhora reporta-se à data do arresto. Quanto aos requisitos e efeitos do arresto, vide, respectivamente, artigos 619.º e 622.º do Código Civil.

[223] «O registo de penhora tem natureza urgente e imposta imediata feitura dos registos anteriormente requeridos sobre o bem penhorado» (artigo 838.º, n.º 5).

[224] Assim, dá-se aqui uma transferência meramente jurídica da posse à qual se seguem os actos tendentes à transferência material do bem para o depositário (cfr. artigo 840.º) .

[225] Uma vez que a apresentação registral implica o pagamento imediato do respectivo preparo (cfr. artigo 151.º do Código de Registo Predial) e este é devido pelo exequente, como titular da inscrição, nada impede que o exequente ou o agente de execução juntem, em simultâneo com o requerimento de inscrição da penhora, um meio de pagamento no montante correspondente a esse preparo.

aplica-se, ainda, subsidiariamente o regime definido para a penhora de imóveis (artigo 855.º).

A penhora de bens *móveis não sujeitos a registo* é feita com a efectiva apreensão dos bens e a sua imediata remoção ([226]) para depósitos (públicos ([227]) ou privados), assumindo o agente de execução que remove os bens a qualidade de fiel depositário (artigo 848.º, n.º 1) ([228]), lavrando-se auto, em que se regista a hora da diligência, se relacionam os bens por verbas numeradas ([229]) e se indica o valor de cada verba (artigo 849.º, n.º 1) ([230]).

O registo da hora da diligência é relevante para a determinação da prioridade da penhora, caso sob os mesmos bens recaia mais do que uma penhora.

O n.º 2 do artigo 848.º estabelece uma presunção de que os bens encontrados em poder do executado são seus, mas esta presunção pode ser elidida perante o juiz, mediante prova documental inequívoca do direito de terceiro, nada impedindo o terceiro de recorrer aos embargos de terceiro (artigo 351.º). Não será, todavia, indiferente ao terceiro optar por um ou outro dos supra apontados meios de oposição à penhora de bem seu: enquanto no regime pre-

---

([226]) Afigura-se-nos que não deve haver lugar a remoção dos bens, quando esta implique a deterioração da coisa ou uma grande desvalorização da mesma, ou quando importe custos desproporcionados. (Neste sentido, MARIANA FRANÇA GOUVEIA, "Penhora e alienação de bens móveis na reforma da acção executiva", in A Reforma da acção executiva, Themis, n.º 7 (2003), págs. 176-177).

([227]) Instituindo o solicitador de execução como depositário, a lei conferiu-lhe uma grande margem de liberdade relativamente ao depósito de bens penhorados, mas no artigo 907.º-A a lei refere-se à venda de bens em depósitos públicos.

([228]) Com a finalidade de facilitar a apreensão dos bens, o exequente pode cooperar com o agente de execução, gozando as despesas suportadas com a cooperação, da garantia prevista no artigo 455.º (artigo 848.º-A, n.ᵒˢ 1 e 2).

([229]) Nomeado à penhora um estabelecimento comercial, ele deve penhorar-se em globo, não tendo lugar no auto de penhora a descrição dos respectivos elementos constitutivos (cfr. Ac. STJ, de 03.02.1981, in Revista de Legislação e Jurisprudência, 1983, pág. 251).

([230]) No regime anterior à Reforma da acção executiva, a penhora de bens móveis fazia-se por efectiva apreensão da coisa que era removida para a secretaria do tribunal ou entregue a um depositário escolhido pelo funcionário incumbido da penhora (artigo 848.º, n.ᵒˢ 1 e 2), lavrando-se auto, em que se registava a hora da diligência, se relacionavam os bens por verbas numeradas e se indicava o valor de cada verba (artigo 849.º, n.º 1).

visto no n.º 2 do artigo 848.º há lugar ao levantamento imediato da penhora, mas a ilisão da presunção de propriedade do executado não produz caso julgado material [231]; já no regime dos embargos de terceiro o recebimento destes tem como efeito a *suspensão dos termos do processo* em que se insiram, quanto aos bens a que dizem respeito, bem como a restituição provisória da posse, se o embargante a houver requerido, embora esta possa ser condicionada à prestação de caução (artigo 356.º) [232], mas a sentença de mérito neles proferida constitui caso julgado material, nos termos definidos no artigo 358.º.

Pode suceder, e sucede com frequência, que o agente de execução encontre obstáculo à apreensão dos bens, se aperceba que o executado ou quem o representa oculta alguma coisa para evitar a penhora, ou suspeite, no acto da penhora, da sonegação de bens. Em tais hipóteses, o agente de execução poderá: no primeiro caso, requerer ao juiz as diligências necessárias previstas no artigo 840.º (cfr. artigo 850.º, n.º 1) [233]; no segundo deverá advertir as pessoas de que ficam sujeitas às sanções correspondentes à litigância de má fé, sem prejuízo de ficar incurso em responsabilidade criminal (cfr. artigo 850.º, n.º 2); no último, instará pela apresentação das coisas ocultadas, advertindo as pessoas da responsabilidade em que incorrem com o facto da ocultação (artigo 850.º, n.º 3) [234].

A penhora de bens *móveis sujeitos a registo* faz-se por comunicação electrónica à entidade registadora competente para o bem móvel em causa, valendo como data de apresentação a data da comunicação (artigo 838.º, n.º 1), a que se segue a elaboração do

---

[231] Esta ilisão de presunção não impede o executado de, posteriormente, vir a propor acção de reivindicação desses mesmos bens.

[232] Nas acções destinadas à defesa da posse, se o réu apenas tiver invocado a titularidade do direito de propriedade, sem impugnar a posse do autor, e não puder apreciar-se logo aquela questão, o juiz ordena a imediata manutenção ou restituição da posse (artigo 510.º, n.º 5).

[233] Nos termos do artigo 265.º, n.º 2, o juiz pode averiguar oficiosamente sobre a existência de bens penhoráveis.

[234] Se o devedor não indicar bens à penhora, fizer declaração falsa sobre os seus bens, ou não fizer qualquer declaração e venha posteriormente a verificar-se que tinha bens penhoráveis, fica sujeito a uma sanção pecuniária compulsória (artigo 833.º, n.os 5 e 7).

auto de penhora (cfr. artigos 836.º e 838.º, n.º 3, «*ex vi*» artigo 851.º, n.º 1). Há, todavia, aspectos específicos de algumas penhoras que importa considerar. Assim:

Tratando-se de *veículos automóveis*, a penhora efectua-se através de comunicação à Conservatória do Registo Automóvel, seguida da imobilização do veículo através da imposição de selos e, quando possível, da apreensão dos respectivos documentos (artigo 851.º, n.º 2, 1.ª parte)([235]). A apreensão do veículo bem como a apreensão dos documentos podem ser efectuadas por qualquer autoridade policial ou administrativa, com a observância do regime previsto para a apreensão de veículo automóvel requerida por credor hipotecário (artigo 851.º, n.º 2, 2.ª parte). Uma vez que a partir do momento em que os bens são penhorados, o executado deixa de os poder utilizar, bem se compreende que, para os veículos automóveis, o legislador tenha considerado suficiente a sua imobilização, só havendo lugar à sua remoção quando seja necessário ou conveniente (artigo 851.º, n.º 2, última parte)([236]).

Quanto ao *navio despachado para viagem*, a penhora é feita através de comunicação à entidade competente para os registos deste tipo de bens, seguida de notificação à capitania para que apreenda os respectivos documentos e impeça a saída do navio (artigo 851.º, n.º 4)([237]).

([235]) No regime anterior à Reforma de 195/1996, a penhora de veículos automóveis era feita por auto de apreensão (artigos 17.º e 23.º do Decreto-Lei n.º 54/75, de 12 de Fevereiro), sendo dispensado o auto a que se referia o artigo 849.º (cfr. Ac. Relação Lisboa, de 30.03.1977, in BMJ n.º 267, pág. 96); com a Reforma de 1995/1996, a penhora de veículos automóveis passou a ser feita com a apreensão do veículo e dos seus documentos (cfr. artigo 848.º, n.º 5).

([236]) Numa acção executiva, sendo penhorado um veículo sobre o qual incide uma reserva de propriedade a favor do exequente, incumbe a este o cancelamento da reserva como condição do prosseguimento da execução, não bastando a renúncia à mesma reserva em requerimento apresentado na execução. (Neste sentido, Ac. Relação Lisboa, de 20.03.2003, número convencional JTRL00048498 – http://www.dgsi.pt).

([237]) No regime anterior à Reforma da acção executiva, o navio despachado para viagem (considerava-se assim o navio logo que estivesse em poder do respectivo capitão o desembaraço passado pela capitania do porto – artigo 829.º, n.º 4) *não podia ser penhorado*, salvo: por dívidas ao Estado; por dívidas contraídas para o aprovisionamento da mesma viagem; por salários de assistência ou salvação; e por indemnização emergente de abalroação (artigo 929.º, n.º 1). Também não podiam ser penhoradas as mercadorias

A apreensão efectiva de *navios* realiza-se nos mesmos termos que a de outros móveis sujeitos a registo, com as especialidades previstas nos artigos 852.º e 853.º, do que resulta não terem de ficar necessariamente imobilizados. Com efeito, quer o depositário do navio penhorado, quer o exequente ou qualquer credor com garantia real sobre o navio podem fazê-lo navegar, se o requererem:

– se for o depositário a requerer, é necessário que o exequente e o depositário tenham dado o seu assentimento ou, se notificados para tal nada disserem no prazo de cinco dias, e haja autorização judicial. Concedida esta, a capitania do porto será informada desse facto, por ofício (artigo 852.º, n.ºs 1 e 2);

– se o requerimento for feito pelo exequente ou credor privilegiado, não é necessário o acordo entre o exequente e o executado para fazer navegar o navio penhorado: este será posto a navegar até ser vendido, desde que o requerente *preste caução* e faça o registo usual contra riscos e o juiz defira o requerimento (artigo 853.º, n.º 1). Concedida a autorização judicial, a capitania do porto será informada desse facto, sendo o navio entregue ao requerente, que ficará a exercer as funções de depositário (artigo 853.º, n.º 4).

O montante da caução a prestar [238] deverá assegurar os créditos dos credores privilegiados admitidos e as custas do processo (artigo 853.º, n.º 2); sobre a idoneidade da caução e suficiência do seguro deverão ser ouvidos o capitão do navio e os titulares dos créditos que cumpre acautelar (artigo 853.º, n.º 3) [239] [240].

---

já carregadas em navio despachado para viagem, salvo se todas pertencessem a um único carregador e o navio não transportasse passageiros (artigo 829.º, n.º 3), Por seu lado, o n.º 2 do artigo 829.º prescrevia assim: «o juiz que ordene a penhora oficiará imediatamente à capitania, para que esta impeça a saída do navio».

[238] Sobre o processo de prestação de caução, prestação de caução como incidente e reforço ou substituição da caução prestada como incidente, veja-se, respectivamente, artigos 981.º a 989.º, 990.º e 996.º; quanto aos meios de prestar caução, vejam--se artigos 623.º e seguintes do Código Civil.

[239] O prazo de resposta do capitão do navio e dos titulares dos créditos sobre a idoneidade da caução e a suficiência do seguro é de 10 dias (artigo 153.º, n.º 1).

Tratando-se de *aeronaves*, a penhora realiza-se através de comunicação ao Instituto Geral de Aviação Civil(241), após o que é notificada a autoridade de controlo de operações do local onde a aeronave se encontra estacionada, para que apreenda os respectivos documentos (artigo 851.º, n.º 5).

4.3. Penhora de direitos

Nos termos do artigo 863.º, à penhora de direitos é subsidiariamente aplicável o regime definido para a penhora de móveis e de imóveis.

Na penhora de direitos(242), importará distinguir-se:

4.3.1. Penhora de direitos de crédito em geral

Tratando-se de um *direito de crédito*, a penhora considera-se feita com a notificação ao devedor, realizada pelo agente de execução (cfr. artigo 808.º, n.º 1) e com as formalidades da citação pessoal (artigos 233.º, n.os 2 e 3(243), e 235.º), de que o crédito fica à ordem do agente de execução (artigo 856.º, n.º 1).

---

(240) Pese embora as competências atribuídas ao agente de execução, cujas funções são desempenhadas pelo solicitador de execução (artigo 808.º), parece-nos que a decisão sobre a idoneidade da caução e suficiência do seguro deve caber ao juiz de execução, particularmente quando haja desacordo entre as partes (artigo 809.º, n.º 1, alínea d)); inexistindo litígio entre as partes sobre a idoneidade da caução e suficiência do seguro, não nos repugna que o agente de execução possa decidir sobre a matéria, sem prejuízo, obviamente, de qualquer das partes poder reclamar para o juiz de execução (cfr. artigo 809.º, n.º 1, alínea c)).

(241) Cfr. artigo 6.º, alínea i) dos Estatutos do Instituto Nacional de Aviação Civil, aprovados pelo artigo 1.º, n.º 1, do Decreto-Lei n.º 133/98, de 15 de Maio.

(242) Para CASTRO MENDES, na epígrafe "Penhora de direitos" (artigos 856.º e seguintes) devem considerar-se contemplados os seguintes «direitos»: a) créditos (artigos 856.º e 861.º); b) direitos de quota em bens indivisos (artigo 862.º); c) direitos de quota em sociedade (artigo 862.º); d) direitos reais cuja estrutura não abrange a posse efectiva da coisa (lacuna a colmatar por analogia) ("Direito processual civil, Acção executiva", pág. 110).

(243) Note-se que o Decreto-Lei n.º 303/2007, de 24 de Agosto, cuja entrada em vigor foi diferida para o dia 1 de Janeiro de 2008, deu ao artigo 233.º, n.º 2, alí-

Efectuada a penhora, a extinção do crédito do executado por causa dependente da vontade deste ou do seu devedor é inoponível à execução (cfr. artigo 820.º do Código Civil, na redacção dada pelo Decreto-Lei n.º 199/03, de 10 de Setembro (244).

No acto da notificação (245), deverá o devedor ser informado de que, no prazo de dez dias, se o não puder fazer nesse acto, terá que declarar se o crédito existe, quais as garantias que o acompanham, qual a data do vencimento e todas as circunstâncias que se lhe refiram e possam interessar à execução (artigo 856.º, n.º 2), sob pena de, nada declarando, entender-se que reconhece a existência da obrigação, nos termos estabelecidos na indicação do crédito à penhora (artigo 856.º, n.º 3) (246), ficando obrigado a realizar a prestação logo que a obrigação se vença (artigo 860.º, n.º 1).

Em face da notificação da penhora do crédito, o devedor pode assumir uma das seguintes atitudes:

a) *Reconhecer a existência do crédito*. Este reconhecimento (declaração) poderá ter lugar no acto da notificação – se o notificado estiver de momento habilitado a fazê-lo – e então ficará a constar da certidão desta –, ou no prazo geral de dez dias contados da notificação (artigo 153.º (247), prorrogável com fundamento justificável, por meio de termo ou de simples requerimento (artigo 856.º, n.º 2).

---

nea a), a seguinte redacção: «A citação pessoal é feita mediante: transmissão electrónica de dados, nos termos definidos na portaria prevista no n.º 1 do artigo 138.º-A».

(244) Será o caso de o executado perdoar a dívida ou de o devedor notificado pagar a dívida ao executado.

(245) A notificação do devedor tem se ser feita com as formalidades prescritas para a citação pessoal e sujeita ao regime desta (artigos 256.º, n.º 1).

(246) Neste sentido, Ac. do STJ, de 25.11.1993, proc. n.º 078591 – http://www.dgsi.pt.

(247) ALBERTO DOS REIS entendia que a regra geral do artigo 154.º (actual artigo 153.º) não era aplicável a este caso: "o devedor deve prestá-las (as declarações) logo que possa; se demorar o cumprimento deste dever, ao executado fica aberto o caminho para requerer que o devedor seja notificado para dentro do prazo fixado pelo juiz, satisfazer o que o artigo 856.º preceitua" ("Processo de execução", vol. II, pág. 193). Por seu lado, LOPES CARDOSO defende que as declarações a prestar, neste caso, pelos notificados devem sê-lo no prazo geral (actualmente de dez dias): "Houve, pois, a intenção de aplicar, a um caso perfeitamente análogo, o prazo que o actual artigo 153.º marca para certos actos das partes" ("obra citada" págs. 470-471).

Como bem escreve LEBRE DE FREITAS ([248]), reconhecendo a existência do crédito, este pode ser como tal adjudicado ou vendido (artigo 860.º, n.º 2) ([249]), servindo o acto de reconhecimento de base à formação de um título executivo em que se pode fundar uma execução contra o terceiro devedor (que não pague, por depósito efectuado à ordem do solicitador de execução ou da secretaria) (artigo 860.º, n.º 1) ([250]), por meio de substituição processual (do executado pelo exequente, mas constituindo título executivo a declaração de reconhecimento do devedor) ou por acção do adquirente (mediante a atribuição de exequibilidade do título de aquisição do crédito) e por apenso no processo de execução (artigo 860.º, n.º 3) ([251]).

Apesar do reconhecimento tácito do crédito, se em incidente de oposição deduzida pelo terceiro devedor (artigo 813.º, n.º 1) vier a verificar-se que o crédito não existia, o terceiro devedor responde pelos danos causados ao exequente, liquidando-se a sua responsabilidade no próprio incidente de oposição, se o exequente fizer valer na contestação apresentada ao incidente o seu direito à indemnização (artigo 860.º, n.º 4).

b) *Contestar a existência do crédito.* Nesta hipótese, o exequente e o executado são notificados para se pronunciarem, no prazo de dez dias, devendo o exequente declarar se mantém a penhora ou desiste dela (artigo 858.º, n.º 1) ([252]).

([248]) "A acção executiva...", pág. 251.

([249]) «Se o crédito já estiver vendido ou adjudicado e a aquisição tiver sido notificada ao devedor, será a prestação entregue ao respectivo adquirente» (artigo 860.º, n.º 2).

([250]) «Logo que a dívida se vença, o devedor que não a haja contestado é obrigado a depositar a respectiva importância em instituição de crédito, à ordem do solicitador de execução ou, na sua falta, da secretaria, e a apresentar no processo o documento do depósito, ou a entregar a coisa devida ao agente de execução, que funcionará como seu depositário» (artigo 860.º, n.º 1).

([251]) «Não sendo cumprida a obrigação, pode o exequente ou o adquirente exigir a prestação, servindo de título executivo a declaração de reconhecimento do devedor, a notificação efectuada e a falta de declaração ou o título de aquisição do crédito» (artigo 860.º, n.º 3).

([252]) No regime anterior à Reforma, se o exequente, o executado e o devedor residissem na comarca, o juiz marcava dia para uma conferência a fim de serem ouvi-

Se o exequente mantiver a penhora, o crédito será considerado litigioso e como tal será adjudicado ou transmitido (artigo 858.º, n.º 2)(253).

Se o devedor declarar que a exigibilidade da obrigação depende de prestação a efectuar pelo executado, este será notificado para, em dez dias, confirmar ou impugnar a declaração. Confirmando-a ou nada dizendo, é notificado o executado para, em quinze dias, satisfazer a prestação(254). Aqui, o executado pode assumir duas atitudes: ou satisfaz a prestação ou não. No primeiro caso, a penhora mantém-se; caso o executado não satisfaça a prestação, poderá o exequente ou o devedor exigir o cumprimento da prestação, promovendo a execução respectiva (acção executiva acessória) que correrá por apenso ao processo de execução inicial, sem citação do executado, servindo de título executivo o despacho que haja ordenado o cumprimento da prestação (artigo 859.º, n.º 2, 1.ª parte, e n.º 4). Pode ainda o exequente satisfazer a prestação pelo executado, ficando então subrogado nos direitos do devedor (artigo 859.º, n.º 2, 2.ª parte).

---

dos; se o exequente, o executado e o devedor não residissem na comarca, a conferência não poderia ter lugar, havendo de seguir-se as regras gerais. Quer isto dizer que a conferência se realizaria sempre no tribunal da execução, ainda que a penhora do crédito fosse feita por carta precatória em virtude de o devedor residir em comarca diferente daquela onde corria a execução, mas os interessados não eram obrigados a comparecer pessoalmente, podendo fazer-se representar por procuradores.

(253) No regime anterior à Reforma de 1995/1996, se o exequente desistisse da penhora, esta seria levantada, a não ser que o executado requeresse, na própria conferência ou no prazo de cinco dias, a subsistência dela e indicasse pessoa que se obrigasse a lançar no acto da arrematação do crédito, com a menção do preço que oferecia (cfr. artigo 858.º, n.º 2, 2.ª parte).

(254) ALBERTO DOS REIS considera que "há que entender este passo em termos razoáveis. Assenta ele no pressuposto de que o executado está em mora, já passou o prazo dentro do qual o executado devia satisfazer a prestação a que está obrigado para com o devedor; só neste caso se justifica que ele seja notificado para, dentro de dez dias, prestar a coisa ou o facto de que depende o cumprimento da obrigação do seu devedor. Se a prestação do executado ainda não está vencida, não se compreende que possa ser exigido o cumprimento coercivo. Há-de, em tal caso, esperar-se que chegue o prazo do vencimento" ("Processo de execução", vol. II, pág. 202).

Se o executado *impugnar a declaração do devedor* e persistir a divergência, por o exequente manter a penhora, o crédito passa a ser considerado litigioso (artigos 859.º, n.º 3 e 858.º, n.º 2).

Após a penhora, o exequente, o executado e os credores reclamantes podem requerer ao juiz de execução a prática, ou a autorização para a prática, dos actos que se afigurem indispensáveis à conservação do direito de crédito penhorado (artigo 856.º, n.º 5) ([255]).

Se o crédito estiver garantido por *penhor*, além da notificação ao devedor de que o crédito fica à ordem do agente de execução (cfr. artigo 856.º, n.º 1), deverá proceder-se à apreensão do objecto deste, aplicando-se as disposições relativas à penhora de coisas móveis, se o objecto do penhor for coisa móvel; se o objecto do penhor for algum direito, a penhora far-se-á pela transferência do direito para a execução ([256]).

A disjuntiva «ou» usada no n.º 6 do artigo não significa que a alternativa seja facultativa e, como bem esclarece LOPES CARDOSO, "a apreensão tem de fazer-se sempre que seja possível e não contrarie o estipulado no contrato de penhor" ([257]). Tal entendimento parece-nos razoável se considerarmos que, em regra, o «penhor», isto é, o objecto empenhado, tem de sair das mãos do devedor para as do próprio credor ou de um terceiro (cfr. artigos 669.º, n.º 1 e 673.º, ambos do Código Civil) ([258]).

([255]) Nestes actos cabem, em especial, aqueles que se referem a conservação da garantia patrimonial, como a declaração de nulidade (cfr. artigo 605.º do Código Civil), a sub-rogação do credor ao devedor (cfr. artigo 606.º, n.º 1, do Código Civil), a impugnação pauliana (cfr. artigo 610.º do Código Civil) e o arresto (cfr. artigo 619.º Código Civil) (cfr. TEIXEIRA DE SOUSA, "obra citada", pág. 155).

([256]) Nesta hipótese, a apreensão material é de todo impossível uma vez que a natureza do penhor a não consente (cfr. artigo 679.º do Código Civil); permite-se, todavia, a apreensão material dos documentos comprovativos desses direitos quando estejam na posse do titular do direito empenhado e em cuja conservação não tenha interesse legítimo (artigo 682.º do Código Civil).

([257]) As partes podem expressamente estipular no contrato de penhor que o objecto empenhado se mantenha em poder do devedor, ficando este sujeito às obrigações e responsabilidades do depositário.

([258]) Tem-se discutido sobre se a apreensão do «penhor» deverá ou não ter sempre lugar, divergindo as opiniões, consoante o objecto empenhado se encontre em poder do credor, em poder de terceiro ou em poder do devedor pignoratício:

Se o crédito estiver garantido por *hipoteca*, para além da notificação ao devedor de que o crédito fica à ordem do agente de execução (artigo 856.º, n.º 1), a penhora efectiva-se pelo seu averbamento no registo da hipoteca (artigo 856.º, n.º 2, 2.ª parte).

Não obstante o preceito se referir expressamente ao crédito garantido por hipoteca, entende-se que o mesmo regime há-de observar-se quando o crédito penhorado seja garantido por arresto ou consignação em depósito.

4.3.2. *Penhora de títulos de crédito*

Tratando-se de direitos de crédito incorporados em títulos de crédito (v.g., letras, livranças e cheques) e valores mobiliários titulados não depositados em instituição financeira, a penhora realiza-

---

Se o penhor se encontra em poder do credor, entende-se que nada obsta à apreensão real do objecto empenhado, em execução movida contra o credor. Penhorado o crédito, o credor perde, como executado e enquanto a penhora subsistir, o direito resultante do artigo 666.º do Código Civil, de ser pago pelo valor da coisa empenhada.

Se o penhor se encontra em poder de terceiro por virtude de convenção, isto é, se pelo contrato a coisa devesse ficar entregue a terceiro e não ao credor, entende LOPES CARDOSO, "Manual da acção executiva", pág. 479, que a apreensão não será possível por contrária ao estipulado no contrato de penhor, funcionando, neste caso, o regime previsto no artigo 857.º, n.º 2 (actual artigo 856.º, n.º 6). Entendimento diferente tem ALBERTO DOS REIS, para quem nada obsta a que se efectue a apreensão material já que nenhum prejuízo dela poderá advir quer para o credor pignoratício (executado) quer para o devedor: para aquele, "visto que a apreensão é consequência legal da falta de cumprimento da obrigação porque se move a acção executiva; o devedor, também não tem fundamento atendível para se opor à apreensão, visto que a sua situação jurídica não sofreu alteração, já se achava privado da detenção material da coisa empenhada; continua exactamente como estava" ("obra citada", pág. 211).

Se o penhor se encontra em poder do devedor pignoratício, defende igualmente LOPES CARDOSO que a apreensão é inadmissível por contrária ao estipulado no contrato de penhor: "Por isso se há-de ordenar a transferência da garantia para o activo da execução, mediante despacho que se notificará à pessoa que por virtude de tal contrato foi constituída depositário do objecto empenhado" ("obra e locais supra citados"). Para ALBERTO DOS REIS a apreensão é possível, embora aceite que o devedor não seja desapossado materialmente do objecto do penhor: O devedor, refere, "em consequência da apreensão, ficará na posição de depositário da coisa empenhada, à ordem do juiz da execução; já era possuidor em nome alheio: possuía em nome do credor pignoratício; para o futuro possuirá em nome do titular do crédito em benefício do qual vier a operar a penhora" ("obra citada", pág. 212).

se através da apreensão do título[259] [260], com eventual averbamento do ónus da penhora (artigo 857.º, n.º 1), e depósito em instituição de crédito[261] à ordem do agente de execução ou, na sua falta, da secretaria (artigo 857.º, n.º 3).

Se o direito incorporado no título tiver *natureza obrigacional*, deve ter-se em conta ainda o regime comum da penhora de créditos (artigo 857.º, n.º 2).

Tratando-se de *valores mobiliários escriturais* integrados em sistema centralizado, a penhora será feita mediante comunicação, preferencialmente electrónica, à entidade registadora, de que o valor fica à ordem do agente de execução (cfr. artigos 66.º, n.º 1 e 82.º do Código dos Valores Mobiliários)[262].

Quanto aos valores mobiliários *sujeitos a imobilização ou depósito*[263], que o Código anterior previa no n.º 4 do artigo 857.º, o seu regime passou para o n.º 12 do artigo 861.º-A, que manda aplicar o regime da penhora de depósitos bancários, quer aos valores mobiliários escriturais (cfr. artigo 46.º, n.º 1, do Código dos Valores Mobiliários) integrados em sistema centralizado, quer aos

---

[259] "Quando se ordene a penhora de um título de crédito, ou seja, de título que autónoma e abstractamente incorpore o crédito, como sucede com as letras e livranças, exige-se sempre a apreensão do próprio título" (LOPES CARDOSO, "obra citada", pág. 478). Afigura-se-nos que a ratio do preceito, no que à apreensão do título respeita, poderá buscar-se na conveniência em afastar o título da circulação, impedindo-se, desse modo, que o seu portador possa vir apresentar-se a exigir o pagamento junto do devedor, na data do vencimento.

[260] A esta apreensão aplicam-se, por força do artigo 863.º, as normas que regulam a entrega efectiva de coisa móvel não sujeita a registo, dos artigos 848.º a 850.º.

[261] Aqui o depositário não é o agente de execução ou a pessoa nomeada pelo oficial de justiça, como sucede na penhora sobre coisas corpóreas (cfr. artigos 839.º e 855.º), embora caiba ao solicitador de execução ou à secretaria do tribunal designar a instituição de crédito à ordem de quem o título ficará depois (cfr. artigo 808.º, n.os 1 e 2), sem prejuízo de, dessa escolha, haver reclamação para o juiz, nos termos do artigo 809.º, n.º 1, alínea c).

[262] O Código dos Valores Mobiliários foi aprovado pelo Decreto-Lei n.º 486/99, de 13 de Novembro.

[263] São exemplos: acções (cfr. artigo 331.º do Código das Sociedades Comerciais), obrigações hipotecárias, certificados de compartipação em fundos de investimento, bilhetes de tesouro, obrigações de tesouro.

outros valores mobiliários registados ou depositados em instituição financeira (264), quer ainda aos registados junto do respectivo emitente (cfr. artigos 61.º e 99.º, n.º 1, do Código dos Valores Mobiliários).

4.3.3. *Penhora de prestações periódicas*

A penhora de rendas (265), abonos, vencimentos, salários (266) ou outros rendimentos periódicos (267) é realizada través da notificação do locatário, do empregador ou da entidade que os deve pagar para que faça, nas quantias devidas, o desconto correspondente ao

---

(264) RUI PINTO entende que se justifica o despacho judicial a ordenar a penhora de valores mobiliários *depositados*, por imposição do normativo do n.º 1 do artigo 861.º-A, mas já é duvidoso que a ordenação da penhora careça de tal despacho quando se trate de valores mobiliários *registados*, pois que não estão ao abrigo do segredo e cuidados bancários. ("Penhora e alienação de outros direitos", in A reforma da acção executiva, Themis, 7 (2003), pág. 139.

(265) Não previstos no regime anterior à Reforma, os *rendimentos de causa real* (na terminologia de RUI PINTO) compreendem os frutos civis (cfr. artigo 212.º, n.º 2 do Código Civil) vencidos regularmente pela titularidade de um direito ou pessoal de gozo sobre uma coisa, a saber: rendas e alugueres; prestações semelhantes recebidas na execução de contratos de aluguer de longa duração (ALD) e de leasing; prestações pecuniárias convencionadas pagas por titular de direito real de gozo menor, como o usufrutuário (cfr. artigos 1440.º e 1445.º) e o superficiário (cfr. artigo 1530.º) (RUI PINTO, "obra citada", págs. 140-141).

(266) No regime anterior à Reforma, a penhora em *ordenados* ou *salários* devidos por empresas ou pessoas particulares fazia-se pela forma determinada no artigo 856.º: a notificação era feita ao empregador de que se tinha feito a penhora e advertência de que devia depositar a parte penhorada; se se tratasse da penhora em *quantia depositada* à ordem de qualquer autoridade, fosse ou não judicial, *na Caixa Geral de Depósitos*, a penhora era feita no próprio conhecimento de depósito, lavrando-se o termo respectivo no processo em que ele estivesse e perante a autoridade que tivesse jurisdição sobre o depósito (artigo 861.º, n.º 2).

(267) Entende-se que a expressão *"outros rendimentos"* constante do artigo 861.º, n.º 1, compreende: os rendimentos do trabalho, seja por conta de outrem seja a título de prestação de serviços, como vencimentos, salários, avenças ou prestações de natureza semelhante; prestações sociais, como abonos, subsídios, e pensões de reforma; prestações pagas regularmente a título de seguro ou indemnização (cfr. RUI PINTO, "obra citada", págs. 140-141).

crédito penhorado (²⁶⁸) e proceda ao depósito em instituição de crédito (artigo 861.º, n.º 1)

As quantias depositadas ficam a ordem do solicitador de execução ou, na sua falta, da secretaria do tribunal, mantendo-se indisponíveis até ao termo do prazo para a oposição do executado (²⁶⁹), caso este não se oponha, ou até ao trânsito em julgado da decisão deste incidente, caso o executado deduza oposição (artigo 861.º, n.º 2). Findo esse prazo ou julgada improcedente a oposição, as quantias depositadas ficam disponíveis e o exequente pode requerer que, das quantias depositadas, lhe sejam entregues as que não sejam necessárias para satisfazer créditos reclamados (²⁷⁰) e despesas de execução referidas no n.º 3 do artigo 821.º, até ao valor da divida exequenda (artigo 861.º, n.º 3).

4.3.4. Penhora de depósitos bancários

De acordo com a nova redacção do artigo 861.º-A, n.º 1, à penhora que incida sobre depósito existente em instituição legalmente autorizada a recebê-lo aplicam-se as regras referentes à penhora de créditos (cfr. artigo 856.º), com as especialidades seguintes: a penhora tem de ser feita por despacho judicial, que poderá integrar-se no despacho liminar, quando o houver, devendo a notificação às instituições de crédito ser feita, preferencialmente (²⁷¹), através de comunicação electrónica (artigo 861.º-A, n.º 1); da noti-

---

(²⁶⁸) Este desconto será feito periodicamente à medida que se vença ou seja cobrado o rendimento, de modo a que cada vencimento importa novo depósito, nos termos do n.º 3 do artigo 839.º.

(²⁶⁹) O termo do prazo de oposição à penhora é de dez ou vinte dias, consoante tenha havido citação prévia ou não (cfr. artigos 153.º, 812.º, n.º 6, e 863.º-A, n.º 1, alíneas a) e b)).

(²⁷⁰) Exige-se, pois, que o rendimento periódico não esteja já consignado em rendimentos, tratando-se de rendimentos de bens imóveis ou móveis sujeitos a registo, ou que não esteja já penhorado, tratando-se de qualquer rendimento periódico, em geral. (Neste sentido, RUI PINTO, "obra citada", pág. 147).

(²⁷¹) O termo *"preferencialmente"* refere-se apenas à comunicação electrónica e não também ao despacho judicial; não sendo feita pela via electrónica, a notificação segue o regime geral das notificações. (Neste sentido, MANUEL JANUÁRIO DA COSTA GOMES, "Penhora de direitos de crédito – breves notas", in A reforma da acção executiva, 7 (2003), pág. 124 (70)).

ficação devem constar os elementos referidos nos n.ᵒˢ 5 e 6 do artigo 861.º-A; quer se trate de conta em regime de solidariedade, de conta em regime de conjunção ou em regime misto, funciona a presunção do n.º 2 do artigo 861-A; não sendo possível identificar adequadamente a conta bancária, é penhorada a parte do executado nos saldos de todos os depósitos existentes na instituição ou instituições notificadas, ate ao limite do artigo 821.º, n.º 3 (artigo 861.º-A, n.º 3) e sem prejuízo da impenhorabilidade parcial do artigo 824.º, n.º 3 (²⁷²); a instituição notificada e o agente de execução devem observar os critérios de preferência na escolha da conta ou contas cujos saldos são penhorados referidos no artigo 861.º-A, n.º 4; as instituições de crédito notificadas devem, no prazo de quinze dias, comunicar ao agente de execução o montante dos saldos existentes ou a inexistência da conta ou saldo; seguidamente, comunicam ao executado a penhora efectuada (artigo 861.º-A, n.º 7); uma vez que a penhora se considera efectuada logo que seja recebida a notificação realizada pelo agente de execução (cfr. artigo 861.º-A, n.º 5), os saldos existentes só podem ser afectados pelas operações de crédito referidas no artigo 861.º-A, n.º 8; podendo haver operações que conduzam a lançamentos a crédito e a débito, susceptíveis de afectar, positiva ou negativamente, o saldo penhorado, e ocorrendo essa afectação, a instituição de crédito deverá fornecer ao tribunal extracto de onde constem todas as operações que afectem os depósitos penhorados (artigo 861.º-A, n.º 9); findo o prazo de oposição ou julgada esta improcedente, o exequente pode requerer que, das quantias penhoradas, lhe sejam entregues as que não sejam necessárias para satisfazer créditos reclamados e despesas de execução referidas no n.º 3 do artigo 821.º, até ao valor da divida exequenda (artigo 861.º-A, n.º 11) (²⁷³).

(²⁷²) Este normativo impõe, na penhora de dinheiro ou de saldo bancário de conta à ordem, a impenhorabilidade do valor global correspondente a um salário mínimo nacional. Esta impenhorabilidade, tratando-se de depósitos bancários, é limitada aos saldos de depósitos à ordem, sendo totalmente penhoráveis os saldos nas modalidades de depósitos previstos no Decreto-Lei n.º 430/99, de 2 de Novembro (cfr., entre outros, MENEZES CORDEIRO, "Direito bancário", págs. 521 e seguintes).

(²⁷³) Este normativo reproduz integralmente o normativo do n.º 3 do artigo 861.º, com excepção da expressão "*quantias depositadas*", que consta deste normativo, e da expressão "*quantias penhoradas*", que consta do n.º 11 do artigo 861.º-A.

4.3.5. *A penhora de direito a bens indivisos e de quota em sociedade*

Conforme decorre dos artigos 826.º e 862.º, é possível a penhora quanto ao direito que o executado tenha em bens indivisos, mas já não a penhora directamente nesses bens.

A penhora de direitos a *bens indivisos* abrange os seguintes direitos: a) o direito de quota em bens indivisos (compropriedade ou outra contitularidade de direitos reais) (artigo 862.º, n.º 1); b) o quinhão numa universalidade de direito (direito a herança por partilhar [274], direito à meação em bens comuns do casal [275]) (artigo 862.º, n.º 1); c) o direito real de habitação periódica ou outro direito real menor que não implique a posse efectiva e exclusiva do seu objecto (timeshering, nua-propriedade ou propriedade do fundeiro, em face dos direitos do usufrutuário e do superficiário (artigo 862.º, n.º 5); d) a quota de sociedade, civil ou comercial (artigo 862.º, n.º 6).

Nos três primeiros casos, tratando-se de *bem não sujeito a registo*, a penhora efectua-se por meio da notificação ao administrador dos bens, se o houver, e aos titulares ou contitulares, com a expressa advertência de que o direito do executado fica à ordem do agente de execução, desde a data da primeira notificação efec-

---

[274] A penhora do direito que um interessado tem à herança abrange todas as coisas que o comportam muito embora não haja efectiva e especial apreensão de qualquer delas. Com efeito, «penhorado o direito e acção do executado a uma herança ilíquida e indivisa, nos termos do artigo 862.º, a partilha dessa herança na pendência da execução é ineficaz em relação ao exequente dado o que se dispõe no artigo 819.º do Código Civil, perante o qual tem de ceder a solução de que a penhora do direito se converte automaticamente com a partilha na penhora dos bens que nesta vierem a caber ao executado» (cfr. Ac. do STJ, de 28.04.1975, in BMJ n.º 246, pág. 114).

[275] No artigo 863.º do Código de 1939 (correspondente ao actual artigo 862.º) utilizava-se o termo «comproprietários» em vez de «condóminos» usado no Código anterior à Reforma de 1995/1996. Porém, ALBERTO DOS REIS distinguia já os vários tipos de direitos abrangidos naquele preceito, a saber: "a) direito a herança por partilhar; direito à meação dos bens comuns do casal; c) direito a uma quota-parte de prédio ou prédios certos e determinados. Quer dizer: direito a certa quota-parte numa universalidade; direito a uma comunhão; direito a quota-parte numa compropriedade" ("Processo de execução", vol. 2.º, págs. 220-221).

tuada (artigo 862.º, n.º 1); tratando-se de *bem sujeito a registo*, a penhora realiza-se através da comunicação à conservatória competente (cfr. artigos 863.º e 838.º, n.º 1), seguida das notificações referidas quanto ao bem não sujeito a registo.

A penhora de *quota em sociedade* é realizada através de comunicação à competente conservatória do registo comercial (cfr. artigo 3.º, alínea f) do Código do Registo Comercial), nos termos do n.º 1 do artigo 838.º, bem como da notificação da sociedade, aplicando-se no mais o regime da execução da quota (regulado no artigo 239.º do Código das Sociedades Comerciais) (artigo 862.º, n.º 6).

Os notificados podem contestar a existência do direito ou fazer as declarações que entenderem quanto ao direito do executado e ao modo de o tomar efectivo (artigo 862.º, n.ºs 2 e 3), podendo ainda os contitulares declarar se pretendem que a venda tenha por objecto todo o património ou a totalidade dos bens. Se o direito for objecto de contestação, aplicar-se-á o regime previsto no artigo 858.º (cfr. artigo 862.º, n.º 3), já acima analisado ([276]).

Quanto à penhora do direito à liquidação de quota em sociedade de pessoas ([277]) e do direito ao lucro, LEBRE DE FREITAS entende que aquele constitui penhora de bem indiviso e a penhora do direito ao lucro tem o tratamento dos direitos de crédito ([278]). Para RUI PINTO ([279]) e TEIXEIRA DE SOUSA ([280]), a penhora daqueles direitos deve ser vista como uma penhora de quinhão sobre um património indiviso.

([276]) Supra, **4.3.1**. Vide, a propósito, ANSELMO DE CASTRO, "Acção executiva singular...", págs. 138 e seguintes.

([277]) É o que sucede quando o executado é sócio de sociedade civil (artigo 999.º do Código Civil), de sociedade comercial em nome colectivo (artigo 183.º do Código das Sociedades Comerciais) e sócio comanditado de sociedade comercial em comandita simples (artigo 474.º do Código das Sociedades Comerciais).

([278]) "A acção executiva,,,", pág. 253.

([279]) "Penhora e alienação ...", pág. 156.

([280]) "Acção executiva singular", Lisboa, 1998, pág. 277.

4.3.6. Penhora de estabelecimento comercial

A penhora de estabelecimento comercial faz-se por auto em que se relacionam os bens que essencialmente o integram[281]. Se do estabelecimento fizerem parte direitos de crédito, incluindo o direito ao arrendamento[282], aplica-se o disposto para a penhora desses direitos (artigo 862.º-A, n.º 1, cfr. artigo 856.º).

Relativamente ao anterior artigo 862.º-A, introduzido pela Reforma de 1995/1996, a Reforma da Acção Executiva suprimiu o seu n.º 2, mantendo nos actuais n.ºs 2 a 6 o regime que constava do anterior artigo 862.º-A, n.ºs 3 a 7.

4.3.7. Penhora de direitos ou expectativas de aquisição

De acordo com o n.º 1 do artigo 860.º-A[283], à penhora de direitos ou expectativas de aquisição[284] de bens determinados pelo

---

[281] "A penhora do estabelecimento comercial como universalidade não deve, em princípio, descer à descrição, no respectivo auto, dos elementos singulares que o integram na data da providência, por não ser esse, por via de regra, o sentido da diligência requerida. Se porém, no intuito de facilitar desde logo a prova da ligação de certos bens ao estabelecimento, de dificultar a subtracção, alienação ou oneração fraudulenta desses bens ou por qualquer outra razão justificativa, o exequente requerer que do auto da penhora constem expressamente alguns dos valores patrimoniais que no momento o integram, deve o juiz ordenar que o auto seja lavrado nas condições requeridas. "ANTUNES VARELA, Revista de Legislação e Jurisprudência, 115, pág. 267 (anotação crítica ao Ac. do STJ, de 03.02.1981); cfr. GERMANO MARQUES DA SILVA, "Curso de processo civil executivo", 1995, pág. 90.

[282] «I – O conteúdo da nomeação à penhora do direito ao arrendamento e trespasse de um estabelecimento comercial é o próprio estabelecimento enquanto unidade jurídica, não tendo lugar no respectivo auto de penhora a descrição dos respectivos elementos constitutivos. II – Em caso de arrendamento do imóvel onde funciona o estabelecimento, o senhorio deverá ser notificado da efectivação da penhora. III – Porém, a omissão de tal notificação não acarreta a nulidade daquela» (Ac. Relação Lisboa, de 04.06.1992, in BMJ n.º 418, pág. 844).

No mesmo sentido, também, o Ac. Relação Lisboa, de 29.06.1993, in CJ, tomo III, pág. 143, que reza: «o que pode ser penhorado não é o direito ao trespasse mas sim a universalidade susceptível de ser trespassada, isto é, o estabelecimento comercial de que o arrendamento seja parte».

[283] O artigo 860.º-A foi introduzido na Reforma de 1995/1996. Do preâmbulo do Decreto-Lei n.º 329-A/95, de 12 de Dezembro, permitimo-nos retirar o seguinte extracto: «No que respeita à penhora de direitos, salienta-se a consagração da possibi-

executado aplica-se, com as adaptações necessárias, o regime previsto para a penhora de créditos.

Quer isto dizer que a penhora é feita por notificação à contraparte (promitente vendedor, pessoa sujeita a preferência, vendedor reservatário ou comprador sob condição resolutiva), realizada pelo agente de execução, de que a posição contratual do executado, que lhe permitiria adquirir o direito de propriedade ou outro, fica à sua ordem (cfr. artigo 856.º). Em face da notificação, a contraparte pode: reconhecer a existência do direito (artigo 856.º, n.º 2), fazer sobre ele quaisquer outras declarações que possam interessar à execução (artigo 856.º, n.º 2), contestar a existência do direito penhorado (artigo 858.º, n.º 1), invocar o direito a qualquer prestação de que a aquisição dependa (artigo 859.º, n.º 1), ou nada dizer, tendo-se neste caso o direito como reconhecido, nos mesmos termos em que se tem por reconhecido o direito de credito (artigo 856.º, n.º 3).

Estando em causa bens sujeitos a registo (v. g. um direito real de aquisição sobre bem imóvel ou móvel sujeito a registo), a este deverá proceder-se, nos termos dos artigos 838.º e 851.º, «*ex vi*» artigo 863.º.

---

lidade de penhorar direitos ou expectativas de aquisição de bens determinados por parte do executado, e tenta proceder-se a uma regulamentação da forma de efectivação e efeitos da penhora de depósitos bancários, regulando, designadamente, a matéria da determinação e disponibilidade do saldo penhorado».

([284]) Sobre esta matéria escreve RUI PINTO: "... Mas o objecto desta penhora abrange toda a posição contratual do executado, com o seu conteúdo real, isto é, o direito ou expectativa de aquisição, e com o seu conteúdo obrigacional. Estas situações jurídicas reais têm por fonte, entre outros: a) contratos reais quoad effectum sujeitos a condição (artigo 274.º, n.º 1, do Código Civil) ou a reserva, como a compra com propriedade (artigo 409.º, do Código Civil); b) contratos preparatórios de aquisição, como a promessa com eficácia real (artigo 413.º, n.º 1, do Código Civil); c) contratos que dão a opção de aquisição, exclusivamente, como o pacto de preferência com eficácia real (artigo 421.º, do Código Civil); d) contratos que, concomitantemente com faculdades de gozo, dão a opção de aquisição do bem, como o leasing (artigos 1.º e 9.º, n.º 1, alínea c) do Decreto-Lei n.º 194/95, de 24 de Junho), e o aluguer de longa duração (ALD); e) a verificação dos pressupostos de facto – o corpus – quanto à aquisição por achamento (artigo 1323.º, n.os 1 e 2, do Código Civil), por acessão (artigo 1341.º, n.º 2, do Código Civil), ou por prolongamento do edifício em parcela de terreno alheia (artigo 1343.º, n.º 1, do Código Civil); f) o fideicomisso (artigo 2286.º, do Código Civil) ("Penhora e alienação de outros direitos...", pág. 151).

Quando o objecto a adquirir for uma coisa que esteja na *posse* ou *detenção* (²⁸⁵) do executado (v. g., tratando-se de contrato-promessa que tenha dado lugar a tradição ou de compra e venda com reserva de propriedade), a garantia do interesse do exequente torna necessária, para alem da notificação constitutiva da penhora, que deva proceder-se à *apreensão material da coisa* nos termos definidos para a penhora de imóveis ou de móveis, consoante (artigos 860.º-A, n.º 2, 840.º e 848.º, n.º 1), sem prejuízo do direito de propriedade da contraparte, que a penhora não afecta e que permanecerá com a eventual resolução do contrato de alienação (cfr. artigos 934.º e 936.º, n.º 1, ambos do Código Civil) (²⁸⁶).

Efectivada a aquisição, a penhora passa a incidir sobre o próprio bem transmitido (artigo 860.º-A, n.º 3) (²⁸⁷).

4.3.8. Penhora de outros direitos

Existem outros direitos penhoráveis não incluídos no âmbito de previsão dos regimes de execução sobre direitos de crédito supra analisados, quais sejam: os chamados direitos potestativos autónomos – caso do direito de resolução do contrato (artigo 927.º do Código Civil) ou do direito de anulação; o conteúdo patrimonial do direito de autor (artigo 47.º do Código do Direito de Autor e dos Direitos Conexos); o direito de edição e os direitos de proprie-

---

(²⁸⁵) Como bem observa LEBRE DE FREITAS, as situações de *simples detenção* (artigo 1253.º do Código Civil) têm de ceder perante a pretensão real da contraparte; por outro lado, quando o executado não tenha a posse da coisa, mas a ela tenha direito por via do contrato que celebrou, o acto de reconhecimento da contraparte (ou a omissão da sua declaração) serve de base à formação de titulo executivo, em que se pode fundar uma execução para entrega de coisa certa contra ela dirigida (artigo 860.º, n.º 3, *ex vi* artigo 860.º-A, n.º 1) ("obra citada", pág. 255).

(²⁸⁶) Neste sentido, LEBRE DE FREITAS, "obra e locais supra citados".

(²⁸⁷) Sobre esta matéria, as posições divergem: enquanto LEBRE DE FREITAS, entende que a melhor solução é esta: *"consumada a aquisição*, o objecto da penhora passa automaticamente a incidir sobre o bem transmitido" ("obra citada", pág. 256); já RUI PINTO distingue, na evolução da penhora, subsequente à sua efectivação, três hipóteses: a de a aquisição da coisa pelo executado ocorrer antes da venda, ocorrer depois da venda, ou ocorrer alguma causa de extinção da posição jurídica ("Penhora e alienação cit.", págs. 153-154).

dade industrial emergentes de patentes, modelos de utilidade, registos de modelos e desenhos industriais e registos de marca (cfr. artigo 29.º do Código de Propriedade Industrial).

Na falta de previsão expressa, importa distinguir duas hipóteses: tratando-se de *direito absoluto*, a penhora será feita por simples notificação ao executado, salvo quando se trate de direitos sujeitos a registo, caso em que a penhora deve ser feita por comunicação à entidade registadora, nos termos do artigo 838.º, n.º 1, seguida da notificação ao executado; tratando-se de *direito relativo*, observar-se-á o regime da penhora de créditos, ou seja, a penhora efectua-se mediante notificação à contraparte (cfr. artigo 856.º) [288].

5. Depositário e administração dos bens depositados

5.1. *Depositário dos bens*

O regime anterior à Reforma de 1995/1996 distinguia: o depositário dos bens imóveis penhorados era nomeado pelo juiz no despacho que ordenava a penhora, sob a informação da secretaria, devendo ser pessoa de abonação correspondente ao rendimento dos bens durante um ano (cfr. artigo 839.º, n.º 1), isto é, "pessoa que tivesse capacidade patrimonial para responder pelo rendimento dos bens penhorados durante um ano" [289]; o depositário dos bens *móveis* penhorados era nomeado pelo funcionário incumbido da penhora e no acto desta, devendo ser pessoa de abonação correspondente ao valor do depósito (cfr. artigo 848.º, n.os 1 e 2). A Reforma de 1995/1996 manteve, no essencial, o mesmo regime, com as ressalvas seguintes: quanto ao depositário dos bens imóveis

---

[288] RUI PINTO inclui nos direitos de *estrutura não relacional* (absoluta): o direito de autor, os direitos sobre programas de computador e os direitos da propriedade Industrial; inclui nos direitos de *estrutura relacional*: os créditos fundados no direito patrimonial de autor e nos direitos sobre programas de computador, se já tiverem sido feitos valer num contrato; e os direitos potestativos autónomos, como o direito de resolução do contrato, em que deve ser notificada a contraparte, apesar da estrutura não relativa daqueles ("Penhora e alienação de direitos cit.", págs. 159-160).

[289] Cfr. ALBERTO DOS REIS, "obra citada", pág. 129.

penhorados, só haveria lugar a «informação da secretaria» se, aquando da nomeação do bem, não fosse sugerido quem devia ser nomeado depositário (cfr. artigo 839.º, n.º 1); quanto ao depositário dos bens móveis penhorados, substituiu-se a expressão «de abonação correspondente ao valor do depósito» pelo termo «idóneo».

Com a Reforma da acção executiva, e mercê do papel atribuído ao agente de execução, importa distinguir: na penhora de *bens imóveis*, e, por aplicação subsidiária, na de *bens móveis sujeitos a registo* e na de *direitos* (cfr. artigos 855.º e 863.º), é constituído depositário dos bens o agente de execução ou, nas execuções distribuídas a oficial de justiça, pessoa por este designada (artigo 839.º, n.º 1 proémio); na penhora de *coisas móveis não sujeitas a registo*, o agente de execução que efectue a diligência assume a qualidade de fiel depositário (artigo 848.º, n.º 1); na penhora de *estabelecimento comercial*, quando estiver paralisada ou deva ser suspensa a actividade do estabelecimento, será depositário a pessoa designada pelo juiz, a quem incumbirá a mera administração dos bens nele compreendidos (artigo 862.º-A, n.º 4).

Excepcionalmente poderá ser constituído depositário o próprio executado, desde que haja consentimento expresso do exequente (artigo 839.º, n.º 1) ([290]).

Mas o artigo 839.º, n.º 1 prevê ainda outros casos especiais: se a penhora recair sobre a casa de habitação efectiva do executado, o depositário será o próprio (artigo 839.º, n.º 1, alínea a)); se o bem penhorado se encontra arrendado, o depositário será o arrendatário (artigo 839.º, n.º 1, alínea b)), escolhendo-se um se forem vários os arrendatários de um mesmo prédio (artigo 839.º, n.º 2); se o bem for objecto de direito de retenção, em consequência de incumprimento contratual judicialmente verificado, será depositário o retentor (artigo 839.º, n.º 1, alínea c)).

Se os bens penhorados forem dinheiro, papéis de crédito, pedras ou metais preciosos, após a apreensão são depositados em

---

([290]) Se o executado, com a anuência expressa do exequente for nomeado depositário, passará a deter a posse dos bens em nome alheio. Como bem observa LOPES CARDOSO, "sendo o executado pessoa de confiança, pode muitas vezes ser mais conveniente que os bens continuem na sua administração, já devidamente acautelados" ("obra citada", pág. 435).

instituição de crédito, à ordem do solicitador de execução ou, na sua falta, da secretaria (artigo 848.º, n.º 4).

Tratando-se de navio penhorado posto a navegar a requerimento do exequente ou de qualquer dos credores com garantia sobre ele, será depositário o requerente, a quem o navio será entregue (artigo 853.º, n.º 4).

Na penhora de direitos de créditos importa distinguir: se o devedor *cumprir a obrigação* (relativamente à prestação principal e às prestações acessórias porventura devidas), fará o depósito à ordem do solicitador de execução ou, na sua falta, da secretaria, ou entregará a coisa ao agente de execução, que funcionará como depositário (artigo 860.º, n.º 1); se *a não cumprir*, pode o exequente ou o adquirente do direito executar o crédito, nos termos do artigo 860.º, n.º 3) [291].

Na penhora de direito a bem ou património indiviso (artigo 862.º, n.º 1), de quota em sociedade em sociedade comercial (artigo 862.º, n.º 6) ou de direito em habitação periódica (artigo 860.º, n.º 5) haverá lugar à constituição de depositário sempre que o direito penhorado careça de ser administrado (cfr. artigo 843.º, n.º 1).

No caso de penhora de direitos ou expectativas de aquisição (artigo 860.º-A, n.º 1), quando não haja lugar à apreensão complementar da coisa sobre que incide [292], e no de penhora de (outros) direitos potestativos, bem como no de penhora de automóvel não apreendido, não há lugar a depositário [293].

5.2. *Funções e deveres do depositário*

De acordo com o artigo 843.º, n.º 1 e artigos 1187.º e 1204.º, estes do Código Civil, o depositário judicial tem o dever de guar-

---

[291] Exceptuam-se os casos referidos no artigo 856.º, n.º 6.

[292] Quando o objecto a adquirir for uma coisa que esteja na *posse* ou *detenção* do executado (v. g., tratando-se de contrato-promessa que tenha dado lugar a tradição ou de compra e venda com reserva de propriedade), a garantia do interesse do exequente torna necessária, para alem da notificação constitutiva da penhora, que deva proceder--se à *apreensão material da coisa* nos termos definidos para a penhora de imóveis ou de móveis, consoante (artigos 860.º-A, n.º 2, 840.º e 848.º, n.º 1).

[293] Neste sentido, LEBRE DE FREITAS, "obra citada", pág. 258.

da, administração e conservação dos bens penhorados, a cumprir com a diligência e o zelo de um bom pai de família [294]. Trata-se de poderes de mera administração, neles se incluindo os de exploração dos bens que sejam susceptíveis de produzir rendimentos, mas já não os poderes de disposição, mesmo que compreendidos no âmbito normal da administração ordinária [295].

Quanto ao modo de exploração dos bens penhorados, deverá haver acordo entre o exequente e o executado; na falta de acordo entre estes, caberá ao juiz decidir, ouvido o depositário e feitas as diligências necessárias (artigo 843.º, n.º 2).

Como todo o administrador de bens, o depositário judicial tem o dever de prestar contas da sua administração (artigo 843.º, n.º 1, in fine). A prestação de contas pode ser espontânea ou forçada e processa-se em conformidade com as normas prescritas nos artigos 1020.º e 1021.º, «ex vi» artigo 1023.º, devendo ser prestadas por dependência do processo em que a nomeação haja sido feita (cfr. artigo 1019.º).

Quanto ao momento da prestação de contas, infere-se do n.º 2 do artigo 1023.º que o depositário tem de as prestar logo que termine a sua administração, quer por ser substituído [296], quer por ter sido levantada a penhora, quer por os bens em depósito terem sido vendidos ou adjudicados; se a administração durar mais de um ano, o depositário deve prestar contas no fim de cada ano, salvo se o juiz, atendendo ao estado do processo em que teve lugar a nomeação, autorizar que a prestação seja efectuada somente no fim da administração (artigo 1023.º, n.º 2, in fine).

As contas devem ser prestadas por iniciativa do depositário judicial, mas se ele as não prestar voluntariamente, pode ser coagido a fazê-lo, mediante requerimento de qualquer das pessoas a

---

[294] Cumpre-lhe, por exemplo, pagar atempadamente as contribuições e os prémios de seguro que se vençam na pendência do depósito.

[295] Mesmo nos casos em que a lei permite a venda antecipada dos bens, por estarem sujeitos a deterioração ou depreciação, embora a requerimento do depositário, exige-se a prévia autorização do tribunal (artigo 886.º-C, n.os 1 e 2).

[296] Veremos adiante em que circunstâncias pode ser substituído o depositário.

quem o artigo 1023.º, n.º 1 confere legitimidade ([297]), devendo o requerente pedir que o depositário seja notificado para as apresentar no prazo de trinta dias a contar da notificação (artigo 1014.º-A, n.º 1). Quando o depositário, devidamente notificado não apresente as contas no prazo legal, observar-se-ão as normas do artigo 1015.º.

5.3. Responsabilidade civil e criminal do depositário

Dissemos já, e não é demais repetir, que o depositário judicial tem o dever de guarda, conservação e apresentação dos bens. Se deixar de cumprir os seus deveres, o depositário, que não seja o solicitador de execução ([298]), será removido (artigo 845.º, n.º 1), podendo requerer a remoção, não só o exequente e o executado, mas também os credores preferenciais admitidos para serem pagos pelo valor dos bens que ao depositário estejam confiados. Tem ainda legitimidade para requerer a remoção o embargante de terceiro cujos embargos tendem a defender os bens entregues ao depositário.

Em todos os casos, o pedido de remoção deve ser deduzido em simples requerimento, sendo o depositário notificado para responder no prazo de dez dias, devendo este, tal como o requerente, oferecer logo o rol de testemunhas em número não superior a três por cada facto, e no total de oito, por cada parte, e requerer os outros meios de prova (artigos 845.º, n.º 2, e 302.º a 304.º). Em face da prova produzida, o juiz deferirá, ou não, a remoção.

O depositário responderá pelos prejuízos que, por sua culpa, resultarem para os bens cuja administração lhe for confiada (cfr. artigo 843.º, n.º 1, e artigos 487.º, n.º 2, 799.º, n.º 2, 1187.º e 1204.º, estes do Código Civil).

([297]) Têm legitimidade para exigir contas ao depositário: o exequente, o executado e qualquer pessoa que tenha interesse nos rendimentos dos bens penhorados: "terá interesse directo na administração dos bens quem tiver interesse nos respectivos rendimentos" (cfr. LOPES CARDOSO, "Código de processo civil anotado", 1972, pág. 554).

([298]) Sendo depositário o solicitador de execução, a violação dos seus deveres constitui actuação, dolosa ou negligente, sancionada nos termos do artigo 808.º, n.º 4, implicando a sua destituição para todos os efeitos do processo (e não apenas para os decorrentes do deposito) (cfr. LEBRE DE FREITAS, "obra cit.", pág. 259).

Quanto à penhora de bens móveis, cumpre ao depositário apresentá-los sempre que lhe for ordenado, excepto se já tiverem sido vendidos ou se, tratando-se de navio, este andar em viagem devidamente autorizada (artigo 854.º, n.º 2) ([299]). Caso o não faça dentro de cinco dias e não justifique a falta, é logo ordenado o arresto em seus bens suficientes para garantir o valor do depósito e das custas e despesas acrescidas (artigo 854.º, n.º 2). O arresto será levantado logo que o pagamento esteja feito, ou os bens apresentados, acrescidos do depósito da quantia de custas e despesas, imediatamente calculadas (artigo 854.º, n.º 3).

O arresto a que se refere este preceito é declarado oficiosamente no próprio processo onde foi constituído o depósito, ainda que se não verifiquem os requisitos próprios desta providência cautelar previstos nos artigos 406.º, n.º 1, e 407.º, n.º 1, e ainda no artigo 619.º, n.º 1 do Código Civil.

Para além das sanções de carácter civil, o depositário que não apresentar os bens no prazo de cinco dias pode ficar também sujeito a *sanções criminais*, conforme determina o citado artigo 854.º, n.º 2 ([300]).

5.4. Substituição do depositário

O encargo de depositário é pessoal; só poderá ser substituído nos seguintes casos:

a) Pela sua morte. Em regra as funções do depositário não se transmitem aos herdeiros, mas se o depositário for o arrendatário (artigo 839.º, n.º 1, alínea b)) do arrendamento para habitação, o depósito transmite-se automaticamente para o herdeiro que lhe suceder no arrendamento (cfr. artigo 85.º, n.º 1).

([299]) A frase «salvo o disposto nos artigos anteriores», constante do artigo 854.º, n.º 1, parte final, não deve ser entendida no sentido de que o depositário do navio autorizado a navegar está isento da obrigação de o apresentar; se estiver a navegar ou em porto distante, está dispensado de apresentá-lo mas deve fazê-lo logo que regresse à base (cfr. ALBERTO DOS REIS, "Processo de execução", vol. II, pág. 183).

([300]) Com efeito, de acordo com os n.ºs 2 e 3 do artigo 854.º, na redacção do Código de 1961, se o depositário não apresentasse os bens dentro do prazo de cinco

b) Pela sua escusa. O n.º 3 do artigo 845.º prevê expressamente a possibilidade de o depositário se escusar do cargo se invocar motivo atendível ([301]).
c) Pela sua remoção, nas condições já analisadas ([302]).

---

dias, era preso (por ordem do tribunal do lugar onde os bens deviam ser entregues) pelo tempo correspondente ao valor do depósito, calculado a 20$00 por dia (com a limitação de a prisão não poder exceder 2 anos). Entendia-se, então, que não se tratava de uma sanção penal resultante da prática de um crime, mas de uma sanção civil destinada a compelir o depositário ao cumprimento de uma obrigação civil a que injustificadamente faltara, que cessava logo que fosse efectuado o pagamento do valor do depósito ou o depositário começasse a cumprir a pena que, pelo mesmo facto lhe fosse imposta em processo criminal.

Com a entrada em vigor da Constituição da República promulgada em 2 de Abril de 1976, havia que adaptar estas normas, em cumprimento do que se estabelecia no artigo 293.º, n.º 3, ao que se dispunha no artigo 21.º da mesma Constituição. Por isso, o artigo 1.º do Decreto-Lei n.º 368/77, de 3 de Dezembro, alterou a redacção dos n.ºs 2 e 3 do citado artigo 854.º, suprimindo tudo o que neles se referia a prisão (que se traduzia numa pena privativa da liberdade, embora destinada a compelir o depositário ao cumprimento de uma obrigação a que injustificadamente faltara) e adoptando a providência de arresto em bens do depositário, sem prejuízo, porém, de adequado procedimento criminal.

Deste modo, pode haver lugar a procedimento criminal contra o depositário nos seguintes casos: pelo crime de desobediência (artigo 348.º do Código Penal), se não apresentar os bens penhorados, quando lhe for ordenado; pelo crime de abuso de confiança (artigo 205.º, n.º 5 do Código Penal), se receber os bens em depósito e ilegitimamente se apropriar deles (quando detenha os bens em nome alheio e passe a dispor deles em nome próprio), sendo que a consumação deste tipo de crime consiste na inversão do título de posse, ou seja, no passar o agente a dispor da coisa animo domini (cfr. MAIA GONÇALVES, "Código penal anotado", 1998, pág. 636, nota 4); pelo crime de infidelidade (previsto no artigo 224.º do Código Penal), se o depositário a quem incumbe a prática de actos de guarda e administração dos bens penhorados, intencionalmente e com grave violação dos deveres que lhe incumbem, causar um prejuízo patrimonial importante.

Poderá ainda o depositário ficar incurso nas sanções correspondentes ao crime de «descaminho ou destruição de objectos colocados sob o poder público» (artigo 355.º do Código Penal), se verificados os elementos constitutivos deste tipo de crime.

([301]) O regime anterior à Reforma de 1995/1996 não previa expressamente a possibilidade de o depositário se escusar do cargo, mas já se admitia o direito de escusa se o depositário invocasse motivos atendíveis, por aplicação do disposto no artigo 2085.º do Código Civil, devidamente adaptado.

([302]) Supra, **5.3.**.

d) No caso de penhora de navios, quando o exequente, ou qualquer dos credores com garantia sobre o navio penhorado requeiram e sejam autorizados a pô-lo a navegar ([303]).

e) No caso de penhora de créditos de prestação de coisa, quando o devedor a não conteste, é obrigado a entregá-la ao agente de execução, que funcionará como depositário (artigo 860.º, n.º 1).

Para além destes casos de substituição, o encargo de depositário pode terminar: pela extinção da acção executiva; pela caducidade ou levantamento da penhora; e pela venda ou adjudicação dos bens penhorados ([304]).

6. Registo da penhora

Estão sujeitos a registo, além dos demais factos descritos no n.º 1 do artigo 2.º do Código do Registo Predial: «*a penhora*, o arresto, a apreensão em processo de falência e arrolamento, bem como quaisquer outros actos ou providências que afectem a livre disposição de bens» (artigo 2.º, n.º 1, alínea n), na redacção dada pelo artigo 2.º do Decreto-Lei n.º 533/99, de 11 de Dezembro).

De acordo com o disposto no n.º 1 do artigo 5.º do Código do Registo Predial, e com as excepções previstas no n.º 2 do mesmo preceito, «os factos sujeitos a registo só produzem efeitos contra terceiros depois da data do respectivo registo». E o n.º 4 do mesmo preceito acrescenta: «*terceiros*, para efeitos de registo são aqueles que tenham adquirido de um autor comum direitos incompatíveis entre si» ([305]).

([303]) A esta matéria já nos referimos supra, **5.1.**.

([304]) Cfr. LOPES CARDOSO, "obra citada", pág. 439.

([305]) O n.º 4 do artigo 5.º do Código de Registo Predial foi introduzido pelo Decreto-lei n.º 533/99, de 11 de Dezembro.

Antes daquele normativo, o STJ, pelo seu acórdão n.º 15/97, publicado no Diário da República n.º 152/97, Série I-A, de 4 de Julho de 1997, havia uniformizado jurisprudência nos seguintes termos: «*terceiros*, para efeitos de registo predial, são todos os que, tendo obtido registo de um direito sobre determinado prédio, veriam esse direito ser arredado por qualquer facto jurídico anterior não registado ou registado posterior-

Vimos já que, em regra, a penhora de bens sujeitos a registo ([306]) faz-se por comunicação à conservatória do registo predial competente, a qual vale como apresentação para o efeito da inscrição no registo. É o que acontece com a penhora de: imóveis ([307]) ou direitos reais sobre imóveis (artigos 838.º, n.º 1, e 862.º, n.º 5, «*ex vi*» artigo 863.º, e artigo 2.º, n.º 1, alíneas a) e n) do Código do Registo Predial); de móveis sujeitos a registo ou de direitos reais sobre eles (artigos 851.º, n.º 1 e 863.º; artigo 5.º, n.º 1, alínea f), do Registo de Propriedade Automóvel; artigo 4.º, alínea f), do Decreto-Lei n.º 42 644, de 14 de Novembro de 1959; e artigo 6.º, alínea i), dos estatutos do Instituto Nacional de Aviação Civil, aprovados pelo Decreto-Lei n.º 133/98, de 15 de Maio); quota de contitular de direito que dê lugar a registo (artigo 862.º, n.º 1, «*ex vi*» artigo 863.º); de quota ou direito sobre quota de sociedade comercial (artigo 862.º, n.º 6 e artigo 3.º, alínea f) do Código do Registo Comercial) ([308]); direito ao lucro e à quota de liquidação de sociedade em nome colectivo ou de parte social de sócio comanditado de sociedade em comandita simples (artigo 862, n.º 6, por analogia, ou artigo 863.º, e artigo 3.º, aliena e) do Código do Registo Comercial); direito de autor (artigo 863.º, e artigo 215.º, n.º 1, alínea d), do Código do Direito de Autor e dos Direitos Conexos); direito a patente, modelo, desenho ou marca (artigo 863.º e artigo 31.º do Código da Propriedade Industrial).

---

mente». Pouco tempo depois, porém, o mesmo STJ, pelo seu acórdão n.º 3/99, publicado no Diário da República n.º 159/99, Série I-A, de 10 de Julho de 1999, voltou a uniformizar a seguinte jurisprudência: «*terceiros*, para efeitos do disposto no artigo 5.º do Código do Registo Predial, são os adquirentes, de boa fé, de um mesmo transmitente comum, de direitos incompatíveis, sobre a mesma coisa», que veio a ser consagrada no referido n.º 4 do artigo 5.º do Código do Registo Predial, introduzido pelo referido Decreto-Lei.

([306]) Não estando registada a penhora são oponíveis à execução os actos registados de disposição, oneração ou arrendamento dos bens penhorados (cfr. artigo 819.º do Código Civil, *a contrario*).

([307]) Ainda que resulte da conversão do arresto, nos termos do artigo 846.º.

([308]) A penhora de quotas em sociedade comercial (ou de direitos sobre elas) está sujeito a registo obrigatório e só quando este for efectuado se pode ter a penhora por concluída (cfr. Ac. Relação Coimbra, de 07.03.1987, in BMJ n.º 369, pág. 615).

Quando obrigatório, o registo da penhora não só é condição da eficácia do acto da penhora perante terceiros, como também é condição do prosseguimento da execução, o qual só tem lugar após a junção do certificado do registo da penhora e da certidão dos ónus que incidam sobre os bens penhorados (cfr. artigo 838.º, n.º 2). Porém, de acordo com o normativo do n.º 4 do artigo 838.º, o *registo provisório* da penhora não obsta ao prosseguimento da execução, embora a adjudicação dos bens penhorados, a consignação judicial dos seus rendimentos ou a respectiva venda não possam realizar-se, sem que o registo se haja convertido em definitivo (artigo 838.º, n.º 4, 1.ª parte); a execução só não prossegue se o juiz de execução, para tanto solicitado (cfr. artigo 809.º, n.º 1, alínea d)), assim o entender, ponderados os motivos da provisoriedade (cfr. artigo 838.º, n.º 4, 2.ª parte).

Se o bem penhorado estiver registado (provisoriamente)[309] em nome de terceiro, o juiz deve ordenara citação do titular inscrito para declarar, no prazo de dez dias, por simples requerimento, se o bem ou direito lhe pertence (artigo 119.º, n.º 1 do Código do Registo Predial).

Se o titular da inscrição declarar que o bem lhe não pertence, ou não fizer qualquer declaração, o registo provisório é oficiosamente convertido em definitivo, em face da certidão comprovativa desses factos, expedida pelo tribunal à conservatória (artigo 119.º, n.º 3 ([310]).

Se o titular da inscrição declarar que o bem lhe pertence (artigo 119.º, n.º 4), o exequente poderá desistir da penhora ou requerer a sua conversão em penhora de direito litigioso; se quiser manter a penhora, poderá propor uma acção declarativa de reconhecimento de propriedade contra o executado e o titular da inscrição, autónoma relativamente à execução, que fica entretanto suspensa quanto ao bem em causa; se a acção declarativa for regis-

---

([309]) Os registos referidos no artigo 119.º, n.º 1, do Código do Registo Predial são provisórios por natureza, conforme resulta do disposto na alínea a) do n.º 2 do artigo 92.º

([310]) A conservatória anotará ao registo a data da notificação da declaração em face da certidão enviada pelo tribunal.

tada na vigência do registo provisório, será neste anotado o facto, prorrogando-se o respectivo prazo até caducar ou ser cancelado o registo da acção (artigo 119.º, n.º 5) (311).

7. Levantamento da penhora

Efectuada a penhora, ela subsistirá, em princípio, até à venda do bem penhorado. Dizemos «em princípio» porque, não só o executado pode requerer, no prazo de oposição à penhora (cfr. artigo 863.º-B, n.º 1), a *substituição* dos bens penhorados por outros que assegurem os fins da execução, desde que a tal não se oponha fundadamente o exequente (artigo 834.º, n.º 3, alínea a)) (312), como também pode requerer o *levantamento* (313) da penhora, nos casos em que a execução se extingue por causa diferente da venda executiva, incumbindo então ao juiz de execução, nos termos do artigo 809.º, n.º 1, alínea d) proferir despacho a ordenar o levantamento da penhora.

Sintetizando, a penhora é levantada, mediante despacho judicial, nos seguintes casos:

a) quando haja rejeição oficiosa da execução ou ocorra alguma das demais situações previstas no n.º 2 do artigo 820.º;

b) quando, devendo o exequente requerer a intervenção do devedor principal, por o devedor subsidiário ter invocado o benefício da excussão prévia, o não tenha feito (cfr. artigo 828.º, n.º 4);

---

(311) As inscrições referidas no n.º 1 mantêm-se em vigor pelo prazo de um ano, salvo o disposto no n.º 5, e caducam se a acção declarativa não for proposta e registada no prazo de trinta dias a contar da notificação da declaração prevista no n.º 4 do citado artigo 119.º.

(312) Também no regime anterior à Reforma da acção executiva, a possibilidade de novos e subsequente procedimentos de penhora, a efectuar, quer antes do trânsito em julgado do processo à fase sucessiva da convocação dos credores, quer depois desta fase e antes da venda, podia dever-se a condicionalismo de vária ordem (cfr. artigo 836.º então em vigor) que, em regra, implicava o levantamento da penhora, mediante despacho judicial.

(313) Diz-se levantamento, o acto subsequente à penhora e destinado a fazer cessar os efeitos desta.

c) quando ocorra a perda ou destruição do bem penhorado. Neste caso importa distinguir: se há lugar a indemnização, a penhora transfere-se para o bem sub-rogado: «o exequente conserva sobre os créditos respectivos, ou sobre as quantias pagas a título de indemnização, o direito que tinha sobre a coisa» (artigo 823.º, do Código Civil); se não há lugar a indemnização, a penhora extingue-se, por falta de objecto (cfr. artigo 730.º, alínea c) do Código Civil) [314];
d) quando seja julgada procedente a oposição à penhora (artigo 863.º-B, n.º 4);
e) quando o exequente desista justificadamente da penhora, nos casos em que lhe é permitida a substituição do bem penhorado por outro (artigos 834.º, n.º 3, alíneas b) a e));
f) quando ocorra alguma causa de extinção da execução diferente do pagamento posterior à venda executiva;
g) na hipótese prevista no n.º 1 do artigo 881.º [315];
h) quando a execução esteja parada durante seis meses por negligência do exequente e o executado requeira o levantamento (artigo 847.º, n.º 1) [316].

Porém, qualquer credor, cujo crédito esteja vencido e tenha sido reclamado para ser pago pelo produto da venda dos bens penhorados pode, passados três meses sobre o início da actuação negligente do exequente e enquanto o executado não requerer o levantamento da penhora, substituir-se ao exequente na prática do acto que ele tenha negligenciado (artigo 847.º, n.º 3) e fazer prosseguir a execução quanto aos bens sobre os quais incida a sua garantia real (artigo 920.º, n.º 3) [317].

---

[314] CASTRO MENDES "obra citada", pág. 148, entende que o desaparecimento da coisa penhorada ou faz caducar a penhora, ou a faz passar a recair em algum bem sub-rogado.

[315] «Efectuada a consignação e pagas as custas da execução, a execução extingue-se, levantando-se as penhoras que incidam em outros bens».

[316] «O executado pode requerer o levantamento da penhora e a condenação do exequente nas custas a que deu causa, se, por negligência deste a execução tiver estado parada nos seis meses anteriores ao requerimento».

[317] Esta solução permite evitar quaisquer conluios entre o exequente e o executado com o intuito de prejudicar os credores reclamantes (cfr. LEBRE DE FREITAS/RBEIRO MENDES, "Código de processo civil anotado", vol. 3.º, pág. 426).

Tratando-se de penhora sujeita a registo, o despacho que ordena o levantamento da penhora deve mandar proceder ao cancelamento do respectivo registo, servindo, para o efeito, a certidão passada pelo tribunal (cfr. artigo 58.º, n.º 1 do Código do Registo Predial[318]).

8. Efeitos da penhora

É consabido que a penhora é um acto de apreensão judicial de bens que constituem objecto de direitos do executado, que são transferidos para o tribunal, a fim de ser realizado o interesse do exequente.

Na verdade, com a penhora opera-se uma transferência forçada da posse: na penhora de imóveis, uma transferência meramente jurídica – entrega dos bens ao depositário (artigo 839.º, n.º 1) – que pode, se o caso o requerer, ser seguida de operações de transferência material (artigo 840.º); na penhora de móveis, uma transferência material da coisa, que é removida para os depósitos, assumindo e agente de execução que efectuar a diligência a qualidade de fiel depositário (artigo 848.º, n.º 1).

8.1. Indisponibilidade relativa dos bens

Pela penhora, o executado não perde a titularidade (propriedade) dos bens; perde, sim, os seus poderes directos sobre os bens: poderes de detenção, já que, mesmo quando exerce as funções de depositário dos bens imóveis, a sua posse é em nome do tribunal; e poderes de fruição dos bens se a penhora a compreende.

Em termos algo simplistas pode dizer-se que pela penhora o direito de propriedade do executado é esvaziado dos poderes de gozo que o integram: o poder de disposição, oneração e arrenda-

---

[318] «O cancelamento do registo da penhora (...), nos casos em que a acção já não esteja pendente, faz-se com base na certidão passada pelo tribunal competente que comprove essa circunstância e a causa...».

mento dos bens penhorados, pelo executado, é limitado ([319]), visto que os actos de disposição, oneração e arrendamento de tais bens são inoponíveis à execução (cfr. artigo 819.º do Código Civil) ([320]).

8.2. Ineficácia relativa dos actos de disposição

Se, quanto à disposição material dos bens, o princípio é o da indisponibilidade absoluta, quanto à disposição jurídica rege o princípio consagrado nos artigos 819.º a 821.º do Código Civil: penhorada certa coisa ou direito ([321]), os actos de disposição jurídica quanto a eles são inoponíveis à execução. Com a Reforma da acção executiva, o mesmo passou a acontecer com o contrato de arrendamento ([322]).

Não se trata de actos nulos, mas apenas relativamente ineficazes: a ineficácia tornar-se-á absoluta se os bens penhorados forem vendidos ou adjudicados; se a penhora vier a ser levantada, os actos de disposições readquirirão eficácia plena ([323]).

([319]) "A propriedade é mantida no executado como que apenas para o efeito de não ter de ser retransmitida na emergência de os actos executivos se tornarem desnecessários, e para que os bens possam circular livremente." (ANSELMO DE CASTRO, "obra citada", pág. 155).

([320]) Sobre a "perda dos poderes de gozo", vide LEBRE DE FREITAS, "A acção executiva depois da reforma", págs. 264-266.

([321]) CASTRO MENDES entende que se trata aqui de uma inoponibilidade objectiva, inoponibilidade a qualquer interveniente no processo de execução: exequente, tribunal, arrematante, credores ("Direito processual civil, Acção executiva", págs. 100-101, nota 2).

([322]) Sob a epígrafe *"Disposição, oneração ou arrendamento dos bens penhorados"* prescreve o artigo 819.º do Código Civil, na redacção dada pelo Decreto-Lei n.º 199/03, de 10 de Setembro: «Sem prejuízo das regras do registo, são inoponíveis à execução os actos de disposição, oneração ou arrendamento dos bens penhorados».

([323]) Sob a epígrafe *"Venda em execução"* prescreve o artigo 824.º do Código Civil: « 1. A venda em execução transfere para o adquirente os direitos do executado sobre coisa vendida. 2. Os bens são transmitidos livres dos direitos de garantia que os onerarem, bem como dos demais direitos reais que não tenham registo anterior ao de qualquer arresto, penhora ou garantia, com excepção dos que, constituídos em data anterior produzam efeitos em relação a terceiros independentemente de registo. 3. Os direitos de terceiro que caducarem nos termos do número anterior transferem-se para o produto da venda dos respectivos bens».

Quanto ao momento a partir do qual se deviam considerar ineficazes os actos de disposição, considerámos, em sede da anterior edição ([324]), as seguintes hipóteses: se o bem penhorado estivesse sujeito a registo, os actos de disposição realizados só seriam ineficazes desde a data do registo (cfr. artigo 838.º, n.º 3, na redacção anterior à Reforma de 1995/1996); quanto aos bens móveis e créditos não sujeitos a registo, os actos de disposição e oneração seriam ineficazes: se se tratasse de móveis (artigo 849.º, n.º 1), desde a data do auto da penhora, isto é, da apreensão dos bens; se se tratasse de créditos (artigo 856.º, n.º 1), a partir da notificação ao terceiro devedor do despacho a ordenar a penhora. Tal entendimento viria, porém, a perder a sua relevância, mercê do normativo do n.º 4 do artigo 5.º do Código do Registo Civil, introduzido pelo Decreto-Lei n.º 533/99, de 11 de Dezembro, que veio considerar «*terceiros*, para efeitos de registo, aqueles que tenham adquirido de um autor comum direitos incompatíveis entre si» ([325]).

Na penhora de direitos de crédito ([326]), além dos actos de disposição (cessão de créditos) e de oneração (penhor de crédito), é também inoponível na acção executiva a extinção da obrigação por algum acto do devedor ou credor (executado) – pagamento, compensação, novação, perdão – que não coloque o objecto da prestação à disposição do tribunal.

Entende-se que a regra da ineficácia relativa não abrange os actos constitutivos de direito real de garantia sobre os bens penho-

---

([324]) "A acção executiva e a problemática ...", pág. 200.

([325]) Antes daquele normativo, o STJ, pelo seu acórdão n.º 15/97, publicado no Diário da República n.º 152/97, Série I-A, de 4 de Julho de 1997, havia uniformizado jurisprudência nos seguintes termos: «terceiros, para efeitos de registo predial, são todos os que, tendo obtido registo de um direito sobre determinado prédio, veriam esse direito ser arredado por qualquer facto jurídico anterior não registado ou registado posteriormente». Pouco tempo depois, porém, o mesmo STJ, pelo seu acórdão n.º 3/99, publicado no Diário da República n.º 159/99, Série I-A, de 10 de Julho de 1999, voltou a uniformizar a seguinte jurisprudência: «terceiros, para efeitos do disposto no artigo 5.º do Código do Registo Predial, são os adquirentes, de boa fé, de um mesmo transmitente comum, de direitos incompatíveis, sobre a mesma coisa», que veio a ser consagrada no referido n.º 4 do artigo 5.º do Código do Registo Predial.

([326]) Só os créditos em que a prestação incida sobre bens que não são do credor estão integrados nos artigos 856.º e 861.º.

rados em que o titular destes não intervenha, como sucede com a penhora na pluralidade de execuções sobre os mesmos bens (artigo 871.º), com o arresto (artigo 406, n.º 2.º) e com a hipoteca legal ou judicial (artigos 704.º e 710.º do Código Civil)[327].

8.3. Preferência do exequente sobre os bens penhorados

Da penhora resulta para o exequente a constituição de um direito real de garantia, envolvendo preferência sobre os bens penhorados relativamente a qualquer outro credor que não tenha garantia real anterior: o exequente fica com o direito de ser pago com preferência a qualquer outro credor que não tenha garantia real anterior (artigo 822.º, n.º 1 do Código Civil)[328].

A anterioridade da penhora determina-se de modo diferente, consoante se trate de penhora de bens sujeitos a registo, de penhora de bens já registados ou da penhora de bens não sujeitos a registo. No primeiro caso, a anterioridade da penhora reporta-se à data da efectivação do registo[329], e se outra garantia real (caso da hipoteca) tiver sido registada no mesmo dia que a penhora, prevalecerá aquela cujo número de ordem de apresentação seja mais baixo[330]; se o bem penhorado tiver sido previamente arrestado pelo exequente, a anterioridade da penhora reportar-se-á à data do arresto (artigo

---

[327] Cfr. Ac. do STJ, de 06.01.1988, in BMJ n.º 373, pág. 468. No mesmo sentido já se havia pronunciado o Ac. do STJ, de 07.06.1983, in BMJ n.º 328, pág. 504, que decidiu: «São nulas as hipotecas e a penhora efectuadas com violação dos artigos 710.º, n.º 1 e 817.º do Código Civil, consoante comanda o artigo 294.º do mesmo Código, por efectuadas contra disposições legais de carácter imperativo».

[328] Acerca da oponibilidade da penhora, decidiu-se no Ac. do STJ, de 24.06.1982, in BMJ n.º 318, pág. 394: «a penhora, não registada, anterior ao registo da cláusula de reserva de propriedade, não pode prevalecer sobre o registo desta, visto que o registo da reserva é-lhe anterior e goza da prioridade que lhe advém do disposto no artigo 6.º, n.º 1 do Código do Registo Predial».

[329] Neste sentido já determinava o artigo 838.º, n.º 3 do Código anterior à Reforma de 1995/1996.

[330] Sob a epígrafe «*prioridade do registo*» estabelece o artigo 6.º, n.º 1 do Código do Registo Predial: «O direito inscrito em primeiro lugar prevalece sobre os que se lhe seguirem relativamente aos mesmos bens, por ordem da data dos registos e, dentro da mesma data, pelo número de ordem das apresentações correspondentes».

822.º, n.º 2 do Código Civil); no último caso, a anterioridade da penhora determina-se em função do registo da hora da diligência (artigo 849.º, n.º 1).

A preferência resultante da penhora, como, de resto, a resultante de hipoteca judicial, *cessa* se sobrevier a insolvência do executado (artigo 140.º, n.º 3 do Código de Insolvência e Recuperação de Empresas, aprovado pelo Decreto-Lei n.º 53/2004, de 18 de Março) ([331]).

Cessa também a garantia do exequente resultante da penhora (cfr. artigo 883.º, n.º 1) quando, havendo acordo entre o exequente e o executado sobre o pagamento da dívida exequenda em prestações (artigo 882.º), algum credor reclamante, cujo crédito esteja vencido, requeira o prosseguimento da execução para a satisfação integral do seu crédito (artigo 885.º, n.º 1) e o exequente, depois de notificado nos termos do n.º 2 do artigo 885.º e com a cominação a que alude o n.º 3 do mesmo preceito, declare que desiste da garantia (artigo 885.º, n.º 2, alínea a) e n.º 4) ou nada declare, valendo este seu silêncio como desistência da penhora (artigo 885.º, n.ºs 2, e 3).

9. Defesa contra a penhora ilegal

Em termos simples pode dizer-se que, em regra, a penhora será *objectivamente ilegal* se incidir sobre bens do devedor que não deviam ser penhorados, em absoluto, ou não deviam ser penhorados naquelas circunstâncias, ou sem excussão de todos, ou sem que outros bens se tivessem revelado insuficientes (sendo certo que a penhorabilidade subsidiária nem sempre implica prévia excussão dos bens penhoráveis em primeiro lugar), ou para aquela

---

([331]) No regime anterior à Reforma de 1995/1996, já se entendia que a preferência não era reconhecida em processo de falência ou de insolvência do executado (cfr. artigos 1235.º, n.º 3 e 1315.º): na graduação de créditos em processo de falência e de insolvência «não é atendida a preferência resultante de hipoteca judicial nem a resultante de penhora»; também não eram reconhecidas preferências resultantes de penhora ou hipoteca judicial, quando a herança do executado, por ter falecido sem herdeiro, fosse liquidada em benefício do Estado (cfr. artigo 1134.º, n.º 6).

dívida; será *subjectivamente ilegal* se recair sobre bens que não pertençam ao devedor.

A lei admite quatro meios de reacção contra uma penhora ilegal, a saber: a) a aposição por simples requerimento; b) o incidente de oposição à penhora; c) os embargos de terceiro; d) a acção de reivindicação ([332]).

9.1. Oposição por simples requerimento

O regime anterior previa o *protesto imediato* como um meio específico de oposição à penhora, integrado entre as disposições gerais relativas à penhora. De acordo com artigo 832.º, quando no acto da penhora se levantassem dúvidas sobre a propriedade dos bens visados pela diligência, por o executado, ou alguém em seu nome, declarar que esses bens pertenciam a terceiro, o funcionário incumbido de efectuar a penhora devia proceder a uma averiguação sumária tendente a indagar a que título se encontravam os bens em poder do executado, exigindo os documentos que houvesse, em prova das alegações produzidas (artigo 832.º, n.º 1).

Em face dos resultados da averiguação sumariamente desenvolvida, o funcionário podia tomar uma de duas atitudes: *abster-se de efectuar a penhora*, se ficasse convencido, em face dos documentos apresentados, de que os bens não pertenciam ao executado, sem prejuízo do direito de decisão final do tribunal; *efectuar a penhora*, se considerasse a prova apresentada duvidosa, caso em que devia mencionar no acto da diligência as razões da dúvida e concluir os autos ao juiz, que manteria ou não a penhora, depois de ouvidos o exequente e o executado e obtidas as informações necessárias (artigo 832.º, n.º 2) ([333]).

([332]) No regime anterior, o *recurso de agravo* figurava entre os meios de defesa contra a penhora ilegal. Uma vez que, com a Reforma da acção executiva, deixou de existir o despacho a ordenar a penhora (cfr. anterior artigo 838.º, n.º 1), o recurso deste despacho deixou de poder figurar entre aqueles meios.

([333]) Antes da Reforma de 1995/1996, o funcionário devia: *abster-se de efectuar a penhora*, se considerasse a situação duvidosa, caso em que devia mencionar no acto da diligência as razões da dúvida e concluir os autos ao juiz, que ordenaria ou não a penhora, depois de ouvidos o exequente e o executado, e feitas as diligências necessá-

Conforme ressalta do referido preceito, o *protesto imediato* constituía um meio de defesa contra a penhora ilegal por recair sobre bens de terceiro, que a lei facultava ao executado ou a alguém em seu nome, mas CASTRO MENDES entendia já que tal artigo era aplicável, por analogia, à impenhorabilidade objectiva, se fosse patente ou manifesto o vício [334].

Sobre esta matéria, sustentamos na anterior edição [335] (ainda antes da Reforma de 1995/1996) que o «protesto no acto da penhora», por tratar-se de um meio de reacção da iniciativa do executado, não podia, em regra, ter lugar fora dos limites da impenhorabilidade *subjectiva*, mas não nos repugnava aceitar, verificado determinado circunstancialismo (seria o caso de, em cumprimento do despacho que ordenava a penhora, se suscitassem dúvidas ao funcionário incumbido da penhora sobre se devia ou não penhorar determinados bens que se encontrassem na casa de habitação do executado), que se pudesse aplicar o artigo à impenhorabilidade *objectiva*. Só que, neste circunstancialismo, tal conduta não podia ser entendida como meio de reacção do executado, mas antes como suscitação de uma questão de impenhorabilidade, absoluta ou relativa, ditada pela própria lei, a que o funcionário não podia deixar de atender [336].

Com a Reforma da acção executiva, o *protesto no acto da penhora* deixou de ser eficaz enquanto fundamento de não efecti-

---

rias (artigo 832.º, n.º 1, 2.ª parte); *abster-se de efectuar a penhora*, se ficasse convencido de que os bens não pertenciam ao executado, caso em que devia indicar as razões do seu procedimento, sendo então notificado do facto o exequente para requerer o que entendesse do seu direito (artigo 832.º, n.º 2).

[334] "Obra citada", págs. 118-120.
[335] "Obra citada", págs. 204-206.
[336] LOPES CARDOSO, "obra citada", pág. 382, entendia que, caso o funcionário, por sua iniciativa, deixasse de efectuar a penhora e, notificado o nomeante, este insistisse pela penhora, devia seguir-se processo idêntico ao marcado para hipótese de o funcionário ter dúvidas. Opinião diferente tinha ALBERTO DOS REIS, para quem, se o funcionário se abstivesse de efectuar a penhora, em face da notificação do facto o exequente "podia requerer que se procedesse, sem mais detença à penhora, assumindo assim a responsabilidade do que porventura viesse a suceder, ou que se fizessem determinadas diligências tendentes a apurar, com mais segurança, se a declaração feita ao funcionário correspondia à verdade."("Processo de execução", vol. I, pág. 310).

vação da penhora. Porém, o legislador não deixou de prever, integrado na matéria da penhora de móveis não sujeitos a registo, um meio de reacção equivalente ao que constava do artigo 832.º ([337]): feita a penhora de uma coisa móvel encontrada em poder do executado, presume-se que ela lhe pertence, mas esta presunção pode ser ilidida, perante o juiz do processo, mediante simples requerimento acompanhado de *prova documental inequívoca* ([338]) de que ela pertence a terceiro, sem prejuízo dos embargos de terceiro (artigo 848.º, n.º 2).

Do confronto das referidas disposições legais fluí que, enquanto no regime do anterior artigo 832.º a *presunção* servia exclusivamente para resolver a dúvida quanto à titularidade dos bens, suscitada no momento da realização da penhora: se, aquando da realização da penhora, o funcionário judicial ficasse convencido de que os bens em poder do executado não lhe pertenciam, não procedia à respectiva penhora ([339]), já o artigo 848.º, n.º 2 dispõe que se presumem ser do executado todos os bens encontrados em seu poder: por virtude da presunção de titularidade dos bens em poder do executado a lei impõe ao agente de execução a obrigação de realizar a penhora, mesmo que o executado alegue não serem seus os bens atingidos pela diligência.

([337]) Para LEBRE DE FREITAS, "obra citada", págs. 275-276, o protesto no acto da penhora foi suprimido pelo Decreto-Lei n.º 38/2003: suprimido o meio do protesto no acto da penhora, a lei processual presume que pertencem ao executado os bens móveis encontrados em seu poder.

([338]) Em princípio, bastará a apresentação de um documento autêntico com data anterior à da penhora ou de um documento particular que tenha sido autenticado, reconhecido ou apresentado em serviço público, que assim nele tenha atestado, em data anterior à da penhora.

([339]) A versão do artigo 832.º posterior à revisão do Código já impunha a realização da penhora quando houvesse dúvidas quanto à titularidade dos bens, o que significava que a dúvida se resolvia a favor do exequente, com a efectivação da penhora sobre bens que o executado, ou alguém em seu nome, alegava não lhe pertencerem. O sistema processual aceitava como boa, para efeitos da resolução da dúvida quanto à titularidade dos bens a penhorar, a presunção de direito material constante do artigo 1268.º do Código Civil. Dispondo que se presumia a titularidade do executado, o sistema processual ia mais além do que o regime material, segundo o qual a posse faz presumir a titularidade do direito no âmbito do qual é exercida e não a titularidade do direito de propriedade.

Quanto à oposição à penhora ilegal por *simples requerimento*, antes da Reforma da acção executiva discutiu-se na doutrina sobre a questão da sua admissibilidade. ANSELMO DE CASTRO e ALBERTO DOS REIS pronunciaram-se pela afirmativa, embora com fundamentos diferentes: defendeu o primeiro, generalizando a solução do artigo 827.º, que o requerimento era admissível nas questões de direito e nas questões de facto a provar por documento [340]; sustentou o segundo que, não sendo manifesta a ilegalidade da penhora, ou sendo-o, o juiz não se apercebesse dela, o executado podia, por simples requerimento, juntando a prova documental necessária, alegar a impenhorabilidade e pedir que a apreensão fosse levantada [341]. Em sentido contrário manifestaram-se CASTRO MENDES [342] e LOPES CARDOSO [343], para quem, nos casos de penhora ilegal o juiz devia abster-se de ordenar a penhora, sempre que a impenhorabilidade fosse evidente. Ao proferir despacho determinativo da penhora o juiz tinha de certificar-se da penhorabilidade dos bens nomeados. Tratava-se, nessa medida, de um despacho que não era de mero expediente e, sendo assim, não era admissível ulterior requerimento para reabrir a questão; tratava-se de um despacho judicial que só podia ser atacado mediante recurso ou reclamação fundada nos artigos 668.º e 669.º.

Sustentamos na anterior edição [344], como mais razoável a orientação segundo a qual o simples requerimento só devia ser admitido nos casos expressamente previstos na lei, porquanto, a lei facultava ao executado a possibilidade de levantar a questão da

---

[340] "Acção executiva singular...", págs. 327 a 332.

[341] "Quando o executado tiver conhecimento do despacho antes de feita a penhora, pode intervir imediatamente requerendo então que se suste o cumprimento do despacho (...). Se lhe é lícito requerer que a penhora seja levantada, por maioria de razão lhe deve ser permitido impedir que a penhora tenha lugar". E mais adiante acrescenta: "Desde que se chegue à conclusão de que o juiz não teve em vista pronunciar-se sobre a penhorabilidade ou impenhorabilidade dos bens nomeados, segue-se logicamente que a oposição do executado não representa, em rigor, um ataque ao despacho e, por isso, o meio idóneo é o simples requerimento." ("Processo de execução", vol. I, págs. 395 e seguintes).

[342] "Direito processual civil, Acção executiva", págs. 158-159.

[343] "Manual da acção executiva", págs. 338 e seguintes.

[344] "A acção executiva cit.", pág. 203.

impenhorabilidade: mediante requerimento, dentro do prazo em que devesse nomear bens à penhora; através do recurso de agravo, sempre que ocorresse ilegalidade manifesta do despacho que ordenava a penhora; por protesto imediato no acto da penhora (artigo 832.º); e por embargos de terceiro (artigo 1037.º, n.º 1, então em vigor). Para além desses, não se via como a lei poderia facultar ao executado outro meio especial de reagir contra a nomeação que o mesmo fizesse em violação das normas determinativas da penhora, sendo certo que, admitir o simples requerimento, fora dos casos em que a lei expressamente o previsse, seria introduzir um novo meio geral de oposição, algo arriscado. Tratando-se de penhora ilegal de bens nomeados pelo exequente, o executado poderia, em simples requerimento, levantar a questão da ilegalidade para que o juiz se abstivesse de ordenar a penhora; se a penhora viesse a ser ordenada, por o juiz se não ter apercebido da ilegalidade, ao executado não restaria outra posição que não fosse agravar do despacho que a tivesse ordenado.

A Reforma da acção executiva veio atribuir ao juiz de execução, além de outras, competência para «julgar a reclamação de actos praticados pelo agente de execução» (artigo 809.º, n.º 1, alínea c))[345] e «decidir outras questões suscitadas pelo agente de execução, pelas partes ou por terceiros intervenientes» (artigo 809.º, n.º 1, alínea d)). Face àquele preceito, é hoje inquestionável que, na falta de outro meio de impugnação da penhorabilidade de bens apreendidos ou a apreender, o interessado pode, em simples requerimento, suscitar a questão da impenhorabilidade, carreando para o processo os elementos indispensáveis à sua verificação e oferecendo a prova para tanto necessária. Ouvida a contraparte e produzidas as provas que tiverem sido oferecidas, o juiz decidirá em conformidade.

([345]) Este meio não pode ser utilizado quando se possa recorrer ao incidente de oposição à penhora, o que sucede, por exemplo, quando o agente de execução recusa a substituição dos bens penhorados e mantém a penhora sobre bens que o executado considera que não devem ser atingidos na execução (cfr. artigo 863.º-A, n.º 1, alíneas a) e b)). (Neste sentido, TEIXEIRA DE SOUSA, "A reforma da acção executiva", pág. 172; e RUI PINTO, "Penhora, venda e pagamento", pág. 52).

Mas a lei admite, ainda, o requerimento apresentado pelo executado, nos casos previstos nos artigos 824.º, n.º 4, e 827.º, n.º 2, e o requerimento apresentado pelo exequente, no caso previsto no artigo 824.º, n.º 5.

9.2. Incidente de oposição à penhora

Quando estejam em causa casos de impenhorabilidade objectiva (no pressuposto de que os bens pertencem ao executado), o incidente de oposição à penhora, como meio de oposição privativo do executado (e do seu cônjuge, nos termos do normativo do artigo 864.º-A), deve ser deduzido com algum dos fundamentos previstos no artigo 863.º-A, n.º 1 ([346]), a saber:

a) Inadmissibilidade da penhora dos bens concretamente apreendidos ou da extensão com que ela foi realizada (artigo 863.º-A, n.º 1, alínea a));

b) Imediata penhora de bens que só subsidiariamente respondam pela divida exequenda (artigo 863.º-A, n.º 1, alínea b));

([346]) Este normativo corresponde substancialmente ao normativo do anterior artigo 863.º-A, n.º 1, introduzido pelo Decreto-Lei n.º 329.A/95, de 12 de Dezembro. A ratio deste preceito foi explicitado no relatório do referido Diploma, desta forma: «Institui-se, por outro lado – na perspectiva de tutela dos interesses legítimos do sujeito passivo da execução –, uma forma especifica de oposição incidental do executado à penhora ilegalmente efectuada, pondo termo ao actual sistema que, não prevendo, em termos genéricos, tal possibilidade, vem suscitando sérias dúvidas na doutrina sobre qual a forma adequada de reagir contra uma penhora ilegal, fora das hipóteses em que o próprio executado e qualificado como terceiro, para efeitos de dedução dos respectivos embargos. Assim, se forem penhorados bens pertencentes ao próprio executado que não deviam ter sido atingidos pela diligência – quer por inadmissibilidade ou excesso da penhora, quer por esta ter incidido sobre bens que, nos termos do direito substantivo, não respondiam pela divida exequenda – pode este opor-se ao acto e requerer o seu levantamento, suscitando quaisquer questões que não hajam sido expressamente apreciadas e decididas no despacho que ordenou a penhora (já que, se o foram, é manifesto que deverá necessariamente recorrer de tal despacho, de modo a obstar que sobre ele passe a recair a força do caso julgado formal)».

c) Incidência da penhora sobre bens que, não respondendo, nos termos do direito substantivo, pela dívida exequenda, não deviam ter sido atingidos pela diligência (artigo 863.º-A, n.º 1, alínea c)).

Tratando-se de casos de impenhorabilidade objectiva, importa dizer que, enquanto o fundamento da alínea a) está relacionado com as causas enunciadas na lei adjectiva, derivem delas situações de impenhorabilidade absoluta e total, de impenhorabilidade relativa ou de impenhorabilidade parcial ([347]), já o fundamento da alínea b) reporta-se às causas de impenhorabilidade, específica ou derivada de um regime de indisponibilidade objectiva, resultantes do direito substantivo. Quanto ao fundamento da alínea b), dissemos já a propósito da responsabilidade subsidiária com benefício de excussão prévia, que a penhorabilidade dos bens do devedor subsidiário fica subordinada à prévia excussão, mediante venda ou adjudicação, dos bens que respondem, em primeiro lugar, pela dívida: se gozar do benefício da excussão prévia e o executado o tiver invocado, constituirá *fundamento de oposição* o facto de não terem sido previamente penhorados e vendidos os bens do património do principal responsável; se o executado não gozar do benefício da excussão prévia, constituirá *fundamento de oposição* o facto de não terem sido previamente penhorados os bens, seus ou alheios, que respondiam em primeiro lugar ou de não ter sido verificada a sua insuficiência para a satisfação dos créditos a satisfazer por força deles ([348]).

Introduzido pelo Decreto-Lei n.º 38/2003, de 8 de Março, o n.º 2 do artigo 863.º-A impõe ao executado, que funda a oposição à penhora na existência de patrimónios separados, a obrigação de indicar logo os bens penhoráveis que tenha em seu poder e se integrem no património autónomo que responde pela dívida exequenda.

([347]) Nos termos do artigo 821.º, apenas são objecto de execução os bens pertencentes ao devedor ou terceiro contra quem tenha sido movida a execução. Sobre os bens absoluta ou totalmente impenhoráveis, bens relativamente impenhoráveis e bens parcialmente impenhoráveis, vejam-se os artigos 822.º, 823.º e 824.º, respectivamente.

([348]) Neste sentido LEBRE DE FREITAS, "obra citada", pág. 280.

Quanto aos prazos de oposição, importa distinguir: se não houve lugar a citação prévia, ou seja, se esta só for efectuada após a penhora, o executado deve deduzir a oposição no prazo de 20 dias a contar da citação (artigos 863.º-B, n.º 1, alínea a), e 813.º, n.º 2; cfr. artigo 812.º-B, n.ºs 1, 2 e 4)([349]); se tiver havido citação prévia, o executado deve deduzir a oposição no prazo de 10 dias, a contar do acto de notificação do acto da penhora([350]), (artigo 863.º-B, n.º 1, alínea b); cfr. artigo 812.º, n.ºs 1 e 6).

Quanto à tramitação da oposição à penhora, o artigo 863.º-B, n.º 2 permite distinguir: se não houve citação prévia, a oposição à penhora é cumulada com a oposição à execução (artigo 813.º, n.º 2), seguindo-se o regime previsto no artigo 817.º; nos outros casos, o incidente segue o regime geral dos incidentes da instância previsto nos artigos 303.º e 304.º e ainda o disposto no artigo 817.º, n.ºs 1 e 3, com as necessárias adaptações (artigo 863.º-B, n.º 2).

Com o *requerimento* de oposição devem ser logo oferecidos os meios de prova (artigo 303.º, n.º 1) e requerida a gravação dos depoimentos a prestar no tribunal da causa, se a decisão a proferir no incidente comportar recurso ordinário (artigo 304.º, n.ºs 3 e 4).

O incidente de oposição corre por apenso (artigo 817.º, n.º 1), havendo lugar a *despacho liminar,* que será de indeferimento, quando o juiz verifique que ocorre algum dos fundamentos previstos nas alíneas a) e c) do n.º 1 do artigo 817.º, ou que não se funda em causa de impenhorabilidade objectiva prevista no n.º 1 do artigo 863.º-A.

Não ocorrendo fundamento para o indeferimento liminar, é notificado o exequente, que poderá responder à oposição, no prazo de 10 dias a contar da notificação (artigo 303.º, n.º 2), devendo logo oferecer os meios de prova (artigo 303.º, n.º 1) e requerer a gravação dos depoimentos a prestar no tribunal da causa, se a decisão a proferir no incidente comportar recurso ordinário (artigo 304.º, n.ºs 3 e 4). Na falta de resposta aplica-se o regime da revelia, embora não se considerem confessados os factos alegados pelo executado que estiverem em oposição com aqueles que tiverem

---

([349]) Sobre a citação diferida, veja-se artigo 864.º, n.º 2.
([350]) Sobre a notificação que substitui a citação, veja-se artigo 864.º, n.º 7.

sido expressamente alegados pelo exequente no requerimento executivo (artigo 817.º, n.º 3).

O executado pode obter a suspensão da execução quanto aos bens a que a oposição respeita, se prestar caução (artigo 863.º-B, n.º 3), sem prejuízo do reforço ou substituição da penhora (artigo 834.º, n.º 3, alínea d)).

A procedência da oposição à penhora, quando definitiva, implica o levantamento da penhora (artigo 817.º, n.º 4).

Se a decisão sobre a oposição à penhora, proferida em primeira instância, for susceptível de recurso, este será de apelação (artigo 922.º, alínea c)([351]) e terá efeito devolutivo (artigos 692.º, n.º 1 ([352]), e 463.º, n.º 1), que terá as consequências seguintes: se a execução na qual foi deduzida a oposição à penhora estiver suspensa (cfr. artigo 863.º-B, n.º 3), a suspensão manter-se-á; se a execução na qual foi deduzida a oposição à penhora não se encontrar suspensa, a procedência da oposição à penhora implicará a suspensão da execução quanto aos bens a que a oposição respeita ([353]).

Ao cônjuge do executado são conferidos todos os direitos que a lei processual confere ao executado, quanto aos bens cuja penhora haja suscitado a sua intervenção na execução (artigo 864.º-A).

9.3. Embargos de terceiro

É consabido que, em regra, só os bens do devedor estão sujeitos à penhora (artigo 821.º, n.º 1)([354]), presumindo-se que perten-

---

([351]) Note-se que o artigo 922.º foi revogado pelo artigo 9.º do Decreto-Lei n.º 303/2007, de 24 de Agosto, com entrada em vigor diferida para o dia 1 de Janeiro de 2008; de acordo com os artigos 922.º-A e 922.º-B, aditados pelo artigo 2.º do mesmo Diploma, «cabe recurso de apelação da decisão que ponha termo à oposição deduzida contra a penhora» (artigo 922.º-B, n.º 1, alínea d)).

([352]) O artigo 692.º foi alterado pelo Decreto-Lei n.º 303/2007, de 24 de Agosto, com entrada em vigor diferida para o dia 1 de Janeiro de 2008, que, quanto ao n.º 1 prescreve: «A apelação tem efeito meramente devolutivo, excepto nos casos previstos nos números seguintes».

([353]) Neste sentido, TEIXEIRA DE SOUSA, "A reforma da acção executiva", págs. 173-174.

([354]) «Estão sujeitos à execução todos os bens do devedor susceptíveis de penhora que, nos termos da lei substantiva, respondem pela dívida exequenda».

cem ao executado os bens móveis encontrados em seu poder, embora, feita a penhora, tal presunção possa ser ilidida perante o juiz, mediante prova documental inequívoca do direito de terceiro (artigo 848.º, n.º 2). Mas a penhora pode recair sobre bens de terceiro, nos casos especialmente previsto na lei [355], e desde que a execução tenha sido movida contra ele (artigo 821.º, n.º 2).

Por outro lado, estão sujeitos à penhora todos os bens do executado ainda que se encontrem em poder de terceiro: «os bens do executado são apreendidos ainda que, por qualquer título, se encontrem em poder de terceiro ...» (artigo 831.º) [356].

Conforme ressalta da análise dos artigos 1251.º e 1268.º, n.º 1, ambos do Código Civil, o possuidor em nome próprio goza da presunção da titularidade do direito correspondente à sua posse. Ora, quando a sua posse seja ofendida pela penhora, ou por qualquer diligência ordenada judicialmente, o possuidor pode defendê-la mediante embargos de terceiro. É o que se diz no artigo 351.º, n.º 1: «Se a penhora (...) ofenda a posse ou qualquer direito incompatível com a realização ou âmbito da diligência, de que seja titular quem não é parte na causa, pode o lesado fazê-lo valer, deduzindo embargos de terceiro».

Deste preceito conjugado com o artigo 1285.º do Código Civil resulta que os embargos de terceiro constituem o meio especial de defesa da posse em nome próprio [357] ofendida pela penhora [358],

---

[355] Já no regime anterior à Reforma de 1995/1996 previa-se a penhora de bens de terceiro que estivessem afectados ao cumprimento da obrigação, isto é, quando a dívida exequenda estivesse provida de garantia, pessoal ou real, ou quando esses bens tivessem sido objecto de actos praticados pelo devedor em prejuízo do credor, que este houvesse precedentemente impugnado (cfr. Ac. do STJ, de 21.11.1979, in BMJ n.º 291, pág. 429; e Ac. Relação Coimbra, de 31.03.1987, in BMJ n.º 365, pág. 703).

[356] Este normativo corresponde ao mesmo preceito na redacção do regime anterior à Reforma de 1995/1996, acrescentando-se, todavia, na redacção dada por esta Reforma: « sem prejuízo, porém, dos direitos que a este seja lícito opor ao exequente».

[357] Seja a sua posse efectiva ou meramente jurídica, isto é, independente de contacto material com a coisa (artigos 1264.º e 1255.º, ambos do Código Civil); e seja ela exercida directamente ou por intermédio de outrem (artigo 1252.º, n.º 1 do Código Civil).

[358] No âmbito do regime anterior à Reforma de 1995/1996 entendia-se que os embargos de terceiro desempenhavam a mesma função que as acções possessórias propriamente ditas, embora com particularidades: constituíam meio de defesa e tutela da

e negado, em princípio, ao proprietário não possuidor, ao simples detentor de facto e ao possuidor em nome alheio (cfr. artigo 1253.º do Código Civil), por não gozarem da presunção de propriedade de que goza o possuidor em nome próprio ([359]).

9.3.1. *Quem pode ser embargante*

No regime anterior à Reforma de 1995/1996, entendia-se que, em regra, tinha legitimidade para deduzir embargos de terceiro quem reunisse os seguintes requisitos: fosse terceiro; e tivesse a posse dos bens abrangidos pela penhora. Considerava-se terceiro, para esse efeito, «aquele que não tivesse intervindo no processo ou no acto jurídico de que emanasse a diligência judicial, nem representasse quem fosse condenado no processo ou quem no acto se tivesse obrigado» (artigo 1037.º, n.º 2, 1.ª parte) ([360]).

---

posse ameaçada ou violada. E ALBERTO DOS REIS acrescentava: "o que sucede é que desempenham essa função no caso particular de a ameaça ou ofensa da posse provir de diligência judicial (penhora, arresto, etc.)." ("Processos especiais", vol. I, pág. 402).

([359]) Neste sentido, LEBRE DE FREITAS, "obra citada", pág. 292.

([360]) A interpretação desta disposição dividiu a doutrina: ALBERTO DOS REIS, "Processo de Execução", vol. I págs. 399-401, depois de um largo desenvolvimento sobre quem devia considerar-se terceiro, escreveu a determinado passo: "o conceito de terceiro contrapõe-se logicamente ao conceito de executado: é terceiro quem não tenha, no processo de execução, a posição de executado". E mais abaixo, acerca do problema da determinação do terceiro, acrescenta: "será terceiro quem seja estranho ao processo de execução, que não intervenha nele nem como exequente nem como executado". Aquele Mestre não deixaria de admitir, contudo, que o não condenado nem obrigado que indevidamente fosse executado, além de poder deduzir embargos de executado fundados na sua ilegitimidade passiva, podia, caso os não deduzisse, opor-se posteriormente à penhora dos seus bens, mediante embargos de terceiro. Contra esta orientação manifestou-se LOPES CARDOSO, "obra citada", pág. 384, para quem «terceiro», em relação à penhora, é todo aquele que não é exequente nem executado. Na anterior edição, "obra citada", págs. 207-208, discordamos da orientação daquele processualista, quando admitia que o executado pudesse socorrer-se dos embargos de terceiro, caso não tivesse deduzido embargos de executado, pois que, se o executado era parte ilegítima (a execução fora movida contra quem no título não figurava como devedor), cabia-lhe deduzir embargos de executado, invocando a sua ilegitimidade, e não embargos de terceiro que têm uma finalidade própria. Então, para nós, «terceiro» seria todo aquele que, não sendo executado na acção executiva – não sendo indicado como tal para a execução pelo exequente ou citado para a execução (cfr. CASTRO MENDES, "Direito processual civil, Acção executiva", pág. 122, nota 1) – fosse afectado na posse dos bens atingidos pela penhora.

Para além de ter de ser «terceiro» relativamente à execução, a lei exigia como segundo requisito dos embargos de terceiro, que o embargante tivesse a *posse* dos bens atingidos pela penhora.

Ao conceito de *posse* refere-se o artigo 1251.º do Código Civil que prescreve: «Posse é o poder que se manifesta quando alguém actua por forma correspondente ao exercício do direito de propriedade ou de outro direito real» ([361]).

Discutiu-se sobre se a posse como condição de procedência dos embargos de terceiro tem de ser a posse causal – posse que é uma manifestação da titularidade efectivo ou real do direito de fundo –, ou se o embargante pode deduzir embargos mesmo com posse meramente formal. Analisando a questão, LEBRE DE FREITAS, entende que "para que a acção seja decidida no plano da titularidade do direito de fundo, e não no da posse, é necessário que esse direito seja invocado pelo embargante na petição inicial ou pelo embargado na contestação, sem prejuízo, porém, da cognoscibilidade oficiosa da excepção de propriedade quando sejam alegados e provados os factos em que ela se baseia" ([362]).

Em regra, a posse exigida para legitimar o embargante é a posse em nome próprio ([363]); ao simples detentor de facto e ao possuidor em nome alheio não é facultado deduzir tal meio de defesa. Há, todavia, determinados possuidores em nome alheio a quem a lei, excepcionalmente, confere legitimidade para deduzir embargos de terceiro. Como exemplos podem apontar-se: o locatário (artigo 1037.º, n.º 2 do Código Civil) ([364]), o parceiro pensador (artigo

---

([361]) No domínio do instituto possessório, a lei continua a distinguir «detenção» e «posse», fazendo radicar a essência dessa distinção mais no elemento objectivo, isto é, na conduta ut dominus, do que no elemento subjectivo, ou seja, no animus domini (cfr. Ac. do STJ, de 29.10.1986, in BMJ n.º 365, pág. 584).

([362]) "Obra citada", pág. 292.

([363]) Quer a sua posse seja efectiva quer seja meramente jurídica (cfr. artigos 1252.º, n.º 1, 1255.º e 1264.º, todos do Código Civil). Sobre esta matéria, veja-se também ALBERTO DOS REIS, "Processo de execução", vol. I, págs. 403 e seguintes.

([364]) Quanto à admissibilidade de embargos de terceiro à execução de uma acção de despejo, proposta apenas contra o consorte contra quem fora celebrado o contrato de arrendamento, veja-se Ac. Relação Coimbra, de 20.10.1987, in BMJ n.º 370, pág. 605; em sentido contrária havia decidido o Ac. do STJ, de 15.04.1986, in BMJ n.º 356, pág. 291.

1125.º, n.º 2 do Código Civil), o comodatário (artigo 1133.º, n.º 2 do Código Civil) e o depositário (artigo 1188.º do Código Civil) (³⁶⁵).

É claro que, sendo estes possuidores da coisa em nome alheio, a lei faculta-lhes aquele meio com vista apenas a defender o seu direito de continuar no gozo da coisa que contratualmente detêm, ou, no dizer de LEBRE DE FREITAS, como medida de tutela directa do interesse do terceiro (pessoa diversa do executado) que através dele possui, na medida em que dele dependa o interesse do embargante (³⁶⁶).

Quanto ao possuidor cuja posse se baseie em direito real de garantia (credor pignoratício – artigos 669.º e 670.º, alínea a), do Código Civil (³⁶⁷) –, titular do direito de retenção – artigo 758.º do mesmo Código (³⁶⁸) – ou, em certos casos, consignatário de rendimentos – artigo 661.º, n.º 1, alínea b) do Código Civil) vem-se entendendo que não lhe assiste legitimidade para deduzir embargos de terceiro, visto a penhora não ofender a sua posse (³⁶⁹).

(³⁶⁵) CASTRO MENDES entende que a posse em nome alheio não legitima embargos de terceiro, visto que os preceitos citados remetem em geral para os artigos 1276.º e seguintes do Código Civil e esta remissão não abrange os embargos de terceiro ("obra citada", págs. 132-133).

(³⁶⁶) "Obra citada", pág. 283.

(³⁶⁷) Sobre o credor pignoratício, decidiu o Acórdão do STJ, de 14.01.1993, CJ/STJ, 1993, 1.º, pág. 56: o credor pignoratício só pode recorrer a embargos de terceiro para defesa da sua posse precária se o acto judicial ofender a sua posse. O credor não confere ao poder pignoratício o direito à exclusiva execução da coisa empenhada.

(³⁶⁸) Nos termos dos artigos 758.º e 759.º, o *direito de retenção* tem natureza real, é um direito real de garantia. Além de ser uma excepção, uma causa legítima de não cumprimento, atribui ao seu titular um direito real de garantia – a possibilidade de o seu titular se pagar com preferência aos outros credores sobre o valor da coisa retida (ÁLVARO MOREIRA/CARLOS FRAGA, "Direitos reais, segundo MOTA PINTO", 1970/1971, pág. 166). E o Acórdão do STJ, de 23.01.1996, CJ/STJ, 1996, 1.º, pág. 70, decidiu: «O direito de retenção não confere qualquer direito de posse aos seus titulares, mas mera detenção, uso ou fruição. Só recaindo o direito de retenção sobre coisa móvel o seu titular goza dos direitos e está sujeito às obrigações do credor pignoratício. O direito de retenção atribui ao seu titular um direito real de garantia. Aquele direito não obsta à penhora de prédio em processo de execução. Contra tal penhora o titular de direito de retenção não pode deduzir embargos».

(³⁶⁹) ALBERTO DOS REIS entende que: "desde que a penhora ofenda a retenção ou fruição a que o possuidor tem direito próprio, pode ele servir-se dos embargos de

Mercê da revisão do Código, o artigo 351.º ([370]) veio alargar a legitimidade activa para os embargos de terceiro, quer admitindo que os embargos se fundem em direito incompatível com a realização ou o âmbito da diligência, quer conferindo-a a todo o possuidor (em nome próprio ou alheio) cuja posse seja incompatível com a realização ou esse direito ([371]).

A lei permite igualmente ao *cônjuge do executado* ([372]) que tenha a posição de terceiro, a dedução de embargos para defesa dos seus direitos relativamente aos bens próprios, bem como dos bens comuns que hajam sido indevidamente atingidos pela penhora (artigo 352.º) ([373]).

---

terceiro em defesa da sua retenção ou fruição, o que equivale a dizer, em defesa da sua posse". E mais abaixo continua: "E assim, pode o credor pignoratício fazer-se restituir à posse da coisa empenhada, se pela penhora foi privado de exercê-la, salvo quando a penhora for consequência de execução movida contra o referido credor ou contra o dono da coisa empenhada." ("Processo de execução", vol. I, pág. 406; e "Processos especiais", vol. I, págs. 418-419. Veja-se também Ac. do STJ, de 21.11.1979, in BMJ n.º 291, pág. 420.

([370]) «Se a penhora, ou qualquer acto judicialmente ordenado de apreensão ou entrega de bens, ofender a posse ou qualquer direito incompatível com a realização ou o âmbito da diligência, de que seja titular quem não é parte na causa, pode o lesado fazê-lo valer, deduzindo embargos de terceiro» (redacção do Decreto-Lei n.º 38/2003, que corresponde substancialmente à do Decreto-Lei n.º 239-A/95, tendo-se acrescentado naquele, imediatamente antes da expressão «ou qualquer outro acto», a expressão «a penhora».

([371]) Sobre o «direito incompatível com a realização ou o âmbito da diligência», vide LEBRE DE FREITAS, "obra citada", págs. 289-292, que a dado passe escreve: "assim, a incompatibilidade entre a penhora e o direito de terceiro verifica-se no plano funcional, com apelo ao âmbito da futura venda executiva, ao passo que a incompatibilidade entre ela e a posse de terceiro, sem que deixe de ter o plano funcional como última ratio, verifica-se em face dos efeitos imediatos da penhora, só assim se explicando a atribuída legitimidade para os embargos de terceiro a qualquer possuidor em nome alheio afectado pela diligencia".

([372]) Nos termos do artigo 1037.º, n.º 2, 2.ª parte, do regime anterior à Reforma de 1995/1996, o *próprio executado* podia deduzir embargos de terceiro quanto a bens que, sendo seus ou estando na sua posse, não devessem ser abrangidos pela diligência ordenada. Aqui, o executado não tinha que ter a posse dos bens; bastava que os bens fossem impenhoráveis em razão da sua aquisição – casos de impenhorabilidade objectiva de certos bens – ou pela qualidade em que os possuía – casos de impenhorabilidade subjectiva.

([373]) Também no regime anterior à revisão do Código a lei permitia ao cônjuge do executado que tivesse a posição de terceiro, a dedução de embargos, mas para

Ao embargante cabe provar a natureza dos bens penhorados.

O cônjuge do executado não pode deduzir embargos de terceiro quanto aos *bens comuns*: a) quando tenha sido citado nos termos do artigo 825.º, n.º 1, por não se conhecerem bens suficientes próprios do executado; b) quando a penhora incida sobre bens levados para o casal pelo executado ou por ele posteriormente adquiridos a título gratuito, bem como sobre os respectivos rendimentos, ou sobre bens subrogados no lugar deles, ou ainda sobre o produto do trabalho e os direitos de autor do executado (artigo 1696.º, n.º 2)[374].

Quanto aos *bens próprios*, nada justifica a manutenção da penhora, pois que, mesmo quando respondam pela dívida segundo o direito substantivo, não podiam ser apreendidos sem que o seu proprietário fosse executado[375].

---

defesa da sua posse, em consequência da apreensão de bens não pertencentes ao executado, que fossem próprios ou comuns (artigo 1038.º). Então, entendia ANSELMO DE CASTRO que o fundamento da acção não era a *posse*, mas a demonstração de que os bens eram impenhoráveis, quer por serem próprios ou comuns, quer pela natureza incomunicável da dívida ("obra citada", pág. 353). Por seu lado, ALBERTO DOS REIS entendia que a questão da comunicabilidade da dívida nunca podia ser suscitada na acção executiva ou em embargos de terceiro à penhora ("Processos especiais", vol. I, pág. 424). Afigurando-se-nos duvidosa a questão, sustentamos na anterior edição "obra citada", pág. 210, que, desde que o embargante não tivesse intervindo na acção declarativa, nada obstava a que pudesse discutir nos embargos de terceiro a questão da comunicabilidade substancial da dívida exequenda (cfr. Ac. do STJ, de 05.02.1980, in BMJ n.º 294, pág. 244); mas se em embargos de executado tivesse sido decidido definitivamente que a dívida era substancialmente comercial, não podia depois o cônjuge daquele, ainda dentro da mesma execução e quando pretendesse embargar de terceiro para impedir a penhora de bens comuns, voltar a pôr a questão da comercialidade da dívida, sob pena de ofensa de caso julgado.

[374] Já são admissíveis os embargos quando, por haver bens próprios do executado, não esteja verificado o condicionalismo em que actua a responsabilidade subsidiária, bem como quando não tenha sido feita a citação do cônjuge nos termos do artigo 825.º, n.º 1.

[375] Em regra, não se podem penhorar bens comuns sem ambos os cônjuges serem partes na acção executiva; se esta foi movida apenas contra um dos cônjuges (por dívidas da sua exclusiva responsabilidade), só podem ser penhorados os seus bens próprios e, subsidiariamente, a sua meação nos bens comuns (artigo 1696.º, n.º 1 do Código Civil).

9.3.2. Tramitação dos embargos de terceiro

Os embargos de terceiro constituem uma tramitação declarativa, embora dependente do processo executivo, correndo seus termos por apenso a este (artigo 353.º, n.º 1).

Devendo ser deduzidos contra o exequente e o executado (artigo 357.º, n.º 1)[376], quanto ao prazo, a regra é a de que deverão ser deduzidos no prazo de 30 dias subsequente à penhora ou ao conhecimento desta pelo embargante, se posterior (artigo 352.º, n.º 2)[377], mas se têm por fim evitar que a penhora ordenada se efective (embargos preventivos), devem ser deduzidos depois do despacho que a ordene (artigo 359.º)[378], mas nunca depois da venda ou adjudicação dos bens em causa (artigo 352.º, n.º 2)[379]. Depois desta fase, o embargante só pode reagir mediante a acção de reivindicação.

No regime anterior à Reforma de 1995/1996, os embargos de terceiro apresentavam-se como uma verdadeira acção possessória: quanto ao fim distinguiam-se das acções possessórias por se destinarem à restituição ou à manutenção de posse, quando o esbulho ou a ameaça provinham de acto judicial: a diligência judicial ofensiva da posse constituía também esbulho forçado[380].

---

[376] No regime anterior à Reforma de 1995/1996, entendia-se que nos embargos de terceiro deduzidos contra a penhora eram partes legítimas: como embargante, aquele cuja posse tivesse sido ofendida; como embargado, aquele que tivesse promovido a diligência ofensiva (o exequente ou o executado, conforme a nomeação dos bens à penhora tivesse sido feita por aquele ou por este).

[377] Se se alegar conhecimento posterior, o embargante terá de demonstrar que só teve conhecimento do acto depois da realização. Por aplicação do normativo do artigo 343.º, n.º 2 do Código Civil, é ao réu que cabe a prova da extemporaneidade dos embargos (cfr. Ac. Relação Porto, de 16.11.1985, in BMJ n.º 352, pág. 430).

[378] De acordo com o regime anterior à Reforma de 1995/1996, normalmente os embargos de terceiro tinham por fim o levantamento da penhora: eram deduzidos mesmo depois de efectuada a penhora (embargos de restituição), assumindo então o carácter de acção possessória de restituição; se tivessem por fim evitar que a penhora ordenada se efective (embargos preventivos), então assumiam o carácter de acção de manutenção, devendo ser deduzidos antes de ela se realizar (cfr. artigo 1043.º, n.º 1).

[379] No Ac. Relação Coimbra, de 03.02.1987, in BMJ n.º 364, pág. 952, decidiu-se que é de natureza judicial o prazo de dedução de embargos de terceiro previstos no artigo 1039.º

[380] Cfr. ALBERTO DOS REIS, "Processos especiais", vol. I, pág. 434.

Com a Revisão, os embargos de terceiro passaram a ser regulados entre os incidentes da instância, mais propriamente entre os de intervenção de terceiros, denominados de incidente de oposição «oposição mediante embargos de terceiro» (artigos 351.º e seguintes), mas com a estrutura de uma verdadeira acção cuja finalidade é verificar a existência de um direito ou de uma posse [381].

Quanto ao processo, este meio de impugnação tem a particularidade de se apresentar dividido em duas fases ou partes distintas: uma fase introdutória (informatória); e uma fase contraditória. A primeira visa a emissão pelo tribunal, de um juízo de admissibilidade ou rejeição dos embargos; a segunda inicia-se com a notificação dos embargados para contestar os embargos.

A petição inicial dos embargos de terceiro deve ser formulada por artigos (artigo 151.º, n.º 2 [382]), devendo nela o embargante oferecer prova sumária dos factos em que funda a sua pretensão (artigo 353.º, n.º 2), bem como a data em que teve conhecimento da penhora, se sobre ela já tiverem decorrido 30 dias; como toda a acção, tem valor processual próprio, correspondente ao valor dos bens que forem objecto dos embargos (artigos 311.º, n.º 2) [383].

Se não ocorrer alguma das circunstâncias susceptíveis de conduzir à recusa da petição de embargos (artigo 474.º), esta for apresentada em tempo e não houver razões para o seu imediato indeferimento, o juiz deve inquirir as testemunhas oferecidas e examinar a prova informatória [384] com vista a emitir um juízo sobre a admissibilidade ou rejeição dos embargos (artigo 354.º) [385].

---

[381] E LEBRE DE FREITAS ,"obra citada", pág. 298, acrescenta: "a formação, nessa acção, de *caso julgado material*, como claramente diz a lei de processo, acentua inequivocamente a natureza de *acção declarativa* (de mera apreciação) que os embargos de terceiro constituem, não obstante a sua nova definição legal."

[382] «Nas acções, nos seus incidentes, e nos procedimentos cautelares é obrigatória a dedução por artigos dos factos que interessem à fundamentação do pedido ou da defesa, sem prejuízo dos casos em que a lei dispensa a forma articulada».

[383] Esse valor tanto pode ser inferior como superior ao da acção executiva; o valor desta é determinado pelo valor do pedido e não pelo valor dos bens penhorados; os embargos podem abranger todos ou parte dos bens penhorados.

[384] Ou prova meramente informativa, como era designada no Ac. Relação Évora, de 10.03.1988, in BMJ n.º 375, pág. 466.

[385] Conforme seja verificada ou não a séria probabilidade da existência do direito (ou da posse) em que os embargos se fundem.

Para além das causas de indeferimento liminar previstas no artigo 474.º, no regime anterior à Reforma de 1995/1996, a rejeição dos embargos podia basear-se em qualquer motivo susceptível de comprometer o seu êxito. Tratava-se de um juízo de probabilidade e não de certeza, pelo que o juiz só deveria rejeitar os embargos, quando manifestamente eles fossem inviáveis. Mas os embargos deviam ainda ser rejeitados, quando a posse do embargante se fundasse em transmissão feita pelo embargado com manifesta intenção de subtrair os bens à execução. Esta causa de rejeição dos embargos traduzia-se, no fundo, num caso de abuso do direito da transmissão dos bens. A intenção podia ser revelada pela data da transmissão ou por quaisquer outras circunstâncias (artigo 1041.º, n.º 1, in fine)[386]. Este preceito tinha afinidades com a chamada acção pauliana. Porém, mercê da revogação daquele normativo, pelo Decreto-Lei n.º 329-A/95, só na fase contraditória dos embargos é que o exequente embargado pode defender-se através da impugnação pauliana do negócio alegado pelo embargante[387]. Aliás, tem de se considerar que a defesa, como a pauliana, é uma defesa por excepção, ao mesmo nível da que seria, por exemplo, se fosse arguida a simulação[388].

Para além de determinar a *suspensão* do processo executivo quanto aos bens que os embargos digam respeito, o despacho de recebimento dos embargos determina a *restituição provisória* da posse ao embargante[389], se este a tiver requerido, podendo, toda-

---

[386] Havendo, em favor de terceiro, inscrição no bem penhorado, o juiz deve ordenar a citação do titular inscrito para declarar se os bens lhe pertencem (artigo 119.º, n.º 1 do Código do Registo Predial) e só na falta de declaração é que a execução prossegue imediatamente nesses bens (cfr. LOPES CARDOSO, "Código de processo civil anotado", 1972, pág. 566).

[387] Ac. Relação Coimbra, de 31.03.1987, in BMJ n.º 365, pág. 703.

[388] Neste sentido ALBERTO DOS REIS, "Processos especiais", vol. I, pág. 452, e "Código do processo civil anotado", vol. III, pág. 35.

[389] «Nas acções destinadas à defesa da posse, se o réu apenas tiver invocado a titularidade do direito de propriedade, sem impugnar a posse do autor, e não puder apreciar-se logo aquela questão, o juiz ordena logo a imediata manutenção ou restituição da posse» (artigo 510.º, n.º 5).

via, o juiz condicioná-la à prestação de caução (³⁹⁰) pelo requerente (artigo 356.º). Por outro lado, o recebimento dos embargos permite também o reforço ou a substituição da penhora (artigo 834.º, n.º 3, alínea d)).

Se os embargos tiverem sido deduzidos antes de realizada a penhora, mas depois de ordenada (embargos de terceiro com função preventiva), esta não será realizada até decisão final, sem prejuízo da fixação de caução (artigo 359.º, n.º 2).

Recebidos os embargos, são notificados para os contestar as partes primitivas, seguindo-se os termos do processo ordinário ou sumário de declaração, conforme o valor (artigo 357.º, n.º 1) (³⁹¹). Quer isto dizer que os embargados não têm de oferecer a prova na contestação (cfr. artigo 303.º, n.º 1) e o prazo para esta não é o previsto no artigo 303.º, n.º 2 (10 dias), mas o estabelecido para a forma do processo subsidiariamente aplicável.

Fundando-se os embargos apenas na invocação da posse, na contestação qualquer das partes primitivas pode pedir o reconhecimento, quer do seu direito de propriedade sobre os bens, quer de que tal direito pertence à pessoa contra quem a diligência foi promovida (artigo 357.º, n.º 2) (³⁹²) (³⁹³).

(³⁹⁰) Sobre: o processo de prestação de caução, a prestação de caução como incidente, o reforço ou a substituição da caução prestada como incidente e os meios de prestar caução, vejam-se, respectivamente: artigos 981.º a 989.º, 990.º e 996.º, todos do Código de Processo Civil, e artigos 623.º e seguintes, do Código Civil.

(³⁹¹) Este normativo tem a redacção do Decreto-Lei n.º 180/96, de 25 de Setembro.

(³⁹²) Este normativo tem a redacção do Decreto-Lei n.º 329-A/95, de 12 de Dezembro.

(³⁹³) No regime anterior à Reforma de 1995/1996, o embargado era notificado para os contestar no prazo de dez dias (artigo 1033.º, n.º 1, aplicável «ex vi» artigo 1041.º), seguindo-se depois os trâmites do processo sumário. Notificado para contestar os embargos, o embargado podia assumir uma das atitudes seguintes: a) *não contestar* os embargos, caso em que haveria lugar à cominação prevista para a revelia em processo sumário – condenação no pedido (artigo 784.º, n.º 2, aplicável «ex vi» artigo 1033.º, n.º 1); b) *impugnar* apenas a *posse* do embargante (ficando em aberto a questão do domínio ou da titularidade do direito), caso em os embargos seguiriam os termos do processo sumário; c) alegar que o *direito de propriedade* sobre os bens objecto da penhora lhe pertencia (se tivesse sido o executado quem havia nomeado à penhora os bens objecto dos embargos), ou que pertencia à pessoa contra quem a diligência tinha sido promovida (se a nomeação tivesse sido feita pelo exequente), e impugnar a posse do embargante (artigo 1042.º, alínea b)); d) alegar *que era proprietário* dos bens

Nos termos do artigo 358.º, «a sentença de mérito proferida nos embargos constitui, nos termos gerais, caso julgado quanto à

objecto dos embargos e formular o pedido de reconhecimento desse direito no processo de embargos (artigo 1034.º, n.º 1). Se o embargado formulasse tal pedido, o processo de embargos de terceiro seguiria a tramitação especial prevista no artigo 1043.º, n.º 2.

Assim: se o valor dos embargos excedesse a alçada da Relação, observar-se-iam os termos previstos para o processo declarativo ordinário, em termos iguais aos que estavam determinados para quando neste fosse formulado o pedido reconvencional, podendo haver lugar a réplica (cfr. artigos 1034.º. n.º 2, alínea a) e 503.º); se o valor dos embargos não excedesse a alçada da Relação, os embargos continuariam a seguir os termos do processo sumário, podendo haver resposta à contestação, destinada a impugnar o direito de propriedade invocado pelo embargante (cfr. artigos 1034.º, n.º 2, alínea b) e 786.º).

Uma vez que na contestação o embargado podia impugnar a posse, levantar a questão do direito de propriedade, ou impugnar a posse e alegar cumulativamente o domínio, da atitude que tomasse resultariam, logicamente, soluções diferentes, a saber:

a) Se o embargado *não contestasse a posse* do embargante e este não alegasse na petição inicial o seu domínio como causa da posse, nem impugnasse na resposta à contestação do embargado o direito de propriedade invocado por este, era logo declarado procedente o pedido do embargado, com a consequente improcedência dos embargos (artigo 1035.º, n.º 1); caso o embargante alegasse na petição inicial o seu domínio como causa da posse, ou impugnasse na resposta o direito de propriedade invocado pelo embargado, e este não contestasse a posse do embargante, podiam verificar-se duas hipóteses, consoante a questão da propriedade pudesse ser decidida ou não no despacho saneador. se a questão da propriedade pudesse ser decidida no saneador, o pedido do embargado seria logo aí julgado procedente ou improcedente e os embargos seriam logo julgados improcedentes, no primeiro caso, e procedentes, no segundo, em face da prova produzida; se a questão da propriedade não pudesse ser decidida no saneador, os embargos seriam julgados provisoriamente procedentes quanto à questão da posse, devendo o processo continuar para ser apreciada a final a questão do domínio (artigo 1036.º, n.º 1). Como a decisão era provisória, o embargado podia exigir do embargante a prestação de caução, para este poder executar a decisão.

b) Se o embargado *contestasse a posse* do embargante e este tivesse alegado na petição inicial o seu domínio, ou impugnasse na resposta à contestação do embargado o direito de propriedade invocado por este, o processo poderia terminar no saneador, ou ter de seguir os seus termos até final para se decidir de alguma questão.

Quando no saneador pudesse decidir-se a questão da *propriedade*, pela procedência do pedido de *reconhecimento* do direito de propriedade formulado pelo embargado, mas não pudesse decidir-se a questão da posse, esta ficava prejudicada e os embargos eram logo julgados procedentes (a solução era idêntica àquela outra prevista no artigo 1035.º, n.º 1, acima apontada). Quando no saneador pudesse decidir-se a questão da propriedade, pela improcedência do pedido de *reconhecimento* do direito de propriedade formulado pelo embargado, mas não pudesse decidir-se a questão da posse, o processo teria de prosseguir os seus termos até final para ser decidida a questão da posse.

Caso no saneador pudesse decidir-se a questão, no sentido da procedência do pedido do embargante, mas não pudesse conhecer-se da questão da propriedade, enten-

existência e titularidade do direito invocado pelo embargante ou por algum dos embargados, nos termos do n.º 2 do artigo anterior» ([394]) ([395]).

Bem se compreende que o citado preceito determine que o processo de embargos conduz à formação de caso julgado material, relativamente à existência e titularidade dos direitos que neles foram objecto de apreciação ([396]), pois que, nem as garantias das partes nem a complexidade da tramitação nos embargos de terceiro são inferiores às da acção declarativa com processo comum. Quer isto dizer que, recebidos os embargos, as partes gozam das mesmas garantias de que beneficiariam em acção autónoma (cfr. artigo 357.º).

---

dia-se que a melhor solução era a prevista no artigo 1036.º: procedência provisória dos embargos, podendo o embargado exigir que o embargante prestasse caução, se este quisesse executar a decisão, devendo o processo seguir os seus termos para a final se decidir a questão da propriedade.

Podendo decidir-se no saneador a questão da posse, no sentido da improcedência do pedido formulado pelo embargante, mas não se podendo decidir a questão da propriedade, a solução mais razoável parecia ser a de considerar-se prejudicada a decisão sobre a questão da propriedade, e julgar-se definitivamente procedentes os embargos. Em abono desta orientação argumentava-se que o pedido do embargado constituía essencialmente um meio de defesa da posse e tinha por finalidade evitar o levantamento da penhora, finalidade essa que era conseguida pela improcedência do pedido do embargante: "nos embargos de terceiro deduzidos contra a penhora, é desnecessária a decisão sobre a propriedade dos bens, quando improceda o pedido do embargante. Essa especialíssima acção possessória tem o fim limitado de obter o levantamento da penhora embargada ou evitar que ela se realize." (LOPES CARDOSO, "Manual da acção executiva", págs. 393-394).

([394]) Este normativo tem a redacção do Decreto-Lei n.º 329-A/95, de 12 de Dezembro.

([395]) No regime anterior à Reforma de 1995/1996 entendia-se que, quer o processo de embargos de terceiro terminasse na fase do despacho saneador, quer terminasse por uma sentença final, a procedência dos embargos implicava que se determinasse o levantamento da penhora sobre os bens respectivos que seriam entregues ao embargante. Então, o exequente podia nomear à penhora outros bens em substituição daqueles, se os que ficassem fossem insuficientes.

([396]) LEBRE DE FREITAS, "obra citada", págs. 299-300, distingue três situações: se os embargos se fundarem em *direito de fundo do terceiro*, ficará assente a existência ou inexistência deste direito; se a causa se mantiver no âmbito da *posse*, ficará assente que o terceiro era ou não possuidor do bem penhorado à data da penhora; se for invocado em reconvenção o *direito de propriedade* (ou outro direito real de gozo) do executado, ficará assente que este é ou não o proprietário do bem penhorado (ou titular do direito real menor invocado).

9.4. Acção de reivindicação

Sem prejuízo de voltarmos a tratar desta matéria aquando da análise do problema das *execuções injustas*, sempre se dirá que a acção de reivindicação, prevista no artigo 1311.º do Código Civil, constitui um meio petitório comum ao alcance do proprietário (ou titular de outro direito real menor) cujo direito tenha sido ofendido pela penhora.

Trata-se de uma acção declarativa comum baseada no direito de propriedade que pode ser exercida para obter a restituição do bem, quer o proprietário estivesse na sua posse no acto da penhora, quer não estivesse.

Deste modo, ao contrário dos embargos de terceiro, na acção de reivindicação o interessado não necessita de demonstrar a posse, bastando-lhe alegar o direito de propriedade (ou outro direito real menor) e pode intentá-la em qualquer altura, visto que o respectivo direito não prescreve pelo decurso do tempo, salvo o direito da aquisição por usucapião do bem reivindicado (artigo 1313.º do Código Civil).

O possuidor e proprietário pode alternativamente lançar mão ou dos embargos de terceiro ou da acção de reivindicação ([397]), podendo mesmo socorrer-se deste meio depois de decorrido o prazo para a dedução dos embargos de terceiro ou, quando os tenha deduzido tempestivamente, estes forem julgados improcedentes sem se ter discutido a questão da propriedade dos bens.

Pode inclusivamente socorrer-se da acção de reivindicação depois da venda dos bens. Com efeito, embora a admissão da acção de reivindicação, antes de efectuada a venda ou adjudicação, não evite que esta se faça, a procedência da acção é fundamento

---

([397]) "Se o autor tivesse proposto acção possessória, em vez de embargos de terceiro, para defender a sua posse, teria realmente usado de meio impróprio; mas a acção que intentou foi a de propriedade ou domínio. Desde que invocava, não a sua posse, mas o seu direito de propriedade e queria que este lhe fosse reconhecido, então podia socorrer-se dos embargos de terceiro, meio essencialmente possessório; só podia fazer uso da acção comum de domínio, da acção de reivindicação." (ALBERTO DOS REIS, "Processos especiais", vol. I, págs. 401-402).

de anulação da venda executiva(³⁹⁸), nos termos da alínea d) do n.º 1 do artigo 909.º: «além do caso previsto no artigo anterior, a venda só fica sem efeito: (...) d) Se a coisa vendida não pertencia ao executado e foi reivindicada pelo seu dono».

A análise deste artigo impõe que se recorra às regras próprias do registo.

Ficou dito que, em regra, os bens penhorados permitem o cumprimento da obrigação, ainda que sejam transmitidos, desde que o registo da transmissão seja posterior ao registo da penhora (cfr. artigo 819.º do Código Civil). Por outro lado, e já vimos também, se a penhora estiver sujeita a registo, só são inoponíveis os actos de disposição, oneração ou arrendamento, depois do registo daquela (cfr. artigo 5.º, n.º 1 do Código do Registo Predial); por isso a lei declara-os inoponíveis à execução.

Aplicando estas regras próprias do registo à penhora e à acção de reivindicação, temos que se a penhora recair sobre bens sujeitos a registo e foi registada antes do registo da acção de reivindicação sobre o bem penhorado, esta será ineficaz em relação à penhora e venda subsequente, o que equivale a dizer que o exequente e o adquirente do bem penhorado (proponente) gozam da protecção do registo(³⁹⁹).

Esta regra é válida, se verificado o seguinte condicionalismo: se o direito do reivindicante se fundar na nulidade ou anulação do negócio jurídico pelo qual o executado adquiriu o direito penhorado e a acção de reivindicação não foi registada dentro dos três anos posteriores à conclusão do negócio (cfr. artigo 291.º, n.ᵒˢ 1 e 2 do Código Civil)(⁴⁰⁰); se houver registo preexistente a favor do

---

(³⁹⁸) Cfr. PESSOA JORGE, "obra citada", págs. 131-132. ANSELMO DE CASTRO entende que não se trata de uma causa de anulabilidade, devendo antes falar-se de ineficácia, visto que a venda cessa os seus efeitos como mera consequência da procedência da acção intentada pelo verdadeiro dono ("obra citada", pág. 251).

(³⁹⁹) Ainda que o proponente haja adquirido a «non domino», a venda é válida, e o verdadeiro dono só poderá ter direitos de indemnização.

(⁴⁰⁰) Neste sentido, CASTRO MENDES, que acrescenta: "se o registo a favor de um executado (ou de um vendedor) tem mais de três anos, pode ficar tranquilo, nenhum direito ou acção lhe é oponível. Se tem menos, as acções de declaração de nulidade ou anulação dos actos em que se funda o direito inscrito no registo ainda podem vir a ser eficazes contra eles" ("obra citada", págs. 144-145).

executado, salvo se o direito do reivindicante se fundar em usucapião (cfr. artigos 5.º, n.º 2, alínea a) e 17.º, n.º 2, ambos do Código do Registo Predial(401).

Se antes de efectuada a venda, a acção de reivindicação não estiver proposta, o dono dos bens pode protestar por ela lavrando-se termo do protesto, caso em que a entrega dos bens móveis ao adquirente só terá lugar depois de este prestar caução, destinada a garantir o direito do reivindicante – artigo 1384.º, n.º 1, alínea c) (cfr. artigo 910.º, n.º 1)(402); a mesma solução é válida para o caso de a acção de reivindicação ser proposta antes da entrega dos bens móveis ao adquirente e do levantamento do produto da venda dos bens (cfr. artigo 911.º).

Se o direito do reivindicante se fundar em transmissão efectuada pelo executado, esta, ainda que não registada, prevalece sobre os direitos decorrentes da penhora e da venda executiva.

II.III. CONVOCAÇÃO DE CREDORES E RECLAMAÇÃO DE CRÉDITOS

1. Execução singular e execução colectiva

Nos termos do n.º 1 do artigo 864.º, na redacção anterior ao Decreto-Lei n.º 38/2003, de 8 de Março, depois de efectuada a penhora e junta a certidão de direitos, ónus e encargos, quando necessária, eram convocados para a execução os credores do executado e, em certos casos, o seu cônjuge. Tem-se entendido que é no conflito de interesses entre o credor exequente e os demais credores do executado que poderá buscar-se, em última instância, a resposta sobre que credores devem ser convocados e qual o fundamento jurídico do concurso(403).

---

(401) Cfr. LEBRE DE FREITAS, "obra citada", pág. 302.

(402) Devendo o autor do protesto agir em conformidade com o disposto no n.º 2 do artigo 910.º.

(403) Falar de concurso de credores em processo de execução equivale a falar em participação no mesmo processo executivo de uma pluralidade de credores do executado que se propõem obter, através do processo, a realização forçada dos seus direitos de crédito insatisfeitos (cfr. GARBAGNATI, "Il Concorso di creditori nella expropriazione singulare", pág. 1).

Como veremos adiante, a questão só se tem colocado quando a lei regula o processo de execução segundo o regime da execução colectiva([404]), visto que é nesta que se permite que todos os credores ou pelo menos todos os credores cujos créditos estejam vencidos venham à execução obter a satisfação dos seus créditos; se a lei regula o processo de execução segundo o regime da execução singular, não pode falar-se em concurso de credores uma vez que só o exequente obtém, pelo processo de execução que moveu, a satisfação do seu crédito.

Vejamos, sinteticamente, as opções de política legislativa tomadas pelo Poder desde o Código de Processo Civil de 1876 nesta matéria.

No Código de Processo Civil de 1876, se o devedor estivesse solvente, só eram chamados à execução os credores com privilégio ou hipoteca sobre os bens imobiliários penhorados, que podiam fazer-se pagar por outros bens, se os onerados fossem insuficientes; se o devedor estivesse insolvente, eram chamados à execução todos os credores do executado([405]), tornando-se a execução colectiva.

No Código de Processo Civil de 1939, a execução era colectiva([406]). Permitia-se a intervenção de todos os credores do executado([407]), preferenciais e comuns; porém, enquanto estes só eram admitidos quando os seus créditos estivessem vencidos, os credores com preferência sobre os bens penhorados eram admitidos ainda

---

([404]) ALBERTO DOS REIS, "Processo de execução", vol. II, pág. 243, distingue duas modalidades de execução colectiva: a liquidação parcial, limitada a determinado património do devedor e destinada à satisfação de certos credores; e a liquidação total ou universal, que envolve todos os bens do devedor em benefício de todos os seus credores.

([405]) Neste sistema os credores não assumiam a posição de partes principais no processo executivo; eram meros *assistentes*. A finalidade da sua citação era para *assistirem* aos termos da execução (cfr. artigo 834.º).

([406]) Após o concurso de credores, a execução transformava-se de singular em colectiva: o processo de execução passava a correr tanto em benefício do exequente como em benefício dos credores verificados e reconhecidos (cfr. ALBERTO DOS REIS, "obra citada", pág. 233).

([407]) Por dívidas pecuniárias ou que se transformassem em pecuniárias: dívidas de indemnização.

que os créditos não estivessem vencidos. Nem uns nem outros careciam de título exequível.

Em defesa deste regime dizia-se que ele visava fundamentalmente assegurar a realização do princípio da igualdade dos credores face ao património do devedor e que reduzia o número de processos executivos, concentrando num só processo as execuções contra o mesmo devedor; contra argumentava-se, entre o mais, que o processo era muito mais moroso na fase de verificação e graduação de créditos, prejudicando-se, consequentemente, a posição do exequente sobre quem recaem os trabalhos, incómodos e despesas sofridas com a instauração da execução, e que tal sistema conduziria à insolvência ou falência [408].

Foram precisamente estas e outras críticas que levaram o legislador a introduzir-lhe importantes alterações, o que viria a acontecer com a Reforma de 1961.

Não podendo dizer-se que o sistema consagrado por aquela reforma fosse o de uma execução absolutamente *singular* visto que, em obediência ao princípio consagrado no artigo 824.º, n.º 2 do Código Civil, segundo o qual os bens são transmitidos livres de direitos reais de garantia que os oneram, admitia-se a intervenção na execução dos credores que gozassem de garantia real sobre os bens penhorados; não pode também dizer-se que fosse o de uma execução *colectiva* já que só era permitida a participação de credores com garantia real sobre os bens penhorados para exercício dos direitos limitados a essa garantia.

Precisamente porque possuía características comuns a ambos os sistemas, o regime de 1961 podia qualificar-se de misto ou tendencialmente singular.

Daí resultavam importantes diferenças relativamente ao Código de 1939. Assim, os credores com garantia real só podiam ser pagos na execução, pelo valor dos bens sobre que recaía a garantia e conforme a garantia do seu crédito; se os bens penhorados sobre que incidia a garantia não chegassem para o pagamento do seu crédito, teriam de mover outra execução, não podendo fazer-se

---

[408] Sobre esta matéria veja-se ANSELMO DE CASTRO, "Acção executiva singular, comum e especial", págs. 175-176.

pagar pelo produto de outros bens penhorados e muito menos nomear outros à penhora (cfr. artigos 865.º, n.º 1 e 873.º n.º 2).

CASTRO MENDES vincou estas diferenças, acrescentando que "qualquer resultado da acção executiva que deixe incólumes os direitos reais de garantia pode ser obtido sem atenção aos credores"([409]). Tal entendimento resultava, de resto, da doutrina do artigo 824.º, n.ᵒˢ 2 e 3, do Código Civil, nos termos dos quais na acção executiva os direitos reais de garantia só caducavam com a transmissão dos bens e, se esta não ocorresse – por haver lugar a consignação de rendimentos ([410]), pagamento voluntário ([411]) ou extinção da dívida exequenda por qualquer outra causa diferente do pagamento ([412]) –, nenhuma razão subsistia para que os direitos dos credores fossem atendidos na execução.

Ao contrário do regime do Código de 1939 onde, se já houvesse créditos reclamados confessados ou reconhecidos judicialmente, a instância executiva só podia extinguir-se por vontade própria do executado, desde que este voluntariamente pagasse as custas, o crédito exequendo e os créditos reclamados confessados ou reconhecidos (cfr. artigos 916.º e 919.º), no regime de 1961 a execução podia extinguir-se por desistência do exequente ou por vontade própria do executado, desde que voluntariamente pagasse a quantia exequenda e as custas da execução (artigos 918.º e 916.º).

Uma vez que nos casos apontados os bens não eram objecto de venda forçada, subsistindo, por isso, os direitos reais de garantia, daí fluía que os credores reclamantes não obteriam satisfação na acção executiva, salvo tratando-se de credores com créditos vencidos e graduados, e requeressem o prosseguimento da execução

---

([409]) "Acção executiva", págs. 160 e seguintes.

([410]) Antes da venda ou adjudicação dos bens penhorados o exequente podia requerer que lhe fossem consignados os rendimentos, em pagamento do seu crédito (artigo 879.º, n.º 1); efectuada a consignação e pagas as custas da execução, esta era julgada extinta, levantando-se as penhoras que incidissem, em outros bens (artigo 881.º, n.º 1).

([411]) Da dívida exequenda e custas da execução, desde que antes da transmissão dos bens (artigos 916.º, n.º 1 e 917.º).

([412]) Perdão ou renúncia por parte do exequente ou qualquer outro título extintivo: compensação, novação, etc. (artigos 916.º, n.º 3 (actual n.º 4), e 917.º, n.º 2).

para venda ou adjudicação dos bens sobre que tivessem garantia (artigo 920.º, n.º 2).

Após a admissão das reclamações, os credores admitidos assumiam a posição de partes principais. E se, como já vimos, não lhes eram reconhecidos todos os direitos do exequente, a lei conferia-lhes certas faculdades processuais que se circunscreviam aos limites dos seus direitos de garantia. Assim, podiam impugnar os créditos cujas garantias incidiam sobre os mesmos bens penhorados (artigo 866.º, n.º 3); podiam requerer a adjudicação dos bens penhorados sobre que recaíam as suas garantias (artigo 875.º, n.º 1); podiam intervir na escolha da forma de venda dos bens sobre que incidiam as suas garantias reais (artigos 886.º, alínea a), 887.º, n.º 2, 888.º, n.ºs 1 e 3, 889.º, 893.º, n.º 1, e 894.º); ficavam dispensados de depositar todo ou parte do preço relativamente aos bens sobre que tinham garantia, quando os adquiriam (artigo 906.º, n.º 1; e podiam pedir a anulação da venda forçada por conluio entre os concorrentes à hasta pública, desde que sobre os bens vendidos tivessem garantia real (artigo 909.º, n.ºs 1, alínea e) e 4).

A Reforma de 1995/1996 ([413]) introduziu importantes alterações ao processo executivo, destacando-se, no que toca à fase de convocação de credores e verificação de créditos: o *aditamento do artigo 864.º-A*, preceito que permitia ao juiz dispensar a convocação de credores, quando fossem penhorados vencimentos, abonos ou pensões, ou ainda bens móveis não sujeitos a registo, de reduzido valor e sobre os quais não constasse nos autos a existência do direito real de garantia, sem prejuízo de o credor que tivesse garantia real sobre o bem penhorado poder reclamar o seu crédito ([414]); o *aditamento do artigo 864.º-B*, preceito que regulava o estatuto processual do cônjuge do executado, permitindo-lhe deduzir, tal como

---

([413]) Operada pelos Decretos-Leis n.ºs 329-A/95, de 12 de Dezembro, e 180/96, de 25 de Setembro.

([414]) Como bem nota LOPES DO REGO, "Comentários ao código de processo civil", Coimbra, Almedina, 1999, págs. 579-580, a solução de confiar ao juiz, mediante um "juízo prudencial" seu, a dispensa de citação dos credores é um "afloramento do princípio de adequação formal", apenas precludindo "o chamamento dos possíveis e eventuais credores com garantia real, expresso na feitura das citações a que alude o artigo 864.º".

ao executado, o protesto no acto da penhora ou o incidente de oposição à penhora e a exercer, nas fazes de execução posteriores à sua citação, todos os poderes que a lei processual conferia ao executado; *a modificação da redacção* dos diferentes números do artigo 868.º, estabelecendo-se no seu n.º 1 a forma do processo sumário de declaração quando o processo de reclamação de créditos houvesse de prosseguir até ao julgamento[415], prevendo-se no seu n.º 4 a limitação da cominação plena de não impugnação dos créditos reclamados[416], com o *aditamento* do seu n.º 5, onde se «permitia ao juiz suspender os termos do apenso de verificação e graduação de créditos posteriores aos articulados, até à realização da venda[417]; a *supressão* do normativo do n.º 1 do artigo 870.º, que previa a possibilidade de conversão da execução em falência[418].

Após a Reforma de 1995/1996, pelo Decreto-Lei n.º 274/97, de 8 de Outubro, foi criado o *processo simplificado de execução para dívidas de quantia certa*, baseadas em título extrajudicial, de valor não superior à alçada do tribunal de comarca, que seguia, com as necessárias adaptações, os termos do processo sumário estabelecido nos artigos 924.º e seguintes do Código de Processo Civil[419], que aquela Reforma reservara para as execuções fundadas em decisão judicial, desde que a penhora viesse a recair sobre bens móveis ou direitos que não tivessem sido dados de

---

[415] «Se a verificação de algum dos créditos impugnados estiver dependente de produção de prova, seguir-se-ão os termos do processo sumário de declaração, posteriores aos articulados».

[416] «Sem prejuízo das excepções ao efeito cominatório da revelia, vigentes em processo declarativo, ou do conhecimento das questões que deviam ter implicado rejeição liminar da reclamação».

[417] «Quando considere provável que o produto desta não ultrapassará o valor das custas da própria execução».

[418] «Se o património do devedor não chegar para pagamento dos créditos verificados, pode qualquer dos respectivos titulares requerer que o processo seja remetido ao tribunal competente, para nele ser declarada a falência ou insolvência do executado, aproveitando-se o que estiver processado, com excepção da graduação de créditos» (artigo 870.º, n.º 1, então em vigor).

[419] Note-se que o Decreto-Lei n.º 38/2003, de 8 de Março, revogou os artigos 925.º a 927.º.

penhor, de que se exceptuava o estabelecimento comercial (cfr. artigo 1.º).

No que toca ao regime de convocação de credores, o regime regra era o de exclusão da reclamação de créditos (cfr. artigo 2.º, n.º 1), salvo se existissem credores que, no acto da penhora, invocassem direito de retenção sobre os bens penhorados (artigo 2.º, n.º 2, alínea a)) e existissem credores que, no caso de penhora de bens sujeitos a registo, dispusessem ou viessem a dispor de garantia real registada (artigo 2.º, n.º 2, alínea b)). Nos termos do n.º 3 do mesmo preceito, o normativo do n.º 1 não prejudicava a aplicação do disposto no artigo 871.º do Código de Processo Civil.

A Reforma da acção executiva operada pelo Decreto-Lei n.º 38/2003, de 8 de Março, visando a criação de um sistema de equilíbrio que envolvesse todos os intervenientes no processo executivo de forma a que uma justiça certa e célere se conjugasse com os propósitos de segurança jurídica, introduziu importantes alterações ao processo executivo, como veremos adiante.

2. Quem deve ser citado para o concurso de credores

Efectuada a penhora sobre bens ou direitos do executado[420], são convocados para intervir na acção executiva, no prazo de 5 dias (artigo 864.º, n.ºs 2 e 3), quer o cônjuge do executado, nos casos previstos no artigo 864.º, n.º 3, alínea a), quer os credores

---

[420] E, se houver lugar a registo, depois de recebido pelo agente de execução o certificado do registo (definitivo ou provisório – cfr. artigo 838.º, n.º 4) e a certidão dos ónus que incidam sobre os bens abrangidos pela penhora (artigo 838.º, n.º 2). Neste caso, o prazo de 5 dias para a citação conta-se da recepção desses documentos, que permitirão identificar os credores titulares de direito real de garantia inscrito. Recorda-se que, nos termos do artigo 864.º, n.º 6, através da citação (ou notificação) deve ser comunicado ao executado que, no prazo da oposição (cfr. artigo 813.º, n.º 1) e sob a condenação como litigante de má fé, deve indicar os direitos, ónus e encargos não registáveis que recaiam sobre os bens penhorados, bem como os respectivos titulares, e que, nesse mesmo prazo, pode requerer a substituição dos bens penhorados (cfr. artigo 834.º, n.º 3, alínea a)), podendo ainda, se deduzir oposição à execução, requerer a substituição da penhora por caução (cfr. artigo 834.º, n.º 5).

do executado que sejam titulares de uma garantia real sobre os bens penhorados (artigos 864.º, n.º 3, alíneas b) a d), e 865.º, n.º 1).

2.1. Citação do cônjuge do executado

O cônjuge do executado deve ser citado([421]) pelo agente de execução em dois casos: quando a penhora haja recaído sobre bens imóveis (ou direitos reais menores de gozo a eles inerentes – cfr. artigo 204.º, n.º 1, alínea d), do Código Civil) ou estabelecimento comercial que o executado não possa alienar livremente (artigo 864.º, n.º 3, alínea a), 1.ª parte; cfr. artigo 1682.º-A); quando a penhora tenha recaído sobre bens comuns do casal, nos termos do artigo 825.º (artigo 864.º, n.º 3, alínea a), 2.ª parte)([422]). À segunda

---

([421]) De acordo com o normativo do artigo 864.º, n.º 1, 2.ª parte que prescreve: «só a citação do executado pode ter lugar editalmente», a citação do cônjuge do executado tem de ser pessoal. Quer isto dizer que, desconhecendo-se o paradeiro do cônjuge do executado, este não é citado para a execução, assistindo-lhe, todavia, a faculdade de deduzir embargos de terceiro contra a penhora de bens comuns ou de bens cuja alienação necessita do seu consentimento, nos termos do artigo 352.º. (Neste sentido, TEIXEIRA DE SOUSA, "A reforma da acção executiva", pág. 179).

([422]) O artigo 864.º, n.º 1, anterior à Reforma de 1995/1996, prescrevia assim: «Feita a penhora, e junta (...), são citados para a execução: a) o cônjuge do executado, quando (...), ou quando o exequente requeira a citação, nos termos do n.º 2 do artigo 825.º». Entendia-se, então, que quando a citação do cônjuge do executado tivesse sido requerida pelo exequente nos termos do artigo 825.º, n.º 2, ela não poderia ser simultânea às demais citações referidas no artigo 864.º, n.º 1, devendo antes precedê-las, porquanto, enquanto o cônjuge do executado não fosse citado, não podia intervir no processo de execução e, consequentemente, assumir uma posição quanto à partilha dos bens, nas dívidas não sujeitas a moratória forçada. Entendia-se, também, que qualquer que fosse a posição que o cônjuge do executado pudesse adoptar, só depois do decurso do prazo para ele requerer a separação, se a não tivesse requerido, ou depois de efectuada a partilha dos bens comuns e eventual substituição dos bens penhorados, é que a penhora ficaria concluída, pois que só depois de se adquirir a certeza quanto aos bens que ficavam afectos à satisfação da dívida devia ordenar-se as citações indicadas no n.º 1 do artigo 864.º, e essa certeza só podia verificar-se depois da posição que o cônjuge do executado viesse a tomar em face da citação, quando requerida pelo exequente nos termos do artigo 825.º, n.º 2.

Na redacção introduzida pela Reforma de 1995/1996, a remissão é feita para o artigo 825.º, sem outra especificação. De acordo com o artigo 864.º, n.º 1, alínea a), na sua redacção anterior, só se impunha a citação do cônjuge do executado quando a penhora incidisse sobre bens imóveis (incluindo os direitos reais menores de gozo

situação já nos referimos noutra parte; vejamos, agora, alguns aspectos da primeira.

A situação decorrente da intervenção na acção executiva para pagamento de quantia certa, do cônjuge do executado, nos termos do artigo 864.º, poderá configurar-se como de um verdadeiro litisconsórcio necessário passivo ([423]) entre os cônjuges que é imposto pela lei em função dos bens penhorados ([424]).

Entende-se que as razões que estão subjacentes ao referido caso são as mesmas que presidem à imposição ao autor de instaurar contra ambos os cônjuges as acções de que possa resultar a perda ou oneração de bens (móveis ou imóveis) que só por ambos os cônjuges podem ser alienados ou a perda de direitos que só por ambos podem ser exercidos (artigo 28.º-A, n.º 3).

Este entendimento pode buscar-se na doutrina do artigo 1682.º-A, n.º 1 do Código Civil que prescreve: «Carece do consentimento de ambos os cônjuges, salvo se entre eles vigorar o regime de separação de bens: a) a alienação, oneração, arrendamento ou constituição de outros direitos pessoais de gozo sobre imóveis próprios ou comuns; b) a alienação, oneração ou locação de estabelecimento comercial, próprio ou comum». De acordo com o n.º 2 do mesmo preceito: «A alienação, oneração, arrendamento ou constituição de outros direitos pessoais de gozo sobre a casa de morada de família carece sempre do consentimento de ambos os cônjuges».

---

sobre imóveis uma vez que o artigo 204.º, n.º 1, alínea d) do Código Civil qualificava estes direitos como «coisas imóveis»), o regime de bens não fosse o de separação e só um dos cônjuges estivesse obrigado no título. Se ambos os cônjuges estivessem obrigados no título, a execução devia ser instaurada contra ambos; se o regime de bens fosse o de separação, nenhuma razão existia para a intervenção do cônjuge do executado, visto que os cônjuges exercem plenos poderes de administração e disposição quanto aos seus bens próprios (cfr. artigos 1678.º, n.º 1, e 1682.º, n.º 2, parte final, do Código Civil).

([423]) Neste sentido, ANSELMO DE CASTRO, "obra citada", pág. 84 , que, a propósito do regime aplicável à falta de citação do cônjuge do executado, escreve na mesma "obra", págs. 196-197: "a falta de citação do cônjuge, redunda em penhora ostensivamente feita em bens alheios – os bens comuns nomeados -; logo, não pode caber-lhe outro regime senão o estabelecido para a falta de citação do executado, da anulação da execução na parte respectiva (artigo 921.º, n.º 1), pois o cônjuge não citado é, ou está, na emergência de ser executado".

([424]) Cfr. TEIXEIRA DE SOUSA, "obra citada", pág. 179.

Em qualquer dos casos supra apontados, o cônjuge do executado é citado para, nos termos do artigo 864.º-A: deduzir *oposição à execução* ou *à penhora*, no prazo de 10 dias, ou até ao termo do prazo concedido ao executado, se terminar depois daquele (artigos 864.º-A, 1.ª parte, e 863.º-A, n.º 1)([425]); *impugnar* os créditos reclamados (artigo 864.º-A, 1.ª parte; cfr. artigo 866.º, n.º 2)([426]); *pronunciar-se* ou apresentar requerimentos sobre o objecto, forma e condições de *alienação dos bens*, nos mesmos termos em que a lei processual confere ao executado (artigo 864.º-A, 2.ª parte; cfr. artigos 886.ºA, n.ºs 1 e 5, 886.º-B, n.º 3, 886.º-C, n.º 2, 894.º, n.º 1, 898.º, n.º 3, 904.º, alíneas a) e b), 905.º, n.º 2, e 906.º, 906.º, n.º 1, alínea a)); *impugnar irregularidades* que se cometam quanto à alienação dos bens (artigos 895.º, n.º 1, e 907.º, n.º 1); *requerer a sustação da venda*, nos termos do artigo 886.º-B, n.º 1; *opor-se* ao acordo dos credores quanto à entrega da venda ao solicitador de execução (artigo 905.º, n.º 2); e, em geral, *reclamar* para o juiz de execução ou promover a intervenção deste em relação a actos que o afectem (cfr. artigo 809.º, n.º 1, alíneas c) e d))([427]).

Quanto ao segundo caso, importa dizer apenas que, de acordo com o artigo 864.º-A, 2.ª parte, se o fundamento da citação do cônjuge do executado tiver sido a penhora de bens comuns do

---

([425]) Como bem observa TEIXEIRA DE SOUSA, "obra citada", pág. 179, este regime concede ao cônjuge do executado o que o artigo 813.º, n.º 4 recusa ao próprio executado.

([426]) No regime anterior já se admitia que o cônjuge do executado pudesse impugnar os créditos de credores reclamantes com garantia com garantia real sobre os bens imóveis, apesar de o artigo 866.º, n.º 2 não lhe atribuir expressamente legitimidade para o efeito. CASTRO MENDES, "obra citada", págs. 167-168, admitia ainda a possibilidade de impugnar o próprio crédito do exequente, ainda que o executado o não houvesse feito em altura devida, por embargos de executado. Na edição anterior "obra citada", pág. 229, escrevemos que não nos repugnava aceitar esta orientação, tendo em consideração que o que estava em causa era justamente a penhora de bens imóveis comuns a que se seguiria, em regra, a venda; ficavam-nos, porém, sérias dúvidas que o pudesse fazer por embargos de executado, não só pela especificidade e natureza deste meio de oposição à execução, mas também porque pela citação o cônjuge do executado assumia a posição de parte principal passiva na acção executiva mas não a de executado, cabendo exclusivamente a este o direito de deduzir embargos de executado, nos termos do artigo 812.º.

([427]) Havendo oposição entre a posição tomada pelo executado e a assumida pelo cônjuge, em matéria em que releve a pura vontade das partes (casos dos artigos 886.º-B, n.º 3, e 894.º), cabe ao juiz decidir, nos termos do artigo 809.º, n.º 1, alínea d).

casal, esse cônjuge pode requerer a separação dos bens do casal, se não aceitar a alegação do exequente de que a dívida é comum (cfr. Artigo 825.º, n.º 2) ou se o exequente nem sequer tiver invocado a comunicabilidade da dívida (cfr. artigo 825.º, n.º 5).

2.2. Citação dos credores

A lei impõe a verificação de determinados pressupostos para o credor reclamar o seu crédito: a existência de garantia real sobre os bens penhorados (artigo 865.º, n.º 1) e a existência de título executivo (artigo 865.º, n.º 2)([428]).

Quanto à *exigibilidade* e *liquidez* da obrigação do credor reclamante, a lei não impõe que a mesma esteja vencida: «o credor é admitido à execução, ainda que o crédito não esteja vencido...» (artigo 865.º, n.º, 7, 1.ª parte)([429]), nem que o crédito esteja determinado ou líquido: «... mas se a obrigação for incerta ou ilíquida, torná-la-á certa ou líquida pelos meios de que dispõe o exequente» (artigo 865.º, n.º 7, 2.ª parte)([430]).

2.2.1. A garantia real

Nos termos do artigo 865.º, n.º 1, só o credor com garantia real sobre os bens penhorados pode reclamar o seu crédito na acção executiva.

As garantias das obrigações podem ser pessoais e reais, e vêm reguladas na lei substantiva([431]) .

([428]) De acordo com o estabelecido no artigo 865.º, n.º 1, «só o credor que goze de garantia real sobre os bens penhorados pode reclamar, pelo produto destes, o pagamento dos respectivos créditos». Nos termos do n.º 2 do mesmo preceito, «a reclamação tem por base um título exequível».

([429]) Se o crédito não estiver vencido haverá lugar ao desconto, no final, dos juros correspondentes ao período de antecipação, conforme dispõe o artigo 868.º, n.º 3. Recorde-se que o concurso de credores não constitui uma cumulação de execuções; ele é, essencialmente, um meio de expurgar de encargos os bens que hão-de ser vendidos, adjudicados ou entregues; só assim se compreende a finalidade do concurso de credores e, consequentemente, que o crédito possa ser reclamado mesmo antes de vencido.

([430]) No requerimento de reclamação o credor deverá proceder à liquidação em conformidade com o disposto no artigo 805.º.

([431]) Livro II, Título I, Capítulo VI, do Código Civil.

Pelas garantias *pessoais* ficarão vinculados ao cumprimento da obrigação, garantindo-a, outros patrimónios, além do devedor; pelas garantias *reais*, o credor adquire o direito de ser pago com preferência a outros credores, pelo valor e rendimento de certos e determinados bens.

Representam garantias reais: a arresto (artigos 619.º e segs. do Código Civil e 406.º e segs. do Código de Processo Civil), a consignação de rendimentos (artigos 656.º e segs. do Código Civil e 879.º e segs. do Código de Processo Civil), o penhor (artigos 666.º e segs. do Código Civil), a hipoteca (artigos 686.º e segs. do Código Civil), os privilégios creditórios (artigos 733.º e segs. do Código Civil), o direito de retenção (artigos 754.º e segs. do Código Civil) e a penhora (artigos 822.º e segs. do Código Civil).

O *arresto* consiste na apreensão judicial de bens e produz, na parte aplicável, efeitos reais idênticos aos da penhora, mesmo enquanto não convertido nesta[432], aplicando-se-lhe as disposições relativas à mesma conforme resulta dos artigos 406.º, n.º 2 e 622.º, este do Código Civil.

O arresto de bens do devedor pode ser requerido pelo credor que tenha justo receio de perder a garantia patrimonial do seu crédito, nos termos da lei de processo (cfr. artigo 619.º, n.º 1, do Código Civil).

A *consignação de rendimentos* existe quando o cumprimento da obrigação se acha garantido pela afectação dos rendimentos de certos bens imóveis ou de certos bens móveis sujeitos a registo (artigo 656.º, n.º 1 do Código Civil). «Pode garantir o cumprimento da obrigação e o pagamento dos juros, ou apenas o cumprimento da obrigação ou só o pagamento dos juros» (artigo 656.º, n.º 2).

A consignação de rendimentos diz-se *voluntária*, se for constituída pelo devedor ou por terceiro, quer mediante negócio entre vivos, quer por meio de testamento; *judicial*, se resultar de decisão do tribunal (artigo 858.º, do Código Civil) constituída nos termos dos artigos 879.º e seguintes.

---

[432] «Quando os bens estejam arrestados, converte-se o arresto em penhora e faz-se no registo predial o respectivo averbamento, aplicando-se o disposto no artigo 838.º» (artigos 846.º).

De acordo com o artigo 842.º, n.º 1, «A penhora abrange o prédio com todas as suas partes integrantes e os seus frutos, naturais ou civis, desde que não sejam expressamente excluídos e nenhum privilégio exista sobre eles». Daí vem que a lei impõe como condições de exclusão dos frutos do objecto da penhora, a existência de garantia real sobre eles e a restrição expressa no acto de nomeação à penhora.

Note-se, porém, que a existência de privilégio não contende em nada com a admissibilidade da penhora: pela mesma razão que uma coisa móvel ou imóvel, já penhorada, pode ser objecto de outra penhora, também os frutos que constituam uma unidade económica independente podem ser objecto de várias penhoras sucessivas ([433]).

O *penhor* confere ao credor o direito à satisfação do seu crédito, bem como dos juros, se os houver, com preferência sobre os demais credores, pelo valor de certa coisa móvel, ou pelo valor de créditos ou outros direitos que tenham por objecto coisas móveis, sejam transmissíveis e não sejam susceptíveis de hipoteca, pertencentes ao devedor ou a terceiro (artigos 666.º e 680.º, do Código Civil).

Nos termos daquela primeira disposição, o detentor goza de preferência sobre os demais credores; no caso de conflito entre o privilégio mobiliário especial e um direito de terceiro, prevalece o que mais cedo se houver adquirido, conforme dispõe o artigo 750.º, do Código Civil.

Tratando-se de *coisas*, «o penhor só produz os seus efeitos pela entrega da coisa empenhada, ou de documento que confira a exclusiva disponibilidade dela, ao credor ou a terceiro» (artigo 669.º, n.º 1, do Código Civil).

Tratando-se de um *crédito*, «o penhor só produz os seus efeitos desde que seja notificado ao respectivo devedor ([434]) ou desde

---

([433]) Cfr. ALBERTO DOS REIS, "Processo de execução" vol. II, pág. 122. Para maior desenvolvimento desta matéria, veja-se LEBRE DE FREITAS, "A acção executiva depois da reforma", págs. 310-311. Sobre a consignação de rendimento, veja-se, ainda, MENEZES CORDEIRO, "Direitos reais", 1979, págs. 1094 e seguintes.

([434]) A notificação tem a finalidade de fazer ciente o devedor de que o crédito fica à ordem do agente de execução (artigo 856.º, n.º 1). Penhorado um crédito do

que este o aceite, salvo tratando-se de penhor sujeito a registo pois, neste caso, produzirá os seus efeitos a partir do registo» (artigo 681.º, n.º 2, do Código Civil).

«A hipoteca confere ao credor o direito de ser pago pelo valor de certas coisas imóveis ou equiparadas [435], pertencentes ao devedor ou a terceiro, com preferência sobre os demais credores que não gozem de privilégio especial ou de prioridade de registo» (artigo 686.º, n.º 1, do Código Civil).

A *hipoteca* pode ser legal, se resultar directamente da lei, sem dependência da vontade das partes (artigos 704.º e segs., do Código Civil); judicial, se resulta de uma decisão do tribunal (artigo 710.º, n.º 1, do mesmo Código); e voluntária, se resulta de contrato ou declaração unilateral (artigo 712.º, ainda do mesmo Código).

Para que a hipoteca produza efeitos, mesmo entre as partes, é necessário que seja registada (artigo 687.º, do Código Civil). Tal registo passou a ser não apenas condição de eficácia em relação a terceiros, mas também condição de validade entre as próprias partes [436].

«Privilégio creditório é a faculdade que a lei, em atenção à causa do crédito, concede a certos credores, independentemente do registo, de serem pagos com preferência a outros» (artigo 733.º, do Código Civil).

Os *privilégios creditórios* podem ser de duas espécies: mobiliários e imobiliários. Dizem-se mobiliários, se a faculdade é garantida pelo valor dos bens móveis existentes no património do devedor à data da penhora; podem ser gerais ou especiais, consoante compreendam todo o valor desses bens ou apenas o valor de deter-

---

devedor sobre terceiro, os actos que o executado pratique, quer de disposição (cedendo o crédito a terceiro), quer de oneração (dando-o de penhor a terceiro), são ineficazes em relação ao exequente, credor da obrigação originária, não cumprida voluntariamente, desde que tais actos sejam posteriores ao registo.

[435] São coisas móveis equiparadas a coisas imóveis, para esse efeito, os automóveis, navios, aviões e aeronaves.

[436] Cfr. ANTUNES VARELA, "Das obrigações em geral", vol. II, pág. 129. Saliente-se que a falta de registo determina apenas a ineficácia da hipoteca e não a sua invalidade. Portanto, a hipoteca poderá vir a ser registada em qualquer altura, assim como, em certos casos, pode o respectivo registo ser cancelado, sem que isso importe extinção da hipoteca (artigo 127.º, n.º 2 do Código do Registo Predial).

minados desses bens (artigo 733.º, n.º 2). Dizem-se imobiliários, se a faculdade é garantida pelo valor de determinados bens imóveis do devedor; são sempre especiais (artigo 735.º, n.º 3).

Aos créditos que gozam de privilégio mobiliário (geral e especial) e imobiliário (especial) referem-se os artigos 736.º e segs., do Código Civil.

O *direito de retenção* confere ao devedor de certa coisa o direito de recusar-se à entrega dela enquanto não vir liquidado o crédito que tem sobre o credor da coisa por despesas feitas por causa dela ou de danos por ela causados (artigo 754.º do Código Civil).

São requisitos do direito de retenção: que o respectivo titular detenha licitamente uma coisa; que tenha de entregar essa coisa a outrem; que seja credor desse outrem; e que entre o crédito e a coisa entregue haja uma relação de conexão: «debitum cum se junctum» [437].

O direito de retenção sobre coisa móvel concede ao seu titular os direitos de que goza o credor pignoratício, salvo pelo que respeita à substituição ou reforma da garantia (artigo 758.º); o direito de retenção sobre coisa imóvel concede ao seu titular a faculdade de a executar nos termos em que o pode fazer o credor hipotecário, e de ser pago com preferência aos demais credores do devedor, ainda que se trate de credores hipotecários com registo anterior (artigo 759.º, n.ᵒˢ 2 e 3).

Entende-se que o direito de retenção, como garantia real, não está sujeito a registo e vale «*erga omnes*», garantindo ao credor o direito de sequela sobre o objecto; e, como verdadeiro direito absoluto, onera a coisa qualquer que seja o seu proprietário. Pode, por isso, ser defendido por meio de acção possessória, mesmo contra o novo proprietário, em conformidade com os artigos 759.º, n.º 3 e 670.º, alínea a), ambos do Código Civil [438].

Aos casos especiais do direito de retenção refere-se o artigo 755.º do Código Civil.

---

[437] Neste sentido, Ac. da Relação do Porto, de 11.02.1982, in Col. Jur., tomo I, pág. 295.

[438] Neste sentido, Ac. do STJ, de 25.02.1986, in BMJ n.º 354, pág. 549.

A *penhora*, já vimos, traduz-se num conjunto de actos que visam a apreensão de bens do devedor colocados à ordem do agente de execução a fim de os usar para a realização dos fins da acção executiva, ficando o executado limitado no seu poder de disposição quanto a eles.

Pela penhora o exequente adquire o direito de ser pago com preferência a qualquer outro credor que não tenha garantia real anterior (artigo 822.º, n.º 1 do Código Civil).

À extensão da penhora refere-se o artigo 842.º, disposição já antes analisada.

Relativamente às preferências inerentes aos *patrimónios autónomos* – a separação de patrimónios (o próprio e o comum) dos cônjuges, o património da herança e o próprio do herdeiro –, não obstante a lei restringir ao credor com garantia real a possibilidade de reclamar o seu crédito, na anterior edição[439], sustentávamos já, embora com algumas dúvidas que se mantêm: que, com base na preferência que os credores comuns tinham nos bens comuns sobre os créditos próprios de cada um dos cônjuges, podiam reclamar os seus créditos na execução movida contra um só dos cônjuges, quando, por dívida não sujeita a moratória, nela se penhorassem bens comuns, o que, de resto, parecia resultar também da análise dos artigos 1696.º, n.º 1 e 1689.º, n.º 2, do Código Civil, conjugados entre si[440]; e que com base na preferência de que gozam os credores da herança sobre os credores pessoais do herdeiro podiam reclamar os seus créditos, quando fossem penhorados bens da herança por dívidas próprias do herdeiro[441].

---

[439] "Obra citada", págs. 234-235.

[440] No mesmo sentido, JORGE BARATA, "Acção executiva comum, noções fundamentais", vol. II, págs. 134-135. Também para ANSELMO DE CASTRO, "obra citada", pág. 179, embora esta preferência não estivesse expressamente consignada na lei, ela "era necessária consequência da afectação do património comum às dívidas da mesma natureza". Contra esta orientação, LEBRE DE FREITAS, "obra citada", págs. 311-312, para quem: "a esses credores cabe, para defesa dos seus direitos, requerer a falência do devedor, se tal for o caso, mas nada poderão fazer no processo de execução".

[441] Enquanto o património da herança e o do próprio herdeiro não se confundirem «os credores da herança e os legatários gozam de preferência sobre os créditos pessoais do herdeiro, e os primeiros sobre os segundos» (artigo 2070.º, n.º 1 do Código Civil). «As preferências mantêm-se nos cinco anos subsequentes à abertura da

Se o credor tiver título exequível mas não tiver garantia real à data da penhora, poderá também obtê-la no decurso do prazo da reclamação de créditos, mediante a constituição de *hipoteca judicial*, se tiver sentença a seu favor e o bem penhorado for um imóvel ou móvel sujeito a registo (artigo 710.º, do Código Civil), ou mediante arresto do bem penhorado (artigos 406.º e 662.º, este do Código Civil). Fora desse prazo só lhe restará mover a execução, proceder a segunda penhora sobre o mesmo bem e, após, reclamar o seu crédito na outra execução (cfr. artigos 865.º, n.º 5 e 871.º ([442]) ([443]).

De acordo com os n.ºs 4 e 6 do artigo 865.º ([444]), não pode haver reclamação de créditos dos credores com *privilégio creditório geral, mobiliário ou imobiliário*, salvo tratando-se de privilégio creditório de trabalhadores, quando:

– a penhora tenha incidido sobre bem só parcialmente penhorável, nos termos do artigo 824.º, renda, outro rendimento

---

sucessão ou à constituição da dívida, se esta é posterior, ainda que a herança tenha sido partilhada...» (artigo 2070.º, n.º 3).

Sobre a autonomia da herança escrevia PEREIRA COELHO: "a autonomia da herança só se mantém durante cinco anos, findo os quais se operará a confusão entre os bens hereditários e os bens pessoais do herdeiro, sendo assim uma autonomia completa, mas temporária" ("O direito das sucessões", 2.ª Ed., 1968, pág. 62).

([442]) «Quando, ao abrigo do n.º 3, reclame o seu crédito quem tenha obtido penhora sobre os mesmos bens em outra execução, esta é sustada quanto a esses, quando não tenha tido já lugar sustação nos termos do artigo 871.º» (artigo 865.º, n.º 5).

«Pendendo mais de uma execução sobre os mesmos bens, é sustada, quanto a estes, aquela em que a penhora tenha sido posterior, mediante informação do agente de execução, a fornecer ao juiz nos 10 dias imediatos à realização da segunda penhora ou ao conhecimento da penhora anterior, ou, a todo o tempo, a requerimento do exequente, do executado ou de credor citado para reclamar o seu crédito» (artigo 871.º).

([443]) No regime anterior à Reforma da acção executiva, se o crédito reclamado no processo em que a penhora fosse mais antiga não fosse plenamente satisfeito, a execução sustada retomaria os seus termos. Por outro lado, nos termos do n.º 3 do artigo 871.º, ao exequente da execução sustada assistia a faculdade de desistir da penhora relativa aos bens apreendidos no outro processo e nomear outros em sua substituição (artigo 871.º, n.º 3). Esta regra aparece agora no artigo 834.º, n.º 3, alínea e) (preceito sobre a ordem de realização da penhora).

([444]) Os n.ºs 2 a 6 do referido preceito têm a redacção do Decreto-Lei n.º 38//2003, de 8 de Março, e os n.ºs 7 e 8 correspondem aos anteriores n.ºs 3 e 4.

periódico ou veículo automóvel (artigo 865.º, n.º 4, alínea a)) (445);

– sendo o crédito do exequente inferior a 190 UC, a penhora tenha incidido sobre moeda corrente, nacional ou estrangeira, ou depósito bancário em dinheiro (artigo 865.º, n.º 4, alínea b)) (446);

– quanto a créditos inferiores àquele limite, o exequente requeira procedentemente a consignação de rendimentos, ou a adjudicação, em dação em cumprimento, do direito de crédito no qual a penhora tenha incidido, antes de convocados os credores (artigo 865.º, n.º 4, alínea c)) (447).

Dos referidos normativos (artigos 865.º, n.ºs 4 e 6) resultam para os titulares de privilégios creditórios gerais que não sejam trabalhadores, as consequências seguintes:

a) incidindo a penhora sobre bens só parcialmente penhoráveis (nomeadamente, vencimentos, salários e pensões – cfr. artigo 824.º, n.º 1), renda, outro rendimento periódico, ou veículo automóvel (artigo 865.º, n.º 4, alínea a)), a recla-

---

(445) O n.º 1 do artigo 864.º-A, introduzido pela Reforma de 1995/1996, prescrevia: «O juiz pode dispensar a convocação de credores quando a penhora apenas incida sobre vencimentos, abonos ou pensões ou quando, estando penhorados bens móveis, não sujeitos a registo e de reduzido valor, não conste dos autos que sobre eles incidam direitos reais de garantia».

(446) Sobre se deve aplicar-se a alínea a) ou b) do artigo 865.º, n.º 4, quando seja penhorada uma quantia em moeda corrente ou um depósito à ordem, TEIXEIRA DE SOUSA, recorrendo à análise daquele normativo, do artigo 824.º, n.ºs 1, alíneas a) e b), e 3, e do artigo 824.º-A, distingue duas situações: se a quantia em moeda corrente ou o depósito bancário se referirem a bens que apenas são parcialmente penhoráveis, aplica-se o artigo 865.º, n.º 4, alínea a); se a quantia em dinheiro ou o depósito bancário não respeitarem a bens parcialmente penhoráveis, deve aplicar-se a alínea b) do artigo 865.º, n.º 4 ("obra citada", pág. 182).

(447) O Decreto-Lei n.º 274/97, de 8 de Março, já vimos (**supra II. III. 1.**), dispensava a convocação dos credores cuja garantia não tivesse registo anterior ao da penhora, no caso de execução de dívida pecuniária, de valor não excedendo a alçada do tribunal da 1.ª instância, que se baseasse em título não judicial e incidisse sobre bem móvel ou direito não dado de penhor, sem prejuízo de admitir a reclamação de créditos por parte dos titulares do direito de retenção ou de garantia real com registo posterior ao registo da penhora.

mação de créditos por aqueles titulares de privilégios creditórios gerais *nunca é admissível*, pelo que o credor exequente nunca é afectado, na satisfação do seu crédito, por créditos desses credores;
b) incidindo a penhora sobre moeda corrente, nacional ou estrangeira, ou depósito bancário em dinheiro, a reclamação de créditos por aqueles titulares de privilégios creditórios gerais *só é admissível* nas execuções em que o crédito exequendo seja superior a 190 UC (cfr. artigo 865.º, n.º 4, alínea b), *a contrario*), pelo que apenas neste caso se verifica o concurso entre o credor exequente e esses credores reclamantes;
c) quando o exequente requeira procedentemente a consignação de rendimentos (cfr. artigo 879.º, n.º 1), ou a adjudicação, em dação em cumprimento, do direito de crédito no qual a penhora tenha incidido (cfr. artigo 875.º, n.º 1), antes de convocados os credores, a reclamação por aqueles titulares de privilégios creditórios gerais *só é admissível* se o crédito do exequente for superior a 190 UC (artigo 865.º, n.º 4, alínea b), *a contrario*)[448].

Por outro lado, no tocante ao pagamento aos credores através do processo de execução, verifica-se que o regime introduzido pelo Decreto-Lei n.º 38/2003 veio discriminar positivamente o exequente, no concurso com certos credores privilegiados[449], como claramente se extrai do normativo do n.º 3 do artigo 873.º, o qual estatui que sem prejuízo da exclusão do n.º 4 do artigo 865.º, a quantia a receber pelo *credor com privilégio creditório geral*, mobiliário ou imobiliário, é reduzida até 50% do remanescente do produto da

---

[448] Importa referir que, ainda que o crédito do exequente seja superior a 190 UC, não há lugar a citação dos credores «quando a consignação de rendimentos seja antes dela requerida e o executado não requeira a venda dos bens» (artigo 879.º, n.º 3).

[449] Se os titulares dos privilégios creditórios forem trabalhadores (e, naturalmente, se os créditos reclamados estiverem garantidos por esses privilégios: cfr., por exemplo, artigo 12.º, n.º l, da Lei n.º 17/86, de 14 de Junho), nos termos do n.º 6 do artigo 865.º não há qualquer restrição à reclamação dos seus créditos, donde fluí que os interesses destes credores prevalecem sobre os interesses do credor exequente.

venda, deduzidas as custas de execução (que continuam a sair precípuas daquele produto – cfr. artigo 455.º) e as quantias a pagar aos credores que devam ser graduados antes do exequente, na medida do necessário ao pagamento de 50% do crédito do exequente, até que este receba o valor correspondente a 250 UC. Note-se que, de acordo com o disposto no artigo 873.º, n.º 4, não há qualquer restrição quanto à satisfação dos créditos dos trabalhadores em detrimento do crédito do exequente.

Do supra apontado resulta que: concorrendo ao produto da venda apenas o exequente e o credor privilegiado, a quantia a receber por este é reduzida na medida necessária ao pagamento de 50% do crédito do exequente, mas com a garantia mínima de 50% do remanescente do produto da venda após a dedução das custas, sendo que, logo que o exequente atinja o plafond das 250 UC, a limitação para o credor privilegiado deixa de se aplicar; concorrendo ao produto da venda, além do exequente e do credor privilegiado, outro credor que deva preferir ao exequente (por exemplo, credor hipotecário ou pignoratício com garantia real anterior), a redução do crédito com privilégio só tem lugar na medida em que tal aproveite ao exequente, sem que dela possa beneficiar ou por ela possa ser prejudicado esse outro credor [450].

2.2.2. O título executivo

As considerações tecidas sobre o título executivo pressuposto específico da acção executiva valem, inteiramente, para o título executivo enquanto pressuposto da reclamação, com a especialidade que emerge do artigo 869.º. Com efeito, a lei não é tão exi-

---

[450] Neste sentido, LEBRE DE FREITAS, "obra citada", pág. 314, que acrescenta: "Assim, devendo o credor pignoratício ser pago antes do credor privilegiado (artigo 749.º, do Código Civil), a questão só se porá se algo sobrar dele pago, aplicando-se a norma à distribuição do remanescente; e, devendo o credor hipotecário, naqueles casos em que tal não importe inconstitucionalidade, ser pago depois do credor privilegiado, há que apurar o remanescente do produto da venda hipotizando o pagamento integral ao credor hipotecário, fazer, na base desse remanescente, o apuramento da parte devida ao exequente nos termos da norma do n.º 3 e seguidamente deduzir na parte do credor privilegiado a parte assim atribuída ao exequente".

gente quanto ao credor reclamante como quanto ao exequente: a este a lei exige que esteja munido de um título exequível para poder mover a competente acção executiva: «toda a execução tem por base um título» (artigo 45.º, n.º 1); o credor reclamante, se não estiver munido de título exequível, nem por isso deixa de ser admitido ao concurso de credores, devendo requerer a suspensão da graduação dos créditos, cujas garantias incidam sobre os mesmos bens que constituem a sua, até que obtenha o título em falta (artigo 869.º, n.º 1)([451]).

Assim, o credor deverá apresentar o requerimento de suspensão no prazo de 15 dias a contar da sua citação (artigo 865.º, n.º 2) e juntar ao processo, no prazo de 20 dias a contar da notificação de que o executado negou a existência do crédito, certidão comprovativa da pendência da acção, sob pena de caducidade dos efeitos do requerimento (artigo 869.º, n.º 7, alínea a))([452]).

Do n.º 6 do artigo 869.º resulta que o requerente é admitido a exercer no processo os mesmos direitos que competem ao credor cuja reclamação tenha sido admitida, no entanto, podendo embora obstar à graduação dos créditos, o requerimento não obsta à venda e adjudicação dos bens, nem à verificação dos créditos reclamados.

Por outro lado, o n.º 7, alínea b), do artigo 869.º concede ao exequente a faculdade de requerer a *caducidade* dos efeitos do requerimento, desde que prove que a acção não foi proposta contra todas as pessoas cujo litisconsórcio o n.º 5 do mesmo preceito exige ou não se chamaram a intervir todas essas pessoas([453]), e que a

---

([451]) A reclamação é deduzida no prazo de 15 dias, a contar da citação do reclamante (artigo 865.º, n.º 2); porém, o prazo estabelecido no n.º 1 do artigo 869.º para o credor sem título exequível requerer a suspensão da graduação de créditos conta-se desde a citação desse credor para a execução, e não do último dos prazos em causa para a reclamação de créditos (cfr. Ac. do STJ, de 03.06.1986, in BMJ n.º 358, pág. 424).

([452]) O prazo de 30 dias (hoje 20) previsto no n.º 4 (hoje, n.º 7, alínea a)) conta-se a partir da data em que a secretaria recebeu o requerimento do credor, sendo prova bastante o duplicado da petição com o carimbo de entrada da secretaria (cfr. Ac. da Relação Lisboa, de 19.01.1995, CJ, tomo I, pág. 94).

([453]) «O exequente e os credores interessados são réus na acção, provocando o requente a sua intervenção principal, nos termos dos artigos 325.º e seguintes, quando a acção esteja pendente à data do requerimento» (artigo 869.º, n.º 5). É compreensível que a lei imponha, em ambas as hipóteses, a intervenção do exequente e credores

acção declarativa foi julgada improcedente ou que esteve parada durante 30 dias, por negligência do autor (454).

De acordo com o n.º 7, alínea c) do artigo 869.º, os efeitos do requerimento *caducam*, ainda, se: «dentro de 15 dias a contar do trânsito em julgado da decisão, dela não for apresentada certidão».

2.3. Formas da intervenção e local da citação

Como já vimos acima, só são citados (intervenção provocada) os credores cuja garantia real seja registada ou que sejam conhecidos (nomeadamente, por terem sido indicados pelo devedor nos termos do n.º 6 do artigo 864.º) (artigo 864.º, n.º 3, alínea b)), a saber: as entidades referidas nas leis fiscais, para defesa dos possíveis direitos da Fazenda Nacional (artigo 864.º, n.º 3, alínea c)) (455) e o Instituto de Gestão Financeira da Segurança Social, para a defesa dos direitos da segurança social (artigo 864.º, n.º 3, alínea d)) (456) (457).

---

interessados: é que, com a acção declarativa, o requerente pretende não só obter uma sentença exequível (título), mas também a verificação do crédito; ora, conferindo a lei aos credores reclamantes admitidos e ao exequente a faculdade de impugnarem os créditos por bens sobre os quais recaem as suas garantias, daí vem que na acção devem intervir não só o requerente e executado, mas também o exequente e os credores interessados em litisconsórcio inicial ou sucessivo.

(454) Segundo LOPES CARDOSO, "obra citada", pág. 527, a prova dos factos a que se refere o n.º 4 (hoje, n.º 7, alínea b) do artigo 869.º) pode ser feita pelo exequente ou por qualquer credor interessado, não obstante a lei só ao exequente atribuir essa faculdade.

(455) No regime anterior, a citação dos possíveis credores fiscais resultava do artigo 32.º do Código do Processo de Contribuições e Impostos, nos termos do qual eram citados os chefes de repartição de finanças para, no prazo de dez dias a contar da citação, enviarem ao Magistrado do Ministério Público junto do tribunal onde a acção executiva corria os seus termos, certidão de quaisquer créditos que pudessem ser reclamados nos termos do artigo 865.º do Código de Processo Civil. Munido das competentes certidões elaboradas em conformidade com o §.º único do mesmo artigo, o Magistrado ficava habilitado a deduzir a reclamação de créditos.

(456) O exequente deve ser expressamente convocado, ao lado dos demais credores previstos nas diferentes alíneas do n.º 1 (hoje n.º 3) do artigo 864.º, para reclamar um seu outro crédito com garantia real sobre o bem penhorado, havendo tal convocatória de ter o nome e a forma de notificação, e não de citação, visto que se não trata, então, de o chamar pela primeira vez ao processo. A falta da notificação equivale à

Note-se que qualquer titular de direito real de garantia que não tenha sido citado pode reclamar espontaneamente o seu crédito (reclamação espontânea) até à transmissão dos bens penhorados (artigo 865.º, n.º 3), sendo, porém, de realçar que tal faculdade de reclamação não pode afastar o direito à indemnização que o artigo 864.º, n.º 10, atribui ao credor que deveria ser citado nos termos do artigo 864.º, n.º 3, alíneas b) a d).

Embora não consignada no artigo 864.º, o artigo 119.º do Código do Registo Predial, sob a epígrafe *"suprimento em caso de arresto, penhora ou apreensão"*, determina que «havendo registo provisório de arresto, penhora ou apreensão em falência ou insolvência de bens inscritos a favor de pessoa diversa do requerido ou executado, o juiz deve ordenar a *citação do titular inscrito* para declarar, no prazo de dez dias, se o prédio ou o direito lhe pertence» (n.º 1).

Se o citado declarar que os bens lhe não pertencem ou nada declarar, o registo provisório será oficiosamente convertido em definitivo em face da certidão comprovativa da declaração ou da falta de declaração do citado (n.º 3).

Se o citado declarar que os bens lhe pertencem, aos interessados assistirá a faculdade de instaurarem contra o citado e o executado a competente acção declarativa a fim de ser decidida a questão da propriedade (n.º 4). Optando pela instauração da acção e registando-a na vigência do registo provisório, será neste anotado o facto, prorrogando-se o respectivo prazo até caducar ou ser cancelado o registo da acção (n.º 5).

---

omissão de um acto que a lei prescreve, com evidente influência no exame e decisão da causa, constituindo uma nulidade secundária das previstas no artigo 201.º, n.º 1, arguível nos termos previstos no artigo 205.º (cfr. Ac. do STJ, de 12.07.2001, Agravo n.º 746/01, 7.ª Secção, in http://www. cidadevirtual.pt/stj/jurisp/bol53civel.html).

([457]) O artigo 864.º, n.º 1, alínea d) do Código anterior determinava que fossem citados os credores desconhecidos. Eram assim designados, não porque não dispunham de garantia real, mas porque as garantias reais sobre os bens penhorados de que eram titulares não estavam sujeitas a registo nem beneficiavam de qualquer outra forma de publicidade, como era o caso dos credores que gozavam de privilégios creditórios (cfr. PALMA CARLOS, "Acção executiva", pág. 185, nota 1).

Procedendo a acção, o interessado deve pedir a conversão do registo no prazo de 10 dias a contar do trânsito em julgado (n.º 6)[458].

Quanto ao *local da citação*, importará distinguir duas situações: tratando-se de credores com garantias registadas, a citação é feita no domicílio que conste do registo, salvo se tiverem outro conhecido (artigo 864.º, n.º 8)[459]; tratando-se de credores com garantias sobre bens não sujeitos a registo, a citação é feita no domicílio que tenha sido indicado no acto da penhora ou que tenha sido indicado pelo executado (artigo 864.º, n.º 9).

3. Consequências da falta de citação

Declara o n.º 10 do artigo 864.º que «a falta das citações prescritas tem o mesmo efeito que a falta de citação do réu, mas não importa a anulação das vendas, adjudicações, remições ou pagamentos já efectuados, das quais o exequente não haja sido exclusivo beneficiário, ficando salvo à pessoa que devia ter sido citada o direito de ser indemnizada, pelo exequente ou outro credor pago em vez dela, segundo as regras do enriquecimento sem causa, sem prejuízo da responsabilidade civil, nos termos gerais, da pessoa a quem seja imputável a falta de citação»[460].

---

[458] Sobre esta matéria, veja-se ARY DE ALMEIDA ELIAS DA COSTA, "Guia do processo de execução", 3.ª Ed., 1979, págs. 168-169.

[459] Este normativo corresponde ao anterior artigo 864.º, n.º 2, 1.ª parte. Sobre a expressão «salvo se tiverem outro domicílio conhecido» e, mais concretamente, sobre quem recai o ónus de indicar no processo outro domicílio dos credores, já então se suscitavam dúvidas, esclarecendo LOPES CARDOSO que é aos credores que cabe tomar conhecido no processo o seu domicílio, se nisso tiverem interesse, não podendo o credor citado no domicílio constante do registo, reclamar com o fundamento de que o exequente sabia que ele tinha outro ("obra citada", pág. 501). Sobre esta matéria escreve também ANSELMO DE CASTRO, "obra citada", pág. 185: "...outro domicílio conhecido é o que no acto da citação no domicílio inscrito no registo tiver sido informado ao oficial de diligências, sem prejuízo, evidentemente, do que por outra via vier ao processo".

[460] O disposto no anterior artigo 864.º, n.º 3 mantém-se no actual artigo 864.º, n.º 10, embora com a importante modificação constante do aditamento da parte final: «... ficando salvo à pessoa que devia ter sido citada o direito de ser indemnizada, pelo exequente *ou outro credor pago em vez dela, segundo as regras de enriquecimento*

Decorre da 1.ª parte do preceito, desde logo, que o regime a aplicar à falta de qualquer das citações indicadas no artigo 864.º, n.º 3 ([461]) é, com a necessária adaptação, o da falta de citação do réu a que alude o artigo 194.º, alínea a): a anulação de todo o processado posteriormente ao momento em que a citação deveria ter sido realizada ([462]), apenas se salvando, depois desta, as vendas, adjudicações, remições ou pagamentos já efectuados de que o exequente não tenha sido exclusivo beneficiário ([463]).

---

sem causa, sem prejuízo da responsabilidade civil, nos termos gerais, da pessoa a quem seja imputável a falta de citação».

([461]) LOPES CARDOSO, "obra citada", pág. 503, entendia que a falta de citação podia ainda resultar de procedência de arguição da nulidade prevista no artigo 198.º (na sua redacção anterior). Para ALBERTO DOS REIS, "Processo de execução", vol. II, pág. 242, o n.º 3 (hoje n.º 10) do artigo 864.º referia-se unicamente à falta de citação. Por isso, se a nulidade da citação resultasse de preterição de formalidades acessórias, não se aplicava o número referido, mas o artigo 198.º então em vigor.

([462]) No âmbito do regime anterior, a maioria da doutrina (entre outros, ALBERTO DOS REIS, "obra citada", vol. II, pág. 239, e LOPES CARDOSO, "obra citada", pág. 504) entendia que arguida a falta de citação e verificada esta, ou conhecida oficiosamente, seria decretada a *anulação de todo o processado posterior à penhora*. Só após a anulação o credor não citado deveria reclamar o seu crédito, após o que se seguiria o despacho liminar de admissão do crédito reclamado e as demais fases do processo de concurso de credores. ANSELMO DE CASTRO, "obra citada", págs. 188-189, discordava deste entendimento, por entender que a falta de citação dos credores e a falta de citação do réu são duas situações bem diversas, não devendo aplicar-se pura e simplesmente àquela o regime estabelecido para esta. Para este Ilustre Processualista, a anulação de todo o processado posterior à penhora só devia ocorrer depois da verificação do crédito do credor preterido, pois só esta situação legitimava a anulação: "... a anulação exige que com a arguição da falta de citação se cumule logo a reclamação do crédito e que previamente se verifique a sua existência e, portanto, suspendendo-se até esse momento o processo de verificação de créditos". De acordo com tal entendimento, só após a verificação do crédito do credor preterido deveria dar-se a anulação, subsistindo os créditos dos restantes credores, salvo na medida e nos limites do que resultasse da impugnação que lhes opusesse o novo credor. O mesmo regime valia para o caso de já haver sentença de graduação de créditos. No tocante aos actos relativos ao procedimento da *venda já efectuados*, o mesmo Processualista entendia que também não se deveria anular o processado "se a intervenção do visado credor não pudesse alterar o resultado da votação da forma da venda ou se a forma deliberada não tivesse sido a venda por negociação particular ou por propostas...".

([463]) Quanto a saber quem é o beneficiário de pagamentos, as dúvidas não são possíveis: eles beneficiam unicamente a pessoa que os recebe. Assim, se houver falta das citações previstas no artigo, os pagamentos recebidos pelo exequente ou outro credor importam a sua anulação, quer provenham da alienação dos bens penhorados,

Entende-se que ao equiparar o regime da falta das citações indicadas no artigo 864.º, n.º 3, ao estabelecido para a falta de citação do réu prevista na alínea a) do artigo 194.º, o legislador quis proteger a pessoa cuja citação foi omitida, do mesmo modo que ao determinar que, em regra, as vendas, adjudicações, remições ou pagamentos já efectuados não se anulam, quis proteger o adquirente dos bens e bem assim os credores já pagos na medida das suas preferências, ficando a *pessoa não citada* com o direito de ser indemnizada, pelo exequente ou outro credor pago em vez dela, segundo as regras do enriquecimento sem causa, sem prejuízo da responsabilidade civil, nos termos gerais, da pessoa a quem seja imputável a falta de citação (artigo 864.º, n.º 10, parte final).

A falta de citação pode ser arguida pelos interessados a todo o tempo ou a todo o tempo ser conhecida oficiosamente pelo tribunal (artigos 202.º e 204.º, n.º 2), mas fica suprida se o citando intervier no processo e a não arguir (artigo 196.º).

Nos termos do n.º 10, parte final, do artigo 864.º, a falta de citação cria para a pessoa cuja citação foi omitida, o direito de ser indemnizada, pelo exequente ou outro credor[464] pago em vez dela, segundo as regras do enriquecimento sem causa, quando se mantenham as vendas, adjudicações, remições ou pagamentos já

---

quer, nos termos do artigo 874.º, por entrega do dinheiro penhorado. Por outro lado, das vendas e adjudicações o exequente beneficia sempre, seja qual for o comprador ou adjudicatário, posto que pelo produto delas virá a ser pago ou parcialmente pago; mas como só é possível a anulação quando o exequente seja beneficiário exclusivo, conclui--se que só há anulação quando se verifiquem cumulativamente as seguintes condições: ser o exequente o comprador ou adjudicatário, sem que sobrevenha preferência ou remição; caber ao exequente em pagamento todo o pagamento da coisa adquirida – cfr. LOPES CARDOSO, "obra citada", págs. 505-506, que acrescenta: "só quando assim for, a venda ou adjudicação é anulada por falta de citação do cônjuge ou credores do executado".

[464] No regime anterior dizia-se que o exequente era o único responsável pelos danos que houvessem sofrido as pessoas não citadas, e que a sua responsabilidade assentava no facto da falta de citações, tivesse ou não culpa na omissão da citação, beneficiasse ou não com a omissão. Na anterior edição, "obra citada", pág. 243, defendemos que tal solução era criticável e que melhor seria que ao lado da responsabilidade do exequente figurasse *a responsabilidade do credor ou credores* beneficiados com a preterição do credor não citado, solução que veio a ser consagrada no actual normativo.

efectuados. Por outro lado, resulta do mesmo preceito que, devendo-se a omissão da citação a culpa de terceiros, o prejudicado pode ser ressarcido, nos termos do instituto de responsabilidade civil extracontratual, por quem tenha causado a referida omissão.

4. Tramitação do processo de concurso de credores

4.1. Relação entre o processo de execução e o processo de verificação de créditos

Como ficou dito, o concurso de credores é a fase do processo de execução que antecede a da satisfação dos créditos e destina-se, essencialmente, a expurgar os ónus e encargos dos bens objecto da venda ([465]).

Ao contrário do sistema vigente no Código de 1939 em que a execução só recomeçava após o termo do processo de concurso de credores, no sistema actual, como de resto já sucedia no Código de 1961, não é necessário que a execução fique suspensa até à verificação dos créditos reclamados. Efectivamente, o processo de concurso de credores é processado por apenso ao processo de execução (artigo 865, n.º 8) e corre os seus termos paralelamente a este. Findo o prazo de reclamação de créditos, inicia-se a fase da satisfação dos créditos, conforme estabelece o artigo 873.º, n.º 1 ([466]).

Uma vez que o apenso da verificação e graduação de créditos segue os seus termos paralelamente às diligências para a venda ou adjudicação, pode bem dar-se o caso de os bens penhorados serem vendidos ou adjudicados com a participação dos credores reclamantes, antes de concluída a fase de verificação e graduação dos créditos. Se tal suceder, a acção executiva aguardará que seja pro-

---

([465]) «O concurso de credores é a fase processual inerente à venda ou adjudicação de bens e destina-se, fundamentalmente, a expurgá-los dos direitos que os oneram. Tem lugar no processo de execução, como em todos os processos em que há alienação judicial» (Preâmbulo do Decreto-Lei n.º 44 129, de 28 de Dezembro de 1961, n.º 26).

([466]) «As diligências necessárias para a realização do pagamento efectuam-se independentemente do prosseguimento do apenso da verificação e graduação de créditos, mas só depois de findo o prazo para a sua reclamação; (...)» (artigo 873.º, n.º 1).

ferido no apenso a sentença de verificação e graduação de créditos; até lá, os credores reclamantes não podem ser pagos pelo produto dos bens vendidos: o credor reclamante só pode ser pago conforme a graduação do seu crédito ([467]).

4.2. Fases do processo de concurso de credores

O concurso de credores realiza-se através de um processo declarativo de estrutura autónoma, mas funcionalmente subordinado ao processo executivo.

Apresentada a primeira reclamação, é com ela autuado o apenso de verificação e graduação de créditos na execução, juntando-se a ela as reclamações subsequentes; os diversos créditos reclamados são objecto todos de um único processo apenso (artigo 865.º, n.º 8) que corre os seus termos paralelamente ao processo de execução.

Habitualmente distinguem-se no concurso de credores os seguintes momentos ou fases:

4.2.1. Reclamação de créditos

Os credores citados têm de reclamar os seus créditos no prazo de 15 dias a contar da citação do reclamante (artigo 865.º, n.º 2) ([468]); quanto aos credores que não tenham sido citados, mas gozem de garantia real sobre os bens penhorados, podem reclamar os seus créditos até à venda ou outro acto de transmissão do direito do executado (artigo 865.º, n.º 3). Se estes últimos credores tiverem

---

([467]) Parece não haver dúvidas quanto a tal entendimento pois que, só após a sentença de verificação e graduação de créditos ficam reconhecidos os créditos reclamados e a ordem de pagamento dos respectivos credores. O prosseguimento da execução até ao momento do pagamento justifica-se, fundamentalmente, por razões de celeridade processual; até à realização do pagamento as diligências necessárias para a realização da venda ou adjudicação dos bens não prejudicam qualquer dos intervenientes.

([468]) Contando o prazo da citação de reclamação (n.º 2), exclui-se que a reclamação de um credor possa ser formulada até ao fim do prazo concedido a outro, como sucede para a apresentação da contestação em processo declarativo – artigo 486.º, n.º 1 (cfr. LOPES CARDOSO, "obra citada", pág. 510).

obtido uma penhora sobre os mesmos bens numa outra execução e se esta ainda não se encontrar suspensa, esta é agora suspensa (artigo 865.º, n.º 5) ([469]).

As reclamações devem ser apresentadas sob a forma articulada (artigo 151.º, n.º 2), em triplicado (artigo 152.º, n.ºˢ 1 e 5 ([470]) ([471]); devem ser acompanhadas dos títulos exequíveis ([472]) e, eventualmente, dos documentos tendentes a fazer a sua prova complementar, mas não têm que ser subscritas por advogado, seja qual for o valor do crédito reclamado, nem tem que juntar-se procuração (artigo 60.º, n.º 2) ([473]).

Se o crédito reclamado for incerto ou ilíquido, no requerimento de reclamação, o credor deverá torná-lo certo ou líquido «pelos meios de que dispõe o exequente» – artigo 865.º, n.º 9, 2.ª parte ([474]).

([469]) O regime anterior previa a reclamação, no caso especial previsto no n.º 2 do artigo 871.º, no prazo de 15 dias a contar da notificação do despacho de sustação da execução cuja penhora fosse mais recente. Efectivamente, a lei consentia que se reclamasse numa execução o crédito objecto de outra desde que esta estivesse sustada; se fossem penhorados bens já penhorados em outra execução, o juiz devia oficiosamente sustar aquela em que a penhora tivesse sido efectuada/registada posteriormente, pois só assim poderia aferir da tempestividade da reclamação, isto é, se tinha sido apresentada no prazo referido no n.º 2 do artigo 865.º. Quanto ao Ministério Público, poderia reclamar os créditos da Fazenda Nacional no prazo de 25 dias, a contar da citação das entidades referidas no artigo 864.º, n.º 1, alínea c) (cfr. artigo 865.º, n.º 2, na sua redacção anterior).

([470]) A petição de reclamação corresponde à petição inicial do processo declarativo, devendo, por isso, observar os requisitos relativos a esta previstos no artigo 467.º; na reclamação o credor deve indicar a natureza, montante, origem do seu crédito e os demais elementos que assegurem a procedência da reclamação (cfr. LOPES CARDOSO, "Obra citada", pág. 511).

([471]) Note-se que o Decreto-Lei n.º 303/2007, de 24 de Agosto, com entrada em vigor diferida para o dia 1 de Janeiro de 2008, deu nova redacção aos n.ºˢ 7 e 8 do artigo 152.º, e revogou o n.º 5 do mesmo preceito.

([472]) O credor que não disponha de título executivo não fica impedido de reclamar o seu crédito, mas deve actuar em conformidade com o preceituado no n.º 1 do artigo 869.º.

([473]) No apenso de verificação de créditos somente existe obrigatoriedade de constituição de advogado nos casos em que qualquer crédito de valor excedente à alçada do tribunal de comarca venha a ser impugnado, e não quando seja reclamado algum crédito de valor superior à alçada do tribunal.

([474]) Deve, portanto, no requerimento de reclamação, proceder à liquidação em conformidade com o disposto no artigo 805.º.

4.2.2. Impugnação dos créditos reclamados

Findo o último prazo para a dedução dos créditos, ou apresentada reclamação nos termos do artigo 865.º, n.º 3, e notificados o executado [475], o exequente e os credores reclamantes (artigo 866.º, n.º 1), poderão eles, dentro de 15 dias a contar das respectivas notificações, em articulado, impugnar os créditos reclamados e as respectivas garantias, mas os credores só podem fazê-lo quando os créditos que impugnam sejam garantidos por bens sobre os quais tenham invocado também direito real de garantia (artigo 866.º, n.ºs 2 e 3) [476].

Além de poder impugnar todos os créditos reclamados, o credor poderá, no mesmo prazo, também em articulado, impugnar o crédito exequendo e as respectivas garantias (artigo 866.º, n.º 3, parte final) [477].

Também o cônjuge do executado, quando citado nos termos da alínea a) do n.º 3 do artigo 864.º-A, pode impugnar os créditos reclamados (artigo 866.º, n.º 2; cfr. Artigo 864.º-A) [478].

A impugnação é o articulado correspondente à contestação no processo declarativo, devendo, como tal, ser deduzida por artigos

---

[475] «À notificação ao executado aplica-se o artigo 235.º, devidamente adaptado, sem prejuízo de a notificação se fazer na pessoa do mandatário, quando constituído» (artigo 866.º, n.º 1, 2.ª parte).

[476] A restrição a que alude o n.º 3 do artigo 866.º resulta do artigo 873.º, n.º 2, nos termos do qual cada concorrente «só pode ser pago na execução pelo produto dos bens sobre que tiver garantia e conforme a graduação do seu crédito».

[477] Embora não expressamente previsto, já antes da Reforma da acção executiva se entendia que o credor admitido a concurso poderia impugnar o próprio crédito exequendo, bastando, para tal, que o executado se não tivesse oposto à execução por conluio com o exequente, ou que o executado se não tivesse oposto por negligência ou, simplesmente, por indiferença quanto ao destino do produto dos bens, de qualquer maneira perdido (LOPES CARDOSO, "obra citada", pág. 516).

[478] Apesar de a lei anterior não lhe conceder expressamente legitimidade, já na anterior edição sustentávamos que também o cônjuge do executado poderia impugnar os créditos reclamados, inclusive o do próprio exequente, se tivesse sido penhorado bem imóvel que o executado não pudesse alienar livremente ("obra citada", pág. 247); cfr., também, CASTRO MENDES, "obra citada", pág. 171, e JORGE BARATA, "obra citada", vol. II, pág. 136; contra, ANSELMO DE CASTRO, "obra citada", pág. 181, para quem o fim da citação do cônjuge do executado é unicamente assegurar-lhe a participação nos actos da venda dos bens.

(artigo 151.º, n.º 2) e ser subscrita por advogado quando o valor do crédito impugnado exceda o da alçada do tribunal de comarca (artigo 60.º, n.º 2).

A impugnação está sujeita ao ónus da impugnação constante do artigo 490.º, n.º 1, considerando-se admitidos por acordo os factos que não forem impugnados, salvo as excepções previstas no n.º 2 do mesmo preceito.

Os fundamentos da impugnação de créditos estão previstos no n.º 4 do artigo 866.º, embora com as restrições previstas no n.º 5 do mesmo preceito. Assim:

Se o crédito reclamado estiver consubstanciado em título executivo extrajudicial, a impugnação pode fundar-se em qualquer causa que extinga ou modifique a obrigação, ou impeça a sua existência (artigo 866.º, n.º 4).

Se o crédito reclamado estiver reconhecido por sentença que tenha força de caso julgado em relação ao impugnante, a impugnação terá por base qualquer dos fundamentos mencionados nos artigos 814.º e 815.º na parte em que forem aplicáveis (artigo 866.º, n.º 5)([479]).

Quando não haja impugnação, os créditos são considerados, desde logo, como existentes, nos termos em que forem reclamados (artigo 868.º, n.º 2): trata-se, pois, de um processo cominatório pleno. Daí fluí que, se nenhum dos créditos reclamados for impugnado, a sentença final do concurso tem lugar logo que termine o prazo para a impugnação, devendo nela declarar-se reconhecidos todos os créditos reclamados e graduar-se, juntamente com o crédito exequendo, para serem pagos, de acordo com a preferência que tiverem, pelo produto dos bens sobre que incidam as suas garantias reais.

([479]) Este preceito corresponde substancialmente ao n.º 4, 2.ª parte, do artigo 866.º do Código anterior, mas deste não constava a expressão «*que tenha força de caso julgado em relação ao impugnante*». Estamos, pois, com TEIXEIRA DE SOUSA, quando observa que a redacção do n.º 5 do artigo 866.º "esquece que o título executivo do credor reclamante pode ser uma decisão contra a qual foi interposta uma apelação com efeito devolutivo (cfr. Artigos 692.º, n.º 1 e 463.º, n.º 1) e, portanto, uma decisão que ainda não tem força de caso julgado em relação ao impugnante." (A reforma da acção executiva", pág. 186).

Ao contrário do crédito exequendo que tem de ser graduado relativamente a todos os bens penhorados, os créditos reclamados e verificados só são graduados em relação aos bens a que as suas garantias respeitem (artigo 873.º, n.º 2).

4.2.3. Resposta do reclamante

Havendo impugnação, o credor reclamante tem direito a resposta: «o credor, cujo crédito haja sido impugnado mediante defesa por excepção, pode responder nos 10 dias seguintes à notificação das impugnações apresentadas» (artigo 867.º).

Tal como a reclamação e a impugnação, também a resposta está sujeita às regras gerais dos articulados, devendo, como tal, ser deduzida por artigos (artigo 151.º, n.º 2), ser acompanhada dos duplicados legais (artigo 152.º) e ser subscrita por advogado quando o valor do crédito exceda o da alçada do tribunal de comarca (artigo 60.º, n.º 2).

4.2.4. Termos posteriores à fase dos articulados

Findos os articulados, duas situações podem verificar-se: ou o processo contém todos os elementos que permitam uma decisão segura e conscienciosa sobre a existência de todos os créditos impugnados sem necessidade de mais provas, ou não.

No primeiro caso, isto é, se nenhum crédito tiver sido impugnado ou, havendo impugnação, a verificação dos impugnados não depende de prova a produzir [480], o juiz proferirá sentença onde, além de declarar reconhecidos os créditos não impugnados, declara verificados, ou não, os restantes, graduando os reconhecidos e verificados juntamente com o crédito exequendo, encerrando-se logo o processo (artigo 868.º, n.º 2).

---

[480] Por a existência do crédito estar provada por documento, ou não ter sido provada por esse meio, quando só por ele o podia ser (cfr. artigo 364.º, n.º 1, do Código Civil).

Se a verificação de alguns dos créditos impugnados estiver dependente de produção de prova, seguir-se-ão os termos do *processo sumário* de declaração [481].

Se, findos os articulados, só algum ou alguns dos créditos impugnados não estiver dependente de produção de prova, o juiz deverá declará-los existentes ou inexistentes, seguindo-se, relativamente aos restantes, a fase de instrução e, no final, será proferida sentença a verificar estes e a graduar [482] estes e aqueles reconhecidos ou verificados no despacho saneador (artigo 868.º, n.º 1, 2.ª parte).

De acordo com o n.º 6 do artigo 868.º, a sentença de graduação dos créditos poderá vir a ser refeita se, depois dela, vier a ser reconhecido algum crédito que seja reclamado espontaneamente até à transmissão de bens (artigo 865.º, n.º 3). Recorda-se que, quando, ao abrigo do referido normativo (artigo 865.º, n.º 3), haja lugar a reclamação do crédito de credor que tenha obtido penhora sobre os mesmos bens em outra execução, «esta é sustada quanto a esses bens, quando não tenha tido já lugar sustação nos termos do artigo 871» (artigo 865.º, n.º 5) [483].

Uma vez que o apenso de verificação e graduação de créditos segue, com algumas especialidades, os termos do processo declara-

---

[481] De acordo com o artigo 868.º, n.º 1, do Código de 1961, se a verificação de alguns dos créditos impugnados estivesse dependente de produção de prova, seguir-se-iam os termos do processo ordinário ou sumário, consoante algum dos créditos reclamados fosse de montante superior ou não à alçada do tribunal da Relação. Para determinar a forma do processo não havia que atender ao valor da acção executiva nem à soma dos créditos reclamados ou verificados, mas ao valor do maior crédito a que a verificação respeitasse; só quando fosse impugnado crédito de valor superior à alçada da Relação é que a verificação teria de seguir a forma de processo ordinário (cfr. LOPES CARDOSO, "obra citada", pág. 520).

[482] A menos que tal não seja imediatamente possível, por força do estatuído no artigo 869.º.

[483] De acordo com o n.º 2 do artigo 871.º do Código anterior, a sentença de verificação e graduação dos créditos poderia vir a ser modificada quando houvesse lugar a reclamação do crédito de credor cuja execução tivesse sido sustada nos termos do n.º 1 do mesmo artigo e não tivesse sido citado nos termos do artigo 864.º: «... a reclamação suspende os efeitos da graduação de créditos já fixada e, se for atendida, provocará nova sentença de graduação, na qual se inclua o crédito do reclamante».

tivo, daí resulta que a sentença nele proferida produz caso julgado material até ao limite dos créditos verificados [484].

4.3. Regras da graduação de créditos

A matéria da graduação de créditos pertence fundamentalmente ao direito substantivo; tipicamente do direito adjectivo é a garantia de pagamento das custas (artigo 455.º).

Assim, após a verificação de todos os créditos reclamados, o juiz graduá-los-á, observando, em relação às respectivas preferências, as normas aplicáveis do direito substantivo.

Não vamos embrenhar-nos, aqui, numa análise exaustiva sobre esta matéria, mas não deixaremos de considerar aquelas disposições mais importantes.

Nos termos do artigo 455.º, que estatui a regra da *precipuidade das custas* da acção executiva, incluindo os encargos referidos no n.º 3 do artigo anterior [485], bem como as da acção em que foi proferida a decisão exequenda, incluindo as de parte, e as da execução inteiramente sustada nos termos do n.º 5 do artigo 865.º ou do artigo 871.º [486], salvo ofensa do disposto no n.º 4 do artigo

---

[484] Neste sentido, Ac. do STJ, de 17.01.1980, in BMJ n.º 293, pág. 235; para LEBRE DE FREITAS, "obra citada", págs. 325-326, "o caso julgado produz-se apenas quanto ao reconhecimento do direito real de garantia (...). Verificado o pressuposto da intervenção do executado na acção, o caso julgado forma-se quanto à graduação, mas não quanto à verificação dos créditos".

[485] Sob a epígrafe *"pagamento dos honorários pelas custas"* prescreve o n.º 3 do artigo 454.º: «A remuneração devida ao solicitador de execução e o reembolso das despesas por ele feitas, assim como os débitos a terceiros a que a venda executiva dê origem, são suportados pelo autor ou exequente, mas integram as custas que ele tenha direito a receber do réu ou executado». Este normativo foi reproduzido no n.º 2 do artigo 5.º da Portaria n.º 708/2003, de 4 de Agosto, que estabeleceu a remuneração e o reembolso das despesas do solicitador de execução no exercício da actividade de agente de execução, neste se substituindo a expressão «... *por ele feitas, assim como...*», que consta daquele preceito do Código, pela expressão «...*por ele efectuadas, bem como ...*».

[486] Quanto às custas da execução sustada, determinava o anterior artigo 871.º, n.º 4: «Se a suspensão for total, as custas da execução sustada são graduadas a par do crédito que lhe deu origem, desde que o reclamante junte ao processo, até à liquidação final, certidão comprovativa do seu montante e de que a execução não prosseguirá noutros bens». Sobre essa matéria escreveu ELIAS DA COSTA, "obra citada", pág. 188:

832.º, as custas são pagas pelo produto dos bens penhorados, antes de qualquer outro crédito.

Os privilégios creditórios por despesas de justiça feitos directamente no interesse comum dos credores, para conservação, execução ou liquidação de bens móveis ou imóveis gozam de privilégio mobiliário ou imobiliário e são pagas a seguir às custas (artigos 738.º, n.º 1 e 743.º, ambos do Código Civil).

Tais privilégios têm preferência não só sobre os demais privilégios, mas também sobre as outras garantias, mesmo anteriores, que onerem os mesmos bens, e valem contra os terceiros adquirentes, nos termos do artigo 746.º, do Código Civil.

Também os créditos do Estado resultantes do imposto sobre as sucessões e doações têm privilégio sobre os bens móveis transmitidos (artigo 738.º, n.º 2, do Código Civil)([487]); os créditos do Estado pela sisa e pelo imposto sobre as sucessões e doações têm privilégio sobre os bens transmitidos (artigo 744.º, n.º 2, do Código Civil).

O artigo 604.º do Código Civil, sob a epígrafe «*concurso de credores*» estabelece no seu n.º 1: «Não havendo causas legítimas de preferência, os credores têm o direito de ser pagos proporcionalmente pelo preço dos bens do devedor, quando ele não chegue

---

"se a execução sustada for uma execução por custas, o crédito que der origem às custas daquela é, precisamente, o das custas da acção que por ela se pretendia cobrar. Têm elas, evidentemente, a prioridade da penhora efectuada na execução sustada. Assim, e por força do artigo 871.º, n.º 4, as custas hão-de ser graduadas, – que é o mesmo que dizer que não sairão precípuas –, e, – por haver penhora a garanti-las –, a par das custas que nela eram exequendas, assim beneficiando da prioridade que estas tiverem em razão da penhora efectuada por via delas. Na verdade, nem aquela disposição manda sair o crédito a par das custas da execução, – mas precisamente o contrário –, nem as custas da execução sustada se acham isentas da graduação na execução subsistente".

([487]) O artigo 130.º do Código da Sisa e do Imposto sobre Sucessões e Doações estabelecia: «A Fazenda Nacional tem privilégio mobiliário e imobiliário sobre os bens transmitidos, quaisquer que sejam, para ser integralmente paga da sisa e do imposto sobre as sucessões e doações com preferência a outros créditos, ainda os mais privilegiados, podendo executar a todo o tempo esses bens, embora tenham passado, antes ou depois da liquidação, para o poder de terceiro, salvo se o tiverem sido por venda judicial em processo a que o Estado deva ser chamado a deduzir os seus direitos».

para integral satisfação dos débitos» (488); e o n.º 2 do mesmo preceito diz: «são causas legítimas de preferência, além de outras admitidas na lei (489), a consignação de rendimentos, o penhor, a hipoteca, o privilégio e o direito de retenção».

Os *privilégios creditórios*, já vimos, concedem a certos credores, independentemente do registo, o direito de serem pagos com preferência a outros (artigo 733.º do Código Civil) (490). São de duas

---

(488) Daqui se infere que na falta de qualquer causa legítima de preferência os credores concorrem em pé de igualdade à execução; porém, como a penhora constitui também um direito real de garantia: «..., o exequente adquire pela penhora o direito de ser pago com preferência a qualquer outro ...», é a data da penhora que estabelece um critério de prioridade entre os credores (cfr. artigo 822.º do Código Civil).

(489) Como é o caso da penhora.

(490) Recorda-se que o artigo 8.º do Decreto-Lei n.º 47 344, de 25 de Novembro de 1966, que aprovou o Código Civil, extinguiu todos os privilégios creditórios e hipotecas legais que não fossem consagrados no novo Código Civil, mesmo quando conferidos em legislação especial, com excepção dos privilégios e hipotecas legais concedidos ao Estado ou a outras pessoas colectivas públicas, quando não destinados à garantia de dívidas fiscais. Porém, desde então o nosso legislador tem vindo a criar por lei avulsa, designadamente no âmbito do direito fiscal e parafiscal, vários *privilégios creditórios gerais* para garantia das dívidas de impostos e de contribuições para a Segurança Social, destacando-se, entre outros: o privilégio da *Segurança Social* por dívidas de contribuições (e respectivos juros de mora), incidindo sobre todos os bens móveis e sobre os bens imóveis pertencentes à entidade patronal à data da instauração da execução (artigos 10.º, n.º 1 e 11.º, ambos do Decreto-Lei n.º 103/80, de 9 de Maio); o privilégio mobiliário e imobiliário geral concedido ao *Instituto de Emprego e Formação Profissional*, incidindo sobre os bens móveis e imóveis pertencentes ao devedor beneficiário de apoio à formação profissional concedido por esse instituto (artigo 30.º, do Decreto-Lei n.º 165/85, de 16 de Maio); o privilégio mobiliário e imobiliário geral dos créditos do *Departamento para os Assuntos do Fundo Social Europeu*, por não utilização ou utilização indevida dos subsídios concedidos pelo Fundo Social Europeu e pelo Estado Português (artigo 2.º, do Decreto-Lei n.º 158/90, de 17 de Maio); o privilégio imobiliário geral do *Estado* por créditos do Imposto sobre o Rendimento das Pessoas Singulares (artigo 111.º do Código do Imposto sobre o Rendimento das Pessoas Singulares) e de Imposto sobre o Rendimento das Pessoas Colectivas (artigo 108.º do Código de Imposto sobre o Rendimento das Pessoas Colectivas), concedido para além do privilégio mobiliário geral do artigo 736.º, n.º 1 do Código Civil; o privilégio mobiliário geral do *Estado*, por aval concedido a empresas privadas (artigo 22.º da Lei n.º 112/97, de 16 de Setembro); o privilégio mobiliário e imobiliário geral dos *trabalhadores por conta de outrem*, por créditos derivados do contrato de trabalho, incidindo sobre os bens da entidade patronal (artigo 12 da Lei 17/86, de 14 de Junho); o privilégio imobiliário e mobiliário geral dos *trabalhadores por conta de*

espécies: mobiliários e imobiliários. Os primeiros dividem-se ainda em gerais e especiais: estes abrangem só o valor de certos e determinados bens móveis, aqueles abrangem o valor de todos os bens do devedor (artigo 735.º do Código Civil); vêm indicados, respectivamente, nos artigos 736.º e 737.º, e 739.º a 742.º, todos do Código Civil.

Os créditos com privilégio creditório *mobiliário* são graduados pela ordem indicada no artigo 747.º do Código Civil; havendo créditos igualmente privilegiados, dar-se-á rateio entre eles, na proporção dos respectivos montantes (artigo 745.º, n.º 2, do Código Civil).

Da análise do artigo 749.º, n.º 1, do Código Civil, resulta que em casos de conflito entre o privilégio mobiliário geral e direitos de terceiros, aquele não prevalece sobre estes, nomeadamente sobre créditos que beneficiem de um penhor[491] ou de um direito de retenção[492] sobre os mesmos bens; tratando-se de conflito entre o privilégio mobiliário especial e um direito de terceiro, prevalece

---

outrem, relativo a prestações derivadas de acidente de trabalho ou doença profissional (artigo 35.º da Lei n.º 100/97, de 13 de Setembro).

Destes privilégios, o Tribunal Constitucional *declarou inconstitucionais*, com força obrigatória geral (Acs. 362/2002 e 363/2002, ambos de 16 de Outubro), os do artigo 11.º do Decreto-Lei n.º 103/80 (privilégio imobiliário geral da Segurança Social) e do artigo 111.º do Código do Imposto sobre o Rendimento das Pessoas Singulares (privilégio imobiliário geral por créditos de IRS), por violação do princípio da confiança, na medida da sua oponibilidade a titulares de outros direitos reais (mas não enquanto oponíveis ao exequente que seja credor comum). Em compensação, o mesmo Tribunal tem *julgado constitucionais* normas que criam *privilégios mobiliários gerais* a favor da Segurança Social (Ac. 688/98, de 15 de Dezembro, in Acórdãos do Tribunal Constitucional, 41.º vol., pág. 567), dos trabalhadores (Ac. 470/2001, de 24 de Outubro, in Acórdãos do Tribunal Constitucional, 51.º vol., pág. 347) e do Estado por créditos fiscais (Ac. 153/2002, de 17 de Abril, DR, II Série, de 31-05-2002), por não prevalecerem sobre outros direitos reais de garantia, excluída a penhora e o arresto (artigo 749.º do Código Civil) (cfr. LEBRE DE FREITAS, "obra citada", págs. 321-322, notas (44) e (49)).

[491] O detentor da coisa goza de preferência sobre os demais credores (artigo 666.º do Código Civil); tratando-se de coisas, o *penhor* só produz os seus efeitos pela entrega da coisa empenhada, ou de documento que confira a exclusiva disponibilidade dela, ao credor ou a terceiro (artigo 669.º do mesmo Código).

[492] O *direito de retenção* sobre coisa móvel concede ao seu titular os direitos de que goza o credor pignoratício, salvo pelo que respeita à substituição ou reforma da garantia (artigo 758.º do Código Civil).

aquele que mais cedo tiver sido adquirido, salvo disposição em contrário ([493]) – artigo 750.º do Código Civil.

Os privilégios *imobiliários* são graduados pela ordem indicada no artigo 748.º do Código Civil. Valem contra terceiros para quem sejam transmitidos os bens e prevalecem sobre a consignação de rendimentos, direito de retenção ou hipoteca, ainda que estas garantias tenham sido anteriormente constituídas ([494]).

Quanto à graduação de créditos providos de *outras garantias reais*, a regra é a de que prevalecerão os direitos que mais cedo se tiverem constituído. Deste modo, e conforme resulta da análise dos artigos 751.º e 759.º, n.º 2, do Código Civil, no caso de concurso de direitos reais sobre a mesma *coisa imóvel*, o privilégio imobiliário especial será graduado em primeiro lugar ([495]) ([496]), seguido do direito de retenção, a que se seguirá a hipoteca ([497]) e a consignação de rendimentos.

Para a graduação de créditos providos de garantia do mesmo tipo, como para a graduação de créditos providos de garantias de tipo diverso, prevalece a que for registada em primeiro lugar; tratando-se de duas consignações de rendimentos não registadas, prevalece a que primeiro for constituída.

([493]) Disposições em contrário são, por exemplo, a do artigo 746.º do Código Civil, já acima analisado, que gradua os créditos por despesas de justiça a seguir às custas, e a do artigo 10.º, n.º 2, do Decreto-Lei n.º 103/80, de 9 de Maio, que gradua os créditos por contribuições para a Segurança Social antes de qualquer penhor.

([494]) Quer isto dizer que se um indivíduo dá um certo prédio em hipoteca, registando-a, mas, posteriormente assume uma dívida que é garantida por lei com um privilégio creditório sobre esse prédio, o beneficiário deste privilégio, embora o crédito garantido seja posterior à hipoteca, tem preferência sobre o titular da hipoteca anteriormente constituída. Aqui reside uma nítida excepção ao princípio da preferência ou da prevalência – cfr. ÁLVARO MOREIRA e CARLOS FRAGA, "Direitos reais" segundo prelecções de MOTA PINTO, 1970/1971, pág. 70).

([495]) Salvo quando a prevalência do crédito privilegiado deva ser tida por inconstitucional.

([496]) Como já se disse, as custas da execução e os privilégios por despesas de justiça têm preferência não só sobre os demais privilégios, mas também sobre as outras garantias, mesmo anteriores, que onerem os mesmos bens, e valem sobre terceiros adquirentes (artigo 746.º do Código Civil).

([497]) A hipoteca deve ser registada sob pena de não produzir efeitos, mesmo em relação às partes (cfr. artigo 687.º do Código Civil).

Quanto ao *crédito do exequente*, há a considerar duas situações: se o exequente tiver direito real de garantia, deverá atender-se à natureza e data da constituição deste; se o seu crédito for garantido apenas pela penhora, será graduado depois dos créditos que tenham preferência, mas antes dos credores que, por segunda penhora, arresto ou hipoteca judicial, constituam garantia real posterior à penhora.

Especial referência merecem ainda as preferências em patrimónios autónomos previstas no artigo 2070.º do Código Civil. Nos termos do n.º 2 deste preceito, em execução movida por um credor pessoal do herdeiro, os credores da herança serão graduados preferencialmente ao exequente, quanto aos bens da herança que hajam sido penhorados, e segundo a ordem por que vêm indicados no artigo 2068.º do mesmo Código.

Assim, e sem prejuízo do disposto no artigo 865.º, n.º 4, do que acima fica explanado poderá esquematizar-se a seguinte ordem de graduação:

a) Sobre bens mobiliários:
    1.º As *custas* da execução, incluindo os encargos referidos no n.º 3 do artigo 454.º, bem como as da acção em que foi proferida a decisão exequenda, incluindo as de parte, e as da execução inteiramente sustada nos termos do n.º 5 do artigo 865.º ou do artigo 871.º, salvo ofensa do disposto no n.º 4 do artigo 832.º (artigo 455.º), a que se seguirão os privilégios por despesas de justiça (artigos 738.º e 746.º, ambos do Código Civil);
    2.º Os créditos por impostos devidos ao Estado e às autarquias locais, pagando-se em primeiro lugar aquele e só depois estas (artigos 736.º, n.º 1, 738.º, n.º 2 e 747.º, n.º 1 alínea a), todos do Código Civil);
    3.º Os créditos garantidos com privilégio mobiliário especial, ordenados nos termos das alíneas b) a e) do n.º 1 do artigo 747.º, se forem adquiridos antes das garantias reais a seguir referidas, nos termos do artigo 750.º do Código Civil;
    4.º Os créditos garantidos por penhor (artigo 666.º), consignação de rendimentos (artigo 656.º) e direito de

retenção (artigo 658.º do Código Civil), subordinados à regra «prior in tempore potior in iure»;

5.º Os créditos com privilégio mobiliário geral, pela ordem segundo a qual são enumerados no artigo 737.º, de acordo com os artigos 747.º, n.os 1, alínea f) e 2, e 749.º, ambos do Código Civil;

6.º Os créditos do exequente, aos quais a penhora ou arresto confere preferência (artigo 822.º, n.os 1 e 2, do Código Civil).

b) Sobre bens imobiliários:

1.º As *custas* da execução, incluindo os encargos referidos no n.º 3 do artigo 454.º, bem como as da acção em que foi proferida a decisão exequenda, incluindo as de parte, e as da execução inteiramente sustada nos termos do n.º 5 do artigo 865.º ou do artigo 871.º, salvo ofensa do disposto no n.º 4 do artigo 832.º (artigo 455.º) e os privilégios por despesas de justiça (artigos 743.º e 746.º do Código Civil), pagando-se em primeiro lugar aquelas e só depois estas;

2.º Os créditos por contribuição predial devidos ao Estado ou às autarquias locais, inscritos para cobrança no ano corrente na data da penhora e nos dois anos anteriores (artigos 744.º, 748.º e 751.º do Código Civil);

3.º Os demais créditos providos de garantia real (direito de retenção, consignação de rendimentos, hipoteca, etc.) pela ordem do respectivo registo, com excepção do artigo 759.º, n.º 2 do Código Civil.

4.º O crédito do exequente, se o registo da garantia real para ele resultante da penhora não for anterior ao de outra ou outras garantias reais [498].

---

[498] Para um maior desenvolvimento sobre esta matéria, veja-se GAMA PRAZERES, "Do concurso de credores e da verificação de créditos nos actuais código civil e de processo civil", 1978, págs. 53 e seguintes; PALMA CARLOS, "obra citada", págs. 195 e seguintes; JORGE BARATA, "Acção executiva comum, noções fundamentais", págs. 149 e seguintes; SALVADOR DA COSTA, "O concurso dos credores", Coimbra, Almedina, 1998.

4.4. Suspensão da execução nos casos de falência

Sabemos já que a penhora envolve a constituição de um direito real de garantia a favor do exequente, atribuindo-lhe o direito de ser pago com preferência a qualquer outro credor que não tenha garantia real anterior (artigo 822.º, n.º 1 do Código Civil). Porém, se sobrevier a insolvência do executado, a preferência resultante da penhora cessa, como, de resto, sucede com a resultante de hipoteca judicial (cfr. artigo 140.º, n.º 3, do Código de Insolvência e de Recuperação de Empresas)[499].

Ora, se ocorrer a situação de insolvência do executado (artigo 3.º do Código da Insolvência e de Recuperação de empresa) e, em consequência, for requerido processo especial de recuperação da empresa ou de falência[500], qualquer credor pode obter a suspensão da execução, a fim de impedir que nela se façam pagamentos (artigo 870.º)[501][502].

---

[499] Nos termos do artigo 152.º do Código dos Processos Especiais de Recuperação de Empresa e de Falência, com a declaração de falência extinguiam-se também os privilégios creditórios do Estado, das autarquias locais e das instituições de segurança social, com a ressalva dos que se constituíssem na pendência do processo; nos termos do artigo 97.º, do Código da Insolvência e da Recuperação de Empresas, a extinção passou a abranger: apenas os privilégios creditórios gerais das mesmas pessoas públicas que garantam créditos constituídos mais de 12 meses antes da data do início do processo de insolvência, bem como os privilégios creditórios especiais das mesmas pessoas que garantam créditos, vencidos mais de 12 meses antes do início do processo de insolvência (n.º 1, alíneas a) e b)); as hipotecas legais das mesmas pessoas públicas que hajam sido requeridas dentro dos 2 meses anteriores ao início do processo (alínea c)); e ainda quaisquer garantias reais sujeitas a registo, mas não registadas nem objecto de pedido de registo à mesma data (n.º 1, alínea d)) (cfr. LEBRE DE FREITAS, "obra citada", págs. 270-271, nota (16)).

[500] Uma vez que no processo de falência o concurso é *universal*, daí vem que nele podem reclamar também pagamento os credores comuns do falido. Já no regime anterior à Reforma de 1995/1996 se entendia que a doutrina do artigo 870.º (então em vigor) visava, fundamentalmente, assegurar aos credores comuns que o património de executado não fosse excutido em detrimento dos seus créditos, isto é, visava evitar a excussão de bens do devedor falido ou insolvente, sem consideração de todas as dívidas.

[501] Nos termos do n.º 1 do artigo 870.º, na sua redacção anterior à Reforma de 1995/1996, a conversão da acção executiva em falência ou insolvência podia ter lugar quando o património do devedor não chegasse para pagar os créditos verificados. Parece, pois, que só depois de verificados ou reconhecidos os créditos reclamados poderia aferir-se da insuficiência do património do executado para o pagamento de todos eles.

II.IV. SATISFAÇÃO DOS CRÉDITOS

1. Generalidades

As diligências tendentes à satisfação dos créditos (quer do exequente, quer dos credores cujos direitos tenham sido verificados e graduados) efectuam-se independentemente do prosseguimento do apenso de verificação e graduação de créditos, mas só depois de terminado o prazo para a sua reclamação (artigo 873.º, n.º 1) [503].

Como se vê do artigo 872.º, n.º 1, a satisfação dos créditos (pagamento) pode ser feita pela *entrega de dinheiro* que tenha sido apreendido ou resulte do pagamento de créditos pecuniários [504] que tenham sido objecto de penhora (artigo 874.º, n.º 1), pela *adjudicação dos bens* penhorados (artigos 875.º e seguintes), pela *consignação judicial dos rendimentos dos bens* penhorados (arti-

---

Por outro lado, a conversão não era oficiosa e só podia ser requerida pelo titular de crédito verificado ou reconhecido (artigo 868.º, n.º 4, então em vigor) que não pudesse ser integralmente satisfeito por insuficiência do património do executado. Por isso, o poder de requerer a remessa do processo executivo ao tribunal competente para a declaração de falência só era conferido aos credores que fossem titulares de créditos ali verificados e quando se constatasse que o património do executado não chegava para o pagamento dos mesmos; o credor interessado teria de requerer que o processo de execução fosse remetido ao tribunal competente para nele ser decretada a falência ou insolvência do executado (artigo 870.º, n.º 1).

Outra providência a adoptar, face à insuficiência do património do executado, era a suspensão da execução por ter sido requerida a falência ou insolvência (artigo 870.º, n.º 2). Esta providência autorizava qualquer credor comum ou reclamante (contanto que não fosse titular de crédito na execução verificada) a requerer a suspensão da execução, desde que mostrasse ter sido requerida, embora ainda não declarada, a falência ou insolvência do executado.

[502] O requerimento apresentado por um credor do executado nos termos do disposto no artigo 870.º não obsta à venda dos bens penhorados (cfr. Ac. do STJ, de 23.10.2001, Agravo n.º 1542/01 - 7.ª Secção - http://www.cidadeviitual.pt/stj/jurisp/bol54civel.html).

[503] É assim porque o apenso de reclamação de créditos e a fase da satisfação de créditos (na acção executiva) correm os seus termos paralelamente, podendo os bens penhorados ser adjudicados ou vendidos antes de aquele apenso findar, mas garantindo-se a participação dos credores reclamantes nas diligências necessárias à satisfação dos créditos.

[504] Neste caso, se o pagamento tiver ocorrido antes do momento da venda (ou adjudicação) do crédito; caso contrário, será objecto de adjudicação ou venda.

gos 879.º e seguintes) ou pelo *produto da respectiva venda* (artigos 886.º e seguintes). Por seu lado, o artigo 872.º, n.º 2 prevê o pagamento em prestações da dívida exequenda, nos termos previstos nos artigos 882.º a 885.º (505).

Esclareça-se, desde já, que dos modos de satisfação do interesse do credor previstos no artigo 872.º, n.º 1, só dois se reconduzem à realização de uma prestação pecuniária, quais sejam, a entrega em dinheiro e o pagamento pelo produto da venda dos bens (506); quanto aos outros dois modos de satisfação, pode dizer-se que a adjudicação de bens, não sendo, em bom rigor, uma forma de venda, constitui um caso especial de alienação dos bens penhorados, e que na consignação de rendimentos o fim da execução consegue-se dispensando a venda dos bens.

Analisaremos, de seguida, cada um dos modos de satisfação dos créditos acima referidos, sendo certo que nem todos pressupõem a venda executiva.

2. Modos de satisfação dos créditos com dispensa da venda executiva

2.1. *Entrega em dinheiro*

O artigo 874.º, n.º 1, prescreve: «Tendo a penhora recaído sobre moeda corrente, depósito bancário em dinheiro ou outro direito de crédito pecuniário cuja importância tenha sido depositada, o exequente ou qualquer credor que deva preteri-lo será pago do seu crédito pelo dinheiro existente» (507).

---

(505) Os artigos 882.º a 885.º, que se reportam ao pagamento da dívida exequenda em prestações, foram introduzidos pelo Decreto-Lei n.º 329-A/95, de 12 de Dezembro.

(506) No primeiro caso, pela própria natureza do objecto da penhora a satisfação do crédito realiza-se pela entrega do dinheiro que foi apreendido no património do executado; no segundo, como a penhora é seguida da venda dos bens apreendidos, a satisfação realiza-se também através da entrega do dinheiro obtido em resultado da venda.

(507) A redacção deste normativo, dada pelo Decreto-Lei n.º 38/2003, de 8 de Março, corresponde, substancialmente, ao mesmo normativo do Código anterior, mas já então LOPES CARDOSO, "Manual da acção executiva", pág. 545, entendia que ele é aplicável "a todos os casos em que haja dinheiro depositado, de qualquer outra proveniên-

Como se vê, o artigo 874.º, n.º 1, reporta-se a casos em que a penhora tenha recaído numa quantia em dinheiro do executado, numa quantia que se encontra em depósito bancário ou num montante que foi depositado para satisfazer o direito de crédito [508].

Tem-se entendido que a doutrina do artigo 874.º, n.º 1 é imperativa para o exequente que não poderá fazer-se pagar por outros bens do executado quando o objecto da penhora seja constituído apenas por dinheiro que seja suficiente para a satisfação do seu crédito [509]. Se a penhora tiver recaído em dinheiro e outros bens, aplica-se o artigo 875.º que permite ao exequente requerer a adjudicação dos bens penhorados que forem suficientes para a satisfação do seu crédito.

Se as quantias em depósito forem suficientes para pagar as custas e para a satisfação do crédito exequendo e dos credores que antes dele devam ser satisfeitos pelas mesmas garantias, a eles será entregue, de acordo com a ordem da graduação, o dinheiro depositado, depois de descontado o montante necessário para pagamento das despesas da execução (cfr. artigos 455.º e 821.º, n.º 3).

2.2. Consignação de rendimentos

Este meio de satisfação de créditos era tratado no Código de 1939 sob a denominação de «adjudicação de rendimentos» [510].

---

cia, como, por exemplo, em resultado da venda antecipada de bens ou representando o saldo de contas de depositário".

[508] O artigo 860.º, n.º 1 impõe que, penhorado o crédito e vencida a dívida, o devedor que não a haja contestado é obrigado a depositar a respectiva importância em instituição de crédito, à ordem do solicitador de execução ou, na sua falta, da secretaria, e a apresentar no processo o documento do depósito.

[509] De acordo com os artigos 861.º, n.º 3, e 861.º-A, n.º 11, o exequente pode requerer que lhe sejam entregues as quantias depositadas a título de rendas, abonos, vencimentos ou salários e as quantias penhoradas em depósitos bancários; nos termos do artigo 875.º, n.º 8, também ao adjudicatário assiste tal faculdade. Socorrendo-se da expressão «que não garantam crédito reclamado» constante dos referidos normativos (artigos 861.º, n.º 3, e 861.º-A, n.º 11), TEIXEIRA DE SOUSA entende que da mesma faculdade deve beneficiar o credor reclamante "obra citada", pág. 189.

[510] «Enquanto os imóveis penhorados não forem vendidos ou adjudicados, pode o exequente requerer que lhe sejam *adjudicados os respectivos rendimentos*, em pagamento do seu crédito» (artigo 879.º, n.º 1).

A alteração verificada deveu-se à necessidade de adaptar-se o Código de Processo Civil de 1961 ao normativo do artigo 656.º do actual Código Civil que sob a epígrafe «consignação de rendimentos» estabelece no seu n.º 1: «O cumprimento da obrigação ainda que condicional ou futura, pode ser garantido mediante consignação de rendimentos de outros bens imóveis, ou de certos bens móveis sujeitos a registo».

Conforme resulta dos artigos 879.º, n.º 1 e 881.º, n.º 3, só ao exequente a lei confere legitimidade para requerer que lhe sejam consignados, em pagamento do seu crédito, os rendimentos relativos a bens imóveis, bens móveis sujeitos a registo e títulos de crédito nominativos.

O requerimento para a consignação de rendimentos pode ser apresentado e deferido logo após a efectivação da penhora (cfr. artigo 873.º, n.º 1, in fine) e até à venda ou adjudicação do bem em causa (artigo 879.º, n.º 1).

Se for apresentado *antes* de se proceder à citação dos credores e o executado não requerer a venda dos bens, a convocação dos credores será dispensada (artigo 879.º, n.º 3)([511]), não se permitindo também qualquer reclamação espontânea de créditos nos termos do artigo 865.º, n.º 3; se for apresentado *depois* de se proceder à citação dos credores, mas antes da venda ou adjudicação do bem, nem por isso a consignação de rendimentos deixa de ter lugar, mas o credor cujo crédito já esteja vencido e haja reclamado poderá requerer, no prazo de 10 dias contados da notificação da extinção da execução, o prosseguimento desta para efectiva verificação, graduação e pagamento do seu crédito (cfr. artigo 920.º, n.º 2). Neste caso, a execução prosseguirá apenas quanto aos bens sobre que incida a garantia real invocada pelo requerente, assumindo este a posição de exequente (cfr. artigo 920.º, n. 3).

Manda o artigo 879.º, n.º 2 que sobre o pedido de consignação de rendimentos seja ouvido o executado para se pronunciar. Da atitude deste depende a efectuação ou não da consignação: se o

---

([511]) Neste caso, existindo credor com garantia real anterior à penhora, o consignatário pode ter de mover nova execução para penhora de novos bens, se o valor obtido pela venda judicial em execução que venha a ser movida por esse credor não chegar para o seu pagamento.

executado requerer que se proceda à venda dos bens ou dos títulos, a consignação de rendimentos não será efectuada ([512]); se não requerer que se proceda à venda dos bens ou dos títulos, ou nada disser, o agente de execução procederá à consignação de rendimentos ([513]) ([514]).

A consignação de rendimentos de imóveis e de móveis sujeitos a registo deve ser comunicada pelo agente de execução à competente conservatória do registo (artigos 879.º, n.º 4, 838,º, n.º l, e 851.º, n.º 1), seguindo-se os demais termos da penhora de bens sujeitos a registo (artigo 879.º n.º 4), e averbando-se o registo da consignação ao registo da penhora (artigo 879.º, n.º 5). Tratando-se de títulos de crédito nominativos, a consignação de rendimentos deve ser comunicada à entidade registadora (cfr. artigos 82.º, 102.º, n.º l, 103.º e 105.º, todos do Código dos Valores Mobiliários), sendo seguidamente objecto de averbamento nos títulos (artigo 881.º, n.º 3, in fine; cfr. artigos 305.º, n.º 3, alínea i), e 340.º, n.º l, ambos do Código das Sociedades Comerciais).

Não havendo quaisquer razões impeditivas, o agente de execução procederá à consignação de rendimento cujo processamento difere consoante os bens, a cujos rendimentos se refere, estejam ou não locados:

Se os bens já estiverem locados, a consignação de rendimentos é notificada aos locatários (artigo 880.º, n.º 1) para entregarem os alugueres ou rendas ao exequente (consignatário), o qual fica na posição de locador, embora não possa resolver o contrato, nem tomar qualquer posição relativa aos bens, sem anuência do executado; na falta de acordo caberá ao juiz decidir (artigo 880.º, n.º 4).

([512]) Apesar de o executado poder impedir a consignação de rendimentos, a verdade é que ele raramente tem interesse em substituí-la por uma alienação dos seus bens.

([513]) Uma vez que a efectuação da consignação de rendimentos depende do acordo expresso ou tácito do executado, pode dizer-se que ela configura-se com uma consignação voluntária (artigo 658.º, n.º 1 do Código Civil).

([514]) Face à redacção do mesmo normativo do Código anterior, entendia-se que o juiz também deveria indeferir o requerimento sempre que a consignação não fosse viável, ou por ter sido requerida por pessoa diversa do exequente, ou por não respeitar a bens sujeitos a registo, ou por ter sido requerida depois de o bem ter sido alienado (cfr. PESSOA JORGE, "obra citada", pág. 152).

Se os bens ainda não estiverem locados ou se houver necessidade de se proceder a uma nova locação, a celebração do contrato caberá ao agente de execução, que a ele procederá mediante propostas em carta fechada ou por meio de negociação particular, observando-se, com as necessárias adaptações, as formalidades prescritas para a venda de bens penhorados (artigo 880.º, n.º 2).

Uma vez efectuada a consignação de rendimentos e pagas as custas, a execução extingue-se, *levantando-se* as penhoras que incidam sobre outros bens (artigo 881.º, n.º 1) e *mantendo-se* aquela que incida sobre os bens cujos rendimentos foram consignados, garantindo-se desta forma a preferência atribuída pela penhora (cfr. artigo 822.º, n.º 1 do Código Civil). De acordo com a regra da precipucidade das custas (artigo 455.º), as primeiras rendas destinar-se-ão a pagar as custas da execução, se estas não tiverem sido espontaneamente satisfeitas; só depois de pagas as custas, as rendas serão recebidas pelo consignatário até integral satisfação do seu crédito (artigo 880.º, n.º 3).

Declara o artigo 881.º, n.º 2 que «Se os bens vierem a ser vendidos ou adjudicados, livres do ónus da consignação, o consignatário será pago do saldo do seu crédito pelo produto da venda ou adjudicação, com a prioridade da penhora a cujo registo a consignação foi averbada». Conforme ressalta do preceito, esta preferência confere ao consignatário, no caso de venda judicial do bem penhorado, em outra execução que tenha sido movida por credor que não tenha direito real de garantia constituído em data anterior à penhora, o direito de ser pago antes deste, bem como dos credores reclamantes que não tenham garantia real posterior.

2.3. Pagamento em prestações

A revisão do Código veio permitir, fora do esquema da transacção ([515]), o pagamento em prestações da dívida exequenda, bas-

---

([515]) Como bem refere LEBRE DE FREITAS, "A acção executiva cit.", págs. 354-355, nota (9), o incumprimento da transacção pode fundar o direito de resolução, mas o exercício deste não permite a renovação da instância; após a revisão do Código, o que as partes podem fazer é acordar na suspensão da instância por prazo não superior a seis meses (artigo 279.º, n.º 4), para a verificação da condição ou o cumprimento do negócio.

tando, para tanto, que o exequente e o executado, em requerimento por ambos subscrito, que deverá ser apresentado (perante o agente de execução)([516])) até à transacção do bem penhorado ou, no caso de venda mediante propostas em carta fechada, até à notificação da proposta apresentada, manifestem o seu acordo com um plano de pagamento e requeiram a suspensão da instância (artigo 882.º, n.ºs 1 e 2)([517]).

Na falta de convenção em contrário, e sem prejuízo da constituição de outras garantias, a penhora já feita na execução vale como garantia do crédito exequendo, mantendo-se até integral pagamento (artigo 883.º).

Ocorrendo a falta de pagamento de uma das prestações (cfr. artigo 781.º, do Código Civil)([518]), o exequente pode requerer o prosseguimento da execução para satisfação do remanescente do seu crédito (artigo 884.º).

Apesar de a lei admitir o pagamento em prestações da dívida exequenda, o legislador teve o cuidado de estabelecer os indispensáveis mecanismos de *tutela dos direitos dos restantes credores*, conferindo ao credor reclamante cujo crédito esteja vencido, bem como ao exequente em outra execução que reclame, nos termos do artigo 865.º, n.ºs 3 e 5, o direito de requerer o prosseguimento da execução para satisfação dos seus créditos, ficando assim sem efeito a sustação da instância executiva, acordada pelas partes (artigo 885.º, n.º 1). Neste caso, o exequente é notificado, com a cominação a que alude o n.º 3 do artigo 885.º, para, no prazo de 10 dias, declarar: se *requer* também o prosseguimento da execução para pagamento do remanescente do seu crédito, ficando sem efeito o

---

([516]) Neste sentido, LEBRE DE FREITAS, "Agente de execução e poder jurisdicional", in Themis 7 (2003), pág. 33; contra, RAMOS PEREIRA, "Processo executivo", pág. 45, entendendo que o requerimento deve ser apresentado perante o juiz de execução.

([517]) Foram estabelecidos, todavia, os indispensáveis mecanismos de *tutela dos direitos dos restantes credores*, ficando sem efeito a sustação da instância executiva, acordada pelas partes, se algum credor reclamante, cujo crédito esteja vencido, requerer o prosseguimento da execução para satisfação do seu crédito (artigo 885.º, n.º 1).

([518]) «Se a obrigação puder ser liquidada em duas ou mais prestações, a falta de realização de uma delas importa o vencimento de todas»

pagamento em prestações acordado (artigo 885.º, n.º 2, alínea b)); ou se *desiste* do direito de garantia constituído a seu favor pela penhora (cfr. artigo 883.º, n.º 1)), caso em que o requerente (credor que tenha exercido o direito de prosseguir com a execução) assumirá a posição de exequente, prosseguindo a execução apenas para satisfação do crédito do exequente e dos restantes credores reclamantes com garantia real sobre os bens penhorados (artigo 885.º, n.ºs 2, alínea a) e 4) [519].

De acordo com o estatuído no n.º 5 do artigo 885.º, o regime definido para o pagamento em prestações é aplicável quando o exequente e o executado acordem na suspensão da instância, nos termos do n.º 4 do artigo 279.º [520].

3. Modos de satisfação dos créditos mediante a venda executiva

Já vimos que, findo o prazo dentro do qual os créditos podiam ser reclamados [521], a execução prossegue os seus termos, sem prejuízo de o apenso de verificação e graduação correr os seus termos paralelamente. Então, se os bens penhorados não tiverem sido objecto de consignação de rendimentos (cfr. artigo 873.º, n.º 1),

---

[519] O n.º 4 do artigo 885.º manda aplicar, com as necessárias adaptações, as disposições dos n.ºs 2 a 4 do artigo 920.º, donde fluí que, prosseguindo a execução, se procederá à verificação, graduação e pagamento dos créditos do novo exequente (requerente) e dos outros credores que venham a ser graduados para serem pagos pelo produto da venda dos bens sobre que incida a garantia real invocada pelo primeiro.

[520] Nos termos do n.º 4 do artigo 279.º, as partes podem acordar na suspensão da instância pelo tempo que entendam necessário, desde que não seja superior a seis meses.

[521] No Código de 1961, a venda dos bens penhorados era, em regra, precedida de despacho judicial a ordená-la. Por isso, ao juiz incumbia proferir despacho a ordenar a venda, depois de proferido o despacho liminar sobre as reclamações de créditos (cfr. artigo 866.º, n.º 1) ou logo que findasse o prazo dentro do qual os créditos podiam ser reclamados, caso nenhum fosse reclamado. Tal despacho era notificado ao exequente, ao executado e aos credores com garantia sobre os bens a vender (cfr. artigo 782.º, n.º 2), constituindo a falta de notificação nulidade processual, nos termos do artigo 201.º, n.º 1 (cfr. Ac. do STJ, de 29.06.1986, in BMJ n.º 359, pág. 657).

proceder-se-á à sua venda([522]) a fim de se obter a quantia necessária para pagar a obrigação exequenda e as verificadas no apenso de verificação e graduação.

3.1. Modalidades da venda

Os regimes anteriores à Reforma da acção executiva distinguiam duas espécies de venda: a judicial e a extrajudicial (cfr. artigo 882.º, n.º 1 do Código de 1961, e artigo 886.º, n.º 1, que reproduziu aquele normativo, após a Reforma de 1995/1996).

Embora ambas fossem ordenadas pelo juiz, a diferença estava em que a primeira era efectuada directamente pelo tribunal, através dos seus funcionários, enquanto a segunda era feita por intermédio de pessoas estranhas ao tribunal – correctores, depositários ou mandatários judiciais, conforme os casos([523]).

O regime actual prevê as seguintes modalidades de venda executiva: a venda mediante propostas em carta fechada; a venda em

---

([522]) Sobre o problema da estrutura e natureza da venda executiva, veja-se ALBERTO DOS REIS, "Processo de execução", vol. II, págs. 315 a 320, e "Revista da ordem dos advogados", 1941, Ano I, n.º 4, págs. 410-450; MANUEL DE ANDRADE, "Noções elementares de processo civil", 1956, págs. 176 e seguintes; VAZ SERRA, "Realização coactiva", in BMJ, n.º 73, págs. 304 e seguintes; e LEBRE DE FREITAS, "obra citada", págs. 348-349.

Quanto à venda de bens em processos especial e sumário, determina o artigo 463.º, n.º 3 que «será feita pelas formas estabelecidas para o processo de execução e precedida das citações ordenadas no artigo 864.º, observando-se quanto à reclamação e verificação dos créditos as disposições dos artigos 865.º e seguintes, com as necessárias adaptações».

([523]) Cada uma daquelas espécies de venda podia revestir outras modalidades: a *venda judicial* podia fazer-se por meio de propostas em carta fechada ou por arrematação em hasta pública (artigo 883.º, n.º 1, do Código de 1961), ou, tão-somente, por meio de propostas em carta fechada (artigo 886.º, n.º 2, após a Reforma de 1995/1996); a *venda extrajudicial* podia revestir quatro modalidades, a saber: a) venda em bolsas de capitais ou mercadorias; b) venda directa a entidades que tinham direito a adquirir determinados bens; c) venda por negociação particular; d) venda em estabelecimento de leilões (cfr. artigo 883.º, n.º 2, do Código de 1961; artigo 886.º, n.º 3, após a Reforma de 1995/1996).

No dizer de ALBERTO DOS REIS, "obra citada", pág. 199, antes da Reforma de 1995/1996 "a forma-regra era a venda por *arrematação;* as outras formas eram excepcionais e só admissíveis quando a lei expressamente obrigasse a seguí-las ou nas concretas circunstâncias que a lei previsse".

bolsas de capitais ou de mercadorias; a venda directa a pessoas ou entidades que tenham direito a adquirir os bens; a venda por negociação particular; a venda em estabelecimento de leilões; a venda em depósito público (artigo 886.º, n.º 1, alíneas a) a f)); cfr., respectivamente, artigos 889.º a 901.º-A; 902.º; 903.º; 904.º e 905.º; 906.º e 907.º; 907.º-A).

Quanto à adjudicação dos bens penhorados (artigos 875.º e seguintes), veremos adiante que ela constitui um caso especial de venda executiva, embora conexionada com a modalidade da venda mediante propostas em carta fechada.

De acordo com o n.º 2 do artigo 886.º, o disposto nos artigos 891.º (obrigação de mostrar os bens) e 901.º (entrega dos bens alienados) para a venda mediante propostas em carta fechada aplica-se, com as devidas adaptações, às restantes modalidades de venda, e o disposto nos artigos 892.º (notificação dos preferentes) e 896.º (exercício do direito de preferência) aplica-se a todas as modalidades de venda, exceptuada a venda directa.

Vimos já que, quando a lei não determine de outro modo, compete ao *agente de execução* efectuar as diligências do processo de execução, incluindo aquelas relativas à venda executiva (cfr. artigo 808.º, n.ºs 1 e 6), cabendo-lhe, nomeadamente: *escolher* a modalidade de venda nos casos previstos no artigo 886.º-A, n.º 2, alínea a), ou seja, escolher: entre a venda por negociação particular e a venda em estabelecimento de leilão, quando se frustre a venda de coisa móvel em depósito público (cfr. artigos 904.º, alínea e), e 906.º, n.º 1, alínea b), e n.º 2); e entre a venda por propostas em carta fechada e a venda por negociação particular, quando seja anulado o leilão, não haja outro estabelecimento de leilão na comarca e se trate de bem imóvel (cfr. artigo 907.º, n.º 3); *fixar* o valor base dos bens a vender e decidir sobre a eventual formação de lotes com vista à venda em conjunto de bens penhorados (cfr. artigo 886.º-A, n.º 2, alíneas b) e c)). Como veremos adiante, ao agente de execução cabe ainda: *diligenciar* pela publicitação da venda (artigo 890.º, n.ºs 1 a 3); *diligenciar* pela notificação dos preferentes, nos termos do artigo 892.º, n.º 1, bem como pela notificação do executado, do exequente e dos credores reclamantes, para os efeitos previstos no artigo 893.º, n.º 1; *liquidar* a responsabilidade do proponente ou do preferente que não deposite o preço (artigo 898.º, n.º 1) e, nesta mesma situação, depois de ouvidos os interessados na venda, determinar que a venda fique sem efeito, aceitando a proposta imediatamente inferior ou determinando que os bens voltem a ser vendidos mediante propostas em carta fechada ou por negociação particular (artigo 898.º, n.º 3); *lavrar* o auto de abertura e aceitação de propostas (artigo 899.º); *adjudicar* os bens ao proponente ou preferente, nas condições previstas no artigo 900.º, n.º 1, e *comunicar* a venda dos bens ao conservador do registo predial competente (artigo 900.º, n.º 2); *propor* ao juiz que determine a venda de estabelecimento comercial de valor consideravelmente elevado mediante propostas em carta fechada (artigo 901.º-A, n.º 1); *realizar* a venda por negociação particular, nas condições previstas no artigo 905.º, n.º 2; e *promover* o cancelamento dos registos dos direitos reais, nos termos do artigo 888.º.

Ao juiz de execução compete, para além de *julgar as reclamações* dos actos do agente de execução e *decidir outras questões* suscitadas pelo agente de execução (artigo 809.º, n.º 1, alíneas c) e d)): *autorizar* a venda antecipada de bens (artigo 886.º-C, n.º 1); *ordenar* que a venda tenha lugar no tribunal da situação de bens (artigo 889.º, n.º 3); *determinar* a publicitação da venda por outros meios que sejam considerados eficazes (artigo 890.º, n.º 1); *presidir* à abertura das propostas (artigo 893.º, n.º 1); *determinar* a venda de estabelecimento comercial de valor consideravvelmente elevado mediante propostas em carta fechada, nas condições previstas no artigo 901.º-A, n.º 1; e *determinar* a venda por negociação particular, quando haja urgência na venda (artigo 904.º, alínea c)).

Em conformidade com o supra apontado, a determinação da modalidade da venda cabe, quando possível, ao agente de execução, depois de ouvidos o exequente, o executado e os credores com garantia sobre os bens a vender (artigo 886.º-A, n.ºs 1 e 2, alínea a)), cabendo-lhe ainda fixar o valor base dos bens a vender (artigo 886.º-A, n.ºs 2, alínea b), e 3) e formar lotes, com vista à venda em conjunto de bens penhorados (artigo 886.º-A, n.º 2, alínea c)). Esta decisão do agente de execução deve ser notificada ao exequente, ao executado e aos credores reclamantes com garantia sobre os bens a vender (artigo 886.º-A, n.º 4), os quais podem reclamar para o juiz de execução de qualquer das decisões do agente de execução (cfr. artigos 809.º, n.º 1, alínea c), e 886.º-A, n.º 5 1.ª parte), não cabendo recurso da decisão do juiz (artigo 886.º-A, n.º 5, 2.ª parte).

Vejamos, agora, em que condições há lugar a cada uma das referidas modalidades de venda.

3.1.1. Venda mediante propostas em carta fechada

A venda mediante propostas em carta fechada constitui a *forma normal* de venda executiva de bens imóveis (artigo 889.º, n.º 1)([524]) e, quando o juiz o determine, de estabelecimento comercial de valor consideravelmente elevado (artigo 901.º-A, n.º 1).

Constituem traços essenciais da venda mediante propostas em carta fechada, os seguintes:

O valor a anunciar para a venda é fixado em 70% do valor base dos bens (artigo 889.º, n.º 2), valor este que é fixado pelo agente de execução (artigo 886.º-A, n.º 2, alínea b)).

Em regra, a venda faz-se no tribunal da execução, mas pode ter lugar no tribunal da situação dos bens ([525]), se o juiz, oficiosa-

---

([524]) Antes da Revisão do Código (operada pela Reforma de 1995/1996), a *forma normal* de venda era a da *arrematação em hasta pública;* porém, visando o acabar com os frequentes conluios entre os concorrentes à hasta pública, o legislador veio, com a dita Reforma, substituir a venda por arrematação pela venda mediante propostas em carta fechada, até então só excepcionalmente utilizada; da análise dos artigos 889.º e 886.º do Código de 1961 podia inferir-se que a venda mediante propostas podia ter lugar nos mesmos casos em que fosse admitida a venda por negociação particular, mas, como bem realçava LOPES CARDOSO, "obra citada", pág. 581, nas hipóteses previstas na alínea b) do artigo 886.º, se havia razão para preferir à arrematação a venda por negociação particular, não havia razão para se optar pela venda por propostas em carta fechada, que não era mais barata nem menos demorada do que a hasta pública. Então, a venda mediante propostas só poderia ter lugar quando a requeressem o executado e os credores que representassem a maioria dos créditos com a garantia sobre os bens a vender (artigos 889.º e 886.º, alínea a)) e no caso de qualquer das praças ficar deserta (artigos 901.º, n.º 2 e 903.º, n.º 1).

([525]) No Código de 1961, a arrematação dos imóveis fazia-se sempre no tribunal da situação dos bens (cfr. artigo 896.º, n.º 1), mas, se o mesmo imóvel se situasse em mais de uma comarca era competente para a arrematação o tribunal de qualquer das comarcas da situação do bem (cfr. LOPES CARDOSO, "obra citada", pág. 602); se os imóveis se situassem em comarca diferente daquela por onde corria a execução, o juiz devia ordenar a expedição de carta precatória para o tribunal da situação dos bens, a fim de proceder-se à sua arrematação. Neste caso, os titulares do direito de preferência na aquisição dos bens e bem assim o titular do direito de remição deviam exercê-lo no tribunal deprecado.

mente ou a requerimento dos interessados, assim o ordenar (artigo 889.º, n.º 3).

Determinada a venda mediante propostas em carta fechada, designa-se o dia e a hora para a abertura de propostas, com a antecedência necessária para ser publicitada mediante editais, anúncios e inclusão na página informática da secretaria de execução, podendo ainda, por iniciativa oficiosa ou sugestão dos interessados na venda, recorrer-se a outros meios que garantam maior publicidade (artigo 890.º, n.º 1).

Os editais hão-de ser afixados pelo agente de execução, com a antecipação de dez dias, nas portas da secretaria de execução e na sede da junta de freguesia em que os bens se situem, bem como na porta dos prédios urbanos a vender (artigo 890.º, n.º 2).

Também os anúncios hão-de ser publicados com a antecipação mínima de dez dias, em dois números seguidos de um dos jornais mais lidos da localidade da situação dos bens; não havendo na localidade periódico ou se este se publicar menos de uma vez por semana, a publicação deverá fazer-se em dois números seguidos num dos jornais mais lidos na localidade (artigo 890.º, n.º 3). Em qualquer dos casos, o agente de execução pode dispensar a publicação de anúncios quando os bens objecto da venda tenham valor diminuto (artigo 890.º, n.º 3, in fine)[526].

Dos editais e dos anúncios deverão constar: o nome do executado, a secretaria por onde corre o processo, o dia, hora e local da abertura das propostas, a identificação sumária dos bens, o valor base da venda e o valor apurado nos termos do n.º 2 do artigo 889.º (890.º, n.º 4).

Dos editais e dos anúncios deverá constar, ainda, se a sentença que serviu de base à execução está pendente de recurso ou está pendente oposição à execução ou à penhora (artigo 890.º, n.º 5).

---

[526] «Não se publicam anúncios nos inventários em que a herança haja sido deferida a incapazes, ausentes ou pessoas colectivas, no processo sumaríssimo e em todos os casos de diminuta importância em que o juiz os considere dispensáveis» (artigo 248.º, n.º 4).

Nos termos do artigo 891.º, já vimos, o depositário é obrigado a mostrar os bens penhorados a quem pretender examiná-los, desde a publicação do primeiro anúncio até à venda, podendo fixar as horas em que, durante o dia, facultará a inspecção, tornando-os conhecidos por qualquer meio, inclusive através dos próprios editais e anúncios.

As pessoas com direito de preferência, legal ou convencional com eficácia real ([527]), na alienação dos bens ([528]) devem ser pessoalmente notificadas (pelo agente de execução) do dia, da hora e do local aprazados para a abertura das propostas ([529]), devendo tal notificação fazer-se com as formalidades previstas para a citação (artigo 256.º), a fim de poderem exercer o seu direito no próprio acto, se alguma proposta for aceite (artigo 892.º, n.ᵒˢ 1 e 3).

A falta de notificação não conduz à nulidade processual, mas o preferente não notificado poderá intentar a competente acção de preferência e, se for julgada procedente, a venda fica sem efeito,

---

([527]) Nos termos do artigo 422.º, do Código Civil, o direito de preferência convencional só procede se tiver eficácia real. Sobre os direitos de preferência, legais ou convencionais, prevalece sempre o direito de remissão (artigo 914.º, n.º 1), que a lei reconhece ao cônjuge não separado judicialmente de pessoas e bens e aos descendentes ou ascendentes do executado (artigo 912.º, n.º 1), pela indicada ordem (cfr. artigo 915.º, n.º 1).

([528]) Como casos em que a lei atribui direito de preferência na alienação de bens, podem citar-se: ao arrendatário urbano (artigos 47.º a 49.º do Decreto-Lei n.º 321-B/90, de 15 de Outubro (RAU)); ao arrendatário rural (artigo 29.º do Decreto-Lei n.º 385/88, de 25 de Outubro); ao proprietário de terreno confinante, de área inferior à unidade de cultura, quando o outro comprador não seja proprietário confinante (artigos 1380.º e 1381.º, do Código Civil); ao comproprietário (artigos 1409.º e 1410.º, do Código Civil); ao proprietário do solo (artigo 1535.º, do Código Civil); ao proprietário de prédio onerado com servidão legal de passagem (artigo 1555.º); e ao co-herdeiro (artigo 2130.º, do Código Civil).

Note-se que, nos termos do artigo 5.º, n.º 5 do Código de Registo Predial, aditado pelo artigo 8.º da Lei n.º 6/2006, de 27 de Fevereiro, «não é oponível a terceiros a duração a seis anos do arrendamento não registado».

([529]) A circunstância de ter tido conhecimento prévio, obtido através de particulares, da data, hora e local da abertura das propostas de aquisição do bem penhorado, não impede o comproprietário, titular do direito de preferência na alienação deste, de invocar o facto de não ter sido notificado e de beneficiar do direito que a lei lhe confere em consequência de tal omissão (cfr. Ac. do STJ, de 24.04.2002, Revista n.º 4190/01, 2.ª Secção – http://www. dgsi.pt).

podendo obter a entrega dos bens (artigo 892.º, n.ᵒˢ 2 e 4; cfr. 909.º, n.º 2).

As propostas devem ser apresentadas em carta fechada na secretaria do tribunal da execução, até ao momento da abertura das mesmas (530), só podendo ser retiradas se a abertura for adiada por mais de noventa dias depois do primeiro designado (artigo 893.º, n.ᵒˢ 1 e 4).

Na data designada, proceder-se-á à abertura das cartas em que as propostas se contêm, na presença do juiz, devendo assistir à abertura o agente de execução e podendo a ela assistir o executado, o exequente, os reclamantes de créditos com garantia sobre os bens a vender (531) e os proponentes (artigo 893.º, n.º 1).

Abertas as propostas, duas situações podem verificar-se:

– se forem apresentadas várias propostas de preços todos diferentes prefere a de preço mais elevado;
– se forem apresentadas várias propostas e o preço mais elevado for oferecido por mais de um proponente, proceder-se-á imediatamente a licitação entre eles, se estiverem presentes ou devidamente representados (532), salvo se declararem que pretendem adquirir os bens em compropriedade (artigo 893.º, n.º 2).

Estando presente só um dos proponentes do maior preço, este pode cobrir a proposta dos outros (artigo 893.º, n.º 3, 1.ª parte); não estando presente qualquer dos proponentes, ou, estando presente, não quiser cobrir a proposta dos outros, proceder-se-á a sorteio para determinar a proposta que deve prevalecer (artigo 893.º, n.º 3, 2.ª parte).

---

(530) A lei não marca prazo para a apresentação de propostas em carta fechada; podem ser propostas até ao último momento, até à abertura das propostas – cfr. ALBERTO DOS REIS, "Processo de execução", vol. II, pág. 345.

(531) Aqueles credores que, até ao termo do prazo, tenham apresentado as suas reclamações ou as tenham apresentado nos termos do n.º 3 do artigo 865.º (cfr. artigo 866.º, n.º 1), ou aqueles cujos créditos tenham sido verificados e graduados, no caso de já ter sido proferida sentença de graduação – cfr. LOPES CARDOSO, "obra citada", pág. 595.

(532) Munidos da competente procuração com poderes especiais para o acto.

Depois de abertas as propostas ou depois de efectuada a licitação ou o sorteio, o executado, o exequente e os credores que hajam comparecido apreciarão as propostas apresentadas (artigo 894.º, n.º 1, 1.ª parte); se nenhum dos notificados comparecer, considera-se aceite a proposta de maior preço, sem prejuízo do disposto no número 3 ([533]) (artigo 894.º, n.º 1, 2.ª parte); se comparecer algum interessado, a ele caberá aceitar ou rejeitar a proposta de maior preço.

Se estiver presente mais do que um interessado, deliberarão e votarão se deve ser aceite ou rejeitada a proposta mais alta. Na deliberação vencem os credores que representem a maioria dos créditos com garantia sobre os bens a vender (artigo 894.º, n.º 2).

As irregularidades cometidas no decurso da venda por propostas em carta fechada (na abertura, licitação, sorteio, apreciação e aceitação) só podem ser arguidas no momento da prática do próprio acto (artigo 895.º, n.º 1); se a arguição não tiver lugar no próprio acto, a nulidade fica sanada, com a consequente não anulação da venda (cfr. artigo 909.º, n.º 1, alínea c)).

Na falta de propostas ou de aceitação das propostas, tem lugar a venda por negociação particular (artigo 895.º, n.º 2), como veremos adiante.

Aceite alguma proposta, devem ser interpelados os preferentes que tenham sido notificados nos termos do artigo 892.º, para que declarem se pretendem exercer o seu direito de preferência (artigo 896.º, n.º 1).

Apresentando-se a preferir mais de uma pessoa com igual direito, abre-se licitação entre elas, aceitando-se o lance de maior valor (artigo 896.º, n.º 2).

O proponente cuja proposta foi aceite, ou o preferente, se tiver preferido, deverá ser notificado para, no prazo de 15 dias, depositar numa instituição de crédito, à ordem do solicitador de execução ou, na sua falta, da secretaria, a totalidade ou a parte do preço em falta (artigo 897.º, n.º 2).

([533]) «Não serão aceites as propostas de valor inferior ao previsto no n.º 2 do artigo 889.º, salvo se o exequente, o executado e todos os credores com garantia real sobre os bens a vender acordarem na sua aceitação» (artigo 894.º, n.º 3).

Tal como o proponente deve, com a sua proposta, apresentar um cheque visado, à ordem do solicitador de execução ou, na sua falta, da secretaria, no montante correspondente a 20% do valor base dos bens, ou garantia bancária no mesmo valor (artigo 897.º, n.º 1), também o *preferente* deve fazê-lo (cfr. artigo 896.º, n.º 3), quando for notificado nos termos e para os efeitos previstos no n.º 2 do artigo 897.º

Se o proponente ou o preferente não depositar o montante do preço em falta, o preferente que não tenha exercido a sua preferência na venda ainda a pode exercer nos termos do n.º 4 do artigo 898.º. Se tal não suceder, o que equivale a dizer que o depósito do preço não foi feito, o agente de execução procede à liquidação da respectiva responsabilidade nos termos do n.º 1 do artigo 998.º, podendo, em alternativa, depois de ouvidos os interessados na venda, determinar que a venda fique sem efeito, aceitando a proposta de valor imediatamente inferior ou determinando que se proceda a uma nova venda mediante propostas em carta fechada ou por negociação particular (artigo 898.º, n.º 3).

Da abertura e aceitação das propostas é, pelo agente de execução, *lavrado um auto* ([534]) no qual se mencionará, além das ocorrências verificadas, para cada proposta aceite, o nome do proponente, os bens a que respeita e o preço oferecido (artigo 899.º).

Os bens só devem ser adjudicados e entregues ao proponente ou preferente, depois de paga ou depositada a totalidade do preço e cumpridas as obrigações fiscais inerentes à transmissão (sisa ou IVA), sendo então pelo agente de execução emitido o *título de transmissão* a favor de um ou outro, no qual se identificam os bens, se certifica o pagamento do preço ou a dispensa do depósito do mesmo e se declara o cumprimento ou a isenção das obrigações fiscais, bem como a data em que os bens foram adjudicados (artigo 900.º, n.º 1).

([534]) Com base no auto de abertura e aceitação das propostas pode proceder-se a arresto e a execução pela dívida do preço e pelas despesas resultantes do seu não pagamento pelo proponente aceite, que não será admitido novamente a adquirir os bens (artigo 898.º, n.ᵒˢ 1 a 3); neste caso, o preferente que não tenha exercido a sua preferência na venda ainda a pode exercer nos termos do n.º 4 do mesmo preceito.

Após a emissão do título de transmissão, o agente de execução comunica a venda ao conservador do registo predial competente para que este proceda ao registo, se for caso disso (artigo 900.º, n.º 2).

Note-se que, enquanto a *certidão comprovativa* da identificação do adquirente, do objecto e do depósito da parte do preço exigida, quando a lei dispense o adquirente do depósito da totalidade do preço, só pode servir para o *registo provisório* da aquisição por venda em processo judicial (cfr. artigos 48.º, n.º 2, e 92.º, n.º 1, alínea h), ambos do Código do Registo Predial, na redacção que lhes foi dada pelo artigo 6.º, do Decreto-Lei n.º 38/2003) ([535]), já o *título de transmissão*, emitido nos termos do artigo 900.º, n.º 1, serve para o *registo definitivo* da transmissão e para a conversão, mediante averbamento, do registo provisório, efectuado com base na referida certidão, em definitivo.

O título de transmissão é ainda título bastante para o adquirente, na própria execução, requerer contra o detentor, a entrega dos bens, nos termos do artigo 930.º, devidamente adaptados (artigo 901.º).

Note-se ainda que, também o *remidor* terá de exercer o seu direito de remição até à emissão do título de transmissão dos bens para o proponente ou no prazo e nos termos do n.º 4 do artigo 898.º (cfr. artigo 913.º, alínea a)).

Quanto à *venda de estabelecimento comercial* de valor consideravelmente elevado, de acordo com o normativo do artigo 901.º-A, n.º 1) ([536]), cabe ao agente de execução (como já vimos acima), ao exequente, ao executado ou a um credor que sobre ele tenha garantia real, propor ao juiz a sua venda mediante propostas em carta

---

([535]) «O registo provisório da aquisição por venda em processo judicial, quando a lei dispense o adquirente do depósito da totalidade do preço, é feito com base em certidão comprovativa da identificação do adquirente, do objecto e do depósito da parte do preço exigida» (artigo 48.º, n.º 2, do Código do Registo Predial, na redacção dada pelo artigo 6.º, do Decreto-Lei n.º 38/2003). «São pedidas como provisórias por natureza as seguintes inscrições: (...) De aquisição por venda em processo judicial, antes de passado o título de transmissão» (artigo 92.º, n.º 1, alínea h), do Código do Registo Predial, na redacção dada pelo artigo 6.º, do Decreto-Lei n.º 38/2003).

([536]) Este normativo, que não constava dos regimes anteriores, foi aditado pelo artigo 2.º do Decreto-Lei n.º 38/2003, de 8 de Março.

fechada; determinando-a, o juiz determina também se as propostas serão abertas na sua presença, sendo que devem sê-lo sempre na presença do agente de execução (artigo 901.º-A, n.º 2; cfr. artigo 893.º, n.º 1), devendo aplicar-se à venda de tal bem as normas relativas à venda mediante propostas em carta fechada, devidamente adaptadas (artigo 901.º-A, n.º 3).

3.1.2. Venda em bolsas de capitais ou de mercadorias

De acordo com o artigo 902.º, n.º 1, a venda de títulos de crédito cotados na bolsa tem de efectuar-se sempre numa bolsa de capitais[537]. Quanto às mercadorias, só têm de ser vendidas na bolsa quando a haja na área de jurisdição do tribunal da execução (artigo 902.º, n.º 2)[538].

3.1.3. Venda directa

Em conformidade com o artigo 903.º, há lugar à venda directa, sempre que os bens penhorados hajam, por lei, de ser entregues a determinada entidade[539] ou tiverem sido objecto de contrato promessa com eficácia real[540].

---

[537] Neste sentido, ALBERTO DOS REIS, "Processo de execução", vol. II, pág. 320, para quem, se não houver bolsa na comarca em que corre a acção executiva, deve expedir-se carta precatória para a comarca mais próxima onde a houver, a fim de aí se fazer a venda.

[538] Neste sentido, LOPES CARDOSO, "Manual da acção executiva", págs. 565--566 e ALBERTO DOS REIS, "obra citada", pág. 320, para os quais, nada impede que a venda se faça na bolsa de outra comarca, se os interessados representantes da maior parte dos créditos com garantia sobre as mercadorias a vender acordarem em que ela aí seja feita, expedindo-se, para o efeito, a competente carta precatória e remetendo-se para lá as mercadorias.

[539] Sobre este assunto, escreve LOPES CARDOSO, "obra citada", págs. 567-568: "é manifestamente erróneo o entendimento de que o preceito obriga a fazer-se a venda a entidades que tenham *direito de preferência*; trata-se, sim, de entidades que tenham o exclusivo da aquisição".

[540] Embora não constasse do direito anterior, CASTRO MENDES, "obra citada", pág. 179, já referia como susceptível de venda directa, o caso dos bens objecto de *contrato promessa com eficácia real* (artigo 413.º, do Código Civil).

3.1.4. Venda por negociação particular

Há lugar à venda por negociação particular, nos casos previstos no artigo 904.°, ou seja:

a) Quando o exequente propõe um comprador ou um preço, que é aceite pelo executado e demais credores;
b) Quando o executado propõe um comprador ou um preço, que é aceite pelo exequente e demais credores;
c) Quando haja urgência na realização da venda, reconhecida pelo juiz;
d) Quando se frustre a venda por propostas em carta fechada, por falta de proponentes, não-aceitação das propostas ou falta de depósito do preço pelo proponente aceite (cfr. artigos 895.°, n.° 2, e 898.°, n.° 3);
e) Quando se frustre a venda em depósito público ([541]), por falta de proponentes ou não aceitação das propostas, e, atenta a natureza dos bens, tal seja aconselhável ([542]).

Como se vê do citado normativo, em regra, a venda por negociação particular não é ordenada *ex officio*. Excepcionalmente, porém, tal modalidade de venda pode ser ordenada ou autorizada pelo juiz; é o que sucede: no caso previsto na alínea c) supra citada; e no caso da venda antecipada de bens prevista no artigo 886.°-C, n.° 1 ([543]).

([541]) A Portaria n.° 941/2003, de 5 de Setembro, veio estabelecer os procedimentos e condições em que se processava a venda em depósitos públicos de bens penhorados, nos termos do artigo 907.°-A; esta Portaria veio a ser revogada pelo artigo 3.° da Portaria n.° 512/2006, de 5 de Junho, que veio aprovar o Regulamento do Depósito Público.

([542]) Frustrando-se a venda em *depósito público*, é concedida ao agente de execução a escolha entre a venda por negociação particular (artigo 904.°, alínea e)) e a venda em estabelecimento de leilão (artigo 906.°, n.° 1, alínea b)); o mesmo há que atender quanto aos bens que não possam ser vendidos em depósito público, porque não puderam ser removido para ele (cfr. MARIANA FRANÇA GOUVEIA, "Penhora e Alienação de bens móveis na reforma da acção executiva", in Reforma da acção executiva, Themis 7 (2003), pág. 195).

([543]) Sob a epígrafe *"venda antecipada de bens"*, prescreve o artigo 886.°-C (substancialmente equivalente ao anterior artigo 851.°): «Pode o juiz autorizar a venda antecipada de bens, quando estes não possam ou não devam conservar-se, por estarem

Ao determinar-se a venda por negociação particular, deve designar-se a pessoa que fica incumbida, como mandatário (544), de a efectuar (artigo 905.º, n.º 1)(545).

Essa pessoa poderá ser o solicitador de execução, quando se verifiquem os pressupostos do artigo 905.º, n.º 2; não se verificando tais pressupostos, para a venda de imóveis será preferencialmente designado um mediador oficial (artigo 905.º, n.º 3) (546).

À pessoa designada incumbirá praticar todos os actos necessários à efectivação da venda; se esta for realizada antecipadamente, é efectuada pelo fiel depositário, ou pelo agente de execução, nos casos em que o executado ou o detentor dos bens tenha assumido as funções de depositário (cfr. artigo 851.º, n.º 3).

Para além de efectuar as diligências necessárias com vista à efectivação da venda, o mandatário deverá: *avisar* os titulares do direito de preferência na alienação dos bens, para poderem exercer o seu direito (cfr. artigos 892.º, n.º 1 e 896.º, n.º 1); *lavrar* o instrumento da venda (artigo 905.º, n.º 4); e *informar* o adquirente de que sentença que serviu de base à execução está pendente de recurso ou está pendente de oposição do executado à execução ou

---

sujeitos a deterioração ou depreciação, ou quando haja manifesta vantagem na antecipação da venda» (n.º 1). « A autorização pode ser requerida, tanto pelo exequente ou executado, como pelo depositário; sobre o requerimento são ouvidas ambas as partes ou aquela que não for o requerente, excepto se a urgência da venda impuser uma decisão imediata» (n.º 2). «Salvo o disposto nos artigos 902.º e 903.º, a venda é efectuada pelo agente de execução, nos casos em que o executado ou o detentor dos bens tenha assumido as funções de depositário» (n.º 3).

(544) O encarregado da venda designado fica sujeito ao regime do mandato com representação (artigo 1178.º do Código Civil), em tudo o que for aplicável (cfr. LEBRE DE FREITAS/RIBEIRO MENDES, "Código de processo civil anotado", vol.3.º, pág. 600).

(545) Quanto ao local da efectivação da venda, afigura-se-nos que ela deve ter lugar no tribunal da execução, salvo se o juiz, oficiosamente ou a requerimento dos interessados, ordenar que tenha lugar no tribunal da situação dos bens (cfr. artigo 889.º, n.º 3). Neste sentido, já, LOPES CARDOSO, "obra citada", pág. 572, para quem à venda por negociação particular é aplicável, por analogia, o n.º 1 do artigo 896.º, que determina o local da arrematação na venda judicia (actual artigo 889.º, n.º 3, que determina o local da venda mediante propostas em carta fechada); para ALBERTO DOS REIS, "obra citada", pág. 325, o mandatário pode efectuar a venda aonde achar preferível.

(546) Sobre o regime legal da actividade de mediação imobiliária, veja-se Decreto--Lei n.º 77/99, de 16 de Março, que substituiu o Decreto-Lei n.º 285/92, de 19 de Dezembro, que estabeleceu aquele regime.

à penhora devendo fazer essa observação no acto da venda (artigo 905.º, n.º 5)(547). O mandatário não pode, porém, receber o preço da venda, nem fazer promessas de venda ou receber qualquer sinal a título de antecipação ou princípio de pagamento.

Feita a venda, o preço obtido deve ser depositado directamente pelo comprador numa instituição de crédito, antes de lavrado o instrumento da venda (artigo 905.º, n.º 4).

Se o bem a vender for um prédio urbano ainda não acabado, ou não legalizado apesar do acabamento, é dispensada a licença de utilização ou de construção, recaindo sobre o adquirente dos bens o *ónus da legalização* do prédio que adquire, do qual deve ser prevenido (artigo 905.º, n.º 6).

3.1.5. Venda em estabelecimento de leilão

Esta modalidade de venda é possível nos seguintes casos: quando, qualquer que seja o bem a vender, o exequente, o executado ou o credor reclamante com garantia sobre o bem em causa, proponha a venda em determinado estabelecimento e não haja oposição(548) de nenhum dos restantes interessados (artigo 906.º, n.º 1, alínea a))(549); quando o bem a vender for uma coisa móvel e o agente de execução, atentas as características do bem, entenda que ela é preferível à venda por negociação particular (artigo 906.º, n.ºs 1, alínea b)), caso em que caberá ao agente de execução indicar o estabelecimento de leilão incumbido de a realizar (artigo 906.º, n.º 2).

A venda é feita pelo pessoal do estabelecimento e segundo as regras que estiverem em uso, devendo fazer-se menção no acto da

---

(547) A razão desta exigência pode buscar-se no normativo do artigo 909.º, n.º 1, alínea a) nos termos do qual a venda pode vir a ficar sem efeito se a oposição à execução ou à penhora for julgada procedente (cfr. artigos 817.º, n.º 4, e 863.º-B, n.º 4) ou se a sentença que serviu de base à execução for anulada ou revogada em consequência da procedência do recurso dela interposto.

(548) Havendo oposição, a proposta de venda em determinado estabelecimento não pode ser acolhida, salvo se o juiz, para tanto solicitado (artigo 809.º, alínea d)), assim o determinar.

(549) No Código de 1961, os móveis só seriam vendidos em estabelecimento de leilão quando assim requeressem o executado e os credores que representassem a maioria dos créditos com garantia real sobre os bens a vender (artigo 888.º, n.º 1).

venda de que sentença que serviu de base à execução está pendente de recurso ou está pendente de oposição do executado à execução ou à penhora (artigos 906.º, n.º 3, e 905.º, n.º 5). Se o bem a vender for um prédio urbano ainda não acabado, ou não legalizado apesar do acabamento, é dispensada a licença de utilização ou de construção, recaindo sobre o adquirente dos bens o *ónus da legalização* do prédio que adquire, do qual deve ser prevenido (artigos 906.º, n.º 3, e 905.º, n.º 6).

Feita a venda, o gerente do estabelecimento de leilão deve depositar o preço líquido([550]) numa instituição de crédito, à ordem do solicitador de execução ou, na sua falta, da secretaria, e apresentar no processo o respectivo conhecimento, nos cinco dias posteriores à realização da venda, sob cominação das sanções aplicáveis ao infiel depositário (artigo 906.º, n.º 4; cfr. artigo 854.º).

Contra as irregularidades que se cometam no acto do leilão podem reclamar os credores, o executado e qualquer dos licitantes. Caberá ao juiz decidir as reclamações, podendo, para o efeito, examinar ou mandar examinar a escrituração do estabelecimento, ouvir o respectivo pessoal([551]), inquirir as testemunhas e proceder a quaisquer outras diligências que repute necessárias para apurar o que se terá passado (artigo 907.º, n.º 1).

Se o juiz concluir que as irregularidades existiram e que, por via delas, se viciou o resultado final da licitação, deverá anular a venda e condenar o dono do estabelecimento na reposição do que tiver embolsado, sem prejuízo da obrigação de indemnizar as pessoas prejudicadas pelos danos que haja causado (artigo 907.º, n.º 2).

Se o leilão for anulado, haverá lugar a novo leilão noutro estabelecimento, mas, se não houver outro estabelecimento, deve proceder-se à venda por propostas em carta fechada, se o bem a vender for imóvel, ou por negociação particular, nos termos do artigo 905.º (artigo 907.º, n.º 3).

([550]) Deduzindo-se, portanto, do produto da venda, a comissão e as despesas da venda.

([551]) Como bem observa ALBERTO DOS REIS, "obra citada", pág. 331, o juiz deve ouvir, antes de qualquer outra pessoa, o dono, o gerente ou director do estabelecimento, visto que a arguição da irregularidade visa-o directamente como responsável pelo que tenha ocorrido.

3.1.6. Venda em depósito público

A venda em depósito público (artigos 886.º, n.º 1, alínea f), e 907.º-A) ([552]), que foi introduzida pela Reforma da acção executiva (Decreto-Lei n.º 38/2003, de 8 de Março), em princípio só pode ter por objecto as coisas móveis que tenham sido removidas e não devam ser vendidas por outra forma (artigo 907.º-A, n.º 1) ([553]), ou seja, «os bens móveis não sujeitos a registo e os bens móveis sujeitos a registo, quando seja necessária ou conveniente a sua remoção efectiva, desde que a natureza do bem não seja incompatível com a natureza do armazém» (artigo 4.º, n.º 1, alíneas a) e b), da Portaria n.º 512/2006, de 5 de Junho) ([554]).

Dado que nos depósitos públicos se encontram bens penhorados em várias execuções, as vendas realizadas nesses depósitos devem ter uma periodicidade mensal e, tal como na venda mediante propostas em carta fechada (artigo 890.º), devem ser publicitadas

---

([552]) Para este efeito, considera-se que podem revestir a natureza de *depósitos públicos*: quer os armazéns da propriedade e posse do Ministério da Justiça, quer os armazéns privados cuja utilização seja determinada por despacho do director-geral da Administração da Justiça, oficiosamente ou sob proposta da Ordem dos Advogados ou da Câmara dos Solicitadores (cfr. artigo 2.º da Portaria n.º 512/2006, de 5 de Junho).

([553]) Ou seja, que não devam ser vendidos: em bolsas de mercadoria, nos termos do artigo 902.º, n.º 2; através de venda directa, nos termos do artigo 903.º; por negociação particular, nos termos do art. 904.º, alíneas a), b) ou c); em estabelecimento de leilão, nos termos do artigo 906.º, n.º 1.

([554]) Com a entrada em vigor do Decreto-Lei n.º 38/2003, de 8 de Março, previu-se a possibilidade de ser efectuada venda em depósito público dos bens penhorados. Esta possibilidade ficou consagrada no Código de Processo Civil com a alteração ao artigo 886.º e o aditamento do artigo 907.º-A, vindo este último a regular apenas, de uma forma geral, os casos em que se deve proceder à venda em depósito público. A regulação da venda em depósito público, de acordo com o n.º 3 do artigo 907.º-A do Código de Processo Civil, deveria então ser feita mediante aprovação de regulamento próprio. Em 5 de Setembro de 2003 foi publicada a Portaria n.º 941/2003, a qual teve por objecto, de acordo com o respectivo artigo 1.º, o estabelecimento dos procedimentos e das condições em que se processaria a venda em depósitos públicos de bens penhorados. Verificou-se, entretanto, que a regulamentação operada por aquele Diploma se apresentava fragmentária, relegando-se para a regulação natural do mercado alguns aspectos que deviam ser objecto de intervenção legal. Visando suprir tais deficiências, em 5 de Julho de 2006 foi publicada a Portaria n.º 512/2006, que veio aprovar o Regulamento do Depósito Público, revogando a Portaria n.º 941/2003.

(pelo agente de execução) em anúncios (nos jornais referidos no artigo 890.º, n.º 3), afixando-se editais no armazém e fazer-se difusão na página informática da secretaria de execução. Os anúncios, os editais e a página informática devem conter a relação dos bens a vender (artigo 907.º-A, n.º 2)[555]. Dos editais, dos anúncios e da página informática deverá constar, ainda, se a sentença que serviu de base à execução está pendente de recurso ou está pendente oposição à execução ou à penhora (artigo 907.º-A, n.º 2, in fine; cfr. artigo 890.º, n.º 5).

Quanto ao modo de realização da venda em depósito público (artigo 907.º-A, n.º 3), deverá observar-se o estatuído nos artigos 6.º a 11.º do Regulamento do Depósito Público, aprovado pela referida Portaria n.º 512/2006, de 5 de Junho, dos quais fluí que:

- os bens que se encontrem em depósito público são vendidos logo que a venda seja processualmente possível, desde que a execução não se encontre suspensa, não obstando esta à venda dos bens que devam ser objecto de venda antecipada (artigo 6.º n.os 1, n.º 2; cfr. artigo 806.º-C);
- cabe ao depositário disponibilizar aos agentes de execução, por escrito ou em formato electrónico, todas as informações relativas à periodicidade das vendas, datas em que devem ser realizadas e modo de realização de cada venda (artigo 6.º, n.º 4);
- cabe ao agente de execução informar o depositário, por escrito ou em formato electrónico, dos bens que devem ser vendidos e o respectivo valor base (artigo 6.º, n.º 5);
- a venda em depósito público só pode ser realizada mediante regime de leilão, negociação particular e venda directa a pessoas ou entidades que tenham um direito reconhecido a adquirir os bens, sendo preferencialmente vendidos em leilão os bens de valor inferior a 20 UC (artigo 7.º, n.os 1.º 2);

---

[555] A relação dos bens a vender abrange todos quantos, tendo sido removidos para o depósito em causa no âmbito das várias execuções, possam já ser objecto de venda (por não estar pendente oposição à execução ou à penhora, ou embargo de terceiro, com efeito suspensivo – artigos 818.º, n.os 1 e 2, 863.º-B, n.º 3 e 356 –, nem ocorrer outra causa impeditiva da venda).

– sempre que possível, a venda deverá realizar-se exclusiva ou cumulativamente através da página electrónica do depositário, podendo realizar-se de modo contínuo, sendo sempre disponibilizados os bens para consulta e apresentação de propostas (artigo 10.º, n.ºs 1 e 3);
– a venda deve ser realizada em local aberto ao público, preferencialmente no próprio local do depósito, a não ser que a natureza da venda ou dos bens aconselhe um outro local específico, e, sempre que possível, na presença do agente de execução (artigo 8.º, n.ºs 1 e 4);
– independentemente da modalidade e modo de realização, a venda deverá ser sempre publicitada, para além dos termos previstos no n.º 2 do artigo 907.º-A, na página electrónica do depositário (artigo 8.º, n.º 3);
– os potenciais interessados têm o direito de inspeccionar os bens a vender, no local onde eles se encontrem, entre a data de publicitação e a data de realização da venda (artigo 8.º, n.º 5);
– semanal ou mensalmente, quando o volume de bens o aconselhe, o depositário deverá organizar vendas periódicas em regime de leilão, devendo os interessados na aquisição de bens inscrever-se junto do depositário até ao início da realização da venda (artigo 9.º, n.ºs 1 e 3);
– o bem ou lote de bens é vendido a quem apresente proposta mais elevada e o seu preço deve ser imediatamente entregue ao depositário ou seu representante (artigo 9.º, n.º 5);
– tendo sido pago o preço, os bens vendidos em leilão são entregues ao adquirente, até cinco dias após a comunicação ao depositário do acordo do agente de execução (artigo 9.º, n.º 8).

Frustrando-se a venda em depósito público, já vimos antes, é concedida ao agente de execução a faculdade de escolher entre a venda por negociação particular (artigo 904.º, alínea e)) e a venda em estabelecimento de leilão (artigo 906.º, n.º 1, alínea b)); entende-se que o mesmo deve suceder quanto aos bens que não tenham sido vendidos em depósito público, porque não puderam ser removidos para ele.

3.2. Disposições aplicáveis a qualquer modalidade da venda executiva

3.2.1. Princípio da instrumentalidade da venda

O artigo 886.º-B, aditado pela Reforma de 1995/1996, veio permitir a suspensão da venda dos bens penhorados, a requerimento do executado([556]), logo que o produto dos bens já vendidos seja suficiente para cobrir as despesas da execução, do crédito do exequente e dos credores com garantia real sobre os bens já vendidos (n.º 1) ([557]).

Na situação prevista no n.º 7 do artigo 828.º, a venda inicia-se sempre pelos bens que respondam prioritariamente pela dívida e só depois são vendidos os bens subsidiariamente penhorados (artigo 886.º-B, n.º 2).

Tendo-se procedido ao fraccionamento do prédio penhorado cujo valor exceda manifestamente o da dívida exequenda e dos credores reclamados (artigo 842.º-A, n.º 1) e não se tendo procedido ao levantamento da penhora sobre algum dos imóveis resultantes da divisão, ou tendo-se mantido a penhora sobre mais do que um prédio resultante da divisão (artigo 842.º-A, n.º 2), pode o executado requerer que a venda se inicie por algum dos prédios resultantes da divisão, desde que seja de prever a sua suficiência para o pagamento (artigo 886.º-B, n.º 3, 1.ª parte); se não for apurado o valor

---

([556]) Entende-se que a imposição ao executado do *ónus* de requerer a sustação (que não se impunha no artigo 899.º, n.º 1 do Código de 1961) visa evitar que, sem ele, seja declarada nula a eventual venda dos bens excedentes, iludindo a confiança do terceiro comprador (cf. LOPES DO REGO, "Comentários ao código de processo civil", Coimbra, 1999, artigo 886.º-B, II), mas não impor a venda de bens que atempadamente se verifique não serem necessários (cfr. LEBRE DE FREITAS/RIBEIRO MENDES, "Código de processo civil anotado", vol. 3º, pág. 564).

([557]) Como já se disse, no Código de 1961 a venda por arrematação em hasta pública constituía a venda normal de bens imóveis. Ora, o artigo 899.º, n.º 1 daquele Código previa já a cessação da arrematação logo que o produto dos bens arrematados fosse suficiente para cobrir as despesas da execução e assegurar o pagamento ao exequente; se houvesse outros bens sobre os quais tivesse sido graduado algum crédito vencido, o respectivo titular podia requerer que a praça continuasse para venda desses bens.

suficiente, serão vendidos todos os restantes prédios sobre que recai a penhora (artigo 886.º-B, n.º 3, 2.ª parte) (558).

3.2.2. Venda antecipada de bens

O regime da venda antecipada de bens consta do artigo 886.º-C, substancialmente equivalente ao anterior artigo 851.º. Autorizada pelo juiz de execução, quando os bens não possam ou não devam conservar-se, por estarem sujeitos a deterioração ou depreciação, ou quando haja manifesta vantagem na antecipação da venda (artigo 886.º-C, n.º 1), tal como no anterior artigo 851.º, n.º 2, a autorização da venda antecipada pode ser requerida, tanto pelo exequente ou executado, como pelo depositário, devendo sobre o requerimento ser ouvidas ambas as partes ou aquela que não for o requerente, excepto se a urgência da venda impuser uma decisão imediata (artigo 886.º-C, n.º 2).

De acordo com o n.º 3 do mesmo preceito, a venda nunca é feita pelo executado ou pelo detentor dos bens: salvo tratando-se de bens que devam ser vendidos nas bolsas (artigo 902.º) ou por venda directa (artigo 903.º), «a venda é efectuada pelo depositário, nos termos da venda por negociação particular, ou pelo agente de execução, nos casos em que o executado ou o detentor dos bens tenha assumido as funções de depositário».

3.2.3. Dispensa de depósito aos credores

Nos termos do n.º 1 do artigo 887.º, o exequente que adquira bens pela execução e o credor com garantia sobre os bens a adquirir são dispensados de depositar a parte do preço que não seja

---

(558) O artigo 898.º, n.º 2, do Código de 1961, já permitia o fraccionamento material, quando houvesse desproporção entre o valor do prédio e a quantia exequenda. Neste caso, e desde que o prédio oferecesse cómoda divisão, o executado podia requerer que fosse posta em praça só uma parte daquele que reputasse suficiente para a satisfação do crédito exequendo e dos créditos admitidos ou verificados. Feito o requerimento, era posta em praça a parte que o executado indicasse, mas, se logo na primeira praça não houvesse qualquer arrematante por esse valor, ia à praça todo o prédio (cfr. artigo 898.º, n.º 2, in fine).

necessária para pagar aos credores graduados antes deles e não exceda a importância que têm direito a receber ([559]).

Se o adquirente tiver sido graduado em paridade com outros credores, deve depositar a parte do preço que seja necessária para pagar aos credores graduados antes dele, bem como a quantia excedente à sua quota no preço dos bens adquiridos, calculada em rateio com os créditos que tenham a mesma graduação ([560]).

Tais facilidades concedidas ao exequente e credores reclamantes fundamentam-se numa ideia de *compensação* do crédito exequendo ou créditos verificados com a dívida do preço.

Esta regra é válida quando a venda se tenha realizado depois de proferida sentença de verificação e graduação de créditos; se esta ainda não tiver sido proferida, o exequente não é obrigado a depositar mais que a parte excedente à quantia exequenda, tal como o credor reclamante não é obrigado a depositar mais que a parte excedente ao montante do crédito que tenha reclamado sobre os bens adquiridos (artigo 887.º, n.º 2).

Com vista a salvaguardar os interesses dos credores que possam vir a ser graduados com preferência ao adquirente, permite-se o recurso a determinadas garantias. Assim, se os bens adquiridos forem imóveis, estes só serão entregues ao adquirente depois de constituída sobre eles hipoteca correspondente à parte do preço não depositado, não podendo a transmissão ser registada sem a hipoteca, salvo se o adquirente prestar caução bancária em valor correspondente (artigo 887.º, n.º 3, 1.ª parte); se os bens adquiridos forem de outra natureza, a sua entrega ao adquirente fica condicionada à prestação de uma caução ([561]) correspondente ao valor dos bens (artigo 887.º, n.º 3, 2.ª parte).

([559]) Este preceito é equivalente ao artigo 906.º, n.º 1 do Código de 1961, mas substancialmente diferente de igual preceito do Código de 1939, que dispunha: «o credor que adquirir bens pela execução só será obrigado a depositar a parte do preço necessária para pagar a credores colocados entes dele e a que exceder a importância que tem a receber».

([560]) Neste sentido, LOPES CARDOSO, "obra citada", pág. 621.

([561]) Não se designando a espécie que a caução deve revestir, a garantia pode ser prestada por qualquer das admitidas no artigo 623.º, n.º 1, do Código Civil, sujeita à apreciação de idoneidade do artigo 984.º, «*ex vi*» artigo 988.º, n.º 3, e a prestar pelo processo (incidental) dos artigos 988.º e 990.º.

Verificando-se, pela graduação de créditos, que o adquirente não tem direito à quantia não depositada, ou a parte dela, deverá ser notificado para efectuar o respectivo depósito no prazo de dez dias, sob pena de ser executado nos termos do artigo 898.º, começando a execução pelos próprios bens adquiridos (562) ou pela caução (artigo 887.º, n.º 4).

Note-se que, de acordo com o artigo 868.º, n.º 6, a sentença de graduação dos créditos poderá vir a ser refeita se, depois dela, vier a ser reconhecido algum crédito que seja reclamado espontaneamente até à transmissão de bens (artigo 865.º, n.º 3). Recorde-se ainda que, quando, ao abrigo do referido normativo (artigo 865.º, n.º 3) haja lugar a reclamação do crédito de credor que tenha obtido penhora sobre os mesmos bens em outra execução, «esta é sustada quanto a esses bens, quando não tenha tido já lugar sustação nos termos do artigo 871» (artigo 865.º, n.º 5).

3.2.4. Caducidade dos direitos reais e cancelamento dos registos

O artigo 888.º impõe que o agente de execução, após o pagamento do preço e do imposto devido, promova o cancelamento dos registos dos direitos reais que devam caducar nos termos do n.º 2 do artigo 824.º do Código Civil e não sejam de cancelamento oficioso pela conservatória (563).

---

(562) Sobre esta matéria, escreve LOPES CARDOSO, "obra citada", pág. 624: "no caso do artigo 906.º (actual artigo 887.º) os bens não têm que voltar a nova praça (nova venda), a não ser que sejam penhorados na execução movida contra o adquirente, para cobrança da quantia que ele devia depositar e não para cobrir uma diferença de preço (...)".

(563) O artigo 907.º do Código de 1961 impunha que o juiz, após o pagamento do preço e da sisa, proferisse despacho a mandar cancelar os direitos reais que deviam caducar, devendo especificar os registos a cancelar. Esse despacho devia ser proferido após o pagamento da sisa, precedendo, portanto, a sentença de extinção da execução; se eventualmente assim não acontecesse, o juiz devia ordenar nesta o cancelamento das respectivas inscrições que deviam caducar. Quer isto dizer que se um credor com garantia real não tivesse reclamado o seu crédito na execução, perdia a garantia real de que dispunha, salvo se não tivesse sido citado para a execução pois, neste caso, poderia arguir a nulidade da venda.

LOPES CARDOSO "obra citada", pág. 631, entendia que o artigo 907.º referia-se apenas à transmissão de bens penhorados. Por isso, quando fosse extinta a execução

Quanto ao *cancelamento dos registos*, importará distinguir: sendo a venda feita mediante propostas em carta fechada, incumbe ao agente de execução comunicá-la ao conservador do registo predial competente, o qual, depois de proceder ao respectivo registo, procede *oficiosamente* ao cancelamento das inscrições dos direitos caducados (artigo 900.º, n.º 2); se a venda não for feita mediante propostas em carta fechada ou em depósito público, o cancelamento faz-se perante o título da transmissão dos bens, do qual constará que a venda é feita pela pessoa para tanto legitimada (artigos 905.º, n.º 1, e 906.º, n.º 3; cfr. também, artigo 903.º), no âmbito da execução ([564]).

Quanto à *caducidade dos direitos reais*, prescreve o n.º 2 do artigo 824.º, do Código Civil, que: «Os bens são transmitidos livres dos direitos de garantia que os onerarem, bem como dos demais direitos que não tenham registo anterior ao de qualquer arresto, penhora ou garantia, com excepção dos que, constituídos em data anterior, produzam efeitos em relação a terceiros independentemente de registo».

Conforme parece resultar do preceito, o regime é diferente consoante se trate de direitos reais de garantia ou de direitos reais de gozo. Quanto aos primeiros, há ainda que distinguir consoante sejam constituídos antes ou depois do registo da penhora:

Se a constituição (registo) do direito real de garantia é anterior à constituição (registo) da penhora e o credor reclamante reclamou o seu crédito na execução, feita a venda, o direito real de garantia transfere-se do bem vendido ([565]) para o produto da venda do respectivo bem (cfr. artigo 824.º, n.º 3 do Código Civil) ([566]).

---

sem que tivessem sido transmitidos bens, o único registo que o juiz devia mandar cancelar nessa sentença, era o da penhora, mas isto não por virtude do artigo 907.º.

([564]) Neste sentido, LEBRE DE FREITAS, "obra citada", págs. 342-343.

([565]) Note-se que os bens são sempre vendidos livres de qualquer direito real de garantia.

([566]) Segundo CASTRO MENDES, "obra citada", pág. 187, no caso do artigo 824.º, n.º 3 o direito real de garantia, acessório do crédito, só se extingue, em rigor, ou com a extinção deste, nomeadamente por pagamento, ou com a impossibilidade de satisfação por seu intermédio.

Se a constituição (registo) do direito real de garantia é posterior à constituição (registo) da penhora, o que equivale a dizer que tal direito real é inoponível à execução por força do artigo 819.º do Código Civil ([567]), então caducam com a venda ou adjudicação dos bens a que respeitam, não se transferindo para o produto da venda dos bens penhorados. Do mesmo modo também os direitos reais de garantia anteriores ao registo da penhora caducam com a venda, se os respectivos titulares os não reclamarem quando citados para o concurso de credores, nos termos do artigo 865.º, n.º 2, ou, quando não citados, até à venda ou outro acto de transmissão do direito do executado (artigo 865.º, n.º 3).

Quanto aos direitos reais de gozo, há também que distinguir entre os sujeitos a registo e os não sujeitos a registo.

Se os direitos reais de gozo tiverem sido registados após o registo da penhora da execução, a sua constituição é inoponível à execução (cfr. artigo 819.º do Código Civil) e caducam com a transmissão dos bens sobre que recaem; se os direitos reais de gozo tiverem sido registados posteriormente a qualquer arresto, penhora ou garantia, mas anteriormente à constituição ou registo da penhora da execução, subsistem na transmissão dos bens, se o titular da garantia não deduzir o seu direito.

Se os direitos reais de gozo tiverem sido registados anteriormente a qualquer arresto, penhora ou garantia, subsistem na transmissão dos bens sob que recaem.

Relativamente aos direitos reais de gozo não registados, constituídos depois de qualquer arresto, penhora ou garantia, mas antes do registo da penhora da execução, e bem assim os direitos reais de gozo não registados, mas que, tendo sido constituídos antes de qualquer arresto, penhora ou garantia, produzem efeitos em relação a terceiros independentemente do registo, subsistem na transmissão dos bens sob que incidem ([568]).

([567]) Sobre a não coincidência do âmbito de previsão da norma do artigo 819.º do Código Civil com o da norma do artigo 824.º do mesmo Código, veja-se LEBRE DE FREITAS, "Estudos de direito civil e processo civil", Coimbra Editora, 2002, págs. 621-625.

([568]) Para maior desenvolvimento sobre toda esta matéria, LEBRE DE FREITAS, "A acção executiva...", págs. 337-343.

3.3. Adjudicação de bens

Este meio de satisfação de créditos traduz-se em atribuir ao exequente ou a algum dos credores, que o requeira, a propriedade de certos bens ou a titularidade de certos direitos penhorados [569].

Vejamos, seguidamente, que bens podem ser adjudicados, quem tem legitimidade para requerer a adjudicação e qual o processamento da adjudicação de bens.

Nos termos do artigo 875.º, n.º 1, a adjudicação pode referir-se a qualquer dos bens penhorados, com as excepções previstas nos artigos 902.º e 903.º, quais sejam: os títulos de crédito com cotação na bolsa, as mercadorias com cotação em bolsa de mercadorias existente na área de jurisdição do tribunal da execução (artigo 902.º) e os bens que por lei tenham de ser entregues a determinada entidade, ou tiverem sido prometidos vender, com eficácia real, a quem queira exercer o direito de execução específica (artigo 903.º) [570].

---

[569] Quanto à sua natureza jurídica, a jurisprudência do nosso mais alto Tribunal vinha entendendo que a adjudicação funcionava para o adjudicatário como uma *dação em cumprimento* (artigo 837.º do Código Civil), embora não carecesse do consentimento do devedor. Argumentava-se, para tanto, que a dação em cumprimento tanto pode ter por objecto a entrega de dinheiro em lugar da coisa devida, como, inversamente. a entrega de certa coisa em vez da prestação pecuniária, como até a entrega de uma coisa por outra, a prestação de um facto em vez de coisa devida, etc. – neste sentido, Ac. do STJ, de 15.05.1979, in BMJ n.º 287, pág. 275).

[570] O artigo 875.º, n.º 1, 2.ª parte, do Código de 1961, correspondente ao n.º 2 do mesmo preceito introduzido pela Reforma de 1995/1996, prescrevia: «(...); mas se já houver sido proferida sentença de graduação de créditos no momento em que é apreciado o pedido, este só é atendido quando o crédito do requerente haja sido reconhecido e graduado». Tal texto diferia substancialmente daquele elaborado pela Comissão revisora do Código de 1961 que dizia: «se já houver sentença de graduação de créditos, este pedido só será admitido caso o respectivo crédito tenha sido graduado». A redacção de ambos os textos levou Lopes Cardoso, "obra citada", pág. 548, a considerar que "o momento considerado não era o da admissão do pedido de adjudicação de bens", como sugeria o texto elaborado pela Comissão revisora, mas "o do deferimento", como sugeria o texto do preceito. Por isso, entendia que o pedido, ainda que formulado antes de proferida sentença de graduação de créditos, seria indeferido se, no momento de aceitar o preço oferecido pelo requerente, segundo o n.º 1 do artigo 877.º, ou no momento de lhe adjudicar os bens, segundo o n.º 3 do mesmo artigo, a sentença já tivesse sido lavrada e não tivesse sido graduado o crédito do mesmo requerente, para ser pago pelo produto dos bens adjudicados.

Têm legitimidade para requerer a adjudicação de bens (ao agente de execução) não só o exequente, como qualquer credor reclamante relativamente aos bens sobre os quais tenha invocado garantia: «mas, se já houver sido proferida sentença de graduação de créditos, a pretensão do requerente só é atendida quando o seu crédito haja sido reconhecido e graduado» (artigos 875.º, n.ºˢ 1 e 2)(571). De acordo com os mesmos normativos, o requerente só pode pretender a adjudicação de bens penhorados para pagamento, total ou parcial, do crédito.

Mercê da Reforma da acção executiva, que introduziu as disposições dos n.ºˢ 5 a 8 do artigo 875.º, o procedimento da adjudicação de bens passou a ser distinto, consoante o requerimento de adjudicação incida sobre outros bens ou incida sobre um direito de crédito pecuniário não litigioso. Assim:

1. Se o requerimento de adjudicação recair *sobre outros bens*, o requerente deve indicar o valor que atribui ao bem penhorado, não podendo oferecer valor inferior àquele pelo qual o bem devia ser anunciado para a venda(572), ou seja, 70% do valor base do bem (artigo 875.º, n.º 3)(573).

---

(571) Nos termos do artigo 875.º, n.º 1, do Código anterior, o requerente só podia pedir a adjudicação de bens que fossem *suficientes para a satisfação do seu crédito*. A esse propósito, LOPES CARDOSO, "obra citada", págs. 548-549, salientava que não era permitida a adjudicação de um grupo de lotes cujo valor excedesse o crédito do requerente, e exemplificava: "se o crédito for de 100.000$00 e houver um prédio pelo qual o requerente ofereça 110.000$00 e outro pelo qual ofereça 90.000$00, não lhe podem ser adjudicados os dois bens, visto que o primeiro é suficiente para lhe pagar"; se houvesse desproporção entre o valor dos bens e o crédito, o pedido não devia ser atendido, salvo se não houvesse outros bens penhorados do mesmo valor susceptíveis de satisfazer o crédito. Se vários credores reclamantes que tivessem garantia real sobre o mesmo bem penhorado requeressem a adjudicação, esta ser-lhes-ia deferida sucessivamente pela ordem estabelecida na graduação, no caso de esta já estar realizada (cfr. PESSOA JORGE, "obra citada", pág. 148).

(572) Pretende-se com esta exigência salvaguardar a posição dos demais interessados (exequente, executado e outros credores); por isso, para que o adjudicatário não lhes venha a causar prejuízo, deverá ele oferecer preço não inferior ao que poderia ser obtido em venda por propostas em carta fechada.

(573) No Código de 1961, a oferta do requerente não podia ser inferior ao valor pelo qual os bens teriam de ser postos em arrematação, quando a adjudicação fosse pedida antes da segunda praça (artigo 875.º, n.º 2). LOPES CARDOSO "obra citada", págs. 549-550, ensinava que o pedido de adjudicação de bens só era atendível se o requerente

A adjudicação pode ser requerida até serem vendidos os bens a que respeita, mas se for requerida depois de anunciada a venda por propostas em carta fechada, esta não se sustará e só se atenderá a pretensão se não houver pretendentes que ofereçam preço superior (artigo 875.º, n.º 4). Assim, e de harmonia com esta disposição, há a distinguir as seguintes hipóteses:

a) Se à data do requerimento ainda não estiver anunciada a venda por propostas em carta fechada, proceder-se-á à publicidade do requerimento, destinado a permitir que surjam outras propostas de aquisição do bem penhorado, nos termos do artigo 890.º, com a menção do preço oferecido (artigo 876.º, n.º 1).

Nos termos do artigo 876.º, n.º 2, o dia, a hora e o local para a abertura das propostas tem de ser notificado ao executado, aos credores que tenham invocado garantia real sobre os mesmos bens e aos titulares de direito de preferência (574) legal ou convencional com eficácia real, na alienação dos referidos bens.

Esta notificação – que para os preferentes deve ser feita segundo as regras da citação (cfr. artigo 256.º) e para o executado, exequente e credores deve obedecer às formalidades dos artigos 254.º (575) e 255.º – destina-se a possibilitar aos respectivos interessados o exercício do seu

---

oferecesse pelos ditos bens: a) preço não inferior ao fixado nos termos do artigo 896.º, n.ᵒˢ 2 e 3 (então em vigor), caso a adjudicação fosse pedida antes de feita a primeira praça; b) preço não inferior a metade do fixado nos termos do artigo 896.º, n.ᵒˢ 2 e 3, em conformidade com o artigo 901.º, n.º 1 (então em vigor), caso fosse pedida antes de efectuada a primeira praça, mas antes da segunda; c) qualquer preço, se fosse pedida depois de realizada a segunda praça.

(574) Entre outros, podem mencionar-se os seguintes casos em que a lei atribui direito de preferência: ao arrendatário urbano (artigos 47.º a 49.º do Decreto-Lei n.º 321-B/90, de 15 de Outubro (RAU)); ao arrendatário rural (artigo 29.º do Decreto-Lei n.º 385/88, de 25 de Outubro); ao proprietário de terreno confinante, de área inferior à unidade de cultura, quando o outro comprador não seja proprietário confinante (artigos 1380.º e 1381.º, do Código Civil); ao comproprietário (artigos 1409.º e 1410.º, do Código Civil); ao proprietário do solo (artigo 1535.º, do Código Civil); ao proprietário de prédio onerado com servidão legal de passagem (artigo 1555.º); e ao co-herdeiro (artigo 2130.º, do Código Civil).

(575) Note-se que a Portaria n.º 953/2003, de 9 de Setembro, aprovou os modelos oficiais a adoptar nas notificações por via postal; por seu lado, o Decreto-Lei n.º 303/2007, de 24 de Agosto, *com entrada em vigor diferida para o dia 1 de Janeiro de 2008*, veio dar nova redacção aos n.ᵒˢ 2 e 5 do artigo 254.º.

direito de preferência, se alguma proposta for aceite (cfr. artigos 877.º, n.º 1 e 892.º n.º 1).

Importa realçar que a *falta de notificação* aos preferentes não leva à nulidade do processo, mas, nos termos do n.º 2 do artigo 892.º, tem a mesma consequência que a falta de notificação ou aviso prévio na venda particular: o preferente fica com direito a propor acção de preferência, nos termos gerais, para obter, para si, o bem adjudicado ([576]).

Se até ao momento da abertura for apresentada alguma proposta de valor superior ao oferecido pelo requerente, não haverá lugar à adjudicação do bem, mas à venda do bem ao proponente de maior valor, observando-se o disposto nos artigos 893.º e 894.º para a venda por propostas em carta fechada (cfr. artigo 877.º, n.º 2) ([577]).

Se no momento da abertura não aparecer qualquer outra proposta e se ninguém se apresentar a exercer o seu direito de preferência, será aceite o preço oferecido pelo requerente, devendo o juiz ou o agente de execução (artigo 876.º, n.º 3) proceder à adjudicação do bem àquele requerente (artigos 877.º, n.ºs 1 e 3, e 875.º, n.º 4).

É óbvio que se ninguém oferecer preço mais elevado, mas apenas um preferente exercer o seu direito, o bem será adjudicado ao titular do direito de preferência. Note-se que o direito de preferência cede perante o direito de remissão (artigo 914.º, n.º 1), devendo este ser exercido até à emissão do título de transmissão do bem para o proponente ou no prazo e nos termos do n.º 4 do artigo 898.º (artigo 913.º, n.º 1, alínea a)).

b) Se à data do requerimento já estiver anunciada a venda por propostas em carta fechada, ou seja, depois de publicados os anúncios e editais a que se refere o artigo 890.º para a abertura das propostas ([578]), a venda não será sustada e a pretensão de adjudicação só será tomada

---

([576]) Neste sentido, LOPES CARDOSO, "obra citada", pág. 550.

([577]) Para TEIXEIRA DE SOUSA,"obra citada", pág. 201, a remissão do artigo 877.º, n.º 2 para os artigos 893.º e 894.º parece ser no sentido de o requerente poder cobrir todas as outras propostas que ofereçam um maior preço pelo bem penhorado.

([578]) Uma vez que no Código anterior a publicidade do requerimento era precedida de despacho a ordená-la, entendia-se que se a venda judicial tivesse sido tão somente ordenada, mas não anunciada, já não se publicavam os editais e anúncios para ela, passando-se a seguir os termos normais da adjudicação. O mesmo sucederia se a adjudicação fosse pedida depois de ordenada a venda extrajudicial – por negociação particular ou em estabelecimento de leilões –, caso em que as diligências para a venda seriam sustadas (cfr. LOPES CARDOSO, "obra citada", pág. 552).

em consideração quando não haja pretendentes que ofereçam preço superior(⁵⁷⁹) (cfr. artigo 875.º, n.º 4, 2.ª parte). Neste caso, logo se adjudicarão os bens ao requerente (artigo 877.º, n.º 3).

2. Se o requerimento de adjudicação incidir sobre um *direito de crédito pecuniário não litigioso*, a adjudicação é feita, em regra, pelo valor da prestação devida, depois de efectuado o desconto correspondente ao período de tempo que falte até ao vencimento, à taxa legal de juros de mora (artigo 875.º, n.º 5, 1.ª parte), aplicando-se ao depósito desse valor, por força do normativo do artigo 878.º, o disposto no artigo 887.º.

Porém, da análise dos normativos dos artigos 875.º, n.º 5, 2.ª parte, e 875.º, n.º 7, fluí que a data do vencimento da obrigação pode determinar um regime distinto. Assim: se a data do vencimento do crédito *não for próxima*, o requerente pode optar por apresentar uma proposta de aquisição do crédito, indicando o preço que oferece, que não poderá ser inferior a 70% do valor base atribuído ao crédito (cfr. artigo 889.º, n.º 2, "*ex vi*" artigo 975.º, n.º 3), seguindo-se então o regime previsto nos artigos 876.º a 878.º (artigo 875.º, n.º 5, 2.ª parte); se a data do vencimento do crédito *for próxima*, os credores podem acordar, ou o juiz determinar, a suspensão da execução sobre o crédito penhorado até esse vencimento (artigo 875.º, n.º 7)(⁵⁸⁰).

Se o requerente o solicitar e os restantes credores não se opuserem, a adjudicação do crédito é feita a título de dação "*pro solvendo*"(⁵⁸¹), só não se suspendendo a instância se a execução dever prosseguir sobre outros bens (artigo 875.º, n.º 6).

(⁵⁷⁹) Ao introduzir no Código a expressão «que ofereçam preço superior», parece que o legislador quis chamar a atenção para o facto de que para que o pedido de adjudicação deixe de ser considerado, não basta haver concorrentes ou licitantes, sendo ainda necessário que não haja oferta de preço superior ao do requerente da adjudicação.

(⁵⁸⁰) Uma vez que o terceiro devedor deve realizar a prestação a que está obrigado logo que a dívida se vença (cfr. artigo 860.º, n.º 1), parece que o legislador, ao permitir a «suspensão da execução sobre o crédito penhorado até ao vencimento», prefere que seja o terceiro devedor a realizar a prestação que será posteriormente distribuída pelos credores de acordo com a graduação dos seus créditos (cfr. artigo 873.º, n.º 2), em vez de se exigir ao adjudicatário o pagamento do valor da prestação.

(⁵⁸¹) Sob a epígrafe "*dação "pro solvendo*"" prescreve o artigo 840.º do Código Civil: «Se o devedor efectuar uma prestação diferente da devida, para que o credor

Se a adjudicação respeitar a rendas, abonos, vencimentos, salários ou outros rendimentos periódicos, o adjudicatário pode requerer que essas quantias lhe sejam directamente entregues, à medida que se forem vencendo (artigo 875.º, n.º 8) ([582]).

Configurando-se a adjudicação de bens como um caso de venda executiva, só desta se distinguindo pela qualidade do adquirente dos bens penhorados, o artigo 878.º manda aplicar-lhe, com as necessárias adaptações, o disposto nos artigos 887.º e 888.º, n.º 2 do artigo 897.º, nos n.ºˢ 1 a 3 do artigo 898.º e nos artigos 900.º, 901.º e 908.º a 911.º.

4. Anulação da venda: tutela do comprador e de outros interessados

As causas de anulação e ineficácia da venda executiva constam dos artigos 908.º e 909.º. Tem-se discutido, porém, sobre se a anulação consignada naquela primeira disposição (artigo 908.º) é taxativa ou se, pelo contrário, haverá outras causas de anulabilidade da venda executiva. Em abono da taxatividade parece poder invocar-se a redacção do corpo do artigo 909.º, n.º 1, que diz: «Além do caso previsto no artigo anterior, a venda só fica sem efeito (...)»; reagindo contra o termo «só» constante do corpo do n.º 1 do artigo, ANSELMO DE CASTRO, entende que deve admitir-se a anulação da venda pelo comprador com base, designadamente, em incapacidade permanente ou acidental, dolo e coacção ([583]).

---

obtenha mais facilmente, pela realização do valor dela, a satisfação do seu crédito, este só se extingue quando for satisfeito, e na medida respectiva» (n.º 1). « Se a dação tiver por objecto a cessão de um crédito ou a assunção de uma dívida, presume-se feita nos termos do número anterior» (n.º 2).

([582]) Desta forma, o adjudicatário evitará que tais quantias sejam depositadas à ordem do solicitador de execução ou da secretaria do tribunal (cfr. artigo 861.º, n.º 2), antes de lhe serem entregues.

([583]) "Obra citada", pág. 239; contra, Ac. do STJ, de 09.01.1979, in BMJ n.º 283, pág. 196. No sentido de que são aplicáveis à venda em acção executiva, não obstante a taxatividade dos artigos 908.º e 909.º, as causas gerais de anulabilidade segundo a lei substantiva, designadamente a anulação por abuso de direito, nos termos do artigo 334.º do Código Civil, defendeu o Acórdão do STJ, de 04.02.1993, in BMJ n.º 424, pág. 568.

Dispõe o artigo 908.º, n.º 1 que «Se, depois da venda, se reconhecer a existência de algum ónus [584] ou limitação que não fosse tomada em consideração e que exceda os limites normais [585] inerentes aos direitos da mesma categoria, ou de erro sobre a coisa transmitida, por falta de conformidade com o que foi anunciado, o comprador pode pedir, no processo de execução, a anulação da venda e a indemnização a que tenha direito, sendo aplicável a este caso o disposto no artigo 906.º do Código Civil».

Do preceito fluí, claramente, que são duas as causas de anulação que funcionam a favor do comprador: a existência de algum ónus ou limitação que não tenha sido tomado em consideração e que exceda os limites normais inerentes aos direitos da mesma categoria; a existência de erro sobre o objecto transmitido, por falta de conformidade com o que foi enunciado. Uma e outra reconduzem-se tanto ao erro sobre a identidade da coisa como sobre as suas qualidades. Com efeito, a primeira corresponde substancialmente ao teor do artigo 905.º do Código Civil que rege a anulabilidade da venda particular de bens onerados, embora nesta se faça depender a anulabilidade da existência de erro ou dolo, e o artigo 908.º limita-se a exigir que o ónus ou limitação não tenha sido tomado em consideração no processo. Por isso, tem-se questionado sobre se a nulidade da venda depende apenas da verificação dos requisitos previstos no artigo 908.º, ou se hão-de observar-se os requisitos gerais da relevância do erro: o da sua essencialidade.

A resposta não se nos afigura líquida. Com efeito, se uma interpretação literal daquele preceito processual parece levar à conclusão de que a anulabilidade da venda judicial não está sujeita aos requisitos gerais do erro, a verdade é que também não encontramos razões especiais que levem a não atender ao requisito da essencia-

---

[584] Sobre o significado da fórmula «*algum ónus*» escreve ANSELMO DE CASTRO, "obra citada", pág. 237: "são óbvios os casos que nela se subentendem: fundamentalmente os direitos reais de gozo que hajam de subsistir (...). Estão fora de causa os direitos reais de garanta, por não subsistirem à venda, e ao caso excepcional em que subsistem, a anulação será então direito do credor e não do adquirente".

[585] Os *direitos normais* a que se refere o artigo são limitações legais ao direito de propriedade e às servidões legais (cfr. PIRES DE LIMA e ANTUNES VARELA, "Código civil anotado", vol. II, pág. 149, nota 1 ao artigo 905.º.

lidade do erro(586). Propendemos, no entanto, para a observância deste requisito, por, em nossa opinião, salvaguardar convenientemente a tutela dos pretendentes aos bens na execução.

Quanto à segunda causa, conforme resulta do preceito, reporta-se ao *erro* resultante da falta de conformidade da coisa com a que foi anunciada. Como bem esclarece ANSELMO DE CASTRO, nesta causa relevam tanto o erro sobre a identidade da coisa como sobre as suas qualidades(587). Deste modo, pensamos que deverá demonstrar-se que se o adquirente tivesse pleno conhecimento do objecto e das suas qualidades, não o teria adquirido.

A anulação da venda e a indemnização a que o comprador tenha direito devem ser requeridas no processo de execução (artigo 908.º, n.º 1) e decididas pelo juiz, depois de ouvidos o exequente, o executado e os credores interessados e de examinadas as provas que se produzirem, mas se, por falta de elementos, não for possível tomar aí uma decisão, tais pedidos terão de ser apreciados em acção competente, a intentar, no prazo de um ano (cfr. artigo 287.º, n.º 1, do Código Civil), contra o credor ou credores a quem tenha sido ou deva ser atribuído o preço da venda (artigo 908.º, n.º 2).

Se os pedidos de anulação do negócio e de indemnização do comprador tiverem sido lavrados antes de ser levantado o produto da venda, este não será entregue sem a prestação de caução (artigo 908.º, n.º 3, 1.ª parte). Esta caução manter-se-á até à decisão da acção competente, se esta for intentada no prazo de 30 dias, a contar da notificação do despacho que para ela tenha remetido o comprador; será levantada, se a acção não for proposta dentro de 30 dias ou se estiver parada durante três anos, por negligência do autor (artigo 908.º, n.º 3, 2.ª parte).

Vejamos agora os casos em que a venda fica sem efeito e a tutela de outros interessados.

---

(586) Para a anulação da venda a favor do adquirente é de aplicar integralmente o requisito da essencialidade do erro exigido pelo artigo 905.º do Código Civil, embora já não, por incomodáveis a uma venda judicial, requisitos como o do artigo 247.º do mesmo Código (cfr. ANSELMO DE CASTRO, "obra citada", pág. 236).

(587) "Obra citada", pág. 237.

Além do caso previsto no artigo 908.º, a venda fica sem efeito, nos casos seguintes:

a) Ter sido anulada ou revogada a sentença que serviu de base à execução ou ter sido julgada procedente a oposição à execução ou à penhora.

Note-se que os actos da venda podem ser anulados só em parte: tal sucederá quando, sendo parcial a revogação ou a procedência, a subsistência da venda for compatível com a decisão tomada (cfr. artigo 909.º, n.º 1, alínea a)).

b) Ter sido anulada toda a execução por falta ou nulidade da citação do executado, que tenha sido revel (artigo 909.º, n.º 1, alínea b)).

Neste caso, a anulação pode ter lugar a todo o tempo[588], salvo se já tiver decorrido a partir da venda o tempo necessário para a usucapião pois, nesta hipótese, a venda manter-se-á e o executado só poderá exigir do exequente a indemnização do prejuízo sofrido, se este tiver actuado com dolo ou má-fé, e desde que o direito de indemnização ainda não tenha prescrito (cfr. artigo 921.º, n.º 3). O mesmo efeito tem a falta ou nulidade da citação de credores ou do cônjuge do executado, mas só quando o exequente haja sido «exclusivo beneficiário» (artigo 864.º, n.º 10), isto é, quando tiver sido ele o adquirente dos bens[589].

c) Ter sido anulado o acto da venda, nos termos do artigo 201.º (artigo 909.º, n.º 1 alínea c)).

Esta causa de anulação pode ocorrer não só no caso de a venda ser directamente anulada (artigo 201.º, n.º 1), mas também no caso de a anulação resultar de um acto anterior, do qual a mesma venda depende absolutamente (artigo 201.º, n.º 2)[590].

---

[588] Ressalvando sempre a sanação da nulidade por intervenção do executado no processo (artigo 196.º).

[589] Neste sentido, LOPES CARDOSO, "obra citada", pág. 506.

[590] Enquadram-se neste segundo caso, por exemplo, a falta de audição do exequente, do executado e dos credores com garantia sobre os bens a vender, sobre a modalidade da venda e o valor base dos bens (artigo 886.º-A, n.º 1) ou os actos subsequentes ao recebimento de embargos de terceiro contra a penhora, relativos aos bens penhorados e praticados na pendência dos embargos, com ofensa da norma hoje constante do artigo 356.º (Ac. do STJ, de 27.11.1979, BMJ n.º 291, pág. 437).

Nos casos supra referidos (alíneas a), b) e c), do n.º 1, do supra referido artigo 909.º), o interessado deverá pedir a restituição dos bens no prazo de 30 dias, a contar da decisão definitiva. Fora deste prazo, a venda já não se anula e ao interessado (vencedor) apenas é consentido receber o preço dos bens. Se pedir a restituição dentro do prazo, o comprador só terá que restituir o bem vendido depois de ser embolsado do preço e das despesas da compra (artigo 909.º, n.º 3).

A restituição do preço será feita pelo tribunal, se o produto da venda ainda estiver depositado à sua ordem; será feita pelo exequente ou pelos credores, se o tiverem recebido em pagamento, depois de prestarem a competente caução, nos termos dos artigos 47.º, n.º 3 e 818.º, n.º 4.

d) Não pertencer ao executado a coisa vendida e ter sido reivindicada pelo dono (artigo 909.º, n.º 1, alínea d)).

Salvo melhor opinião, afigura-se-nos que, neste caso, não pode falar-se em anulação da venda na medida em que o dono dos bens limita-se a reivindicar o que é seu, sem necessidade de formular qualquer pedido de anulação da venda [591].

Neste caso, a acção de reivindicação não é dependente da acção executiva em que os bens tenham sido penhorados; tem de ser proposta em separado.

---

[591] Sobre esta matéria, ANSELMO DE CASTRO, "obra citada", págs. 251-252, escreve: "não se trata aqui já da causa da anulabilidade e, por isso, se deve falar, como o faz a lei, de ineficácia, visto que a venda cessa os seus efeitos como mera consequência da procedência da acção instaurada pelo verdadeiro dono. Este não tem que pedir anulação alguma do acto da venda, que é para ele *res inter alios*, limitando-se a reivindicar o que é seu, como qualquer outro caso em que coisa sua se encontre em poder de terceiro por aquisição a *non domino*. São frequentes as acções por esta causa de ineficácia da venda judicial sob o nome e a errada qualificação de acção de anulação; e daí indevidamente entender-se, ter a acção de ser proposta, conjuntamente, contra todas as partes no acto a anular: – adquirente, executado, exequente e credores, quando pela exposta razão só o adquirente é para ela a parte legítima. Executado e credores intervirão nessa acção tão-somente se chamados à autoria pelo adquirente para garantia do seu crédito de regresso (...). A reivindicação, todavia, pode ser, quer posterior acto da venda, quer anterior, visto não ter efeito suspensivo da execução".

Procedente a reivindicação, o comprador tem direito a pedir a restituição do preço àqueles (exequente e credores) que o hajam recebido, podendo ainda exigir uma indemnização, pelos danos que tenha sofrido, ao exequente, aos credores e ao executado que tiverem procedido com culpa (cfr. artigo 825.º, n.º 1 do Código Civil).

O Código de 1961 previa, ainda, o caso de ter havido conluio entre os concorrentes à hasta pública (artigo 909.º, n.º 1, alínea e))[592].

Neste caso, a anulação da venda podia ser requerida pelo executado (no prazo estabelecido no artigo 205.º, n.º 1), pelo exequente ou por qualquer credor interessado[593] que não fosse o comprador[594], dentro de trinta dias, a contar da venda, sendo a questão decidida, depois de ouvido o comprador e de apreciadas as provas produzidas; se o juiz considerasse as provas insuficientes para uma decisão conscienciosa devia remeter o requerente para acção competente que devia ser proposta contra o comprador e como dependência do processo de execução (cfr. artigo 909.º, n.º 4).

Como a lei não fixava qualquer prazo para a instauração da acção a que se referia o preceito, ANSELMO DE CASTRO entendia que esta acção poderia ser instaurada no prazo de trinta dias a contar da decisão que remetia o requerente para tal acção, por aplicação das regras gerais: por aplicação analógica do artigo 908.º, n.º 3[595]; entendimento diferente tinha LOPES CARDOSO, para quem a acção não tinha prazo especial, sendo insusceptível de aplicação analógica o prazo previsto no n.º 3 do artigo 908.º, que tinha carácter excepcional[596].

---

[592] Este conluio reportava-se ao momento da licitação ou sorteio entre os concorrentes, viciados por acordo simulatório que poderia consistir em não haver licitações além de certo preço ou em permitir que apenas um licitante arrematasse os bens por qualquer preço.

[593] Qualquer credor que tivesse garantia real sobre os bens vendidos, pois só este tinha o direito de ser pago pelo produto da venda.

[594] O comprador carecia de legitimidade para requerer a anulação com fundamento no conluio, visto que tinha sido ele o beneficiário.

[595] "Obra citada", pág. 241.

[596] "Obra citada", pág. 649.

Se no acto da venda ou antes de efectuada esta, algum terceiro tiver protestado pela reivindicação da coisa ([597]), invocando direito próprio incompatível com a transmissão, e o adquirente conhecer o protesto, lavrar-se-á termo do mesmo; nesta hipótese não há, em regra, lugar a indemnização e o adquirente só poderá reclamar a restituição do preço, salvo se os credores ou o devedor se tiverem responsabilizado pela indemnização (cfr. artigo 910.º, n.º 1, 1.ª parte e artigo 825.º, n.º 2, este do Código Civil).

Sendo lavrado termo de protesto pela reivindicação, os bens móveis não serão entregues ao comprador senão mediante as cautelas estabelecidas nas alíneas b) e c) do n.º 1 do artigo 1384.º ([598]) e o produto da venda não será levantado sem se prestar caução (artigo 910.º, n.º 1, 2.ª parte).

Se a acção não for proposta no prazo de 30 dias ou estiver parada, por negligência do autor do protesto, por mais de três meses, o comprador pode requerer a extinção das garantias destinadas a assegurar a restituição dos bens e o embolso do preço (artigo 910.º, n.º 2, 1.ª parte).

O prazo de 30 dias a que se refere o n.º 2 do artigo é um prazo de caducidade, não da reivindicação a propor, mas das garantias resultantes do protesto pela reivindicação (todas as garantias caducam), pelo que tem natureza substantiva ([599]).

Declaradas extintas as garantias, o comprador fica com o direito de retenção da coisa comprada, até ser pago do respectivo preço, podendo o proprietário reavê-lo dos responsáveis, se houver de o satisfazer para obter a entrega da coisa reivindicada (artigo 910.º, n.º 1, 2.ª parte).

([597]) O protesto de reivindicação da coisa vendida, quando haja lugar a ele, é uma providência cautelar que não dispensa a acção respectiva (artigos 2.º, n.º 2, e 910.º, n.º 2). (Neste sentido, Ac. do STJ, de 19.01.1973, in BMJ n.º 223, pág. 170).

([598]) Os papéis de crédito sujeitos a averbamento só podem ser entregues depois de a entidade competente os averbar com a declaração de que o interessado não pode dispor deles enquanto a sentença não passar em julgado (artigo 1384.º, n.º 1, alínea b)). Quaisquer outros bens só são entregues se o interessado prestar caução, sem compreender os rendimentos, juros e dividendos (artigo 1384.º, n.º 1, alínea c)).

([599]) Neste sentido, Ac. do STJ, de 05.03.1981, BMJ n.º 305, pág. 219.

Vimos já que o direito de retenção depende, entre outras condições, de ter havido protesto do dono dos bens no acto da venda pela reivindicação ou antes dela (cfr. artigos 910.º, n.º 2, e 825.º, n.º 2, este do Código Civil); não tendo havido protesto, depende de a acção ter sido proposta antes da entrega dos bens imóveis ou do levantamento do produto da venda e ainda de ter estado parada por culpa do autor durante três meses (artigo 911.º).

Nos termos do n.º 2 do artigo 909.º a procedência de qualquer acção de preferência tal como o deferimento da remição dos bens não anulam a venda, provocando apenas a substituição do comprador na venda válida; o novo titular da coisa (preferente ou remidor) terá de pagar o preço e as despesas da compra do primitivo adquirente.

5. Direito de preferência

Em termos simples pode dizer-se que a preferência consiste no direito que certas pessoas têm de se substituírem ao adquirente de certa coisa num acto oneroso de aquisição, suportando os encargos que ao adquirente competiam.

Referimo-nos já a alguns casos de direito de preferência legal. Vimos também que, nos termos do artigo 422.º do Código Civil, o direito de preferência convencional (resultante de um pacto de preferência – artigos 414.º e seguintes do Código Civil) sem eficácia real não tem valor no processo executivo. Quer isto dizer que se o executado se tinha comprometido a dar preferência em qualquer venda de certo bem, e este foi vendido em execução, o preferente não pode opor ao comprador o pacto de preferência, embora possa exigir do executado uma indemnização, por violação do pacto de preferência ([600]).

Quanto aos direitos de preferência, legal ou convencional com eficácia real ([601]), na alienação dos bens, os seus titulares devem

---

([600]) Neste sentido, CASTRO MENDES, "Acção executiva cit.", pág. 203.

([601]) Note-se que o direito legal de preferência prevalece sobre o direito convencional de preferência (artigo 422.º, 1.ª parte).

ser notificados do dia, da hora e do local para a abertura das propostas (artigo 876.º, n.º 2), a fim de poderem exercer o seu direito, devendo fazê-lo no próprio acto, se alguma proposta for aceite (artigo 892.º, n.º 1).

Os preferentes que pretendam exercer os seus direitos estão sujeitos às mesmas regras do proponente quanto ao pagamento do preço, na venda por propostas em carta fechada (cfr. artigos 896.º, n.º 3, e 897.º, n.º 1).

A falta de notificação dos titulares do direito de preferência legal ou convencional com eficácia real, não conduz à nulidade processual, mas o preferente não notificado poderá intentar a competente acção de preferência no prazo que a lei lhe concede e, se for julgada procedente, a venda fica sem efeito, podendo obter a entrega dos bens (artigo 892.º, n.ºs 2 e 4; cfr. 909.º, n.º 2) ([602]).

6. Direito de remição

A remição consiste no direito concedido a certos parentes (cônjuge não separado judicialmente de pessoas e bens, descendentes e ascendentes) de remir todos ou parte dos bens vendidos ou adjudicados, no processo executivo, pelo preço por que tiver sido feita a venda ou adjudicação (artigo 912.º) ([603]).

Este direito apresenta grande semelhança com o de preferência, quanto aos efeitos práticos – a substituição do comprador pelo remidor com subsistência da compra e venda –, mas não se confunde com este, embora haja que o considerar uma forma especial

---

([602]) Com a redacção dada pelo Decreto-Lei n.º 329-A/95, de 12 de Dezembro, prescreve o artigo 909.º, n.º 2: «Quando, posteriormente à venda, for julgada procedente qualquer acção de preferência ou for deferida a remição de bens, o preferente ou o remidor substituir-se-ão ao comprador, pagando o preço e as despesas da compra».

([603]) Como bem se diz no acórdão do STJ, de 01.03.2001, Agravo n.º 92/01, 7.ª Secção -http://www.cidadevirtual.pt/stj/jurisp/bol49civel.html –, o artigo 912.º é uma norma excepcional que não comporta aplicação analógica: apenas as pessoas aí indicadas beneficiam do direito de remição, para que os bens não saiam do património familiar, e nelas não se inclui o *executado*, que pode sempre fazer cessar a execução, antes da venda, pagando a dívida.

de preferência(604). Note-se que o direito de remição prevalece sobre o direito de preferência (cfr. artigo 914.º, n.º 1).

O direito de remição pertence em primeiro lugar ao cônjuge, em segundo lugar aos descendentes e em terceiro lugar aos ascendentes do executado (artigo 915.º, n.º 1). Concorrendo vários descendentes ou ascendentes, prefere, em cada grupo, o de grau mais próximo; em grau igual, abre-se licitação entre eles para se dar preferência ao que oferecer maior lanço (artigo 915.º, n.º 2).

LOPES CARDOSO entende que embora a lei não o diga, a remição pode ser concedida para os parentes do mesmo grau receberem os bens em comum, não havendo então lugar a licitações(605).

Conforme resulta do artigo 913.º, o prazo em que o direito de remição deve ser exercido varia consoante a modalidade de venda e a formalização (ou não) desta por escrito: no caso de venda mediante propostas em carta fechada, o direito de remição deve ser exercido até à emissão do título de transmissão dos bens para o proponente ou ao termo do prazo para a preferência, no caso previsto no n.º 4 do artigo 898.º (artigo 913.º, n. .º 1, alínea a)); nas outras modalidades de venda(606), o direito de remição deve ser exercido até ao momento da entrega dos bens, na falta de forma escrita, ou da assinatura do título que a documenta, se o houver (artigo 913.º, n.º 1, alínea b))(607).

---

(604) Cfr. CASTRO MENDES, "obra citada", pág. 203.

(605) "Obra citada", pág. 663.

(606) Sobre esta matéria, LEBRE DE FREITAS, "obra citada, pág. 335, nota (15), escreve: "A *venda por negociação particular* está sujeita ao regime geral da compra e venda de direito civil, incluindo as disposições atinentes à *forma* do contrato (artigos 875.º, do Código Civil e 115.º, n.º 3 do Regime do Arrendamento Urbano, por exemplo), sem prejuízo de resultar do artigo 905.º, n.os 4 (instrumento da venda) e 5 (menção no acto da venda) que, quando a lei civil não exija forma escrita, esta deve ser observada, elaborando-se *documento particular*. No caso de *venda em estabelecimento de leilão*, retira-se também da remissão do artigo 906.º, n.º 3 para o artigo 905.º, n.º 5 a implícita imposição da emissão de documento escrito. Em caso de *venda directa*, não se faz idéntica exigencia, mas normalmente o contrato com o titular do direito de aquisição é feito por escrito. Restam, pois, fundamentalmente, para a entrega os casos de *venda em bolsas*".

(607) Tem-se entendido que, ao contrário do que acontece com os titulares do direito de preferência (cfr. artigo 892.º) ou com aqueles que possam requerer a adjudi-

De acordo com o artigo 912.°, o remidor terá de efectuar o pagamento do preço «por que tiver sido feita a adjudicação ou a venda». Porém, quanto ao aspecto do pagamento do preço, haverá que considerar duas hipóteses: se o remidor exercer o seu direito no acto de abertura e aceitação de propostas em carta fechada (cfr. artigo 893.°), deverá juntar, como caução, um cheque visado, à ordem do solicitador de execução ou, na sua falta, da secretaria, no montante correspondente a 20% do valor base dos bens, ou garantia bancária no mesmo valor (cfr. artigo 897.°, n.° 1) e, depois, pagar a parte do preço em falta (artigo 913.°, n.° 2, 1.ª parte; cfr. artigo 897.°, n.° 2); se o remidor exercer o seu direito depois do momento da abertura de propostas, deverá fazer o depósito integral do preço, com o acréscimo de 5% para indemnização do proponente que já tenha feito o depósito do preço (artigo 913.°, n.° 2, 2.ª parte; cfr. 897.°, n.° 2) [608].

O preço da remição é o do bem adjudicado ou vendido, salvo se tiver havido licitação entre vários preferentes ou entre vários descendentes ou ascendentes concorrentes à remição pois, então, corresponderá ao lanço mais elevado ou ao maior preço oferecido nessa licitação (cfr. artigos 914.°, n.° 2 e 915.°, n.° 2).

II.IV. REMIÇAO, EXTINÇÃO E ANULAÇÃO DA EXECUÇÃO

A forma normal da extinção da execução é o pagamento coercivo da obrigação exequenda através de algum dos modos consignados no artigo 872.°. Mas a execução pode extinguir-se pelo

---

cação (cfr. artigo 876.°, n.° 2), os titulares do direito de remição não são notificados para exercer o seu direito. Sabendo do acto da venda, devem apresentar-se a exercê-lo, munidos da competente prova documental do casamento ou parentesco; se não puderem fazer no acto prova da relação familiar invocada podem requerer ao juiz que lhes conceda prazo razoável para a junção do respectivo documento (artigo 915.°, n.° 3).

[608] No regime do Código de 1961, no momento da remição o remidor tinha de efectuar o depósito de todo o preço (cfr. artigo 912.°, n.° 2), não lhe sendo possível efectuar o pagamento do preço nos termos em que a lei permitia ao comprador, isto é, em duas prestações: um décimo no acto da compra e a diferença no prazo de quinze dias (cfr. artigo 904.°, n.os 1 e 3). Para além do depósito integral do preço, o remidor tinha de depositar também as despesas da compra (artigo 909.°, n.° 2).

pagamento espontâneo ou voluntário da obrigação exequenda por parte do devedor ou de terceiro – a chamada remição da execução [609].

1. Extinção pelo pagamento voluntário

Nos termos do artigo 916.º, n.º 1, a execução extingue-se, em qualquer estado do processo, desde que o executado ou qualquer outra pessoa afectue o pagamento das custas e da dívida exequenda [610].

O pagamento voluntário da dívida exequenda pode ser feito na acção executiva ou fora dela.

No primeiro caso, o executado ou o terceiro deverá solicitar, ainda que verbalmente, na secretaria guias para depósito da parte líquida ou já liquidada do crédito do exequente que não esteja solvida pelo produto da venda ou adjudicação dos bens (artigo 916.º, n.º 2, 1.ª parte); feito o depósito de uma quantia que não seja manifestamente insuficiente, a execução é oficiosamente sustada e procede-se à liquidação da responsabilidade do executado (artigo 916.º, n.º 2, 2.ª parte).

No segundo caso deve constar de documento comprovativo da quitação, perdão ou renúncia por parte do exequente ou qualquer outro título extintivo da obrigação; junto o documento, a execução é oficiosamente suspensa e procede-se à liquidação da responsabilidade do executado (artigo 916.º, n.º 4).

Note-se que o pagamento pode ser feito através de depósito bancário (artigo 916.º, n.º 2) ou mediante entrega directa ao agente de execução (artigo 916.º, n.º 3).

---

[609] A obrigação exequenda pode extinguir-se por qualquer outra causa prevista na lei civil: dação em cumprimento, consignação em depósito, compensação, novação, remissão e confusão (artigos 837.º a 873.º, todos do Código Civil).

[610] "Se qualquer pessoa pode fazer cessar a execução pelo pagamento voluntário, segue-se que não é lícito ao exequente, ou aos credores colocados na posição do exequente pela sentença de verificação de créditos recusar o pagamento. Quer dizer, não funciona neste caso o § único do artigo 747.º (actual artigo 767.º, n.º 2) do Código Civil" (ALBERTO DOS REIS, "Processo de execução", vol. 2.º, pág. 491).

2. Liquidação da responsabilidade do executado no caso de pagamento voluntário

A responsabilidade do executado depende de estarem ou não vendidos ou adjudicados os bens penhorados e de ter sido ou não proferida a sentença de verificação e graduação dos créditos, à data da apresentação do requerimento de remição da execução.

Se o requerimento for apresentado antes da venda ou da adjudicação de bens e antes de proferida a sentença de graduação dos créditos reclamados, liquidar-se-ão unicamente as custas e o que faltar do crédito exequendo (artigo 917.º, n.º 1).

Se o requerimento for apresentado depois da venda ou adjudicação de bens penhorados e depois de proferida a sentença de graduação dos créditos reclamados, a liquidação abrangerá todos, conforme a graduação e até onde chegar o produto obtido na venda ou adjudicação, salvo se o requerente exibir título extintivo de algum deles, caso em que não será compreendido (cfr. artigo 917.º, n.º 2, 1.ª parte).

Se o requerimento for apresentado depois de vendidos ou adjudicados os bens penhorados, e antes de proferida a sentença de graduação dos créditos reclamados, a execução terá de prosseguir unicamente para verificação e graduação desses créditos, fazendo-se depois a liquidação (cfr. artigo 917.º, n.º 2, 2.ª parte).

Feita a liquidação, que deve compreender sempre as custas dos levantamentos a fazer pelos titulares dos créditos liquidados, deve proceder-se à sua notificação ao exequente, aos credores interessados, ao executado e ao requerente, se for pessoa diversa (artigo 917.º n.º 3), podendo qualquer deles dela reclamar, no prazo de cinco dias, a contar da notificação, nos termos do artigo 809.º, n.º 1, alínea d).

Não havendo reclamações ou resolvidas as que forem apresentadas, o requerente fará o depósito da quantia liquidada, após o que a execução se extinguirá [611].

---

[611] Até à Reforma da acção executiva, a extinção da execução resultava de uma decisão judicial: «a execução é julgada extinta logo que se efectue o depósito da quantia liquidada (...)» (cfr. anterior artigo 919.º, n.º 1). Com a Reforma da acção executiva foi dada nova redacção ao preceito, limitando-se a dizer: «a execução extingue-se logo que se efectue o depósito da quantia liquidada (...)», mas sem especificar o modo dessa extinção.

Se o requerente da remição não efectuar o depósito, a execução prosseguirá e ele será condenado nas custas a que der causa (custas incidentais), não podendo tornar a suspender-se sem depósito prévio da quantia liquidada depois de deduzido o produto das vendas ou adjudicações feitas posteriormente e depois de deduzidos os créditos que se mostrem extintos fora da execução (cfr. artigo 917.º, n.º 4, 1.ª parte). Feito este depósito, ordenar-se-á nova liquidação que respeitará ao que faltar para pagamento dos créditos ainda não satisfeitos incluídos na primeira liquidação – juros e outros encargos entretanto vencidos – e inclusive os créditos reclamados e graduados para serem pagos pelos bens que depois da primeira foram vendidos ou adjudicados([612]), observando-se o preceituado nas disposições anteriores (artigo 917.º, n.º 4, 2.ª parte).

Nos termos do n.º 5 do artigo 917.º, o terceiro pagador tem direito a fazer-se sub-rogar nos direitos do exequente([613]), se se verificarem os requisitos da sub-rogação previstos na lei substantiva (cfr. artigos 589.º e seguintes do Código Civil).

3. Outras causas de extinção da execução

3.1. *Por desistência do exequente*

A desistência do exequente extingue a execução (artigo 918.º, n.º 1).

A desistência do exequente pode respeitar ao pedido ou à instância. A primeira é livre (artigo 296.º, n.º 2) e implica a extinção do crédito exequendo (artigo 295.º, n.º 1); a segunda depende da concordância do oponente, se estiver pendente oposição à execução

---

([612]) Cfr. LOPES CARDOSO, "obra citada", pág. 679.

([613]) Para ANSELMO DE CASTRO, "obra citada", pág. 263, a sub-rogação "não pode deixar de considerar-se como extensiva a todos os direitos do exequente, portanto, ao de não poder a execução ser declarada extinta, até extinção da obrigação para com o terceiro". Por seu lado, LOPES CARDOSO, "obra citada", pág. 681, entende que "a disposição do Código de Processo Civil só pode ter querido significar que há sub-rogação dos direitos que o exequente tinha como parte na execução, sempre que, nos termos do Código Civil, haja sub-rogação do crédito exequendo".

(artigos 918.º, n.º 2 e 296.º, n.º 1) e implica a extinção do processo (faz cessar o processo) que se instaurou (artigo 295.º, n.º 2).

Tanto a desistência do pedido como a desistência da instância podem fazer-se por documento autêntico ou particular, sem prejuízo das exigências da lei substantiva, ou por termo no processo, podendo ser requerida em qualquer estado do processo; porém, se já tiverem sido vendidos ou adjudicados bens sobre os quais haja créditos graduados, aos titulares terá de ser paga a parte que lhes couber no produto obtido (artigo 918.º n.º 1, 2.ª parte).

Se a desistência for posterior à venda ou adjudicação dos bens, mas ainda não foi proferida a sentença de graduação, só deve ser considerada depois de graduados os créditos reclamados; se ainda não tiverem sido vendidos ou adjudicados quaisquer bens, os credores cujos créditos se acham vencidos e hajam reclamado poderão fazer prosseguir a execução para efectiva verificação, graduação e pagamento do seu crédito, se o requererem no prazo de 10 dias a contar da notificação da extinção da execução (cfr. artigo 920.º, n.º 2), assumindo o requerente a posição do exequente desistente (cfr. artigo 920.º, n.º 3).

3.2. Por deserção da instância

Há lugar a suspensão da instância quando o exequente não tenha indicado bens penhoráveis (artigo 832.º, n.º 3) ou, se o executado não pagar nem indicar bens penhoráveis, enquanto o exequente não requerer algum acto de que dependa o andamento do processo (cfr. artigo 833.º, n.º 6)[614].

Nos termos do artigo 276.º, n.º 1, há lugar a suspensão da instância, para além dos casos previstos nas alíneas a) a c), «nos outros casos em que a lei o determinar especialmente» (alínea d)).

Determina, por seu lado, o artigo 285.º que «a instância interrompe-se quando o processo estiver parado durante mais de um

---

[614] Para mais desenvolvimento sobre esta matéria, TEIXEIRA DE SOUSA, "A reforma da acção executiva", págs. 208-209.

ano por negligência das partes em promover os seus termos ou os de algum incidente de que dependa o seu andamento».

A instância extingue-se por deserção (artigo 287.º, alínea c)).

«Considera-se deserta a instância, independentemente de qualquer decisão judicial, quando esteja interrompida durante dois anos» (artigo 291.º, n.º 1). Quer isto dizer que a deserção opera *ope legis* pelo mero decurso do respectivo prazo.

LOPES CARDOSO ([615]) esclarece que a deserção e a interrupção não se confundem com a caducidade da penhora estabelecida no artigo 847.º, n.º 2 (do Código de 1961, actual artigo 847.º, n.º 1). Efectivamente, apesar de este preceito permitir o levantamento da penhora a requerimento do executado, quando, por negligência do exequente, a execução estiver parada nos seis meses anteriores ao levantamento ([616]), tal não impede que os mesmos bens voltem a ser penhorados, desde que por deserção a execução não se tenha extinguido (cfr. artigo 919.º, n.º 1, parte final).

3.3. Por razões de outra natureza

A instância pode ainda extinguir-se: quando o juiz, oficiosamente, o determinar nos termos do artigo 820.º (rejeição da execução), até ao primeiro acto de transmissão de bens penhorados; em consequência da revogação da sentença que serviu de base à execução (em instância de recurso, que tenha efeito meramente devolutivo); ou em consequência da procedência da oposição à execução ([617]).

([615]) "Obra citada", pág. 690.

([616]) Quanto à efectivação do levantamento da penhora, veja-se ALBERTO DOS REIS, "Processo de execução", vol. 2.º, págs. 111-112.

([617]) No âmbito do Código de 1961, entendia-se que constituíam *razões de natureza processual*, entre outras, a absolvição da instância por falta de algum pressuposto processual de conhecimento oficioso ou deduzido em agravo do despacha de citação ou dos embargos de executado, e bem assim a revogação da sentença que servia de base à execução (cfr. CASTRO MENDES, "obra citada", pág. 209).

4. Renovação da acção executiva

Determina o artigo 919.º, n.º 2, já vimos, que a extinção da execução seja notificada ao executado, ao exequente e aos credores reclamantes.

E se é certo que, em regra, a execução deve extinguir-se logo que esteja satisfeito o crédito exequendo e as custas da execução (cfr. artigo 919.º, n.º 1), a verdade também é que o artigo 920.º permite que a acção executiva se renove no mesmo processo, em dois casos:

a) por *iniciativa do exequente*, quando o título tenha trato sucessivo e com vista à cobrança coerciva de prestações vincendas (artigo 920.º, n.º 1).

Entende-se que cabem no conceito de «título com trato sucessivo», entre outras: as sentenças que condenem em prestações futuras, nos termos do artigo 472.º; os documentos exarados ou autenticados por notário nos casos previsto no artigo 50.º ([618]); e os documentos particulares dos quais conste a obrigação de pagamento de juros ou de preço a prestações ([619]).

b) Por *iniciativa de qualquer credor* cujo crédito esteja vencido e tenha sido reclamado para ser pago pelo produto dos bens penhorados que não chegarem, entretanto, a ser vendidos ou adjudicados (artigo 920.º, n.º 2).

O credor que, encontrando-se nas condições apontadas, pretenda prosseguir com a execução, terá de apresentar o requerimento no prazo de 10 dias contados da notificação da extinção da execução (artigo 920.º, n.º 2; cfr. artigo 919.º, n.º 2)

([618]) Às escrituras públicas de abertura de crédito ou de fornecimento aludia o n.º 2 do artigo 50.º do Código de 1961, na redacção dada pelo Decreto-Lei n.º 47 690, de 11 de Maio de 1967.

([619]) LOPES CARDOSO, "obra citada", pág. 694, entendia que a *renovação da acção executiva*, por virtude do *«trato sucessivo»*, fazia-se mediante nova citação do executado, nos termos do artigo 811.º (do Código de 1961), para pagar ou nomear bens à penhora, havendo lugar a novo preparo, sendo o valor da nova execução o correspondente ao novo pedido.

Tal requerimento, que terá de ser notificado aos outros credores e ao executado (artigo 920.º, n.º 4), faz prosseguir a execução, mas apenas quanto aos bens sobre que incida a garantia real invocada pelo requerente, com aproveitamento de tudo o que relativamente a esses bens tiver sido processado, não havendo lugar a novas citações e assumindo o requerente a posição do exequente (artigo 920.º, n.ºs 3 e 4) ([620]).

Mas, para além dos referidos casos, depois de extinta, a execução pode renovar-se no mesmo processo, ainda, em dois outros casos:

a) Por iniciativa do adquirente dos bens penhorados, que deles tenha dificuldade em tomar posse efectiva (artigo 901.º).

Vimos já que os bens só devem ser adjudicados e entregues ao proponente ou preferente, depois de paga ou depositada a totalidade do preço e cumpridas as obrigações fiscais inerentes à transmissão (sisa ou IVA), sendo então pelo agente de execução emitido o *título de transmissão* a favor de um ou outro, no qual se identificam os bens, se certifica o pagamento do preço ou a dispensa do depósito do mesmo e se declara o cumprimento ou a isenção das obrigações fiscais, bem como a data em que os bens foram adjudicados (artigo 900.º, n.º 1).

De acordo com o artigo 901.º, o título de transmissão de bens emitido a favor do adquirente é título bastante para este, na própria execução, requerer contra o detentor, a entrega dos bens, nos termos do artigo 930.º, devidamente adaptados.

Porém, nem sempre o adquirente tem necessidade de recorrer àquele normativo. Assim, quando pelo depositário tenha sido tomada a posse efectiva do bem penhorado (cfr. artigos 840.º, 848.º, n.º 1, e 862.º.º-A, n.º 4), munido do título de transmissão do bem, o adquirente será empossado na posse do bem (cfr. artigo 900.º, n.º 1), assistindo-lhe, todavia, o direito de exigir a entrega, sem prejuízo· de eventual indemnização moratória, no caso de o depositário não cumprir os seus deveres; se dos bens penhorados for cons-

---

([620]) LOPES CARDOSO, "obra citada", pág. 696, entendia que, vendidos os bens, haveria lugar a nova liquidação e nova conta de custas, mas não a nova sentença a julgar extinta a execução.

tituído depositário o próprio executado (por consentimento do exequente – artigo 839.º) ou por o bem penhorado ser a casa de habitação efectiva do executado (artigo 939.º, n.º 1, alínea a)), bem como quando o depositário seja o arrendatário (por o bem penhorado estar arrendado (artigo 839.º, n.º 1, alínea b)) ou quando o depositário seja o retentor (por sobre o bem penhorado incidir direito de retenção (artigo 839.º, n.º 1, alínea c)), logo após a extinção dos direitos reais do executado e do retentor (artigo 824.º, n.ºs 1 e 2, do Código Civil), o depositário deve entregar o bem ao agente de execução para este o entregar ao adquirente ou proceder à sua entrega directa ao adquirente (artigo 900.º, n.º 1); se tal não suceder, ou seja, se o bem não for restituído ao adquirente, a este assiste o direito de requerer a sua entrega (cfr. artigo 901.º), sempre sem prejuízo do eventual direito a indemnização que tenha contra o depositário, por incumprimento dos seus deveres.

Uma vez que a lei não estabelece limite temporal para o exercício do direito do adquirente, entende-se que se ele o exercitar já depois de a execução se extinguir (designadamente por só então ter concluído pela necessidade da entrega judicial, que até aí haja tentado sem efeito), o prosseguimento da acção executiva implicará a sua renovação [621].

b) Por iniciativa do executado, que requeira a anulação da execução, por falta ou nulidade da citação (artigo 921.º, n.º 3), como melhor se verá de seguida.

5. Anulação da execução, por falta ou nulidade de citação do executado

O executado pode, a todo o tempo, requerer a anulação do processo executivo [622] se a execução correr à sua revelia [623] e

---

[621] Neste sentido, LEBRE DE FREITAS, "A acção executiva cit.", pág. 366.

[622] Para efeitos de anulação do processo executivo, a nulidade da citação pode ser arguida a todo o tempo, desde que esse processo tenha corrido à revelia do executado, mesmo que a irregularidade não tivesse podido prejudicar a defesa deste (cfr. LOPES CARDOSO, "obra citada", pág. 698).

[623] A expressão «*se a execução correr à revelia do executado*» equivale a dizer: «se a execução correr *sem qualquer intervenção* do executado», por si ou por mandatário.

não tiver sido citado, quando o deva ser ou se, tendo sido citado, houver fundamento para declarar nula a citação (artigo 921.º, n.º 1).

Há falta de citação quando se verifique alguma das circunstâncias previstas no artigo 195.º, designadamente, «quando se demonstre que o destinatário da citação pessoal não chegou a ter conhecimento do acto, por facto que não lhe seja imputável» (n.º 1, alínea e)).

É nula a citação quando, sem prejuízo do disposto no artigo 195.º, não hajam sido, na sua realização, observadas as formalidades prescritas na lei (artigo 198.º, n.º 1) ([624]).

Arguida a falta ou nulidade da citação, são logo sustados todos os termos da execução para se conhecer da reclamação (artigo 921.º, n.º 2, 1.ª parte). Se a julgar procedente, anula-se tudo o que no processo tiver sido praticado (artigo 921.º, n.º 2, 2.ª parte), com excepção do requerimento inicial da execução (cfr. artigo 194.º) ([625]).

A anulação de tudo o que se tenha praticado inclui as entregas, adjudicação ou venda de bens, salvo se já tiver decorrido o prazo necessário para a usucapião pois, neste caso, os bens não são restituídos ao executado, assistindo-lhe apenas o direito de exigir do exequente, no caso de dolo ou de má-fé deste, a indemnização do prejuízo sofrido, se este direito não tiver prescrito, entretanto (artigo 921.º, n.º 3).

([624]) Entende-se que o normativo do n.º 2 do artigo 198.º não é aplicável ao processo executivo. O artigo 921.º equipara os efeitos da nulidade aos da falta absoluta de citação e não faz nenhum limite para a reclamação do executado, no caso de que trata (cfr. LOPES CARDOSO, "obra" e locais supra citados).

([625]) Sobre esta matéria, ALBERTO DOS REIS "Processo de execução", vol 2.º, pág. 445, escreve: "o meio de que o executado há-de servir-se é a reclamação por nulidade (...) e pede que, em obediência ao artigo 921.º, se anule todo o processo executivo, com excepção da petição inicial (...). Sustada a execução, deve o juiz conhecer da reclamação apresentada pelo executado, e se for julgada procedente, terá como consequência a anulação de tudo o que se processou depois da petição inicial". No mesmo sentido, Ac. do STJ, de 14.05.1996, proc. n.º 96A044 – http://www.dgsi.pt

6. Regime dos recursos

Apesar de o Decreto-Lei n.º 303/2007, de 24 de Agosto, ter procedido à Reforma dos recursos cíveis, quer por a entrada em vigor da generalidade das novas normas ter sido diferida para o dia 1 de Janeiro de 2008, quer por virtude do elevado número de processos pendentes que, à data da entrada em vigor do referido Diploma, deverão observar as normas ainda em vigor, afigura-se--nos da maior utilidade analisar o regime dos recursos, tanto à luz dos normativos ainda em vigor, como à luz daqueles resultantes da dita Reforma.

6.1. Regime anterior à Reforma dos recursos cíveis

6.1.1. Recurso de apelação

De acordo com o artigo 691.º, n.º 1, na *acção declarativa* o recurso de apelação é interposto das decisões que conheçam do mérito da causa. Nos termos do artigo 922.º, na *acção executiva* o recurso de apelação cabe das decisões que tenham por objecto:

a) A *liquidação* não dependente de simples cálculo aritmético (artigo 922.º, alínea a)).

No regime introduzido pela Reforma de 1995/1996, a sentença sobre a liquidação da obrigação exequenda constituía uma decisão de mérito, quer a liquidação dependesse de simples cálculo aritmético, quer não: «cabe recurso de apelação da sentença que conhecer do objecto da apelação ou (...)» (artigo 922.º, n.º 1); porventura, atendendo à simplicidade de que a liquidação por simples cálculo aritmético reveste, o Decreto-Lei n.º 38/2003, de 8 de Março, que procedeu à Reforma da acção executiva, entendeu limitar o recurso de apelação à decisão sobre a liquidação que não dependa de simples cálculo aritmético (artigo 805.º, n.º 4). Quanto à sentença arbitral de liquidação (artigo 805.º, n.º 5), o recurso a observar é o dos recursos da arbitragem voluntária.

b) A *verificação e graduação de créditos* (artigo 922.º, alínea b));

c) *Oposição* fundada nas alíneas g) ou h) do artigo 814.º ou na 2.ª parte do artigo 815.º, ou constituindo defesa de mérito à execução de título que não seja sentença.

No regime introduzido pela Reforma de 1995/1996, da sentença que conhecesse do objecto dos embargos de executado (mesmo que versasse matéria de direito processual) e da que graduasse os créditos cabia recurso de apelação (artigo 922.º, n.º 1), sem efeito suspensivo, salvo se o recurso fosse da sentença proferida sobre embargos de executado e o embargante tivesse prestado caução (cfr. artigo 922.º, n.º 2). Desde a Reforma da acção executiva, a espécie de recurso a interpor da sentença que decide a *oposição à execução* é determinada pelo objecto desta: sendo a *oposição de mérito*: fundada na alínea g) (qualquer facto extintivo ou modificativo da obrigação exequenda) ou na alínea h) (qualquer causa de nulidade ou anulabilidade da confissão ou transacção) do artigo 814.º, bem como fundada em razões de direito substantivo contra a obrigação constante do título que não seja sentença (artigo 816.º), o recurso é de apelação (artigo 922.º, alínea c)); *não sendo de mérito*, tem lugar o recurso de agravo (artigo 923.º).

Quanto à sentença proferida sobre a oposição à execução baseada em *decisão arbitral*, por anulabilidade desta (artigo 815.º, 2.ª parte), LEBRE DE FREITAS entende que "a solução de a sujeitar ao recurso de apelação, apesar de os fundamentos de anulação serem de natureza processual (cfr. artigo 27.º, n.º 1, da Lei da Arbitragem Voluntária), visa a equiparação ao regime de recurso da sentença judicial que, sobre idênticas questões, é proferida na acção de anulação: a sentença judicial que, na acção de anulação da sentença arbitral, se pronuncie sobre o fundamento de anulação invocado, decide do mérito dessa causa e está, como tal, sujeita a recurso de apelação" ([626]).

([626]) "Obra citada", pág. 368. Mas logo realça, e a nosso ver bem, que: "a remissão para a 2.ª parte do artigo 815.º não permite um raciocínio *a contrario sensu*, segundo o qual a sentença proferida sobre fundamentos de oposição à execução baseada em decisão arbitral a que se refere a 1.ª parte do mesmo artigo esteja sempre sujeita a recurso de agravo: tratando-se de oposição fundada nas alíneas g) ou h) do artigo 814.º, tem lugar a apelação".

Em regra, a apelação tem *efeito meramente devolutivo* (artigo 692.º, n.º 1, *"ex vi"* artigo 466.º, n.º 1); mas, se o recurso de apelação for interposto pelo executado, este pode requerer que a apelação tenha *efeito suspensivo*, desde que se ofereça para prestar caução a favor do exequente (artigo 692.º, n.º 3), salvo se já a tiver prestado (cfr. artigo 818.º, n.º 1) ([627]), ou se já tiver sido efectuada penhora de bens do executado que seja suficiente para assegurar os interesses dos credores ([628]).

6.1.2. Recurso de agravo

De acordo com o artigo 733.º, na *acção declarativa* o recurso de agravo é interposto das decisões, susceptíveis de recurso, de que não pode apelar-se. Nos termos do artigo 923.º, na *acção executiva* o recurso de agravo cabe das decisões não abrangidas pelo artigo 922.º, e só até à Relação, salvo nos casos excepcionais previstos no artigo 678.º, n.º 2 (se o recurso tiver por fundamento a violação das regras de competência internacional, em razão da matéria ou da hierarquia ou a ofensa de caso julgado) e no artigo 754.º, n.º 2 (se o acórdão da Relação estiver em oposição com outro).

Ao contrário do regime anterior à Reforma da acção executiva, que no seu artigo 923.º estabelecia o regime dos agravos, o Decreto-Lei n.º 38/2003, de 8 de Março, não sentiu necessidade de o fazer, limitando-se, no artigo 923.º, a prescrever nos termos supra apontados. Mesmo assim, não deixaremos de aqui deixar algumas considerações: quanto aos agravos interpostos das decisões proferidas nas acções de *oposição* à execução e nas de *verificação* e graduação dos créditos, bem como nos *embargos* de terceiro (artigos 351.º e 357.º, n.º 1), por terem natureza declarativa e

---

([627]) A caução a que alude o artigo 818.º, n.º 1, não visa obter um meio subsidiário de satisfação do crédito exequendo, mas apenas garantir a cobertura de riscos da dissipação ou extravio do património exequendo, enquanto a execução está suspensa pelo decurso processual dos embargos (cfr. Ac. da Relação de Coimbra, de 01.06.1999, Proc. n.º 1164/99, 2.ª Secção – http://www.come.to/trc.pt).

([628]) Neste sentido, TEIXEIRA DE SOUSA, "obra citada", pág. 131.

o tratamento das acções autónomas, o regime a observar é o dos artigos 734.º e seguintes; quanto aos agravos interpostos de decisões proferidas nos *incidentes* de liquidação (quando processado nos autos da acção executiva), de *oposição* à penhora (artigos 863.º-A e 863.º-B) e de *prestação de caução* (artigo 990.º), por terem o tratamento próprio dos incidentes, o regime a observar é o do artigo 739.º; quanto aos agravos interpostos de outras decisões proferidas no processo de execução, nomeadamente de decisões proferidas nas *reclamações* que forem apresentadas ao juiz de execução (artigo 809.º, n.º 1, alínea c)), o regime a observar é o seguinte: devem subir imediatamente (artigo 734.º, n.º 2)([629]), em separado (artigo 737.º, n.º 1) e com efeito suspensivo (da decisão recorrida) (artigo 840.º, n.º 2, alínea d)) se o juiz lhes fixar esse efeito, nas condições previstas nos n.ᵒˢ 3 e 4 do artigo 840.º, mas sem efeito suspensivo da execução (artigo 840.º, n.º 1, *a contrario*).

Quanto ao agravo em 2.ª instância, como já vimos acima, só é admissível nos casos excepcionais previstos no artigo 678.º, n.º 2 (se o recurso tiver por fundamento a violação das regras de competência internacional, em razão da matéria ou da hierarquia ou a ofensa de caso julgado) e no artigo 754.º, n.º 2 (se o acórdão da Relação estiver em oposição com outro). Quanto ao regime de subida e efeito do recurso, valem os normativos dos artigos 756.º a 759.º.

6.2. Regime à luz da Reforma dos recursos cíveis

De acordo com o Preâmbulo do Decreto-Lei n.º 303/2007, de 24 de Agosto, foram fundamentalmente três os objectivos que nortearam a Reforma dos recursos cíveis: a simplificação, a celeridade processual e a racionalização do acesso ao Supremo Tribunal de Justiça. Desses objectivos cumpre destacar: a acertada adopção de um regime monista de recursos cíveis, com eliminação da distinção

---

([629]) LEBRE DE FREITAS, "obra citada", pág. 369, entende que os agravos que não devam subir imediatamente (artigo 734.º), devem subir, na falta de decisão que ponha termo ao processo, imediatamente antes dos depósitos e pagamentos a que se refere o artigo 917.º.

entre recurso de apelação e recurso de agravo, e a consequente criação de um regime único para as questões materiais e adjectivas; a equilibrada revisão do valor das alçadas (€ 30 000 para os tribunais da Relação, e € 5 000 para os tribunais de 1.ª instância, de acordo com artigo 24.º, n.º 1, da Lei n.º 3/99, de 13 de Janeiro – Lei de Organização e Funcionamento dos Tribunais Judiciais –, na redacção dada pelo artigo 5.º do referido Decreto-Lei n.º 303/2007), que é acompanhada da introdução da regra de fixação obrigatória do valor da causa pelo juiz e da regra da *«dupla conforme»*, pela qual se consagra a inadmissibilidade de recurso do acórdão da Relação que confirme, sem voto de vencido e ainda que por diferente fundamento, a decisão proferida na 1.ª instância (artigo 721.º, n.º 3, na redacção dada pelo referido Diploma), regra esta que comporta as três excepções prescritas no n.º 1 do artigo 721.º-A (preceito aditado pelo aludido Decreto-Lei n.º 303/2007, de 24 de Agosto), ao abrigo das quais se admite o recurso do acórdão da Relação que se encontre nas situações nelas descritas; a necessidade de apresentar as alegações com o requerimento de recurso (cfr. artigos 684.º-B, n.º 2, e 685.º-A, ambos aditados pelo mencionado Decreto-Lei n.º 303/2007, de 24 de Agosto); a introdução da regra geral de impugnação de decisões interlocutórias apenas com o recurso que seja interposto da decisão que ponha termo ao processo (cfr. artigo 691.º, n.ºˢ 3 e 4, na redacção dada pelo referido Decreto-Lei, e artigo 922.º-B, n.º 3, aditado pelo mesmo Diploma), que é acompanhada, no que ao regime de arguição dos vícios e da reforma da sentença respeita, da regra de que, cabendo recurso da decisão, o requerimento de rectificação, esclarecimento ou reforma é sempre feito na respectiva alegação (cfr. artigos 684.º-B, n.º 2, e 685.º-A, aditados pelo aludido Decreto-Lei n.º 303/2007, de 24 de Agosto).

De acordo com o artigo 922.º-A, aos recursos de apelação e de revista de decisões proferidas no processo executivo são aplicáveis as disposições reguladoras do processo de declaração, com as especificidades constantes dos artigos 922.º-B e 922.º-C. Importa, no entanto registar que, apesar de os artigos 922.º-A, 922.º-B e 922.º-C respeitarem directamente à execução para pagamento de quantia certa, mercê do que se dispõe no n.º 2 do artigo 466.º, tais normativos aplicam-se, também, sempre que possível, às execuções para entrega de coisa certa e para prestação de facto.

Vejamos, então, os aspectos mais relevantes dos recursos de apelação e de revista, no processo de execução, resultantes da Reforma dos recursos cíveis constante do Decreto-Lei n.º 303/2007, de 24 de Agosto, cuja entrada em vigor foi diferida para o dia 1 de Janeiro de 2008.

6.2.1. Recurso de apelação

De acordo com o disposto no artigo 691.º, n.º 1, na *acção declarativa* o recurso de apelação cabe das decisões do tribunal de 1.ª instância que ponha termo ao processo, seja ela de mérito ou de forma. Nos termos do artigo 922.º-B, n.º 1, na *acção executiva* o recurso de apelação cabe das decisões que ponham termo:

a) À *liquidação* não dependente de simples cálculo aritmético (artigo 922.º-B, n.º 1, alínea a)).

Tratando-se de liquidação de título executivo extrajudicial, após a apresentação da contestação ou sendo a revelia inoperante, seguem-se os termos subsequentes do processo sumário de declaração (cfr. artigo 805.º, n.º 4).

Quanto à liquidação de sentença de condenação genérica, a processar como incidente no próprio processo onde foi proferida, havendo contestação ou, não a havendo, a revelia deva considerar-se inoperante, seguem-se os termos subsequentes do processo sumário de declaração (artigo 380.º, n.º 3), cabendo recurso de apelação da decisão que conheça do objecto da liquidação.

Quanto à sentença arbitral de liquidação (artigo 805.º, n.º 5), caso as partes não tenham renunciado ao recurso, é recorrível para a Relação, sob a espécie de apelação de harmonia com os recursos da arbitragem voluntária (artigo 29.º da Lei da Arbitragem Voluntária).

b) À *verificação* e graduação de *créditos* (artigo 922.º-B, n.º 1, alínea b)).

O concurso de credores, já vimos, realiza-se através de um processo declarativo de estrutura autónoma, mas funcionalmente subordinado ao processo executivo. Apresentada a primeira reclamação, é com ela autuado o apenso de verificação e graduação de créditos na execução, juntando-se a ela as reclamações subsequentes; os diversos créditos reclamados são objeto todos de um único processo apenso (artigo 865.º, n.º 8) que corre os seus termos paralelamente ao processo de execução. Se a verificação de alguns dos créditos impugnados estiver dependente de produção de prova, após os articulados seguir-se-ão os termos do *processo sumário* de declaração (artigo 868.º, n.º 1).

c) À *oposição* deduzida contra a *execução* (artigo 922.º-B, n.º 1, alínea c)).

Como já se viu acima, com a Reforma da acção executiva a espécie de recurso a interpor da sentença que decidia a *oposição à execução* era determinada pelo objecto desta: sendo a *oposição de mérito*: fundada na alínea g) (qualquer facto extintivo ou modificativo da obrigação exequenda) ou na alínea h) (qualquer causa de nulidade ou anulabilidade da confissão ou transacção) do artigo 814.º, bem como fundada em razões de direito substantivo contra a obrigação constante do título que não fosse sentença (artigo 816.º), o recurso era de apelação (artigo 922.º, alínea c)); *não sendo de mérito*, tinha lugar o recurso de agravo (artigo 923.º). Com a Reforma dos recursos cíveis operada pelo Decreto-Lei n.º 303/2007, de 24 de Agosto, independentemente dos fundamentos da oposição deduzida contra a execução, o recurso da decisão que lhe ponha termo é sempre de apelação, por o sistema unitário de recursos cíveis, que levou à extinção da espécie do recurso de agravo, assim o impor.

Quanto à oposição de mérito à execução de despejo fundada em título executivo extrajudicial, atento a sua natureza de verdadeira acção, de acordo com disposto no artigo 678.º, n.º 3, alínea a), cabe sempre recurso para a Relação, independentemente do valor da causa e da sucumbência, da decisão que julgue improcedente a oposição e mantenha a ordem de desocupação do locado; na referenciada situação, o recebimento da oposição determina a suspensão da execução (cfr. artigo 930.º-B, n.º 1, alínea a)).

Quanto à sentença proferida sobre a oposição à execução baseada em *decisão arbitral*, por anulabilidade desta (artigo 815.º, 2.ª parte; cfr. artigo 27.º, n.º 1, da Lei da Arbitragem Voluntária), a solução de a sujeitar ao recurso de apelação, pode buscar-se na equiparação ao regime de recurso da sentença judicial que, sobre idênticas questões, é proferida na acção de anulação da decisão por árbitros.

d) À *oposição* deduzida contra a *penhora* (artigo 922.º-B, n.º 1, alínea d)).

Porque não constava do artigo 922.º (revogado pelo Decreto--Lei n.º 303/2007, de 24 de Agosto) que previa as decisões susceptíveis de recurso de apelação, da decisão proferida sobre a aposição à penhora (artigos 863.º-A e 863.º-B) cabia recurso de agravo que, por ter o tratamento próprio dos incidentes, observava o regime do artigo 739.º.

Dos meios de oposição à penhora merece especial referência os *embargos de terceiro* que, por constituírem, em similitude com a oposição à execução, uma verdadeira acção declarativa, e por, após a contestação, seguirem a tramitação do processo ordinário ou sumário de declaração, conforme o valor (cfr. artigo 357.º, n.º 1), a sentença neles proferida é passível de recurso de apelação ([630]).

Tendo em conta a nova redacção dada ao artigo 691.º, n.º 1, por porem termo ao processo, são agora passíveis de recurso de apelação decisões que antes eram susceptíveis de recurso de agravo, quais sejam: o despacho que indefira liminarmente o requerimento executivo (artigo 812.º, n.º 2); o despacho que indefira liminarmente a petição de embargos de terceiro (artigo 354.º, 1.ª parte); o despacho que indefira liminarmente a petição de oposição à execução (artigo 817.º, n.º 1); e o despacho do juiz que conheça da recusa de recebimento do requerimento executivo por parte da secretaria, com base na insuficiência do título ou na falta de exposição dos factos (artigo 811.º n.º 2; cfr. artigo 809.º, n.º 1, alínea c)). Em todas as referenciadas situações o recurso é sempre admissível até à Relação, com subida nos próprios autos, ainda que o valor da

---

([630]) Para AMÂNCIO FERREIRA, "Curso de processo de execução", Almedina, 2007, pág. 454, este meio de oposição à penhora só não aparece incluído no n.º 1 do artigo 922.º-B por não depender apenas da acção executiva, diversamente dos outros enxertos declarativos que nessa lista figuram.

execução não ultrapasse a alçada dos tribunais de 1.ª instância (cfr. artigos 234.º-A, n.º 2, 466.º, n.ºˢ 1 e 2, e 475.º n.º 2) ([631]).

De acordo com o normativo do n.º 2 do artigo 922.º-B, em caso de recurso da decisão que põe termo à oposição deduzida contra a penhora, o prazo para interposição de recurso (e apresentação de alegações) é reduzido para 15 dias, quando para as demais situações previstas no n.º 1 do mesmo preceito o prazo de interposição do recurso é o prazo geral, ou seja, de 30 dias (cfr. artigo 685.º, n.º 1).

Quanto às decisões interlocutórias proferidas no âmbito dos procedimentos referidos no n.º 1 do artigo 922.º-B (liquidação, verificação e graduação de créditos, oposição à execução e oposição à penhora) devem ser impugnadas no recurso que venha a ser interposto da decisão final (artigo 922.º-B, n.º 3).

Nos termos do n.º 4 do artigo 922.º-B, não havendo recurso da decisão final, as decisões interlocutórias proferidas no âmbito dos procedimentos referidos no n.º 1 do mesmo preceito, que tenham interesse para o apelante devem ser impugnadas num único recurso a interpor no prazo de 15 dias a contar da notificação prevista no n.º 2 do art. 919.º.

Para além das decisões que ponham termo aos procedimentos referidos no n.º 1 do artigo 922.º-B (acima abordadas), o artigo 691.º, na sua nova redacção, prevê no seu n.º 2 outras decisões susceptíveis de recurso de apelação, delas se destacando, pela sua projecção no processo de execução: a decisão que aprecie o impedimento do juiz (alínea a)); a decisão que aprecie a competência do tribunal (alínea b)); a decisão que aplique multa (alínea c)); a decisão que ordene o cancelamento de qualquer registo (alínea e)); a decisão que ordene a suspensão da instância (alínea f)); a decisão proferida depois da decisão final (alínea g)); e a decisão cuja impugnação com o recurso da decisão final seria absolutamente inútil (alínea m)).

([631]) Nestes casos, o despacho que admita o recurso ordenará a citação do executado, tanto para os termos do recurso como para os da execução (cfr. artigos 234.º-A, n.º 3, 466.º, n.ºˢ 1 e 2, e 475.º, n.º 2).

Em regra, a apelação tem *efeito meramente devolutivo* (artigo 692.º, n.º 1, "*ex vi*" artigo 466.º, n.º 1); fora dos casos previstos no número 3 do mesmo preceito em que a apelação tem efeito suspensivo, ao interpor o recurso, a parte vencida pode requerer que a apelação tenha *efeito suspensivo*, alegando que a execução lhe causa prejuízo considerável e desde que se ofereça para prestar caução a favor do exequente (artigo 692.º, n.º 4), salvo se já a tiver prestado (cfr. artigo 818.º, n.º 1), ou se já tiver sido efectuada penhora de bens do executado que seja suficiente para assegurar os interesses dos credores).

Quanto ao modo de subida da apelação, importa distinguir:

Nos recursos de decisões proferidas no âmbito dos procedimentos referidos no n.º 1 do artigo 922.º-B (liquidação, verificação e graduação de créditos, oposição à execução e oposição à penhora) sobem, da decisão final, no respectivo apenso; também sobem da decisão final, nos processos onde as liquidações ocorreram, as respeitantes a sentenças de condenação genérica e as levadas a cabo por árbitros para o efeito de execuções fundadas em título extrajudicial (cfr. artigos 378.º. n.º 2, 380.º n.º 3, 380.º-A, n.º 1, e 805.º, n.º 5).

Nos recursos de decisões diversas das previstas no n.º 1 do artigo 922.º-B, *sobem nos próprios autos* as apelações interpostas: das decisões que ponham termo ao processo (artigo 691.º-A, n.º 1, alínea a)); das decisões que suspendam a instância (artigo 691.º-A, n.º 1, alínea b)); e das decisões que indefiram o incidente processado por apenso (artigo 691.º-A, n.º 1, alínea c)); *sobem em separado* as apelações não compreendidas no n.º 1 do artigo 691.º-A (cfr. n.º 2 do mesmo preceito). As apelações que subam conjuntamente, em separado dos autos principais, formam um único processo (artigo 691.º-A, n.º 3).

6.2.2. Recurso de revista

Nos termos do artigo 721.º, n.º 1, na redacção dada pelo Decreto-Lei n.º 303/2007, de 24 de Agosto, «Cabe recurso de revista para o Supremo Tribunal de Justiça do acórdão da Relação proferido ao abrigo do n.º 1 e da alínea h) do n.º 2 do artigo 691.º»

Mercê da Reforma dos recursos cíveis operada pelo referido Diploma Legal, o recurso de revista continua a delimitar-se simultaneamente pelo objecto e pelos fundamentos.

Quanto ao *objecto* da revista, em processo executivo, de acordo com o normativo do artigo 922.º-C cabe recurso de revista dos acórdãos da Relação, sejam de mérito ou de forma, proferidos em recurso das decisões da 1.ª instância que ponham termo: à liquidação não dependente de simples cálculo aritmético; à verificação e graduação de créditos; e à oposição deduzida contra a execução (cfr. artigo 922.º-B, n.º 1, alíneas a), b) e c)), não sendo, pois, passível de recurso de revista, o acórdão da Relação que conheça da decisão da 1.ª instancia que ponha termo à oposição deduzida contra a penhora (cfr. artigo 922.º-C), *a contrario*). Quanto ao acórdão da Relação proferido em recurso da decisão do tribunal de 1.ª instância que ponha termo aos embargos de terceiro, tendo em conta a sua natureza e estrutura, e ainda o facto de se incluírem nos incidentes da instância cuja tramitação seguem (cfr. artigos 351.º a 359.º), entendemos que é susceptível de recurso de revista, nos termos do n.º 1 do artigo 721.º.

Quanto aos acórdãos proferidos na pendência do processo na Relação, *apenas* podem ser impugnados no recurso de revista que venha a ser interposto do acórdão que conheça da decisão da 1.ª instância que pôs termo ao processo, *salvo* tratando-se de acórdãos proferidos sobre incompetência relativa da Relação e de acórdãos cuja impugnação com o recurso de revista seria absolutamente inútil (cfr. artigo 721.º, n.º 2, alíneas a) e b)).

Para além das situações resultantes do valor da causa ser inferior à alçada da Relação ou do valor da sucumbência ser inferior a metade dessa alçada, de acordo com a regra da «*dupla conforme*», também não é admitido recurso de revista do acórdão da Relação que confirme, sem voto de vencido e ainda que por diferente fundamento, a decisão proferida na 1.ª instância (artigo 721.º, n.º 3, na redacção dada pelo Decreto-Lei n.º 303/2007, de 24 de Agosto). No entanto, esta regra comporta as três excepções prescritas no n.º 1 do artigo 721.º-A (preceito aditado pelo aludido Decreto-Lei n.º 303/2007, de 24 de Agosto), segundo as quais é permitido o recurso de revista do acórdão da Relação quando: a) esteja em causa uma questão cuja apreciação, pela sua relevância jurídica, seja claramente necessária para uma melhor aplicação do direito; b) estejam em causa interesses de particular relevância social; c) o acórdão da Relação esteja em contradição com outro, já transitado em julgado, proferido por qualquer Relação ou pelo STJ, no domínio da mesma legislação e sobre a mesma questão fundamental de direito.

Quanto às decisões interlocutórias impugnadas com a sentença final, nos termos do disposto no n.º 3 do artigo 691.º, de harmonia com o normativo do n.º 5 do artigo 721.º, não podem ser objecto do recurso de revista.

Quanto aos *fundamentos* da revista, de acordo com o disposto no n.º 1 do artigo 722.º, a revista pode ter por fundamento, não só a violação de lei substantiva (fundamento já admitido no regime resultante da Reforma de 1995/1996), mas também a violação ou errada aplicação da lei de processo ou as nulidades previstas nos artigos 668.º e 716.º ([632]).

Quanto ao efeito do recurso, prescreve artigo 723.º, n.º 1, que «o recurso de revista só tem efeito suspensivo em questões sobre o estado das pessoas»; uma vez que tais questões não relevam no processo de execução, a revista interposta nas execuções tem sempre efeito meramente devolutivo.

Quanto ao modo de subida, de acordo com o estipulado nos n.ºs 1 e 2 do artigo 722.º-A, sobem *nos próprios autos* as revistas interpostas das decisões previstas no n.º 1 do artigo 721.º, ou seja, as revistas interpostas dos acórdãos da Relação proferidos em recurso das decisões que ponham termo à liquidação não dependente de simples cálculo aritmético, à verificação e graduação de créditos, à oposição deduzida contra a execução e aos embargos de terceiro (cfr. artigos 922.º-B, n.º 1, e 922.º-C); sobem *em separado* as revistas dos acórdãos proferidos na pendência do processo na Relação sobre competência relativa da Relação ou cuja impugnação com o recurso de revista do acórdão que conheça da decisão do tribunal de 1.ª instância que pôs termo ao processo seria absolutamente inútil (cfr. artigo 921.º, n.º 2, alíneas a) e b)). As revistas que subam conjuntamente, em separado dos autos principais, formam um único processo (artigo 722.º-A, n.º 3).

([632]) No regime anterior à Reforma dos recursos cíveis, as nulidades dos artigos 668.º e 716.º, e a violação ou errada aplicação da lei de processo, constituíam fundamentos do agravo em 2.ª instância (cfr. artigo 755.º, n.º 2).

PARTE III
OUTROS PROCESSOS DE EXECUÇÃO

I. O PROCESSO DE EXECUÇÃO COMUM PARA ENTREGA DE COISA CERTA

1. Âmbito de aplicação

A acção executiva para entrega de coisa certa ([1]) tem lugar sempre que o objecto da obrigação, tal como se encontra configurado no título ([2]), é uma obrigação de coisa não pecuniária ou pecuniária em moeda estrangeira ([3]).

Entende-se que este tipo de execução corresponde à adjectivação do direito que a lei substantiva confere ao credor e que o artigo 827.º do Código Civil sob a epígrafe *"entrega de coisa determinada"*, diz: «Se a prestação consistir na entrega de coisa determinada, o credor tem a faculdade de requerer, em execução, que a entrega lhe seja feita» ([4]).

([1]) Sobre esta matéria, ANSELMO DE CASTRO, "A acção executiva singular ...", pág. 363, escreve: "já não é mais próprio na técnica legal a designação do Código de Processo Civil «execução para entrega de coisa certa». A designação que melhor lhe caberia seria a de «execução específica», nome que passou a ter pelo Código Civil – artigos 827.º e seguintes".

([2]) Se do título executivo constar uma obrigação de prestação de coisa certa e outra de prestação de facto (obrigação de reparação, obrigação de montagem, etc.), a execução para entrega de coisa certa não se cumula com a execução para prestação de facto.

([3]) Se do título executivo constar uma obrigação pecuniária, o processo executivo comum será, como já foi dito, para pagamento de quantia certa. Diz-se pecuniária a obrigação que, tendo por objecto uma prestação em dinheiro, visa proporcionar ao credor o valor que as correspondentes espécies possuem como tais. "O dinheiro consiste nas coisas (moedas, notas, mercadorias, metais, etc.) que são utilizadas como meio geral de pagamento das dívidas. O dinheiro legal ou estadual consiste apenas nas espécies a que o Estado reconhece essa função liberatória genérica". (ANTUNES VARELA, "Das obrigações em geral", vol. I, págs. 703-704).

([4]) Esta redacção, dada pelo Decreto-Lei n.º 38/2003, de 8 de Março, suprimiu o termo «judicialmente», atento o âmbito limitado das funções que ao juiz de execução são atribuídas pelo mesmo diploma (cfr. artigos 809.º, 886.º-C, n.º 1, 889.º, n.º 3, 890.º, n.º 1, 893.º, n.º 1, 901.º-A, n.º 1, e 904.º, alínea c)).

Como já vimos antes, nos termos do artigo 802.º não pode promover-se a execução enquanto a obrigação se não tornar certa; tal não obsta, porém, à propositura da acção executiva, quando se tenha de proceder à operação de individualização das unidades que serão objecto da prestação a efectuar (só quantitativamente é indeterminado o objecto)([5]), como parece resultar do artigo 930.º, n.º 2, que diz: «tratando-se de coisas móveis a determinar por conta, peso ou medida, o agente de execução manda fazer, na sua presença, as operações indispensáveis e entrega ao exequente a quantia devida».

2. Particularidades e tramitação

Liminarmente importará dizer que à execução para entrega de coisa certa são aplicáveis, na parte em que o puderem ser, as disposições relativas à execução para pagamento de quantia certa (artigo 466.º, n.º 2).

Porém, a acção executiva para entrega de coisa certa apresenta, comparativamente à acção executiva para pagamento de quantia, determinadas particularidades e tramitação, quais sejam:

O executado é citado para, no prazo de 20 dias, fazer a entrega da coisa devida ou opor-se à execução (artigo 928.º)([6]).

Citado o executado([7]), este pode assumir uma das seguintes atitudes: deduzir oposição à execução; entregar espontânea ou voluntariamente a coisa objecto da execução; nada fazer.

([5]) Cfr. ANSELMO DE CASTRO, "obra citada", pág. 364.

([6]) Pese embora o normativo do artigo 466.º, n.º 2, da actual redacção do artigo 928.º (dada pelo Decreto-Lei n.º 199/2003, de 10 de Setembro) parece poder concluir--se que não há lugar à dispensa legal da citação prévia do executado (artigo 812.º-B, n.º 1), sem prejuízo de ao exequente assistir o direito de requerer que o executado só seja citado depois da apreensão da coisa, devendo, para tanto, alegar e justificar o perigo da perda da coisa (cfr. artigo 812.º-B, n.os 2 e 3, aplicável, com as devidas adaptações, "ex vi" artigo 466.º, n.º 2). No mesmo sentido, TEIXEIRA DE SOUSA, que justifica, ainda, por que "a necessidade da citação prévia do executado vale mesmo quando a execução para entrega se funda num dos títulos que, nos termos do artigo 812.º-A, n.º 1, dispensam o despacho liminar", "A reforma da acção executiva", págs. 213-214; e LEBRE DE FREITAS/RIBEIRO MENDES, "Código de processo civil anotado", vol. 3.º, pág. 645.

([7]) Quando a coisa apreendida for um bem imóvel ou estabelecimento comercial próprio do executado, mas de que ele não possa dispor livremente, o cônjuge do

1. Se o executado deduziu oposição, esta segue o mesmo regime definido para a execução para pagamento de quantia certa. Deve, todavia, realçar-se que, para além dos fundamentos especificados nos artigos 814.º, 815.º e 816.º, já analisados, o executado pode ainda deduzir oposição com fundamento em benfeitorias ([8]) a que tenha direito (artigo 929.º, n.º 1), salvo se, baseando-se a execução numa sentença condenatória, tiver tido possibilidade de fazer valer o seu direito a elas na acção declarativa e não o fez (artigo 929.º, n.º 3).

Nos termos da lei substantiva, têm direito a levantar as benfeitorias ou a ser indemnizado pelo valor delas: quanto às benfeitorias necessárias, o depositário (artigo 1199.º, alínea b), do Código Civil); quanto às benfeitorias úteis ou necessárias, o possuidor de boa ou má fé, o locatário e o comodatário (cfr., respectivamente, artigos 1273.º, 1046.º e 1138.º, do Código Civil); quanto às benfeitorias úteis, necessárias ou voluptuárias que possa levantar sem detrimento da coisa, o usufrutuário e o donatário, sendo a doação afastada por colação (cfr., respectivamente, artigos 1450.º e 2115.º, do Código Civil) ([9]).

De acordo com o n.º 2 do artigo 929.º, se o executado deduzir oposição à execução com fundamento no seu direito ao ressarcimento das benfeitorias, a execução será suspensa, salvo se o exequente caucionar a quantia que é pedida a título de benfeitorias; na

---

executado deve ser também citado (cfr., artigo 864.º, n.º 3, alínea a), por analogia), mas tão somente para poder impugnar o crédito exequendo na oposição à execução (cfr. LEBRE DE FREITAS, "A acção executiva depois da reforma", págs. 380-381).

([8]) «Consideram-se benfeitorias todas as despesas feitas para conservar ou melhorar a coisa» (artigo 216.º, n.º 1, do Código Civil). As benfeitorias classificam-se em necessárias, úteis e voluptuárias. São *necessárias* aquelas que o artigo 216.º define como «indispensáveis para a conservação da coisa»; *úteis* as que, «não sendo indispensáveis para a conservação da coisa, lhe aumentam, todavia, o valor»; *voluptuárias* aquelas que, «sem aumentar o valor da coisa a que são aderentes servem só para recreio do possuidor».

([9]) Neste sentido, entre outros, CASTRO MENDES, "obra citada", pág. 222, e LOPES CARDOSO, "Manual da acção executiva", pág. 720, que acrescenta: "deve ter-se presente que no valor das benfeitorias hão-de descontar-se os rendimentos recebidos pelo possuidor e as deteriorações sofridas pela coisa benfeitorizada – artigos 498.º, § 1.º, e 501.º (actuais artigos 1273.º, n.º 2 e 1274.º) do Código Civil".

falta dessa caução, afigura-se-nos que a execução deverá prosseguir os seus termos normais e o executado só poderá obter a suspensão da execução se prestar caução nos termos do artigo 818.º, *ex vi* artigo 466.º, n.º 2 ([10]).

2. Se o executado, citado para entregar a coisa objecto da prestação, a entrega espontânea ou voluntariamente, a execução extingue-se, logo que sejam pagas as respectivas custas (cfr. artigos 919.º, n.º 1, e 466.º, n.º 2).

3. Se o executado nada fizer, isto é, não deduzir oposição à execução ou deduzindo-a esta não suspender a execução ou suspendendo-a, for julgada improcedente, nem entregar voluntariamente a coisa ao exequente, duas situações podem verificar-se:

a) A coisa é encontrada após as buscas e outras diligências necessárias (artigo 930.º, n.º 1) ([11]). Então, há a distinguir: tratando-se de coisas *móveis*, o agente de execução faz a entrega material ao exequente, podendo, se necessário, e quando se trate de coisas

---

([10]) TEIXEIRA DE SOUSA, "obra citada", pág. 214, entende que a prestação de caução por parte do exequente provoca a extinção do direito de retenção do executado (cfr. artigo 756.º, alínea d), do Código Civil). Por seu lado, LEBRE DE FREITAS, "obra citada", págs. 378-379, entende que, na falta da caução do exequente, se o executado não prestar caução para obter a suspensão da acção executiva (artigo 818.º, n.º 1, ex vi artigo 466.º, n.º 2), a coisa devida ao exequente deve ser imediatamente apreendida, mas não entregue na pendência da oposição. Sobre o n.º 2 do artigo 929.º, ainda na redacção do Código de 1961, escrevemos na anterior edição: se o executado embargar com fundamento no seu direito a benfeitorias, duas situações podem verificar-se: ou as benfeitorias conferem ao executado direito de retenção, ou não o conferem, sendo que, em regra, as benfeitorias concedem o direito de retenção (artigos 216.º e 754.º do Código Civil), salvo nos casos referidos no artigo 756.º; no primeiro caso, o recebimento dos embargos determina a suspensão da execução até que o exequente pague o valor das benfeitorias ou preste caução (artigo 929.º, n.º 2); no segundo caso, a execução prosseguirá os seus termos normais e o executado só poderá obter a suspensão da execução se prestar caução nos termos do artigo 818.º. Sobre a possibilidade de o executado prestar caução, nos termos do artigo 818.º, n.º 1, para evitar o prosseguimento da execução, veja-se ALBERTO DOS REIS, "Processo de execução", vol. 2.º, pág. 542.

([11]) «À efectivação da entrega da coisa são subsidiariamente aplicáveis, com as necessárias adaptações, as disposições referentes à realização da penhora, procedendo-se às buscas e outras diligências necessárias, se o executado não fizer voluntariamente a entrega; a entrega pode ter por objecto bem do Estado ou de outra pessoa colectiva referida no n.º 1 do artigo 823.º.» (artigo 930.º, n.º 1).

fungíveis, mandar previamente proceder aos actos necessários à individualização daquelas (artigos 848.º, n.º 1, e 930.º, n.º 2; cfr. artigos 207.º e 539.º, ambos do Código Civil); tratando-se de coisas *imóveis*, o agente de execução investe o exequente na posse (entrega simbólica), entregando-lhe os documentos e as chaves, se os houver, e notifica o executado, os arrendatários e quaisquer detentores, para que respeitem e reconheçam o direito do exequente (artigo 930.º, n.º 3)([12]).

Tratando-se de coisa em compropriedade, o exequente será investido na posse da sua *quota-parte*, com notificação do administrador dos bens, se o houver, e dos comproprietários para que respeitem e reconheçam o direito do exequente (artigo 930.º, n.º 4; cfr. artigo 862.º, n.º 1).

À semelhança do que acontece com a venda no processo de execução para pagamento de quantia certa, também a entrega da coisa pode *ficar sem efeito*, se a decisão que a decretou for revogada ou se, por qualquer outro motivo, o anterior possuidor recu-

---

([12]) Sobre esta matéria, ANSELMO DE CASTRO, "obra citada", págs. 366-367, escreve: "... arrendatários, detentor da coisa, possuidor em nome próprio, podem estar na detenção ou posse em várias posições: a) a detenção em nome de outro ou em próprio nome proceder do executado (detenção ou posse *nomine debitoris*) e ser anterior ou posterior ao título; b) proceder *aliunde*, isto é, de terceiro alheio ao título. Neste último caso, e sem distinção de móveis ou imóveis, é impossível haver investimento material ou mesmo simplesmente jurídico do exequente na posse, por o impedir o direito conflituante do detentor ou do respectivo possuidor em nome próprio. Impossível é, v.g., o detentor ser notificado para que respeite e reconheça o direito do exequente, pois outro direito ou posição jurídica lhe não cumpre respeitar senão o do respectivo possuidor em nome próprio. O n.º 3 do artigo 930.º tem que se supor, por isso, referido a arrendatário ou detentor por via do próprio executado, como, aliás, o próprio texto o inculca. A entrega judicial de terceiro, que poderá opor-se pelos respectivos embargos – artigo 1037.º, n.º 1: «...posse judicial... ou qualquer diligência ordenada judicialmente...». Portanto, logo *ex officio* cumprirá ao tribunal negar a efectivação do acto executivo". E mais adiante acrescenta: "o âmbito de aplicação da disposição do artigo 930.º, n.º 3 circunscreve-se, assim, ao caso de detentor ou arrendatário, por via do executado, com anterioridade ao direito do exequente. Estão fora dele todas as demais situações, tanto as provindas *aliunde*, como as provindas do executado, quando posteriores ao direito do exequente".

perar o direito a ela; neste caso, o anterior possuidor pode requerer que se proceda à respectiva restituição (artigo 930.º, n.º 5) ([13]).

Se a execução se destinar à entrega da *casa de habitação principal* do executado, por força do disposto no artigo 930.º, n.º 6, 1.ª parte, deverão observar-se os normativos dos n.ºˢ 3 a 6 do artigo 930.º-B ([14]): o agente de execução deve suspender as diligências da entrega da casa, se esta puser em risco, por razões de doença aguda, a vida da pessoa que se encontre no local, facto que deve ser demonstrado por atestado médico que indique fundamentadamente o prazo durante o qual se deve suspender a entrega; por outro lado, o agente de execução deve comunicar antecipadamente à câmara municipal e às entidades assistenciais competentes as eventuais dificuldades no realojamento do executado (cfr. artigo 930.º, n.º 6, 2.ª parte).

b) A coisa não é encontrada, apesar de todas as buscas e diligências julgadas necessárias para apreender. Neste caso, o exequente poderá, no mesmo processo, fazer liquidar o valor da coisa que deixa de receber e do prejuízo resultante da falta de entrega ([15]), observando-se o disposto nos artigos 378.º, 380.º e 805.º, com as necessárias adaptações (artigo 931.º, n.º 1).

Feita a liquidação, procede-se à penhora dos bens necessários para o pagamento da quantia apurada, seguindo-se depois os demais termos do processo de execução para pagamento de quantia certa (artigo 931.º, n.º 2). Quer isto dizer que, na impossibilidade da realização do seu objecto (ou não se sabe do paradeiro da coisa, ou esta não é encontrada, ou já não existe), procede-se à conver-

---

([13]) AMÂNCIO FERREIRA, "obra citada", pág. 930, entende que o anterior possuidor também poderá reclamar as rendas, frutos ou produtos, ou o valor pecuniário da utilização da coisa.

([14]) Registe-se que os artigos 930.º-B a 930.º-E foram aditados pelo artigo 5.º da Lei n.º 6/2006, de 27 de Fevereiro, que aprovou o Novo Regime do Arrendamento Urbano (NRAU).

([15]) Em processo de execução para entrega de coisa certa, escreve LOPES CARDOSO, "obra citada", pág. 725, nota (2): "pode haver três liquidações: uma preliminar, para determinação da coisa a entregar; outra incidental, para determinar o montante da indemnização por benfeitorias; e, finalmente, outra para determinar o valor da coisa a entregar e das perdas e danos por falta da sua entrega."

são da execução para entrega de coisa certa em execução para pagamento, a fim de ressarcir o exequente do valor da coisa que deixa de receber e do dano resultante do incumprimento, que ele próprio deverá fazer liquidar, no mesmo processo; concluída a liquidação, a execução prosseguirá com a penhora dos bens necessários para o pagamento da quantia apurada.

Entende-se que nesta situação não há lugar a nova oposição à execução, salvo se o fundamento for superveniente (nos termos do artigo 813.º, n.º 3).

Quanto à execução para *entrega de coisa imóvel arrendada* a que alude o artigo 930.º-A, importa fazer algumas considerações sobre os títulos executivos que lhe servem de base.

Nos termos do n.º 1 do artigo 14.º do Novo Regime do Arrendamento Urbano (NRAU), a acção de despejo visa fazer cessar a situação jurídica do arrendamento, sempre que a lei imponha o recurso à via judicial para promover tal cessação.

Prescreve o n.º 1 do artigo 1083.º do Código Civil ([16]) que: «qualquer das partes pode resolver o contrato, nos termos gerais de direito, com base em incumprimento pela outra parte».

Presentemente, o senhorio terá de se socorrer da acção de despejo para fazer cessar a relação de arrendamento, nos casos seguintes: quando pretenda *resolver* o arrendamento com fundamento em alguma das causas previstas no n.º 2 do artigo 1083.º, *ex vi* do n.º 2 do artigo 1084.º, ambos do regime substantivo; e quando pretenda *denunciar* o arrendamento com qualquer dos fundamentos previstos nas alíneas a) e b) do artigo 1101.º, *ex vi* do n.º 1 do artigo 1103.º, ambos do regime substantivo. As sentenças condenatórias proferidas na acção de despejo constituem, assim, títulos executivos para exigir a entrega do imóvel arrendado.

([16]) Os artigos 1064.º a 1113.º do Código Civil, incluindo as correspondentes Secções e Subsecções, foram repostas (aditadas) pelo artigo 3.º da Lei n.º 6/2006, de 27 de Fevereiro; pelo artigo 2.º da mesma Lei foram revogados os artigos 655.º e 1029.º, ambos do Código Civil, e foi dada nova redacção aos artigos 1024.º, 1042.º, 1047.º, 1048.º, 1051.º, 1053.º a 1055.º, 1417.º e 1682.º-B, todos do Código Civil, aprovado pelo Decreto-Lei n.º 47 344, de 25 de Novembro de 1966.

Para além das sentenças condenatórias, proferidas em acção de despejo e em acção de reivindicação (onde o proprietário, para além de exigir judicialmente o reconhecimento do seu direito de propriedade, requer a entrega do prédio alegadamente arrendado – cfr. artigo 1311.º do Código Civil), podem servir de base à execução para entrega da coisa arrendada, os títulos extrajudiciais seguintes:
- os *documentos particulares* assinados pelo devedor que importem a obrigação de entrega de coisa (artigo 46.º, n.º 1, alínea c)), na sequência da extinção do arrendamento, como sejam, por exemplo: a comunicação feita pelo arrendatário ao senhorio a fim de impedir a renovação automática do contrato, nos arrendamentos com prazo certo (cfr. artigo 1098.º do Código Civil); e a comunicação de denúncia do contrato feita pelo arrendatário ao senhorio, nos arrendamentos de duração indeterminada (cfr. artigo 1100.º do Código Civil) ([17]);
- o título executivo previsto no n.º 5 do artigo 14.º do Novo Regime do Arrendamento Urbano (NRAU): *certidão dos autos de despejo,* da qual conste que o arrendatário, na pendência da acção, não pagou ou depositou as rendas, encargos ou despesas, vencidas por um período superior a três meses, depois de notificado para, em 10 dias, efectuar esse pagamento (cfr. n.º 4 do mesmo preceito);
- os títulos executivos previstos nas diversas alíneas do n.º 1 do artigo 15.º do Novo Regime do Arrendamento Urbano (NRAU).

Se o local arrendado constituir casa de morada de família, as comunicações que constituam ou integrem o título executivo para efeitos de despejo devem ser dirigidas separadamente a cada um dos cônjuges (cfr. artigo 12.º, n.º 1, do Novo Regime do Arrendamento Urbano (NRAU), podendo as comunicações do arrendatário ser subscritas por ambos ou por um só dos cônjuges (cfr. n.º 2, do mesmo preceito), salvo se elas tiverem por efeito algum dos previs-

---

([17]) Cfr. MARIA OLINDA GARCIA, "A acção executiva para entrega de imóvel arrendado", 2006, págs. 52 e seguintes.

tos no artigo 1682.º-B do Código Civil, caso em que devem ser subscritas por ambos os cônjuges (cfr. n.º 3, do mesmo preceito).

Para além dos casos previstos no artigo 930.º-B, n.º 1, alínea a), a execução do despejo suspende-se, quando ocorra algum dos seguintes casos:

a) quando o detentor da coisa, que não tenha sido ouvido e convencido na acção declarativa, exiba ao agente de execução algum dos seguintes títulos, com data anterior ao início da execução: título de arrendamento ou de outro gozo legítimo do prédio, emanado do exequente; título de subarrendamento ou de cessão da posição contratual emanado do executado, acompanhado de documento comprovativo de haver sido requerida no prazo de 15 dias a respectiva notificação ao exequente, ou de documento que demonstre ter o exequente especialmente autorizado o subarrendamento ou a cessão, ou de documento que demonstre ter o exequente reconhecido o subarrendatário ou cessionário como tal (artigo 930.º-B, n.º 2; cfr. artigos 1038.º, alíneas f) e g), 1049.º, 1059.º, n.º 2, 1061.º, 1083.º, n.º 2, alínea e), e 1088.º, todos do Código Civil);

b) quando, tratando-se de arrendamento para habitação, seja exibido ao agente de execução atestado médico que indique fundamentadamente o prazo durante o qual se deve suspender a execução e refira que a diligência põe em risco a vida da pessoa que se encontra no local, por razões de doença aguda (artigo 930.º-B, n.º 3).

c) quando o executado, dentro do prazo de oposição à execução, por razões sociais imperiosas, requeira o deferimento da desocupação do local arrendado para habitação, oferecendo logo as provas disponíveis, incluindo testemunhas, até ao limite de três (cfr. artigo 930.º-B, n.º 1, alínea b) e 930.º-C, n.º 1).

Nas situações referidas nas supra alíneas a) e b), o agente de execução lavra certidão das ocorrências, junta os documentos apresentados e adverte o detentor, ou a pessoa que se encontre no local para, no prazo de 10 dias, sob pena de a execução prosseguir, solicitar ao juiz a confirmação da suspensão, juntando ao requerimento os documentos disponíveis; depois, o agente de execução dará imediato conhecimento do facto ao exequente ou ao seu representante (artigo 930.º-B, n.º 4). Requerida a confirmação, depois de ouvido o exequente, o juiz de execução decidirá, no prazo de 15 dias, se é de manter a execução suspensa ou de ordenar o seu prosseguimento (artigo 930.º-B, n.º 5). Em caso de doença aguda, o exequente pode requerer o exame do doente por dois médicos nomeados pelo juiz, devendo este pronuncia-se equitativamente sobre a suspensão (cfr. artigo 930.º-B, n.º 6).

Na situação referida na supra alínea c), de harmonia com o preceituado no n.º 2 do artigo 930.º-C, o diferimento de desocupação do local arrendado para habitação é decidido de acordo com o prudente arbítrio do tribunal, desde que se verifique algum dos seguintes fundamentos: a) que a desocupação imediata do local causa ao executado um prejuízo muito superior à vantagem conferida ao exequente; b) que, tratando-se de resolução por não pagamento de rendas, a falta do mesmo se deve a carência de meios do executado, presumindo-se esta relativamente ao beneficiário de subsídio de desemprego ou de rendimento social de inserção; c) que o executado é portador de deficiência com grau comprovado de incapacidade superior a 60%.

No diferimento decidido com base no fundamento referido na alínea a), a pedido do exequente, pode o executado ser obrigado a caucionar as rendas vincendas, sob pena de perda de benefício; no deferimento decidido com base no fundamento referido na alínea b), cabe ao Fundo de Socorro Social do Instituto de Gestão Financeira da Segurança Social indemnizar o exequente pelas rendas não pagas, acrescidas de juros de mora, ficando sub-rogado nos direitos daquele (artigo 930.º-C, n.º 3).

Quanto aos termos do diferimento da desocupação, rege o artigo 930.º-D.

Nos termos do n.º 1 daquele artigo, a petição de diferimento da desocupação, que tem carácter urgente, é indeferida liminarmente quando: a) tiver sido deduzida fora do prazo, ou seja, depois de findo o prazo de oposição à execução; b) o fundamento não se ajustar a algum dos referidos no artigo 930.º-C; c) for manifestamente improcedente.

Recebida a petição, o exequente é notificado para contestar, no prazo de 10 dias, devendo logo oferecer as provas de que dispuser e indicar as testemunhas, a apresentar, até ao limite de três (artigo 930.º-D, n.º 2); a decisão do pedido de diferimento da desocupação por razões sociais deve ser proferida no prazo máximo de 30 dias a contar da apresentação da petição e comunicada oficiosamente, com a sua fundamentação, ao Fundo de Socorro Social do Instituto de Gestão Financeira da Segurança Social (artigo 930.º-D, n.º 4); na decisão, o juiz deve ter em conta as exigências da boa fé, a circunstância de o executado não dispor imediatamente de outra habitação, o número de pessoas que habitam com o executado, a sua idade, o seu estado de saúde e, em geral, a situação económica e social das pessoas envolvidas (artigo 930.º-D, n.º 3); o diferimento não pode exceder o prazo de 10 meses a contar do trânsito em julgado da decisão que o conceder (artigo 930.º-D, n.º 5).

Tal como o normativo do artigo 819.º, introduzido pelo Decreto-Lei n.º 38/2003, de 8 de Março, também o normativo do artigo 930.º-E, aditado pela Lei n.º 6/2006, de 27 de Fevereiro, que estabelece a *responsabilidade do exequente*, tem o seu correspondente na *responsabilidade do requerente* de providência cautelar que seja considerada injustificada ou vier a caducar por facto que lhe seja imputável (cfr. artigo 390.º, n.º 1)[18].

Já vimos acima que a execução para entrega de coisa imóvel arrendada pode basear-se em títulos executivos judiciais (sentenças condenatórias) ou em títulos executivos extrajudiciais (os supra referenciados).

Já vimos também que a execução suspende-se, além dos demais casos acima apontados, quando for recebida a oposição à execução, deduzida numa execução que se funda em título executivo extrajudicial (artigo 930.º-B), n.º 1).

---

[18] «Se a providência for considerada injustificada ou vier a caducar por facto imputável ao requerente, responde este pelos danos culposamente causados ao requerido, quando não tenha agido com prudência». Para a existência de responsabilidade civil, à semelhança do que sucede com a disposição similar do artigo 621.º do Código Civil (respeitante ao arresto), basta a prova da *mera culpa* segundo o conceito de culpa em abstracto vertido no n.º 2 do artigo 487.º do mesmo diploma, não sendo pois exigida uma actuação com dolo ou má-fé (cfr. Ac. do STJ, de 03.12.1998 – http://www.dgsi.pt).

Ora, quando a execução para entrega de coisa imóvel arrendada se funda em título extrajudicial e a oposição à execução é julgada procedente, o exequente responde, nos termos gerais da responsabilidade civil, pelos danos *culposamente* causados ao executado e incorre em multa correspondente a 10% do valor da execução, mas não inferior a 10 UC nem superior ao dobro do máximo da taxa de justiça, quando não tenha agido com a prudência normal, sem prejuízo de eventual responsabilidade criminal (artigo 930.º-E).

Importa registar, contudo, que a actuação geradora da responsabilidade do exequente tida com dolo ou culpa, ainda que leve, não se confunde com a sua actuação como litigante de má fé, prevista no normativo do artigo 456.º: nesta, o âmbito da ilicitude é mais largo; naquela, o âmbito da culpa é mais largo [19].

---

[19] Neste sentido, LEBRE DE FREITAS/RIBEIRO MENDES, "*Código de processo civil anotado*", volume 3.º, anotação ao artigo 819.º.

II. O PROCESSO DE EXECUÇÃO COMUM PARA PRESTAÇÃO DE FACTO

1. Âmbito de aplicação

A acção executiva para prestação de facto «quer positivo, quer negativo» tem lugar quando o objecto da obrigação, tal como o título o configura, é uma obrigação de «facere» ou «non facere».

É em função do título executivo que se determina o tipo de acção executiva, ainda que o exequente venha a obter, pela execução, em vez da prestação de facto que lhe é devida, um seu equivalente pecuniário [20].

2. Prévia determinação do prazo da prestação

Liminarmente dizer-se-á que à execução para prestação de facto são aplicáveis, na parte em que o puderem ser, as disposições relativas à execução para pagamento de quantia certa (artigo 466.º, n.º 2). Porém, a execução para prestação de facto apresenta, relativamente às execuções para pagamento de quantia certa ou para entrega de coisa, a particularidade de, em regra, não ser possível instantaneamente, carecendo, antes, de prazo para a sua realização.

---

[20] Esta situação pode verificar-se no caso de o facto ser infungível e não ser possível obter de terceiros a sua prestação, ou quando, tratando-se de facto fungível, o exequente opte, em face do incumprimento e nos termos da lei civil, pela resolução do contrato e indemnização por perdas e danos. Nesta última hipótese o exequente poderá lançar mão da competente acção declarativa com vista à condenação do réu na indemnização pretendida; obtida sentença a seu favor, moverá a competente acção executiva para pagamento de quantia certa.

Este prazo pode ter sido fixado convencionalmente e constar do próprio título executivo, mas pode tal não acontecer.

Se o prazo para a prestação do facto tiver sido fixada, logo que este expire sem que o devedor tenha voluntariamente realizado a prestação a que estava obrigado o credor pode promover a competente execução e requerer prestação do facto por outrem à custa do devedor, se o facto for fungível (cfr. artigo 828.º, do Código Civil), bem como uma indemnização moratória pela não realização da prestação, ou a indemnização do dano sofrido com a não realização da prestação (artigo 933.º, n.º 1, 1.ª parte)[21].

Não podendo retirar-se linearmente do preceito, tem-se entendido que a lei confere ao credor diferentes direitos (opções), consoante se trate de prestação de facto infungível ou fungível. Assim:

Tratando-se de prestação *infungível* – insubstituível por lhe ser essencial a pessoa do devedor (resultante da natureza da prestação ou de convenção das partes) –, em caso de incumprimento o credor terá direito apenas à indemnização, a menos que, não se tratando de infungibilidade natural, renuncie à infungibilidade (que em princípio deve ser entendida a favor do credor), requerendo a prestação do facto contratado por terceiro[22].

Tratando-se de prestação de facto *fungível*, afigura-se-nos que o credor poderá optar entre requerer a prestação de facto por outrem à custa do devedor (cfr. artigo 828.º, do Código Civil) e uma indemnização moratória, ou requerer a indemnização do dano sofrido pela não realização da prestação. Tal opção, que parece resultar da interpretação dos artigos 828.º do Código Civil[23] e

---

[21] «Se alguém estiver obrigado a prestar um facto em prazo certo e não cumprir, o credor pode requerer a prestação por outrem, se o facto for fungível, bem como a indemnização moratória a que tenha direito, ou a indemnização do dano sofrido com a não realização da prestação; pode também o credor requerer o pagamento da quantia devida a título de sanção pecuniária compulsória, em que o devedor tenha sido já condenado ou cuja fixação o credor pretenda obter no processo executivo» (artigo 933.º, n.º 1).

[22] Neste sentido, CASTRO MENDES, "obra citada", págs. 240-241, que acrescenta: "só em casos excepcionais poderá a infungibilidade da prestação funcionar também pelo devedor".

[23] «O credor de prestação de facto fungível tem a faculdade de requerer, em execução, que o facto seja prestado por outrem à custa do devedor».

933.º, n.º 1 do Código de Processo Civil, não mereceu acolhimento unânime por parte da doutrina (24).

Negando, embora, a possibilidade de o exequente optar pela indemnização enquanto a prestação por outrem for possível, CASTRO MENDES esclarece que, ocorrendo a situação de mora do devedor o credor tem ainda direito: "a ser indemnizado pelos danos causados em consequência do retardamento, atraso ou mora – cfr. artigo 806.º do Código Civil (25); a pedir a fixação judicial de um prazo, pelo processo dos artigos 939.º e seguintes ou pelo dos artigos 1456.º e 1457.º, findo o qual a mora se converteu em execução definitiva".

Se o prazo para a prestação de facto não estiver fixado, à face do título executivo, o credor pode promover a fixação judicial do prazo: a fixação do vencimento cabe ao tribunal sempre que as partes o não estipulem por acordo – cfr. artigo 777.º, n.º 2 do Código Civil. Tem-se entendido que esta tramitação é feita como tramitação preliminar da execução para prestação de facto, pela forma prevista nos artigos 939.º e seguintes (26).

---

(24) Em sentido favorável, entre outros, ANSELMO DE CASTRO, "obra citada", pág. 374, e TEIXEIRA DE SOUSA, "A reforma da acção executiva", pág. 217; contra, CASTRO MENDES, "obra citada", pág. 242, para quem, se for possível a execução específica – prestação por outrem dando o mesmo resultado que a prestação pelo devedor, portanto prestação fungível –, o credor não tem o direito de exigir uma indemnização em dinheiro, mas só a prestação por outrem. Para LEBRE DE FREITAS, "obra citada", págs. 390-393, se na data do vencimento o facto não for prestado pelo devedor, o credor fica com direito à indemnização moratória, mantendo o de exigir a prestação que lhe é devida: "a simples mora do devedor não lhe confere o direito de, desde logo, pedir a indemnização compensatória".

(25) Sem prejuízo de o devedor continuar obrigado à efectivação da prestação (sendo esta ainda possível) com o correspondente direito do credor de exigir judicialmente o seu cumprimento (artigo 817.º do Código Civil). Se em consequência da mora o credor perdeu o interesse objectivo que tinha na prestação: no caso de a prestação não ser realizada dentro do prazo que razoavelmente for fixado ao devedor (artigo 808.º, do Código Civil); e ainda no caso de impossibilidade superveniente da prestação imputável ao devedor ou sobrevinda quando este se encontrava em mora (artigo 801.º, n.º 1 do Código Civil), o credor tem direito, em lugar da prestação, a uma indemnização compensatória (cfr. CASTRO MENDES, "obra citada", págs. 243-244). No mesmo sentido, LEBRE DE FREITAS, "obra citada", págs. 390-391.

(26) Nesta conformidade, a acção executiva começará pelo requerimento em que se peça a determinação judicial do prazo. Tal requerimento equivale à petição inicial da

CASTRO MENDES entende que o credor pode usar o processo geral de fixação judicial do prazo previsto nos artigos 1456.º e 1457.º, se não pretender executar imediatamente. Em justificação refere que "o que está previsto é a fixação de um prazo, não de um momento de início da prestação. Ela vence-se pela interpelação, e desde esse momento o devedor está obrigado a fazer o que achar necessário para cumprir dentro do prazo mas, em termos razoáveis, a seu critério" ([27]).

Não pondo em causa tal entendimento, sempre se dirá que no requerimento para a determinação judicial do prazo em que a prestação deve ser cumprida, o exequente deve indicar o prazo que reputa suficiente para a prestação e requerer que o prazo seja fixado judicialmente, depois de citado o executado para, em 20 dias, dizer o que se lhe oferecer sobre o prazo indicado (artigo 939.º, n.º 1, 1.ª parte).

3. Trâmites da execução para prestação de facto positivo

3.1. Com prazo fixado à face do título executivo

Expirado o prazo sem que o devedor tenha voluntariamente realizado a prestação, o credor poderá executá-lo.

No requerimento executivo para prestação de facto *fungível*, o exequente, se quiser usar do direito à indemnização moratória e seja possível a prestação do facto por outrem, pode requerer a prestação por pessoa diversa do devedor e uma indemnização moratória, bem como que o executado seja citado para deduzir oposição à execução, querendo, no prazo de 20 dias (artigo 933.º, n.os 1, 1.ª parte e 2).

Uma vez que na execução para prestação de facto *infungível* está excluída a possibilidade de exigir a prestação do facto por

---

acção executiva e, por isso, tem de fazer-se acompanhar do título executivo, se este não for uma sentença, ou tem de indicar o processo onde ele se encontra, caso seja uma sentença.

([27]) "Obra citada", pág. 238.

outrem, no requerimento executivo o exequente só pode pedir a *indemnização* que resulta do incumprimento: «a indemnização do dano sofrido com a não realização da prestação» (artigo 933.º, n.º 1, 1.ª parte) e a quantia que é devida a título de *sanção pecuniária compulsória* ou, se ela ainda não se encontrar estabelecida, a fixação desta sanção pecuniária pelo juiz de execução (artigo 933.º, n.º 1, 2.ª parte; cfr. artigo 829.º-A, n.º 1, do Código Civil).

Nos artigos 933.º, n.º 1, e 941.º, n.º 1, ambos do Código de 1961, nada se prescrevia sobre a sanção pecuniária compulsória; os mesmos preceitos, na redacção dada pelo Decreto-Lei n.º 329--A/95, de 12 de Dezembro, limitavam-se a prescrever «quantia eventualmente devida a título de sanção pecuniária compulsória». A ambiguidade daquela expressão, conjugada com o normativo do artigo 829.º-A, n.º 1, do Código Civil (que prevê a sanção pecuniária compulsória nas obrigações de prestação de facto infungível, positivo ou negativo), permitia o entendimento de que só na acção declarativa era possível a fixação da sanção pecuniária compulsória. Visando pôr termo à controvertida questão, o Decreto-Lei n.º 38/2003 veio dar nova redacção aos mencionados preceitos, estabelecendo expressamente que: «o credor pode requerer o pagamento da quantia devida a título de sanção pecuniária compulsória, em que o devedor tenha sido já condenado ou cuja fixação o credor pretenda obter no processo executivo». Assim, e de acordo com a actual redacção, entende-se que: se a sanção pecuniária compulsória tiver sido fixada na acção declarativa e o exequente, na petição inicial, requerer o seu pagamento, o juiz da execução não terá de se pronunciar, cabendo à secretaria liquidar, a final, o seu montante (artigo 805.º, n.º 3); se o exequente, na petição inicial, requerer que ela seja fixada na execução, então o processo vai concluso ao juiz, a fim de que ele a fixe antes da citação do devedor, cabendo à secretaria, no final, fazer a respectiva liquidação, se o incumprimento persistir [28].

---

[28] Neste sentido, LEBRE DE FREITAS, "obra citada", pág. 393. TEIXEIRA DE SOUSA, "obra citada", págs.218-219, entende que "a sanção pecuniária compulsória só pode ser fixada na própria execução quando nela seja igualmente estabelecido o prazo para a prestação do facto (cfr. artigos 939.º, n.º 1, e 940.º, n.º 1) e, portanto, quando o credor pretenda compelir o devedor a realizar o facto infungível durante esse prazo".

Requerida a prestação por outrem (que poderá ser ele mesmo, o credor), se não houver fundamento para indeferimento liminar (artigo 812.º, n.º 2) será proferido despacho liminar de citação, quando deva ter luga([29]), sendo o executado citado para, em 20 dias, deduzir oposição à execução (artigo 933.º, n.º 2, 1.ª parte).

Como fundamentos de oposição, para além daqueles já nossos conhecidos, o executado dispõe, aqui, de dois outros que constituem especialidades: pode opor-se alegando a ilegalidade do pedido de prestação de facto por outrem, por considerar a prestação de facto infungível por natureza ou por estipulação contrária (artigo 940.º, n.º 2); pode alegar e provar por qualquer meio o cumprimento posterior da obrigação, ainda que a execução se baseie em sentença (artigo 933.º, n.º 2).

Tem-se entendido, com base numa interpretação literal do artigo 933.º, n.º 2, que não é possível ao devedor realizar voluntariamente a prestação no prazo da citação visto que não é citado para esse efeito, mas para deduzir, querendo, oposição([30]).

A solução apontada parece ser, efectivamente, a mais coerente. Não nos repugna aceitar, porém, que o executado realize a prestação no prazo de 20 dias concedidos para a oposição, e isto, por aplicação do artigo 916.º que permite ao executado fazer cessar a execução, prestando o facto([31]). A este propósito convirá ter ainda em conta o que diz CASTRO MENDES: "se a prestação de facto exigir demora superior a dez (agora 20) dias, mas o executado se mostrar seriamente pronto a realiza-la, ouvido o exequente, o juiz

---

([29]) Há sempre lugar a despacho liminar, nos casos previstos no artigo 812.º-A, n.º 2; todavia, considerando a natureza da prestação exequenda, entende-se que haverá sempre lugar a citação prévia do executado, afastando-se desta forma, as normas sobre a citação prévia (artigo 812.º-B).

([30]) Entre outros, ANSELMO DE CASTRO, "obra citada", pág. 381, e LOPES CARDOSO, "obra citada", págs. 738-739.

([31]) Neste sentido, ALBERTO DOS REIS, "obra citada", pág. 557, quando escreve: "o devedor não é citado para, dentro de dez dias, prestar o facto ou deduzir embargos. Quer dizer, o artigo 933.º não estabelece alternativa semelhante à que se lê no artigo 811.º. Não se segue, porém, daí que o devedor fique inibido de prestar o facto depois de iniciada a execução. Por aplicação da regra ditada no artigo 916.º o executado pode, em qualquer altura, fazer cessar a execução, prestando o facto e pagando as custas".

pode suspender a instância executiva devendo entender-se que existe para tal motivo justificado – artigo 279.º, n.º 1" ([32]).

Tendo o executado deduzido oposição à execução (artigo 933.º, n.º 2), em regra, o recebimento da oposição não tem efeito suspensivo sobre a execução; mas, se o opoente prestar caução em conformidade com o disposto no artigo 818.º, *ex vi* artigo 933.º, n.º 3, então a execução suspender-se-á.

Não tendo o executado deduzido oposição à execução, ou tendo-a deduzido não prestar caução ou tendo-a prestado, aquela seja julgada improcedente, se o exequente pretender a indemnização compensatória pelo incumprimento da prestação devida, dá-se a *conversão da execução* para prestação de facto em execução para pagamento de quantia certa, que se processa nos mesmos termos da execução para entrega de coisa certa convertida (artigo 934.º), ou seja, inicia-se com o incidente de liquidação, seguindo-se-lhe a penhora e os demais termos do processo de execução para pagamento de quantia certa.

Findo o prazo para a oposição à execução, se o exequente tiver optado pela prestação do facto por outrem e pela eventual indemnização moratória, requererá a nomeação de perito que avalie o custo da prestação (artigo 935.º, n.º 1) ([33]).

Concluída a avaliação, há lugar à penhora dos bens do executado necessários para se obter a quantia que tiver sido apurada, seguindo-se depois da penhora os demais termos da execução para pagamento de quantia certa (artigo 935.º, n.º 2).

([32]) "Obra citada", págs. 247-248. Também LEBRE DE FREITAS, "obra citada", págs. 394-395, entende que o devedor, uma vez citado, pode ainda realizar voluntariamente a prestação, distinguindo, no entanto, o caso de o credor ter optado pela *prestação do facto por outrem,* e o caso de ele ter optado pela *indemnização compensatória,* mas ainda ser possível a prestação de facto.

([33]) Esta avaliação tem por fim permitir fazer um cálculo provável do custo da prestação, sujeito a ratificação com base nas contas que o exequente deverá prestar a final. Concordando com LEBRE DE F REITAS, "obra citada", págs. 395-396, nota (23), também nós entendemos que, em obediência ao princípio do contraditório (artigos 3.º e 517.º), o executado deve ser notificado do requerimento do exequente e ouvido nos termos do artigo 578.º, n.º 1, assistindo-lhe o direito de requerer a avaliação colegial (artigo 569.º, n.º 1, alínea b)) e de intervir na produção da prova pericial.

Mesmo antes de terminada a avaliação ou a execução regulada no artigo 935.º, a prestação de facto pode ser realizada pelo próprio exequente ou por terceiro por si contratado e sob a sua direcção e vigilância (artigo 936.º, n.º 1). Em tal hipótese, o exequente fica obrigado a prestar as respectivas contas ([34]), no tribunal da execução ([35]), podendo o executado contestá-las, querendo, no prazo de 30 dias (artigos 936.º, n.º 2, 1.ª parte, e 1018.º, n.º 1); acessoriamente, o exequente pode liquidar, em conjunto com a prestação de contas, a indemnização moratória que considera ter direito a receber do executado (artigo 936.º, n.º 1, 2.ª parte).

Na contestação das contas o executado pode alegar, além de outros fundamentos, «que houve excesso na prestação do facto» ([36]), podendo também impugnar a liquidação da indemnização moratória que tenha sido pedida pelo exequente (artigo 936.º, n.º 2).

Aprovadas as contas pelo juiz, o crédito que delas resultar para o exequente será pago pelo produto da execução que incidiu sobre os bens penhorados (artigo 937.º, n.º 1).

Se o produto obtido na execução for insuficiente para pagamento do montante apurado na prestação de contas, proceder-se-á à penhora e venda de novos bens do executado, até que o exequente seja integralmente pago (artigo 937.º, n.º 2).

Se o produto obtido na execução for insuficiente para pagamento do montante apurado na prestação de contas e o património do executado estiver excutido, o exequente poderá desistir da realização da prestação por outrem, no caso de não estar ainda ini-

---

([34]) Sem o que não poderá proceder ao levantamento da importância em depósito, relativa ao produto da execução.

([35]) E pelo processo previsto no artigo 1018.º, que é autuado por apenso ao processo de execução (artigo 1019.º, por analogia). Entende-se que não têm de ser apresentadas em forma de conta-corrente visto que só incluirão verbas de despesas, mas têm de ser formuladas discriminadamente, especificando a aplicação das despesas, e devem ser apresentadas em duplicado e instruídas com os documentos justificativos (artigo 1016.º, n.os 1 e 2). (Neste sentido, LOPES CARDOSO, "obra citada", pág. 745).

([36]) Embora possa parecer que existe excesso na prestação de facto sempre que a soma das despesas exceda a avaliação feita nos termos do artigo 935.º, como bem esclarece LOPES CARDOSO, "obra e locais supra citados", tal não é exacto visto que o n.º 2 do artigo 937.º permite expressamente o pagamento de despesas que excedam a avaliação.

ciada, e requerer o levantamento da quantia apurada na execução (artigo 938.º); se já estiver iniciada a realização da prestação de facto, não poderá desistir dela (³⁷), seja qual for a quantia que a execução de custeamento forneça.

3.2. Sem prazo fixado à face do título executivo

Como já ficou dito, se o facto a prestar for de execução duradoira, cabe ao tribunal fixar o prazo para a sua prestação, caso as partes o não tenham acordado (artigo 777.º, n.º 2 do Código Civil). A fixação judicial do prazo tem lugar já no próprio processo executivo.

Conforme resulta do disposto no artigo 939.º, n.º 1, no requerimento inicial da acção executiva, o exequente indicará o prazo que reputa suficiente para realização da prestação de facto e requererá que, citado o executado para, em 20 dias, dizer o que se lhe oferecer, o prazo seja fixado judicialmente (³⁸); acessoriamente, o exequente poderá requerer o pagamento da quantia que é devida a título de *sanção pecuniária compulsória* ou, se ela ainda não se encontrar estabelecida, a fixação desta sanção pecuniária pelo juiz de execução (artigo 939.º, n.º 1, 2.ª parte; cfr. artigo 933.º, n.º 1, 2.ª parte).

Se o requerimento estiver em condições de ser recebido, o executado será citado e, se tiver fundamento para se opor à execução, deve deduzi-la no prazo de 20 dias a contar da citação, devendo cumulá-la com o que pretenda dizer quanto ao prazo indicado pelo exequente (artigo 939.º, n.º 2).

O prazo para a realização da prestação é fixado pelo juiz de execução, podendo, para o efeito, ordenar as diligências que entender necessárias (artigo 940.º, n.º 1).

(³⁷) Pode desistir da obra, mas não poderá então retirar quantia alguma do património do executado senão para indemnização moratória, conforme esclarece CASTRO MENDES, "obra citada", pág. 251, nota (1).

(³⁸) O requerimento em que se pede a determinação do prazo equivale à propositura da acção executiva, para os efeitos do artigo 267.º, n.º 1.

Fixado pelo juiz de execução, duas situações podem verificar-se: se o executado prestar o facto dentro do prazo, a consequência será a extinção da execução, logo que sejam pagas as respectivas custas (cfr. artigo 919.º, n.º 1, *ex vi* artigo 466.º, n.º 2); se o executado não prestar o facto dentro do prazo, a execução continuará, seguindo-se os termos da execução para prestação de facto com prazo certo, mas a citação do executado (prevista no artigo 933.º, n.º 2) é substituída por notificação, e este só pode deduzir oposição à execução nos 20 dias posteriores, com fundamento na ilegalidade do pedido da prestação por outrem ([39]) ou em qualquer facto que seja motivo legítimo de oposição, nos termos dos artigos 814.º e seguintes, cuja ocorrência seja posterior à citação a que se refere o artigo 939.º, n.º 1 (artigo 940.º, n.º 2).

4. Trâmites da execução para prestação de facto negativo

De acordo com o artigo 829.º, do Código Civil, o credor de uma prestação de facto negativo tem direito a exigir que a obra, se obra feita houver, seja demolida à custa do devedor ou de quem se obrigou a não a fazer (n.º 1), salvo se o prejuízo da demolição para o devedor for consideravelmente superior ao prejuízo sofrido pelo credor pois, em tal caso, apenas fica reservado ao credor o direito de exigir a indemnização do dano sofrido (n.º 2).

A adjectivação de tais direitos está prescrita nos artigos 941.º e 942.º e, da análise daquele primeiro preceito ([40]) parece resultar que o credor pode reclamar cumulativamente «a demolição da obra, a indemnização pelos prejuízos sofridos e o pagamento da quantia

---

([39]) A ilegalidade do pedido da prestação por outrem existe quando no título executivo esteja estipulado, expressa ou tacitamente, o contrário. Tal fundamento de oposição existe, mesmo que na execução não haja lugar à fixação prevista no artigo 939.º (cfr. LOPES CARDOSO, "obra citada", pág. 740).

([40]) Tem-se entendido que o artigo 941.º pressupõe um título executivo que não seja sentença declarativa de condenação em que se averigúe da violação de não praticar certo facto e se ordene a demolição da obra. Se a execução se fundar numa sentença, não se aplicam os artigos 941.º e 942.º, mas sim o disposto nos artigos 933.º e seguintes. Neste sentido, Ac. STJ, de 18.12.1979, BMJ n.º 292, pág. 334; cfr., também, LOPES CARDOSO, "obra citada", pág. 749.

que é devida a título de sanção pecuniária compulsória ou a fixação desta sanção pecuniária na própria execução» (⁴¹).

Diz-se que o objecto da execução é um facto positivo e não negativo; e CASTRO MENDES acrescenta: "característica desta execução é que resulta de uma violação positiva (fez-se indevidamente algo) e não negativa (não pagar, não entregar, não fazer) da obrigação. Daqui resulta que, neste tipo de execução o devedor não pode cumprir após a citação, e o requerimento inicial do credor é para a verificação da *violação* positiva (infracção da obrigação) «por meio de exame ou vistoria»" (⁴²), agora, «por meio de perícia».

Tem-se entendido que essa violação pode traduzir-se numa situação ilícita – consistir numa obra, tal como referem os artigos 941.º, n.º 1, e 829.º, n.º 1, este do Código Civil –, ou não se traduzir em tal situação – consistir em concorrência desleal (⁴³).

Não havendo motivo para indeferimento liminar, procede-se à citação do executado, podendo este, no prazo de 20 dias, deduzir oposição à execução nos termos dos artigos 814.º e seguintes (artigo 941.º, n.º 2, 1.ª parte); se o exequente tiver formulado o pedido de demolição da obra, o executado pode alegar que a obra representa para si um prejuízo consideravelmente superior ao sofrido pelo exequente (cfr. artigo 941.º, n.º 2) (⁴⁴); neste caso, a execução

---

(⁴¹) Como bem observa TEIXEIRA DE SOUSA, "obra citada", pág. 219, " a fixação da sanção pecuniária compulsória na própria execução só pode visar compelir o devedor a remover as consequências da violação da prestação de *non facere* ou a abster-se de qualquer nova violação da obrigação de omissão".

(⁴²) "Obra citada", pág. 255.

(⁴³) Cfr., já, VAZ SERRA, "Realização coactiva da prestação", in BMJ n.º 73, pág. 351, quando escrevia: "a doutrina em questão (prevista no n.º 1 do artigo 829.º do Código Civil) não deve aplicar-se apenas quando o facto positivo praticado pelo devedor tenha um resultado material susceptível de demolição ou destruição, como, por exemplo, um muro que se pode demolir, uma janela que se pode tapar; a sua razão de ser leva a aplicá-la também quando, embora não haja demolição ou destruição, seja possível repor as coisas no estado anterior, como, por exemplo, no caso de estabelecimento aberto com violação da obrigação de não fazer comércio".

(⁴⁴) Tanto o disposto no referido n.º 2 do artigo 941.ºcomo o disposto no n.º 2 do artigo 829.º, do Código Civil são de aplicação restrita às obrigações de prestação de facto negativo (cfr. Ac da Relação do Porto, de 26.10.1982, Col. Jur., tomo IV, pág. 246).

é suspensa logo após a perícia, mesmo que o executado não preste caução (artigo 941.º, n.º 4).

Se o executado deduzir oposição à execução mas esta não for recebida ou, sendo recebida, o executado não prestar caução para suspender a execução, haverá lugar à nomeação de perito a fim de proceder a perícia com vista a verificar a existência da violação denunciada. Concluindo pela existência da violação, cabe ao perito avaliar a importância provável das despesas com a demolição da obra, se o exequente a tiver requerido (artigo 941.º, n.º 3).

Se o juiz reconhecer a infracção da obrigação, ordenará a demolição da obra, se a houver (e o exequente a tiver requerido)[45], à custa do executado e fixará a indemnização do exequente (artigo 942.º, n.º 1, 1.ª parte); se entender que não há lugar a demolição (nomeadamente por ter sido julgada procedente a oposição com fundamento em a demolição da obra causar ao executado prejuízo consideravelmente superior ao sofrido pelo exequente – artigo 941.º, n.º 2) fixará apenas a indemnização do exequente (artigo 942.º, n.º 1, 2.ª parte).

A essa decisão seguir-se-ão, conforme os casos, as disposições aplicáveis à acção executiva para prestação de facto com prazo certo, ou a sua conversão em acção executiva para pagamento de quantia certa, a fim de se obter a quantia necessária para pagar a indemnização e a sanção pecuniária que são devidas ao exequente (artigo 942.º, n.º 2).

---

[45] Não a ordenará, mesmo que tenha sido requerida, se julgar procedente a oposição com fundamento em a demolição da obra causar ao executado prejuízo superior ao sofrido pelo exequente (cfr. artigo 941.º, n.º 2).

III. PROCESSOS EXECUTIVOS ESPECIAIS

Dissemos já (*supra* Parte I, IV, 2.) que os processos executivos especiais são muito mais raros do que os processos declarativos especiais.

Dissemos também que as diferentes espécies de processos executivos especiais podem agrupar-se em duas categorias: uma é constituída por *processos exclusivamente executivos,* fazendo parte desta categoria, em nosso entender, o processo de execução por custas (artigos 116.º a 123.º, do Código das Custas Judiciais) (46) e o processo da execução por alimentos (artigos 1118.º a 1121.º-A) (47); a outra é constituída por *processos mistos,* isto é, processos que se caracterizam por, a uma primeira fase declarativa se seguir uma fase executiva, fazendo parte desta categoria, a nosso ver, o processo de investidura em cargos sociais (artigos 1500.º e 1501.º) (48).

---

(46) No mesmo sentido, SALVADOR DA COSTA, "Código das custas judiciais, anotado e comentado", Almedina, 2005, pág. 488; e AMÂNCIO FERREIRA," obra citada", pág. 491. Contra, LEBRE DE FREITAS, "obra citada", págs. 149 e 404.

(47) Deixou de constituir processo especial: a execução para entrega de imóveis arrendados quando o título executivo fosse o auto de verificação de escritos ou a notificação de despedimento aceite pelo arrendatário (artigo 989.º).

(48) Deixaram de integrar esta categoria, os processos especiais de *venda e adjudicação do penhor* (artigos 1008.º a 1012.º, revogados pelo artigo 3.º do Decreto-Lei n.º 329-A/95, de 12 de Dezembro), a *posse e entrega judicial* (artigos1044.º a 1051.º, revogados também pelo artigo 3.º do Decreto-Lei n.º 329-A/95, de 12 de Dezembro), a execução para *entrega de bens imóveis arrendados* quando o título executivo fosse a sentença proferida na acção especial de despejo (artigos 985.º e seguintes) e a *execução de despejo de prédio urbano* (artigos 56.º e 59.º e 61.º, do Regime do Arrendamento Urbano (RAU), diploma esse que foi revogado pelo artigo 60.º da Lei n.º 6/2006, de 27 de Fevereiro, que aprovou o Novo Regime do arrendamento Urbano (NRAU).

Já nos pronunciamos acima (*Parte III, I. 2.*), sobre a *execução de despejo de prédio arrendado.* Porém, atento a sua especial relevância em face do elevado número de processos ainda pendentes que continuarão a observar o anterior Regime do Arren-

Cumpre, agora, desenvolver cada um dos referidos processos executivos especiais, mas não sem antes realçar que «às execuções especiais aplicam-se subsidiariamente as disposições do processo comum» (artigo 466.º, n.º 3).

damento Urbano RAU), entendemos que se mantém o interesse no conhecimento dos aspectos fundamentais do regime revogado pela Lei n.º 6/2006, de 27 de Fevereiro. Vejamos:

Integrada no Código de Processo Civil, a acção de despejo constituía um processo especial de natureza mista, iniciado com uma fase declarativa (artigos 972.º e seguintes) e seguido, eventualmente, por uma fase executiva (artigos 985.º e seguintes). Na sequência da Lei n.º 42/90, de 10 de Agosto, que concedeu ao Governo autorização para alterar o regime jurídico do arrendamento urbano, veio a ser aprovado o Decreto-Lei n.º 321-B/90, de 15 de Outubro, que revogou, além do mais, os artigos 1083.º a 1120.º do Código Civil, bem como os artigos 964.º a 997.º do Código de Processo Civil, mas conservou a natureza mista da acção de despejo que, na fase declarativa, passou a seguir a tramitação do processo comum (cfr. artigo 56.º, n.º 2 do RAU).

À semelhança do que já sucedia no regime anterior ao RAU (artigos 985.º e seguintes do Código de Processo Civil), proferida a sentença, se o arrendatário não entregasse o prédio na data nela fixada, o senhorio podia requerer, nos próprios autos da acção de despejo, que se passasse mandado para o efeito (artigo 59.º, n.º 1 do RAU), pondo à disposição do executor os meios necessários para a remoção, transporte e depósito dos móveis e objectos que fossem encontrados no local (artigo 59.º, n.º 2 do RAU), sendo certo que sempre se aceitou, mais ou menos pacificamente, a natureza executiva do mandado de despejo, entendendo-se que continuava a revestir a natureza de processo especial de execução para entrega de coisa certa.

Passado o mandado de despejo, era o mesmo executado em face de toda e qualquer pessoa que estivesse na detenção do prédio – arrendatário ou não (artigo 60.º, n.º 1 do RAU) –, salvo se o detentor não tivesse sido ouvido e convencido na acção e exibisse qualquer um dos títulos referidos no n.º 2 do mesmo preceito. Nos referidos casos, e ainda quando, tratando-se de arrendamento para habitação, se mostrasse, por atestado médico, que a diligência punha em risco de vida, por razões de doença aguda, pessoa que se encontrasse no local (artigo 61.º, n.º 1, do RAU), a execução do mandado era suspensa, e o detentor do imóvel era advertido do ónus de requerer, no prazo de 5 dias, a confirmação da suspensão do despejo, sob pena de imediata execução do mandado (artigo 60.º, n.ºs 3 e 4, do RAU), após o que o juiz, ouvido o senhorio, decidia sumariamente se a suspensão devia ser mantida ou o mandado executado (artigo 60.º, n.º 5, do RAU).

Se o detentor não exibisse qualquer um dos títulos referidos no n.º 2 do artigo 60.º, do RAU, o mandado de despejo era logo executado, só restando ao detentor a faculdade de lançar mão do meio de oposição por *embargos de terceiro*, que, todavia, seriam julgados com o ocupante do prédio fora do mesmo; em nosso entender, se o detentor do imóvel tivesse deduzido embargos de terceiro antes de realizado o despejo, mas depois de ordenada a sua execução (*embargos de terceiro com função preventiva*), a diligência não seria efectuada antes do despacho de recebimento ou rejeição dos

1. Execução por custas

A acção executiva para pagamento das dívidas de custas ou multas, regulada nos artigos 116.º a 123.º do Código das Custas Judiciais ([49]), apresenta-se como uma acção executiva com processo especial para pagamento de quantia certa, com as especialidades seguintes:

Liminarmente, e de harmonia com o disposto no artigo 114.º, importará dizer que, decorrido o prazo de pagamento voluntário da dívida de custas ou de multas a que se reportam os artigos 64.º, n.ºs 1 e 2, 99.º e 103.º, sem a sua realização ou sem que o devedor formule o requerimento para o levantamento nos termos do n.º 1 do artigo 66.º, e exista depósito na titularidade deste no processo a que respeitam as custas ou multas, o juiz ordenará o levantamento do valor em débito, acrescido dos juros de mora que incidam sobre o valor das custas (cfr. artigos 111.º a 113.º).

Por outro lado, e de acordo com o disposto no n.º 1 do artigo 115.º, não sendo efectuado o pagamento da dívida de custas ou multas nos termos dos artigos 64.º a 68.º, 99.º, e 114.º, o processo será feito com vista ao Ministério Público, no prazo de trinta dias, com a informação sobre se o devedor é ou não titular de bens susceptíveis de penhora; se a colaboração de quaisquer entidades, públicas ou privadas, for essencial à prestação da informação patrimonial em causa, a secção de processos poderá solicitá-la (cfr. n.º 2 do artigo 115.º).

Em conformidade com o supra descrito, pode dizer-se que o Ministério Público só deve instaurar a acção executiva para pagamento da dívida de custas ou multas, se ao devedor forem conhe-

---

embargos (cfr. artigo 354.º) e, se estes fossem recebidos, continuaria suspensa até decisão final, mas o juiz podia determinar que o embargante prestasse caução (cfr. artigo 359.º, n.º n.º 2).

Também o contrato celebrado nos termos do artigo 98.º, em conjunto com a certidão de notificação judicial avulsa requerida pelo senhorio, nos termos do artigo 100.º, constituía título executivo para efeitos de despejo do local arrendado, que seguia a forma da execução ordinária para entrega de coisa certa (cfr. artigo 101.º. n.ºs 1 e 2, do RAU).

([49]) Sempre que se cite um artigo sem mais qualquer indicação, esse artigo é do Código das Custas Judiciais.

cidos bens ou direitos susceptíveis de execução (artigo 116.º, n.º 1)(⁵⁰); o conhecimento desses bens ou direitos, já vimos, poderá o Ministério Público obtê-lo, quer através da informação patrimonial a que alude o artigo 115.º, quer por outro meio.

Não estando em dívida taxa de justiça ou outras quantias devidas ao Cofre Geral dos Tribunais, a execução por dívida de custas ou multas só será instaurada se o interessado, caso não tenha requerido, por qualquer outro motivo, a execução da sentença condenatória, o solicitar ao Ministério Público e indicar bens penhoráveis do devedor (artigo 116.º, n.º 3; cfr. artigos 33.º-A, n.º 6, e 37.º, n.º 4).

Se a dívida for de montante tão reduzido que não justifique a actividade ou as despesas a que o processo daria lugar, a acção executiva por dívida de custas ou multas não será instaurada nem prosseguirá (artigo 116.º, n.º 2)(⁵¹).

Nas execuções por custas, o *agente de execução* é sempre um oficial de justiça, e não, como é a regra no processo comum de execução, um solicitador de execução, ao qual, sob controlo do juiz, cabe efectuar todas as diligências do processo, incluindo citações, notificações e publicações (cfr. artigo 808.º, n.ᵒˢ 1 a 3, do Código de Processo Civil)

Em conformidade com o n.º 1 do artigo 117.º, em regra, a acção executiva por *dívida de custas, multas ou outros valores contados* (⁵²) corre por apenso ao processo em que ocorreu a notificação para o pagamento e, após a autuação do requerimento ini-

---

(⁵⁰) Também a execução por custas ou multas em dívida no Tribunal Constitucional só é instaurada se o responsável por elas não requerer, no prazo do pagamento voluntário, que o seu pagamento se faça através de algum seu depósito à ordem do tribunal no processo a que respeitar o recurso ou a reclamação (cfr. artigo 11.º do Decreto-Lei n.º 303/98, de 7 de Outubro).

(⁵¹) Segundo SALVADOR DA COSTA, "obra citada", pág. 489, este normativo é aplicável quer na hipótese de instauração da execução oficiosa quer na hipótese de ela depender de pedido e de individualização de bens, quer se trate de crédito derivado de acção cível, quer se trate de crédito derivado de acção penal, administrativa ou tributária.

(⁵²) SALVADOR DA COSTA, "obra citada", pág. 495, entende que "a acção executiva em causa abrange, naturalmente, a taxa de justiça e os encargos, as multas que se reportam, entre outros, os artigos 152.º, n.º 3, 456.º, n.º 1, 519.º, n.º 2, 523.º, n.º 2, 537.º, 543.º, n.º 2, os valores que o Cofre Geral dos Tribunais haja despendido a título de honorários e despesas no âmbito do apoio judiciário na modalidade de patrocínio".

cial, segue os termos do processo comum. Tratando-se de *dívida de multas da responsabilidade de intervenientes acidentais*([53]) a acção executiva efectua-se com base na certidão da liquidação, que a secção de processos deve entregar ao magistrado do Ministério Público, no prazo de cinco dias (cfr. artigo 118.º, n.º 1); estando em causa quantias (multas processuais ou taxa de justiça e encargos) devidas no inquérito ou na instrução em processo penal, a acção executiva só será instaurada no termo das respectivas fases processuais (artigo 118.º, n.º 2).

Tratando-se de custas de *actos ou de papéis avulsos* (como sejam a citação mediante contacto pessoal, a notificação judicial avulsa, a certidão, o traslado, a confiança do processo ou a cópia de articulados ou de outras peças processuais – cfr. artigos 105.º, 106.º e 108.º), a secretaria entregará os próprios papéis ou certidão dos actos praticados ao Ministério Público, para que promova a execução (artigo 119.º).

Sendo caso de *"cumulação de execuções"*, determina o n.º 1 do artigo 120.º, que seja instaurada uma só acção executiva contra o mesmo responsável, ainda que sejam várias as contas com custas em dívida no processo e apensos; neste caso, a acção executiva correrá por apenso ao processo em que o aviso de pagamento foi emitido (cfr. artigo 117.º, n.º 1). Sendo vários os responsáveis não solidários, será instaurada uma única acção executiva contra cada um deles (artigo 120.º, n.º 2). Tratando-se de responsabilidade pela dívida de custas no *processo de inventário* com pluralidade de interessados, poderá ser instaurada uma única acção executiva contra todos eles, mas a cada um dos interessados assiste a faculdade de pagar o respectivo débito, desde que deposite também, por conta da responsabilidade dos outros executados, as tornas ainda não depositadas que lhes deva em razão da partilha (artigo 120.º, n.º 3).

No requerimento executivo, o Ministério Público deve indicar os bens susceptíveis de penhora, não estando dispensado de os concretizar, mas nada o impede de nomear à penhora bens já

([53]) São intervenientes acidentais: as testemunhas, os peritos, os auxiliares de peritos, os intérpretes, os tradutores, os consultores técnicos, os liquidatários, os depositários e os administradores de bens.

penhorados em outros processos, incluindo os já penhorados pelas repartições de finanças.

A penhora é ordenada e efectuada sem citação do executado (cfr. artigos 466.º, n.º 3, 810.º, n.ºs 3, alínea d), e 5, 812.º-A, n.º 1, alínea a), e 812.º-B, n.º 1, todos do Código de Processo Civil). Efectuada a penhora, o executado é citado para, no prazo de 20 dias, deduzir oposição à execução, que deverá cumular com a oposição à penhora que pretenda deduzir, nos termos do artigo 863.º-A (cfr. artigos 466.º, n.º 3, e 813.º, n.ºs 1 e 2, ambos do Código de Processo Civil).

Nos termos do artigo 916.º do Código de Processo Civil, já vimos noutra parte, o executado pode solicitar, verbalmente, na secção, guias para pagamento da quantia exequenda e, feito o depósito, deve requerer a liquidação da sua responsabilidade, cabendo ao juiz suspender a acção executiva e ordenar a pretendida liquidação. Ora, sem prejuízo de registo contabilístico autónomo diferenciador da quantia exequenda e das custas prováveis da acção executiva por dívida de custas, estas, juntamente com a quantia exequenda, podem ser depositadas na conta única do Instituto de Gestão Financeira e Patrimonial do Ministério da Justiça (cfr. artigo 121.º).

Se, depois de instaurada a acção executiva por dívida de custas ou multas, se verificar que o executado não dispõe de outros bens penhoráveis além dos penhorados, que estes são insuficientes para o pagamento das custas da acção executiva, e que sobre os bens penhorados não há registo de direitos reais de garantia, o juiz, a requerimento do Ministério Público, dispensará o concurso de credores e ordenará a imediata liquidação dos bens, a fim de, pelo seu produto, serem pagas unicamente as custas (artigo 122.º, n.º 1); se, depois de instaurada a acção executiva por dívida de custas ou multas, se verificar que o executado não dispõe de bens penhoráveis, a acção executiva será arquivada condicionalmente[54], sem prejuízo de poder continuar logo que alguns bens lhe sejam conhecidos, por indicação no processo pelo Ministério Público (artigo 122.º, n.º 2).

---

[54] SALVADOR DA COSTA, "obra citada", pág. 508, entende que o arquivamento condicional da acção executiva "é uma figura atípica de suspensão da acção executiva".

De acordo com o normativo do n.º 1 do artigo 123.º, se a acção executiva por dívida de custas ou multas não for instaurada, o prazo prescricional conta-se do termo do prazo do seu pagamento voluntário a que se reportam os artigos 64.º e 98.º, n.º 2; se a acção executiva tiver sido condicionalmente arquivada, o início do prazo prescricional é contado da data do despacho que o ordenou (artigo 123.º, n.º 2; cfr. artigo 122.º, n.º 2).

2. Execução por alimentos

Decorre do artigo 2006.º do Código Civil e do artigo 2007.º do mesmo Código conjugado com o artigo 399.º do Código de Processo Civil, que a execução por alimentos pode basear-se tanto num documento (autêntico ou particular) do qual conste a sua fixação por acordo das partes (artigo 2006.º), como numa decisão judicial, quer esta tenha sido proferida no âmbito do procedimento cautelar de alimentos provisórios (artigos 399.º e seguintes, e 2007.º, este do Código Civil), quer tenha sido proferida no âmbito do processo comum de alimentos definitivos (artigos 2003.º e seguintes, do Código Civil)([55]).

O processo de execução por alimentos, atenta a especial natureza da obrigação, apresenta, em relação ao processo comum para pagamento de quantia certa, cujas normas lhe são aplicáveis, algumas especialidades:

– o exequente pode requerer a adjudicação de parte das quantias, vencimentos ou pensões que o executado esteja perce-

---

([55]) Sobre o direito a alimentos, veja-se, Código Civil: artigo 108.º (direito a alimentos do cônjuge do ausente, não separado judicialmente de pessoas e bens), artigo 1675.º (o dever de assistência entre cônjuges compreende a obrigação de prestar alimentos), artigo 1795.º-A (a separação judicial de pessoas e bens não prejudica o direito a alimentos), artigo 1821.ºº (direito a alimentos provisórios do filho menor, interdito ou inabilitado desde a proposição da acção e contanto que o tribunal considere provável o reconhecimento da maternidade), artigo 1884.º (alimentos à mãe não unida pelo matrimónio), artigo 2000.º (direito a alimentos do adoptante) e artigo 2020.º (direito a exigir alimentos da herança do falecido, em união de facto); Lei n.º 75/98, de 19 de Novembro (garantia dos alimentos devidos a menores).

bendo, ou a consignação de rendimentos dos seus bens, para pagamento das prestações vencidas e vincendas de alimentos, o que tem lugar sem precedência de penhora (artigo 1118.º, n.º 1) ([56]);
– só depois de efectuada a penhora há lugar à citação do executado (artigo 1118.º, n.º 5);
– a oposição à execução ou à penhora não suspende a execução (artigo 1118.º, n.º 5);
– efectuada a consignação, duas situações podem verificar-se: mostrando-se *insuficientes* os rendimentos consignados, o exequente pode indicar outros bens, procedendo-se, de novo, nos termos prescritos no n.º 3 do artigo 1118.º (artigo 1119.º, n.º 1); mostrando-se *excessivos* os rendimentos consignados, o exequente é obrigado a entregar o excesso ao executado, à medida que o receba, podendo também o executado requerer que a consignação seja limitada a parte dos bens ou se transfira para outros (artigo 1119.º, n.º 2);
– havendo execução, a acção declarativa de *cessação* ([57]) ou *alteração* ([58]) dos alimentos, provisórios ([59]) ou definiti-

---

([56]) Se o exequente tiver requerido a adjudicação, deve notificar-se a entidade encarregada de os pagar ou de processar as respectivas folhas para entregar directamente ao exequente a parte adjudicada (artigo 1118.º, n.º 2); se tiver requerido a consignação de rendimentos dos bens do executado, o exequente deve indicar logo aqueles sobre que há-de recair e o agente de execução efectua-a relativamente aos que considere bastantes para satisfazer as prestações vencidas e vincendas, podendo para o efeito ouvir o executado (artigo 1118.º n.º 3).

([57]) Sob a epígrafe *"cessação da obrigação alimentar"* prescreve o artigo 2013.º, n.º 1: «A obrigação de prestar alimentos *cessa*: a) pela morte do obrigado ou alimentado; b) quando aquele que os presta não possa continuar a prestá-los ou aquele que os recebe deixe de precisar deles; c) quando o credor viole gravemente os seus deveres para com o obrigado».

([58]) Sob a epígrafe *"alteração dos alimentos fixados"* prescreve o artigo 2012.º do Código Civil: «Se, depois de fixados os alimentos pelo tribunal ou por acordo dos interessados, as circunstâncias determinantes da sua fixação se modificarem, podem os alimentos taxados ser reduzidos ou aumentados, conforme os casos, ou podem outras pessoas serem obrigadas a prestá-los».

([59]) «Se houver fundamento para alterar ou fazer cessar a prestação fixada, será o pedido deduzido no mesmo processo, observando-se o termos prescritos nos artigos anteriores» (artigo 401.º, n.º 2).

vos[60], corre os seus termos por apenso ao processo executivo (artigo 1121.º, n.ºˢ 1 e 2).

Tendo-se procedido à venda de bens para pagamento de uma dívida alimentar, o excesso do produto da venda (sobras da execução) será restituído ao executado, se não for necessário para assegurar o pagamento das prestações vincendas em montante que o juiz considere razoável; se for necessário para assegurar o pagamento das prestações vincendas, o excesso só será restituído ao executado, se este prestar caução[61] ou outra garantia idónea (artigo 1121.º-A).

3. Investidura em cargo Social

Determina o artigo 1500.º, n.º 1 que «Se a pessoa eleita ou nomeada para um cargo social for impedida de o exercer pode requerer a investidura judicial, justificando por qualquer meio o seu direito ao cargo e indicando as pessoas a quem atribui a obstrução verificada». Observado o contraditório, com a citação das pessoas indicadas no requerimento, duas situações podem verificar-se: se elas não apresentam contestação, é logo deferida a investidura (artigo 1500.º, n.º 1); se elas apresentam contestação, há lugar a audiência final para produção das provas oferecidas e daquelas que o tribunal considere necessárias (artigo 1500.º, n.º 3; cfr. artigos 1409.º a 1411.º).

Uma vez ordenada, é a investidura feita por funcionário judicial, que faz a entrega ao requerente de todas as coisas de que

---

[60] «Se o réu tiver sido condenado a prestar alimentos ou a satisfazer outras prestações dependentes de circunstâncias especiais quanto à sua medida ou à sua duração, pode a sentença ser alterada desde que se modifiquem as circunstâncias que determinaram a condenação» (artigo 671.º, n.º 2).

[61] Sobre a prestação de caução, importa reter os seguintes artigos: 981.º a 989.º (processo de prestação de caução), 990.º (prestação de caução como incidente) e 623.º e seguintes do Código Civil (meios de prestar caução).

deva ficar empossado, após as diligências executivas, incluindo os arrombamentos, que para o efeito forem necessárias (artigo 1501.º, n.º 1). Seguidamente são notificados os requeridos com a advertência de que não deverão impedir ou perturbar o exercício do cargo por parte do empossado (artigo 1501.º, n.º 2).

PARTE IV
A PROBLEMÁTICA
DAS EXECUÇÕES INJUSTAS

1. A certeza do crédito exequendo e a justeza da execução

Como oportunamente se referiu, as chamadas relações jurídicas disciplinadas pelo direito civil traduzem-se na atribuição a uma pessoa de um direito subjectivo e na imposição a outra do correlativo dever jurídico. Mas pode dar-se a hipótese de uma pessoa não saber se um determinado direito subjectivo que se arroga existe na realidade. Nesse caso, terá de instaurar a competente acção declarativa, recorrendo ao Estado para que este, por intermédio dos seus órgãos jurisdicionais, lhe reconheça esse direito.

Reconhecido o direito, e porque «a ninguém é lícito recorrer à força a fim de realizar e assegurar o próprio direito, salvo nos casos e dentro dos limites declarados na lei» ([1]), havendo incumprimento da obrigação por parte do devedor, ao credor, se pretender reagir contra a violação do seu direito, só restará recorrer aos tribunais, entidades a quem solicitará a concessão das providências necessárias com vista à realização do direito violado ([2]).

Quer isto dizer que as relações tuteladas pelo direito não ficam garantidas com o simples enunciado desses direitos e correlativos deveres; à tutela dos direitos não basta a sua declaração judicial, ainda que esteja acompanhada da condenação no cumprimento de determinada prestação. Por isso, se o devedor não satisfaz voluntariamente a prestação, o credor, munido do correspondente título executivo, terá de solicitar a intervenção dos tribunais para que

---

([1]) Cfr. artigo 1.º do Código de Processo Civil. Note-se que o recurso à força só será lícito nos casos e dentro dos limites genericamente assinalados nos artigos 336.º a 340.º do Código Civil, devendo a autodefesa ser seguida do recurso aos meios coercivos normais – procedimentos cautelares e acção subsequente –, em prazo igual ao fixado pela lei para a consolidação das providências cautelares decretadas pelo tribunal.

([2]) É o que se retira do artigo 2.º, n.º 2, que diz: «a todo o direito, excepto quando a lei determine o contrário, corresponde a acção adequada a fazê-lo reconhecer em juízo, a prevenir ou reparar a violação dele e a realizá-lo coercivamente, (...)».

estes, mercê da sua força e autoridade, pratiquem actos gravosos contra o património do executado.

Porém, apesar de o credor estar munido de um título executivo – condição necessária para promover a competente acção executiva - (³), daí não resulta necessariamente que o crédito nele consubstanciado exista, na realidade, no momento da instauração da execução; efectivamente, pode bem acontecer que no momento da instauração exista o título executivo e não exista o direito substancial, o direito de crédito.

Embora no título extrajudicial (documentos exarados ou autenticados por notário, letra, livrança, escrito particular de dívida) a falta de coincidência ou de concordância seja mais frequente do que no título judicial (sentença) porque oferece menos segurança do que este quanto à existência do direito substancial que o exequente se arroga (o título pode ser falso, o acto jurídico que dele consta pode estar viciado por incapacidade, erro, dolo ou coacção, a declaração de vontade pode ser simulada, a obrigação pode ter-se extinguido por alguma das causas legais de extinção das obrigações) (⁴), também o título judicial, embora inspire à partida maior confiança porque nos dá a certeza de que o direito existe (pelo menos no momento da formação do título), pode resultar de uma errada apreciação dos factos ou errada interpretação e aplicação da lei, atribuindo-se ao autor um direito que, na realidade, a lei lhe não concedia. Por isso diz-se que a sentença é *injusta* por contrária ao verdadeiro direito objectivo.

É evidente que uma vez transitada em julgado a decisão (⁵), o direito existe, em princípio, tal como o juiz o declarou (⁶) e não como o legislador o concebeu e quis.

(³) Para poder promover a acção executiva o exequente tem de estar munido de um título executivo; esse título será judicial ou extrajudicial, consoante o crédito esteja reconhecido por sentença ou esteja consubstanciado em título diferente de sentença que preencha os requisitos de exequibilidade.

(⁴) Sobre a extinção das obrigações, veja-se ANTUNES VARELA, "Das obrigações em geral", vol. II, págs. 133 e seguintes.

(⁵) Sobre o conceito de *caso julgado injusto,* ALBERTO DOS REIS, "Processo de execução", vol. 1.º, pág. 17), escreve: "é um conceito extra-jurídico; interessa ao aspecto crítico da jurisprudência, ao mundo dos valores ideais, não interessa à ordem jurídica positiva, ao mundo das realidades práticas".

Mas, como já ficou dito também, mesmo antes do trânsito em julgado a sentença pode constituir título executivo; basta, para tanto, que o recurso contra ela interposto tenha efeito meramente devolutivo (cfr. artigo 47.º, n.º 1, 2.ª parte).

Ora, se a regra para que a sentença constitua título executivo é que tenha transitado em julgado (artigo 47.º, n.º 1, 1.ª parte) e a excepção é que ela possa ser exequível se o recurso dela interposto tiver sido recebido no efeito meramente devolutivo ([7]), daí flúi que a sentença dada à execução pode vir a ser revogada ou modificada pelo tribunal superior e, por isso, no momento em que o credor instaura a acção executiva não há a certeza absoluta de que o direito exista.

Aliás, pode até dizer-se que, em bom rigor, nem mesmo quando a execução se baseie em sentença transitada em julgado existe a certeza absoluta da existência do direito. É que, a certeza do direito só existe no momento em que a sentença definitiva é proferida (o reconhece); instaurada a execução algum tempo após a declaração do direito, pode bem suceder que a situação jurídica se tenha modificado e o direito reconhecido pela sentença tenha desaparecido em virtude de uma ocorrência superveniente, v.g. por o devedor ter satisfeito voluntariamente a prestação em que fora condenado.

Também na execução fundada em título diferente de sentença pode suceder (e sucede com frequência) que o direito consubstanciado no título já não exista (ou não exista tal como consta dele)

([6]) Sem prejuízo, obviamente, da anulação do caso julgado mediante os recursos extraordinários de revisão (artigos 771.º a 777.º) e de oposição de terceiro (artigos 778.º a 782.º). Importa registar que os artigos 778.º a 782.º, que regulam o recurso extraordinário de oposição de terceiro, foram revogados pelo Decreto-Lei n.º 303/2007, de 24 de Agosto, com entrada em vigor diferida para o dia 1 de Janeiro de 2008.

([7]) Até à Reforma da acção executiva, ao recurso de apelação cabia, em regra, o efeito suspensivo; com a Reforma, o efeito regra da apelação passou a ser meramente devolutivo (cfr. artigo 692.º, n.º 1); com a Reforma dos recursos cíveis, operada pelo Decreto-Lei n.º 303/2003, de 24 de Agosto, *com a entrada em vigor diferida para o dia 1 de Janeiro de 2008*, o efeito regra da apelação continua a ser *meramente devolutivo* (artigo 692.º, n.º 1), só tendo efeito suspensivo nos casos previstos no n.º 3 do mesmo preceito.

no momento da instauração da execução, por, entretanto, ter ocorrido algum facto extintivo ou modificativo da obrigação.

Estas considerações valem para dizer que o título executivo (judicial ou extrajudicial), sendo indispensável para instaurar a acção executiva, não dá ao tribunal a certeza absoluta da existência do direito, mas tão-somente a probabilidade séria da sua existência.

Ora, se como acabamos de ver a existência do título não importa necessariamente a existência do direito, daí vem que pode existir o título e não existir o direito de crédito. Neste caso, se o exequente mover a acção executiva está a fazer uso *abusivo* e *ilegal* do título executivo; dito de outro modo, está a fazer uso de um meio próprio para efectivar o direito subjectivo substancial, quando esse direito já não existe na realidade; está a dar lugar a uma *execução injusta*.

Em termos simples pode dizer-se que a execução é *injusta* quando o exequente pretende conseguir um fim contrário ao direito.

A execução é injusta se não desempenha a finalidade própria do processo executivo (a realização efectiva do direito), quer dando realização efectiva a direito que não existe ou que não existe nas condições de ser realizado, quer negando efectivação a direito existente.

Em bom rigor, só quanto à primeira hipótese pode falar-se de *execução injusta*, usada esta expressão em sentido restrito[8]; a segunda hipótese respeita, mais propriamente, a actos executivos injustos, como seja a decisão proferida em processo executivo (ou seus apensos) que impeça a satisfação do direito existente, indeferindo liminarmente o requerimento executivo (artigo 812.º, n.º 2), julgando procedente a oposição à execução (artigo 817.º, n.º 4) que devia improceder, ou não verificando um crédito reclamado que na realidade existe[9].

---

[8] Neste sentido, também será *injusta* a execução que dê realização a um crédito reclamado (deduzido por um credor reclamante) que na verdade não existe, ou lhe atribua graduação de que não goza.

[9] Cfr. PESSOA JORGE, "obra citada", pág. 271.

Embora referindo-se à execução propriamente dita, a injustiça da execução pode circunscrever-se a certo acto processual, como acontece quando se penhora um bem que não constitui o património do executado, ou que não devia ser penhorado, em absoluto([10]). Como justamente observa PESSOA JORGE, também aqui a ilegalidade há-de resultar de o acto representar a violação de um direito substantivo.

De tudo o que fica dito resulta que a acção executiva destina-se à satisfação efectiva do direito violado. A este direito do credor que exige prontidão e celeridade da execução opõe a lei o interesse do devedor, e com o qual tem de conciliar-se, pois que exige que a execução seja *justa*.

Ora, se, como acabamos de ver, o título executivo demonstra tão-somente a probabilidade da existência do direito (só no momento da formação do título há a certeza do direito) e não a inteira certeza, daí vem que no momento em que o credor solicita ao tribunal actuações materiais contra o património do executado, aquele órgão executivo, em princípio, só poderá convencer-se da existência do arrogado direito exequendo, depois de permitir ao executado a oposição que tiver à execução com vista a pôr em causa a existência e validade do crédito exequendo([11]).

([10]) A ilegalidade da penhora, já vimos, pode assentar tanto no facto de se terem ultrapassado os "limites objectivos da penhorabilidade (penhoram-se bens que não deviam ser penhorados, em absoluto, ou não deviam ser penhorados naquelas circunstâncias, ou sem excussão de todos os outros, ou para aquela dívida)" (cfr. CASTRO MENDES, "Acção executiva" cit., pág. 111), como quando a penhora seja subjectivamente ilegal (penhoram-se bens que não são do executado). No primeiro caso a impenhorabilidade diz-se *objectiva;* no segundo diz-se *subjectiva;* contra aquela reage-se, normalmente, através do incidente de oposição à penhora; contra esta reage-se através dos restantes meios supra analisados (simples requerimento, embargos de terceiro e acção de reivindicação).

([11]) Esta possibilidade de o executado poder pôr em causa a eficácia e validade do título, demonstrando que a obrigação nele consubstanciada se extinguiu ou modificou entretanto decorre, por um lado, do valor conferido ao título executivo apresentado pelo exequente, e, por outro, da necessidade que o órgão executivo tem de obter a convicção da existência do crédito exequendo.

2. Reacção contra a execução injusta

A propósito da faculdade concedida ao credor de instaurar a execução com vista à satisfação do seu crédito, e do ónus que impende sobre o devedor de a ela se opor, diz MICHELI: "enquanto se permite ao credor proceder à execução forçada mediante título executivo, sem mesmo ter necessidade de demonstrar a existência do facto constitutivo do crédito de que se afirma titular, impõe-se, por seu lado, ao devedor o ónus de provar a inexistência, em juízo de oposição»([12]). Opor-se de que modo?

O nosso sistema jurídico anterior à Reforma de 1995/1996 admitia dois meios de oposição à execução: o agravo do despacho de citação e os embargos de executado (artigo 812.º)([13]).

Por virtude da referida Reforma, deixou de haver recurso do despacho de citação (cfr. artigo 234.º, n.º 5)([14]); por outro lado, a Reforma da acção executiva veio substituir a «oposição mediante embargos» pela «oposição à execução».

Afigura-se-nos que, optando por um novo paradigma da acção executiva essencialmente marcado pela desjudicialização, mantendo embora o juiz as funções de controlo e a necessária intervenção em aspectos de natureza jurisdicional, o legislador foi longe de mais no que às garantias de defesa do executado respeita, pondo-as em

---

([12]) "Corso di diritto processuale civile", I, págs. 289 e seguintes.

([13]) Tendo em atenção os efeitos resultantes da oposição por embargos, não era indiferente ao executado optar por um ou por outro daqueles meios. Com efeito, para além dos limites impostos à admissibilidade do agravo, o executado só devia agravar daqueles despachos cuja posição correcta do juiz deveria ser o indeferimento liminar do requerimento executivo, e quando pretendesse invocar matéria de facto que pudesse ser documentalmente provada; devia lançar mão dos embargos de executado sempre que o agravo não fosse admitido e ainda quando alegasse matéria de facto que não pudesse ser documentalmente provada. O que o executado pretendia, em última instância, era sempre atacar a acção executiva: se agravava do despacho, alegava que o juiz, em vez de ordenar a citação, devia indeferir o requerimento executivo pois que a acção executiva, tal como o requerente a deduziu, não apresentava condições de viabilidade; portanto, através da impugnação do despacho visava-se a fragilidade da acção executiva (cfr. ALBERTO DOS REIS, "obra citada", vol. 2.º, pág. 13).

([14]) Prescreve o referido preceito: «Não cabe recurso do despacho que mande citar os réus ou requeridos, não se considerando precludidas as questões que podiam ter sido motivo de indeferimento liminar».

crise ou, pelo menos, limitando-as: não só procedeu à transferência para o agente de execução, *maxime*, para o solicitador de execução, de um conjunto de poderes que eram da competência do juiz, mas também suprimiu da intervenção do tribunal um conjunto de actos liminares, tanto em sede de citação do executado, como em matéria de penhora ([15]).

Deixando de parte, por ora, tal entendimento, diremos, muito simplesmente, que não poderá haver procedimento executivo justo se ao executado não for garantido o direito de audiência ou de contraditório. Este princípio, que vale relativamente à pretensão do exequente, vale também, quer quanto à existência, quer quanto à exigibilidade dos créditos reclamados.

A oposição à execução constitui, hoje, o meio idóneo posto à disposição do executado para defender-se de uma execução injusta, quer pondo em causa a existência do direito exequendo, quer invocando a falta de algum pressuposto, específico ou geral, da acção executiva; constitui uma verdadeira acção declarativa que corre por apenso ao processo de execução, na qual o executado procurará atacar a execução e impedir que a acção executiva alcance o seu fim útil.

A lei distingue a hipótese de a execução se basear em decisão judicial ou se fundar noutro título.

Se a execução se funda em sentença, ainda que não transitada em julgado, isso quer dizer que o direito exequendo já foi reconhecido judicialmente; nesta hipótese a lei não permite que se suscite de novo controvérsia no processo executivo sobre a existência da titularidade desse direito, sob pena de envolver ofensa de caso julgado (por já haver decisão definitiva) ou envolver litispendência (por o litígio aguardar a decisão do tribunal superior, em resultado do recurso sem efeito suspensivo) ([16]).

([15]) Registe-se que, decorridos cerca de quatro anos sobre a entrada em vigor da Reforma da acção executiva, parece existir uma ideia generalizada de que, longe de constituir um sucesso, a Reforma da acção executiva só depois de ultrapassar todo um conjunto de dificuldades decorrentes de alguma indefinição quanto à distribuição de tarefas a cargo do juiz, do agente de execução ou da secretaria, poderá alcançar os seus objectivos programáticos.

([16]) Por isso, a lei limita os fundamentos de oposição à execução àqueles especificados no artigo 814.º.

Se a acção executiva se funda em título diferente de sentença, admite-se amplamente a defesa do executado: este pode invocar, além dos fundamentos de oposição especificados no artigo 814.º, qualquer outro fundamento de oposição à pretensão do exequente ([17]), com a mesma amplitude que lhe seria lícito deduzir como defesa no processo de declaração em que se discutisse a existência e titularidade do direito que o exequente se arroga (cfr. artigo 816.º).

Em processo de execução para pagamento de quantia certa, a oposição à execução deve ser deduzida no prazo de 20 dias a contar da citação do executado (artigo 813.º, n.º 1) ou da sua notificação, quando ocorra a cumulação sucessiva de pedidos (artigo 864.º, n.º 7).

Se o executado deduzir oposição à execução e não houver motivo para a rejeitar liminarmente, o juiz ordena que se proceda à notificação do exequente para a contestar, querendo, no prazo de 20 dias, seguindo-se, sem mais articulados, os termos do processo sumário de declaração (artigo 817.º, n.º 2). Quanto ao processo de execução, seguirá os seus termos normais até final, ou não, consoante o efeito do recebimento da oposição que, por sua vez, difere, consoante haja ou não lugar à citação prévia do executado: no primeiro caso a suspensão do processo de execução só ocorrerá quando o opoente preste caução ([18]) ou quando, tendo o opoente impugnado a assinatura do documento particular e apresentado documento que constitua princípio de prova, o juiz, ouvido o exequente, entenda que se justifica a suspensão (artigo 818.º, n.º 1); no segundo caso, em regra, o recebimento da oposição suspende o

---

([17]) Vimos já, a propósito das execuções para entrega de coisa e para prestação de facto, que o executado dispõe de dois outros fundamentos específicos de oposição à execução: pode deduzir oposição com o fundamento de benfeitorias a que tenha direito (artigo 929.º, n.º 1); pode deduzir oposição contra o pedido de demolição da obra com fundamento em esta representar para ele (executado) prejuízo consideravelmente superior ao sofrido pelo exequente (artigo 941.º, n.º 2).

([18]) Se o opoente pretender prestar caução deverá fazê-lo por qualquer dos meios previstos no artigo 623.º do Código Civil e através do incidente regulado nos artigos 981.º e seguintes "ex vi" artigo 990.º, o qual deverá ser autuado por apenso ao processo de execução (de oposição), devendo o exequente ser notificado para impugnar o seu valor ou a sua idoneidade.

processo de execução, sem prejuízo do reforço ou da substituição da penhora (artigo 818.º, n.º 2)([19]).

Ao exigir a prestação de caução por parte do executado (opoente), o legislador visou evitar o protelamento da execução através de oposições infundadas pois, se se exige ao credor, para a promoção da acção executiva, a apresentação do título executivo que consubstancia o direito que se arroga, parece evidente que, enquanto a sua eficácia não for destruída ou modificada, subsiste a presunção de que o exequente é portador do direito que se arroga.

Prestada a caução, através do incidente regulado nos artigos 981.º e seguintes "*ex vi*" artigo 990.º, fica salvaguardado o interesse do credor exequente, deixando de subsistir razões para o prosseguimento da execução.

Se o executado deduziu oposição à execução, foi recebida e prosseguiu os seus termos até final, duas situações podem verificar-se: ou o tribunal a julga procedente, declarando a inexistência da obrigação exequenda ou a inexistência tal como o título a apresenta, o que implica a destruição total ou parcial do pedido e a consequente extinção ou modificação da execução (cfr. artigo 817.º, n.º 4)([20]); ou o tribunal a julga improcedente e, então, a consequência será o prosseguimento da execução até final.

Quer a execução se baseie em sentença pendente de recurso, quer se baseie em sentença transitada em julgado ou em título diferente de sentença, se a execução tiver de prosseguir (por não ocorrer qualquer das condições que determine a suspensão da execução ou, ocorrendo, a execução suspensa deva prosseguir por a oposição ter estado parada durante mais de 30 dias, por negligência do opoente em promover os seus termos) e chegar à fase do pagamento sem estar decidido o recurso ou sem ter sido proferida a

---

([19]) Note-se que a execução suspensa prosseguirá se a oposição estiver parada durante mais de 30 dias, por negligência do opoente em promover os seus termos (artigo 818.º, n.º 3).

([20]) "Mediante a decisão definitiva do recurso ou do julgamento da oposição, a relação jurídica material reage sobre a relação jurídica processual fundada no título executivo e acaba por impor-se a esta. O princípio da justiça vence e domina, por fim, o sistema da força posta ao serviço da prontidão" (ALBERTO DOS REIS, "obra citada", vol. 1.º, pág. 60).

sentença definitiva no incidente de oposição à execução, «nem o exequente nem qualquer outro credor (só poderá ser um credor preferencial) pode obter o pagamento, sem prestar caução» (cfr. artigos 47.º, n.º 3, e 818.º, n.º 4) ([21]).

Ao contrário da caução prestada pelo opoente, que visa proteger o interesse do exequente, aqui, uma vez que o título que serviu de base à execução pode vir a ser destruído pela decisão definitiva da oposição à execução ou do recurso (interposto da sentença que serviu de base à execução), a caução exigida e prestada pelo exequente ou credor reclamante visa proteger: ou o adquirente dos bens vendidos judicialmente, caso essa venda fique sem efeito e o executado peça a restituição dos bens no prazo de trinta dias (cfr. artigo 909.º, n.os 1, alínea a) e 3), ou o próprio executado, no caso de não pretender exercer aquele direito e optar pelo valor da venda dos bens garantidos pela caução.

3. Reacção contra a execução injusta já consumada

Temos vindo a analisar a oposição à execução por ser, indiscutivelmente, o meio idóneo posto à disposição do executado para reagir contra uma execução injusta.

Dos seus fundamentos merece-nos especial destaque, quer pela controvérsia que tem suscitado, quer pela sua relevância em sede da problemática das execuções injustas, aquele previsto no artigo 814.º, alínea g).

Nos termos desta disposição, é fundamento de oposição à execução «qualquer facto extintivo ou modificativo da obrigação, desde que seja posterior ao encerramento da discussão no processo de declaração e se prove por documento», salvo se o facto for a prescrição do direito ou da obrigação pois, então, pode ser provado por qualquer meio ([22]).

([21]) Note-se que o processo de oposição à execução corre os seus termos por apenso à acção executiva e paralelamente a esta.

([22]) São causas extintivas da obrigação exequenda, entre outros, o pagamento, a dação em pagamento, a compensação, o perdão e a renúncia, a novação, a remissão e a confusão (artigos 837.º e seguintes do Código Civil).

É óbvio que o preceito respeita a um fundamento de oposição que só pode ser invocado pelo executado quando a execução se baseie em sentença, pois que exige que a verificação dos factos extintivos ou modificativos da obrigação seja posterior ao encerramento da discussão no processo declaratório; tratando-se de facto extintivo ou modificativo anterior à discussão no processo de declaração, em princípio não pode o executado invocá-lo em oposição à execução, mesmo que não tenha sido discutido no processo declarativo, sob pena de envolver ofensa de caso julgado.

Com efeito, se o executado invocou, na acção declarativa, um facto extintivo ou modificativo da obrigação exequenda mas não conseguiu fazer a sua prova e, por isso, foi condenado, não poderá invocá-lo em oposição à execução, mesmo que nessa altura esteja munido de documentos susceptíveis de o provar; dispondo, então, de documentos probatórios, o único meio de defesa possível será, pensamos, o recurso extraordinário de revisão a que se reporta a alínea c) do artigo 771.º.

Exige-se, entretanto, que o facto extintivo ou modificativo seja documentalmente provado [23]. Dissemos, na edição anterior [24], que esta prova documental deve ser feita liminarmente sob pena de rejeição liminar dos embargos, nos termos do artigo 817.º, n.º 1, alínea c) (então em vigor). E, em abono de tal entendimento, argumentou-se que, a ser de outro modo permitir-se-ia ao executado opor-se infundadamente à execução com o objectivo de protelar o seu andamento normal, sendo certo também que, tal como se exige que o exequente apresente o título executivo e demais prova complementar para demonstrar a justeza da execução, deve exigir-se ao executado a apresentação, com a petição inicial de embargos, dos documentos tendentes a provar os factos extintivos ou modificativos da obrigação. Este entendimento, que considerávamos válido no regime anterior, atentas as considerações apontadas e os amplos poderes então atribuídos ao juiz, deixa-nos hoje algumas reservas,

---

[23] A prescrição do direito ou da obrigação, bem como o cumprimento da obrigação de prestação de facto, podem ser provados por qualquer meio (cfr. artigos 814.º, alínea g), e 933.º n.º 2, 2.ª parte).

[24] "Obra citada", págs. 332-333.

não só face à indiscutível limitação dos poderes do juiz de execução operada pela Reforma da acção executiva, mas também pela diminuição das garantias de defesa do executado resultantes da mesma Reforma, uma vez que a acção de oposição à execução passou a seguir sempre, após os articulados, os termos do processo *sumário*, independentemente do valor (cfr. artigo 817.º, n.º 2), quando, no regime anterior, os embargos de executado seguiam a forma *ordinária* ou *sumária* de declaração, conforme o valor. Nesta conformidade, e em face da Reforma da acção executiva, não nos repugna admitir, agora, que a petição da oposição à execução não deva ser *indeferida* liminarmente ou *rejeitada* oficiosamente, quando não seja acompanhada do documento que prove o facto extintivo, modificativo ou impeditivo da obrigação exequenda, podendo o opoente apresentá-lo nas mesmas condições em que o poderia fazer em processo declarativo.

Baseando-se a execução em outro título diferente de sentença, afigura-se-nos aceitável a posição daquela doutrina que entende não dever exigir-se este requisito, baseando-se, para tal, no normativo do artigo 816.º, que diz: «... podem alegar-se quaisquer outros (fundamentos) que seria lícito deduzir como defesa no processo de declaração». Com efeito, não tendo sido a execução precedida de um processo declarativo, onde o executado teria a faculdade de alegar determinados factos, parece compreensível que o possa fazer em oposição à execução que, como se disse, segue os termos do processo de declaração, embora com algumas particularidades.

Já vimos que, se a execução se funda em sentença, a obrigação já foi reconhecida judicialmente no processo de declaração para o qual o executado foi chamado a fim de defender-se contra a pretensão do autor. Sendo assim, ainda que a sentença não tenha transitado em julgado, não é possível ao executado, em princípio, suscitar, de novo, em incidente de oposição à execução, a controvérsia sobre a existência da titularidade da obrigação, sob pena de envolver ofensa de caso julgado (caso a sentença executada seja definitiva) ou de litispendência (caso a sentença executada esteja pendente de recurso).

Se a execução se baseia em título diferente de sentença, deve permitir-se ao executado a faculdade de deduzir toda a sua defesa na oposição à execução: tanto os fundamentos de oposição que lhe era lícito deduzir caso a execução se fundasse em sentença, como quaisquer outros fundamentos que lhe seria lícito deduzir como defesa no processo de declaração (cfr. artigo 816.º), uma vez que ainda não lhe foi dada a possibilidade de defender-se contra a pretensão do exequente.

Do que acaba de dizer-se, afigura-se-nos poder tirar a conclusão seguinte: se na pendência da execução o tribunal reconhece a injustiça da execução e declara inexistente o direito do exequente, ou por a decisão judicial executada ter sido revogada em recurso, ou por ter sido julgada precedente a oposição à execução, a consequência será restituir o executado ao estado anterior, podendo, inclusivamente, haver lugar à anulação da venda, nos termos do artigo 909.º.

Mas pode suceder que a injustiça da execução não seja verificada judicialmente, ou por o executado não ter deduzido oposição à execução, ou, tendo-a deduzido, por esta ser julgada improcedente quando, na realidade, a obrigação não existia, ou, baseando-se a execução em sentença, por o executado não conseguir apresentar documento comprovativo da extinção da obrigação, ou, ainda, por o executado, não obstante ter produzido prova documental, ver a sua oposição julgada improcedente; como pode suceder, também, que o executado não tenha deduzido oposição, ou por só tomar conhecimento da existência do facto extintivo ou modificativo da obrigação, realmente verificado, depois de transitada a sentença que julgou extinta a execução, ou só nessa altura obter o documento comprovativo do facto extintivo ou modificativo, ou, ainda, por pura negligência ou falta de interesse do executado.

Em todas as hipóteses apontadas, excepto quando o tribunal reconheça a injustiça da execução e declare inexistente o direito, o exequente realiza (ou pode realizar) direitos de crédito que, na realidade, não existem.

Ora, se considerarmos, por um lado, que à ordem jurídica não interessa apenas que a execução seja rápida, mas também que a execução seja justa, e, por outro, que razões de certeza e segurança jurídicas impõem a resolução do conflito de interesses entre o exequente e o executado, pode legitimamente questionar-se sobre se deve permitir-se ao executado o recurso aos meio comuns e gerais de defesa, nomeadamente à acção declarativa com vista obter a condenação do exequente na restituição do indevido, quando através dos fundamentos específicos de oposição à execução consignados nos artigos 814.º a 816.º não tenha conseguido demonstrar a injustiça da execução.

4. O caso julgado em processo executivo e a acção de restituição do indevido

A questão da compatibilidade do caso julgado em processo executivo com a acção de restituição do indevido tem sido objecto de larga polémica. Pese embora os argumentos apresentados a favor e contra, a verdade é que a doutrina, incluindo a italiana, não logrou obter, ainda, uma resposta definitiva sobre tal matéria.

Escrevemos na anterior edição, que toda a problemática gira à volta da questão de saber se o caso julgado em processo executivo tem o mesmo alcance do caso julgado em processo declarativo, questão que deve ser analisada na perspectiva da compatibilidade ou não compatibilidade da oposição à execução com a acção de restituição do indevido.

Para os defensores da tese da preclusão *«pro judicato»*, entre os quais se contam REDENTI[25], CARNELUTI[26] e MICHELI[27], é inadmissível o recurso aos meios comuns e gerais de defesa, atenta a imutabilidade dos resultados do processo executivo.

Esta tese viria, posteriormente, a ser posta em causa por intermédio de GARBAGNATI[28] e ALLORIO[29], para quem são inaplicáveis à execução em que tenham sido satisfeitos créditos inexistentes os efeitos que são próprios do caso julgado material. Em justifica-

---

[25] "Profili practici dei diritto processuale civile", pág. 135.
[26] "Processo di esecuzione", I, págs. 55 e seguintes; e "Instituzzioni", I, págs. 86 e seguintes.
[27] "Corso di diritto processual", I, pág. 305.
[28] "Studi in onore di Redenti", I, págs. 469 e seguintes.
[29] "Problemi di diritto", I, págs. 79 e seguintes.

ção, refere GARBAGNATI: "operando a preclusão só no processo em que se produz, não é lícito estender a esfera da sua eficácia fora dele sem cair em imisção entre preclusão e caso julgado, imisção transparente na própria fórmula utilizada preclusão «*pro judicato*»".

Não se ficou por aqui, todavia, a doutrina italiana. Mais recentemente, MAZARELA [30] procurou fazer reviver a tese da preclusão «*pro judicato*», defendendo que a acção de restituição do indevido só pode aceitar-se quando o pagamento seja efectuado extrajudicialmente, funcionando aquela como sua garantia, mas já não quando o pagamento se realiza através da execução pois, aqui, a defesa do executado é garantida pelos meios de oposição que lhe são concedidos.

Entre nós, também não há unanimidade de posições sobre a matéria.

CASTRO MENDES parece defender a tese da preclusão «*pro judicato*» quando escreve: "... ideia prima facie evidente, segundo a qual as providências de carácter executivo não podem gerar caso julgado, não me parece curial ser correcto. Não pensamos naqueles processos declaratórios enxertados no executivo (embargos de executado, verificação e graduação de créditos); pensamos na execução em si, *qua tale*, e na questão de saber se baseando-se a execução em título negocial ou administrativo, a sentença a que se refere o artigo 919.º, n.º 2 [31], não chega para impedir, designadamente, que se mova posteriormente contra o exequente acção de restituição do indevido. A essa questão damos resolutamente resposta negativa: o processo executivo, *qua tale*, deixa uma zona de indiscutibilidade respeitante à pretensão material do exequente, zona essa semelhante à que deixa o processo de declaração".

E, depois de outras considerações, continua: "... a adopção de sistema diverso seria perigosíssima; as vantagens conseguidas atra-

---

[30] "Revista di diritto e procedure civile", págs. 240 e seguintes.
[31] Note-se que, até à Reforma da acção executiva a extinção da execução era determinada por decisão judicial: «a execução é *julgada* extinta logo que ...» (anterior artigo 919.º, n.º 1); «a sentença que *julga* extinta a execução é notificada ...» (anterior artigo 919.º, n.º 2).

vés de uma sentença poderiam ser sempre praticamente obliteradas através de processo admissível. Por exemplo, a condenação transitada em julgado e cumprida, poderia ser praticamente anulada através de uma acção de restituição do indevido, em que a inexistência da dívida anterior assegurada pelo caso julgado fosse invocada como fundamento livremente discutível" ([32]).

Entendimento diferente tem ANSELMO DE CASTRO para quem o problema não se coloca tanto em termos de respeito pelo caso julgado ou em exigências de estabilidade não só formal, como substancial, da acção executiva, ou dos seus resultados, mas, sobretudo, na necessidade de remediar situações de execuções injustas que não podem deixar de ter remédio, "quando ele é assegurado pela lei, pelo menos dentro de certos limites, pelo recurso extraordinário de revisão, para o próprio caso julgado".

Em justificação do seu ponto de vista e como crítica à tese da preclusão «*pro judicato*» refere que "sem haver norma expressa a excluí-la, nada há que permita negar ao devedor a acção de restituição do indevido", meio esse admissível não só nos casos de impossibilidade de a oposição ser deduzida na pendência da execução ([33]), mas também no caso de não haver nenhum obstáculo, nem legal, nem real, ao exercício tempestivo de oposição e esta não ter sido deduzida por pura negligência do executado ([34]).

PESSOA JORGE, embora reconhecendo a justeza da tese que permite ao executado recorrer à acção de enriquecimento sem causa,

---

([32]) "Limites objectivos do caso julgado em processo civil", págs. 20 e seguintes.

([33]) Por só após a extinção da execução chegar ao conhecimento do executado a causa de oposição, ou só nessa altura dispor do documento comprovativo da extinção da obrigação.

([34]) E em jeito de conclusão acrescenta que "para se ter como excluída a acção de restituição do indevido na falta de oposição seria preciso ver-se na acção executiva uma acção declaratória do direito a ela acoplada, de que a oposição à execução funcionasse como contestação, e não o pode ser, por nenhum pedido de declaração do direito respeitar o pedido da execução. Ou ver na acção executiva uma *provocatio ad agendum* para declaração negativa do direito do credor, isto é, o exercício de uma acção declarativa provocada. Ora, ninguém dirá que qualquer dessas configurações da oposição à execução possa corresponder aos quadros legais. Repele-as mesmo a não existência na lei de cominação imposta ao executado que não deduza oposição, sempre exigida para a declaração do direito" ("obra citada", pág. 305).

a fim de obter do exequente a repetição do pago, na medida do respectivo enriquecimento, inclina-se para a tese segundo a qual "a sentença que declara extinta a execução beneficia da autoridade de caso julgado, ficando a atestar a correcta satisfação da obrigação exequenda" ([35]).

Mais recentemente, LEBRE DE FREITAS tem negado a formação de caso julgado na acção executiva, argumentando que a eficácia de caso julgado material é apenas atribuída às decisões sobre a relação material controvertida, como é expressamente afirmado no artigo 671.º, n.º 1 ([36]), e que a sentença que declara extinta a acção executiva limita-se a declarar o termo da acção, não tendo efeitos extraprocessuais.

Quanto à formação de caso julgado na acção de embargos de executado, o mesmo Autor defendeu-o, ainda antes da Reforma da acção executiva, com o argumento de que, constituindo a oposição do executado uma acção declarativa que, a partir dos articulados, seguia a forma de processo ordinário ou sumário, consoante o valor, nela se assegurando plenamente o princípio do contraditório, não se justificaria admitir posteriormente outra acção com a mesma causa de pedir em que se pudesse voltar a pôr em causa a existência da obrigação exequenda; no caso de oposição de mérito a procedência dos embargos não se limitava a ilidir a presunção estabelecida a partir do título e, embora sempre nos limites objectivos definidos pelo pedido executivo, gozava de eficácia extraprocessual nos termos gerais, como definidora da situação jurídica de direito substantivo reinante entre as partes; a sentença proferida sobre uma oposição de mérito era dotada da força do caso julgado, sem prejuízo de, quando fosse julgada improcedente, os seus efeitos se circunscreverem, nos termos gerais, pela causa de pedir

---

([35]) "Obra citada", págs. 280-281.
([36]) Registe-se que o Decreto-Lei n.º 303/2007, de 24 de Agosto, *com a entrada em vigor diferida para o dia 1 de Janeiro de 2007*, veio dar nova redacção ao n.º 1 do artigo 771.º, com o seguinte teor: «Transitada em julgado a sentença ou o despacho saneador que decida do mérito da causa, a decisão sobre a relação material controvertida fica a ter força obrigatória dentro do processo e fora dele nos limites fixados pelos artigos 497.º e 498.º, sem prejuízo do disposto nos artigos 771.º a 777.º».

invocada, não impedindo nova acção de apreciação baseada em outra causa de pedir. Face à nova redacção dada ao artigo 817.º, n.º 2, pelo Decreto-Lei n.º 38/2003 que procedeu à Reforma da acção executiva, o mesmo Autor considera que a apontada solução é questionável, por a acção de oposição à execução passar a seguir sempre, após os articulados, os termos do processo sumário, independentemente do valor, o que implica uma maior limitação do direito de prova relativamente às acções que, propostas autonomamente, seguiriam a forma ordinária. Entende, todavia, que apontada limitação não leva automaticamente à conclusão de que o caso julgado não se forma na acção de oposição à execução: "só concretamente se pode verificar se o direito à prova foi efectivamente limitado, para o que é adequado o recurso ao critério perfilhado, para o caso da assistência, pelo artigo 341.º, alínea a), analogicamente aplicado com as adaptações que a distinta natureza das duas situações implica: em princípio, o caso julgado produz-se; é, porém, admissível à parte provar, em acção que autonomamente venha a ser proposta, que as limitações de prova do artigo 789.º a impediram de fazer uso de testemunhos que poderiam ter influído na decisão final. A reabertura da discussão só afastará, no final, a decisão anterior se as novas testemunhas se revelarem efectivamente determinantes duma convicção judicial de conteúdo diverso do primeiro" ([37]).

Por seu lado, TEIXEIRA DE SOUSA entende que a sentença proferida sobre uma oposição de mérito é dotada da força geral do caso julgado; quanto à decisão de extinção da execução, entende que ela produz caso julgado material (artigo 671.º, n.º 1) ou formal (artigo 672.º), conforme o seu conteúdo material ou processual; mais entende que sentença a declarar extinta a acção executiva é dispensada quando a causa da extinção "exija uma outra decisão que a substitua – como é o caso da sentença proferida nos embargos de executado" ([38]).

Finalmente, CARLOS OLIVEIRA SOARES adere à tese da não formação de caso julgado material na acção executiva, argumentando

---

([37]) "Obra citada", págs. 191-196.
([38]) "Acção executiva singular", Lex, Lisboa, 1998, págs. 191 e 415)

que "mesmo que se funde na procedência da oposição que declare a inexistência da obrigação exequenda a decisão de extinção não julga a relação material controvertida. Esse julgamento efectua-se na sentença que decide a oposição à execução. A decisão que julga extinta a execução na sequência da procedência da oposição limita-se a declarar o efeito processual que essa procedência tem sobre a acção executiva a que está funcionalmente associada". Já quanto à sentença proferida sobre uma oposição de mérito, adere à tese de que ela é *dotada da força geral do caso julgado*, mas não deixa de censurar a Reforma da acção executiva, pelo facto de a oposição à execução passar a tramitar sob a forma de processo sumário de declaração (cfr. artigo 817.º, n.º 2), o que implica uma limitação de garantias do regime de produção de prova relativamente às acções que, propostas autonomamente, seguiriam a forma ordinária ([39]).

Como PESSOA JORGE justamente observa, o problema é extremamente delicado e, sendo certo que não é nosso objectivo defender qualquer das teses em confronto, não deixaremos de fazer algumas considerações sobre a matéria e, assim, contribuir, pouco que seja, para não a deixar cair no esquecimento, tanto mais que a Reforma da acção executiva, dando nova redacção ao n.º 1 do artigo 919.º, veio dispensar qualquer declaração do juiz no tocante à extinção da execução, deixando de se falar na «sentença» prolatada na acção executiva, prescrevendo-se, agora: «a execução extingue-se logo que ...».

Em todo o caso, convirá dizer que a questão da compatibilidade ou não compatibilidade da oposição à execução com a acção de restituição do indevido tem a sua razão de ser quando seja dada realização coerciva a um direito inexistente e que não tenha sido judicialmente reconhecida a injustiça da execução, ou por o executado não ter deduzido oposição, ou por a sua oposição ter sido julgada improcedente, apesar da obrigação não existir, ou, ainda, baseando-se a execução em sentença, por o executado não conseguir apresentar documento comprovativo da extinção da obrigação;

([39]) "O caso julgado na acção executiva", in A reforma na acção executiva, Themis, 7 (2003), págs. 241 e seguintes.

se na pendência da execução for judicialmente reconhecida a injustiça da execução (declarando inexistente o crédito exequendo), ou por a oposição à execução ter procedido, ou por ter sido revogada em recurso a decisão judicial que estava a ser executada, a lei prevê normativos adequados que permitem restituir o executado ao estado anterior, ainda que os bens tenham sido objecto de venda executiva (cfr. artigo 909.º, n.ºs 1 e 3).

Vejamos, entretanto, qual o valor da sentença transitada em julgado e o alcance do caso julgado.

Ao "valor da sentença transitada em julgado" refere-se o artigo 671.º, e, do seu n.º 1, pode claramente inferir-se que a sentença fixa em termos imperativos o direito aplicável ao caso concreto submetido pelas partes ao julgamento do tribunal.

Ora, é precisamente na fixação imperativa do direito aplicável ao caso concreto que reside o efeito fundamental da sentença[40]: «proferida a sentença fica imediatamente esgotado o poder jurisdicional do juiz sobre a matéria em causa» (artigo 666.º, n.º 1). É certo que o juiz poderá, ainda, em certos casos, rectificar erros materiais, esclarecer a sentença que contenha alguma obscuridade ou ambiguidade, reformá-la quanto a custas e multa e ainda quando se verifique alguma das situações previstas no n.º 2 do artigo 669.º (cfr. artigos 667.º, 668.º e 669.º); o que o juiz não pode é modificar o sentido ou alcance da decisão proferida, nem mesmo os seus fundamentos.

Em regra, a sentença faz caso julgado[41] logo que a decisão nela contida não possa ser modificada[42], isto é, «logo que a decisão não seja susceptível de recurso ordinário, ou de reclamação

---

[40] Embora o efeito fundamental da sentença seja a sua força imperativa, dela emanam, também, efeitos secundários, entre os quais cabe destacar a sua exequibilidade (artigo 47.º) e a possibilidade de poder servir de título constitutivo de hipoteca para segurança do crédito do autor (cfr. artigo 710.º do Código Civil).

[41] Entende-se que o caso julgado é formado pelo julgamento propriamente dito e não pelos respectivos fundamentos de direito, visto que só a decisão é irrecorrível e não as razões jurídicas em que ela assenta. Neste sentido, Ac. do STJ, de 23.02.1978, BMJ n.º 274, pág. 191.

[42] É justamente a imodificabilidade da decisão transitada em julgado que garante aos particulares o mínimo de certeza do direito ou de segurança jurídica e paz social.

nos termos dos artigos 668.º e 669.º» (artigo 677.º). Esta regra sofre as excepções previstas no artigo 671.º, n.º 1: a decisão transitada em julgado ainda pode ser modificada através dos recursos extraordinários de revisão (artigos 771.º e seguintes)([43]) e de oposição de terceiro (artigos 778.º e seguintes)([44]).

Quanto ao *"alcance do caso julgado"*, diz o artigo 673.º que «a sentença constitui caso julgado nos precisos limites e termos em que julga: se a parte decair por não estar verificada uma condição, por não ter decorrido um prazo ou por não ter sido praticado determinado facto, a sentença não obsta a que o pedido se renove quando a condição se verifique, o prazo se preencha ou o facto se pratique».

Deste normativo parece poder inferir-se que se a sentença transitada não esgotou o *thema decidendum*, se uma parte da pretensão ficou ainda em aberto, essa parte pode, de novo, ser submetida à apreciação do tribunal. Mas não se vá mais longe pois, uma coisa é não ter sido apreciada uma parte da pretensão deduzida em juízo, outra, bem diferente, não terem sido apresentados ou deduzidos alguns meios de defesa do réu, ou algumas razões ou fundamentos do autor.

A este respeito, MANUEL DE ANDRADE esclarece que o caso julgado preclude todos os meios de defesa do réu, mesmo os que poderiam ter sido deduzidos, mas não deduziu, assim como preclude todas as possíveis razões do autor. Desde que a sentença reconheça o direito do autor, fica precludido, fica fechada a porta a

---

([43]) É o que sucede quando o título executivo seja uma sentença já transitada em julgado que tenha sido determinada por falsidade, quer de actos judiciais, quer de documentos. Neste caso, o meio processual próprio para arguir a falsidade do título executivo é o recurso de revisão e não os embargos de executado (actualmente a oposição à execução).

([44]) Se a execução se funda em sentença que tenha sido determinada por um acto simulado das partes e o executado quiser arguir a simulação processual, deverá fazê-lo através do recurso de oposição de terceiro e não na oposição à execução, por tal fundamento não caber no artigo 814.º. Importa referir que os artigos 778.º a 782.º foram revogados pelo Decreto-Lei n.º 303/2007, de 24 de Agosto, *com a entrada em vigor diferida para o dia 1 de Janeiro de 2008*, sendo o fundamento do recurso extraordinário da oposição de terceiro, previsto no n.º 1 do artigo 778.º, aditado como fundamento do recurso extraordinário de revisão (cfr. artigo 771.º, n.º 1, alínea f)).

todos os meios de defesa do réu, mesmo que ele não chegue a deduzir ([45]).

Poderá, então, dizer-se que nos casos de realização coerciva de créditos inexistentes o executado não poderá recorrer com êxito a uma acção de restituição do indevido? Embora com dúvidas, afigura-se-nos que a questão deverá ser analisada na perspectiva da compatibilidade ou não compatibilidade da oposição à execução com a acção de restituição do indevido ([46]). Vejamos:

Como oportunamente ficou dito em outra parte, a acção executiva possui características que lhe são próprias e a distingue da acção declarativa: esta destina-se a fazer reconhecer em juízo a existência do direito (artigo 3.º); a acção executiva visa dar realização efectiva ao direito violado, mediante as providências adequadas (actuações materiais contra o património do executado) (artigo 4.º, n.º 3).

Ora, se a acção executiva não visa discutir o direito, mas tão somente realizá-lo coercivamente, daí vem que a sentença que julgava extinta a execução, nos termos do artigo 919.º, nada referia

---

([45]) "Noções elementares ...", págs. 129-130. Note-se que, em princípio, a eficácia do caso julgado obsta a que o autor que tenha decaído na acção possa, em outra acção, vir alegar novos factos instrumentais, relativamente à mesma causa de pedir, para obter o efeito jurídico visado na acção anterior, do mesmo modo que não permite ao réu vencido a alegação, em nova acção, de quaisquer factos não invocados na acção anterior, mas verificados antes do encerramento da discussão, para contrariar a decisão contida na sentença. É que, tendo reconhecido, no todo ou em parte, o direito do autor, a sentença preclude todos os meios de defesa do réu (cfr. artigo 489.º).

([46]) Admitiu-se na anterior edição, embora com dúvidas, que a resposta deveria buscar-se na determinação do alcance do caso julgado executivo e na doutrina do artigo 489.º; aceitou-se também como indiscutível, que a sentença que julgava extinta a execução fazia caso julgado, mas já nos ficavam sérias dúvidas que o caso julgado executivo tivesse o alcance do caso julgado declarativo. Ora, se considerarmos que a Reforma da acção executiva veio: por um lado, limitar as garantias de defesa do executado, designadamente quando estabelece que, após a contestação «a oposição seguirá, sem mais articulados, os termos do processo sumário de declaração» (artigo 817.º, n.º 2), o que implica uma limitação de garantias do regime de produção de prova relativamente às acções que, propostas autonomamente, seguiriam a forma ordinária; e, por outro, dispensar qualquer declaração do juiz no tocante à extinção da execução, deixando de se falar na «sentença» prolatada na acção executiva, parece-nos, hoje, que tais entendimentos perderam, pelo menos em parte, o seu alcance prático.

acerca do reconhecimento do crédito exequendo, consignando apenas a procedência do pedido material exequente, envolvendo a confirmação das actuações coercivas efectuadas, as quais se tornavam imutáveis após o trânsito em julgado da sentença.

Quando na pendência da execução subsista controvérsia sobre o direito a realizar, a sua discussão deverá fazer-se na oposição à execução, meio específico da acção executiva pelo qual o executado se defende de uma execução injusta. Tal meio de oposição constitui uma figura quase perfeita de uma acção declarativa, embora com natureza e estrutura próprias, que corre por apenso ao processo de execução, e paralelamente a este.

De acordo com o artigo 489.º, toda a defesa deve ser deduzida na oposição à execução, com excepção da defesa separada, «excepções, incidentes e meios de defesa que sejam supervenientes, ou que a lei expressamente admita passado esse momento, ou de que se deva conhecer oficiosamente» (47).

Se o executado tiver deduzido oposição à execução, recebida esta e julgada procedente ou improcedente, a sentença transitada em julgado faz caso julgado sobre a matéria declaratória; neste caso, o executado ficará impedido de recorrer a uma acção declarativa por fora, com o fim de obter a condenação do exequente na restituição do indevido, sob pena de ofensa ao caso julgado da decisão que julgou a oposição, salvo nos casos que abaixo serão apreciados.

---

(47) Dissemos na anterior edição que o referido normativo é aplicável ao processo executivo, ex vi artigo 801.º (actual artigo 466.º, n.º 1). Pese embora o entendimento contrário, com o argumento de que, "se o pedido executivo não comporta uma pretensão de declaração do direito, também a oposição à execução não constitui uma contestação", para nós, que entendemos dever autonomizar-se a causa de pedir na acção executiva e, nessa medida, propendemos para a tese daqueles que defendem a exigência da indicação da causa de pedir na acção executiva, tese essa que, de resto, parece ter sido salvaguardada no normativo do artigo 810.º, n.º 3, alínea b), na redacção dada pelo Decreto-Lei n.º 38/2003, de 8 de Março, quando determina que o requerimento executivo deve conter «uma exposição sucinta dos factos que fundamentam o pedido, quando não constem do título executivo», não vemos razão para alterar aquele pensamento, apesar da diminuição das garantias de defesa do executado, particularmente no que ao regime de produção de prova respeita em sede da oposição à execução.

Se na pendência da execução o executado tem conhecimento do facto extintivo ou modificativo da obrigação e deduz oposição à execução, mas esta é indeferida liminarmente, nomeadamente por falta de prova documental do facto extintivo ou modificativo invocado, não sendo o documento exigido pela lei material, parece-nos que ao executado não deve ser vedado o direito de recorrer a uma acção declarativa com vista a obter a condenação do exequente na restituição do indevido, por ser, em nossa opinião, o único meio ao seu alcance para pôr termo a uma *execução injusta* [48].

A propósito da exequibilidade dos documentos particulares com assinatura a rogo, MANUEL DE ANDRADE, sem tomar posição definida sobre esta matéria, parece deixar aberta a porta para o recurso à acção de restituição do indevido em determinados casos, quando escreve: "quanto às causas extintivas ou modificativas da obrigação pode levantar-se dúvida sobre se carecem (exceptuada a prescrição, como é evidente) de ser provadas por documento, como para a execução de sentenças exige o artigo 813.º, n.º 9 (actual artigo 814.º, alínea g), abrangido na remissão genérica do artigo 815.º (actual artigo 816.º). A solução afirmativa não pode rejeitar-se *in limine*, pois além de ser sugerida pela letra dos textos legais, estaria de acordo com a máxima tradicional de que os negócios jurídicos e obrigações delas derivadas devem modificar-se ou dissolver-se pelo mesmo modo por que se constituem. Admitida que fosse esta solução, resultaria a possibilidade duma execução injusta, quer dizer, de uma execução por dívida não existente. Mas faltaria ainda saber se o executado não poderia repetir em acção por fora o montante indevidamente pago ao credor – problema que sempre terá razão de pôr-se quanto às execuções de sentenças" [49].

Não nos repugna aceitar a mesma solução para aqueles casos em que, sendo embora recebida a oposição à execução, vier a ser julgado improcedente por insuficiência de prova documental, e posteriormente à extinção da execução o executado consiga obter prova documental plena do facto extintivo, pois, pese embora as exigências de respeito pelo caso julgado formado pela sentença que

---

[48] Neste sentido, ANSELMO DE CASTRO, "obra citada", pág. 297.
[49] "Revista de legislação e de jurisprudência", Ano 73, pág. 245, nota 2.

declarou improcedente a oposição à execução, vingam aqui as razões de justiça social que justificam o recurso extraordinário de revisão, para o próprio caso julgado.

Se na pendência da execução o executado está impossibilitado de deduzir oposição por o conhecimento do facto extintivo ou modificativo da obrigação exequenda ser superveniente à extinção da execução, afigura-se-nos que ao executado deve permitir-se o recurso à acção de restituição do indevido, não só por a lei admitir a defesa a todo o tempo enquanto o devedor, por desconhecimento do facto, não possa exercê-la, mas também por aquele ser o único meio ao dispor do executado para neutralizar os efeitos de uma execução injusta, quando a lei o assegura pelo recurso extraordinário de revisão, para o próprio caso julgado [50].

Se o executado, apesar da existência de fundamento de oposição à execução, não a deduzir, por pura negligência ou por falta de interesse, podendo, no entanto, fazê-lo, a solução apresenta-se duvidosa, inclinando-nos, todavia, para a inadmissibilidade da acção de restituição do indevido.

Em sentido favorável à admissibilidade daquele meio petitório comum argumenta-se com a natureza e estrutura específica do processo de execução que visa assegurar a realização do direito e não declará-lo, pelo que também esse fim não pode ser assinado à oposição, nem impor-se ao executado o ónus de a deduzir; argumenta-se ainda que da diversa natureza do requerimento inicial de execução e da petição inicial (em processo declarativo) resulta que, enquanto a falta de contestação em processo declarativo implica a confissão dos factos alegados, ou mesmo o reconhecimento do direito invocado, no processo executivo a falta de oposição implica que o executado tenha de suportar na sua esfera patrimonial as actuações materiais necessárias à realização do direito [51].

Com o devido respeito, permitimo-nos discordar de tal argumentação. Na verdade, e aceitando embora a natureza e estrutura específica do processo de execução, o certo é que a realização do crédito exigido pelo exequente está reconhecido no título, e até ser

---

[50] Neste sentido, ANSELMO DE CASTRO, "obra citada", págs. 303-304.
[51] Cfr. ANSELMO DE CASTRO, "obra e locais" supra citados.

destruída a validade do título, presume-se a existência do direito nele consubstanciado. Por outro lado, e não podendo dizer-se que o título executivo demonstra ao tribunal a certeza absoluta da existência do direito, mas tão somente a probabilidade séria dessa existência, a verdade é que o tribunal adquire a convicção de que o direito existe, depois de dar ao executado a possibilidade de pôr em causa o crédito exequendo. Ora, se o executado, apesar de conhecer o facto extintivo da obrigação e poder deduzir oposição, não o faz, por negligência ou até por falta de interesse na discussão do direito, parece compreensível que não possa fazê-lo em outro momento[52]. Aliás, e correndo embora o risco de se estar perante situações de realização de créditos inexistentes, é indiscutível que o executado podia e devia ter posto em causa o crédito exequendo através de algum dos meios de oposição especificados na lei; não o tendo feito, pensamos que não poderá depois recorrer a um meio petitório comum próprio para remediar situações em que ao executado não tenha sido possível a oposição, quando podia fazê-lo em tempo oportuno e não o fez. A não entender-se assim, seria a própria segurança e certeza jurídica que seriam postas em causa.

5. Responsabilidade do exequente no caso de execução injusta

Ligada ao problema das execuções injustas está a questão da responsabilidade do exequente, mais concretamente, a de saber se o executado terá direito a exigir alguma indemnização do exequente no caso de o tribunal, depois de promovida a execução, declarar a inexistência, invalidade ou ineficácia do título executivo, para além do direito de ser restituído ao estado anterior (restituição do que o exequente indevidamente houver recebido) e, obviamente, de ver o exequente condenado nas custas do processo.

A doutrina tem procurado encontrar a resposta na conduta lícita ou ilícita daquele que dá causa à acção: da parte que instaura a

---

[52] Neste sentido, MICHELI, "Corso di diritto processuale Ccvile", I, págs. 289 e seguintes.

acção ou promove a execução. Assim, para aqueles que entendem ser lícita a actuação do exequente, a resposta será negativa, salvo o caso de o exequente ser considerado litigante de má fé ([53]).

Sem pretendermos, de algum modo, aprofundar o problema, mas tão somente contribuir, pouco que seja, para a sua análise, pensamos que a questão da responsabilidade processual na acção executiva, no caso de execução injusta, deve ser vista e resolvida nos mesmos termos em que é vista e resolvida a questão da responsabilidade processual na acção declarativa, sem esquecer, obviamente, a natureza, estrutura e características que são próprias da acção executiva.

Vejamos, começando por abordar algumas considerações de ordem geral, para uma melhor análise e compreensão do problema de fundo.

Já se disse que a necessidade de recorrer aos tribunais resulta da ontológica do processo: o processo é ontologicamente necessário porque fora dele não é possível assegurar a tutela jurídica que funcionalmente emana da jurisdição. Quer isto dizer que as relações jurídicas tuteladas pelo direito não ficam garantidas com o simples enunciado desses direitos e correlativos deveres, incumbindo ao particular sujeito da relação promover (e impulsionar) a acção ([54]) destinada à obtenção da providência jurídica adequada ([55]).

Porém, se o processo é ontologicamente necessário, estruturalmente – que é como quem diz «teleologicamente» – ele constitui uma sequência de actos ([56]) todos organizados e seriados com vista à justa composição do litígio (declarativo) ou à justa realização da justiça (executivo). Neste sentido, pode até dizer-se que se o processo declarativo tem como objectivo realizar justiça (a justa com-

---

([53]) Neste sentido, PESSOA JORGE, "obra citada", pág. 280.

([54]) Cfr. artigo 2.º. A acção traduz um direito do particular: o de provocar a actividade dos tribunais para que, reconhecendo o seu direito, se lhe conceda a tutela jurídica adequada.

([55]) Cfr. artigos 264.º, n.º 1; 467.º, n.º 1; 661.º, n.º 1; 668.º, n.º l, alíneas d) e e).

([56]) "Os actos processuais – escreve LUSO SOARES, "Direito processual civil", Almedina, 1980, pág. 79, – (...) são elementos componentes de uma entidade única, a relação jurídica processual, e essa unidade é de natureza obediente e características próprias as quais permitem desvincular, do direito material, o processo".

posição dos litígios privados em conflito), destinando-se a sancionar condutas que perturbem a paz social([57]), o processo executivo visa realizar justiça efectiva (no caso concreto), ou, dito de outro modo, visa dar realização efectiva ao direito violado([58]).

Importa recordar, todavia, que a lei não permite o recurso às vias judiciais em toda e qualquer circunstância, designadamente para satisfazer um mero capricho ou um puro interesse subjectivo (moral, científico ou académico) de obter um pronunciamento judicial; o particular só poderá provocar a actividade dos tribunais desde que tenha interesse processual([59]), isto é, desde que exista uma necessidade justificada, razoável, fundada, de recorrer ao processo ou de fazer prosseguir a acção.

Por outro lado, nos termos do artigo 3.º, n.º 1 «o tribunal não pode resolver o conflito de interesses que a acção pressupõe sem que a resolução lhe seja pedida por uma das partes e a outra seja devidamente chamada para deduzir oposição».

Ora, conforme expressamente se prescreve no trecho, o tribunal só poderá resolver o conflito de interesses depois de ouvir as razões do demandante e demandado. Esta doutrina encontra a sua razão de ser na necessidade de obediência ao *princípio do contraditório*, que pode traduzir-se da forma seguinte: tal como ao lesado, impossibilitado de reintegrar a ordem jurídica pelo recurso à sua força, se concede o direito de acção, também ao demandado, que pode não ter cometido a violação que lhe é imputada, deve conceder-se o direito de contradição e de defesa([60]).

([57]) Pode mesmo dizer-se que assegurando a paz social sobre os juízos de legalidade em que assenta a justiça contenciosa, o processo constitui também um instrumento de defesa do direito objectivo, embora o seu fim essencial seja a tutela dos direitos subjectivos.

([58]) "O direito processual civil regula apenas os meios necessários para, a partir do direito privado, se alcançar a solução concreta do conflito levantado entre as partes ou para se dar realização efectiva ao direito violado" (ANTUNES VARELA, "Manual de processo civil", Coimbra Editora, 2.ª edição, 1985, pág. 8).

([59]) Ao interesse processual chamam os autores italianos «*interesse em agir*» e dá-lhe a doutrina germânica o nome de «*necessidade de tutela jurídica*».

([60]) Em observância do *princípio do contraditório*, o juiz não deve decidir questões de direito ou de facto, mesmo que de conhecimento oficioso, sem que as partes tenham tido a possibilidade de sobre elas se pronunciarem, salvo caso de manifesta desnecessidade (artigo 3.º, n.º 3); em observância do *princípio da igualdade das par-*

Mas a disposição em referência não consagra apenas os princípios do contraditório [61] e dispositivo [62]; dele pode inferir-se também a ideia de que a relação jurídica processual [63] constitui-se entre cada uma das parte (demandante-demandado, exequente-executado), de um lado, a quem cabe impulsionar o processo, e o juiz, do outro, a quem cabe o poder-dever jurisdicional para, ou determinar concretamente a vontade da lei (Chiovenda), ou compor o conflito de interesses que lhe foi trazido (Carnelutti), ou dirimir os conflitos reais formulados pelas partes e realizar efectivamente o direito violado (dizemos nós) [64].

Já sabemos que o princípio dispositivo rege o processo declarativo, mas é igualmente válido, embora mais limitadamente, para o processo executivo. Por força dele, é ao titular do direito violado que incumbe requerer ao tribunal o meio de tutela jurisdicional adequada à reparação do seu direito; é à parte interessada que incumbe, em regra, não só a iniciativa de afirmar os factos essenciais ao direito ou à excepção que invoca (ónus da afirmação), mas também o encargo de desenvolver toda a actividade instrutória capaz de provar a verificação desses factos [65], sob pena de se

---

tes, incumbe ao tribunal garantir a igualdade substancial das partes, quer no exercício de faculdades, quer no uso de meios de defesa e na aplicação de cominações ou de sanções processuais (artigo 3.º-A).

[61] Ao princípio do contraditório referem-se, entre outros, os artigos 517.º (audiência contraditória) e 645.º, n.º 2 (inquirição por iniciativa do tribunal).

[62] Veremos adiante que o princípio dispositivo aplica-se, também, ao processo executivo. São manifestações deste princípio: a iniciativa e impulso processual (artigos 264.º, n.º 1, 810.º, n.º 3, alínea b) e 812.º, n.ºs 2, alínea a), e 4), a disponibilidade do objecto do processo (artigos 660.º, n.º 2, 664.º e 668.º, n.º 1, alíneas d) e e)) e a disponibilidade do termo do processo (artigos 287.º, alíneas c) e d), 290.º e seguintes, 916.º e 918.º).

[63] A propósito das "*características do processo civil*" escreve ANTUNES VARELA, "obra citada", pág. 9: "não há dúvida de que na relação processual civil existe entre as partes e o juiz um nexo de verdadeira subordinação, que explica a força vinculativa das decisões judiciais. O juiz exerce nessa relação uma função típica de soberania, que é a função jurisdicional". Como já vimos acima, a Reforma da acção executiva limitou substancialmente a intervenção do juiz de execução no processo.

[64] Sobre a natureza do processo como uma relação jurídica, veja-se LUSO SOARES, "Processo civil de declaração", Coimbra, Almedina, 1980, págs. 240 e seguintes.

[65] A parte a quem não incumbe o ónus da prova do facto terá também interesse, sabendo que o facto se não deu, em combater a prova adversa: além de ter que

considerarem como inexistentes e de o direito ou a excepção alegada não proceder.

Daí vem que o juiz (árbitro do processo e alheio aos problemas em conflito) não pode, por iniciativa própria, suprir a negligência ou a inépcia das partes, quer na alegação dos factos que interessam à fundamentação da sua pretensão, quer na prova dos factos alegados, embora a lei lhe conceda (artigos 265.º e 265.º-A) o poder de realizar, por si, ou de ordenar oficiosamente, todas as diligências que considere necessárias para o apuramento da verdade, quanto aos factos alegados pelas partes e quanto àqueles de que o tribunal pode conhecer *ex officio*, bem como de determinar a prática dos actos que melhor se ajustem ao fim do processo, quando a tramitação processual prevista na lei não se adequar às especialidades da causa.

Assim, e em conformidade com o mencionado princípio, incumbe ao exequente não só expor, no requerimento executivo, os factos que fundamentam o pedido, quando não constem do título executivo (artigo 810.º, n.º 3, alínea b)), mas também apresentar com o requerimento o título executivo e toda a prova complementar a que se reporta o artigo 804.º, n.ᵒˢ 1 e 2, e 810.º, n.º 3, alínea d); se o não fizer, terá de aceitar as consequências inerentes à sua conduta, uma vez que o juiz não pode suprir a sua negligência e inépcia (cfr. artigos 811.º, n.º 1, alíneas b) e c), e 812.º, n.º 2, alíneas a) e c)), sem prejuízo do disposto nos artigos 811.º, n.º 3, e 812.º, n.ᵒˢ 3 e 4.

O princípio dispositivo manifesta-se, por último, nos limites da sentença e da actividade do juiz. É o que resulta, desde logo, do disposto no artigo 515.º: ao apurar a verdade sobre os factos relevantes para a decisão o juiz deve tomar em conta todas as provas produzidas, quer elas tenham emanado ou não da parte sobre que recai o ónus da produção.

---

impugná-lo especificamente, para que o facto se não considere admitido por acordo, poderá sempre convir-lhe, através dos meios da contraprova, impedir que o juiz se convença erroneamente da realidade do facto inexistente. Referimo-nos, evidentemente, àqueles processos declaratórios enxertados no processo executivo, cujos termos correm paralelamente a este.

Quanto aos limites da actividade do juiz (em processo declarativo), há que ter em linha de conta que, exceptuados os factos notórios, os factos de conhecimento oficioso do tribunal e os factos indiciadores do uso anormal do processo (respectivamente, artigos 514.º, 664.º e 665.º), o juiz, em regra, só pode servir-se dos factos constitutivos, impeditivos, modificativos ou extintivos das pretensões formuladas na acção, alegados pelas partes, seja qual for a natureza ou tipo da acção[66]. Todavia, se assim é quanto à matéria de facto, o princípio não vale para a matéria de direito: tanto na determinação (indagação), como na interpretação e aplicação do direito, o juiz não está vinculado à qualificação jurídica dos factos efectuada pelas partes[67].

A propósito das naturezas ontológica e funcional do processo, observa LUSO SOARES: "... o facto de o processo ser ontologicamente necessário (princípio da justiça pública assegurada no artigo 1.º do Código de Processo Civil) explica que a sua existência tenha um custo financeiro necessariamente reflectido na actividade das partes; o facto de o processo ser funcionalmente dispensável (com certos limites, por exemplo os catalogados no artigo 299.º) justifica que aquele custo constitui um encargo do que dele se serve"[68].

É justamente esta outra realidade da relação jurídica processual que nos interessa para a análise do problema da responsabilidade processual. Com efeito, para além do direito que se litiga (direito substancial), as partes são também titulares de um outro direito de natureza especificamente processual: "de como as partes controvertem os factos respeitantes ou inerentes ao direito substantivo que dizem ter e de como exercem o direito instrumental que lhes permite a acção, são partes directa e efectivamente responsáveis"[69].

---

[66] Com excepção do disposto nos artigos 572.º e 1787.º, ambos do Código Civil.

[67] Sobre os princípios do direito probatório formal, ver GONÇALVES SAMPAIO, "A prova por documentos particulares ...", Coimbra, Almedina, 2.ª edição, 2004, págs. 160 e seguintes.

[68] "A responsabilidade processual civil", Coimbra, Almedina, 1987, pág. 113.

[69] LUSO SOARES, "A responsabilidade...", pág. 108.

Ora, se aceitarmos, como efectivamente aceitamos, que não pode haver concessão oficiosa da tutela jurisdicional, daí flúi que a relação jurídico-processual terá de desenvolver-se sobre o princípio da auto-responsabilidade das partes [70], entendido este no sentido de que são elas (as partes) que conduzem o processo a seu próprio risco [71].

Porém, falar em auto-responsabilidade das partes implica, forçosamente, falar em responsabilidade processual, e esta, escreve LUSO SOARES, é de dois tipos: a) a subjectiva, por facto de dolo no processo; b) a objectiva, por risco próprio daquele que deu causa à acção [72].

Sem pretendermos desenvolver, aqui, a fundamentação teórica da responsabilidade processual, afigura-se-nos possível avançar, desde já, com a seguinte ideia: enquanto no direito privado vigora a regra da responsabilidade civil subjectiva segundo a qual o agente é sancionável tanto a nível de dolo como de culpa [73], no direito processual declarativo só o dolo ou a negligência grave são relevantes (cfr. artigo 456.º, n.º 2) [74]. Com a Reforma da acção executiva, como melhor veremos abaixo, veio afirmar-se expressamente a responsabilidade civil do exequente pelos danos culposamente causados com a execução, a final, julgada ilegal (cfr. artigo 819.º).

Como veremos adiante, a responsabilidade processual compreende tanto a obrigação de reembolsar (imputada à parte vencida)

---

[70] Cfr. ANSELMO DE CASTRO, "Direito processual civil declaratório", vol. I, págs. 30-31.

[71] Cfr. LUSO SOARES, "Processo civil de declaração", 1985, págs. 476-477. O risco é inerente à própria actividade processual das partes, aqui se incluindo a actividade de impulsionar, de conduzir, de produzir, etc..

[72] "A responsabilidade civil...", pág. 114.

[73] O n.º 1 do artigo 483.º do Código Civil, relativo à responsabilidade por facto ilícito, prescreve assim: «aquele que, com dolo ou mera culpa, violar ilicitamente o direito de outrem ou qualquer disposição legal destinada a proteger interesses alheios fica obrigado a indemnizar o lesado pelos danos resultantes da violação».

[74] Até à Reforma de 1995/1996, só o n.º 3 do artigo 456.º se referia, expressamente, ao «dolo», mas, então, ao «dolo instrumental». Por isso, entendia-se que só o dolo era relevante, não havendo, em regra, qualquer sanção por causa de mera culpa, ainda que grave. No sentido de que só o dolo justificava a condenação como litigante de má fé, pronunciaram-se os Acs. do STJ, de 17.11.1972, BMJ n.º 221, pág. 164, e de 05.04.1979, BMJ n.º 286, pág. 200.

como a obrigação de indemnizar (imputada ao litigante de má fé). Ora, se atendermos, por um lado, aos dois tipos de responsabilidade processual e, por outro, aos sentidos que esta, como conceito, comporta ([75]), podemos dizer, embora em termos algo simplistas, que se a responsabilidade processual objectiva traduz-se na imputação ao agente vencido na acção, da obrigação de reembolsar a parte vencedora, das despesas que lhe tenha ocasionado, a responsabilidade processual subjectiva traduz-se na imputação ao litigante de má fé da obrigação de indemnizar a parte lesada. Esta ideia parece também defendida por HENRI DE PAGE, para quem o problema da responsabilidade civil não constitui mais do que uma questão de responsabilidade de perdas ([76]).

Habitualmente lança-se mão dos conceitos de «*boa fé*» e «*abuso de direito*» para explicar a responsabilidade processual resultante da prática de facto ilícito.

Para ALBANESE, por exemplo, não é possível determinar com critérios absolutos e precisos a linha de demarcação entre actividade processual e ilícita ([77]).

BETTI, por seu lado, partindo da existência do direito de acção (direito que o particular tem de provocar a intervenção dos tribunais), sustenta que quem exerce o direito de acção convencido de ter razão substancial, ainda que na realidade a não tenha, não pratica algum ilícito ([78]).

Também SATA, socorrendo-se dos conceitos de boa e má fé, defende que demandar com direito não gera responsabilidade porque o caso é de todo diferente de se demandar de má fé ([65]).

Entre nós, PAULO CUNHA referia-se já em 1935 a esta matéria, escrevendo assim: "de um ponto de vista ético ninguém poderá

([75]) Segundo LUSO SOARES, "A responsabilidade processual...", págs. 114-115, «a responsabilidade, como conceito, comporta dois sentidos gerais: a responsabilidade como imputação, que constitui a possibilidade de se assacar algo a alguém; e a responsabilidade como sujeição, a possibilidade de se submeter alguém a determinadas consequências».
([76]) "Traité élémentaire de droit civil Belge», tomo III , 3.ª Ed. 1964. pág. 930.
([77]) "Il dolo processuale", pág. 4.
([78]) "Diritto processuale civile", 2.ª Ed. pág. 550.
([79]) "Manual de derecho procesal civil", 1971, vol. I, pág. 106.

negar que no processo, tanto ou mais ainda que nas relações sociais comuns, seja necessário e desejável que a boa fé regule a actividade dos sujeitos em conflito, visto que ele próprio processo é um dos meios de realização prática daquilo que a moral exige" [80].

Que pensar das referenciadas posições? Salvo o devido respeito por outro entendimento, pensamos que a *"boa fé"* deve ser vista como um dos princípios fundamentais que regem o processo e, simultaneamente, como um dever (dever de boa fé processual) [81] enquanto corolário do princípio da cooperação [82]: agir de boa fé em processo é, não só proceder honestamente, tendo em conta que a conduta honesta é uma exigência geral do sistema, mas também observar os deveres de cooperação entre magistrados, mandatários judiciais e as partes. Em última instância, pode dizer-se que *agir de boa fé* não é mais do que observar os preceitos reguladores do processo [83] enquanto estabelecem deveres de comportamento pro-

---

[80] "Simulação processual e anulação do caso julgado", pág. 17.

[81] Na anterior edição (publicada antes da Reforma de 1995/1996 que aditou o normativo do artigo 266.º-A, sobre o "dever de boa fé processual") dissemos que a "boa fé" devia ser vista como um dos princípios fundamentais que regiam o processo e não como um dever (dever de boa fé); face ao aditamento do referenciado normativo, nenhuma razão existe para continuar a manter aquele pensamento.

[82] Este princípio, que a Reforma de 1995/1996 consagrou no artigo 266.º, era já previsto, embora com conteúdo mais limitado, no anterior artigo 265.º, que o denominava de "dever de colaboração das partes". Acerca da conexão entre o "princípio da cooperação" e o "dever de boa fé processual", permitimo-nos transcrever um *extracto do preâmbulo do Decreto-Lei n.º 329-A/95, de 12 de Dezembro*: «Como reflexo e corolário do princípio da cooperação, consagram-se expressamente o dever de boa fé processual, sancionando-se como litigante de má fé a parte que, não apenas com dolo, mas com negligência grave, deduza pretensão ou oposição manifestamente infundadas, altere, por acção ou omissão, a verdade dos factos relevantes, pratique omissão indesculpável do dever de cooperação ou faça uso reprovável dos instrumentos adjectivos, e o dever de recíproca correcção entre o juiz e os diversos intervenientes ou sujeitos processuais, o qual implica, designadamente, como necessário reflexo desse respeito mutuamente devido, a regra da pontualidade no início dos actos e audiências realizados em juízo».

[83] Enquanto a *boa fé* pode ser objectiva (regra de comportamento conforme aos preceitos legais que estatuem deveres de comportamento processual) e subjectiva (situação jurídica em que se encontra o sujeito que actua com observância daqueles deveres), a *má fé* é sempre subjectiva (cfr. MENEZES CORDEIRO, "Direito das obrigações", vol. I, pág. 126).

cessual (⁸⁴) e que o *dever de boa fé* impõe, até, que o litigante diga a verdade, mesmo quando ela resulta contra si, como parece resultar do disposto nos artigos 265.º, n.º 3, 456.º e 559.º, n.º 1.

E se num certo sentido litigar de boa fé é, como se viu, observar os preceitos reguladores do processo, pode também dizer-se que litigar de má fé (dolo processual ou negligência grave) é agir ilicitamente, com inobservância intencional dos deveres processuais.

Quanto à figura do «*abuso de direito*», expressamente consagrado no artigo 334.º do Código Civil (⁸⁵), afigura-se-nos que a acção abusiva constitui (ou pode constituir) litigância de má fé de natureza instrumental (⁸⁶). É o que parece resultar do disposto no artigo 456.º, n.º 2, alínea d), que prescreve: «diz-se litigante de má fé quem, com dolo ou negligência grave (...) tiver feito do processo ou dos meios processuais um uso manifestamente reprovável, com o fim de conseguir um objectivo ilegal, impedir a descoberta da verdade entorpecer a acção da justiça ou protelar, sem fundamento sério, o trânsito em julgado da decisão».

Para além das disposições legais supra referenciadas, embora com menor relevância em sede do processo de execução, haverá

(⁸⁴) Até à Reforma de 1995/1996 entendia-se que, se por força do princípio dispositivo, incumbia às partes a iniciativa e o impulso processual (cfr. artigo 264.º, n.º 1), elas tinham, no entanto, o dever de, conscientemente, não formular pedidos ilegais, não articular factos contraditórios à verdade nem requerer diligências meramente dilatórias (cfr. n.º 2 do mesmo artigo).

(⁸⁵) «É ilegítimo o exercício de um direito, quando o titular exceda manifestamente os limites impostos pela boa fé, pelos bons costumes ou pelo fim social ou económico desse direito».

(⁸⁶) Em relação à má fé a que alude o preceito, a doutrina tem considerado a *má fé material* (ou dolo material) que abrange os casos de dedução ilegal de pedidos ou oposição cuja falta de fundamentos se conhece, e a alteração consciente da verdade dos factos ou a omissão de factos essenciais, e a *má fé instrumental* (ou dolo instrumental) que respeita ao uso reprovável do processo, ou de meios processuais para conseguir um fim ilegal, para entorpecer a acção da justiça ou para impedir a descoberta da verdade. Para o Ac. da Relação de Évora, de 07.06.1977, Col. Jurp., 1977, pág. 485, o normativo do artigo 334.º do Código Civil não constituía mais do que um corolário dos deveres de probidade e de verdade.

que ter em linha de conta o dispositivo do artigo 665.º ([87]) que, no entender de LUSO SOARES, consubstancia o chamado «dolo das partes bilateral ambissingular» ([88]).

Independentemente da posição que se adopte sobre se tal preceito comporta ou não o chamado processo simulado e o processo fraudulento ([89]) afigura-se-nos importante chamar a atenção para a equivalência do teor desta disposição e daquela outra já abordada (artigo 456.º, n.º 2, alínea d)): prescreve aquele artigo «... ou para conseguir um fim proibido por lei ...»; estabelece esta disposição «... com o fim de conseguir um objectivo ilegal ...». Salvo melhor opinião, o que está em causa em ambos os preceitos é, em última instância, a obstrução à realização da justiça ([90]), muito embora entre eles haja diferença quanto aos sujeitos da responsabilidade processual: no artigo 456.º o dolo ou negligência grave é, em regra, unilateral (podendo embora configurar-se aí a hipótese de dolo unilateral cruzado ou recíproco); no artigo 665.º o dolo é bilateral.

Não cuidando de averiguar aqui qual a posição que o juiz deve adoptar quando se aperceba da simulação (ou da fraude) processual, pensamos, todavia, que deve aplicar o normativo do artigo 456.º, n.º 1; se, porventura, o juiz, no decorrer da instância, não se aperceba da simulação (da fraude) processual e. consequentemente, não der cumprimento ao disposto naquele preceito, sempre restará

([87]) Sob a epígrafe *"uso anormal do processo"* prescreve o artigo 665.º: «quando a conduta das partes ou quaisquer circunstâncias da causa produzam a convicção segura de que o autor e o réu se serviram do processo para praticar um acto simulado ou para conseguir um fim proibido por lei, a decisão deve obstar ao objectivo anormal prosseguido pelas partes».

([88]) "A responsabilidade processual civil", pág. 275.

([89]) Sobre a diferença entre processo simulado e processo fraudulento, veja-se ALBERTO DOS REIS, "Comentário ao código de processo civil", vol. II, pág. 14.

([90]) Sobre esta matéria já escrevia PAULO CUNHA, "obra citada", pág. 51: "por meio da simulação, com efeito, pretendeu-se dolosamente fazer da dignidade de *res iudicata* uma situação que não é o resultado objectivo de uma averiguação judicial realizada através de um debate contraditório, com toda a probabilidade jurídica de veracidade, mas sim o produto directo e imediato da vontade arbitrária dos pseudo-litigantes, sub-repticiamente ministrado ao juiz em termos de ele não poder deixar de o acolher na sentença como se do produto de um verdadeiro processo se tratasse".

aos lesados o recurso extraordinário da oposição de terceiros (cfr. artigo 778.º, n.º 1) ([91]).

Dispõe o n.º 1 do artigo 456.º que «tendo litigado de má fé, a parte será condenada em multa e numa indemnização à parte contrária, se esta a pedir» ([92]).

Conforme resulta do preceito, a condenação do litigante de má fé em indemnização é «eventual», enquanto a condenação em multa é «necessária». E dizemos que a condenação em indemnização é «eventual», porque pode não haver lugar a ela, bastando, para tanto, que o *improbus litigator* não tenha dado causa a algum dano ([93]); mas mesmo que exista dano, sempre a condenação em indemnização por litigância de má fé estará condicionada pelo princípio dispositivo, isto é, carece de ser pedida pelo litigante lesado, e este pode não a pedir. Dissemos também que a condenação do litigante de má fé em multa é «necessária», porque não carece de ser requerida: esta é sempre de aplicação jurisdicional oficiosa ([94]).

([91]) Se a execução se funda em sentença que tenha sido determinada por um acto simulado das partes e o executado quiser arguir a simulação processual, deverá fazê-lo através do recurso de oposição de terceiro e não na oposição à execução, por tal fundamento não caber no artigo 814.º. Importa referir que os artigos 778.º a 782.º foram revogados pelo Decreto-Lei n.º 303/2007, de 24 de Agosto, *com a entrada em vigor diferida para o dia 1 de Janeiro de 2008*, sendo o fundamento do recurso extraordinário da oposição de terceiro, previsto no n.º 1 do artigo 778.º, aditado como fundamento do recurso extraordinário de revisão (cfr. artigo 771.º, n.º 1, alínea f)).

([92]) À condenação do autor em multa e indemnização como litigante de má fé refere-se o artigo 113.º, que sob a epígrafe *"tentativa ilícita de desaforamento"* reza: «A incompetência pode fundar-se no facto de se ter demandado um indivíduo estranho à causa para se desviar o verdadeiro réu do tribunal territorialmente competente; neste caso, a decisão que julgue incompetente o tribunal condenará o autor em multa e indemnização como litigante de má fé».

([93]) A responsabilidade resulta na situação constitutiva de uma obrigação de indemnizar por imputação de um dano. Tal como a obrigação de reembolso das custas, também a obrigação de ressarcimento do dano tem como fundamento a injustiça da pretensão ou da resistência. E como bem refere Luso Soares, "A responsabilidade processual civil", págs. 135 e seguintes, a responsabilidade processual implica uma dualidade de obrigações: a obrigação de reembolso e a obrigação de indemnização.

([94]) Estas sanções processam-se em acção executiva por dívida de custas ou multas, com processo especial, por apenso ao processo em que tenha tido lugar a notificação da respectiva conta ou liquidação para pagamento (cfr. artigo 92.º do Código de Processo Civil e artigo 117.º, n.º 1, do Código das Custas Judiciais).

Muito embora o *improbus litigator* seja oficiosamente condenado em multa, entende-se, e bem, que na sua aplicação o tribunal deve ter em consideração a maior ou menor intensidade dolosa ou gravidade da negligência do litigante, o valor e a natureza da causa, a maior ou menor gravidade dos riscos corridos pelo litigante de boa fé e pelos interesses funcionais do Estado, e a situação económica do litigante de má fé ([95]).

Também no tocante à indemnização, mais concretamente quanto à fixação de *quantum* indemnizatório, não poderá o tribunal deixar de proceder à qualificação jurídica dos factos concretos e precisos que a preenchem e escolher a indemnização que julgar mais adequada à conduta do litigante de má fé.

Se na altura da sentença o tribunal já está na posse dos necessários elementos de facto para a fixação da indemnização que julgue mais adequada, deve fixá-la desde logo; se o não está, pensamos que deve proceder de harmonia com o disposto no n.º 2 do artigo 457.º, relegando tal fixação para execução de sentença ([96]).

Conforme resulta do n.º 2 do artigo 456.º, só há responsabilidade subjectiva no caso de dolo, tanto na forma substancial como instrumental, ou de negligência grave, pois só a lide essencialmente dolosa ou com negligência grave, e não a meramente temerária ou ousada, justifica a condenação em litigância de má fé; só muito excepcionalmente a responsabilidade processual se baseava em *culpa* – o que acontecia nos casos do n.º 1 do artigo 390.º do Código de Processo Civil ([97]) e do artigo 621.º do Código Civil ([98]). Mas a

---

([95]) Neste sentido, Ac. da Relação de Évora, de 07.06.1977, in Col. Jurp., 1977, pág. 562.

([96]) Neste sentido, ALBERTO DOS REIS, "Código de processo civil anotado", vol. 1.º, pág. 280; no mesmo sentido, Ac. da Relação de Coimbra, de 10.10.1977, in Col. Jurp., 1977, pág. 1097.

([97]) Para a existência de responsabilidade civil, à semelhança do que sucede com a disposição similar do artigo 621.º do Código Civil (respeitante ao arresto), basta a prova da mera culpa segundo o conceito de culpa em abstracto vertido no n.º 2 do artigo 487º do mesmo diploma, não sendo pois exigida uma actuação com dolo ou má-fé (cfr. Ac. do STJ, de 03.12.1998, número convencional JSTJ00035207 – http://www.dgsi.pt).

([98]) Veremos adiante que em direito italiano prescreve-se diferentemente do direito português; naquele há lugar à obrigação de ressarcimento do dano, não só quando o agente litigue de má fé, mas também quando tenha agido com culpa leve, isto é, sem prudência normal.

Reforma da acção executiva veio admitir, expressamente, a *"responsabilidade do exequente"* (artigo 819.°) pelos danos culposamente causados ao executado; também o artigo 930.°-E, aditado pelo artigo 5.° da Lei n.° 6/2006, de 27 de Fevereiro, que aprovou o Novo Regime do Arrendamento Urbano (NRAU), prevê, expressamente, a *"responsabilidade do exequente"* pelos danos culposamente causados ao executado, como melhor veremos abaixo.

As considerações que acabamos de fazer sobre a responsabilidade processual em geral permitem-nos uma melhor abordagem e compreensão do problema da responsabilidade do exequente no caso de execução *injusta*. Com efeito, o exercício da acção executiva representa para ambas as partes dispêndio da actividade e tempo, e importa, para o exequente a realização tardia (quando obtida) do seu crédito, e para o executado, em regra, a prática de actos gravosos contra o seu património conducentes, em última instância, à venda dos bens penhorados por valor substancialmente inferior ao seu real valor [99].

Mas, mesmo numa perspectiva económica, o exercício da acção executiva implica também o encargo com o pagamento das custas do processo de execução; estas, por vezes avultadas, são sempre variáveis consoante o valor da causa e o tipo de providências solicitadas ao órgão executivo; e serão suportadas por qualquer das partes (exequente, executado, eventualmente por ambos), conforme a execução tenha ou não atingido o seu efeito útil.

Já se viu que a generalidade da doutrina liga o problema da responsabilidade do exequente à actuação deste: o executado não terá direito a exigir qualquer indemnização do exequente se este tiver actuado licitamente, isto é, se fez uso lícito de um meio posto pela lei à sua disposição; tê-lo-á (ou poderá tê-lo) no caso de o exequente ser considerado litigante de má fé. Será efectivamente assim? Vejamos.

---

[99] É do conhecimento geral e comum que os bens vendidos em processo de execução são-no por valor substancialmente inferior ao seu valor real; tal deve-se, entre outras razões, não só porque sobre os bens objecto da venda incidem, em regra, determinados ónus e encargos, mas também pela insuficiência de publicidade que é dada à venda executiva.

Temos para nós que o normativo do artigo 456.º é aplicável, também, ao processo executivo. Entendemos, igualmente, que em processo executivo, tal como em processo declarativo, vigora o princípio dispositivo segundo o qual a iniciativa e impulso processual cabe àquele que se arroga titular do direito, muito embora quanto àquele tenha de ter-se em linha de conta a sua natureza, estrutura e características que lhe são próprias.

Ora, para que o credor possa lançar mão da acção executiva com vista à realização do direito não basta arrogar-se titular desse direito; a lei exige que esteja munido de um título executivo: *nulla executio sine titulo*. É este que nos diz qual foi a obrigação contraída pelo devedor e é essa obrigação que define o fim da execução (cfr. artigo 45.º), qualquer que seja a sua estrutura e natureza.

A posse do título executivo é condição necessária para a promoção da execução, mas não para garantir a sua prossecução; ele consubstancia o direito de crédito e justifica o uso da acção executiva, o que equivale a dizer o emprego da força, na medida em que dá ao órgão executivo uma certa garantia e segurança de que o exequente tem razão. Por isso, se estiver munido do título executivo e promover a execução, o exequente fez uso lícito de um meio posto pela lei à sua disposição com vista à realização do seu crédito; a sua actuação é lícita.

Porém, se é verdade que o título executivo consubstancia o direito de crédito, e até que a força executiva do título seja destruída presume-se a existência desse direito, incumbindo ao executado pô-lo em causa através de algum dos fundamentos de oposição à execução consignados no artigo 814.º, é igualmente verdade que no momento da promoção da execução o título executivo demonstra ao tribunal tão somente a probabilidade séria da existência do direito consubstanciado no título e não a inteira certeza.

Ora, requerendo a execução, o exequente não faz mais do que solicitar ao órgão executivo as providências adequadas à realização efectiva do direito violado ([100]) e exigir que a execução seja pronta. A este interesse do exequente opõe-se o interesse do executado

---

([100]) O processo de execução traduz-se, em última análise, no emprego dos meios coercitivos em benefício do exequente e em detrimento do executado.

que exige que a execução seja justa. Todavia, estes interesses em conflitos têm de conciliar-se na medida do possível; exige-o o interesse superior da paz e da tranquilidade pública que só se conseguem por meio de um estado de certeza e segurança.

Em nosso entender, foi justamente esta razão aliada à função e natureza do título executivo que levou o legislador a facultar ao executado a possibilidade de destruir a força executiva do título que serviu de base à execução e pôr em causa a própria execução. É que, inserindo-se embora no objectivo de demonstrar ao tribunal a legitimidade do recurso à acção executiva, o título executivo demonstra tão-somente a existência da obrigação exequenda no momento da emissão do título. Ora, pode bem acontecer que no momento da instauração da acção executiva, mesmo baseando-se a execução em sentença (transitado ou não), já não exista a obrigação consubstanciada no título; por isso, o tribunal só adquire a convicção da existência do direito de crédito e de que este se encontra numa situação de insatisfação depois de apreciar os elementos de prova apresentados pelo o exequente (cfr. artigos 804.º, 810.º, n.º 4, e 812.º, n.º 2, alíneas a) e c)) e da atitude assumida pelo executado, depois de regularmente citado (cfr. artigos 813, n.º 1, e 812.º, n.º 6) ([101]).

Sendo assim, pode dizer-se que o título executivo é condição necessária para a promoção da execução, mas não é condição suficiente para garantir o seu efeito útil. Efectivamente, é a atitude assumida pelo executado, quando regularmente citado, que determina a prossecução da execução: nada fazendo, a consequência será, em princípio, o prosseguimento normal dos autos de execução; deduzindo oposição esta fará ou não cair a execução (total ou parcialmente) consoante seja ou não julgada (total ou parcialmente) procedente.

Mas o resultado da execução (seu andamento) não depende apenas da posição assumida pelo executado no respectivo processo; depende também da espécie de título executivo que serve de base

---

([101]) Eventualmente, o órgão executivo poderá dar realização coerciva a direitos de crédito inexistentes; se tal acontecer, ao executado só restará, como já foi referido, o recurso à acção declarativa de restituição do indevido como forma de diluir as consequências de uma execução injusta.

à execução, isto é, depende de a execução se fundar em título judicial ou extrajudicial: se a execução se funda em sentença ainda não transitada em julgado, significa que dela foi interposto recurso com efeito meramente devolutivo (cfr. artigo 47.º, n.º 1), podendo tal decisão vir a ser revogada (total ou parcialmente) por decisão do tribunal superior, com necessária influência na execução; se a execução se funda em sentença transitada, quer dizer apenas que a decisão é definitiva, ou seja, que o direito existe tal como foi declarado no momento da formação do título, e não que ainda exista no momento da instauração da acção executiva.

Por outro lado, pode bem acontecer que a sentença transitada seja posteriormente revogada em consequência dos recursos extraordinários de revisão e de oposição de terceiros (cfr. artigos 771.º e seguintes e 778.º e seguintes) ([102]).

Quer a execução se baseie em sentença pendente de recurso com efeito meramente devolutivo ou em sentença já transitada, quer se baseie em título diferente de sentença, se após a promoção da execução vier a ser destruída a validade ou eficácia (força executiva) do título executivo – ou em consequência do provimento de recurso ordinário da sentença dada à execução, ou em consequência de provimento de recurso extraordinário, ou em consequência de procedência da oposição deduzida pelo executado contra a execução – o resultado lógico não poderá deixar de ser a influência dos seus efeitos na execução, o que equivale a dizer, na cessação da execução ([103]), em virtude da inexistência do direito; quer dizer que se promoveu contra o executado uma execução infundada e que este foi vítima de uma *execução injusta*.

([102]) Se a execução se funda em sentença que tenha sido determinada por um acto simulado das partes e o executado quiser arguir a simulação processual, deverá fazê-lo através do recurso de oposição de terceiro e não na oposição à execução, por tal fundamento não caber no artigo 814.º. Importa referir que os artigos 778.º a 782.º foram revogados pelo Decreto-Lei n.º 303/2007, de 24 de Agosto, *com a entrada em vigor diferida para o dia 1 de Janeiro de 2008*, sendo o fundamento do recurso extraordinário da oposição de terceiro, previsto no n.º 1 do artigo 778.º, aditado como fundamento do recurso extraordinário de revisão (cfr. artigo 771.º, n.º 1, alínea f)).

([103]) A procedência da oposição à execução extingue a execução (artigo 817.º, n.º 4); a venda fica sem efeito, se for anulada ou revogada a sentença que se executou ou se a oposição à execução ou à penhora for julgada procedente (artigo 909.º, n.º 1, alínea a)).

Nas situações apontadas, terá o executado direito a exigir do exequente alguma indemnização por danos sofridos? Afigura-se-nos que a resposta não poderá deixar de ser negativa, sempre que o exequente tenha actuado licitamente; haverá (ou poderá haver) lugar a indemnização no caso de o exequente ser condenado litigante de má fé, nos termos do artigo 456.º Vejamos.

Diz-se que a obrigação de ressarcimento do dano tem como fundamento a *injustiça* da pretensão ou da resistência ([104]). Esta afirmação é válida no direito italiano onde há (ou pode haver) obrigação de ressarcimento do dano mesmo que o exequente tenha agido com culpa leve (cfr. artigo 96.º do Códice di Procedura Civil), o que equivale a dizer, quando o agente não tenha agido com a providência normal ([105]). E em justificação deste entendimento escreve CARNELUTTI: "não basta ao credor ter um título executivo para valorar a justiça da sua pretensão quando, com uma previsão própria do comportamento da pessoa normal, pudesse adquirir a certeza da inexistência da obrigação. Não é que o título executivo, em virtude do qual se instaurou o processo, desapareça por subsequente declaração da inexistência da obrigação, mas é da previsibilidade deste evento segundo as regras da prudência normal que se necessita para que o ressarcimento seja devido" ([106]).

Dissemos na anterior edição que esse entendimento não poderia aceitar-se entre nós, atento a doutrina do artigo 456.º (na redacção anterior à Reforma de 1995/1996), aplicável ao processo executivo, nos termos do qual a responsabilidade processual subjectiva em sede de execução só existia com fundamento no dolo e não na culpa ([107]), ainda que grave ([108]).

([104]) Cfr. CARNELUTI, "Instituciones dei proceso civil", vol. I, pág. 364.
([105]) Cfr., entre outros, ZANZUCCHI, "Diritto processuale civile", vol. I. pág. 356.
([106]) "Obra supra citada", pág. 361.
([107]) Note-se que em direito português só muito excepcionalmente a responsabilidade processual subjectiva se baseava em culpa, o que acontecia nos casos do artigo 390.º, n.º 1 do Código de Processo Civil e artigo 621.º do Código Civil.
([108]) Esta orientação parece resultar também do disposto no n.º 3 do artigo 921.º nos termos do qual, se a execução for anulada em virtude de reclamação do executado, e «a partir da venda tiver decorrido já o tempo necessário para a usucapião, o executado ficará apenas com o direito de exigir do exequente, no caso de dolo ou de má fé deste, a indemnização do prejuízo sofrido, se esse direito não tiver prescrito entretanto» (cfr. LUSO SOARES, "A responsabilidade processual civil", pág. 202).

Aquela doutrina mostra-se hoje afastada, não só pela Reforma de 1995/1996 que veio dar nova redacção ao artigo 456.º, n.º 2, introduzindo a expressão «... quem, com dolo ou negligência grave», mas também pela Reforma da acção executiva que, apesar de diminuir as garantias de defesa do executado, quer pela limitação dos poderes do juiz de execução que foram transferidos para um profissional liberal (agente de execução), quer pela suspensão de intervenções liminares do tribunal, tanto em sede de citação do executado como em sede da matéria de penhora, veio afirmar, de forma expressa, a *responsabilidade do exequente* pelos danos culposamente causados ao executado com a execução (artigo 819.º). Este normativo, introduzido pelo Decreto-Lei n.º 38/2003, de 8 de Março, tem o seu correspondente na *responsabilidade do requerente* de providência cautelar que seja considerada injustificada ou vier a caducar por facto que lhe seja imputável (cfr. artigo 390.º, n.º 1 ([109]).

De acordo com o artigo 812.º-B, n.º 1, a penhora é efectuada sem citação prévia do executado quando não há lugar a despacho liminar. Ora, quando a penhora seja efectuada sem citação prévia do executado e a oposição à execução seja julgada procedente, o exequente responderá nos termos gerais da responsabilidade civil, pelos *danos culposamente* causados ao executado com a penhora ilicitamente efectuada, e incorre em multa correspondente a 10% do valor da execução, ou da parte dela que tenha sido objecto de oposição, mas não inferior a 10 UC nem superior ao dobro do máximo da taxa de justiça, quando não tenha agido com a *prudência normal*, sem prejuízo de eventual responsabilidade criminal (artigo 819.º). Importará realçar, entretanto, que, nem a actuação geradora da responsabilidade do exequente tida com dolo ou cul-

---

([109]) «Se a providência for considerada injustificada ou vier a caducar por facto imputável ao requerente, responde este pelos danos culposamente causados ao requerido, quando não tenha agido com prudência» (artigo 390.º, n.º 1). Para a existência de responsabilidade civil, à semelhança do que sucede com a disposição similar do artigo 621.º do Código Civil (respeitante ao arresto), basta a prova da mera culpa segundo o conceito de culpa em abstracto vertido no n.º 2 do artigo 487.º do mesmo diploma, não sendo pois exigida uma actuação com dolo ou má-fé (cfr. Ac. do STJ, de 03.12.1998 – http://www.dgsi.pt).

pa, ainda que leve, se confunde com a sua actuação como litigante de má fé, prevista no normativo do artigo 456.º: nesta, o âmbito da ilicitude é mais largo; naquela, o âmbito da culpa é mais largo ([110]), nem a responsabilidade do exequente, a que se reporta o artigo 819.º, tem lugar quando o executado haja sido previamente citado, uma vez que teve oportunidade de se defender e evitar a penhora.

Também o artigo 930.º-E, aditado pelo artigo 5.º da Lei n.º 6/2006, de 27 de Fevereiro, que aprovou o Novo Regime do Arrendamento Urbano (NRAU), prevê, expressamente, a *"responsabilidade do exequente"* pelos danos culposamente causados ao executado.

Já vimos acima que a execução para entrega de coisa imóvel arrendada pode basear-se tanto em títulos executivos judiciais como em títulos executivos extrajudiciais.

Vimos também que a execução suspende-se, além de outros casos, quando for recebida a oposição à execução, deduzida numa execução que se funda em título executivo extrajudicial (artigo 930.º-B, n.º 1).

Ora, quando a execução para entrega de coisa imóvel arrendada se funda em título extrajudicial e a oposição à execução é julgada procedente, o exequente responde, nos termos gerais da responsabilidade civil, pelos danos *culposamente* causados ao executado e incorre em multa correspondente a 10% do valor da execução, mas não inferior a 10 UC nem superior ao dobro do máximo da taxa de justiça, quando não tenha agido com a prudência normal, sem prejuízo de eventual responsabilidade criminal (artigo 930.º-E).

Importa registar, contudo, que a actuação geradora da responsabilidade do exequente tida com dolo ou culpa, ainda que leve, não se confunde com a sua actuação como litigante de má fé, prevista no normativo do artigo 456.º: nesta, o âmbito da ilicitude é mais largo; naquela, o âmbito da culpa é mais largo ([111]).

([110]) Neste sentido, LEBRE DE FREITAS/RIBEIRO MENDES, *Código de Processo Civil anotado*, volume III, anotação ao artigo 819.º.

([111]) Cfr., supra, nota (110).

Em face de tudo o supra descrito, afigura-se-nos legítimo tirar a seguinte conclusão: se depois de promovida a execução vier a verificar-se a inexistência do direito consubstanciado no título, a responsabilidade do exequente não deve, em princípio, ir além do encargo das custas da execução ([112]) já que, tendo ele a seu favor um título executivo a que a lei atribui a eficácia de gerar a acção executiva, não fez mais do que usar de um meio posto pela lei à sua disposição a fim de obter a realização do crédito consubstanciado no título; exceptua-se, logicamente, o caso de o exequente, mercê do seu procedimento malicioso ([113]) ser considerado e condenado como litigante de má fé (artigo 456.º) ([114]), o caso de o exequente, por virtude da procedência da oposição à execução sem que tenha tido lugar a citação prévia do executado, ser considerado culpado pelos danos causados ao executado com a penhora ilicitamente efectuada (artigo 819.º), e o caso de o exequente, por virtude da procedência da oposição à execução que se funda em título

---

([112]) Impõe-se a condenação em custas ao vencido (exequente) por ser o causador dos gastos processuais que a prossecução da execução acarreta; se ele não fosse condenado a pagá-las, o executado sofreria uma injusta diminuição patrimonial.

([113]) Quanto à execução fundada em sentença entretanto revogada em consequência de provimento de recurso extraordinário, ALBERTO DOS REIS, "Processo de execução", vol. 1.º, págs. 66-67, distingue duas situações consoante o recurso interposto seja a oposição de terceiros ou a revisão. Segundo aquele Mestre, no primeiro caso a procedência do recurso significa que o título foi obtido por meio de fraude processual pelo que o exequente deve sofrer a responsabilidade por perdas e danos causados ao executado, só não podendo este exigir a indemnização por a simulação prevista no artigo 778.º ter carácter bilateral, donde flúi a conivência de ambos na formação do título; se o recurso interposto é a *revisão*, o provimento dele acusará, na maior parte dos casos, dolo e má fé por parte do litigante que obteve sentença favorável. "Se o tribunal reconhece que o título executivo foi emanação de procedimento malicioso da parte vencedora e em consequência disso a condena, no recurso de revisão, em multa e indemnização à parte contrária, esta condenação não pode deixar de projectar os seus efeitos no processo de execução. O exequente litigou de má fé no processo declarativo e obteve a sentença por meio duma conduta maliciosa; agrava a sua má fé requerendo, com base na sentença inquinada de fraude, a execução contra a vítima da sua atitude dolosa".

([114]) Na previsão do n.º 1 do artigo 456.º, a má fé implica a imputação da responsabilidade por dano ao respectivo agente; excepcionalmente a circunstância de um dos (ou ambos os) litigantes ter agido de forma maléfica resulta em se sancionar o agente doloso com um duplo encargo.

extrajudicial, ser considerado culpado pelos danos causados ao executado com a ilícita execução para entrega de coisa imóvel arrendada (artigo 930.º-E).

Para além dos mencionados casos importará ter presente o normativo do artigo 864.º, n.º 10, 2.ª parte, segundo o qual o *dever de indemnizar* pode recair sobre *exequente* ou outro credor pago em vez do credor cuja citação foi indevidamente omitida, nos termos do enriquecimento sem causa; mas, para além de responder por mais do que o devido nos termos do enriquecimento sem causa, o *exequente* pode ficar incurso também no *dever de indemnizar* nos termos gerais da responsabilidade civil, quando a falta de citação lhe seja imputável[115], ou seja, quando a falta de citação se deva a culpa do exequente[116].

Como é óbvio, se na pendência da execução o tribunal reconhece a *injustiça* da execução e declara a inexistência do direito exequendo, ou por a decisão judicial executada ter sido revogada em recurso, ou por ter sido julgada procedente a oposição à execução, a consequência será a restituição do executado ao estado anterior, que é como quem diz, a restituição ao executado do que o exequente indevidamente haja recebido, sendo certo que a lei prevê normativos adequados que permitem essa restituição ainda que os bens tenham sido objecto de venda executiva (cfr. artigo 909.º, n.ºs 1 e 3)[117].

---

[115] Estabelece o artigo 864.º, n.º 10, na redacção dada pelo Decreto-Lei n.º 38//2003, de 8 de Março: «a falta das citações prescritas tem o mesmo efeito que a falta de citação do réu, mas não importa a anulação das vendas (...), ficando salvo à pessoa que devia ter sido citada o direito de ser indemnizada, pelo exequente ou outro credor pago em vez dela, segundo as regras de enriquecimento sem causa, sem prejuízo da responsabilidade civil, nos termos gerais, da pessoa a quem seja imputável a falta de citação».

[116] O que pode acontecer por o exequente não ter feito a indicação da situação de oneração no requerimento inicial, em inobservância do disposto no artigo 810.º, n.º 3, alínea d), ou por não a ter comunicado posteriormente ao agente de execução tendo dela conhecimento; mas, a omissão da citação pode dever-se a culpa: do executado, por não prestar a informação a que está obrigado (artigo 864.º, n.º 6), do agente de execução, encarregado de citar após a indagação que a lei lhe impõe (artigo 831.º, n.º 2) ou mesmo de terceiro, encarregado de transmitir ao credor os elementos da citação (artigos 195.º, n.º 1, alínea e), 236.º, n.º 4, e 240.º, n.º 2).

[117] Sobre os casos em que a venda executiva fica sem efeito, veja-se supra (Parte II, II.IV.4).

BIBLIOGRAFIA

a) Doutrina nacional

ANDRADE, Manuel de
— Noções elementares de processo civil, Coimbra, 1976.
BARATA, Jorge R.
— A acção executiva comum, noções fundamentais, 1980.
BASTOS, J. Rodrigues
— Notas ao Código de Processo Civil, vols. III e IV, 1984.
CARDOSO, E. Lopes
— Manual da acção executiva, 1980.
CARLOS, A. Palma
— Direito processual civil, Acção executiva, 1976.
CASTRO, A. Anselmo de
— A acção executiva singular, comum e especial, Coimbra, 1977.
— Direito processual civil declaratório, vols. I e II.
— Lições de processo civil, vol. I.
CORDEIRO, A. Menezes
— Direito das obrigações, vol. I, Lisboa, 1980.
— Direitos reais, 1979.
COSTA, A. Elias
— Guia do processo de execução, 1979.
COSTA, Salvador da
— Código das Custas Judiciais anotado e comentado, Almedina, 2005.
— O concurso de credores, Coimbra, Almedina, 1998.
— Os incidentes da instância, Almedina, 2002.
CUNHA, Paulo
— Simulação processual e anulação do caso julgado.
DELGADO, A. Pereira
— Lei uniforme sobre letras, livranças cheques.
FARINHA, Pinheiro
— Convenção europeia dos direitos do homem, anotada.
FERREIRA, F. Amâncio
— Curso de processo de execução, Almedina, 2007.
FREITAS, J. Lebre de
— A acção executiva depois da reforma, Coimbra, 2004.

- A confissão no direito probatório, Coimbra, 1991.
- Direito processual civil II, Acção executiva, 2.ª Ed.
- O contrato-promessa e a execução específica, 1984.
- Estudos de direito civil e processo civil, Coimbra, 2002.

FREITAS, J. Lebre de/MENDES, A. Ribeiro
- Código de Processo Civil anotado, Coimbra Editora, 2003.

GARCIA, Maria Olinda
- A acção executiva para entrega de imóvel arrendado, 2006.

JORGE, F. Pessoa
- Lições de direito processual civil, Acção executiva, 1972-1973.

LOPES, M. Baptista
- A penhora.

MARQUES, J. P. Remédio
- Curso de processo executivo à face do Código revisto, Coimbra, Almedina, 2003.

MENDES, A. Ribeiro/FREITAS, J. Lebre de
- Código de Processo Civil anotado, Coimbra Editora, 2003.

MENDES, J. de Castro
- Direito processual civil, vols. I e II, 1980.
- Direito processual civil, Acção executiva, 1980.
- Direito processual civil, Recursos, 1980.
- Introdução ao estudo do direito, 1977.
- Limites objectivos do caso julgado em processo civil.
- O direito de acção judicial.

PEREIRA, J. T. Ramos
- Prontuário de formulários e trâmites/IV – Processo executivo, Lisboa, 2004.

REGO, Carlos Lopes do
- Comentários ao Código de Processo Civil, Coimbra, Almedina, 1999.

REIS, J. Alberto dos
- Código de Processo Civil anotado, vols. I a V, 1980-1981.
- Comentários ao Código de Processo Civil, vols. I a III.
- Processo de execução, vols. I e II, reimpressão, 1985.
- Processos especiais, vols. I e II.

RODRIGUES, Manuel
- Processo civil e comercial, execuções e falências, 1940.

SAMPAIO, J. Gonçalves
- A prova por documentos particulares na doutrina, na lei e na jurisprudência, Almedina, 2004.

SILVA, Germano Marques da
- Curso de processo civil executivo.

SILVA, Paula Costa e
- A reforma da acção executiva, Coimbra, Coimbra Editora, 2003.

SOARES, F. Luso
- A responsabilidade processual civil, Coimbra, 1987.
- Direito processual civil, Coimbra, 1980.
- Processo civil de declaração, Coimbra, 1985.

SOUSA, M. Teixeira de
- A acção executiva singular, Lisboa, 1998.
- A reforma da acção executiva, Lisboa, Lex, 2004.
- Estudos sobre o novo processo civil, Lisboa, Lex, 1007.

TELES, I. Galvão
- Direito das obrigações, 1979.

VARELA, J. de M. Antunes
- Das obrigações em geral, vol. I, Coimbra, Almedina, 1998.
- Manual de processo civil, Coimbra, 1985.

b) Doutrina Estrangeira

ALBANESE
- Il dolo processuale, Nápoles, 1930.

ALLARIO
- Problemi di diritto, I.

BETTI
- Conceito dell'obligazione.

CARNELUTTI, Francesco
- Diritto e processo.
- Instituciones dei proceso civil, I.
- Instituzioni, I.
- Processo di execuzione, I.
- Sistema di diritto proc. civile, I.
- Teoria geral do direito, 1942.

GARBAGNATI
- Il concorso di creditore nella expropriazione singulare.
- Studi in onore di Rendenti, I

GUASP, Jaime
- Derecho procesal civil, I.

MICHELI, Gian A.
- Corso di diritto processuale civile, I.

MORTARA, Lodovico
- Commento dei códice e delle leggi procedura civile, II.

PAGE, Henri de
- Traité élémentaire de droit civil belge, III, 1964.

REDENTI, Enrico
- Corso di diritto processuale.
- Profíli practici dei diritto processuale civile.

SATTA, Salvatore
- Commentario ai códice di procedura civile, II.
- Manual de derecho procesal civil, 1971.

ZANZUCCHI, M. Tulio
- Diritto processuale civile, I e III.

c) **Artigos em revistas e periódicos nacionais e estrangeiros**

ALLARIO
- Saggio polemico sulla jurisdizione voluntária, in «Rivista di diritto proc. civile», 1948.

ANDRADE, Manuel de
- Revista de legislação e jurisprudência, Ano 73.

BALBBÉ
- El proceso e Ia funcion administrativa, in «Revista general de legislacion y jurisprudência», 1947.

BRULLARD, Germain
- L'evolution de la notion de jurisdition dite «gracieuse» ou «volontaire» e de celle de jurisdition, in « Revue intemationnel de droit compare», 1957.

CAPELO, Maria José
- Pressupostos processuais gerais na acção executiva, in «A reforma da acção executiva», Themis, 7 (2003).

CARNELUTTI, Francesco
- Lite e funzione processuale, in «Rivista di diritto proc. Civile», 1928.

DAGUIT
- L'acte administrative e l'acte jurisditionnel, in «Revue de droit public», 1906.

FREITAS, J. Lebre de
- Agente de execução e poder jurisdicional, in «A reforma da acção executiva», Themis, 7 (2003).

GERALDES, A. Abrantes
- Títulos executivos, in «A reforma da acção executiva», Themis, 7 (2003).

GOMES, A. Ferreira
- Direito e justiça, in «Revista de ciências humanas da Universidade Católica Portuguesa», vol, I, 1980.

GOMES, Januário Costa
- A penhora de direitos de crédito – Breves Notas, in «A reforma da acção executiva», Themis, 7 (2003).

GOUVEIA, Mariana França
- Penhora e alienação de bens móveis na reforma da acção executiva, in «A reforma da acção executiva», Themis, 7 (2003).

LAMPUÉ, M.
- La notion d'acte jurisditionnel, in «Revue de droit public», 1946.

MARINI
- Rivista di diritto processuale.

MAZARELLA
- Rivista di diritto e procedura civile, separata, 1947.

MENDES, A. Ribeiro
- Reclamação de créditos no processo civil, in «A reforma da acção executiva», Themis, 7 (2003).

MENDES, J. de Castro
- Boletim da Ordem dos Advogados, Março, 1983.

- Revista da Faculdade de Direito de Lisboa, vols. XVIII e XXVIII, 1964.
- Revista de ciências humanas da Universidade Católica Portuguesa, vol. II.

NEVES, Castanheira
- Justiça e direito, in «Boletim da Faculdade de Direito de Coimbra», LI.

PINTO, Rui
- Penhora e alienação de outros direitos, in «A reforma da acção executiva», Themis, 7 (2003).

RAPOSO, Mário
- Revisão constitucional e a independência dos juízes, in «Revista da Ordem dos Advogados», Ano 42, 1982.

REGO, C. Lopes do
- Requisitos da obrigação exequenda, in «A reforma da acção executiva», Themis, 7 (2003).

SERRA, Adriano P. Vaz
- Revista de legislação e jurisprudência, Ano 113.

SILVA, Paula Costa e
- As garantias do executado, in «A reforma da acção executiva», Themis, 7 (2003).

SOARES, C. Oliveira
- O caso julgado na acção executiva, in «A reforma da acção executiva», Themis, 7 (2003).

SOUSA, M. Teixeira de
- O fim do processo declarativo, in «Revista de direito e estudos sociais, Ano XXV.

VARELA, J.M. Antunes
- Revista de legislação e jurisprudência, Ano 116.

ÍNDICE GERAL

Nota prévia 9

I
INTRODUÇÃO

1. Justiça, igualdade e liberdade – valores fundamentais do direito 13
2. Acção e direito – direito de acção 18
3. Jurisdição, acto jurisdicional e processo 24

PARTE I
A ACÇÃO EXECUTIVA EM GERAL

I. CONCEITO E CARACTERÍSTICAS DA ACÇÃO EXECUTIVA 33

II. PRESSUPOSTOS ESPECÍFICOS DA ACÇÃO EXECUTIVA 41

II. I. O TÍTULO EXECUTIVO, PRESSUPOSTO ESPECÍFICO DE CARÁCTER FORMAL 41
1. Noção de título executivo 41
2. Espécies de títulos executivos 45
   2.1. Títulos executivos judiciais: as sentenças condenatórias 47
   2.2. Títulos executivos negociais ou extrajudiciais 59
      2.2.1. Documentos exarados ou autenticados por notário 59
      2.2.2. Os escritos particulares assinados pelo devedor 63
   2.3. Títulos executivos criados por disposição especial 70
3. Natureza e função do título executivo 72
4. O título executivo e o pedido executivo 76
5. O título executivo e a causa de pedir 78

II.II. A OBRIGAÇÃO EXEQUENDA, PRESSUPOSTO ESPECÍFICO DE CARÁCTER MATERIAL 80
1. Obrigação certa e exigível 80
2. Obrigações alternativas 83

3. Obrigações alternativas e obrigações com faculdade alternativa 88
4. Obrigações genéricas 89
5. Obrigações puras e obrigações a prazo 91
6. Obrigações sinalagmáticas e obrigações condicionais 93
7. Obrigações ilíquidas 95
   7.1. Meios de liquidação das obrigações 97
      7.1.1. Liquidação por simples cálculo aritmético 97
      7.1.2. Liquidação não dependente de simples cálculo aritmético 100
      7.1.3. Liquidação por árbitros 102
      7.1.4. Liquidação da obrigação de entrega de uma universalidade 105
   7.2. Liquidação parcial 105
8. Consequências da incerteza, da inexigibilidade e da iliquidez da obrigação 106

III. PRESSUPOSTOS PROCESSUAIS GERAIS NA ACÇÃO EXECUTIVA 109

III.I. PRESSUPOSTOS RELATIVOS AO TRIBUNAL 109

1. Competência internacional 109
2. Competência interna 112
   2.1. Em razão da matéria 113
   2.2. Em razão da hierarquia 114
   2.3. Em razão do valor 114
   2.4. Em razão do território 115
3. Incompetência absoluta e relativa 118

III. II. PRESSUPOSTOS RELATIVOS ÀS PARTES 120

1. Legitimidade singular 120
   1.1. Quem é parte legítima 120
   1.2. Legitimidade quando tenha havido sucessão no crédito ou na dívida 122
   1.3. Legitimidade passiva na execução por dívida provida com garantia real 123
   1.4. Terceiros contra quem a sentença condenatória tenha força de caso julgado ... 126
   1.5. Legitimidade do Ministério Público como exequente 129
   1.6. Consequências da ilegitimidade das partes 130
2. Legitimidade plural 130
   2.1. Litisconsórcio 130
      2.1.1. Litisconsórcio necessário inicial 131
      2.1.2. Litisconsórcio necessário sucessivo 132
   2.2. Coligação 135
3. Consequências da preterição do litisconsórcio, quando necessário, e da coligação ilegal 139

III. III. PATROCÍNIO JUDICIÁRIO 142

III. IV. CUMULAÇÃO SIMPLES DE PEDIDOS 143

1. Forma que pode revestir 143
2. Pressupostos da cumulação inicial e sucessiva 144
3. Consequências da cumulação indevida 146

IV. FORMAS DO PROCESSO DE EXECUÇÃO	147
1. Processo comum	147
2. Processos especiais	148
3. Disposições reguladoras do processo de execução	149

II PARTE
PROCESSO DE EXECUÇÃO COMUM
PARA PAGAMENTO DE QUANTIA CERTA

I. ÂMBITO DE APLICAÇÃO	155
II. FASES DO PROCESSO DE EXECUÇÃO	157
II. I. FASE INICIAL	157
1. Requerimento executivo	157
2. Formalidades – recusa do requerimento	162
3. Despacho liminar	164
4. Citação do executado	173
5. Oposição à execução	177
5.1. Meio de oposição	177
5.2. Fundamentos de oposição	178
5.3. Dedução da oposição	195
5.4. Tramitação da oposição à execução	196
5.5. Responsabilidade do exequente	201
II.II. PENHORA	202
1. Conceito e natureza da penhora	202
2. Objecto da penhora	203
2.1. Princípios gerais	203
2.2. Impenhorabilidade resultante da lei substantiva	205
2.3. Impenhorabilidade resultante da lei adjectiva	206
2.4. Penhorabilidade subsidiária	210
2.4.1. Penhora de bens comuns e de bens próprios dos cônjuges	210
2.4.2. Penhorabilidade subsidiária com excussão prévia	217
2.4.3. Penhorabilidade de bens em caso de comunhão ou compropriedade	222
2.4.4. Penhorabilidade de bens por dívida pessoal do sócio	224
2.4.5. Penhorabilidade de bens onerados com garantia real e de bens indivisos	226
2.4.6. Penhora de bens na execução contra o herdeiro	229
2.4.7. Extensão da penhora	230
2.4.8. Divisão do prédio penhorado	232
3. Efectivação da penhora – seu processamento	232
3.1. Determinação dos bens a penhorar	232
3.2. Despacho a autorizar a penhora	236
3.3. Reforço e substituição da penhora	237

4. Penhora propriamente dita 238
   4.1. Penhora de imóveis 238
   4.2. Penhora de bens móveis 239
   4.3. Penhora de direitos 244
      4.3.1. Penhora de direitos de crédito em geral 244
      4.3.2. Penhora de títulos de crédito 249
      4.3.3. Penhora de prestações periódicas 251
      4.3.4. Penhora de depósitos bancários 252
      4.3.5. Penhora de direito a bens indivisos e de quota em sociedade 254
      4.3.6. Penhora de estabelecimento comercial 256
      4.3.7. Penhora de direitos ou expectativas de aquisição 256
      4.3.8. Penhora de outros direitos 258
5. Depositário e administração dos bens depositados 259
   5.1. Depositário dos bens 259
   5.2. Funções e deveres do depositário 261
   5.3. Responsabilidade civil e criminal do depositário 263
   5.4. Substituição do depositário 264
6. Registo da penhora 266
7. Levantamento da penhora 269
8. Efeitos da penhora 271
   8.1. Indisponibilidade relativa dos bens 271
   8.2. Ineficácia relativa dos actos de disposição 272
   8.3. Preferência do exequente sobre os bens penhorados 274
9. Defesa contra a penhora ilegal 275
   9.1. Oposição por simples requerimento 276
   9.2. Incidente de oposição à penhora 281
   9.3. Embargos de terceiro 284
      9.3.1. Quem pode ser embargante 286
      9.3.2. Tramitação dos embargos de terceiro 291
   9.4. Acção de reivindicação 297

II.III. CONVOCAÇÃO DE CREDORES E RECLAMAÇÃO DE CRÉDITOS 299
1. Execução singular e execução colectiva 299
2. Quem deve ser citado para o concurso de credores 305
   2.1. Citação do cônjuge do executado 306
   2.2. Citação dos credores 309
      2.2.1. A garantia real 309
      2.2.2. O título executivo 318
   2.3. Formas da intervenção e local da citação 320
3. Consequências da falta de citação 322
4. Tramitação do processo de concurso de credores 325
   4.1. Relação entre o processo de execução e o processo de verificação de créditos 325
   4.2. Fases do processo de concurso de credor 326
      4.2.1. Reclamação de créditos 326
      4.2.2. Impugnação dos créditos reclamados 328

4.2.3. Resposta do reclamante	330
4.2.4. Termos posteriores à fase dos articulados	330
4.3. Regras da graduação de créditos	332
4.4. Suspensão da execução nos casos de falência	339

II.IV. SATISFAÇÃO DOS CRÉDITOS 340

1. Generalidades	340
2. Modos de satisfação de créditos com dispensa da venda executiva	341
2.1. Entrega em dinheiro	341
2.2. Consignação em rendimentos	342
2.3. Pagamento em prestações	345
3. Modos de satisfação dos créditos mediante a venda executiva	347
3.1. Modalidades de venda	348
3.1.1. Venda mediante propostas em carta fechada	351
3.1.2. Venda em bolsas de capitais ou de mercadorias	358
3.1.3. Venda directa	358
3.1.4. Venda por negociação particular	359
3.1.5. Venda em estabelecimento de leilão	361
3.1.6. Venda em depósito público	363
3.2. Disposições aplicáveis a qualquer modalidade de venda executiva	366
3.2.1. Princípio da instrumentalidade da venda	366
3.2.2. Venda antecipada de bens	367
3.2.3. Dispensa de depósito aos credores	367
3.2.4. Caducidade dos direitos reais e cancelamento dos registos	369
3.3. Adjudicação de bens	372
4. Anulação da venda: tutela do comprador e de outros interessados	377
5. Direito de preferência	384
6. Direito de remição	385

II.V. REMIÇÃO, ANULAÇÃO E EXTINÇÃO DA EXECUÇÃO 387

1. Extinção pelo pagamento voluntário	388
2. Liquidação da responsabilidade do executado no caso de pagamento voluntário	389
3. Outras causas de extinção da execução	390
3.1. Por desistência do exequente	390
3.2. Por deserção da instância	391
3.3. Por razões de outra natureza	392
4. Renovação da acção executiva	393
5. Anulação da execução, por falta ou nulidade de citação do executado	395
6. Regime dos recursos	397
6.1. Regime anterior à Reforma dos recursos cíveis	397
6.1.1. Recurso de apelação	397
6.1.2. Recurso de agravo	399
6.2. Regime à luz da Reforma dos recursos cíveis	400
6.2.1. Recurso de apelação	402
6.2.2. Recurso de revista	406

PARTE III
OUTROS PROCESSOS DE EXECUÇÃO

I. PROCESSO DE EXECUÇÃO COMUM PARA ENTREGA DE COISA CERTA 411
1. Âmbito de aplicação 411
2. Particularidades e tramitação 412

II. PROCESSO DE EXECUÇÃO COMUM PARA PRESTAÇÃO DE FACTO 423
1. Âmbito de aplicação 423
2. Prévia determinação do prazo da prestação 423
3. Trâmites da execução para prestação de facto positivo 426
   3.1. Com prazo fixado à face do título executivo 426
   3.2. Sem prazo fixado à face do título executivo 431
4. Trâmites da execução para prestação de facto negativo 432

III. PROCESSOS EXECUTIVOS ESPECIAIS 435
1. Execução por custas 437
2. Execução por alimentos 441
3. Investidura em cargo social 443

PARTE IV
A PROBLEMÁTICA DAS EXECUÇÕES INJUSTAS

1. A certeza do crédito exequendo e a justeza da execução 447
2. Reacção contra a execução injusta 452
3. Reacção contra a execução injusta já consumada 456
4. O caso julgado em processo executivo e a acção de restituição do indevido 460
5. Responsabilidade do exequente no caso de execução injusta 472

Bibliografia 495

Índice geral 501